司馬遷 史記 6

史記
列傳 中

丁範鎭 (성균관대학교 중문학과 교수) 외 옮김

까치

역자 소개

정범진(丁範鎭)

1935년 경상북도 영주 출생

성균관대학교 중국문학과 졸업

中華民國 國立臺灣師範大學 中國文學硏究所 졸업(문학 석사)

성균관대학교 대학원 중어중문학과 졸업(문학 박사)

한국중어중문학회 회장 역임, 한국중국학회 회장 역임

성균관대학교 교수와 총장 역임

중국 산동대학교 명예교수, 대만정치대학 명예문학박사

한-우크라이나 친선협회 회장

저서 『중국문학입문』, 『중국문학사』, 『唐代소설연구』 외

역서 『중국소설사략』, 『唐代전기소설선』, 『두보시 300수』 외

© 정범진, 1995

史記 6 — 列傳 中

저자 / 司馬遷
역자 / 丁範鎭 외
발행처 / 까치글방
발행인 / 박후영
주소 / 서울시 용산구 서빙고로 67, 파크타워 103동 1003호
전화 / 02 · 735 · 8998, 736 · 7768
팩시밀리 / 02 · 723 · 4591
홈페이지 / www.kachibooks.co.kr
전자우편 / kachibooks@gmail.com
등록번호 / 1-528
등록일 / 1977. 8. 5
초판 1쇄 발행일 / 1995. 5. 20
    13쇄 발행일 / 2019. 6. 20

값 / 뒤표지에 쓰여 있음

ISBN 89-7291-060-0 94910
    89-7291-058-9 (전3권)
    89-7291-053-8 (전7권)

史記
列傳 中

역자 소개

「蒙恬列傳」 「張耳陳餘列傳」 「魏豹彭越列傳」 「黥布列傳」	張美卿	成均館大學校 中語中文學科 졸업, 國立臺灣政治大學中文研究所 석사, 成均館大學校 大學院 박사 과정
「淮陰侯列傳」 「韓信盧綰列傳」	朴晟鎭	成均館大學校 中語中文學科 졸업, 같은 大學校 大學院 석사, 같은 大學院 박사 과정
「田儋列傳」 「樊酈滕灌列傳」	權錫煥	成均館大學校 中語中文學科 졸업, 같은 大學校 大學院 석사, 같은 大學院 박사, 현재 祥明女子大學校 전임교수
「張丞相列傳」 「匈奴列傳」	李埰文	明知大學校 中語中文學科 졸업, 같은 大學校 大學院 석사, 成均館大學校 大學院 박사 수료, 현재 明知大學校 강사
「酈生陸賈列傳」 「傅靳蒯成列傳」 「劉敬叔孫通列傳」 「季布欒布列傳」 「袁盎晁錯列傳」	金鎭浩	成均館大學校 中語中文學科 졸업, 같은 大學校 大學院 석사, 같은 大學院 박사 수료, 현재 成均館大學校 강사
「張釋之馮唐列傳」 「萬石張叔列傳」 「田叔列傳」	金錫起	成均館大學校 中語中文學科 졸업, 같은 大學校 大學院 석사, 같은 大學院 박사 수료, 현재 成均館大學校 강사
「扁鵲倉公列傳」 「韓長孺列傳」	林明花	成均館大學校 中語中文學科 졸업, 같은 大學校 大學院 석사, 같은 大學院 박사 수료, 현재 成均館大學校 강사
「吳王濞列傳」 「魏其武安侯列傳」	朴英祿	成均館大學校 中語中文學科 졸업, 같은 大學校 大學院 석사, 같은 大學院 박사 수료, 현재 成均館大學校 및 江原大學校 강사
「李將軍列傳」 「衛將軍驃騎列傳」	金卿東	成均館大學校 中語中文學科 졸업, 臺灣大學 석사, 成均館大學校 大學院 박사 수료, 현재 成均館大學校 강사

차례 中

차례 上

차례 下

권88 「몽염열전(蒙恬列傳)」 제28

　몽염(蒙恬)은 그 선조가 제(齊)¹⁾나라 사람이다. 몽염의 조부 몽오(蒙
驁)는 제나라에서 진(秦)²⁾나라로 와서 진 소왕(秦昭王)³⁾을 섬기고, 벼
슬은 상경(上卿)⁴⁾에 이르렀다. 진 장양왕(秦莊襄王) 원년에, 몽오는 진
나라의 장군이 되어 한(韓)⁵⁾나라를 쳐서 성고(成皋)⁶⁾와 형양(滎陽)⁷⁾을
빼앗아, 삼천군(三川郡)⁸⁾을 설치하였다. 다음해에, 몽오는 조(趙)⁹⁾나라
를 공격하여 37개의 성을 탈취하였고, 진 시황(秦始皇) 3년에는 한나라
를 공격하여 13개의 성을 탈취하였다. 5년에는 위(魏)¹⁰⁾나라를 쳐서 20

---

1)　齊 : 기원전 11세기 周 武王이 姜尙에게 봉해준 제후국으로 지금의 山東省 泰山 이
　　북과 遼東半島 지역이며, 營丘에 도읍을 세웠다. 춘추시대 초기 齊 桓公 때에는 국
　　력이 강성하여 五覇의 우두머리였다. 전국시대 초기에 大臣 田氏가 姜氏 정권을 탈
　　취하였으나 여전히 齊나라라고 칭하였으며, 기원전 386년에는 周 安王이 田和를 제
　　후로 승인하였다. 그후 장기간 秦나라와 동서에서 서로 대치하다가 기원전 221년에
　　秦나라에 의해서 멸망당하였다.
2)　秦 : 周代의 제후국으로 咸陽에 도읍하였고 지금의 甘肅省, 陝西省 등을 영유하였
　　으며 始皇 때에 이르러 천하를 통일하였다가 2대 15년 만에 漢나라에 의해서 멸망당
　　하였다(기원전 221-기원전 207년).
3)　秦 昭王 : 嬴稷, 곧 秦 昭襄王으로 기원전 306년에서 기원전 251년까지 재위하였
　　다.
4)　上卿 : 제후국의 최고급 대신.
5)　韓 : 나라 이름으로 개국 군주는 韓虔이다. 위치는 지금의 山西省 동남쪽과 河南省
　　중부이며, 陽翟에 도읍하였다가 후에 新鄭으로 천도하였다. 기원전 230년에 秦나라
　　에 의해서 멸망당하였다. 권45 「韓世家」 참조.
6)　成皋 : 韓나라의 고을 이름으로 고대에는 군사적 요지였다. 지금의 河南省 滎陽縣
　　서북쪽 汜水鎭 지역이다.
7)　滎陽 : 현 이름으로 지금의 河南省 滎陽縣 동북 지역인데, 고대의 군사요지이다.
8)　三川郡 : 위치는 지금의 河南省 黃河 이남의 伊河, 洛河 유역이다.
9)　趙 : 춘추전국 시대에 晉나라의 卿인 韓, 魏, 趙가 晉나라를 삼분하여 세운 나라
　　중의 하나로 지금의 河北省의 남부 및 山西省의 북부 지역에 위치하였다.
10)　魏 : 전국시대의 나라 이름으로 晉나라의 大夫 魏斯가 晉나라를 삼분하여 그중의
　　지금의 河南省 북부, 山西省의 서남부를 차지하여 창건하였다. 처음에는 安邑에 도
　　읍하였는데 후에 大梁으로 천도하였으며, 기원전 225년에 秦나라에 의해서 멸망당하
　　였다.

개의 성을 탈취하여 동군(東郡)[11]을 설치하였다. 몽오는 시황 7년에 죽었다.

오의 아들은 무(武)이고, 무의 아들이 염(恬)이다. 염은 일찍이 형법을 배워 재판과 소송에 관한 문서를 맡았다. 진 시황 23년에, 몽무(蒙武)는 진나라의 비장군(裨將軍)[12]이 되어 왕전(王翦)[13]과 함께 초(楚)[14]나라를 쳐서 크게 격파하고 항연(項燕)[15]을 죽였다. 진 시황 24년에 몽무는 초나라를 공격하여, 초왕(楚王)을 사로잡았다. 몽염의 아우는 의(毅)이다.

진 시황 26년에 몽염은 집안이 대대로 장군을 지낸 것으로 인하여, 진나라의 장군이 되어, 제나라를 공격하여 크게 깨뜨리고, 내사(內史)[16]에 임명되었다. 진나라는 천하를 합병한 후에, 몽염으로 하여금 30만 대군을 거느리고 북쪽으로 가서 융적(戎狄)[17]을 내쫓고, 하남(河南)[18] 지역을 점령하여 장성(長城)[19]을 쌓게 하였다. 지형에 따라 험난한 곳을 이용하여 성채를 쌓으니, 임조(臨洮)[20]에서부터 요동(遼東)[21]까지 길이가 만여 리나 되었다. 그 성채가 황하(黃河)를 건너 양산(陽山)[22]을 점거하고, 구불구불 북쪽으로 뻗어 있었다. 10여 년간 군사를 국경 밖에 내놓고 상군(上郡)[23]을 근거지로 삼아 주둔하니, 이때 몽염의 위세가 흉노(匈奴)[24] 땅에 떨쳐졌다. 진 시황은 몽씨 일족을 매우 존중하고 총애하였

---

11) 東郡 : 위치는 지금의 河南省 동부와 山東省 서부의 경계 지역이다.

12) 裨將軍 : 主將에 다음가는 副將으로 '偏將'이라고 부르기도 한다.

13) 王翦 : 秦나라의 장수로 頻陽 사람이다. 군사를 이끌고 차례로 趙나라, 燕나라와 楚나라를 공격하여 깨뜨려 武成侯에 봉해졌다.

14) 楚 : 춘추전국 시대의 나라 이름으로 도읍은 郢이며, 기원전 223년에 秦나라에 의해서 멸망당하였다. 권40 「楚世家」 참조.

15) 項燕 : 楚나라의 장수로 下相(지금의 江蘇省 宿遷縣 서남쪽 지역) 사람이다.

16) 內史 : 관직 이름으로 秦나라에서 京城의 최고 행정장관이었다.

17) 戎狄 : 고대에 중국의 서북과 북방의 각 부족을 두루 지칭하는 말인데, '戎'은 주로 서북 지역에 거주하였고, '狄'은 주로 북방에 거주하였다.

18) 河南 : 秦漢 시대에는 지금의 내몽고 河套 일대를 말한다.

19) 萬里長城를 말하는데 이는 秦 始皇이 匈奴를 방비하기 위하여 쌓은 성이다. 후에 여러 번 수축하였으며 위치도 다소 변동이 있었다.

20) 臨洮 : 지금의 甘肅省에 있는 현 이름으로 만리장성의 기점이다.

21) 遼東 : 군 이름으로 위치는 지금의 遼寧省 大凌河 동쪽 지역이다.

22) 陽山 : 秦漢 시대에 陰山의 가장 서쪽 지역을 '陽山'이라고 하였는데, 위치는 지금의 내몽고의 狼山 지역이다.

23) 上郡 : 지금의 陝西省 북부와 내몽고 河套 이남 지역이다.

으며, 그들을 신임하고 현명하게 여겼다. 그리하여 몽의(蒙毅)를 가까이 하니, 몽의는 벼슬이 상경에 이르게 되어, 외출할 때에는 수레에 함께 타고, 들어와서는 곁에서 모셨다. 몽염은 왕궁 밖의 군사 일을 맡았고, 몽의는 언제나 안에서 정책을 도모하여 충직하고 믿음직한 신하로 알려지니, 여러 장군들과 재상들도 감히 그들과 다투려 하지 않았다.

조고(趙高)는 조씨 가문의 먼 일족이었다. 조고의 형제 몇 사람은 모두 은궁(隱宮)²⁵⁾에서 태어났으며, 그의 어머니도 형벌을 받았으므로²⁶⁾ 대대로 비천하였다. 진(秦)나라 왕은 조고가 능력이 뛰어나고 형법에 능통하다는 말을 듣고, 그를 등용하여 중거부령(中車府令)²⁷⁾을 삼았다. 조고는 은밀히 공자(公子) 호해(胡亥)²⁸⁾를 섬기며, 그에게 판결하는 법을 가르쳤다. 조고가 큰 죄를 지었을 때에, 진나라 왕은 몽의에게 법에 따라 다스리라고 명령하였다. 몽의는 감히 법을 어기지 못하고, 조고의 죄는 사형에 해당된다고 하여 그의 환적(宦籍)을 삭제하였다. 그러나 진나라 왕은 조고가 일에 열심이라고 하며 그를 용서하고, 그의 관직을 회복시켜주었다.

진 시황이 천하를 순행(巡行)하려 하매, 구원(九原)²⁹⁾을 거쳐 곧바로 감천(甘泉)³⁰⁾까지 가고자 하였다. 그리하여 몽염으로 하여금 길을 뚫게 하니, 구원에서 감천까지 산을 깎고 골짜기를 메운 것이 1,800리나 되었으나, 길은 아직 완성되지 않았다.

진 시황 37년 겨울에 길을 떠나 회계(會稽)³¹⁾로 순행하여, 바닷길을

---

24) 匈奴 : 기원전 3세기경부터 약 300년간 지금의 蒙古 지방에서 유목하던 터키 족의 일종이다. 일설에는 몽고족이라고도 하는데, 그 임금은 單于이다.
25) 宮刑의 한 가지로 남자는 거세시키고, 여자는 유폐시켜 100일 동안 隱室에 가두었다.
26) 趙高의 아버지는 일찍이 宮刑을 받았고, 어머니는 官婢가 되었는데, 그후에 다른 사람과 사통하여 趙高 형제를 낳았다.
27) 車府令은 황제가 巡行할 때 타는 차량을 담당하는 관리인데, 항상 궁궐 안에 있어야 하므로 中車府令이라고 칭한 것이니, '中'은 곧 궁궐을 뜻한다. 일설에는 趙高가 中人(宦官)이었으므로 이렇게 부른 것이라고 한다.
28) 胡亥 : 秦 2세로 秦 始皇의 막내 아들이다. 기원전 210년에서 기원전 207년까지 재위하였다. 후에 趙高에게 몰려 자살하였다.
29) 九原 : 지금의 내몽고 包頭市 일대.
30) 甘泉 : 지금의 陝西省 淳化縣 서북쪽의 甘泉山을 가리키기도 하고, 秦나라 시대의 林光宮을 말하는 것이기도 하다.
31) 會稽 : 산 이름으로 지금의 浙江省 紹興市 동남부 지역이다.

따라 북쪽으로 올라 낭야(琅邪)[32]로 향하였다. 시황은 도중에 병이 나자, 몽의를 시켜 돌아가서 산천(山川)의 신에게 기도 드리게 하였으나, 끝내 돌아오지 못하였다.

진 시황이 사구(沙丘)[33]에서 붕어하였으나, 비밀로 하였으므로 여러 신하들은 이를 알지 못하였다. 당시에는 승상(丞相) 이사(李斯)[34]와 공자 호해, 중거부령 조고가 늘 황제를 모셨다. 조고는 평소에 호해의 총애를 받고 있었으므로, 그를 황제로 세우려 하였다. 또한 몽의가 법대로 처리하여, 자기를 위해주지 않은 것에 대해서 원한을 품고, 그를 해칠 마음을 가지고 있었다. 그리하여 승상 이사, 공자 호해와 음모하여 호해를 세워 태자로 삼았다.

호해는 태자로 정해진 후, 사자를 보내, 공자 부소(扶蘇)[35]와 몽염에게 죄를 뒤집어씌워 죽음을 내렸다. 부소가 자살한 뒤 몽염은 명령을 의심하여 다시 한번 명을 내려달라고 청하니, 사자는 몽염을 관리에게 넘기고 사람을 파견하여 몽염의 자리를 대신하게 하였다. 호해는 이사의 가신(家臣)[36]을 호군(護軍)[37]으로 삼았다. 사자가 돌아와 보고하니, 호해는 부소가 이미 죽었다는 말을 듣고 몽염을 놓아주려고 하였다. 그러나 조고는 몽씨가 다시 귀하게 되어 정권을 잡으면 자신을 원망할까봐 두려웠다.

몽의가 돌아오자, 조고는 호해에게 충성하는 척하면서 몽씨를 없애고자 하여 이렇게 말하였다.

선제(先帝)[38]께서는 현명한 아들을 들어 태자로 세우시려고 하신 지 오래 되었다고 들었사옵니다. 그런데 의가 '안 된다'라고 간하였다 하옵니다. 공자께서 현인이신 줄 알면서 오래도록 세우지 않으려 하였으니, 이는 불충(不忠)이며 군주를 미혹시킨 것입니다. 신(臣)의 우매한 생각으로는 그를

32) 琅邪 : 산 이름으로 지금의 山東省 膠南縣 남부이다.
33) 沙丘 : 지금의 河北省 平鄕縣 동북부 지역이다.
34) 李斯 : 楚나라 上蔡 사람으로 秦나라의 客卿이 되어 始皇帝를 도와 천하를 통일하고 郡縣制를 창립하였으며, 중앙집권제를 확립하고 전국의 문자와 도량형을 통일하였다. 秦 始皇이 죽은 후에 趙高와 함께 모의하여 胡亥를 2세 황제로 옹립하였는데, 나중에는 끝내 趙高와 胡亥에 의해서 살해되었다.
35) 扶蘇 : 秦 始皇의 長子인데, 秦 始皇의 焚書坑儒를 간하다가 노여움을 사서 경원되었다. 후에 秦 始皇이 죽은 뒤 李斯와 趙高의 거짓 詔書에 의해서 賜死되었다.
36) 원문에는 "舍人"으로 되어 있다.
37) 護軍 : 무관의 명칭으로 將領들간의 관계를 조절하는 책임을 진다.
38) 秦 始皇을 가리킨다.

죽이는 것이 좋을 것 같습니다.

호해는 이 말을 듣고 몽의를 대 (代)³⁹⁾의 옥에 가두었다. 이에 앞서 몽염은 이미 양주 (陽周)⁴⁰⁾의 옥에 갇혔다. 시황제의 영구가 함양 (咸陽)⁴¹⁾에 도착하여 장례를 끝내자, 태자가 뒤를 이어 2세 황제가 되었다. 조고가 가까이 모시면서 밤낮으로 몽씨를 헐뜯고, 그들의 죄과를 찾아내어 탄핵하였다.

자영 (子嬰)⁴²⁾이 황제 앞에 나와 간하였다.

신이 듣건대, 이전의 조왕 (趙王) 천 (遷)은 어진 신하 이목 (李牧)⁴³⁾을 죽이고 안추 (顔聚)⁴⁴⁾를 등용하였으며, 연왕 (燕王) 희 (喜)는 남몰래 형가 (荊軻)⁴⁵⁾의 계책을 써서 진 (秦)나라와의 약속을 저버렸으며, 제왕 (齊王) 건 (建)은 전대 (前代)의 충신들을 죽이고 후승 (后勝)⁴⁶⁾의 건의를 받아들였다고 합니다. 이 세 임금은 모두가 각기 옛것을 바꾸었다가 그 나라를 잃었으며 재앙이 자기 몸에까지 미쳤습니다. 지금 몽씨는 진나라의 대신이며 모사 (謀士)⁴⁷⁾입니다. 그런데 폐하께서 하루아침에 이들을 버리려고 하시니, 신은 슬며시 안 된다는 생각이 들었습니다. 신이 듣건대, 경솔한 생각으로는 나라를 다스릴 수가 없고, 혼자의 지혜로는 군주의 자리를 보존하지 못한다고 합니다. 충신을 죽이고 절조 없는 사람을 세운다면, 이는 안으로는 뭇 신하들을 서로 불신하게 만들고 밖으로는 전쟁을 치르는 군사들의 마음을 흐트러뜨리게 만드니, 신은 은근히 안 된다는 생각이 듭니다.

호해는 이 말을 듣지 않았다. 그리고 어사 (御史)⁴⁸⁾ 곡궁 (曲宮)에게 역

---

39) 代 : 현 이름으로 지금의 河北省 蔚縣 서남쪽 지역이다.
40) 陽周 : 현 이름으로 지금의 陝西省 子長縣 서북쪽 지역이다.
41) 咸陽 : 秦나라의 도성으로 지금의 陝西省 咸陽市 동북쪽 지역이다.
42) 子嬰 : 후에 趙高에 의해서 옹립되었는데, 겨우 46일 동안 재위하고 劉邦이 咸陽을 공격하자 그는 투항하였다. 나중에 項羽에게 살해되었다.
43) 李牧 : 趙나라의 장수인데 趙나라 왕이 秦나라의 이간책에 넘어가서 그를 죽이게 된다.
44) 顔聚 : 원래는 齊나라의 장수인데, 趙나라 왕이 寵臣 郭開의 讒言을 듣고 李牧을 대신하여 그를 등용하였다.
45) 荊軻 : 전국시대의 자객의 이름. 燕나라의 太子 丹을 위해서 秦나라 왕을 죽이려 하다가 도리어 秦나라 왕에게 죽임을 당하였다. 권86「刺客列傳」 참조.
46) 后勝 : 齊나라의 宰相으로 기원전 221년 秦나라의 군대가 齊나라를 공격해왔을 때, 齊王 建은 그의 의견을 듣고 秦나라에 투항하여 결국은 齊나라를 멸망하도록 하였다.
47) 謀士 : 여러 가지 계책을 잘 내는 사람.

마를 타고 대(代)로 가도록 하였는데, 몽의에게 명령하여 말하기를 "선제께서 나를 태자로 세우려 하실 때에 경은 이를 비난하였소. 지금 승상(丞相)이 경을 불충하다고 하면서, 그 죄가 일족에게 미친다고 말하였소. 그러나 짐은 차마 그렇게 할 수가 없어 경에게만 죽음을 내리니, 또한 매우 다행한 일이오. 경은 스스로 알아서 하시오"라고 하였다. 몽의가 대답하여 말하였다.

신이 선제의 뜻을 몰랐다고 하지만, 신은 연소(年少)할 때부터 벼슬하여 선제께서 승하하시는 때까지 그 뜻에 순종하여 총애를 입었으니, 선제의 뜻을 알았다고 말할 수 있습니다. 신이 태자의 능력을 몰랐다고 하지만, 태자만이 선제를 수행하여 천하를 두루 순행하였으니, 태자의 능력이 다른 여러 공자들보다 훨씬 뛰어나다는 것을 신은 의심해본 적이 없습니다. 선제께서 폐하를 태자로 세우려 하신 것은 몇년 동안 생각해오신 것인데, 신이 감히 무슨 말을 간할 것이며, 어찌 감히 다른 생각을 하였겠습니까? 감히 말을 꾸며서 죽음을 피하려는 것이 아니오라, 선제의 명예에 누를 끼치는 것이 부끄러우니, 대부(大夫)⁴⁹⁾께서는 깊이 생각하시어 신이 정당한 죄명으로 죽게 해주십시오. 대체로 공을 이루고 제 몸도 온전히 보전해야 도리가 귀중한 것이지, 형벌을 받고 죽게 되면 도리도 끝입니다. 옛날에 진 목공(秦穆公)은 세 사람의 어진 신하를 죽이고 백리해(百里奚)⁵⁰⁾에게도 죽을 죄를 내렸지만, 모두 합당한 죄는 아니었습니다. 그래서 '목(穆)'이라는 시호를 받았습니다. 소양왕(昭襄王)은 무안군(武安君) 백기(白起)⁵¹⁾를 죽였으며, 초 평왕(楚平王)은 오사(伍奢)⁵²⁾를 죽였고, 오왕(吳

---

48) 御史 : 관직 이름으로 춘추전국 시대에는 각국에 모두 御史가 있어 문서와 記事를 관장하였는데, 秦代에는 탄핵과 규찰의 권리도 있었다.

49) 大夫 : 벼슬 이름으로 '士'의 위이며 '卿'의 아래이다. 여기서는 존칭으로 사용된 것이다.

50) 百里奚 : 춘추시대의 虞나라 사람으로 字는 井伯이며, 虞公을 섬겨 大夫가 되었다. 虞나라가 晉나라에게 망하였을 때 포로가 되었다가 楚나라로 달아나 그 나라 사람에게 잡혔는데, 秦 穆公이 그가 어질다는 소문을 듣고 암양 다섯 마리의 가죽을 그의 몸값으로 주고 신하를 삼아 국정을 맡겼다. 穆公이 五霸의 한 사람이 된 것은 그의 공에 힘입은 바가 크다. 전하는 말로는 나중에 穆公에게 살해되었다고 한다.

51) 白起 : 秦나라의 장수로 전공으로 武安君이 되었다. 후에 秦 昭王과 의견이 맞지 않고, 또 秦나라의 장수 范睢의 질시를 받아 죽임을 당하였다.

52) 伍奢 : 춘추시대 楚나라 사람으로 태자의 太傅였는데 少傅가 태자를 모함하니, 伍奢가 平王에게 讒言을 듣고 혈육을 멀리해서는 안 된다고 간하자, 平王이 노하여 伍奢와 그의 아들 伍尙을 같이 죽여버렸다.

王) 부차(夫差)⁵³⁾는 오자서(伍子胥)⁵⁴⁾를 죽였습니다. 이 네 임금은 모두 커다란 실수를 범하였으니, 그래서 천하가 그들을 비난하였으며, 현명하지 못한 임금으로 제후들 사이에 나쁘게 알려져 있습니다. 그러므로 "도리로써 다스리는 자는 죄 없는 사람을 죽이지 않고, 무고한 사람에게는 벌을 주지 않는다"라고 합니다. 원컨대 대부께서는 이 점을 유념하시옵소서!

그러나 사자는 호해의 뜻을 알고 있었으므로 몽의의 말을 듣지 않고 마침내 그를 죽였다.

2세 황제는 다시 사자를 양주로 보내 몽염에게 명령하여 말하기를 "그대는 잘못이 많다. 그리고 경의 아우 의가 큰 죄를 범하였는데, 법대로 하면 내사에게도 연루된다"라고 하였다. 이에 몽염이 말하였다.

저의 선조(先祖)⁵⁵⁾로부터 자손에 이르기까지 진나라에 공을 쌓은 것이 3대나 됩니다. 지금 신은 30여 만 대군을 거느리고 있고, 비록 죄수의 몸으로 감옥에 갇혀 있지만, 그 세력이 진나라를 배반하기에 충분합니다. 그러나 제가 반드시 죽을 것을 알면서도 의리를 지키는 것은, 조상의 가르침을 감히 욕되게 하지 않고 선제의 은덕을 잊지 않기 때문입니다. 옛날 주 성왕(周成王)⁵⁶⁾이 처음 즉위하셨을 때에는 강보(襁褓)를 떠나지 못하였지만, 주공 단(周公旦)⁵⁷⁾이 왕을 업고 조정에 나가 일을 처리하여, 마침내 천하를 평정하였습니다. 성왕이 병에 걸려 위독하게 되자, 주공 단은 스스로 손톱을 잘라 황하에 던지면서 기도하여 말하기를 "왕께서는 아직 아무 것도 모르셔서 제가 모든 일을 맡아 하고 있습니다. 만약에 죄가 있다면 제가 그 벌을 받겠습니다"라고 하였습니다. 이에 이를 적어서 기부(記府)⁵⁸⁾에 간직해두었으니, 충성스럽다고 할 만합니다. 성왕이 자라서 나라를 다스릴 수 있게 되자, 어떤 간신이 "주공 단이 반란을 일으키려 한 지 오래되었사오니, 왕께서 만약에 대비하지 않으신다면 반드시 큰 일이 일어날

---

53) 夫差 : 춘추시대 吳나라의 왕으로 越나라를 쳐서 그의 父王 闔閭의 원수를 갚았으나, 후에 越王 句踐에게 패하여 죽게 되어 吳나라는 멸망하였다.
54) 伍子胥 : 伍奢의 둘째 아들인데, 伍奢가 살해된 후에 吳나라로 도망하여 吳王 闔閭를 보좌하여 楚나라를 깨뜨렸다. 후에 夫差와 의견이 맞지 않았고, 다른 사람의 讒毁도 당하여 피살되었다.
55) 蒙驁와 蒙武를 말한다.
56) 周 成王 : 西周의 국왕으로 周 武王의 아들인데, 즉위할 때 나이가 너무 어려서 숙부인 周公 旦이 조정의 정치를 관장하였다.
57) 周公 旦 : 周 武王의 동생으로 西周 초기의 유명한 정치가이다.
58) 記府 : 문서를 보관하는 창고.

것입니다"라고 하였습니다. 왕이 이에 크게 노하자, 주공 단은 초나라로 달아났습니다. 성왕이 기부를 조사하다가 주공 단이 황하에 던진 글을 보고는 눈물을 흘리면서 "누가 주공 단이 반란을 일으키려 한다고 하였느냐!"라고 말하고는 그렇게 말한 자를 죽이고, 주공 단을 불러들였습니다. 그러므로 『주서(周書)』[59]에 이르기를 "반드시 여러 곳에 자문을 구하고, 반복하여 살핀다"라고 하였습니다. 지금까지 신의 집안은 대대로 두 마음을 가진 적이 없었으나, 일이 갑자기 여기까지 이르렀으니, 이는 반드시 간신이 반역을 꾀하여, 안으로 군주를 능욕하려는 것입니다. 무릇 성왕은 잘못하였으나, 다시 고쳤기 때문에 끝내는 창성하였고, 걸(桀)[60]은 관용봉(關龍逢)[61]을 죽였고, 주(紂)[62]는 왕자 비간(比干)[63]을 죽이고도 뉘우치지 않았기에, 자신은 죽음에 이르고 나라는 망하게 되었습니다. 그러므로 신은 "잘못은 바로잡아야 하고 간언은 깨달아야 하며, 두루 여러 곳에 자문을 구하고 조사하는 것이 성왕의 도리이다"라고 말씀드리고 싶습니다. 신이 드리는 말씀은 결코 허물을 면하려는 것이 아니고, 간언을 드리고 죽고자 할 따름입니다. 원컨대 폐하께서는 만민을 위하여 도리를 따르도록 하옵소서.

사자가 "신은 명령을 받고 장군에게 형을 집행할 따름이니, 감히 장군의 말을 왕께 전해 올릴 수는 없소"라고 말하였다. 몽염이 길게 한숨 짓고 말하기를 "내가 하늘에 무슨 죄를 지었기에, 잘못도 없이 죽어야 한다는 말인가!"라고 한 후, 한참 있다가 천천히 말하였다.

나의 죄는 참으로 죽어 마땅하다. 임조에서 공사를 일으켜 요동에 이르기까지 장성을 만여 리나 쌓았으니, 그러는 동안 지맥(地脈)을 끊어놓지 않을 수 있었겠는가[64]! 이것이 바로 나의 죄이다.

그리고는 약을 삼키고 자결하였다.

---

59) 『周書』: 여기에서는 『逸周書』를 가리키는데, 周代의 역사서는 대체로 전국시대의 사람들이 周代의 글을 모방하여 지은 것이다.
60) 桀: 夏나라 마지막 군주로 역사상 폭군으로 유명하다. 후에 商 湯王에 의해서 쫓겨났다.
61) 關龍逢: 夏나라의 賢臣이었는데 桀에게 간하다가 피살되었다.
62) 紂: 商 왕조의 마지막 군주로 역사상 잔인하고 포악하기로 유명하다. 후에 周 武王과 싸워 패하자 자살하였다.
63) 比干: 商 왕조 紂의 숙부인데 여러 차례 紂王의 악정을 간하다가 피살당하였다.
64) 고대의 미신적 관념으로는 토지의 맥락을 끊은 사람은 하늘의 징벌을 받을 것이라고 생각하였다.

태사공은 말하였다.

"나는 북쪽 변경 지방에 갔다가 직도(直道)⁶⁵⁾를 통해서 돌아왔는데, 길을 가면서 몽염(蒙恬)이 진나라를 위해서 쌓은 만리장성의 요새를 보니, 산을 깎아내리고 골짜기를 메워 직도를 통하게 하였는데, 이것은 참으로 백성의 노고를 가벼이 여긴 것이다. 왜냐하면 진나라가 제후들을 멸한 초기에는 천하의 민심이 아직 안정되지 못하였고, 상처를 입은 자들도 아직 낫지 않았으나, 몽염은 명장(名將)이면서도 이러한 때에 강력히 간언하여 백성의 궁핍을 구제하고 노인과 고아를 부양하여, 모든 백성들에게 평화를 주려고 힘쓰지 않았기 때문이다. 오히려 시황제(始皇帝)의 야심에 동조하여 공사를 일으켰으니, 그들 형제가 죽임을 당한 것도 또한 마땅하지 않은가! 어찌 지맥을 끊은 것에다 죄를 돌리려고 하는가?"

---

65) 直道 : 秦나라의 九原에서 甘泉까지 이르는 큰 길을 가리킨다.

권89 「장이진여열전(張耳陳餘列傳)」 제29

　장이(張耳)는 대량(大梁)¹⁾ 사람이다. 그는 어릴 적에 위 공자(魏公子) 무기(毋忌)²⁾를 추종하여 그의 빈객이 된 적이 있었다. 장이는 일찍이 망명하여 외황(外黃)³⁾에서 유랑하였다. 외황의 한 부잣집 딸이 매우 아름다웠는데, 그녀는 용렬한 사람에게로 시집을 갔다가 그 남편에게서 도망하여 아버지의 빈객에게 몸을 의탁하였다. 그 아버지의 빈객은 평소에 장이를 알고 있었던 사람으로 그는 그 부잣집 딸에게 "반드시 어진 남편을 구하고자 한다면 장이를 따르라"고 하였다. 그 여자는 이 말에 따라 마침내 그 남편과 헤어지고 장이에게로 시집을 갔다. 장이는 생활의 근심, 부담을 버리고 널리 교유하고 다녔는데, 여자의 집에서 장이에게 후하게 돈을 대주었기 때문에 장이는 천리의 먼 곳에 있는 사람까지도 부를 수가 있었다. 그리하여 그는 위(魏)⁴⁾나라에서 벼슬을 하여 외황의 수령이 되었으며, 그후로 더욱 명성이 높아지게 되었다.

　진여(陳餘)도 또한 대량 사람으로서 그는 유가(儒家)의 학술을 좋아하여 조(趙)⁵⁾나라의 고형(苦陘)⁶⁾이라는 곳을 자주 드나들었다. 부자인 공승씨(公乘氏)가 그의 딸을 그에게 시집 보냈는데, 이 또한 진여가 평범한 사람이 아닌 줄을 알았기 때문이다. 진여는 젊은 시절에 장이를 아버지처럼 섬기며, 그 두 사람은 서로 문경지교(刎頸之交)⁷⁾를 맺었다.

1) 大梁 : 전국시대 魏나라의 도성으로, 지금의 河南省 開封市 서북쪽 지역이다.
2) 毋忌 : 魏 昭王의 작은아들이며, 魏 安釐王의 동생이다. 信陵君에 봉해졌는데, 養士로 유명하다.
3) 外黃 : 현 이름으로 지금의 河南省 民權縣 서북쪽 지역이다.
4) 魏 : 전국시대의 나라 이름으로 晉나라의 大夫 魏斯가 晉나라를 삼분하여 그중의 河南省 북부, 山西省의 서남부를 차지하여 창건하였다. 처음에는 安邑에 도읍하였는데 후에 大梁으로 천도하였으며, 기원전 225년에 秦나라에 의해서 멸망당하였다.
5) 趙 : 춘추전국 시대에 晉나라의 卿인 韓, 魏, 趙가 晉나라를 삼분하여 세운 나라로 河北省의 남부 및 山西省의 북부 지역을 차지하였다. 기원전 222년에 秦나라에 의해서 멸망되있다. 권43 「趙世家」 참조.
6) 苦陘 : 趙나라의 고을 이름으로 지금의 河北省 定縣 동남쪽 지역이다.

진(秦)[8]나라가 대량을 멸망시킬 때에 장이는 외황에 살고 있었다. 일찍이 고조(高祖)[9]가 평민이었을 때에 여러 차례 장이를 따르며 교유한 적도 있고, 여러 달 동안 그의 객이 된 적도 있었다. 진나라는 위(魏)나라를 멸망시킨 지 여러 해 만에 이 두 사람이 위나라의 명사(名士)라는 소문을 듣고 장이를 찾아주는 사람에게는 1,000금을, 진여를 찾아주는 사람에게는 500금을 주겠다고 현상금을 걸어 찾았다. 이에 장이와 진여는 이름을 바꾸고 함께 진(陳)[10]으로 가서 어떤 마을의 문지기 노릇을 하여 끼니를 이었다. 이 두 사람은 서로 마주 보며 문을 지키고 있었다. 어느날 마을의 관리가 진여에게 잘못이 있다고 매질한 일이 일어났는데, 진여가 반항하려고 하자, 장이가 진여의 발을 밟아 매를 맞도록 하였다. 관리가 떠나자, 장이는 진여를 뽕나무 아래로 데려가서 꾸짖으며 말하기를 "처음에 내가 공에게 무어라고 하였소? 지금 작은 치욕을 당하였다고 하여 일개 관리의 손에 죽으려고 하시오?"라고 하자, 진여는 이에 수긍하였다. 진나라는 조서(詔書)를 내려 현상금을 걸고 이 두 사람을 찾았는데, 이 두 사람은 오히려 문지기의 위치를 이용하여 마을 안에 조서를 포고하였다.

진섭(陳涉)[11]은 기(蘄)[12]에서 봉기하여 진(陳)에 이르렀는데, 그 군대가 수만명에 달하였다. 장이와 진여가 진섭에게 이름을 올리고 뵙기를 청하였다. 진섭과 그의 측근들은 평소에 장이와 진여의 현명함에 대하여 자주 들었으나, 한번도 만난 적은 없었기에 그들을 보자 매우 기뻐하였다.

진(陳)나라의 호걸과 원로들이 진섭을 설득하여 말하였다.

장군은 몸소 갑옷을 입고 무기를 잡은 채, 사졸을 거느리고 저 포악한 진

---

7) 刎頸之交 : 목이 달아날지라도 마음이 변치 않을 만큼 친한 교제, 곧 생사를 함께 하는 친한 사이를 말한다.

8) 秦 : 권88 「蒙恬列傳」의 〈주 2〉 참조. .

9) 漢 高祖 劉邦을 말한다. 劉邦은 泗水郡 沛縣 사람으로 西漢 왕조의 창건자로 기원전 202년에서 기원전 195년까지 재위하였다.

10) 陳 : 周代의 제후국으로 지금의 河南省과 安徽省 일부 지역에 있었다.

11) 陳涉 : 사람 이름. 字는 涉이고 이름은 勝이며, 陽城(지금의 河南省 登封縣 동남쪽) 사람이다. 秦 2세 원년에 吳廣과 蘄縣 大澤鄕에서 난을 일으키고 국호를 楚라고 하였다. "제비와 참새 같은 작은 새가 기러기와 고니 같은 큰 새의 뜻을 어찌 알겠는가! (燕雀安知鴻鵠之志)," "왕후와 장상에 어찌 혈통이 있겠는가! (王侯將相寧有種乎)" 등의 명구로 유명하다. 권48 「陳涉世家」 참조.

12) 蘄 : 현 이름으로 지금의 安徽省 宿州市 동남쪽 지역이다.

(秦)나라를 멸하여 초(楚)13)나라의 사직(社稷)14)을 다시 세워 망한 나라를 일으키고 끊어진 후대를 이으셨으니, 그 공적은 왕이 되기에 마땅한 것입니다. 게다가 천하의 여러 장수를 살피고 감독하기 위해서라도 왕이 되시지 않으면 안 될 것입니다. 원컨대 장군께서 초나라 왕이 되어주십시오.

진섭이 두 사람에게 물으니, 두 사람이 대답하였다.

저 진(秦)나라는 무도(無道)하여 남의 국가를 멸망시키고 사직을 없앴으며, 남의 후세를 끊어놓았고, 백성의 힘을 피폐하게 하고 백성의 재물을 모두 약탈하였습니다. 이러한 때 장군께서 눈을 부릅뜨고 담력을 크게 하여 만 번 죽을지언정 구차히 살기를 구하지는 않겠다는 계책을 내시고, 천하를 위하여 잔악한 무리를 제거하셨습니다. 이제 바야흐로 진(陳) 땅에 오셨는데, 왕이 되신다면 이는 천하에 자신의 사욕을 보이는 것이 됩니다. 원컨대 장군께서는 왕위에 오르지 마시고 지금 빨리 군대를 이끌고 서쪽으로 가서서 사람을 파견하여 여섯 나라들15)의 후계자를 세우십시오. 이는 장군에게는 같은 편을 만드는 것이고, 진(秦)에게는 적이 더욱 불어나게 하는 것입니다. 적이 많으면 힘은 분산되고, 편이 많으면 군대는 강해지게 됩니다. 이렇게 되면, 들에서는 싸우는 병사가 없게 되고, 현(縣)16)에서는 성을 지키며 저항하는 자가 없게 되어, 저 포악한 진나라를 멸할 수 있을 것입니다. 그리고 난 다음 함양(咸陽)17)에 웅거하여 제후들을 호령하십시오. 그 제후들은 망하였다가 다시 일어서게 되었으니, 덕으로써 그들을 복종시킨다면 제왕의 대업이 이루어질 것입니다. 이제 다만 진(陳) 땅의 왕이 되신다면 천하가 분열될까 두렵습니다.

그러나 진섭은 이 말을 듣지 않고 드디어 왕위에 올랐다.
진여는 이에 다시 진왕(陳王)을 설득하여 말하였다.

대왕께서는 양(梁)18)과 초(楚)의 병사를 거느리고 서쪽으로 가서 함곡관

---

13) 楚 : 춘추전국 시대의 나라로 도읍은 郢이며, 秦나라에 의해서 멸망당하였다.
14) 社稷 : 토지의 主神과 五穀의 신을 가리킨다. 옛날에 天子와 제후는 반드시 社稷壇을 세우고 제사를 지내어 국가와 존망을 같이하였으므로, 이것은 '국가'라는 의미로 쓰인다.
15) 전국시대의 齊, 楚, 燕, 韓, 魏, 趙 나라를 말한다.
16) 縣 : 秦 始皇 때부터 시작한 행정상의 구획으로 처음에는 郡보다 위였으나 후에는 郡 또는 府에 속하였다.
17) 咸陽 : 秦나라의 도성으로 지금의 陝西省 咸陽市 동북쪽 지역이다.
18) 梁 : 곧 魏나라 땅을 말하는데, 전국시대에 魏나라는 大梁에 도읍하였으므로 魏나

(函谷關)[19]으로 들어가는 데에 힘을 쓰시느라, 아직 하북(河北)[20]의 땅을 거두어들이지는 못하셨습니다. 신은 일찍이 조(趙)나라를 유력한 적이 있어서 그곳의 호걸들과 지형에 대하여 잘 알고 있으니, 원컨대 기병(奇兵)[21]을 거느리고 북쪽으로 조나라를 공략하기를 바라옵니다.

이에 진왕(陳王)은 예로부터 친하게 지내던 진(陳)나라 사람인 무신(武臣)을 장군으로 삼고, 소소(邵騷)를 호군(護軍)[22]으로 삼았으며, 장이와 진여로써 좌우 교위(校尉)[23]를 삼아 3,000명의 병졸을 주어 북쪽으로 조나라를 공략하게 하였다.

무신 등은 백마(白馬)[24]에서 황하를 건너 여러 현에 이르러 그곳의 호걸들을 설득하여 말하였다.

진(秦)나라가 혼란한 정치와 가혹한 형벌로써 천하를 잔혹하게 다스리고 해를 끼쳐온 지 수십년이 되었습니다. 북쪽으로는 만리장성을 쌓는 노역[25]이 있었고, 남쪽으로는 오령(五嶺)을 수비하는 병역[26]이 있었기 때문에 안팎으로 소동이 잦아 백성들은 피폐한 실정인데도 엄중하게 인두세를 거두어들여서 군비로 공급하였습니다. 그리하여 재물은 고갈되고, 힘은 다하였으므로 백성들은 삶을 영위해나갈 수가 없었습니다. 그 위에 가혹한 법과 준엄한 형벌로써 백성들을 무겁게 억누르는 까닭에 천하의 모든 사람들이 서로 안전하게 살아갈 수가 없게 되었습니다. 이러한 때에 진왕(陳王)께서는 팔뚝을 걷어붙이고 천하를 위하여 앞장을 서시어 초나라 땅에서 왕위에

라를 梁나라라고 부르기도 하였다.

19) 函谷은 지금의 河南省 靈寶縣의 황하 유역에 있는 험준하기로 유명한 골짜기인데, 상자 속처럼 깊고 험하다고 하여 이렇게 부른 것이다. 函谷關은 函谷에 있던 매우 험준한 關門인데, 孟嘗君의 고사로 유명하다.

20) 河北 : 黃河 이북의 지역을 말한다. '河'가 고대에는 黃河의 일반적인 명칭이었다.

21) 奇兵 : 뜻밖에 기습해오는 부대.

22) 護軍 : 무관의 명칭으로 將領들간의 관계를 조절하는 책임을 진다.

23) 校尉 : 姦猾을 糾正하거나 또는 병마를 맡은 무관으로, 대략 將軍에 다음가는 지위이다.

24) 白馬 : 黃河에 있는 나루터의 이름으로 지금의 河南省 滑縣 동북쪽 지역에 있었다.

25) 秦 始皇 33년(기원전 214년)에 蒙恬이 30만여 명을 이끌고 북쪽으로 長城을 쌓았는데, 이것은 서쪽으로 臨洮를 기점으로 하여 동쪽으로 遼東에 이르니 만여 리가 되는 것이다. 이때 백성들의 노역이 끊이지 않았으니 인력이 모두 소모되어버렸다.

26) 秦 始皇은 일찍이 50만여 명을 파견하여 五嶺을 수비하게 하였다. 五嶺은 越城, 都龐(혹은 揭陽), 萌渚, 騎田, 大庾를 말하며, 이곳은 지금의 湖南省, 江西省, 廣東省, 廣西省의 변경 지역이다.

오르시니, 사방 2,000리의 땅에서 이에 호응하지 않는 곳이 없어 집집마다 스스로 분노하고, 사람마다 스스로 떨치고 일어나 제각기 자신들의 원한을 갚고 원수를 공격하였으므로, 현 (縣)에서는 그 영승 (令丞)²⁷⁾을 죽이고, 군 (郡)²⁸⁾에서는 그 수위 (守尉)²⁹⁾를 죽였습니다. 이제 초나라의 세력을 확장시키고 진 (陳)에서 왕위에 오르시고는 오광 (吳廣)³⁰⁾과 주문 (周文)³¹⁾으로 하여금 100만의 군사를 거느리고 서쪽으로 진격하여 진나라를 공격하도록 하셨습니다. 이러한 때에 제후에 봉함받는 업적을 이루지 못하는 사람은 호걸이라고 할 수 없을 것입니다. 여러분들은 한번 서로 잘 생각해보십시오. 무릇 천하의 사람들이 한마음으로 진 (秦)나라에 대하여 괴로움을 느낀 지가 이미 오래되었습니다. 천하의 힘에 의거하여 무도한 군주를 공격하여 부모의 원한을 갚고, 땅을 할양받고 토지를 차지하는 일은 사내 대장부의 좋은 기회인 것입니다.

호걸들은 모두 이 말에 수긍하였다. 이리하여 일을 착수하여 군대를 거두어들여 수만명을 얻었으며, 무신 (武臣)을 무신군 (武信君)이라고 칭하였다. 이윽고 조 (趙)나라의 10여 개의 성을 함락시켰는데, 그 나머지는 성을 지키며 투항하려 하지 않았다.

이에 군대를 이끌고 동북쪽으로 향하여 범양 (范陽)³²⁾을 공격하였다. 그때 범양 사람인 괴통 (蒯通)³³⁾이 범양령 (范陽令)에게 설득하여 말하기를 "공께서 곧 돌아가시게 되었다는 말을 은밀히 듣고 조문하러 왔습니다. 그러나 공께서 이 괴통을 얻어 살아나게 되신 것을 경하드립니다"라

---

27) 令丞 : 縣令(관할구역이 만 호 이상인 縣의 장관이며, 만 호 이하의 경우는 縣長이라고 하였다)과 縣丞 (縣의 縣令과 縣長에 다음가는 벼슬아치)을 말한다.
28) 郡 : 행정구획의 하나로 周나라에서는 縣의 아래에 속하였으나 秦나라에 이르러 천하를 36개의 郡으로 나누었을 때 縣은 그 아래에 속하게 하였고, 漢 武帝에 이르러서는 천하를 13州로 나누어 郡은 州에 속하였으며, 唐나라 때에 州를 없애고 道를 설치하고 郡을 州로 개칭한 이래로 宋과 元 나라를 거치면서 郡의 칭호는 마침내 없어졌다.
29) 守尉 : 郡守와 郡尉를 합하여 이른 말이다.
30) 吳廣 : 秦나라 말엽의 장군으로 陽夏(지금의 河南省 太康縣) 사람이다. 陳勝과 함께 반란을 일으켜 陳勝은 왕이 되고 吳廣은 假王이 되었다가 후에 부하에게 살해되었다.
31) 周文 : 陳縣 사람으로 병법에 능하여 陳勝의 봉기에 참가하여 군사를 이끌고 函谷關에 들어갔으나, 秦나라의 장수 章邯에게 패전하고 澠池에서 자살하였다.
32) 范陽 : 현 이름으로 지금의 河北省 徐水縣 북쪽 지역이다.
33) 蒯通 : 辯士인데, 후에 韓信에게 齊나라를 공격하라고 유세하였고, 또 劉邦을 배반하고 자립하라고 권하였다.

고 하였다. 범양령이 "무엇 때문에 나를 조문한다는 것인가?"라고 하자, 괴통이 말하였다.

진(秦)나라의 법은 준엄하여 공께서 범양령이 된 지가 10년이 되었는데, 남의 부모를 죽이고, 남의 아들을 고아로 만들고, 백성의 다리를 끊어놓고, 백성의 머리에 경형(黥刑)[34]을 가하는 등, 그 피해는 이루 헤아릴 수 없을 정도입니다. 그렇지만 자애로운 아버지나 효성스러운 아들이 공의 뱃가죽에 비수를 꽂지 못한 것은 진나라의 법이 두려웠기 때문일 뿐입니다. 지금 천하는 크게 혼란하여 진나라의 법이 제대로 시행되지 않고 있으니, 그렇다면 자애로운 아버지나 효성스러운 아들이 공의 뱃가죽에 비수를 꽂음으로써 이름을 얻고자 할 터인즉, 이것이 바로 신이 공을 조문하는 까닭입니다. 이제 제후들은 진나라를 배반하고, 무신군의 군대도 곧 이곳에 도달할 것인데, 공께서 범양을 굳게 지키려 하신다면 젊은이들은 모두 앞을 다투어 공을 죽이고 무신군에 항복하려 할 것입니다. 공께서 급히 신을 파견하여 무신군을 만나보게 하신다면 화를 복으로 돌릴 수가 있는데, 그 시기는 바로 지금인 것입니다.

범양령은 이에 괴통으로 하여금 무신군을 만나게 하였는데, 괴통은 이렇게 말하였다.

공께서는 전쟁을 벌여 승리를 얻고 나서야 그 땅을 경략(經略)하신다거나, 공격을 하여 이긴 뒤에야 성을 함락시키려고 하시는데, 신은 그것이 잘못된 것이라고 생각합니다. 만일 신의 계책을 들으신다면 공격하지 않고도 성을 함락시킬 수 있을 것이며, 싸우지 않고도 땅을 경략할 수 있을 것이며, 격문(檄文)[35]을 포고함으로써 천리를 평정할 수가 있을 것인데, 어떻습니까?

무신군이 "그것이 무슨 말인가?"라고 묻자, 괴통이 말하였다.

지금 범양령은 마땅히 그 사졸들을 정돈하고 전투 준비를 해야 할 터인데, 그는 겁이 많아 죽음을 두려워하고 있고, 탐욕스러워 부귀를 중하게 여기는 고로, 천하의 누구보다도 먼저 항복을 하고자 하나, 공께서 그가 진

---

34) 黥刑 : 고대의 형벌 중의 하나로 칼로 죄인의 얼굴에 글씨를 새기고, 그 위에 먹물을 들이는 것인데, 墨刑이라고도 한다.
35) 檄文 : 특별한 경우에 군병을 모집하거나 세상 사람들의 흥분을 일으키거나 또는 적군을 曉喩 혹은 힐책하기 위하여 발송하는 글발을 말한다.

(秦)나라가 임명한 관리라고 하여 이전의 10개의 성과 같이 죽일 것이라고 여겨 두려워하고 있습니다. 그리고 지금 범양의 젊은이들 역시 그 영(令)을 죽이고 자신들이 성을 근거로 하여 공에게 항거하려 하고 있습니다. 공께서는 저에게 제후의 인(印)을 가져가게 하시어 그를 범양령에 봉하게 하신다면 범양령은 성(城)을 들어서 공께 항복을 할 것이고, 젊은이들도 감히 그 영을 죽이지는 못할 것입니다. 그리고는 범양령으로 하여금 화려한 장식을 한 붉은 수레를 타고 연(燕)[36)]나라와 조(趙)나라의 교외를 달려 지나가게 하십시오. 연과 조 나라의 사람들이 교외에서 그러한 모습을 보고서 모두 "이 사람은 범양령인데, 가장 먼저 항복을 한 사람이다"라고 말하면서 기뻐할 것이니, 그리하면 연과 조 나라의 성(城)은 싸우지 않고서도 항복을 받을 수 있을 것입니다. 이것이 바로 제가 말한 격문을 포고함으로써 천리를 평정시킬 수 있다는 것입니다.

무신군은 그의 계책을 좇아 괴통을 사자로 보내어 범양령에게 제후의 인을 하사하게 하였다. 조나라 땅에서 이러한 소문을 듣고, 싸움을 하지 않고 항복해온 성이 30여 개나 되었다.

한단(邯鄲)[37)]에 이르러 장이와 진여는 주장(周章)[38)]의 군대가 함곡관에 들어가 희(戱)[39)]까지 이르렀다가 퇴각하였다는 소문을 듣게 되었다. 또한 여러 장수들이 진왕(陳王)을 위해서 땅을 탈취하고는 무고하게 죽임을 당한 것을 듣고, 진왕이 자신들의 계책을 사용하지 않고, 또 자신들을 장수로 삼지 않고 교위로 삼은 것을 원망하였다. 이에 무신을 설득하여 말하였다.

진왕은 기(蘄) 땅에서 봉기한 뒤 진(陳) 땅에 이르러 왕위에 올랐는데, 그는 이제 반드시 육국(六國)[40)]의 후대(後代)를 세울 것 같지도 않습니다. 장군께서는 현재 3,000명의 군대로써 조나라의 수십개 성의 항복을 받아서 홀로 하북(河北)에 웅거하고 계신데, 장군께서는 왕이 되지 않고서는 이곳을 진압할 수가 없을 것입니다. 게다가 진왕은 모함하는 말을 듣고 있으니, 돌아가서 보고를 하신다 하여도 화를 면치 못할 것입니다. 차라리 형

---

36) 燕 : 周나라의 제후국으로 召公 奭이 시조이며, 戰國七雄의 하나로서 기원전 222년 秦나라에 의해서 멸망당하였다. 위치는 지금의 河北省 북부와 遼寧省 서쪽 끝이다.
37) 邯鄲 : 전국시대 趙나라의 수도.
38) 周章 : 곧 周文을 가리킨다.
39) 戱 : 戱水를 말한다. 시금의 陝西省 臨潼縣 동쪽 지역.
40) 춘추전국 시대의 齊, 楚, 燕, 韓, 魏, 趙의 여섯 나라를 말한다.

제라도 왕위에 세우는 것이 좋을 것이며, 그렇지 않다면 조나라의 후손을 세우도록 하십시오. 장군께서는 이 기회를 놓치지 마십시오. 시간이 급박하옵니다.

무신은 이 말을 듣고 드디어 조왕(趙王)에 즉위하였다. 그는 진여로써 대장군(大將軍)을 삼고, 장이로써 우승상, 소소(邵騷)로써 좌승상을 삼았다.

그리고 사람을 시켜 진왕(陳王)에게 보고하였다. 진왕은 크게 노하여 무신 등의 집안을 모두 멸족하고 군대를 일으켜 조나라를 공격하려 하였다. 그때 진왕의 상국(相國)⁴¹⁾인 방군(房君)⁴²⁾이 간언하기를 "진(秦)나라가 아직 멸망하지도 않았는데 무신 등의 집안을 모두 죽인다면, 이는 또 다른 하나의 진나라가 생기는 것과 같습니다. 그보다는 차라리 그들을 축하해주고 그들로 하여금 빨리 군대를 이끌고 서쪽으로 진나라를 치게 하는 것이 좋을 것입니다"라고 하였다. 진왕은 이 말에 동의하고, 그의 계책에 따라 무신 등의 집안 사람을 궁중에 옮겨 연금하고, 장이의 아들 오(敖)를 성도군(成都君)⁴³⁾에 봉하였다.

진왕은 사자를 보내어 조왕을 경하하고, 군대를 일으켜 서쪽으로 진격하여 함곡관에 들어갈 것을 재촉하였다. 그러자 장이와 진여는 무신을 설득하여 말하였다.

왕께서 조왕(趙王)이 되신 것은 초나라의 뜻이 아니며 계책에 따라서 대왕을 하례한 것에 불과한 것입니다. 초나라가 진(秦)나라를 멸하고 나면 반드시 조나라에 대하여 공격을 가할 것입니다. 원컨대 대왕께서는 군대를 서쪽으로 움직이지 마시고 북쪽의 연(燕)과 대(代)⁴⁴⁾를 취하시어 얻고, 남쪽으로는 하내(河內)⁴⁵⁾를 거두어들임으로써 스스로의 영토를 넓게 만들도록 하십시오. 조나라가 남쪽으로는 대하(大河)를 근거로 하고, 북쪽으로는 연과 대 지방을 차지하게 되면, 초나라가 비록 진나라를 이긴다고 하더라도 감히 조나라를 제압하지는 못할 것입니다.

---

41) 相國 : 백관의 우두머리로 秦 始皇이 呂不韋를 임용한 데서 시작되었다. 처음에는 丞相보다 높았으나 후대에는 丞相도 相國이라 일컬어 마침내 宰相의 통칭이 되었다.
42) '房'은 읍 이름이다.
43) 成都는 지금의 四川省 成都市이다.
44) 代 : 춘추전국 시대의 나라 이름으로 위치는 지금의 河北省 서북부 지역이다.
45) 河內 : 지명으로 지금의 河南省 黃河 이북 지역을 가리킨다.

　　조왕은 이 말이 맞다고 여기어 군대를 서쪽으로 진격시키지 않고, 한광 (韓廣)에게는 연나라를 공략하도록 하였고, 이량(李良)에게는 상산(常山)[46]을 공격하도록 하였으며, 장염(張黶)에게는 상당(上黨)[47]을 공략하도록 하였다.

　　한광이 연나라에 이르자, 연나라의 사람들은 그를 연왕(燕王)으로 세웠다. 그러자 조왕은 장이, 진여와 더불어 북쪽으로 진격하여 연나라의 변경을 공격하였다. 조왕은 한가한 때에 외출하였다가 연나라 군에게 사로잡히게 되었다. 연나라의 장군이 조왕을 가두어두고 조나라의 땅을 반분(半分)해주면 왕을 돌려보내주겠다고 하였다. 그리하여 조나라의 사자가 가기만 하면 연나라는 즉시 죽이고 땅을 요구하였다. 장이와 진여는 이것을 걱정하고 있었는데, 그때 어느 잡일을 하는 병사가 같은 막사의 동료에게 말하기를 "내가 공(公)[48]을 위하여 연나라를 설득하여 조왕을 수레에 싣고서 돌아오겠다"라고 하자, 동료들은 모두 그를 비웃으며 말하기를 "사신으로 간 사람이 10여 명이나 되지만 가는 즉시 죽임을 당하였는데, 네가 어찌 왕을 구해올 수가 있다는 말이냐?"라고 하였다.

　　그러나 그는 연나라 성벽 아래로 달려갔고, 연나라 장군이 그를 바라보자 그는 연나라 장군에게 "신이 무엇을 원하는지 아십니까?"라고 묻자, 그 연나라 장군은 "너는 조나라 왕을 구하고 싶어하는 것일 테지"라고 하였다. 이에 그 병사는 "공께서는 장이와 진여가 어떠한 사람인지 알고 계십니까?"라고 묻자, 연나라 장군은 "현인이다"라고 답하였다. 그 병사가 다시 "그들이 무슨 일을 하고 싶어하는지 아십니까?"라고 묻자, 연나라 장군은 "그들의 왕을 구하려고 하겠지"라고 하였다. 조나라의 잡일을 하는 병사는 이에 웃으며 말하였다.

　　공께서는 이 두 사람이 원하는 바를 알지 못하시는군요. 저 무신, 장이, 진여는 말채찍을 흔드는 것만으로 조나라의 수십개의 성을 함락시켰으며, 그들도 제각기 남면(南面)[49]하고서 왕이 되고자 하는 사람들인데, 어찌 경상(卿相)[50]이 되고 그만두겠습니까? 무릇 신하와 왕의 지위를 어찌 같은

---

46)　常山 : 군 이름으로 지금의 河北省 서부 지역이다.
47)　上黨 : 군 이름으로 위치는 지금의 山西省 동남부이다.
48)　여기에서는 張耳와 陳餘를 지칭한다.
49)　南面 : 임금의 지위에 오름을 의미하는데, 조정에서 임금이 신하에 대하여 남쪽으로 향해 앉기 때문에 이렇게 말하는 것이다.

수준에서 말할 수가 있겠습니까? 처음 조나라의 세력이 정해질 무렵에는 감히 나라를 삼분하여 각기 왕이 될 수가 없었기에 나이의 고하(高下)를 따져 먼저 무신을 앞세워 왕위에 즉위시킴으로써 조나라의 인심을 잡은 것이었습니다. 이제 조나라 땅도 이미 모두 복종하였으니, 이 두 사람도 조나라를 나누어 왕이 되고 싶지만, 다만 기회가 나지 않을 뿐이었던 것입니다. 그런데 지금 공께서 조왕을 감금하고 계시니 이 두 사람은 명목상으로는 조왕을 구한다고 하고 있습니다만, 실은 연나라가 그를 죽이기를 바라고 있으니, 그렇게 되면 이 두 사람은 조나라를 반분하여 각기 왕이 될 것입니다. 대체로 하나의 조나라로도 연나라를 가벼이 여기는데 하물며 두 명의 현명한 왕이 서로 지지하며 왕을 죽인 죄를 질책한다면, 연나라를 멸망시키는 것은 쉬운 일일 것입니다.

연나라 장군은 그의 말이 맞다고 여겨 조왕을 돌려보내었고, 그 잡일을 하는 병사는 마차를 몰아 귀국하였다.

이량(李良)이 이미 상산을 평정하고 돌아와서 보고를 하니, 조왕은 다시 이량으로 하여금 태원(太原)[51]을 공략하도록 하였다. 석읍(石邑)[52]에 이르자 진(秦)나라 군대가 정형(井陘)[53]을 가로막아 전진할 수가 없었다. 그때 진나라 장군이 2세 황제의 사자라고 속여 이량에게 서신을 보냈는데, 그 서신은 겉봉이 봉해져 있지 않았으며 "그대는 일찍이 나를 섬기어 귀함과 총애를 누렸다. 그대가 만일 조나라를 배반하고 진나라를 위한다면, 그대의 죄를 용서하고 귀하게 대하겠다"라고 쓰여 있었다. 그러나 이량은 이 글을 받고 의심하여 믿지 않았다. 그래서 그는 한단으로 돌아가서 증원군을 청하려 하였다. 그러나 그들이 한단에 도착하기 전에 길에서 조왕의 손윗누이가 연회를 마치고 돌아오는 행렬과 만나게 되었는데, 기병 100여 명이 따르고 있었다. 이량은 멀리서 바라보고 왕이라 여기고 길 옆으로 비켜서 엎드려 절하였다. 왕의 손윗누이는 술에 취하여 그가 장군인 줄도 모르고 기병(騎兵)을 시켜서 이량에게 답례하게 하였다. 이량은 본래 귀한 신분이었으므로 길에서 일어나자 그를 따르는 부하들 보기가 부끄러웠다. 그러자 그를 따르는 부관 한 사람이 말하기를 "천하가

---

50) 卿相 : 宰相 또는 대신.
51) 太原 : 군 이름으로 지금의 山西省 중부 지역이다.
52) 石邑 : 현 이름으로 지금의 河北省 石家莊市 서남쪽 지역이다.
53) 井陘 : 관 이름으로 지금의 河北省 井陘縣 동북쪽의 井陘關을 가리킨다.

진나라에 반기를 들고 있으니, 능력 있는 사람이 먼저 왕이 되는 것입니다. 게다가 조왕은 본래 장군의 휘하에서 나온 자인데, 지금 그의 여자조차 장군을 위해서 수레에서 내리지도 않으니, 청컨대 제가 쫓아가서 죽이겠습니다"라고 하였다. 이량은 이미 진나라의 서신을 받고서 조나라를 배반하려 하면서도 아직 결정을 내리지 못하고 있던 차에, 이 일로 화가 나서 사람을 보내어 길에서 왕의 누이를 죽이고, 마침내 그의 군대를 거느리고 한단을 습격하였다. 한단에서는 이러한 일을 모르고 있었기에, 결국 무신과 소소는 죽임을 당하였다. 조나라 사람들 중에는 장이와 진여의 눈과 귀가 되어주는 사람이 많이 있었기 때문에 그들은 무사히 도망할 수가 있었다. 그들이 자신들의 남은 병사를 거두어들이니 수만명이 되었다. 그들의 빈객 중에 어떤 사람이 장이를 설득하여 말하기를 "두 공께서는 나그네의 몸이기 때문에 조나라에 귀속하려 하여도 어려우니, 다만 조나라의 후손을 왕으로 세우고 의(義)로써 그를 도우면 공(功)을 이룰 수 있을 것입니다"라고 하였다. 이에 그들은 조헐(趙歇)[54]이라는 사람을 찾아서 조왕(趙王)으로 옹립하였고, 신도(信都)[55]에 거하였다. 그때 이량이 진격하여 진여를 공격하였으나, 진여가 이량을 패배시키니, 이량은 도망하여 장함(章邯)[56]에게 귀속하였다.

장함은 군대를 이끌고 한단에 이르러 그곳의 백성을 모두 하내(河內)로 옮기고, 그 성곽(城郭)[57]을 모두 파괴해버렸다. 장이는 조왕 헐과 함께 도망하여 거록성(巨鹿城)[58]에 들어갔는데, 왕리(王離)[59]가 이들을 포위하였다. 진여는 북쪽으로 가서 상산의 병력을 거두어 수만명을 얻어 거록성의 북쪽에 주둔하였다. 장함은 거록성의 남쪽 극원(棘原)[60]에 주둔하고 흙담을 양쪽에서 쌓아올린 제방길을 만들어 하수(河水)에까지 연결시켜 왕리에게 군량을 공급하였다. 왕리의 군대는 군량이 풍부하자 맹렬하

---

54) 趙歇 : 趙나라 왕족의 후손.
55) 信都 : 현 이름으로 지금의 河北省 邢臺市 지역이다.
56) 章邯 : 秦나라의 名將으로 楚나라의 項羽에게 항복하여 雍王으로 봉해졌다가, 후에 漢나라의 장군 韓信에게 패하여 자살하였다.
57) 城郭 : 內城과 外城을 말하는데, '城'은 內城이고 '郭'은 外城이다.
58) 巨鹿은 현 이름으로 지금의 河北省 平鄕縣 서남쪽 지역이다.
59) 王離 : 秦나라의 장수인데, 후에 項羽의 포로가 되었다.
60) 棘原 : 지금의 河北省 平鄕縣 남쪽 지역이다.

게 거록성을 공격하였다. 거록성 안에서는 군량이 거의 바닥나고 병력은 적었으므로, 장이는 여러 차례 사람을 보내어 진여에게 전진하라고 하였으나, 진여는 병력이 적어서 진나라 군을 대적할 수 없다고 판단하고 감히 전진하지 못하였다. 이렇게 몇 개월이 지나자, 장이는 크게 노하여 진여를 원망하였으며, 장염(張黶)과 진택(陳澤)을 진여에게로 보내어 책망하였다.

> 처음에 나는 공과 더불어 문경지교(刎頸之交)를 맺었고, 지금 왕과 내가 아침 저녁으로 죽을 지경에 빠져 있는데도, 공은 수만명의 병사를 끼고 앉아서 우리를 구원하려 하지 않으니, 어디에 서로를 위하여 목숨을 버리자는 의리가 있다는 말이오? 만일 그대에게 신의가 있다면 어찌 진나라 군에 달려들어 함께 죽고자 하지 않는 것이오? 그리하면 열에 한둘은 살아남을 수 있을 것이오.

그러자 진여가 말하였다.

> 나는 전진해보았자 결코 조나라를 구원할 수 없고, 군대를 모두 잃기만 할 뿐이라고 생각하오. 내가 공과 함께 죽기를 각오하고 싸우지 않는 것은 조왕과 장공을 위하여 진나라에 복수를 하려고 해서입니다. 지금 만일 함께 죽고자 한다면, 이는 굶주린 범에게 고기를 던지는 것과 같으니 무슨 이로움이 있겠소?

이에 장염과 진택은 "사태가 이미 급박하니 함께 죽음으로써 신의를 세우지, 어찌 이후의 일을 생각한다는 말입니까?"라고 하였다. 이에 진여는 "나는 죽어도 아무 이익이 없다고 생각되지만, 공들의 말에 따르도록 하겠소"라고 하고, 5,000명의 군사로 하여금 장염과 진택을 따르게 하여 먼저 시험삼아 진나라 군에 맞서보았으나, 붙자마자 모두 몰살당하였다.

이때 연, 제, 초 나라는 조나라의 위급함을 듣고 모두 달려와 원조하였다. 장오도 북쪽으로 대(代)의 군대를 거두어 만여 명을 얻었는데 이들을 이끌고 와서 모두 진여의 옆에 누벽(壘壁)을 쌓고 주둔하였으나, 감히 진나라 군을 공격하지는 못하였다. 항우(項羽)[61]의 군대는 장함의 군대가

---

61) 項羽 : 秦나라 말기의 下相 사람으로 이름은 項籍이고 字는 羽이다. 秦나라 말기에 陳勝과 吳廣이 擧兵하자, 숙부 梁과 吳中에서 군사를 일으켜 秦나라 군을 격파하고 스스로 西楚覇王이라고 일컬었다. 漢 高祖와 천하를 다투다가 垓下에서 패하여 죽었다.

양쪽에서 쌓아올린 길을 여러 번 차단하니, 왕리의 군대는 군량이 부족하게 되었다. 항우는 다시 군대를 모두 이끌고 하수를 건너 마침내 장함의 군대를 격파하였다. 그러자 장함은 군사를 물려 포위를 풀었고, 제후의 군대는 그제서야 거록성을 포위하고 있는 진나라 군을 공격하여 드디어 왕리를 사로잡게 되었다. 섭간(涉間)[62]은 자살하였다. 결국 거록성을 보존하게 한 것은 초나라의 힘이었다.

  이리하여 조왕 헐과 장이는 거록성에서 나와 제후들에게 사례를 하였다. 장이는 진여를 만나자, 진여가 조나라를 구원하려 하지 않은 것을 책망하고, 장염과 진택의 소재를 캐물었다. 그러자 진여가 노하여 말하기를 "장염과 진택은 반드시 죽기를 각오하여야 한다고 나를 책망하였으므로 내가 그들로 하여금 5,000명의 군사를 거느리고 먼저 시험삼아 진나라 군에 맞서보도록 하였는데, 그들은 모두 몰살당하여 빠져나오지 못하였소"라고 하였다. 그러나 장이는 그 말을 믿지 못하고 진여가 그들을 죽였다고 생각하여 자꾸 진여에게 물었다. 그러자 진여는 노하여 말하기를 "공께서 저를 이리도 심히 책망할 줄은 생각하지도 못하였소! 공께서는 제가 장군의 직책에서 떠나는 것을 아쉽게 여기는 줄 아시오?"라고 하고는 장군의 인수(印綬)[63]를 풀어서 장이에게 밀어주었다. 장이 또한 놀라서 받지 않았고, 진여는 일어나 측간으로 갔다. 그때 빈객 가운데 한 사람이 장이에게 "신이 듣건대, '하늘이 주는 것을 받지 아니하면 도리어 그 화를 받는다'[64]라고 하였습니다. 지금 진장군께서 공께 장군의 인을 주셨는데 받지 아니하시니, 이는 하늘을 거역하는 것으로 상서롭지 못합니다. 빨리 그것을 받도록 하십시오"라고 말하였다. 장이는 그리하여 그 인을 자기가 차고 그 휘하의 사람을 거두었다. 진여는 돌아와서 장이가 그 인을 돌려주지 않은 것을 원망하며 마침내 급히 그곳을 나와버렸고, 장이는 결국 진여의 군대를 거두어들였다. 진여는 다만 휘하 중에서 친하게 지내던 수백명과 함께 하수의 물가에서 낚시와 사냥을 하며 지냈다. 이로 인하여 진여와 장이 사이에는 결국 틈이 생기게 되었다.

---

62) 涉間 : 秦나라의 장수로 章邯의 부하이다. 王離와 함께 병사를 이끌고 巨鹿城을 포위하였다.
63) 印綬 : 印과 인끈을 말하는 것으로, 관리로 임명되어 임금으로부터 받는 標章을 가리킨다.
64) 『國語』에 나오는 말로 원문은 "天與不取, 反受其咎"이다.

조왕 헐은 다시 신도에 거하게 되었다. 장이는 항우와 제후들을 따라서 함곡관 안으로 들어갔다. 한(漢) 원년 2월에 항우는 제후들을 왕에 봉하였는데, 장이는 평소에 널리 교유하였기에 그를 추천하는 사람이 많았으며, 항우도 평소부터 장이의 현명함에 대하여 자주 들었기 때문에 조나라를 나누어서 장이를 상산왕(常山王)이라 하고, 신도를 다스리게 하였다. 그리고 신도의 이름을 양국(襄國)으로 바꾸었다.

진여의 빈객들 가운데 여러 사람들이 항우에게 "진여와 장이는 똑같이 조나라에 공이 있습니다"라고 말하였다. 그러나 항우는 진여가 함곡관으로 들어오는 데 따르지 않았다는 이유로, 그가 남피(南皮)[65]에 있다는 것을 듣고 남피 부근의 세 현을 봉해주고 조왕 헐은 대(代)의 왕으로 옮겼다.

장이는 자기 나라로 가고, 진여는 더욱 노하여 말하기를 "장이와 진여는 공이 같은데 지금 장이는 왕이 되고, 이 진여는 다만 후(侯)가 되었으니, 이는 항우가 공평하지 못하기 때문이다"라고 하였다.

제왕(齊王) 전영(田榮)[66]이 초나라에 반기를 들자, 진여는 이에 하열(夏說)[67]을 보내어 전영을 설득하도록 하였다.

항우는 천하를 다스림이 공평하지 못하여 여러 장수들을 모두 좋은 땅에 왕으로 봉해주고, 이전의 왕은 나쁜 땅으로 옮겨버렸기에 현재 조왕은 대 땅에 거하고 있습니다. 원컨대 대왕께서 신에게 군대를 빌려주신다면 제가 가진 남피의 땅으로써 대왕의 나라를 보호하는 엄폐물이 되겠습니다.

전영은 조나라에 친교 세력을 심어서 초나라를 배반하고자 하였으므로 병사를 파견하여 진여를 따르게 하였다. 진여는 이리하여 세 현의 군사를 모두 이끌고 상산왕 장이를 습격하였다. 장이는 패하여 도주하게 되었는데 가서 의탁할 만한 제후가 없다고 생각하며 말하기를 "한왕(漢王)과 나는 옛날의 친분이 있기는 하지만 항우가 강성한 데다가 나를 왕으로 세워주었으니, 나는 초나라로 가련다"라고 하였다. 그때 감공(甘公)[68]이 말

---

65) 南皮 : 현 이름으로 지금의 河北省 南皮縣 동북쪽 지역이다.
66) 田榮 : 전국시대 齊나라의 왕족으로 田儋의 사촌 동생으로 田儋을 따라서 起兵하였다가 楚와 漢이 전쟁할 때에 기회를 틈타 스스로 齊나라의 왕이 되었다.
67) 夏說 : 사람 이름.
68) 甘公 : 甘德을 가리킨다. 천문학자이다.

하였다.

　　한왕이 함곡관에 들어가자 다섯 개의 별이 동정(東井)에 모여들었습니다.[69] 동정은 진(秦)나라의 분야(分野)입니다.[70] 그곳에 먼저 이르는 사람이 반드시 천하를 제패하게 될 것입니다. 초나라가 비록 강하다고 하여도 후에는 분명히 한나라에 귀속될 것입니다.

　이리하여 장이는 한나라로 도주하였다. 한왕도 그 무렵 삼진(三秦)[71]을 평정하고 나서 막 장함의 군대를 폐구(廢丘)에서 포위할 때였다. 장이가 한왕을 알현하자 한왕은 그를 후하게 대우하였다.

　진여는 이미 장이를 패배시킨 뒤 조나라의 땅을 모두 거두어들이고 대(代)에서 조왕을 맞이하여 다시 조왕으로 삼았다. 조왕은 진여에게 고맙게 생각하여 그를 대왕(代王)에 세워주었다. 진여는 조왕이 약하고, 나라가 겨우 안정되었을 뿐이라고 여기고, 자기 나라로 가지 않고 그대로 머무르며 조왕을 보좌하였으며, 하열로 하여금 상국으로서 대를 지키도록 하였다.

　한 2년, 한나라는 동쪽으로 초나라를 공격하였는데, 사신을 조나라에 보내어 함께 할 것을 제의하였다. 그러자 진여가 "한나라가 장이를 죽인다면 따르겠소"라고 하니, 한왕은 장이를 닮은 사람을 찾아 그를 죽이고 그의 머리를 가져다 진여에게 주었다. 진여는 이에 군대를 파견하여 한나라를 도왔다. 그러나 한나라가 팽성(彭城)[72]의 서쪽에서 패하고, 진여도 장이가 죽지 않은 사실을 알고는 곧 한나라를 배반하였다.

　한 3년, 한신(韓信)[73]이 이미 위(魏)나라 땅을 평정하고, 한나라는 장

---

69) 水, 金, 火, 木, 土의 다섯 행성이 동시에 井宿 天區에 출현한 것을 말한다. 東井은 井宿이며 28宿 가운데 南方의 7宿 중 첫번째 宿이다. 권27 「天官書」 참조.
70) 고대의 점성술에서는 지상의 각 지역이 천상의 일정한 지역과 서로 대응하는데, 어느 天區에 발생한 천체 현상은 그 대응 지역의 길흉을 豫兆한다고 믿었다. 천상은 '分星'이라 하고, 지상은 '分野'라고 한다.
71) 三秦 : 雍, 塞, 翟의 세 나라를 말하는 것으로 이는 項羽가 秦나라를 멸하고 그 영토를 나누어 秦나라의 降將 章邯, 司馬欣, 董翳를 왕으로 봉한 것을 말한다.
72) 彭城 : 현 이름으로 지금의 江蘇省 徐州市인데, 당시에는 楚나라의 도성이었다.
73) 韓信 : 漢 高祖의 공신으로 蕭何, 張良과 함께 三傑이라고 일컬어진다. 高祖의 대장으로서 趙, 燕, 齊 등의 나라를 차례로 공략하여 천하 통일의 기초를 확립하여 帝王에 봉해졌으나, 후에 楚王, 淮陰侯로 봉해시고 마침내 呂后와 蕭何의 모략으로 잡혀, 모반죄로 삼족이 모두 멸족되었다.

이를 파견하여 한신과 더불어 조나라를 정형 (井陘)에서 격파하고, 지수 (泜水)[74]의 물가에서 진여를 베고 조왕 헐을 추격하여 양국 땅에서 죽였다. 한나라는 장이를 조왕으로 세웠다. 한 5년, 장이가 죽자 경왕 (景王)이라는 시호를 내렸다. 그리고 장이의 아들인 장오 (張敖)가 그 뒤를 이어 조왕의 자리에 올랐다. 고조 (高祖)[75]의 장녀인 노원공주 (魯元公主)는 조왕 장오의 왕후가 되었다.

한 7년, 고조는 평성 (平城)[76]에서 조나라를 지나가게 되었는데, 그때 조왕은 조석으로 겉옷을 벗고[77] 팔뚝걸이를 끼고는 몸소 음식을 받쳐 올려 몹시 공손하게 행함으로써 사위로서의 예를 갖추었다. 그런데 고조는 두 발을 내벌리고 앉아 꾸짖는 등 그를 몹시 가볍게 대하였다. 그러자 조나라의 재상인 관고(貫高), 조오 (趙午) 등 나이가 예순이 넘는 사람들은 오래전부터 장이의 빈객으로서 평소에 기개가 있었던 사람들인데, 이에 노하여 "우리의 왕은 나약한 왕이로구나!"라고 말하고는 왕을 설득하여 말하기를 "무릇 천하의 호걸들이 함께 봉기하는 상황에서 능력 있는 사람이 먼저 왕이 됩니다. 지금 대왕께서는 고조를 몹시 공손하게 섬기고 계신데도 고조는 무례하니, 청컨대 대왕을 위하여 그를 죽이겠습니다"라고 하자, 장오는 자기의 손가락을 물어 피를 내어 보이면서 말하기를 "공들은 무슨 말을 그렇게 그릇되이 하시오? 선인께서 나라를 잃으셨을 때에, 고조의 힘을 입어서 나라를 되찾을 수 있었으며, 그 덕이 후손에까지 미치고 있으니 털끝만한 것도 모두 고조의 힘에 의한 것이오. 원컨대 공들께서는 다시는 이와 같은 말을 입 밖에 내지 말기 바라오"라고 하였다.

관고와 조오 등 10여 명은 서로 이렇게 말하였다.

이는 우리들이 잘못한 것이오. 우리 왕은 장자 (長者)[78]로서 남의 은덕을 배반하지 아니하셨소. 게다가 우리들의 뜻은 모욕을 당하지 않도록 하는 것이기에, 고조께서 우리의 왕을 모욕한 것을 원망하여 고조를 죽이려 한

---

74) 泜水 : 즉 지금의 槐河이다. 河北省 贊皇縣 서남쪽에서 발원하여 柏鄕縣 남쪽을 지나 滏鄕河로 들어간다.
75) 高祖 : 이것은 劉邦이 죽은 후의 廟號이니, 당시의 사람들은 이렇게 부를 수 없으므로 이하의 문장에서도 '황제'로 바꾸는 것이 옳다.
76) 平城 : 현 이름으로 지금의 山西省 大同市 동북쪽 지역이다.
77) 이것은 옛날 사람들이 겸손과 존경을 표시하는 방법이다.
78) 長者 : 덕망이 있고 관대한 사람을 말한다.

것이지 어찌 우리의 왕을 더럽히는 일을 하려고 하는 것이겠소? 이 일이
성사가 되면 그 공을 왕께 돌리고, 일이 실패하면 우리들만이 그 책임을
지도록 합시다.

한 8년, 고조가 동원(東垣)[79]에서 돌아오는 길에 조나라에 들렀는데,
관고 등은 박인(柏人)[80]이라는 곳의 숙소의 이중벽에 사람을 숨겨놓고
고조를 죽이려고 하였다. 고조가 그곳을 지나다가 머물려고 하는데 가슴
이 떨려와서 "이 현의 이름이 무엇인가?"라고 물으니 "박인이라고 합니
다"라고 하였다. "박인이란 곧 다른 사람에게 핍박받는다는 것이 아닌
가!"[81] 그리고는 묵지 아니하고 떠났다.

한 9년, 관고와 원수지간인 사람이 그들의 계책을 알게 되어 그들의 역
모를 조정에 고하였다. 이에 고조는 조왕과 관고 등을 모두 체포하였다.
그러자 10여 명의 사람들이 앞을 다투어 자살하였다. 관고는 홀로 노하여
꾸짖으며 말하기를 "누가 공들에게 이러한 일을 시켰는가? 지금 왕께서
는 참으로 아무런 계책도 세우지 않으셨는데도 왕까지 함께 체포되셨다.
공들이 모두 죽어버리면 그 누가 왕께서 반란을 일으킨 것이 아니라고 밝
히겠는가?"라고 하였다. 그리고는 죄수를 태우는 수레에 꼼짝 못하게 실
려 왕과 함께 장안(長安)[82]으로 압송되었다. 고조는 장오의 죄를 다스림
에, 조나라의 여러 신하와 빈객으로서 감히 왕을 쫓아오는 사람들은 모두
그 족속을 멸하라고 조칙을 내렸다. 관고와[83] 그의 빈객 맹서(孟舒) 등
10여 명들은 모두 스스로 머리를 깎고 칼을 쓴 채[84] 왕가의 종이 되어 왕
을 따라왔다. 관고는 도착하자 옥관에게 "단지 우리들이 한 일이며, 왕께
서는 진실로 모르시는 일이오"라고 하였다.

옥리가 수천대의 곤장을 치고, 쇠로 살을 찔러 그의 몸이 더 이상 때릴

---

79) 東垣: 현 이름으로 지금의 河北省 石家莊市 동쪽 지역이다.
80) 柏人: 현 이름으로 지금의 河北省 隆堯縣 서쪽 지역이다.
81) '柏'은 '迫'과 통하는 말인데, 이것은 기민한 劉邦에게 관찰력이 있다는 것을 나타
   낸 것이다. 아마도 그의 부하나 후세 사람들이 牽强附會한 말인 듯싶다.
82) 長安: 周, 秦 이래 前漢, 隋, 唐 등의 수도로 지금의 陝西省 長安縣 서북쪽에 있
   다.
83) 貫高는 주모자로 이미 체포되어 압송되었고, 뒤쫓아온 사람은 반란을 꾀하지 않
   은 孟舒와 田叔 등이니, 이 부분은 모순이 있다. 원문의 "貫高與"는 당연히 衍文이
   다.
84) 이는 모두 고대의 형벌인데, 孟舒 등이 스스로 이렇게 한 것은 服罪의 표시이다.

곳이 없을 지경이 되었어도 끝내 다른 말을 하지 않았다. 여후(呂后)[85]는 조왕이 노원공주 때문에 이러한 일을 하였을 리 없다고 여러 번 고조에게 말하였다. 그러자 고조는 화를 내며 "만일 장오가 천하를 차지한다면 그대의 딸과 같은 여자가 한둘이겠소?"라고 하고는 여후의 말을 듣지 않았다. 정위(廷尉)[86]가 관고를 문초한 일을 보고하니, 고조는 "장사로구나! 누가 그를 아는 사람이 없는가? 사사로이 물어보아라"라고 하였다. 그러자 중대부(中大夫)[87]인 설공(泄公)이 말하기를 "관고는 신과 같은 고향 사람으로, 신은 평소부터 그를 알고 있습니다. 이 사람은 조나라의 명예와 도의를 중히 여기는 사람으로 믿음을 저버리지 않는 자입니다"라고 하였다.

고조가 설공으로 하여금 황제의 부절(符節)[88]을 가지고 대(竹)로 만든 자리 위에 앉아 있는 관고를 만나도록 하였다. 관고는 고개를 들어 그를 바라보고 "설공인가?"라고 하였다. 설공은 평소와 다름없이 친근하게 그의 고통을 위로하며 이야기를 나누다가 장오가 과연 역모의 계획을 하였는지 안 하였는지 물어보았다. 이에 관고가 대답하였다.

사람의 정으로써 어찌 자기의 부모와 처자를 아끼지 않는 사람이 있겠는가? 지금 나는 삼족(三族)[89]이 모두 사형을 선고받았는데, 어찌 왕과 나의 육친을 바꿀 수가 있겠는가? 진실로 대왕께서는 모반하지 않으셨으며, 단지 우리들만이 한 것이라네.

그리고 사건의 진상과 함께 왕은 이 일을 전혀 모르고 있었다는 상황을 자세히 말하였다. 이에 설공은 황궁에 들어가 고조에게 모두 보고하였고, 고조는 조왕을 풀어주었다.

고조는 신의를 잘 지키는 관고의 사람됨을 훌륭하게 여겨 설공으로 하여금 그동안의 일을 모두 알려주게 하였다. 그래서 관고에게 "조왕은 벌

---

85) 呂后 : 漢 高祖의 황후 呂雉로 高祖를 도와서 천하를 평정하였다. 권9 「呂太后本紀」 참조.
86) 廷尉 : 관직 이름으로 刑獄을 관장하며 九卿 중의 하나이다.
87) 中大夫 : 관직 이름으로 議論을 관장하는데, 郎中令에 속한다.
88) 符節 : 나무나 대나무 조각에 글을 쓰고 證印을 찍은 후에 두 쪽으로 쪼개어, 한 조각은 상대방에게 주고 다른 한 조각은 자기가 보관하였다가 후일에 서로 맞추어 증거로 삼는 것으로, '符信'이라고도 한다.
89) 三族 : 부모, 형제, 처자를 말한다.

써 석방되었소"라고 하고 그를 석방하였다. 그러자 관고는 기뻐하면서 "우리 대왕께서 정말로 석방되셨는가?"라고 묻자 설공은 "그렇소"라고 대답하고는, 또 말하기를 "폐하께서는 그대를 훌륭하다고 여기시어 그대를 사면하셨네"라고 하니 이 말을 듣고 관고는 말하였다.

> 내가 몸에 성한 곳이라고는 한군데도 없으면서도 죽지 아니한 것은 조왕께서 모반하지 않았다는 사실을 밝히기 위해서였다네. 그런데 지금 왕께서 이미 석방되셨으니 나의 책임은 다한 것이므로, 이제는 죽어도 여한이 없네. 하물며 신하로서 그 임금을 시해하려 하였다는 이름을 가지게 되었으니 무슨 면목으로 다시 군주를 섬기겠는가? 설령 황제께서 나를 죽이지 않으신다 하더라도 내 마음에 어찌 부끄러움이 없겠는가?

그리고는 고개를 들어 목의 혈관을 끊고 결국 죽었다. 당시 그의 이름은 천하에 널리 유명하였다.

장오는 석방되어나온 뒤, 노원공주의 배우자라는 것으로 인하여 선평후(宣平侯)에 봉해졌다. 고조가 조왕의 여러 빈객들을 훌륭하다고 여기었기 때문에, 칼을 차고 노비가 되어 조왕을 따라 함곡관 안으로 들어왔던 사람들로서 제후의 재상이나 군수 등이 되지 않은 사람이 없었다. 효혜(孝惠)와 고후(高后), 문제(文帝), 효경(孝景) 때에 이르러 조왕의 빈객들의 자손은 모두 2,000석의 녹을 받았다.

장오는 고후 6년에 죽었다. 그리고 아들인 언(偃)은 노원왕(魯元王)이 되었다. 그의 어머니가 여후의 딸이었기에 여후는 그를 노원왕에 봉하였던 것이다. 노원왕은 나약하고 형제가 적었기 때문에 장오의 다른 여자에게서 얻은 두 아들도 봉하였는데, 그중 수(壽)는 낙창후(樂唱侯)가 되었고, 치(侈)는 신도후(信都侯)가 되었다. 고후가 죽고 여씨(呂氏) 일족[90]이 무도(無道)하였기 때문에 대신들이 그들을 죽였는데 이때 노원왕과 낙창후, 신도후도 폐하였다. 효문제가 즉위하자 다시 노원왕 언을 남궁후(南宮侯)에 봉하여 장씨의 뒤를 잇게 하였다.

태사공은 말하였다.

---

90) 呂后의 조카인 呂産과 呂祿 등을 말한다. 呂后가 살아 있을 때에 그들은 군정 대권을 장악하였는데, 呂后가 죽은 후에 大臣 周勃, 陳平 등과 날카롭게 대립하다가 그들에게 살해되었다.

"장이(張耳)와 진여(陳餘)는 현자(賢者)라고 세상에 전해진 사람으로, 그들의 빈객들과 종들까지도 천하의 준걸이 아닌 사람이 없어서 그들이 거하는 나라에서 경상(卿相)의 자리를 차지하지 않은 사람이 없었다. 그러나 장이와 진여가 처음에 빈천한 때에는 서로 죽음을 무릅쓰고 신의를 지켰으니, 어찌 망설임이 있었으리오? 그러나 그들이 나라를 움켜쥐고 권력을 다투게 되자, 마침내는 서로를 멸망시키는 데까지 이르게 되었다. 어찌하여 예전에는 서로 사모하고 신용함이 그리도 진실하더니, 뒤에는 그리도 심하게 서로 배반하게 되었는가? 그들은 권세와 이록(利祿)으로써 사귄 것이 아니겠는가? 명예가 비록 높고, 설령 빈객이 많다고 하여도 그들이 걸어온 길은 아마도 태백(太伯)[91]이나 연릉(延陵)의 계자(季子)[92]와는 서로 다르다고 할 것이다."

---

91) 太伯: 周 太王의 장남으로 吳나라의 시조인데, 나라를 양보한 것으로 이름이 높다. 권31 「吳太伯世家」 참조.

92) 延陵 季子: 즉 季禮로 延陵(지금의 江蘇省 常州市)에 봉해졌다. 吳王 壽夢의 막내 아들로 나라를 양보한 것으로 이름이 드높았다. 권31 「吳太伯世家」 참조.

권90 「위표팽월열전(魏豹彭越列傳)」 제30

위표(魏豹)는 본디 위(魏)¹⁾나라 공자 중의 한 사람이었다. 그의 형인 위구(魏咎)²⁾는 옛날 위나라 시대에 영릉군(寧陵君)³⁾에 봉해졌던 사람이다. 진(秦)⁴⁾나라가 위나라를 멸한 후에, 위구를 서인(庶人)으로 격하시켰나. 진승(陳勝)⁵⁾이 봉기하여 왕이 되자, 위구는 진승에게로 가서 그를 섬겼다. 진왕(陳王)은 위나라 사람인 주불(周市)로 하여금 위나라 땅을 탈취하도록 하였으나, 위나라 땅은 이미 항복을 하고, 서로 주불을 위나라 왕으로 세우려고 하였다. 주불은 "천하가 혼란하면 충신이 나타나게 마련입니다.⁶⁾ 지금 천하가 함께 진(秦)나라에게 반기를 들고 있는데, 의리로 말하자면 반드시 위나라 왕의 후예를 왕으로 세우는 것이 옳습니다"라고 말하였다.

제(齊)⁷⁾나라와 조(趙)⁸⁾나라가 각기 50대의 수레를 갖추어 사신을 파견하여 주불을 위나라 왕으로 세우고자 하였다. 그러나 주불은 사양하며 받지 않고, 진(陳)⁹⁾에서 위구를 맞이하였는데, 다섯 차례나 왕복을 하고

---

1) 魏 : 전국시대의 나라 이름으로 晉나라의 大夫 魏斯가 晉나라를 삼분하여 그중 지금의 河南省 북부, 山西省의 서남부를 차지하여 창건하였다. 처음에는 安邑에 도읍하였는데 후에 大梁으로 천도하였으며, 기원전 225년에 秦나라에 의해서 멸망당하였다.

2) 魏咎 : 魏豹의 사촌 형으로 魏나라의 왕족이다.

3) 寧陵은 魏나라의 읍 이름으로 지금의 河南省 寧陵縣 동남부 지역이다.

4) 秦 : 周代의 제후국으로 咸陽에 도읍하고 지금의 甘肅省, 陝西省 등을 영유하였으며 始皇 때에 이르러 천하를 통일하였다가 2대 15년 만에 漢나라에 의해서 멸망되었다.

5) 陳勝 : 秦나라 말기에 난을 일으킨 사람. 권48 「陳涉世家」 참조.

6) 즉 "天下昏亂, 忠臣乃見"으로 이 말은 본래 『老子』에 나오는 것으로, 원문은 "國家昏亂有忠臣"이다.

7) 齊 : 周代의 제후국으로 지금의 山東省 지방에 있었으며, 秦나라에 의해서 멸망되었다.

8) 趙 : 춘추전국 시대에 晉나라의 卿인 韓, 魏, 趙가 晉나라를 삼분하여 세운 나라로 河北省의 남부 및 山西省의 북부 지역이다.

서야, 진왕(陳王)은 겨우 위구를 위나라 왕으로 삼았다. [10]

장함(章邯)[11]은 이미 진왕을 격파하고 나서 군대를 진격시켜 임제(臨濟)[12]에서 위나라 왕을 공격하였다. 위나라 왕은 이에 주불로 하여금 제나라와 초(楚)[13]나라에 구원을 요청하도록 하였다. 제나라와 초나라는 항타(項它)와 전파(田巴)[14]를 보내 군대를 거느리고 주불을 따라가 위나라를 구원하도록 하였다. 그러나 장함은 마침내 주불 등의 군대를 격파하여 주불을 죽이고 임제를 포위하였다. 위구는 백성들을 위하여 항복하기로 약속하였고, 약속이 결정되자 위구는 스스로 불에 타 죽었다.

위표는 도망하여 초나라로 갔다. 초 회왕(楚懷王)[15]은 위표에게 수천 명의 사람을 주어서 다시 위나라의 땅을 경략하게 하였다. 그때 항우(項羽)[16]는 이미 진(秦)나라를 격파하고 장함을 항복시켰다. 위표는 위나라의 20여 개 성을 함락시켰고, 항우는 위표를 위나라 왕에 봉하였다. 위표는 정예 병사를 이끌고 항우를 따라서 함곡관(函谷關)[17]으로 들어갔다.

한(漢) 원년, [18] 항우는 제후들을 봉하고 자신은 양(梁)[19]나라 땅을 차

---

9) 陳：周代의 제후국으로 지금의 河南省과 安徽省 일부 지역에 위치해 있었다.

10) 당시에 魏咎는 陳縣에 있었고 陳勝의 부하였는데, 陳勝은 魏나라의 후예를 魏나라 왕으로 세우는 것에 동의하지 않고 周市를 세우고자 하였다. 그러나 周市는 다섯 차례나 사람을 파견하여 魏咎를 맞아들이니, 陳勝도 魏咎를 보내어 魏나라 왕으로 삼았다.

11) 章邯：秦나라의 名將으로 楚나라의 項羽에게 항복하여 雍王으로 봉함을 받았다가, 후에 漢나라의 장군 韓信에게 패하여 자살하였다.

12) 臨濟：城 이름. 지금의 河南省 封丘縣 동쪽에 있었다.

13) 楚：춘추전국 시대의 나라로 도읍은 郢이며, 秦나라에 의해서 멸망당하였다.

14) 項它는 楚나라의 장군이고, 田巴는 齊나라의 장수이다. 권94 「田儋列傳」에 의하면, 齊王 田儋은 친히 병사를 이끌고 魏나라를 도와주다가 臨濟城에서 패하여 살해되었다.

15) 楚 懷王：전국시대의 楚 懷王의 손자로 민간에서 남의 양을 쳐주며 떠돌아다녔는데, 項梁이 그를 왕으로 옹립하고 여전히 楚 懷王으로 칭하였다. 項羽가 제후들을 봉할 때에 그를 義帝로 삼고는 은밀히 英布 등을 시켜 그를 죽였다.

16) 項羽：秦나라 말기의 下相 사람으로 이름은 項籍이고 字는 羽이다. 秦나라 말기에 陳勝과 吳廣이 擧兵하자, 숙부 梁과 吳中에서 군사를 일으켜 秦나라 군을 격파하고 스스로 西楚覇王이라고 일컬었다. 漢 高祖와 천하를 다투다가 垓下에서 패하여 죽었다.

17) 函谷은 河南省 靈寶縣의 황하 유역에 있는 험준하기로 유명한 골짜기인데, 상자 속처럼 깊고 험하다 하여 이렇게 불린 것이다. 函谷關은 函谷에 있던 매우 험준한 關門이다.

18) 기원전 206년을 말한다.

19) 梁：魏나라를 말하는 것으로, 전국시대에 魏나라는 大梁에 도읍하였으므로 魏나

지하고자 하여, 이에 위나라 왕 위표를 하동(河東)[20]에 봉하고 평양(平陽)[21]에 도읍을 정하도록 하여 서위왕(西魏王)으로 삼았다.

　한왕(漢王)은 삼진(三秦)[22]을 평정하고 돌아오는 길에 임진(臨晉)[23]을 건너는데, 위나라 왕 표가 위나라를 한왕에게 귀속시켰다. 그리고 한왕을 좇아 팽성(彭城)[24]을 공격하였다. 여기서 한나라가 패하고 형양(滎陽)[25]으로 물러나자, 위표는 어버이의 병간호를 구실로 귀국할 것을 청하였으나, 그는 위나라에 이르자 하수(河水)[26]의 나루를 차단하고 한나라를 배반하였다. 한왕은 위표의 반란 소식을 들었으나, 그때는 동쪽의 초나라를 근심하던 때인지라 그를 칠 겨를이 없었다. 그래서 역생(酈生)[27]이라는 사람에게 "그대가 위표에게 가서 잘 설득해서 그를 항복시킨다면 내가 만호(萬戶)로써 그대를 봉하겠소"라고 말하였다. 이리하여 역생이 위표를 설득하게 되었다. 그러나 위표는 사절하며 말하였다.

　　인간의 일생은 백마가 작은 틈을 달려 지나가는 것과 같을 따름이오.[28] 현재 한왕은 거만하여 다른 사람을 모욕하며, 제후와 뭇 신하들을 꾸짖고 욕하기를 마치 노예를 욕하듯 하여서 위아래의 예절이 조금도 없소. 나는 그러한 꼴을 차마 더 이상 볼 수 없소.

　이에 한왕은 한신(韓信)[29]을 보내어 하동(河東)에서 위표를 공격하여

　　라를 梁나라라고 부르기도 하였다.
20)　河東 : 군 이름으로 지금의 山西省 서남부 지역이다.
21)　平陽 : 현 이름으로 지금의 山西省 臨汾市 서남쪽 지역이다.
22)　三秦 : 雍, 塞, 翟의 세 나라를 가리키는데 이것은 項羽가 秦나라를 멸하고 그 영토를 나누어 秦나라의 降將 章邯, 司馬欣, 董翳를 각각 왕으로 봉한 것을 말한다.
23)　臨晉 : 곧 臨晉關인데, '蒲津關'이라고 부르기도 한다. 지금의 陝西省 大荔縣 동쪽의 黃河 서안인데, 당시에는 秦과 晉 사이의 중요한 통로였다.
24)　彭城 : 현 이름으로 지금의 江蘇省 徐州市인데, 당시에는 楚나라의 도성이었다.
25)　滎陽 : 현 이름으로 지금의 河南省 滎陽縣 동북쪽 지역인데, 고대의 군사요지이다.
26)　河水 : 黃河를 일컫는다.
27)　酈生 : 漢나라 초기의 策士 酈食其를 가리킨다. 高陽 사람으로 高祖를 위해서 齊나라에 가서 유세하여 70여 개의 성으로부터 항복을 받았는데, 그 직후에 韓信의 대군이 齊나라를 공략하였으므로 대노한 齊王에게 죽임을 당하였다.
28)　이는 사람의 생이 매우 짧음을 형용한 말이다.
29)　韓信 : 漢 高祖의 공신으로 蕭何, 張良과 함께 三傑이라 일컬어진다. 高祖의 大將으로서 趙, 燕, 齊 등의 나라를 차례로 공략하여 천하 통일의 기초를 확립하여 帝王에 봉해졌으나, 후에 楚王, 淮陰侯로 봉해진 후 마침내 呂后와 蕭何의 모략으로 잡혀, 모반죄로 삼족이 모두 멸족되었다.

사로잡아서 역마로 형양에 보내고, 위표의 땅에는 군(郡)을 설치하였다. 그리고 한왕은 위표에게 명을 내려 형양을 지키도록 하였다. 그러나 초나라가 형양을 포위하여 위급해지자, 주가(周苛)는 마침내 위표를 죽였다.[30]

팽월(彭越)은 창읍(昌邑)[31] 사람으로 자(字)는 중(仲)이다. 그는 늘 거야택(巨野澤)[32]에서 물고기를 잡으면서 무리들과 함께 도둑질을 하였다. 진승(陳勝), 항량(項梁)이 봉기하자 소년배들 중에 어떤 이가 팽월에게 "여러 호걸들이 서로 일어나 진(秦)나라에 반기를 들고 있는데, 당신도 할 수 있으니 그들처럼 일어서시오"라고 말하였다. 그러자 팽월은 "지금은 두 마리의 용[33]이 한참 싸우는 때이니 조금 기다리시오"라고 말하였다.

한 해 남짓 지나서 연못 주위의 소년배들이 100여 사람 정도 모여 팽월을 찾아가 말하기를 "원컨대, 그대가 우리의 수령이 되어주시오"라고 하자, 팽월은 이를 사양하여 "나는 그대들과 함께 하고 싶지 않소"라고 말하였다. 그러나 소년배들이 억지로 청하자 팽월은 겨우 허락하였다. 그리하여 그는 다음날 해가 돋을 때 만나기로 약속을 하고, 약속 시간에 늦는 사람은 참수(斬首)하기로 하였다. 다음날 10여 명이 늦었는데, 가장 늦게 온 사람은 해가 중천에 뜰 무렵 도착하였다. 이에 팽월은 단호히 말하였다.

> 나는 나이가 들었는데도 불구하고, 그대들이 나를 억지로 수령으로 세웠다. 지금 약속을 해놓고도, 늦게 온 사람이 많으니 그들을 다 죽일 수는 없고 가장 뒤에 온 사람을 죽이겠다.

그리고는 그 무리의 대장에게 명을 내려 그를 죽이라고 하였다. 그러자 모두 웃으면서 "어찌 그럴 필요까지 있습니까? 다음부터는 감히 그런 일이 없을 것입니다"라고 하였다. 그러나 팽월은 한 사람을 끌어내어 목을 베고 제단을 차려 제사를 올린 다음, 그를 따르는 무리에게 명을 내렸다.

---

30) 漢 3년 5월에 漢王은 周苛, 樅公과 魏豹를 파견하여 滎陽을 지키도록 하였는데, 周苛와 樅公은 "反國의 왕과는 더불어 성을 지키기 어렵다"라고 말하고는 魏豹를 죽였다.

31) 昌邑 : 현 이름으로 지금의 山東省 金鄕縣 서북쪽 지역을 말한다.

32) 巨野澤 : '大野澤'이라고도 하는데, 지금의 山東省 巨野縣에 위치하였다.

33) 秦나라와 陳勝을 가리킨다.

무리들은 모두 깜짝 놀라 팽월을 두려워하여 감히 얼굴을 들고 바라보지 못하였다. 팽월은 이에 가는 곳마다 땅을 공략하고, 제후들로부터 떨어져 나온 병사들을 모아들여, 1,000여 명을 얻었다.

패공(沛公)³⁴⁾이 탕(碭)³⁵⁾으로부터 북진하여 창읍을 공격할 때 팽월이 이를 도왔다. 그러나 창읍이 함락되지 않자, 패공은 군대를 이끌고 서쪽으로 나아갔다. 이에 팽월도 그의 무리를 거느리고 거야(巨野)³⁶⁾에 머물면서 위(魏)나라의 흩어진 병사들을 거두었다. 항적(項籍)이 함곡관에 들어가서 제후들을 왕으로 봉하니, 제후들은 모두 자신들의 나라로 되돌아갔으나, 팽월은 만여 명의 무리를 거느리고도 돌아갈 곳이 없었다.

한(漢) 원년 가을에, 제왕(齊王)인 진영(田榮)³⁷⁾이 항왕에게 반기를 들자, 이에 한왕은 사람을 보내어 팽월에게 장군의 인(印)을 주고, 제음(濟陰)³⁸⁾에서 남하하여 초나라를 격파하도록 하였다. 그러자 초나라는 소공(蕭公) 각(角)³⁹⁾에게 명하여 군대를 거느리고 팽월을 공격하라고 하였다. 그러나 팽월이 초나라 군을 대파하였다.

한 2년 봄에, 한왕은 위나라 왕 위표를 비롯한 다른 제후들과 함께 동쪽으로 초나라를 공격하였는데, 팽월은 그의 군대 3만여 명을 거느리고 외황(外黃)⁴⁰⁾에서 한나라에 귀속하였다. 그때 한왕은 "팽장군은 위나라 땅을 거두어서 10여 개의 성을 얻었는데, 서둘러 위나라의 왕통을 이으려 하고 있소. 그런데 지금 서위왕(西魏王)인 위표도 위나라 왕인 위구의 종제이니, 틀림없는 위나라의 자손이오"라고 말하고는 팽월을 위나라의 상국(相國)에 임명하고, 군대를 마음대로 지휘할 수 있도록 하여 양(梁)나라 땅을 경략하여 평정하도록 하였다.

한왕이 팽성(彭城)에서 패하여 군사는 흩어지고, 서쪽으로 물러나게

---

34) 漢 高祖가 제위에 오르기 전의 칭호로 沛에서 기병하였으므로 이렇게 부르게 된 것이다.

35) 碭 : 군 이름으로 지금의 河南省, 山東省, 安徽省의 경계 지역이다.

36) 巨野 : 앞의 〈주 32〉 참조. '鉅野'라고도 한다.

37) 田榮 : 田儋의 사촌 동생으로 田儋을 따라서 기병하였다가, 楚와 漢이 전쟁할 때에 스스로 왕이 되었다.

38) 濟陰 : 군 이름으로 지금의 山東省 서남부 지역이다.

39) 蕭公 角 : 일찍이 蕭縣의 縣令을 지낸 사람으로 角은 그의 이름이다. 楚나라에서는 縣令을 '公'이라고 하였다.

40) 外黃 : 현 이름으로 지금의 河南省 民權縣 서북쪽이다.

되자 팽월도 그가 함락시켰던 성을 모두 다시 잃어버리고 그의 군대만을 거느린 채 북쪽으로 가서 황하 연안에 머물렀다. 한 3년, 팽월은 항상 여기저기에서 한나라의 유격병이 되어 초나라를 공격하였고, 위나라에서 초나라의 후방으로 오는 군량 보급로를 차단하였다. 한 4년 겨울에 항왕은 한왕과 형양 땅에서 서로 대치하였는데, 팽월은 수양(睢陽),[41) 외황 등 17개의 성을 함락시켰다. 항왕은 이러한 소식을 듣고, 조구(曹咎)[42)로 하여금 성고(成皐)[43)를 지키게 하고 자신은 동진하여 팽월에게 함락당한 성읍을 거두어서 모두 다시 초나라의 땅으로 만들었다. 이에 팽월은 그의 군대를 거느리고 북쪽으로 향하여 곡성(穀城)[44)으로 도주하였다. 한 5년 가을에 항왕이 남쪽의 양하(陽夏)[45)로 도주하자, 팽월은 다시 창읍 부근의 20여 개 성을 함락시키고 10여 만 곡(斛)[46)의 곡식을 얻어서 한왕에게 군량으로 주었다.

그러나 한왕이 패하자 한왕은 사자를 보내어 팽월을 불러 힘을 합쳐서 초나라를 공격하자고 하였다. 이에 팽월은 "위나라가 평정된 지 얼마 되지 않아 아직 초나라의 공격이 두려우므로 떠날 수가 없습니다"라고 말하였다. 한왕은 초나라를 추격하다가 고릉(固陵)[47)에서 항적에게 패하였다. 이에 한왕은 유후(留侯)[48)에게 "제후들의 군대가 나를 따르지 않으니, 이를 어찌해야 하는가?"라고 하니, 유후가 말하였다.

제왕(齊王) 한신이 왕위에 오른 것은 대왕의 뜻에 의한 것이 아니므로 한신 역시 마음 놓고 있지 않습니다. 그리고 팽월은 본래 양나라 땅을 평정하여 공이 많은데 당초 대왕께서 위표 때문에 팽월을 위나라의 상국에 임명하셨습니다. 그런데 지금 위표는 죽고 뒤를 이을 사람이 없으므로, 팽월 또한 왕이 되고 싶어하는데, 대왕께서는 빨리 결정을 내리지 않고 계십니

41) 睢陽 : 현 이름으로 지금의 河南省 商丘縣의 남쪽에 위치해 있었다.
42) 曹咎 : 사람 이름.
43) 成皐 : 고을 이름인데, 지금의 河南省 滎陽縣 서북쪽 汜水鎭 지역으로 고대의 군사요지였다.
44) 穀城 : 城 이름으로 지금의 山東省 平陰縣 서남쪽에 있었다.
45) 陽夏 : 현 이름으로 지금의 河南省 太康縣 서북쪽 지역이다.
46) 斛 : 일종의 양을 재는 기구로 方形이나 圓形으로, 입구는 작고 바닥은 넓다. 또 용량의 단위를 말하기도 하는데, 10斗가 1斛이다.
47) 固陵 : 지금의 河南省 太康縣 남쪽이다.
48) 留侯 : 張良의 봉호이며, 留는 현 이름으로 지금의 江蘇省 沛縣 동남쪽이다.

다. 지금 이 두 나라와 약정을 맺는다면, 바로 초나라를 이길 수 있을 것
이오니, 수양 이북에서 곡성까지의 땅49)을 모두 팽상국(彭相國)에게 주어
그를 왕으로 삼고, 진나라에서부터 동쪽 부근의 바다에 이르는 땅50)은 제
왕 한신에게 주십시오. 제왕 한신은 고향이 초나라에 있으니, 그의 뜻은
자신의 고향을 다시 얻는 데 있을 것입니다. 대왕께서 능히 이 땅을 내어
그 두 사람에게 주는 것을 허락하신다면, 이 두 사람을 금방 불러올 수 있
을 것이나, 그러실 수 없다면 일은 예측할 수 없습니다.

한왕은 사자를 팽월에게 보내어 유후의 계책대로 하였다. 사자가 팽월
에 이르자 팽월은 그제서야 그의 병사를 이끌고 해하(垓下)51)에서 회전
(會戰)하여 마침내 초나라를 격파하였다. 항적은 이미 죽었으므로, 팽월
을 양왕(梁王)에 세우고 정도(定陶)52)에 도읍하였다.

한 6년, 팽월은 진(陳)53)에서 한왕을 알현하였다. 9년과 10년에는 장
안(長安)54)에 와서 알현하였다.

한 10년 가을에 진희(陳豨)55)가 대(代) 땅에서 반란을 일으키니, 고조
는 친히 대 땅으로 가서 반란군을 진압하였는데, 한단(邯鄲)56)에 이르러
양왕에게서 병사를 징발하고자 하였다. 그러나 양왕은 병을 구실로 장수
로 하여금 병사를 거느리고 한단으로 가도록 하였다. 이에 고제(高帝)가
노하여 사람을 보내어 양왕을 꾸짖자, 양왕은 두려워하여 직접 가서 사죄
하려고 하였다. 그러나 그의 장수인 호첩(扈輒)이 말하기를 "대왕께서 처
음에는 가지 않으셨다가 꾸지람을 듣고 가시는 것인데, 지금 가신다면 잡
히게 될 것입니다. 차라리 이 기회에 군대를 일으켜 반란을 도모하심이
나을 것입니다"라고 하였다. 그러나 양왕은 이 말을 듣지 않고, 여전히
병을 구실로 삼았다. 때마침 양왕은 그의 태복(太僕)57)에게 노하여 그를

---

49) 대체로 지금의 河南省 동북부와 山東省 서부 일대의 지역을 포함한다.
50) 대체로 지금의 河南省 동부와 山東省 서남부, 安徽省과 江蘇省의 북부 지역을 포
함한다.
51) 垓下:지금의 安徽省 靈璧縣 동남쪽인데, 項羽가 漢 高祖에게 포위당하여 패한
곳이다.
52) 定陶:현 이름으로 지금의 山東省 定陶縣 서북쪽이다.
53) 陳:현 이름으로 지금의 河南省 淮陽縣 지역이다.
54) 長安:지금의 陝西省 長安縣 서북쪽 지역이다.
55) 陳豨:宛句(지금의 山東省 荷澤市 서남쪽 지역) 사람이다.
56) 邯鄲:전국시대 趙나라의 수도이다.
57) 太僕:관직 이름으로 춘추시대에 처음 설치한 것이다. 황제의 車馬와 말에 관한

죽이려고 하였다. 그러자 태복은 도망하여 한나라로 가서 양왕과 호첩이 반란을 꾀하였다고 고하였다. 이에 고제는 사자를 보내어 양왕을 급습하게 하였는데, 양왕은 이를 눈치채지 못하니, 사자는 양왕을 잡아서 낙양(雒陽)[58]에 감금하였다. 관리가 조사해보니 반란의 죄가 있다고 인정되었다. 그리하여 그들을 법대로 처벌하기를 청하였다. 이에 고제는 그를 평민으로 강등시키는 것으로 사면하여 촉(蜀)[59]의 청의현(青衣縣)[60]에 귀양 보냈는데, 그가 서쪽으로 향하여 정(鄭)[61] 땅에 이르렀을 때, 장안에서 오는 여후(呂后)와 마주쳤다. 그들은 낙양으로 가는 길이었는데 길에서 팽월을 본 것이었다. 팽월은 여후에게 울면서 자신의 무죄를 호소하고 자신의 고향인 창읍에 거하게 해달라고 청하였다. 여후는 허락하고 함께 동쪽을 향해서 낙양으로 왔다. 여후는 고제에게 아뢰어 말하기를 "팽월은 장사로서 지금 촉 땅으로 귀양을 가는 중인데, 이는 스스로 후환을 남겨두는 것이오니, 이번 기회에 죽이는 것이 나을 것입니다. 그래서 첩이 그를 데리고 왔습니다"라고 하였다. 그리고 여후는 곧 팽월의 가신(家臣)[62]으로 하여금 팽월이 다시 모반하였음을 고하게 하였다. 정위(廷尉)[63]인 왕염개(王恬開)[64]가 그의 종족을 모두 죽일 것을 주청하자, 고제는 허락하였다. 마침내 팽월의 종족을 모두 죽이고 나자 그의 나라도 없어졌다.

태사공은 말하였다.

"위표(魏豹)와 팽월(彭越)은 비록 과거에는 천한 사람이었지만, 이미 천리의 땅을 소유하고 남면(南面)하여 왕이라 하고, 유혈(流血)을 밟으며 승승장구하여 날로 명성이 높았다. 그러나 그들은 반역의 마음을 품었다가 패하게 되자, 스스로 죽지도 않고 사로잡혀 형벌로 죽임을 당하였으

행정사무를 맡았으며, 九卿 중의 하나이다.

58) 雒陽 : 도읍 이름으로 곧 지금의 河南省 洛陽市이다.
59) 蜀 : 군 이름으로 지금의 四川省 서쪽 지역이다.
60) 青衣縣 : 지금의 四川省 名山縣 북쪽 지역이다.
61) 鄭 : 현 이름. 지금의 陝西省 華縣 동쪽 지역.
62) 家臣 : 높은 벼슬아치의 집에서 그를 섬기는 사람. 원문에는 "舍人"이라고 되어 있다.
63) 廷尉 : 秦, 漢 때의 벼슬 이름으로 刑獄을 관장하였으며, 九卿 중의 하나이다.
64) 王恬開 : 사람 이름.

니 그 까닭은 무엇인가? 중간 정도 이상의 재사(才士)도 이러한 행위를 부끄럽게 여기는 바인데, 하물며 왕자야 어떠하겠는가! 여기에는 다른 까닭이 있는 것이 아니라, 그들의 지략은 다른 사람보다 뛰어났으나, 다만 자신의 몸을 보존하는 것만 근심하였기 때문이다. 그들은 때를 만나 영웅 호걸이 되어[65] 그들의 뜻을 펴려고 하였다. 이러한 까닭에 유폐되면서도 도망하지 않은 것이다."

---

65) 원문은 "雲蒸龍變"인데, 이는 물이 증발하여 구름이 되고 뱀이 용이 되어 하늘로 올라간다는 뜻으로, 곧 영웅 호걸이 때를 만나 큰 활동을 함을 형용한 것이다.

권91 「경포열전(黥布列傳)」 제31

　경포(黥布)[1]는 육(六)[2] 사람으로, 성은 영씨(英氏)이다.[3] 진(秦)[4]나라 때에는 평민이었다. 소년시절에 어떤 사람이 그의 상을 보고 "형벌을 받은 뒤에는 왕이 되겠다"라고 말하였다. 장년이 되었을 때에 법을 위반하여 경형(黥刑)[5]을 받게 되었는데, 영포는 기쁘게 웃으며 "어떤 사람이 나의 상을 보고 형벌을 받은 뒤에 왕이 될 것이라고 하였는데, 아마 이것이겠지?"라고 말하였다. 이 말을 들은 사람들이 모두 그를 놀리며 웃어댔다. 영포는 판결을 받고 여산(麗山)[6]으로 보내졌는데, 여산에는 형을 받고 끌려 온 무리가 수십만 명이나 있었고, 영포는 그 무리의 우두머리나 호걸들과 사귀며 내왕하였다. 그런 뒤에 그 무리를 이끌고 양자강(陽子江) 부근으로 달아나서 떼도둑이 되었다.

　진승(陳勝)[7]이 군사를 일으키자, 영포는 곧 파군(番君)[8]을 만나서,

---

1)　黥布 : 英布인데, 일찍이 죄를 짓고 黥刑을 받았기에 黥布라고 부르기도 한다.
2)　六 : 고대의 나라 이름인데 秦代에 縣으로 바뀌었다. 지금의 安徽省 六安市 동북쪽 지역이다.
3)　英은 고대의 나라 이름으로 지금의 安徽省 金寨縣 동남쪽인데, 일설에는 지금의 河南省 固始縣 북쪽이라고 하기도 한다. 皐陶의 후대 자손들은 나라 이름을 성으로 삼았는데, 고대에는 性과 氏의 구별이 있었으니 氏는 姓의 갈래인 것이다. 漢代에 이르러 이러한 구분이 없어지게 되었다.
4)　秦 : 周代의 제후국으로 咸陽에 도읍하고 甘肅省, 陝西省 등을 영유하였으며 始皇 때에 이르러 천하를 통일하였다가 2대 15년 만에 漢나라에 의해서 멸망당하였다.
5)　黥刑 : 고대의 형벌 중의 하나로 칼로 죄인의 얼굴에 글씨를 새기고, 그 위에 먹물을 칠하는 것인데, '墨刑'이라고도 한다.
6)　麗山 : 지금의 陝西省 臨潼縣 동남쪽인 옛날의 長安 부근에 있는 산 이름. 唐 玄宗이 이곳에 華淸宮이라는 溫泉宮을 세웠다. 곧 양귀비가 목욕하던 곳이며, 秦 始皇의 묘지가 있는 곳인데, 驪山 혹은 閭戎之山이라고도 한다.
7)　陳勝 : 사람 이름. 字는 涉이며 陽城(지금의 河南省 登封縣 동남쪽) 사람이다. 秦 2세 원년에 吳廣과 蘄縣 大澤鄕에서 난을 일으키고 국호를 楚라고 하였다. 권48 「陳涉世家」 참조.
8)　番君 : 곧 吳芮를 말하는데, 처음에 秦番의 縣令이었으므로 '番君'이라고 불렀다. 후에 秦나라에 반기를 들고 난에 참가하였는데, 項羽가 그를 衡山王에 봉하였고, 漢

그의 무리와 함께 진나라를 배반하고 군사 수천명을 모았다. 파군은 자기의 딸을 그의 아내로 주었다. 장함(章邯)[9]이 진승을 멸하고 여신(呂臣)[10]의 군사를 격파하자, 영포는 군사를 이끌고 북쪽으로 진나라의 좌우 교위(校尉)[11]를 공격하여 청파(淸波)[12]에서 격파하고, 군사를 이끌고 동쪽으로 나아갔다. 항량(項梁)[13]이 강동(江東)[14]의 회계(會稽)[15]를 평정하고 양자강을 건너 서쪽으로 온다는 소문이 들렸다. 진영(陳嬰)[16]은 항씨(項氏) 집안이 대대로 초(楚)[17]나라 장군이었다는 이유로, 자기 군사를 거느리고 항량의 휘하로 들어가서 회남(淮南)[18]으로 건너갔다. 영포와 포장군(蒲將軍)[19]도 또한 부하를 이끌고 항량의 휘하로 들어갔다.

항량이 회수(淮水)[20]를 건너 서쪽으로 가서 경구(景駒),[21] 진가(秦嘉)[22] 등을 공격하였는데, 영포는 언제나 가장 으뜸이었다. 항량이 설(薛)[23]에 이르러 진왕(陳王)이 확실히 죽었다는 소식을 듣고는, 이에 초

___

나라 초기에는 長沙王에 봉해졌다.

9) 章邯 : 秦나라의 名將으로 楚나라의 項羽에게 항복하여 雍王으로 봉해졌다가, 후에 漢나라의 장군 韓信에게 패하여 자살하였다.

10) 呂臣 : 陳勝의 部將인데, 陳勝이 실패한 후에 그는 蒼頭軍을 조직하여 계속 秦나라에 대항하다가 나중에 項梁에게 귀속하였다.

11) 校尉 : 姦猾을 糾正하거나 또는 병마를 맡은 무관으로, 대략 將軍에 다음가는 지위이다.

12) 권48「陳涉世家」에는 "靑波"라고 되어 있는데, 이는 靑陂를 말한다. 옛날의 지명으로 지금의 河南省 新蔡縣 서남쪽 지역이다.

13) 項梁 : 秦나라 말기에 봉기한 將領 중의 한 사람으로 項羽의 숙부이다. 자세한 것은 권7「項羽本紀」참조.

14) 江東 : 揚子江의 동쪽으로 곧 지금의 江蘇省 지역이다. 옛날 吳나라의 땅으로서, 楚나라의 項羽가 기병한 곳이다.

15) 會稽 : 군 이름으로 관할 지역은 지금의 江蘇省 長江 이남과 浙江省 북부 및 安徽省 남부에 해당된다.

16) 陳嬰 : 사람 이름으로 東陽縣의 書吏였다.

17) 楚 : 춘추전국 시대의 나라 이름으로, 도읍은 郢이며, 秦나라에 의해서 멸망당하였다.

18) 淮南 : '淮'는 淮河이다. '南'은 衍字가 아닌가 싶다.

19) 蒲將軍 : 당시에 봉기한 군대의 首領인데, 이름은 자세하지 않다.

20) 淮水 : 河南省 桐柏山에서 발원하여 安徽省, 江蘇省을 거쳐 황하로 흘러들어가는 강이다.

21) 景駒 : 楚나라 귀족의 후손.

22) 秦嘉 : 淩縣(지금의 江蘇省 宿遷縣 동북쪽) 사람으로 陳勝이 봉기한 것에 영향을 받아, 郯縣(지금의 山東省 郯城縣 서북쪽)에서 봉기하여 秦나라에 반항하였다. 景駒를 楚王으로 세우고 스스로 大司馬라고 칭하였다.

회왕(楚懷王)²⁴⁾을 옹립하였다. 그리고 항량의 호를 무신군(武信君)이라
고 하였으며, 영포는 당양군(當陽君)²⁵⁾이라고 하였다.

  항량이 패하여 정도(定陶)²⁶⁾에서 죽자, 회왕은 도읍을 팽성(彭城)²⁷⁾으
로 옮기고, 여러 장군들과 함께 영포도 또한 팽성에 모여 수비하였다. 이
때 진나라가 급히 조(趙)²⁸⁾나라를 포위하고 공격하니,²⁹⁾ 조나라는 몇 차
례나 사신을 보내어 구원을 청하였다. 회왕은 송의(宋義)³⁰⁾를 상장(上
將)³¹⁾으로 삼았고, 범증(范曾)³²⁾을 말장(末將)³³⁾으로 삼았으며, 항적(項
籍)³⁴⁾을 차장(次將)³⁵⁾으로 삼았다. 영포와 포장군도 모두 장군으로 삼아
송의에게 배속시키고, 북쪽으로 가서 조나라를 구하게 하였다. 항적이 황
하(黃河)가에서 송의를 죽이자,³⁶⁾ 회왕이 항적을 세워 상장군으로 삼고
여러 장군들을 모두 항적에게 배속시켰다. 항적이 영포로 하여금 먼저 황
하를 건너 진나라를 공격하게 하였는데, 영포가 여러 번 승리하자, 항적
도 이에 군사를 이끌고 강³⁷⁾을 건너 영포를 따라가, 마침내 진나라의 군

<hr>

23) 薛 : 현 이름으로 지금의 山東省 滕縣 남쪽 지역이다.
24) 楚 懷王 : 陳勝이 죽은 후, 項梁은 范增의 계책을 받아들여 민간에서 전국시대 楚
    懷王 熊槐의 손자인 熊心을 찾아내어 그를 楚 懷王으로 옹립하였다.
25) 當陽은 현 이름으로, 지금의 湖北省 當陽縣 동북쪽 지역이다.
26) 定陶 : 현 이름으로, 지금의 山東省 定陶縣 서북쪽 지역이다.
27) 彭城 : 현 이름으로 지금의 江蘇省 徐州市이다.
28) 趙 : 춘추전국 시대에 晉나라의 卿인 韓, 魏, 趙가 晉나라를 삼분하여 세운 나라
    로 지금의 河北省의 남부 및 山西省의 북부 지역이다.
29) 이때는 張耳와 陳餘가 趙나라의 후손인 趙歇을 趙王으로 세웠는데, 章邯이 部將
    王離, 涉間을 파견하여 趙王을 巨鹿에서 포위하고 있는 상황이다.
30) 宋義 : 사람 이름. 일찍이 전국시대에는 楚나라의 令尹(丞相)이었는데, 이때에는
    項梁의 軍中에 있었다.
31) 上將 : 상위의 장군으로 즉 上將軍을 말한다.
32) 范曾 : 곧 范增인데, 居鄛 사람으로 처음에는 楚 懷王 末將이었다가, 후에 項羽의
    중요한 謀士가 되었다. 項羽는 그를 존경하여 亞父(아버지 다음으로 존경하고 친애
    하는 사람이라는 뜻으로, 군주가 자신을 보좌하는 功臣을 부르는 존칭)라고 불렀다.
33) 末將 : 군중에서 次將 다음가는 위치의 장군.
34) 項籍 : 곧 項羽인데, 秦나라의 말기의 下相 사람으로 陳勝과 吳廣이 거병하자, 숙
    부 項梁과 吳中에서 군사를 일으켜 秦나라 군을 격파하고 스스로 西楚覇王이라고 일
    컬었다. 漢 高祖와 천하를 다투다가 垓下에서 패하자, 烏江에 투신하여 자살하였다.
35) 次將 : 副將. 즉 제2위의 장수이다.
36) 宋義는 項羽와 불화하자, 아들 宋襄을 보내 齊나라를 보좌하도록 하였는데 項羽
    는 그에게 다른 계책이 있다고 의심하여 '反楚'의 죄명으로 安陽의 군영에서 그를 살
    해하였다.
37) 漳河를 가리키는데, 山西省에서 발원하여 河北省 남부로 흘러들어간다.

대를 격파하고, 장함 등을 항복하게 하였다. 초나라 군대는 항상 승리하여, 그 공이 제후들 가운데 으뜸이었다. 제후들의 군대가 모두 초나라에 복속하게 된 것은 영포가 여러 차례나 적은 군사로써 많은 적군을 깨뜨렸기 때문이었다.

항적이 군사를 이끌고 서쪽으로 신안(新安)[38]에 이르러, 영포 등을 시켜 한밤중에 장함의 군대를 습격하여 진나라 병졸 20여 만 명을 구덩이에 묻어 죽였다.[39] 함곡관(函谷關)[40]에 이르러 들어갈 수 없게 되자, 또 영포로 하여금 먼저 사잇길로 쳐들어가서 관 아래에 있는 진나라 군대를 깨뜨리도록 하여, 가까스로 함곡관에 들어가 함양(咸陽)[41]에 도달할 수 있었다. 영포는 언제나 초나라 군대의 선봉이었다. 항왕이 여러 장수들을 봉하면서 영포를 세워 구강왕(九江王)[42]으로 삼고 육(六)에 도읍하게 하였다.

한(漢) 원년[43] 4월에 제후들이 모두 항왕의 휘하에서 떠나, 각기 자기의 봉국으로 돌아갔다. 항씨는 회왕을 세워 의제(義帝)로 삼고, 도읍을 장사(長沙)[44]로 옮기고는 은밀히 구강왕 영포 등에게 명하여 그를 치게 하였다. 그해 8월에 영포가 장수를 시켜 의제를 치고, 침현(郴縣)[45]까지 쫓아가 죽였다.

한 2년에 제왕(齊王) 전영(田榮)[46]이 초나라를 배반하자, 항왕이 제나

---

38) 新安 : 현 이름으로 지금의 河南省 澠池縣 동쪽 지역이다.
39) 章邯 등이 項羽에게 투항할 당시, 수하에 秦나라 병사가 20여 만 명 있었다. 투항한 후에 項羽 등이 秦나라의 병사를 학대하자, 그들은 원한 어린 말을 하였다. 이에 項羽는 그들이 복종하지 않을 것을 근심하여, 그들 전부를 新安城 남쪽에 산 채로 매장하였다.
40) 函谷關 : 河南省 靈寶縣의 黃河 유역에 있는 험준하기로 유명한 골짜기인 函谷에 있던 關門이다.
41) 咸陽 : 秦나라의 도성으로 지금의 陝西省 咸陽市 동북쪽 지역이다.
42) 九江은 洞庭湖의 옛 이름으로 沅水, 漸水, 元水, 辰水, 酉水, 灃水, 資水, 湘水의 아홉 강이 흘러들어가므로 '九河'라고 하였다. 여기서는 군 이름으로 사용되었는데, 관할 지역은 지금의 安徽省 淮河 이남과 江蘇省 양자강 이북 및 江西省 전체에 해당된다.
43) 기원전 206년에 해당한다. 이해 2월에 項羽가 劉邦을 漢王으로 봉하였고, 司馬遷은 漢 왕조의 史官이므로 『史記』는 이때부터 漢나라의 연대에 의해서 연도를 기록하고 있다.
44) 長沙 : 군 이름으로 지금의 湖南省 長沙市이다.
45) 郴縣 : 지금의 湖南省 郴縣.
46) 田榮 : 원래 齊나라의 왕족으로, 처음에 項羽가 齊나라를 齊王 田都, 膠東王 田

라를 치러 가면서 구강에서 군사를 징발하였는데, 구강왕 영포는 병을 핑계로 따라가지 않고, 장수로 하여금 수천명의 군사를 이끌고 가게 하였다. 한나라가 팽성에서 초나라를 격파하였을 때[47]에도 영포는 병을 핑계대면서 초나라를 돕지 않았다. 항왕이 이로 인해서 영포를 원망하고, 여러 번 사자를 보내어 책망하며 영포를 불렀지만, 영포는 더욱 두려워져서 감히 가지 못하였다. 항왕은 그때에 북쪽으로 제와 조 나라를 우려하고, 서쪽으로는 한(漢)[48]나라를 근심하고 있었기에, 가까이할 사람은 오직 구강왕뿐이었고, 또한 영포의 재능을 높이 샀으므로, 그와 친근하게 지내며 기용하고 싶어하였기에 영포를 치지 않았다.

한 3년[49]에 한왕이 초나라를 치면서 팽성에서 크게 싸웠지만, 불리하여 양(梁)[50]에서 퇴각해서 우(虞)[51]까지 이른 한왕이 좌우의 신하들에게 일러 말하기를 "너희와 같은 자들과는 함께 천하의 대사를 도모할 수가 없구나"라고 하자, 알자(謁者)[52] 수하(隨何)[53]가 나와서 "폐하(陛下)[54]께서 말씀하신 뜻을 잘 모르겠습니다"라고 말하였다. 이에 한왕이 말하였다.

누가 능히 나를 대신하여 회남(淮南)[55]에 사자로 가서, 영포로 하여금 군대를 일으켜 초나라를 배반하게 할 수 있겠는가? 항왕을 몇달 동안만 제나라에 머무르게 한다면, 내가 천하를 얻는 것은 완전히 정해진 것이다.

市, 濟北王 田安에게 나누어주었는데, 田榮이 田都와 田市, 田安을 죽이고 '三齊'를 통일하여 스스로 齊王이 되었다.

47) 漢 2년 3월의 일인데, 漢王이 項羽가 齊나라를 치러 간 기회를 틈타, 다섯 제후의 병력을 이용하여 彭城을 공략하였다.

48) 漢 : 劉邦이 秦나라를 멸하고 세운 나라로 수도는 長安이다. 211년 만에 王莽에게 찬탈되었다.

49) 원문의 "漢三年"은 衍文인 듯하다. 이것은 漢 2년 4월의 일로, 『漢書』「英布傳」에는 이 세 글자가 없다.

50) 梁 : 대개 전국시대 魏나라의 옛 땅을 지칭하는데, 魏나라 후기에 大梁에 도읍하였으므로 梁이라고 부르기도 한다.

51) 虞 : 현 이름으로 지금의 河南省 虞城縣이다.

52) 謁者 : 응접을 맡은 벼슬 이름이다.

53) 隨何 : 說客으로 陸賈와 나란히 명성이 높았다.

54) 신하의 帝王에 대한 존칭인데, 여기서는 劉邦이 아직 帝가 아니므로 마땅히 '大王'이라고 해야 한다.

55) 淮南 : 군 이름으로 漢 高帝 4년(기원전 202년)에 九江國을 淮南國으로 바꾸었다. 黥布가 漢나라에 귀속한 후에 淮南王으로 봉해졌다. 그러므로 여기와 아래 문장의 '淮南'은 모두 '九江'이 되어야 한다.

수하가 "신이 그곳에 가도록 해주십시오"라고 말하였다. 이리하여 수하가 스무 명을 데리고 회남에 사신으로 갔다. 도착한 후 태재(太宰)[56]를 통해서 소개하였지만, 사흘이 지나도 구강왕을 만날 수가 없었다. 그래서 수하가 기회를 보아 태재에게 말하였다.

왕께서 저를 만나주시지 않는 것은 분명히 초나라가 강하고 한나라는 약하다고 생각하시기 때문일 것인데, 그래서 신이 사자로 왔습니다. 제게 왕을 뵙게 해주셔서, 제가 드리는 말씀이 옳다면 이는 대왕께서 듣고 싶어하신 바이고, 제가 드리는 말씀이 잘못되었다면 저희들 스무 명을 회남의 시장에서 부질(斧質)[57]의 형(刑)에 처하십시오. 그리하여 왕께서 한나라를 등지고, 초나라와 함께 한다는 것을 밝히십시오.

태재가 그의 말을 왕께 아뢰자, 왕은 그를 만났다. 수하가 말하기를 "한왕께서 신으로 하여금 삼가 서신을 대왕의 측근에게 바치게 하셨사온대, 신은 대왕께서 초나라와 어떠한 친분이 있는지 궁금합니다"라고 하였다. 회남왕이 "과인은 북향(北鄕)[58]하여 초왕을 섬기는 신하이오"라고 말하니, 수하가 말하였다.

대왕께서는 항왕과 함께 제후의 항렬에 있으시면서도 북향하여 그를 섬기는 것은 반드시 초나라가 강하니 나라를 의탁할 만하다고 생각하시기 때문일 것입니다. 항왕이 제나라를 치면서 친히 성을 쌓기 위한 판자나 공이를 짊어지고 사졸들의 선봉이 되었으니, 대왕께서도 마땅히 회남의 무리를 모두 동원하여 몸소 그들을 이끌고 초나라 군대의 선봉이 되셨어야 하였습니다. 무릇 북면하여 남을 섬긴다면서 이렇게 해도 되겠지요? 또한 한왕이 팽성에서 싸울 때만 하더라도, 항왕이 제나라를 떠나기 전에 대왕께서는 마땅히 회남의 군사를 모조리 동원하여 회수를 건너가 밤낮으로 팽성에서 한왕과 맞붙어 싸웠어야 하셨는데, 대왕께서는 만여 대군을 거느리시고도 한사람도 회수를 건너게 하지 않으셨으며, 팔짱을 낀 채 어느 쪽이 이기는지를 바라보기만 하셨습니다. 자기 나라를 남에게 맡기셨다면서, 이렇게 해도 된다는 말씀이신지요? 대왕께서는 초나라에 의지한다는 빈 이름을 내걸고, 자신을 완전히 맡겨버리고자 하시니, 신이 생각컨대 이는 대왕께

---

56) 太宰: 관직 이름으로 나라의 정치를 모두 살피고 다스리는 일을 한다.
57) 斧質: 죄인을 죽이는 데 쓰이는 도끼와 쇠 모탕으로, 곧 사형에 처함을 말한다.
58) 北鄕: 고대에 군주는 남쪽을 향해서 앉고, 신하는 북쪽을 향해서 조회한다. '鄕'은 '向'과 통한다.

서 취할 바가 아닌 것 같습니다. 그러면서도 대왕께서 초나라를 배반하지 않는 까닭은 한나라가 약하다고 생각하시기 때문입니다. 초나라 군대가 비록 강하나, 온 천하가 초나라에게 불의(不義)의 오명을 씌우고 있으니, 이는 초나라 왕이 맹약을 저버리고[59] 의제(義帝)를 죽였기 때문입니다. 그런데다 초나라 왕은 전승(戰勝)을 믿고 스스로 강하다고 믿고 있지만, 한왕은 제후들과 연합하고 돌아와서는 성고(成皐)[60]와 형양(滎陽)[61]을 지키고 있으며, 촉(蜀)[62]과 한(漢)[63]의 양곡을 날라오고 도랑을 깊이 파서 성벽을 굳게 하며, 군사를 나누어 변경을 지키고 요새를 방어하고 있습니다. 초나라 군대가 제나라에서 초나라로 돌아가려면 가운데 있는 양(梁)의 땅을 넘어서 적국 깊숙히 800-900리나 들어가야 하니, 싸우고자 해도 싸울 수가 없고, 성을 공격하려 해도 힘이 모자라며, 노약자들이 천리 밖에서 양곡을 날라와야 합니다. 초나라 군대가 형양과 성고에 도착하더라도 한나라가 굳게 지키고 움직이지 않는다면, 초나라 군대는 나아가 공격할 수도 없고 물러나 포위를 풀 수도 없습니다. 그러므로 초나라 군대는 믿을 만하지 못하다고 말하는 것입니다. 만약 초나라가 한나라를 이기게 된다면 제후들은 스스로 위기를 느끼고 두려워하여 서로 구원하게 될 것입니다. 대체로 초나라가 강대해지면 오히려 천하의 적병을 초나라로 불러들일 수 있습니다. 그러니 초나라는 한나라만 못하고 이러한 정세는 쉽게 알 수가 있습니다. 지금 대왕께서는 모든 것이 안전한 한나라와 함께 하지 않으시고, 멸망의 위기에 처한 초나라에 스스로 의탁하려 하시니, 신은 대왕을 위해서 그것을 의아하게 생각합니다. 신이 회남의 병력만으로 초나라를 멸망시키기에 넉넉하다고 생각하는 것은 아닙니다. 대왕께서 군대를 동원하여 초나라를 배반하시면, 항왕은 반드시 제나라에 머물게 될 것이니, 몇달 동안만이라도 항왕을 제나라에 머물게 한다면, 한나라가 천하를 차지하게 될 것은 확실히 보장할 수 있습니다. 신이 대왕을 모시고 칼을 찬 채로 한나라에 돌아가게 해주십시오. 한왕은 반드시 땅을 떼어서 대왕을 봉하실 것이니, 하물며 회남 땅뿐이겠는지요? 회남 땅은 반드시 대왕의 소유가 될 것입니다. 그러므로 한왕이 삼가 신을 사신으로 보내어 어리석은 계책을 드리게 한 것이오니, 원컨대 대왕께서는 유념해주십시오.

59) 項羽가 楚 懷王과 제후들하고 '먼저 函谷關에 들어가는 자가 왕이 된다'라고 한 약속을 위반하고, 劉邦을 漢王으로 봉한 것을 말한다.
60) 成皐 : 군 이름으로 '虎牢'라고도 하는데, 지금의 河南省 滎陽縣 서쪽 氾水鎭이다.
61) 滎陽 : 현 이름으로 지금의 河南省 滎陽縣 동북쪽 지역이다.
62) 蜀 : 군 이름으로 지금의 四川省 서쪽 지역이다.
63) 漢 : 즉 漢中郡인데, 이는 지금의 陝西省 남부 및 湖北省 서북부에 해당한다.

이에 회남왕은 "말씀에 따르겠소"라고 하였다. 회남왕이 은밀히 초나라를 배반하고 한나라와 한편이 되겠다고 허락하였지만, 감히 발설하지는 않았다.

초나라 사자가 회남왕에게 와 있으면서, 급히 군대를 출동시키라고 영포에게 독촉하며 객사에 머물고 있었다. 거기에 수하는 곧바로 뛰어들어가서 초나라 사자의 윗자리에 앉아 "구강왕이 이미 한나라에 귀속하였는데, 초나라가 어떻게 병력을 동원할 수 있겠소?"라고 말하자, 영포는 깜짝 놀랐다. 초나라의 사자는 일어났다. 수하가 영포를 설득하여 말하기를 "일은 이미 벌어졌으니, 초나라 사자를 죽여서 돌아가지 못하게 하고, 빨리 한나라로 달려가서 힘을 합하는 것이 좋겠습니다"라고 하자, 영포는 "그대가 하라는 대로 군사를 일으켜 초나라를 공격할 수밖에 없소"라고 말하였다. 이리하여 사자를 죽이고, 군사를 일으켜 초나라를 공격하였다. 초나라에서는 항성(項聲)[64]과 용저(龍且)[65]를 시켜 회남을 치게 하고, 항왕은 그대로 머물면서 하읍(下邑)[66]을 쳤다. 몇달 걸려 용저가 회남을 쳐서 영포의 군대를 깨뜨렸다. 영포는 군대를 이끌고 한나라로 달아나고자 하였으나, 초나라 왕이 자기를 죽일까봐 두려웠으므로 사잇길을 통해서 수하와 함께 한나라로 돌아갔다.

회남왕이 이르렀을 때[67]에 한왕은 마침 평상에 걸터앉아 발을 씻기고 있었는데, 그대로 영포를 불러들여 만나게 하니, 영포는 너무 화가 나서 한나라로 온 것을 후회하고 자살하려고 하였다. 그런데 나와서 숙사에 와 보니 의복과 마차, 음식이나 시종들이 한왕의 거처와 같았으므로, 영포는 바라던 것보다도 좋은 대우에 크게 기뻐하였다. 이에 사람을 시켜서 구강에 들어가게 하였더니, 초나라는 이미 항백(項伯)[68]을 시켜서 구강의 군대를 몰수하고, 영포의 아내와 자식들을 모조리 죽인 뒤였다. 영포의 사자는 오랜 친구들과 총신들을 꽤 많이 만나, 수천명을 거느리고 한나라로 돌아왔다. 한나라는 영포에게 더 많은 군대를 나누어주고 함께 북쪽으로 가면서, 군대를 모아 성고에 이르렀다. 한 4년 7월에 영포를 세워 회남왕

---

64) 項聲 : 楚나라 군대의 장수 이름.
65) 龍且 : 齊나라 사람으로 項羽의 勇將이다. 나중에 韓信에게 살해되었다.
66) 下邑 : 현 이름으로 지금의 安徽省 碭山縣 지역이다.
67) 漢 3년(기원전 204년) 12월의 일이다.
68) 項伯 : 이름은 纏이고 字는 伯으로 項羽의 숙부이다.

으로 삼고, 함께 항적을 공격하였다.

한 5년[69]에 영포는 사람을 시켜 구강에 들어가, 여러 고을을 획득하였다. 6년[70]에 영포가 유고(劉賈)[71]와 함께 구강에 들어가 초나라 대사마(大司馬)[72] 주은(周殷)[73]을 설득하니, 주은이 초나라를 배반하고 드디어 구강의 군대를 동원하여 한나라와 함께 초나라를 공격하여, 해하(垓下)[74]에서 깨뜨렸다.

항적이 죽고 천하가 평정되자, 황상(皇上)이 술잔치를 베풀었다. 이때 황상이 수하의 공적을 깎아서 "수하는 썩은 선비이니, 천하를 다스리는 데 어찌 썩은 선비를 쓰겠는가?"라고 말하였다. 수하가 꿇어앉아 말하기를 "폐하께서는 군사를 이끌고 팽성을 치시고 초나라 왕이 아직 제나라를 떠나지 않았을 때, 보병 5만 명과 기병 5,000명으로 회남을 점령할 수 있으셨겠습니까?"라고 하자, 황상은 "못하였을 것이오"라고 대답하였다. 이에 수하가 말하였다.

폐하께서 저로 하여금 스무 명과 함께 회남에 사자로 가게 하셨고, 저는 회남에 이르러 폐하의 뜻대로 하였사오니, 이는 신의 공이 보병 5만 명과 기병 5,000명보다도 나은 것입니다. 그런데도 폐하께서는 "수하는 썩은 선비이니, 천하를 다스리는 데 어찌 썩은 선비를 쓰겠는가?"라고 말씀하시니, 무슨 까닭이옵니까?

한왕은 "내 장차 그대의 공을 생각하리라"라고 말하였다. 한왕이 이에 수하를 호군중위(護軍中尉)[75]로 임명하였다. 영포는 드디어 부(符)[76]를 잘라 받아 회남왕이 되고, 육(六)에 도읍하니, 구강(九江), 여강(廬江),[77] 형산(衡山),[78] 예장(豫章)[79] 등의 군(郡)이 모두 영포에게 귀속

69) 『漢書』에는 "漢五年"이라는 말이 없는데, 衍文인 듯싶다.
70) 黥布와 劉賈가 九江에 들어간 것은 漢 5년 11월이고, 12월에 項羽가 죽었다.
71) 劉賈 : 劉邦의 사촌형으로 漢나라 초기에 荊王에 봉해졌는데, 후에 黥布에 의해서 살해되었다.
72) 大司馬 : 무관의 명칭으로 군사를 주관한다.
73) 周殷 : 項羽의 부하 장수였는데, 楚나라에 반기를 들고 漢나라에 투항하였다.
74) 垓下 : 지금의 安徽省 靈璧縣 동남쪽인데, 項羽가 漢 高祖에게 포위당하여 패한 곳이다.
75) 護軍中尉 : 무관의 명칭으로 임시로 설치한 것인데, 각 장수들의 관계를 조절하는 일을 맡았다.
76) 符 : '符節' 또는 '符信'이라고도 한다.
77) 廬江 : 군 이름으로 지금의 安徽省에 해당한다.

되었다.

한 7년[80]에 영포는 진(陳)[81]에서 알현하였다. 8년에는 낙양(雒陽)[82]에서 알현하였으며, 9년에는 장안(長安)[83]에서 알현하였다.

한 11년에 고후(高后)[84]가 회음후(淮陰侯)[85]를 죽이자, 영포는 마음속으로 두려워하였다. 여름에 한나라가 양왕(梁王) 팽월(彭越)[86]을 죽여서 그 시체를 소금에 절이고, 소금에 절인 살덩이를 그릇에 담아 제후들에게 두루 하사하였다. 그 살덩이가 회남에 도착하였을 때에 회남왕은 마침 사냥중이었는데, 소금에 절인 살덩이를 보고는 몹시 두려워하여, 은밀히 사람을 시켜 병사를 모아, 이웃 고을의 동태를 살펴 위급한 사태를 경계하게 하였다.

영포의 총희(寵姬)[87]가 병들어 의사에게 치료를 받게 되었다. 의사의 집은 중대부(中大夫)[88] 비혁(賁赫)[89]의 집과 마주 보고 있었는데, 총희가 자주 의사의 집에 가니, 비혁은 자신이 전에 영포의 시중(侍中)[90]이었던 것 때문에 많은 선물을 바치고, 비혁은 총희를 따라 의사의 집으로 가서 술을 마셨다. 총희가 회남왕을 모시고 한담(閑談)을 나누다가, 비혁이 장자(長者)[91]라고 칭찬하였다. 회남왕이 노하여 "너는 어디서 그를 알게 되었느냐?"라고 묻자, 총희가 사정을 자세히 이야기하였지만, 왕은

---

78) 衡山: 군 이름으로 지금의 河南省 남부, 湖北省 동부와 安徽省 서부를 포함하여 남쪽으로 양자강에 이르고, 북쪽으로 淮河의 일부 지역까지 이른다.

79) 豫章: 군 이름으로 지금의 江西省에 해당한다.

80) 권8「高祖本紀」와『漢書』「英布傳」에는 모두 "六年"으로 되어 있다.

81) 陳: 현 이름으로 지금의 河南省 淮陽縣 지역이다.

82) 雒陽: 즉 洛陽인데, 지금의 河南省 洛陽市 동북쪽 지역이다.

83) 長安: 지금의 陝西省 長安縣 서북쪽에 있다.

84) 高后: 곧 呂后를 말하는데, 漢 高祖의 황후 呂雉로 高祖를 도와서 천하를 평정하였다. 권9「呂太后本紀」 참조.

85) 淮陰侯: 곧 韓信인데, 漢 高祖의 공신으로 蕭何, 張良과 함께 三傑이라 일컬어진다. 淮陰은 현 이름으로 지금의 江蘇省 淮陰市 동남부이다.

86) 梁王 彭越: 前漢 창업 초기의 장수로 山東省 昌邑 사람이다. 처음에는 項羽 밑에 있었으나, 뒤에 漢 高祖를 좇아 楚나라를 멸하는 데 많은 공을 세웠으므로 梁王으로 봉해졌다. 후에 참소당하여 삼족과 함께 주살당하였다.

87) 寵姬: 총애를 받는 계집이나 애첩.

88) 中大夫: 관직 이름으로 議論을 맡으며, 郎中令에 속한다.

89) 賁赫: 사람 이름으로 나중에 期思侯에 봉해졌다.

90) 侍中: 秦나라 때 궁중의 奏事를 맡은 벼슬 이름이다.

91) 長者: 여기에서는 덕망이 있고 관대한 사람이라는 뜻으로 쓰였다.

그들이 간통(姦通)한 것이라고 의심하였다. 비혁이 두려워서 병이 들었다고 핑계를 댔다. 왕은 더욱 화가 나서 비혁을 잡아들이려고 하였다. 비혁은 영포가 반란을 꾀한다고 고하려고 역마를 타고 장안으로 달려갔다. 영포가 사람을 시켜 쫓게 하였지만, 따라잡지 못하였다. 비혁이 장안에 이르러 상서문을 올려 고하기를 "영포가 반란을 꾀하려는 단서가 있으니, 일이 터지기 전에 먼저 목을 베어야 합니다"라고 하였다. 황상이 그 글을 읽고는 소상국(蕭相國)[92]에게 말하였다. 상국이 "영포는 그러한 일을 할 사람이 아니니 아마도 무슨 원한이 있어 일부러 모함하는 것일 겁니다. 청컨대 비혁을 붙잡아두고, 사람을 보내어 은밀히 회남왕을 살피게 하십시오"라고 말하였다. 회남왕 영포는 비혁이 죄를 짓고 달아난 데다 고조에게 변을 고하였다는 사실을 알고는 비혁이 자기 나라의 비밀을 말하였을 것이라고 의심하던 차에, 또한 한나라 사자가 와서 조사까지 하니, 마침내 비혁의 집안을 멸족시키고 군대를 일으켜 한나라를 배반하였다. 영포가 모반하였다는 보고가 올라가자, 황상은 곧 비혁을 석방하여 장군으로 삼았다.

황상이 여러 장군들을 불러서 "영포가 배반하였는데, 어찌해야 하는가?"라고 묻자, 모두들 "군대를 동원하여 쳐서 그놈을 구덩이에 묻어 죽일 뿐, 다른 무엇이 있겠습니까?"라고 말하였다. 여음후(汝陰侯) 등공(滕公)[93]이 이전에 초나라 영윤(令尹)[94]이었던 사람을 불러 물으니, 영윤은 "그가 배반하는 것은 당연한 일입니다"라고 대답하였다. 등공이 다시 "황상께서 땅을 떼주어 그를 왕으로 봉하셨으며, 벼슬도 나주어주어 귀하게 대해주셨는데, 남면하여 만승(萬乘)[95]의 군주가 되고서도 배반하다니, 무슨 이유입니까?"라고 묻자, 영윤이 "황상께서 지난해에 팽월을 죽이고 그 전해에는 한신을 죽였는데,[96] 이 세 사람들은 같이 공을 세운,

92) 蕭相國 : 즉 蕭何를 가리키는데, 그는 劉邦의 중요한 謀臣으로 西漢에서 가장 먼저 丞相으로 임용되었다. 권53 「蕭相國世家」 참조.
93) 滕公 : 곧 夏侯嬰인데, 劉邦의 같은 고향 친구이다. 그가 滕縣의 縣令을 지낸 적이 있는데, 楚나라 사람들은 令을 公이라고 부르기도 하므로, 그를 滕公이라 부른 것이다.
94) 令尹 : 춘추전국 시대 楚나라의 최고 관직으로 丞相에 해당하며, 군정 대권을 장악하였다.
95) 萬乘 : 周나라 때에 天子는 그 영토 안에서 兵車 萬輛을 내는 제도가 있었다. 따라서 이것은 天子나 天子의 자리 또는 대국을 뜻하는 말이다.

한몸과 같은 사람들입니다. 그는 화가 제 몸에 미치지나 않을까 의심하여 모반한 것입니다"라고 말하였다. 등공이 이 말을 황상에게 아뢰어 말하기를 "신의 식객 가운데 이전에 초나라의 영윤이었던 설공(薛公)이라는 자가 있사온대, 그는 대단한 계략을 가지고 있으니, 그에게 물어보는 것이 좋겠습니다"라고 하였다. 황상이 이에 설공을 불러 물어보았더니, 설공은 이렇게 대답하였다.

영포가 모반한 것은 이상할 것이 없습니다. 영포가 상계(上計)를 쓴다면 산동(山東)⁹⁷⁾은 한나라의 소유가 아닐 것이며, 만일 중계(中計)를 쓴다면 승패는 알 수가 없고, 하계(下計)를 쓴다면 폐하께서는 편안히 주무실 수 있을 것입니다.

황상이 "무엇을 상계라고 하는가?"라고 묻자, 영윤이 대답하여 말하기를 "영포가 동쪽으로 오(吳)⁹⁸⁾를 취하고, 서쪽으로 초(楚)나라를 취하며, 제(齊)나라를 병합하고 노(魯)⁹⁹⁾나라를 취한 뒤에, 격문(檄文)¹⁰⁰⁾을 연(燕)¹⁰¹⁾나라와 조(趙)나라에 전하고 그곳을 굳게 지킨다면, 산동은 한(漢)나라의 소유가 안 될 것입니다"라고 하였다. "무엇을 중계라고 하는가?" "동쪽으로 오나라를 취하고, 서쪽으로 초나라를 취하며, 한(韓)¹⁰²⁾나라를 병합하고 위(魏)¹⁰³⁾나라를 취한 후에, 오유(敖庚)¹⁰⁴⁾의 양곡을 점유하여 성고의 어귀를 봉쇄한다면, 승패는 알 수 없습니다." "무엇을 하계라고 하는가?" "동쪽으로 오나라를 취하고, 서쪽으로 하채(下蔡)¹⁰⁵⁾를

---

96) 이 부분은 약간의 착오가 있는 듯한데, 韓信과 彭越은 모두 漢 高帝 11년 봄에 피살되었고, 같은 해 7월에 黥布가 반기를 들었다.

97) 山東 : 華山 동부 지역을 가리키는데, 전국시대에는 六國의 영토도 '山東'이라고 칭하였다.

98) 吳 : 현 이름으로 당시에는 荊나라의 수도였다.

99) 魯 : 춘추전국 시대 魯나라의 옛 땅인데, 당시에는 이미 楚나라에 귀속되었다.

100) 檄文 : 특별한 경우에 군병을 모집하거나 세상 사람들의 흥분을 일으키거나 또는 적군을 曉喩 혹은 힐책하기 위하여 발송하는 글발을 말한다.

101) 燕 : 周나라의 제후국의 하나로 召公 奭이 시조이며 戰國七雄의 하나로서 秦나라에 의해서 멸망되었다.

102) 韓 : 전국시대 韓나라의 옛 땅이다. 당시에는 淮陽王 劉友의 봉지였다.

103) 魏 : 전국시대 魏나라의 옛 땅을 말하는데, 劉邦의 다섯째 아들 梁王 劉恢의 봉국이었다.

104) 敖庚 : 즉 敖倉을 가리키는데, 이것은 秦代에 敖山 위에 만든 큰 곡식 창고이다. 지금의 安徽省 鄭州市 서쪽의 北邙山 지역이다.

105) 下蔡 : 현 이름으로 지금의 安徽省 鳳臺縣 지역이다.

취하여 귀중한 물건은 월(越)[106]나라에 두고 자신은 장사(長沙)로 돌아
간다면, 폐하께서 편안히 주무셔도 한(漢)나라는 별일 없을 것입니다."
황상이 "그가 장차 어느 계책을 쓸 것 같은가?"라고 묻자, 영윤은 "하계
를 쓸 것입니다"라고 대답하였다. 황상이 "어째서 상계와 중계를 버리고
하계를 쓸 것이라고 생각하는가?"라고 물으니, 영윤은 "영포는 본래 여
산(麗山)의 무리로, 자기 힘으로 만승의 군주가 되었는데, 이는 모두 자
기 자신을 위해서 한 일이지, 뒷날을 생각하고 백성 만대를 위해서 한 일
이 아닙니다. 그래서 하계를 쓸 것이라고 말씀드렸습니다"라고 대답하였
다. 황상은 "좋구나!"라고 하고는 설공을 1,000호(戶)의 영지를 주어 봉
하였다. 그리고 황자(皇子) 장(長)[107]을 세워 회남왕으로 삼았다. 황상
은 마침내 군사를 동원하여 자신이 직접 거느리고 동쪽으로 영포를 공격
하였다.

　영포가 처음에 모반하면서 자기 장군들에게 "황상은 늙어서 싸움을 싫
어하니, 반드시 오지 못할 것이다. 여러 장수들을 보내겠지만, 그 여러
장수들 가운데 오직 회음후와 팽월만이 걱정거리였는데, 이제 모두 이미
죽었으니, 그 외에는 두려워할 만한 자가 없다"라고 하였다. 이리하여 마
침내 반란을 일으켰던 것이다. 과연 설공이 짐작하였던 대로 영포는 동쪽
으로 형(荊)[108]나라를 쳤고, 형왕 유고(劉賈)는 달아나다가 부릉(富
陵)[109]에서 죽었다. 영포는 그의 군대를 모두 빼앗아 거느리고 회수를 건
너 초나라를 쳤다. 초나라가 군대를 동원하여 서(徐)[110]와 동(僮)[111] 사
이에서 싸웠는데, 군대를 셋으로 나누어 서로 원조하면서 기이한 꾀로 싸
우고자 하였다. 그런데 어떤 이가 초나라 장군에게 말하였다.

　영포는 용병(用兵)에 뛰어나, 백성들이 평소에 그를 두려워합니다. 또 병
법에도 제후가 자기 나라 땅에서 싸우는 것을 산지(散地)[112]라고 하였는

---

106)　越 : 南越을 가리키는데, 지금의 廣東省 廣西省 및 越南省 북부 일대이다.
107)　長 : 淮南의 厲王 劉長을 가리킨다. 劉邦의 일곱번째 아들인데, 文帝 6년에 반란
　　을 음모하였다가 평민으로 폐위되어 蜀地로 가다가 도중에서 단식하여 죽었다. 권
　　118 「淮南衡山列傳」 참조.
108)　荊 : 劉邦의 사촌형 荊王 劉賈의 봉국으로, 위에서 말한 吳를 가리킨다. 지금의
　　安徽省 동남부, 江蘇省 서남부와 浙江省 북부 지역이다.
109)　富陵 : 현 이름으로 지금의 江蘇省 盰眙縣 동북쪽 지역이다.
110)　徐 : 현 이름으로 지금의 江蘇省 泗洪縣 남쪽이다.
111)　僮 : 현 이름으로 지금의 安徽省 泗縣 동북쪽 지역이다.

데, 이제 군대를 나누어 셋으로 만들었는데, 저들이 우리의 한 군대를 깨뜨리면 나머지는 모두 달아날 터이니, 어떻게 서로 원조할 수 있겠습니까?

그러나 초나라 장군은 그 말을 듣지 않았다. 영포가 과연 그중의 한 군대를 격파하자, 나머지 두 군대는 흩어져 달아났다.

영포가 드디어 서쪽으로 나아가 황상의 군대와 기(蘄)¹¹³⁾의 서쪽 회추(會甀)¹¹⁴⁾에서 만났다. 영포의 군대는 대단한 정예 부대였고, 황상이 용성(庸城)¹¹⁵⁾을 고수하며 영포의 군대를 바라보니, 진을 친 것이 항적의 군대와 같았으므로, 황상은 그가 미워졌다. 영포와 서로 바라보다가 멀리서 영포에게 "무엇이 아쉬워서 모반하였는가?"라고 하니, 영포는 "황제가 되고 싶었을 뿐이오"라고 하였다. 황상이 노여워하며 그를 꾸짖고, 드디어 크게 싸움을 벌였다. 영포의 군사가 패하여 달아나 회수를 건너고, 여러 번 멈추어 싸웠으나, 불리하여 100여 명의 군사와 함께 강남(江南)¹¹⁶⁾으로 달아났다.

영포는 본래 파군(番君)의 딸과 결혼하였는데, 장사(長沙)의 애왕(哀王)이 사람을 시켜 함께 월나라로 도망하자고 거짓으로 꾀니, 영포는 그 말을 믿고 파양(番陽)¹¹⁷⁾으로 따라갔다. 파양 사람이 영포를 자향(兹鄕)¹¹⁸⁾의 농가에서 죽이니, 이로써 드디어 경포를 멸망시키게 되었다.

황상이 황자 장(長)을 세워 회남왕으로 삼고, 비혁을 기사후(期思侯)로 봉하였으며, 여러 장수들도 대부분 공(功)에 따라 봉해졌다.

태사공은 말하였다.

"영포(英布)의 조상은 어쩌면 『춘추(春秋)』에 '초(楚)나라가 영(英), 육(六)¹¹⁹⁾을 멸하다'라고 되어 있는, 바로 그 고요(皐陶)¹²⁰⁾의 후예가 아

---

112) 散地 : 『孫子』 「九地」 편에 나오는 말로 원문은 "諸侯自戰其地爲散地, 是故散地則無戰"이다. '散地'는 사병이 본토에서 싸우게 되면, 집에 연연해지게 되므로 패하기 쉽다는 것이다.
113) 蘄 : 현 이름으로 지금의 安徽省 宿縣 동남쪽 지역이다.
114) 會甀 : 鄕 이름으로 지금의 安徽省 宿縣 동남쪽 지역이다.
115) 庸城 : 會甀의 북쪽 相毗隣에 있다.
116) 江南 : 양자강의 남쪽 지역으로 옛 楚나라와 越나라의 땅이다.
117) 番陽 : 현 이름으로 지금의 江西省 波陽縣 동쪽 지역이다.
118) 兹鄕 : 番陽縣의 고을 이름.

닐까? 몸은 형벌을 받고서도 어찌 그렇게도 빨리 성공하였던가? 항씨
(項氏)가 구덩이에 묻어 죽인 사람은 그 수가 천만이나 되는데, 영포는
언제나 그 포악한 일의 우두머리였다. 그의 공로는 제후들 가운데 으뜸이
었고, 이로 인해서 왕이 되었지만, 자신도 역시 세상의 살육을 면하지 못
하였다. 화의 원인은 사랑하는 여자로부터 나고, 질투에서 환란이 생겨
마침내 그 나라까지 망하게 되었다."

---

119) 英과 六은 모두 고대의 나라 이름이다. 이들은 성이 偃이며 皐陶의 후예인데,
기원전 622년 楚나라에 의해서 멸망당하였다.
120) 皐陶 : 舜임금의 신하로 字는 庭堅이다. 司寇, 즉 獄官의 長을 지냈으며, 咎繇라
고도 쓰는데, 전하기로는 춘추시대의 英, 六 등의 나라는 그의 후대라고 한다.

권92 「회음후열전(淮陰侯列傳)」 제32

　회음후(淮陰侯)[1] 한신(韓信)은 회음 사람이다. 처음 평민이었을 때에는 가난하고 품행이 단정하지 않았다. 추천을 받아 관리가 되지도 못하였고, 장사로 생계를 꾸릴 수도 없어 늘 남에게 빌붙어 먹고 다녀 사람들이 ㅗ를 싫어하였다. 일찍이 하향(下鄕)[2]의 남창정장(南昌亭長)[3]에게 여러 번 얻어 먹었는데, 여러 달이 지나자 정장의 아내가 그를 미워하여 새벽에 밥을 지어 그 자리에서 먹었다. 한신이 식사시간에 맞추어 갔으나 준비가 되어 있지 않았다. 한신도 그 뜻을 알고는 화가 나서 끝내는 의절하고 떠났다.

　한신이 성 아래에서 낚시를 하고 있었다. 빨래하는 여러 여인들 중에 한 사람이 한신이 주린 것을 보고 밥을 주었는데, 빨래를 마치도록 수십 일 동안을 이렇게 하였다. 한신은 기뻐서 빨래하는 여인에게 "내 반드시 은혜에 크게 보답하겠다"라고 말하였다. 이에 여인이 성을 내며 "대장부가 스스로 밥을 먹지 못하여 내가 왕손(王孫)[4]을 불쌍히 여겨 밥을 주었으니 어찌 보답을 바라리오!"라고 말하였다.

　회음 땅의 백정 중에 한신을 멸시하는 젊은이가 있었다. 그가 한신에게 말하기를 "네가 비록 장대하고 칼 차기를 좋아하나 속은 겁쟁이일 뿐이다"라고 하였다. 또 사람들 앞에서 모욕을 주며 말하기를 "네가 용기가 있으면 나를 찌르고, 용기가 없다면 내 가랑이 밑으로 기어라"고 하였다. 이에 한신은 그를 자세히 쳐다보다가 몸을 구부려 가랑이 밑으로 기어 나

---

1)　淮陰은 현 이름으로 지금의 江蘇省 淮陰市 서남쪽 지역이다. 淮陰侯는 韓信의 마지막 封爵이다.

2)　下鄕 : 淮陰縣에 속한 마을.

3)　亭은 秦漢 시대의 일종의 행정기구이다. 10里마다 亭을 세우고 亭長을 두었다. 이것은 치안을 담당하는 기능을 맡았고 나그네 숙소로도 이용되었다. 南昌은 淮陰縣 卜鄕의 亭 이름으로 淮陰의 동남쪽에 있있다. 지금의 淮陰縣 시남쪽 지역이디.

4)　王孫 : 고대 귀족 자손의 통칭. 젊은이에 대한 경칭이기도 하다.

갔다. 시정의 모든 사람들이 한신을 비웃으며 겁쟁이라고 하였다.

항량(項梁)[5]이 회수(淮水)를 건너자 한신은 칼을 차고 그를 따랐다. 그의 휘하에 있을 때에는 이름이 알려지지 않았다. 항량이 패하자 이번에는 항우(項羽)[6]에 속하게 되었다. 항우는 그를 낭중(郎中)[7]에 임명하였다. 여러 번 항우에게 계책을 올렸으나 항우는 받아들이지 않았다. 한왕(漢王)[8]이 촉(蜀)에 들어오자 한신은 초(楚)나라를 도망쳐서 한(漢)나라로 귀순하였으나 알려지지 못하였기에 연오(連敖)[9] 벼슬을 받았다. 법을 어겨 참형을 당하게 되었는데, 같은 무리 13명이 이미 모두 베어진 후 한신의 차례가 되었을 때였다. 한신이 고개를 들어 쳐다보다가 등공(滕公)[10]을 발견하고는 말하기를 "왕께서는 천하를 취하지 않으실 것입니까? 어찌 장사를 죽이려고 하십니까!"라고 하였다. 등공은 그 말을 기특하게 여기고 한신의 모습을 장하게 여겨 풀어주고 죽이지 않았다. 등공은 함께 이야기를 나누고는 크게 기뻐하며 한왕에게 그를 추천을 하였다. 한왕은 한신을 치속도위(治粟都尉)[11]로 임명하였지만, 특이하게 여기지는 않았다.

한신은 자주 소하(蕭何)[12]와 대화를 하였는데, 소하는 그를 뛰어나다고 여겼다. 남정(南鄭)[13]에 이르렀을 때 여러 장수들 중에 도망치는 자가 수십명이었다. 한신은 소하가 이미 여러 차례 자기를 한왕에게 추천하였으나 등용하지 않는다고 생각하고 도망쳤다. 소하가 한신이 도망쳤다는

---

5) 項梁(?-기원전 208년): 楚나라 장군 項燕의 아들. 조카 項羽와 함께 정예 병사 8,000명으로 秦나라에 반기를 들었다. 楚 懷王의 손자를 왕으로 내세워 楚王으로 삼고, 자신을 武信君이라고 일컬었다. 후일 定陶 전투에서 죽었다. 권7「項羽本紀」참조.
6) 項羽(기원전 232-기원전 202년): 이름은 籍이다. 스스로 西楚覇王에 올랐다. 후에 劉邦에게 패배하고 자결하였다. 권7「項羽本紀」참조.
7) 郎中: 관직 이름. 경호업무를 맡았다.
8) 漢王: 劉邦을 가리킨다. 기원전 206년 項羽는 劉邦을 漢王에 봉하였다.
9) 連敖: 손님을 대접하는 관원.
10) 滕公: 夏侯嬰을 가리킨다. 그는 劉邦의 같은 고향 친구로 滕縣의 令을 지냈다. 楚에서는 縣令을 公이라고 불렀다.
11) 治粟都尉: 식량을 담당하는 군관.
12) 蕭何(?-기원전 193년): 劉邦의 중요 謀臣으로 漢나라의 첫번째 丞相을 맡았다. 권53「蕭相國世家」참조.
13) 南鄭: 현 이름. 당시 漢나라의 수도로, 지금의 陝西省 漢中市이다.

말을 듣고 왕에게 알리지도 못하고 한신을 추적하였다. 어떤 이가 왕에게 승상 소하가 도망쳤다고 아뢰었다. 왕이 크게 성을 내며 양손을 잃은 듯 하였다. 며칠 뒤에 소하가 돌아와 왕을 배알하였다. 왕은 화도 나고 기쁘 기도 하여 소하를 꾸짖어 "그대가 어찌 도망쳤소?"라고 하였다. 소하가 대답하기를 "신은 감히 도망친 것이 아니라 도망친 자를 쫓았을 뿐입니 다"라고 하였다. 왕이 "그대가 쫓은 사람이 누구인가?"라고 묻자, 소하 는 "한신을 쫓았습니다"라고 대답하였다. 왕이 다시 꾸짖어 말하기를 "장 수들 중에 도망친 자가 수십명인데 공은 쫓지 않았소. 이제 한신을 쫓아 갔다는 것은 거짓이로다"라고 하였다. 소하가 대답하기를 "다른 장수들이 야 쉽게 얻을 수 있지만 한신과 같은 인물은 걸출하여 누구와도 비길 수 없는 사람입니다. 왕께서 만약 한중(漢中)¹⁴⁾에서 계속 왕 노릇을 하시려 면 한신을 쓸 바 없거니와, 만일 천하를 취하고자 하신다면 한신말고는 그 일을 상의할 인물이 없습니다. 다만 왕께서 어떤 계획을 가지고 계신 가에 달려 있습니다"라고 하였다. 왕이 "나 역시 동쪽으로 가고자 하 오. ¹⁵⁾ 어찌 답답하게 이곳에 오래 머무르리오!"라고 하였다. 소하가 말 하기를 "왕께서 동쪽으로 가려 하시면 한신을 중용할 수 있을 것이고, 그 렇다면 한신은 머무를 것입니다. 그러나 한신을 중용하지 않는다면 그는 결국 도망칠 것입니다"라고 하였다. 왕이 "공의 뜻을 따라 그를 장군으로 삼겠소"라고 말하였다. 소하가 대답하기를 "비록 장군으로 삼는다고 해도 한신은 아마 떠날 것입니다"라고 말하였다. 왕이 "그렇다면 대장으로 삼 겠소"라고 말하였다. 소하가 말하기를 "참으로 다행한 일입니다"라고 하 였다. 이에 왕은 한신을 불러 임명하고자 하였다. 소하가 말하기를 "왕께 서는 평소 오만무례하셔서 지금 대장을 제수함이 마치 어린아이 부르듯 하시니, 이와 같은 이유로 한신이 떠난 것입니다. 왕께서 그를 대장으로 임명하시려 한다면 좋은 날을 골라 재계(齋戒)¹⁶⁾하시고, 단장(壇場)¹⁷⁾을 설치하여 의식을 갖추어야 가능할 것입니다"라고 하였다. 왕이 이를 허락 하였다. 여러 장수들이 모두 기뻐하며 서로 자신이 대장이 되리라고 생각

---

14) 漢中: 군 이름. 지금의 陝西省 秦嶺 이남 및 湖北省 서북쪽 지역.
15) 出關하여 項羽와 천하를 다투겠다는 뜻이다.
16) 齋戒: 고대에 제사 혹은 의식을 치르기 전에 몸과 마음을 깨끗이 갖추어 정성과 공경을 나타내는 것을 말한다.
17) 壇場: 장수를 임명하는 장소를 가리킨다. '壇'은 토태이며, '場'은 광장이다.

하였다. 그러나 대장을 임명하니 곧 한신인지라, 온 군대가 모두 놀랐다.

한신이 예를 마치고 자리에 올라가자, 한왕이 "승상(丞相)이 자주 장군의 이야기를 하였소. 장군은 무엇을 가지고 과인에게 계책을 가르치겠소?"라고 물었다. 한신이 사례하고 한왕에게 "지금 동쪽을 향하여 천하의 대권을 함께 다툴 자는 항왕(項王)이 아니겠습니까?"라고 물었다. 한왕은 "그러하오"라고 대답하였다. 한신이 말하기를 "대왕께서 스스로 생각하시기에, 용감하고 사납고 어질고 군세기가 항왕과 견주어 누가 더 낫다고 생각하십니까?"라고 하자, 한왕이 오랫동안 대답 않고 있다가 말하기를 "내가 항우만 못하오"라고 하였다. 한신이 두 번 절하고 치하하며 말하기를 "저도 그렇게 생각합니다. 저도 또한 대왕께서 항왕만 못하시다고 생각합니다. 그러나 신은 일찍이 그를 섬겼기에, 청컨대 항왕의 사람됨을 말씀드려보겠습니다. 항왕이 성내어 큰 소리로 꾸짖으면 천사람이 모두 엎드리지만, 어진 장수를 믿고서 병권을 맡기지 못하니 이는 필부의 용기일 따름입니다. 항왕이 사람을 대하는 태도는 공경스럽고 자애로우며 말씨도 부드럽습니다. 누가 병에 걸리면 눈물을 흘리며 음식을 나누어줍니다. 그러나 자기가 부리는 사람이 공을 이루어 마땅히 봉작해야 할 때에 이르러서는, 그 인장이 닳아 망가질 때까지 차마 내주지를 못합니다. 이것은 이른바 아녀자의 인(仁)일 뿐입니다. 항왕이 비록 천하의 패자가 되어 여러 제후들을 신하로 삼았지만, 관중(關中)[18]에 있지 못하고 팽성(彭城)[19]에 도읍하였습니다. 또 의제(義帝)와의 약속을 저버리고[20] 자기가 친애하는 차례로 왕과 제후를 삼은 것은 불공평한 일입니다. 제후들은 항왕이 의제를 옮겨 강남(江南)[21]으로 쫓는 것을 보고, 모두 자기 나라로 돌아가서 그 임금을 쫓아내고 자신들이 좋은 땅의 임금이 되었습니다.

---

18) 關中 : 대개 函谷關 서쪽과 散關 동쪽을 關中이라고 말한다.
19) 彭城 : 현 이름. 지금의 江蘇省 徐州市.
20) 義帝(?-기원전 205년)는 전국시대 楚 懷王의 손자인 熊心을 가리킨다. 陳勝이 죽은 뒤에 項梁이 그를 楚 懷王으로 옹립하였다. 기원전 206년 項羽가 西楚覇王으로 자립하면서 표면상으로 그를 義帝라고 존중하였다. 그후 項羽는 義帝를 암살하였다. 약속을 어겼다는 것은, 楚 懷王(義帝)이 가장 먼저 入關하는 장수를 關中의 왕으로 삼겠다고 약속하였으나, 項羽는 劉邦이 入關하자 이 약속을 깨고 秦나라의 세 降將들(章邯, 司馬欣, 董翳)에게 關中을 나누어준 사실을 말한다.
21) 江南 : 秦漢時代에 江南이란 대개 지금의 湖北省 남쪽과 湖南省, 江西省 지역을 가리킨다.

항왕의 군대가 지나간 곳은 학살과 파괴가 없는 곳이 없습니다. 천하의 많은 사람들이 그를 원망하고 백성들이 친밀하게 따라주지 않습니다. 다만 그의 강한 위세에 위협당하고 있을 뿐입니다. 그러니 항왕이 비록 패자라고 불리나 사실은 천하의 인심을 잃은 것입니다. 그렇기 때문에 그의 강대함을 약화시키기 쉽다고 할 수 있는 것입니다. 지금 대왕께서 항왕의 정책과는 반대로 천하의 용맹한 자들에게 모든 것을 믿고 맡기신다면, 멸하지 못할 적이 어디 있겠습니까? 천하의 성읍(城邑)을 공신(功臣)들에게 봉한다면 심복하지 않을 신하가 어디 있겠습니까? 정의를 내세운 군사를 거느리고 동쪽으로 돌아가고 싶어하는 병사를 따른다면 흩어져 달아나지 않을 적이 어디 있겠습니까? 삼진(三秦)의 왕들[22]은 본디 진(秦)나라의 장군들이었습니다. 그들이 진나라의 자제를 거느린 여러 해 동안에 죽이고 달아나게 한 수효는 이루 다 헤아릴 수 없습니다. 그러고도 휘하의 병사들을 속여 제후에게 항복하고[23] 신안(新安)[24]으로 왔는데, 항왕은 진나라에서 항복해온 병졸 20만여 명을 속여서 구덩이에 묻어 죽였습니다. 이때 오직 장함(章邯), 사마흔(司馬欣), 동예(董翳)만이 죽음에서 벗어났습니다. 그래서 진나라의 부형들은 이 세 사람들을 원망하여 그 원한이 골수에 사무쳐 있습니다. 지금 초나라가 위력으로 이 세 사람들을 왕으로 삼았습니다만, 진나라 백성들 가운데 그들을 사랑하는 사람은 없습니다. 그런데 대왕께서는 무관(武關)[25]에 들어가셔서 터럭만큼도 백성들을 해치는 일이 없으셨으며, 진나라의 가혹한 법을 폐지하고 진나라 백성들에게 삼장(三章)의 법[26]만을 두겠다고 약속하셨습니다. 그래서 진나라 백성들 가운데 대왕께서 진나라의 왕이 되는 것을 바라지 않는 자가 없습니다. 제후끼리 먼저 관중에 들어간 자가 왕이 된다고 약속한 만큼

---

22) 章邯, 司馬欣, 董翳를 가리킨다. 이들은 원래 秦나라의 장수들이었으나, 項羽에게 항복하였다. 項羽는 關中을 셋으로 나누어 章邯을 雍王으로 봉하고, 司馬欣은 塞王으로 봉하고, 董翳는 翟王으로 봉하였다. 이들의 봉국이 옛 秦나라 땅에 있기에 이들을 三秦의 왕들이라고 부른다.

23) 項羽에게 투항한 것을 이른다.

24) 新安 : 현 이름. 지금의 河南省 澠池縣 동쪽.

25) 武關 : 고대에 關中으로 통하는 요충지. 지금의 陝西省 商南縣 丹江 기슭.

26) 劉邦은 關中에 들어간 후에 秦나라의 가혹한 법을 폐하고 秦나라 父老들에게 三章의 法을 약속하였다. 그것은 살인자는 사형에 처하고 남에게 상해를 입힌 사람과 도둑질을 한 사람은 벌을 내리는 것이었다.

대왕이 마땅히 관중의 왕이 되셔야 합니다. 관중의 백성들도 이 사실을 알고 있습니다. 대왕께서 항왕 때문에 정당한 자리를 잃고[27] 한중으로 들어가자, 관중의 백성들 가운데 원망하지 않는 이가 없습니다. 이제 대왕께서 군사를 이끌고 동쪽으로 쳐들어가신다면, 저 삼진의 땅은 격문 한 장으로 평정될 것입니다." 한왕이 이 말을 듣고 매우 기뻐서 한신을 너무 늦게 얻었다고 생각하였다. 드디어 그의 계책을 들어 여러 장군들이 공격할 곳을 정하였다.

8월에 한왕이 군대를 동원하였다. 동쪽으로 진창(陳倉)[28]에 진출하여 삼진을 평정하였다.[29] 한(漢) 2년[30]에 함곡관(函谷關)[31]을 나와서 위(魏)나라와 황하 이남의 땅을 점령하였다.[32] 한왕(韓王)과 은왕(殷王)이 모두 항복하였다.[33] 제(齊)나라, 조(趙)나라의 군대와 연합하여 초나라를 공격하였다.[34] 4월에 팽성에 이르렀지만, 한(漢)나라 군대가 패하자 모두 흩어져 퇴각하였다. 한신이 다시 병사를 모아 한왕(漢王)과 형양(滎陽)[35]에서 합류하여, 초나라 군대를 경(京)과 삭(索)[36] 사이에서 격파하였다. 이래서 초나라 군대는 더 이상 서쪽으로 나갈 수 없게 되었다.

한나라 군대가 팽성에서 패하여 물러나자, 새왕(塞王) 사마흔과 적왕(翟王) 동예가 한나라 군중에서 도망쳐 초나라에 항복하였다. 제나라와 조나라도 또한 한나라를 배신하고 초나라와 화친하였다. 6월에는 위왕(魏王) 표(豹)가 한왕(漢王)을 배알하고 어버이 문병차 귀국하겠다고 청원하더니, 귀국한 뒤에는 즉시 하관(河關)[37]을 폐쇄하고 한나라를 배반

---

27) 劉邦이 關中의 왕이 되어야 하는데 漢王으로 책봉된 일을 말한다.

28) 陳倉 : 현 이름. 지금의 陝西省 寶鷄市 동쪽.

29) 韓信의 계책에 따라 章邯을 격퇴시키고 咸陽으로 진격하자, 司馬欣과 董翳가 항복하였다.

30) 劉邦이 漢王에 책봉된 기원전 206년을 漢나라의 원년으로 삼으니, 漢 2년은 기원전 205년이다.

31) 函谷關 : 지금의 河南省 靈寶縣 동북쪽.

32) 魏王 豹와 河南王 申陽이 항복한 것을 말한다.

33) 韓王 鄭昌과 殷王 司馬卬이 항복한 것을 말한다.

34) 齊王 田榮과 趙王 歇이 楚나라를 배반하고 漢나라에 가담하였다.

35) 滎陽 : 현 이름. 지금의 河南省 滎陽縣 동북쪽.

36) 京은 현 이름으로 지금의 河南省 滎陽縣 동남쪽이다. 索은 '索亭'이라고도 한다. 옛 성의 이름으로 大索城을 말한다. 지금의 河南省 滎陽縣.

37) 黃河의 나루인 臨晉關을 말한다. 후에 蒲津關이라고 이름을 고쳤다. 지금의 江蘇省 大荔縣 동쪽으로 흐르는 황하 서쪽 기슭을 말한다.

하고는 초나라와 화친하는 맹약을 맺었다. 한왕(漢王)이 역생(酈生)[38]을
시켜 위왕 표를 달랬으나, 뜻을 굽히지 않았다. 한왕(漢王)이 그해 8월
에 한신을 좌승상으로 삼아 위나라를 공격하였다. 위왕이 포판(蒲坂)[39]
의 수비를 강화하고, 임진(臨晉)의 수로를 막았다. 한신은 대군을 거느
린 것처럼 위장하여, 배를 줄지어 임진에서 황하를 건너는 것처럼 해 보
였다. 그러나 실은 하양(夏陽)[40]에서 목앵부(木罌缻)[41]로 군대를 건너게
하여, 위나라의 도성인 안읍(安邑)[42]을 습격하였다. 위왕 표가 놀라서
군사를 이끌고 한신을 맞아 싸웠지만, 한신이 표를 사로잡았다. 한신은
위나라를 평정하고, 한나라의 하동군(河東郡)[43]으로 만들었다. 한왕(漢
王)이 장이(張耳)를 파견하여, 한신과 함께 병사를 이끌고 동북쪽으로
진격하여 조(趙)나라와 대(代)나라를 치게 하였다.[44] 윤 9월에 그들은
대나라 군대를 격파하고, 연여(閼與)[45]에서 대나라 재상 하열(夏說)을
사로잡았다. 한신이 위나라를 항복시키고 대나라를 격파하자 한왕이 사자
를 보내 그의 정예 병사를 이끌고 형양으로 가서 초나라 군대를 막게 하
였다.

　한신이 장이와 함께 병사 수만명을 이끌고 동쪽으로 진격하여 정형(井
陘)[46]에서 내려와 조나라를 치려고 하였다. 조왕(趙王)과 성안군(成安

---

38)　劉邦의 謀士인 酈食其를 말한다.
39)　蒲坂 : 읍 이름. 지금의 山西省 永濟縣 蒲州鎭.
40)　夏陽 : 현 이름. 지금의 陝西省 韓城縣 남쪽.
41)　木罌缻 : 나무로 만든 통으로 몸에 묶어서 강을 건너는 데 쓰는 도구이다. 罌과
　　缻는 술을 담는 그릇이다. 생김새는 입구가 좁고 배가 불룩한 모양으로, 缻는 罌과
　　모양은 비슷하나 조금 작다.
42)　安邑 : 현 이름. 지금의 山西省 夏縣 서북쪽.
43)　河東郡 : 安邑을 중심지로 하였다. 지금의 山西省 沁水縣 서쪽과 霍山縣 남쪽 지
　　역.
44)　趙와 代는 趙王 歇과 代王 陳餘를 말한다. 張耳와 陳餘는 모두 大梁 사람이다.
　　張耳는 원래 魏나라의 유명한 儒生이었다. 뒤에 趙歇을 趙王으로 삼고 張耳는 스스
　　로 재상을 맡았고, 陳餘는 大將軍을 맡았다. 秦나라가 망한 후 項羽는 張耳를 常山
　　王에 봉하고 趙 땅에서 왕 노릇하게 하였다. 趙歇을 代王으로 옮겨 봉하고 南皮 주
　　위의 세 현을 陳餘에게 주었다. 陳餘는 項羽가 자기를 왕으로 봉하지 않은 것에 원
　　한을 품고 趙歇을 趙 땅으로 맞아들였다. 趙歇은 陳餘를 代王으로 삼고 成安君이라
　　고 칭하였다. 陳餘는 趙王의 세력이 약하기 때문에 代 땅에 가지 않고 趙나라에 남
　　아서 趙나라의 재상이 되었다. 대신 夏說이 相國의 신분으로 代나라를 지키도록 파
　　견하였다. 그러므로 趙와 代는 실은 하나의 나라이다. 권89 「張耳陳餘列傳」 참조.
45)　閼與 : 옛 읍 이름. 지금의 山西省 和順縣 서북부 지역.

君) 진여(陳餘)는 한나라 군대가 장차 습격할 것이며 군사를 정형 어귀에 집결시켰는데, 그 수가 20만 명이라는 것을 들었다. 광무군(廣武君) 이 좌거(李左車)가 성안군에게 "들리는 바로는 한나라의 장군 한신은 서하 (西河)[47]를 건너서 위왕 표를 사로잡고, 하열(夏說)을 사로잡아, 연여를 피로 물들였다고 합니다. 이번에는 장이의 도움을 받아 우리 조나라를 항복시키려고 의논하고 있다니, 승세를 타고 고국을 떠나 멀리서 싸우는 그들의 예봉을 막아내기가 어려울 것입니다. 신이 듣기로는 천리 밖에서 군량미를 보내면 운송이 곤란하므로 병사들에게 주린 빛이 돈다고 합니다. 더욱이 땔나무를 하고 풀을 베어야 밥을 지을 수 있게 되므로 군사들이 저녁밥을 배불리 먹어도 아침까지 가지 못한다고 합니다. 그런데 지금 정형의 길이 좁아서 두 대의 수레가 함께 지나갈 수 없으며, 기병도 줄을 지어 갈 수가 없습니다. 그렇게 해서 가야 할 곳이 수백리나 됩니다. 이렇다면 사세로 보아 군량미는 반드시 그 후방에 있을 것입니다. 원하건대 족하(足下)[48]께서 신에게 기습 병사 3만 명만 빌려주신다면, 지름길로 가서 그들의 군량미 수송대를 끊어놓겠습니다. 군께서는 물길을 깊이 파고 누벽을 높이 쌓고 진영을 굳게 지켜, 한나라 군대와 어울려 싸우지 마십시오. 이렇게 하면 적군은 전진해서 싸울 수가 없고, 후퇴하고 싶어도 돌아갈 수가 없습니다. 이때 우리 기습 병사가 적의 뒤를 끊고 들판에서 적이 약탈할 만한 식량을 치워버리면, 열흘도 못 되어서 적의 두 장군인 한신과 장이의 머리를 휘하에 바칠 수 있습니다. 군께서는 신의 계책에 유의해주십시오. 이렇게 하지 않는다면 반드시 적의 두 장군에게 사로잡힐 것입니다"라고 말하였다. 성안군은 유자(儒者)였다. 그래서 언제나 의로운 군대라고 일컬으면서 기습작전을 쓰지 않았다. 성안군은 "내가 들으니 병법에 아군이 적군의 열 배가 되면 포위하고, 두 배가 되면 싸우라고 하였소. 지금 한신의 병력이 수만이라고 하지만, 실제로는 수천에 지나지 않소. 게다가 천리 먼 곳에 와서 우리를 치는 것이니, 역시 벌써 아주 지쳤을 것이오. 지금 이런 적을 피하고 치지 않는다면 나중에 대군이

---

46) 井陘 : 지금의 河北省 井陘縣 동북쪽의 井陘山에 있으며, '井陘關' 혹은 '土門關'이라고 부른다.
47) 西河 : 夏陽 북쪽의 龍門河를 가리킨다. 지금의 陝西省 大荔縣 동쪽.
48) 足下 : 고대의 경어. 아랫사람이 윗사람에게 혹은 동년배들 사이에 모두 쓸 수 있다.

쳐들어올 때에는 어떻게 싸우겠소? 그렇게 되면 제후들이 우리를 비겁하게 여기고 함부로 쳐들어올 것이오"라고 말하며 광무군의 계책을 듣지 않았다.

한신이 첩자를 시켜 염탐하게 하였는데, 첩자가 광무군의 계책이 채택되지 않은 것을 알고는 돌아와 한신에게 보고하였다. 한신이 매우 기뻐하며 군대를 이끌고 드디어 정형을 향해 갔다. 정형 어귀에서 약 30리 떨어진 곳에 멈추어서 야영하였다. 밤중에 군령을 전하여 가볍게 무장한 기병 2,000명을 선발하고는, 사람마다 붉은 깃발 한 개씩을 가지고 들어가 지름길로 해서 산속에 숨어 엎드려 조나라 군대를 바라보게 하였다. 그리고는 "조나라 군대는 우리가 달아나는 것을 보면 반드시 누벽(壘壁)을 비워놓고 우리를 쫓아올 것이다. 너희들은 그 사이에 빨리 조나라 누벽으로 들어가서 조나라 깃발을 뽑아버리고 한나라의 붉은 깃발을 세워라"라고 명령하였다. 그리고 비장(裨將)을 시켜서 가벼운 음식을 모든 군사에게 나누어주게 하면서 말하기를 "오늘 조나라 군대를 격파한 뒤에 모여서 잔치하자"라고 하였다. 여러 장수들은 아무도 그 말을 믿지 않았지만, 거짓으로 "그렇게 하겠습니다"라고 대답하였다. 한신은 군리(軍吏)에게 "조나라 군대는 우리보다 먼저 편리한 지점을 골라서 누벽을 구축하였다. 또 저들은 우리 대장의 깃발과 북을 보기 전에는 우리의 선봉을 공격하려고 하지 않을 것이다. 왜냐하면 우리가 좁고 험한 곳에 부딪쳐 돌아가버릴까 두려워하기 때문이다"라고 말하였다. 한신은 이에 만 명을 먼저 가게 하고, 정형 어귀로 나가서 물을 등지고 진을 치게 하였다.[49] 조나라 군대가 이것을 보고는 병법을 모른다며 크게 웃었다. 새벽에 한신이 대장의 깃발과 북을 세우고, 북을 치며 행군하여 정형 어귀로 나갔다. 조나라 군대가 누벽을 열고 그들을 공격하여, 오랫동안 격렬하게 싸웠다. 한신과 장이가 거짓으로 북과 깃발을 버리고 강가의 진(陣)으로 달아나자, 강가의 진에서 진문을 열어 그들을 들어오게 하였다. 그리고는 다시 치열하게 싸웠다. 조나라 군대가 과연 누벽을 비워놓고, 한나라의 북과 깃발을 빼앗으려고 한신과 장이를 뒤쫓았다. 그러나 한신과 장이가 이미 강가의 진으로 들어가자 한나라 군대가 필사적으로 싸웠으므로 깨뜨릴 수 없었다. 한신

---

49) 이것을 '背水陣'이라고 한다. 背水列陣의 뜻으로, 여기서 '水'는 綿蔓水(강 이름)를 가리킨다. '陳'은 '陣'과 뜻이 통한다.

이 앞서 보냈던 기습 병사 2,000명은 조나라 군대가 누벽을 비우고 전리품을 쫓는 틈을 엿보아, 곧 조나라 누벽 안으로 달려들어갔다. 조나라 깃발을 다 뽑아버리고, 한나라의 붉은 깃발 2,000개를 세워놓았다. 조나라 군대는 이기지도 못하고 한신 등을 사로잡을 수도 없었으므로, 누벽으로 돌아가려고 하였다. 그러나 조나라의 누벽에는 모두 한나라의 붉은 깃발만 세워져 있었다. 매우 놀란 조나라 군대는 한나라 군대가 이미 조나라 왕의 장군들을 다 사로잡았으리라 생각하였다. 그래서 군사들은 혼란에 빠져 달아났다. 조나라 장군들이 달아나는 군사를 베어 죽이면서 막으려고 하였지만, 막을 수가 없었다. 이에 한나라 군대가 앞뒤에서 협공하여 조나라 군대를 크게 깨뜨리고 사로잡았다. 결국 성안군을 지수(泜水)[50] 부근에서 목을 베고, 조왕 헐을 사로잡았다.

한신이 군중에 명령을 내려 "광무군을 죽이지 말라. 사로잡는 자가 있으면 천금으로 사겠다"라고 하였다. 그러자 광무군을 결박하여 끌고 오는 자가 있었다. 한신이 광무군의 포승을 풀어주고 동향(東向)하여 앉게 한 뒤에, 자기는 서향(西向)하여 광무군을 스승으로 섬겼다.[51]

여러 장수들이 적의 머리를 벤 것과 포로를 바치며 축하하고는, 한신에게 물었다. "병법에는 '산릉(山陵)을 오른편으로 하여 등지고, 수택(水澤)을 앞으로 하여 왼편으로 한다'[52]라고 하였습니다. 그런데 이번에 장군께서는 저희들에게 도리어 물을 등지는 배수진을 치라고 명령하시고, 조나라를 깬 뒤에 잔치하자고 하셨습니다. 저희들은 마음속으로 승복하지 않았습니다. 그런데 마침내 이겼습니다. 이것이 무슨 전술입니까?" 한신이 대답하여 "이것도 병법에 있는 것이다. 그대들이 살펴보지 않았을 뿐이다. 병법에 이런 말이 있지 않던가? '죽을 곳에 빠진 뒤에야 살게 할 수 있고, 망할 곳에 있어야 생존하게 할 수 있다.'[53] 또한 내가 평소부터 훈련받은 사대부들을 따르게 하는 것이 아니라, 아무런 훈련도 받지 않았

---

50) 泜水 : 지금의 槐河.
51) 당시에 손님을 대할 때 東向으로 난 좌석이 존귀한 자리였다.
52) 『孫子』「行軍」편에 "언덕이나 제방은 반드시 그 남쪽에 군진을 치도록 해서 그것을 오른편으로 등지고 있어야 한다(丘陵堤防, 必處其陽而右背之)"라는 구절이 있다.
53) 『孫子』「九地」편에 "군사들을 멸망할 처지에 몰아넣으면 용감히 싸워서 살아 남게 된다. 군사들을 죽게 될 처지에 빠뜨리면 힘을 다해 싸워 살아난다. 군사들이란 위험한 처지에 빠진 뒤에야 승부를 결정할 수 있다(投之亡地然後存, 陷之死地然後生, 夫衆陷於害, 然後能以勝敗)"라는 구절이 있다.

던 시장 바닥의 사람들을 몰아다가 싸우게 한 것과 같은 이치이다. 그들을 죽을 땅에 두어서 사람마다 자신을 위하여 싸우도록 만들지 않고, 이제 그들에게 살아 남을 수 있는 땅을 준다면 모두 달아날 것인데, 어찌 그들을 쓸 수 있겠는가?"라고 하였다. 여러 장수들이 다 탄복하여 "훌륭하십니다. 저희들이 미처 따를 수 없는 것입니다"라고 말하였다.

그런 뒤에 한신이 광무군에게 "내가 북쪽으로 연나라를 치고 동쪽으로 제나라를 치려는데, 어떻게 하면 공을 세우겠습니까?"라고 물었다. 광무군이 사양하며 말하기를 "신이 들으니 '패배한 군대의 장수는 무용(武勇)에 대해서 말할 수 없고, 망한 나라의 대부(大夫)는 나라를 존속하는 일을 도모할 수 없다'[54]라고 합니다. 지금 신은 패망한 나라의 포로입니다. 어찌 큰 일을 꾀할 수 있겠습니까?"라고 하였다. 한신은 "내가 들으니 백리해(百里奚)가 우(虞)나라에 있었지만 우나라는 망하였고, 그가 진(秦)나라에 있을 때에는 진나라가 패자(霸者)가 되었다고 합니다.[55] 그것은 백리해가 우나라에 있을 때에는 어리석다가 진나라에 있을 때에는 현명하였기 때문이 아닙니다. 그 임금이 그를 등용하였는지 안 하였는지, 그의 계책을 들었는지 듣지 않았는지에 달려 있을 뿐입니다. 만약 성안군이 족하의 계책을 들었다면 나와 같은 자는 벌써 포로가 되었을 것입니다. 족하를 쓰지 않았기 때문에 내가 족하를 모실 수 있게 되었을 뿐입니다"라고 하였다. 한신이 단호한 태도로 부탁하며 "내가 마음을 다하여 족하의 계책을 따르겠습니다. 족하는 사양하지 마십시오"라고 하였다. 광무군이 말하기를 "신이 들으니 '슬기로운 사람도 천번 생각에 한번의 실수가 있을 수 있고, 어리석은 사람도 천번 생각하면 한번은 맞을 수 있다'라고 하였습니다. 그래서 '미치광이의 말도 성인(聖人)은 가려서 듣는다'라고 하였습니다. 신의 계책이 반드시 채용될 만한 것은 못 되지만 그래도 충심껏 아뢰겠습니다. 저 성안군은 백전백승의 계책이 있었는데도, 하

---

54) 당시에 유행하던 말로, 원문은 "敗軍之將, 不可以言勇, 亡國之大夫, 不可以圖存"이다.

55) 百里奚는 원래 虞나라의 大夫였으나 중용되지 못하였다. 晉나라가 虞나라를 멸하자 포로가 되어 秦 穆公 부인의 종이 되었다. 宛으로 도망쳤다가 다시 楚나라 사람에게 붙잡혔다. 그가 현명하다는 말을 듣고 秦 穆公이 楚나라에 잡혀 있는 그를 검은 다섯 장의 양피를 속금으로 주고 데려와 秦나라의 丞相으로 삼았다. 이 때문에 '五羖大夫'라고 불린다. 그가 丞相을 맡은 지 7년 만에 秦 穆公을 도와 패업을 이루게 하였다.

506

루아침에 실수하여 그 군대가 호(鄗)⁵⁶⁾의 성 밑에서 격파되고 자신은 지수가에서 죽었습니다. 지금 장군께서는 서하를 건너 위왕을 사로잡았으며, 하열을 연여에서 사로잡았습니다. 단번에 정형을 내려와 하루아침에 조나라 20만 대군을 깨뜨리고, 성안군을 베어 죽였습니다. 그 이름이 온 나라에 들리고 그 위엄이 천하에 떨쳤습니다. 농부들도 나라의 앞날이 얼마 남지 않았다고 생각하고 농사를 그치고 쟁기를 내버린 채 아름다운 옷에 맛있는 음식을 먹으면서 장군의 명령을 귀기울여 듣지 않는 자가 없습니다. 이러한 상황은 장군에게 이로운 것입니다. 그러나 백성들은 피로하고 병졸들은 지쳐서 실은 쓰기가 어렵습니다. 그런데도 지금 장군께서는 싸움에 지친 군대를 몰아서 갑자기 연나라의 견고한 성 아래로 쳐들어가려 합니다. 싸우려고 하여도 아마 시일이 오래 걸려 힘으로써 함락시킬 수 없을 것입니다. 오히려 우리 군대의 피폐한 실정을 드러내고 기세가 꺾인 채로 시일만 오래 끌다가 군량미가 다 떨어질 것입니다. 그러다가 약한 연나라조차 항복하지 않게 되면 제나라는 반드시 국경의 방비를 갖추고 자기 나라를 강화시킬 것입니다. 그렇게 되어 연나라와 제나라가 서로 의지하여 항복하지 않는다면, 유씨(劉氏)와 항씨(項氏)의 싸움은 승부가 분명해지지 않을 것입니다. 이러한 상황은 장군에게 불리한 것입니다. 신의 어리석은 생각으로는 연나라와 제나라를 치는 것은 잘못 같습니다. 그러므로 용병을 잘하는 자는 이쪽의 단점을 가지고 적의 장점을 치는 것이 아니라, 이쪽의 장점을 가지고 적의 단점을 친다고 합니다"라고 하였다. 한신이 이에 "그렇다면 어떠한 계책을 써야 하겠습니까?"라고 물었다. 광무군이 대답하여 말하기를 "지금 장군을 위한 계책으로는 싸움을 멈추고 군대를 휴식시키며, 조나라를 진무(鎭撫)하여 그 전쟁 고아들을 어루만지고 100리 안의 땅에서 쇠고기와 술로 날마다 잔치를 벌여 사대부들을 대접하고 군사들에게 술을 먹인 뒤에 그들의 사기를 북돋우어 북쪽으로 연나라를 향하는 것이 가장 좋겠습니다. 그런 뒤에 변사(辯士)를 시켜 편지를 받들고 가게 해서 장군의 장점을 연나라에 알린다면 연나라가 감히 복종하지 않을 수 없습니다. 연나라가 이미 복종하게 되면 변사를 동쪽으로 보내어 연나라가 복종하였다는 사실을 제나라에 알리게 하십시오. 그러면 제나라는 바람에 휩쓸리듯 따라서 복종할 것입니다. 비록

56) 鄗 : 옛 읍 이름. 지금의 河北省 高邑縣 동쪽.

슬기로운 자가 있다고 하더라도 제나라를 위한 계책을 낼 수 없을 것입니
다. 이렇게만 한다면 천하의 일을 다 도모할 수 있습니다. 용병에, 소리
를 먼저 치고 실전은 나중에 한다는 것은 바로 이런 경우를 말하는 것입
니다"라고 하였다. 한신은 좋다고 말하고 그의 계책을 따랐다. 사자(使
者)를 연나라에 보내니 연나라는 바람 따라 휩쓸리듯 복종하였다. 이에
사자를 보내 한왕(漢王)에게 아뢰고 이 기회에 장이를 세워 조왕(趙王)
으로 삼아 그 나라를 진무하기를 청하였다. 한왕이 그 청을 허락하고 장
이를 세워서 조왕으로 삼았다.

　초나라가 자주 기습 병사를 출동시켜 황하를 건너와서 조나라를 공격하
였다. 조왕 장이와 한신이 여기저기 다니면서 조나라를 구원하였다. 그
기회에 가는 곳마다 조나라 성읍을 평정하였으며, 병사를 징발하여 한나
라로 보냈다. 초나라가 갑자기 한왕(漢王)을 형양에서 포위하였다. 한왕
이 남쪽으로 달아나다가 완(宛)과 섭(葉) 사이에서[57] 경포(黥布)[58]를 만
나, 성고(成皐)[59]로 함께 들어갔다. 그러자 초나라가 또다시 그곳을 급
히 포위하였다. 6월에 한왕이 성고를 나와, 동쪽으로 황하를 건너 등공
(滕公)만을 데리고 수무(修武)[60]에 있는 장이의 군대에 몸을 맡기려고
찾아갔다. 수무에 이르자 객관(客館)에서 잠을 자고는, 새벽에 자신을
한나라 사자라고 칭하면서 말을 달려 조나라 성벽 안으로 들어갔다. 장이
와 한신은 아직도 일어나지 않았다. 한왕이 그들의 침실로 들어가 그들의
인부(印符)[61]를 빼앗고는, 여러 장군들을 소집하여 그들의 배치를 바꾸
어놓았다. 한신과 장이가 일어나 한왕이 와 있는 것을 알고는 매우 놀랐
다. 한왕이 두 사람의 군대를 빼앗아 장이를 시켜 조나라를 지키게 하고,
한신을 상국(相國)으로 임명하였다. 그리고는 조나라 병사 가운데 아직
도 징발되지 않은 자를 거두어 제나라를 치게 하였다.

---

57)　宛, 葉 모두 현 이름으로, 宛은 지금의 河南省 南陽市이고, 葉은 지금의 河南省
　　葉縣 남쪽이다.
58)　黥布의 본 이름은 英布이다. 秦나라 때 죄를 지어 얼굴에 黥을 치는 형을 받아
　　黥布라고 부른다. 처음 項羽에 의해서 九江王으로 봉해졌다가, 劉邦에게 귀순하였
　　다. 淮南王에 봉해졌으나, 彭越과 韓信 등이 피살되는 것을 보고 반역하였다. 패전
　　후 江南으로 도망쳤다가 長沙王 呂臣에게 죽임을 당하였다. 권91「黥布列傳」참조.
59)　成皐 : 옛 읍 이름. 지금의 河南省 滎陽縣 서쪽의 氾水鎭.
60)　修武 : 현 이름. 지금의 河南省 獲嘉縣.
61)　帥印과 兵符를 말한다.

한신이 군대를 이끌고 동쪽으로 진격하여 아직 평원(平原)[62]을 건너기 전에 한왕이 역이기(酈食其)를 시켜서 이미 제나라를 달래어 항복받았다는 소문이 들려왔다. 한신은 그래서 제나라 치는 일을 그만두려고 하였다. 이때 범양(範陽)의 변사 괴통(蒯通)[63]이 한신을 설득하여 "장군이 조칙을 받고 제나라를 공격하려는데, 한왕이 단독으로 밀사를 보내어 제나라를 항복시켰습니다. 그러나 장군에게 공격을 그만두라는 조칙이 어디 있었습니까? 그러니 어찌 진격하지 않을 수 있습니까? 게다가 역생은 한낱 변사입니다. 그렇지만 수레 앞에 엎드려 세 치 혀를 놀려서 제나라 70여 개 성의 항복을 받았습니다. 그러나 장군께서는 수만 군대를 거느리고 한 해가 넘도록 겨우 조나라의 50여 개 성의 항복을 받았을 뿐입니다. 장군이 되신 지 벌써 여러 해가 되었는데, 보잘것없는 한낱 선비의 공보다도 못하다는 말씀입니까?"라고 말하였다. 한신도 이 말을 옳다고 생각하였다. 제나라를 치라는 그의 계책에 따라, 드디어 황하를 건너갔다. 제나라는 이미 역생의 말을 듣고 그를 머물게 한 뒤에 술잔치를 벌여, 한나라에 대한 방비를 하지 않고 있었다. 한신이 이 틈을 타서 역하(歷下)[64]에 있던 제나라 군대를 습격하고, 드디어 수도인 임치(臨菑)[65]에 이르렀다. 제나라 왕 전광(田廣)[66]은 역생이 자기를 속였다고 생각하여 그를 삶아 죽이고 고밀(高密)[67]로 달아났다. 그곳에서 초나라로 사자를 보내 구원을 청하였다. 한신은 임치를 평정한 뒤에 전광을 동쪽으로 추격하여, 고밀 서쪽에 이르렀다. 초나라도 또한 용저(龍且)를 장군으로 삼고, 20만 대군이라고 일컬으면서 제나라를 구원하게 하였다.

제나라 왕 전광과 용저가 군사를 합쳐 한신과 싸우려는데, 아직 싸움이 벌어지기 전에 어떤 사람이 용저를 설득하여 "한나라 군대는 멀리서 싸우러 왔으니, 있는 힘을 다해서 싸울 것입니다. 그러니 그 예봉을 막아내기가 어렵습니다. 제나라와 초나라는 자기 나라 땅에서 싸우기 때문에 병사

---

62) 平原: 平原津을 말한다. 지금의 山東省 平原縣에 있는 나루터.
63) 範陽은 현 이름으로 지금의 河北省 定興縣 남쪽이다. 蒯通의 원래 이름은 '蒯徹'이었으나 漢 武帝 劉徹의 이름과 같아 史官이 '通'으로 고쳤다.
64) 歷下: 옛 읍 이름. 지금의 山東省 齊南市.
65) 臨菑: 臨淄를 가리킨다. 당시 齊나라의 수도로, 지금의 山東省 淄博市 동북쪽이다.
66) 田廣: 齊나라 귀족의 후예인 田榮의 아들.
67) 高密: 현 이름. 지금의 山東省 高密縣 서남쪽.

들이 패하여 흩어지기가 쉽습니다. 그러니 성벽을 높이 하여 지키면서 제 나라 왕으로 하여금 그가 신임하는 신하를 보내서 제나라가 이미 잃어버 린 성을 이쪽으로 돌아오게 하는 것이 좋겠습니다. 함락된 성의 군사들이 자기 왕이 건재하다는 것을 듣고 초나라가 구원하러 왔다는 것을 알면 반 드시 한나라를 배반할 것입니다. 한나라 군대는 2,000리나 떨어진 타국 에 와 있습니다. 제나라 성들이 모두 배반하면 그 정세로 보아 식량도 얻 을 수 없을 테니, 싸우지 않고도 항복시킬 수가 있을 것입니다"라고 하였 다. 용저가 "내가 평소부터 한신의 사람됨을 알고 있는데, 그는 상대하기 가 쉽다. 게다가 제나라를 구원한다면서 싸우지도 않고 한나라 군대를 항 복시킨다면, 내게 무슨 공이 있겠느냐? 지금 싸워서 승리하면 제나라의 절반은 내 것이 된다. 어찌 이대로 그만두겠는가?"라고 말하였다. 결국 싸우기로 하고 유수(濰水)[68]를 사이에 두고 한신과 마주하여 진을 쳤다. 한신이 밤에 사람을 시켜 만여 개의 주머니를 만들고, 거기에 모래를 가 득 채워서 유수의 상류를 막게 하였다. 그리고는 한나라 군대를 이끌고 반쯤 건너가서 용저를 공격하다가 거짓으로 지는 체하고 돌아서서 달아났 다. 용저가 과연 기뻐하며 "나는 한신이 겁쟁이라는 것을 원래 알고 있었 다"라고 말하였다. 그리고는 한신을 뒤쫓아서 유수를 건너가기 시작하였 다. 한신이 사람을 시켜 막아 놓았던 모래주머니를 터뜨리자, 갑자기 물 이 크게 쏟아져내려왔다. 용저의 군사들은 절반도 건너지 못하였다. 한신 이 급히 습격하여 용저를 죽였다. 용저가 죽자 유수 동쪽에 남아 있던 용 저의 군사들도 흩어져 달아나고, 제나라 왕 전광도 도망갔다. 한신은 패 하여 달아나는 초나라 군사들을 뒤쫓아가서, 성양(城陽)[69]에 이르러 초 나라 병졸들을 모두 사로잡았다.

　한 4년에 한신이 드디어 제나라를 모두 항복시켜 평정하고 사자를 보내 어 한왕에게 "제나라는 거짓이 많고 변절이 심하여, 번복이 심한 나라입 니다. 게다가 남쪽으로는 초나라와 변경을 맞대고 있습니다. 가왕(假 王)[70]을 세워서 진정시키지 않으면, 정세가 안정되지 않겠습니다. 원컨 대 신을 가왕으로 삼아주시면 편하겠습니다"라고 아뢰었다. 이때 초나라

---

68)　濰水 : 지금의 山東省 濰河를 가리킨다.
69)　城陽 : 옛 읍 이름. 지금의 山東省 菏澤縣 동북쪽.
70)　假王 : 왕을 잠시 대리하는 것을 말한다.

가 급습하여, 한왕을 형양에서 포위하고 있었다. 그런데 한신의 사자가 오자 그 편지를 보고는 한왕이 매우 성내어 "내가 여기서 곤경에 빠져 빨리 와서 도와주기를 바라는데 저는 스스로 서서 왕이 되겠다는 말이냐?" 라고 하며 꾸짖었다. 장량(張良)과 진평(陳平)[71]이 한왕의 발을 일부러 밟아 신호하고는, 귓가에 입을 대고 "한나라는 지금 불리한 처지에 있습니다. 어찌 한신이 왕이 되는 것을 막을 수 있습니까? 차라리 그대로 세워서 왕을 삼고 그를 잘 대우하여 자진해서 제나라를 지키게 하는 것이 낫습니다. 그렇게 하지 않으면 변이 일어납니다"라고 말하였다. 한왕도 또한 이를 깨닫고, 이어 다시 꾸짖으며 "대장부가 제후를 평정하였으면 곧 진왕(眞王)이 될 뿐이다. 어찌 가왕이 된다는 말이냐?"라고 하고는 장량을 보내어 한신을 세워 제왕(齊王)으로 삼고, 그의 군대를 징발하여 초나라를 쳤다.

초나라는 용저를 잃게 되자 항왕(項王)도 두려워져서 우이(盱眙)[72] 사람 무섭(武涉)을 시켜서 제왕(齊王) 한신을 달래게 하였다. 무섭은 한신에게 "온 천하 사람들이 함께 진(秦)나라에 괴로움을 당한 지가 오래되었습니다. 그래서 서로 힘을 합하여 진나라를 쳤습니다. 진나라가 깨뜨려지자 공을 헤아려 땅을 분할하고, 그 나누어진 토지에 왕을 봉하여 사졸들을 쉬게 하였습니다. 그런데 지금 한왕(漢王)이 다시 군사를 일으켜 동쪽으로 진격하여, 남에게 나누어준 땅을 침범하고 남의 땅을 빼앗았습니다. 그가 이미 삼진(三秦)을 깨뜨렸으며, 군대를 이끌고 관을 나와, 제후의 군대를 거두어 동쪽으로 초나라를 공격하고 있습니다. 천하를 모두 삼키기 전에는 그치지 않으려 하니, 그가 만족할 줄 모르는 것이 이다지도 심합니다. 게다가 한왕은 믿을 수가 없습니다. 그의 몸이 항왕의 손에 여러 번 쥐어졌지만, 항왕은 늘 그를 가엾게 여겨서 살려주었습니다. 그런데도

---

71) 張良은 城父 사람으로 조부와 아버지가 모두 韓나라의 재상을 지냈다. 秦나라가 韓나라를 멸망시킨 후 秦 始皇을 저격한 적이 있으나 실패하였다. 그후 농민반란의 와중에 劉邦에게 귀순하여 留侯에 봉해졌다. 권55 「留侯世家」 참조. 陳平은 陽武 사람이다. 陳勝이 봉기할 때 魏咎에게 몸을 의지하였고 그후에 項羽에게 都尉 벼슬을 지내다가 劉邦에게 투신해왔다. 劉邦의 중요 모사로 曲逆侯에 봉해졌다. 惠帝와 呂后 때에 丞相을 지냈다. 권56 「陳丞相世家」 참조.

72) 盱眙 : 현 이름. '우치'로도 읽는다. 지금의 江蘇省 盱眙縣 동북쪽.

위기를 벗어나기만 하면 번번이 약속을 어기고, 다시 항왕을 공격하였습니다. 그를 친히 여기고 믿을 수 없음이 이와 같습니다. 지금 족하께서는 스스로 한왕과 두터운 친교가 있다고 생각하고 그를 위하여 있는 힘을 다하여 군대를 지휘하지만 끝내는 그의 포로가 되고 말 것입니다. 족하가 여지껏 살아 남을 수 있었던 까닭은 항왕이 건재한 덕분입니다. 지금 항왕과 한왕 두 사람의 싸움에서 승리의 저울추는 족하에게 달려 있습니다. 족하가 오른쪽으로 추를 던지면 한왕이 이기고, 왼쪽으로 추를 던지면 항왕이 이길 것입니다. 항왕이 오늘 망하면 다음에는 족하를 멸할 것입니다. 족하는 항왕과 옛 연고가 있습니다. 어째서 한나라를 배반하고 초나라와 화친을 맺어, 천하를 셋으로 나누어 왕이 되지 않으십니까? 지금 이 기회를 버리고 스스로 한나라를 믿으며 초나라를 치다니, 슬기로운 자는 본래 그렇게 하는 것입니까!"라고 하였다. 한신이 사절하며 "신이 예전에 항왕을 섬겼지만, 벼슬은 낭중(郎中)에 지나지 않았으며 지위도 집극(執戟)에 불과하였습니다.[73] 바른 말을 아뢰어도 들어주지 않았고, 계책도 채택되지 않았습니다. 그런 이유로 초나라를 배반하고 한나라로 갔습니다. 그런데 한왕(漢王)은 나에게 상장군(上將軍)의 인(印)을 주었으며, 나에게 수만명의 군대를 주셨습니다. 자기의 옷을 벗어서 나에게 입히고, 자기의 밥을 주어 나에게 먹였습니다. 나의 말은 받아들여지고, 나의 계책은 채택되었습니다. 그러므로 내가 오늘에까지 이를 수 있었던 것입니다. 남이 나를 친히 여기고 신뢰하는데 내가 그를 배반하는 것은 상서롭지 못한 짓입니다. 내가 비록 죽을지라도 마음을 바꿀 수는 없습니다. 나를 위하여 항왕에게 거절하여주면 좋겠습니다!"라고 하였다.

무섭이 떠난 뒤에 제나라 사람 괴통이 천하대권의 향방이 한신에게 달린 것을 알고, 기이한 계책으로 한신을 감동시키려고 하였다. 이에 관상을 보는 것으로써 한신에게 이르기를 "제가 일찍이 관상을 배운 적이 있습니다"라고 하였다. 한신이 "선생이 관상을 보는 법은 어떻습니까?"라고 묻자, 대답하기를 "고귀하게 되느냐 비천하게 되느냐 하는 것은 골상에 달려 있고, 걱정거리가 생기느냐 기쁜 일이 생기느냐 하는 것은 얼굴 모양과 얼굴 빛에 달렸으며, 성공과 실패는 결단에 달려 있습니다. 이러

---

73) 郎中은 궁정을 지키는 무관이다. '戟'은 고대 병기의 하나로, 執戟이란 곧 韓信이 項羽 밑에서 戟을 들고 궁정을 지키는 직분을 맡았다는 말이다.

한 것을 참고하면 만에 하나라도 어긋나지 않습니다"라고 하였다. 한신이
말하기를 "좋소. 그러면 선생은 과인의 관상을 어떻게 보십니까?"라고
하니 괴통이 대답하기를 "잠시 틈을 주십시오"라고 하였다. 한신은 "다들
물러가라"라고 하였다. 괴통이 "장군의 상을 보니 제후에 불과합니다. 그
것도 위태로워 안정된 상이 아닙니다. 그러나 장군의 등을 보니, 고귀하
기가 이를 데 없습니다"라고 말하였다. 한신은 "그게 무슨 말이오?"라고
물었다. 괴통이 말하기를 "천하가 처음 어지러워졌을 때 영웅호걸들이 왕
이라고 칭하고 한번 소리치자, 천하의 선비들이 구름처럼 몰려들어 물고
기 비늘처럼 겹치고 불길이나 바람처럼 일어났습니다. 당시의 걱정은 오
직 진나라를 멸망시키는 것뿐이었습니다. 그런데 지금 초나라와 한나라가
서로 다투게 되자, 천하의 죄 없는 사람들의 간과 쓸개가 땅바닥에 내깔
리게 되었고, 아비와 자식의 해골이 들판에 나뒹구는 것만 해도 이루 다
헤아릴 수 없었습니다. 초나라 사람 항우가 팽성에서 일어나, 여기저기
돌아다니며 달아나는 적을 쫓아다녀 형양(滎陽)까지 이르렀습니다. 그
승세를 타고 각지를 석권하니 그 위세가 천하를 진동시켰습니다. 그러나
그의 군대가 경(京)과 삭(索) 사이에서 곤경에 빠지고 서산(西山)에 가
로막혀 전진할 수 없게 된 지가 이제 3년이나 되었습니다.[74] 한왕(漢王)
은 수십만 군대를 거느리고 공(鞏)과 낙(洛)[75]에서 험준한 산하를 방패
삼아 하루에도 여러 차례 전투를 하였습니다. 그러나 조그만 공도 세우지
못하였습니다. 좌절하고 패배하여도 구원해주는 사람이 없어, 형양에서
패하고 성고에서 군사를 잃은 채 드디어 완(宛)과 섭(葉) 사이로 달아났
습니다. 이것이 이른바 슬기로운 한왕도 용맹스러운 항왕도 다 함께 괴로
움을 당하는 것입니다. 예기(銳氣)는 험준한 요새에서 꺾이고, 양식은
창고에서 다 떨어졌으며, 백성들은 매우 피폐해져서 원망합니다. 민심은
동요되어 의지할 곳이 없습니다. 신이 생각하기에 이러한 형세는 천하의
성현이 아니라면 참으로 그 화난을 그치게 할 수 없는 것입니다. 그런데
지금 한왕과 항왕의 운명은 족하에게 달려 있습니다. 족하께서 한나라를

---

74) 京과 索은 앞의 〈주 36〉 참조. '西山' 이하의 구절은 項羽가 成皐 서쪽에 있는 산
에 가로막혀 있는 것을 가리킨다.
75) 鞏과 洛 모두 읍 이름이다. 鞏은 지금의 河南省 鞏縣 서남쪽이고, 洛은 지금의
洛陽市 동북쪽이다.

위하면 한나라가 이길 것이요, 초나라를 위하면 초나라가 이길 것입니다. 신은 속마음을 터놓고 어리석은 계책을 말씀드리려고 합니다. 그러나 족하께서 쓰지 않으실까 걱정됩니다. 족하께서 참으로 신의 계책을 써주신다면, 저는 한나라와 초나라를 이롭게 하고 두 임금을 존속시켜 천하를 셋으로 나누는 것이 가장 좋은 방법이라고 생각합니다. 족하까지 세 세력이 솥발처럼 웅거하면 어느 편에서도 먼저 움직이지 못할 것입니다. 족하처럼 현명한 분이 수많은 갑병(甲兵)을 거느리고 강대한 제나라에 의지하여 연나라와 조나라를 복종시키고, 주인이 없는 땅으로 나아가 한나라와 초나라의 후방을 제압하시는 것이 좋습니다. 백성들이 바라는 대로 서쪽으로 진격해서 두 나라의 전쟁을 끝내게 하고 백성들의 생명을 구해준다면, 천하가 바람처럼 달려오고 메아리처럼 호응할 것입니다. 누가 감히 족하의 명령을 듣지 않겠습니까? 이렇게 되면 큰 나라는 나누어지고 강한 나라는 약하게 되어 제후를 세울 수 있게 됩니다. 제후가 서게 되면 천하가 복종하며, 그 은덕을 제나라에 돌릴 것입니다. 그렇게 되면 족하는 제나라의 옛 땅인 것을 생각하여 교(膠)와 사(泗)의 땅[76]을 보유하고 덕으로써 제후들을 회유하십시오. 궁중 깊은 곳에서 두 손 모아 읍하면서 겸양의 예를 지키면, 천하의 군주들이 서로 와서 제나라에 입조할 것입니다. 하늘이 주는 것을 받지 않으면 도리어 벌을 받고, 때가 왔을 때에 단행하지 않으면 도리어 그 재앙을 받는다고 합니다. 족하께서는 깊이 생각하시기 바랍니다"라고 말하였다.

한신은 "한왕은 나를 후하게 대해줍니다. 자기의 수레로 나를 태워주며, 자기의 옷으로 나를 입혀주며, 자기의 먹을 것으로 나를 먹여주었습니다. 내가 들으니 남의 수레를 타는 자는 그의 걱정을 제 몸에 싣고, 남의 옷을 입는 자는 그의 걱정을 제 마음에 품으며, 남의 밥을 먹는 자는 그의 일을 위해서 죽는다고 합니다. 내 어찌 이익을 바라고 의리를 저버릴 수 있겠습니까?"라고 하였다. 괴통이 "족하께서는 스스로 한왕과 친한 사이라고 생각하여 만세불멸의 공업을 세우려고 하시지만, 신은 그것이 잘못이라고 생각합니다. 처음에 상산왕(常山王) 장이(張耳)와 성안군(成安君) 진여(陳餘)가 벼슬이 없었을 때에는 서로 목을 베어줄 만큼 가깝게 사귀었습니다. 그러나 나중에 장염(張黶)과 진택(陳澤)의 일 때문

---

76) 이곳은 膠河와 泗水 유역이다. 지금의 山東省 동부와 남부 지역이다.

에 다투어, 두 사람은 서로 원망하게 되었습니다.[77] 상산왕은 항왕을 배반하고 항영(項嬰)[78]의 머리를 베어 들고 도망쳐서 한왕에게 귀순하였습니다. 한왕이 장이에게 그의 군대를 주어 동쪽으로 내려가서 성안군을 지수(泜水) 남쪽에서 죽였습니다. 그의 머리와 다리가 따로 떨어져나가, 마침내 천하의 웃음거리가 되었습니다. 상산왕과 성안군은 천하에 지극히 친한 사이였습니다. 그러나 마침내 서로 잡으려고 한 까닭은 어째서일까요? 걱정거리는 욕심이 많은 데서 생기고, 사람의 마음은 예측할 수 없기 때문입니다. 지금 족하께서는 충성과 신의를 다하여 한왕과 친하게 사귀려고 하시지만, 그 사귐이 아무래도 상산왕과 성안군의 사귐보다 든든하지는 못할 것입니다. 그리고 족하와 한왕 사이에 틀어진 일은 장염과 진석의 일보다 많고 큽니다. 그래서 신의 생각으로는 족하께서 한왕이 결코 족하를 위태롭게 하지 않을 것이라고 기대하는 것은 역시 잘못이라고 여겨집니다. 대부(大夫) 종(種)과 범려(范蠡)는 망해가는 월(越)나라를 존속시키고 월왕(越王) 구천(句踐)을 패자(覇者)로 만들어 공을 세우고 이름을 날렸지만, 자기 몸은 죽게 되었습니다.[79] 들짐승이 다 없어지면 사냥개도 쓸모없어져 삶아 먹히게 마련입니다. 교우관계로 말한다면 족하와 한왕은 장이와 성안군보다 더 친하지 못하며, 충성과 신의로 말하더라도 대부 종과 범려가 월왕 구천에게 대한 것만 못합니다. 이 두 가지의 일은 거울로 삼을 만합니다. 족하께서는 깊이 생각해보십시오. 또 신이

---

77) 張耳와 陳餘는 원래 절친한 사이였다. 기원전 208년 張耳와 趙王 歇은 鉅鹿城에서 秦나라 장수 章邯의 공격을 받아 위급하게 되었다. 이때 陳餘는 성의 북쪽에 있으면서 수만의 군사를 거느리고 있었으나 불리하다 판단하여 그들을 구원하는 것을 주저하고 있었다. 張耳는 張黶과 陳澤을 보내어 陳餘를 책망하였다. 이에 陳餘는 그들에게 군사 5,000명을 주어 秦나라 군을 공격하게 하였으나 모두 전사하였다. 후에 項羽의 군대로 인해서 위기를 넘긴 張耳는 陳餘를 추궁하며 두 사람의 소식을 물었다. 陳餘가 사실대로 말하였으나 張耳는 믿지 않았다. 이에 陳餘는 성을 내며 장군의 印綬를 張耳에게 던지고 떠났는데 張耳는 그대로 陳餘의 군대를 자신이 거두었다. 이후 두 사람은 원수가 되었다. 권89 「張耳陳餘列傳」참조.

78) 項嬰 : 項羽가 張耳에게 보낸 사자. 張耳에게 죽임을 당하였다.

79) 大夫 種은 文種을 말한다. 文種과 范蠡는 춘추시대 越王 句踐의 신하이다. 吳王 夫差가 越나라 군을 깨서 越나라가 멸망의 위기를 맞자 이들은 句踐을 도와 나라를 일으키고 吳나라를 멸망시켰다. 그러나 句踐은 참소를 믿고 文種을 자결하게 하였고, 이를 본 范蠡는 句踐이 환란은 같이할 수는 있으나 안락을 같이할 인물은 못 된다고 여기고 越나라를 탈출해서 齊나라의 巨商이 되었다. 권41 「越王句踐世家」참조.

들으니 용기와 지략이 군주를 진동시키는 자는 몸이 위태롭고, 공로가 천하를 덮는 자는 상을 받지 못한다고 합니다. 신이 대왕의 공과 지략을 말씀드려보겠습니다. 족하께서는 서하(西河)를 건너가서 위왕을 사로잡고 하열을 사로잡으셨으며, 군대를 이끌고 정형으로 내려와서 성안군을 베어 죽이고 조나라를 항복시키셨습니다. 연나라를 위협하고 제나라를 평정하셨으며, 남쪽으로 내려와 초나라의 20만 대군을 꺾으셨습니다. 동쪽으로 진격하여 용저를 죽이고, 서쪽으로 향하여 한왕에게 승리를 아뢰었으니, 이것이 이른바 '공로는 천하에 둘도 없고, 지략은 불세출이다'라는 것입니다. 지금 족하께서는 군주를 진동시킬 위력을 지니셨으며, 상을 받을 수 없는 공로를 이루셨습니다. 그러니 족하께서 초나라로 돌아가더라도 초나라 사람이 믿지 못할 것이며, 한나라로 돌아가더라도 한나라 사람이 떨며 두려워할 것입니다. 족하께서는 그런 위력과 공로를 가지고 어디로 가려고 하십니까? 남의 신하의 위치에 있으면서도 군주를 벌벌 떨게 할 만한 위력이 있으시고, 그 이름이 천하에 드높아지셨습니다. 그래서 저는 족하를 위하여 위태롭게 여기는 것입니다"라고 말하였다. 한신이 사례하며 "선생께서는 잠시 쉬시지요. 나도 이 일에 대해서 생각해보겠습니다"라고 하였다.

며칠 뒤에 괴통이 다시 한신에게 설득하며 "남의 의견을 잘 들으면 성패의 조짐을 쉽게 예상할 수 있고, 거듭 헤아릴 수 있다면 쉽게 성패의 시기를 장악할 수 있습니다. 진언을 잘못 받아들이고 계략에 실패하였는데도 오래도록 편안히 지낸 자는 드뭅니다. 진언을 분별하여 판단에 실수하지 않으면, 자잘한 말로써는 혼란시킬 수가 없습니다. 계략이 본말을 잃지 않으면, 교묘한 말로써는 분란을 일으킬 수가 없습니다. 대체로 말을 기르는 자는 천자(天子)가 될 만한 권위를 잃어버리고, 한두 섬의 봉록이나 지키기에 급급한 자는 경상(卿相)의 지위를 지키지 못합니다. 그래서 지혜는 일을 결단하는 힘이 되며, 의심은 일을 방해하는 장애가 되는 것입니다. 터럭같이 작은 계획이나 자세히 하고 있으면, 천하대세를 잊어버립니다. 지혜로 그것을 알고 있으면서도 결단하여 감행하지 않는 것이 바로 모든 일의 화근입니다. 그래서 이런 말이 있습니다. '아무리 맹호라도 머뭇거리고 있으면 벌이나 전갈만한 해도 끼치지 못하며, 아무리 준마라도 앞으로 나가지 않고 있으면 노둔한 말이 천천히 가는 것만 못하며, 맹분(孟賁)⁸⁰⁾과 같은 사람도 머뭇거린다면 필부가 일을 결행하는 것만 못하다. 비록 순(舜)임금이나 우(禹)임금과 같은 지혜가 있더라도 입을 다물고 말하지 않으면 벙어리나 귀머거리가 손짓 발짓으로 말하는 것만도 못하다.' 이것은 능히 실행하는 것이 귀하다는 말입니다. 대체로 공은 이루기 힘들고 실패하기는 쉬우며, 시기란 얻기 어렵고 잃기는 쉽습니다. 좋은 때를 만나는 일은 두번 다시 오지 않습니다. 족하께서는 자세히 살피십시오"라고 하였다. 그러나 한신은 망설이면서 차마 한나라를 배반하지 못하였다. 또한 자신의 공이 많으니 한나라가 끝내 제나라를 빼앗지는 않을 것이라고 스스로 생각하였다. 그래서 마침내 괴통의 말을 거절하였다. 괴통은 한신이 자신의 말을 들어주지 않자, 거짓으로 미친 척하고 무당이 되었다.

한왕(漢王)이 고릉(固陵)에서 궁지에 몰리자, 장량의 계책을 채용하여 제왕(齊王) 한신을 불렀다.⁸¹⁾ 한신이 군대를 이끌고 해하(垓下)에서 한왕과 만났다. 항우가 패하고 나자 고조가 습격하여 제왕의 군대를 빼앗았다.⁸²⁾ 한 5년 정월에 제왕 한신을 옮겨서 초왕(楚王)으로 삼고서 하비(下邳)⁸³⁾에 도읍하게 하였다.

한신이 초나라에 도착하자, 예전에 자기에게 밥을 먹여준 빨래하던 여인을 불러 천금을 내렸다. 그리고 하향(下鄕)의 남창정장(南昌亭長)에게도 100전(錢)을 내리면서 "그대는 소인이다. 남에게 은덕을 베풀면서 끝까지 하지 않고 중도에서 끊었다"라고 말하였다. 자기를 욕보이던 젊은이들 가운데 가랑이 밑으로 기어 나가라고 욕보인 자를 불러 초나라 중위(中尉)⁸⁴⁾로 임명하였고, 여러 장군들과 재상들에게 "이 사람은 장사이다. 나를 욕보일 때에 내가 어찌 이 사람을 죽일 수 없었겠는가? 죽인다 하더라도 이름날 것이 없어, 참고서 오늘의 공업을 성취한 것이다"라고

---

80) 孟賁 : 전국시대의 유명한 용사.
81) 劉邦과 項羽가 강화하고 鴻溝를 경계로 천하를 나누었다. 그러나 劉邦은 군대를 몰아 項羽를 공격하였다. 韓信 등의 군사가 약속대로 오지 않아 劉邦은 項羽에 대패하여 固陵(지금의 河南省 太康縣 남쪽의 固陵聚)에서 방어하고 있었다. 이에 張良의 계책으로 韓信에게 陳의 동쪽부터 연해 지역을 韓信에게 주겠다고 하여 韓信을 불러 들였다.
82) 劉邦은 項羽를 멸한 뒤 定陶로 회군하여 韓信의 軍權을 빼앗았다.
83) 下邳 : 현 이름. 지금의 江蘇省 下邳縣 서남쪽.
84) 제후국의 中尉는 치안을 담당하는 무관이다.

말하였다.

항왕(項王)에게서 도망해온 장군 종리매(鐘離眜)의 집이 이려(伊廬)에 있었다.[85] 종리매는 본디 한신과는 사이가 좋았으므로, 항왕이 죽은 뒤에 도망하여 한신에게 온 것이다. 고조는 종리매에게 원한이 있었으므로, 그가 초나라에 와 있다는 말을 듣고는 초나라에 조서를 내려 종리매를 체포하라고 하였다. 당시 한신은 초나라에 처음 왔기 때문에 현읍을 순행할 때면 군대를 벌여놓고 출입하였다. 한 6년에 어떤 사람이 상소하여 초왕 한신이 모반하였다고 밀고하였다. 고조가 진평의 계책을 채용하여, 천자가 순수(巡狩)한다고 하면서 제후를 회동시키기로 하였다.[86] 남방에 운몽(雲夢)[87]이라는 큰 호수가 있어, 사자를 보내어 제후들에게 "내가 운몽으로 순행하리라"라고 하며 진(陳)[88]에 모이라고 통고하였다. 실은 한신을 습격하려 한 것이지만 한신은 그것을 알지 못하였다. 고조가 초나라에 도착할 무렵 한신이 병사를 일으켜 모반하려고 하였다. 그러나 자기에게는 죄가 없다고 생각하고 황상(皇上)을 뵈려고 하였다. 그러면서도 사로잡힐까봐 걱정이 되었다. 어떤 사람이 한신을 달래며 "종리매의 목을 베고 황제를 뵙는다면, 황제께서는 반드시 기뻐하실 것입니다. 그러면 걱정할 것이 없습니다"라고 하였다. 한신이 종리매를 만나서 의논하자 종리매가 "한나라가 초나라를 공격하여 빼앗지 못하는 까닭은 내가 그대 밑에 있기 때문이오. 만일 그대가 나를 체포하여 한나라에 잘 보이고 싶다면 나는 오늘이라도 죽겠소. 그러나 그 다음에는 공(公)도 망할 것이오"라고 말하고는 한신에게 "공은 장자(長者)가 아니오"라고 욕을 하였다. 그리고는 마침내 자기 목을 찔러서 죽었다. 한신이 그의 목을 가지고 진(陳)으로 가서 고조를 만나자 고조가 무사를 시켜 한신을 결박하게 하고 뒷수레에 실었다. 그제서야 한신이 "과연 사람들의 말과 같구나. 교활한 토끼가 죽고 나면 훌륭한 사냥개를 삶아 죽이고, 높이 나는 새가 없어지면 훌륭한 활도 치어버린다. 적국을 깨뜨리고 나면 지모가 있는 신하를 죽인다고

---

85) 鐘離眜는 鐘離가 성이요 이름이 眜이다. 項羽의 부하였던 名將이다. 伊廬는 읍 이름으로 지금의 江蘇省 灌云縣 동북쪽이다.

86) 고대에 天子가 제후들의 영토를 직접 살피는 것을 '巡狩'라고 하였다. 古禮에 따르면 天子가 이르는 곳에 제후가 모두 와서 알현해야 하였다.

87) 雲夢 : 지금의 湖北省 江陵과 蘄春 사이의 큰 호수를 가리킨다고 여겨진다.

88) 陳 : 지금의 河南省 淮陽縣.

하였으니, 천하가 이미 평정된 뒤에 내가 삶기는 것은 당연하다"라고 말하였다. 고조가 "공이 모반하였다고 어떤 사람이 고하였다"라고 하며 드디어 한신에게 차꼬와 수갑을 채웠다. 낙양에 도착한 뒤에야 한신의 죄를 용서하고 그를 회음후(淮陰侯)로 삼았다.

한신은 고조가 자기의 능력을 두려워하고 미워하는 것을 알았으므로 늘 병을 핑계대고 조회하지도 않았으며 수행하지도 않다. 한신이 이로부터 밤낮으로 고조를 원망하며 늘 불만을 품고, 강후(絳侯)나 관영(灌嬰) 등과 같은 열에 있는 것을 부끄럽게 여겼다.[89] 한신이 언젠가 장군 번쾌(樊噲)[90]의 집에 들렀더니 번쾌가 무릎을 꿇고 절하면서 마중하고 배웅하였다. 또한 한신에게 자신을 신(臣)이라고 일컬으면서 "대왕께서 기꺼이 신의 집에 왕림하셨군요"라고 말하였다. 한신이 문을 나와서 자신을 비웃으며 "내가 살아서 번쾌 등과 동렬이 되었구나"라고 하였다. 고조가 일찍이 한신과 마음놓고 여러 장수들의 능력을 말하며 각자 등차를 매긴 적이 있었다. 고조가 "나와 같은 사람은 능히 얼마나 되는 군대를 거느릴 수 있을까?"라고 물었다. 한신이 "폐하는 그저 10만을 거느릴 수 있는 데 불과합니다"라고 하였다. 고조가 "그대는 어떠한가?"라고 묻자, 대답하기를 "신은 많으면 많을수록 좋습니다"라고 하였다. 고조가 웃으며 "많으면 많을수록 좋다면서, 어째서 나에게 사로잡혔는가?"라고 묻자, 한신은 "폐하께서 많은 병사를 거느릴 수는 없으시지만, 장수는 잘 거느리십니다. 이것이 바로 신이 폐하에게 사로잡힌 까닭입니다. 폐하는 하늘이 주신 것이지 사람의 힘으로는 안 되는 것입니다"라고 하였다.

진희(陳豨)[91]가 거록(鉅鹿)[92]의 군수(郡守)로 임명되어 회음후 한신에

89) 絳侯는 周勃을 가리킨다. 그는 秦나라 말기에 劉邦을 따라 봉기하였고 軍功이 있어 絳侯에 봉해졌다. 뒤에 太尉, 丞相을 지냈다. 권57 「絳侯周勃世家」참조. 灌嬰은 劉邦을 따라 봉기하였고 車騎將軍과 太尉, 丞相을 지냈다. 권95 「樊酈滕灌列傳」참조. 이들 두 사람이 공이 있다고 하나 韓信에 비하면 공적과 명망이 모두 미미한 것이었다.
90) 樊噲: 劉邦과 같은 고향 사람으로 軍功을 세워 舞陽侯에 봉해졌고 뒤에 丞相을 지냈다. 권95 「樊酈滕灌列傳」참조.
91) 陳豨: 宛朐 사람. 漢나라 건국 이후 劉邦을 따라 여러 차례 반란을 평정하였다. 夏陽侯로 봉해져 代나라의 相國이 되었다. 劉邦에게 의심을 받자 漢 10년 9월에 반란을 일으켰다. 樊噲에 의해서 죽임을 당하였다.
92) 鉅鹿: 군 이름. 지금의 河北省 남부.

게 작별인사를 하러 왔다. 회음후가 그의 손을 잡고 좌우를 물리친 뒤에 그와 함께 뜰을 거닐면서 하늘을 우러러 탄식하며 "그대에게는 말할 수 있겠지? 그대와 함께 하고 싶은 말이 있소"라고 하였다. 진희가 "예, 장군께서는 명령만 하십시오"라고 하였다. 회음후는 "그대가 가는 곳은 천하의 정예 병사들이 모인 곳이오. 그리고 그대는 폐하께서 신임하는 총신이오. 누군가 그대가 모반하였다고 고하더라도, 폐하께서는 반드시 믿지 않을 것이오. 두 번쯤 그런 밀고가 들어온 다음에야 폐하께서 의심하실 테고, 세 번쯤 밀고가 들어온 뒤에야 반드시 노하여 친히 정벌할 것일세. 내가 그대를 위하여 안에서 일어나면, 천하를 도모할 수 있을 것이오"라고 말하였다. 진희는 본래부터 그의 능력을 알고 있었기에 그를 믿고 "삼가 가르치심을 받겠습니다"라고 하였다. 한 10년[93]에 진희가 과연 모반하였다. 고조가 스스로 장수가 되어 친히 정벌하러 갔다. 한신이 병을 핑계대고 따라가지 않았다. 그리고는 아무도 모르게 진희에게 사람을 보내어 "그저 군사만 일으켜라. 내 여기서 그대를 돕겠다"라고 말하였다. 한신이 자기 가신과 음모하여 밤중에 거짓 조서를 내려 각 관아의 죄인들과 관노들을 풀어놓고, 이들을 동원하여 여후(呂后)와 태자(太子)[94]를 습격하려고 하였다. 각기 맡을 부서가 정해지자, 진희에게서 올 회답을 기다렸다. 그런데 그의 사인(舍人)[95]이 한신에게 죄를 지어, 한신이 그를 가두고 죽이려고 하였다. 그 사인의 아우가 변이 일어났다고 고발하고, 한신이 모반하려는 상황을 여후에게 아뢰었다. 여후가 한신을 불러들이려고 하였지만 그가 혹시라도 오지 않을까봐 염려되었다. 그래서 상국 소하와 의논하고, 거짓으로 사람을 시켜 고조에게서 온 것처럼 "진희가 벌써 사형을 당하였습니다. 여러 제후들과 뭇 신하들이 모두 축하하고 있습니다"라고 말하게 하였다. 상국 소하도 또한 한신에게 속여 "병중이기는 하지만, 억지로라도 들어와서 축하하시오"라고 하였다. 한신이 궁 안에 들어가자 여후가 무사를 시켜 그를 포박하여, 장락궁(長樂宮) 종실(鍾室)[96]

---

93) 기원전 197년이다.
94) 呂后는 劉邦의 아내 呂雉를 말한다. 권9「呂太后本紀」참조. 태자는 劉邦의 아들 劉盈, 즉 漢 惠帝를 가리킨다.
95) 舍人 : 심부름하는 門客. 권18「高祖功臣侯者年表」에 의하면 그는 欒說이라는 사람으로 이 공으로 인해서 愼陽侯가 되었다.
96) 長樂宮은 漢나라의 궁전으로 지금의 陝西省 西安市 서북쪽에 위치하였다. 鍾室은

에서 목을 베었다. 한신이 죽으면서 "내가 괴통의 계책을 쓰지 못한 것이 안타깝다. 아녀자에게 속았으니 어찌 운명이 아니랴?"라고 하였다. 드디어 한신의 삼족(三族)[97]을 멸하였다.

고조가 진희의 토벌에서 돌아와 궁전에 이르자, 한신이 죽은 것을 보았다. 한편으로는 기쁘고 한편으로는 가엾게 여겨서 "한신이 죽을 때 무엇이라 하더이까?"라고 물었다. 여후가 "괴통의 계책을 쓰지 못한 것이 한스럽다고 말하였습니다"라고 대답하였다. 고조가 "그는 제나라 변사요"라고 하고 이에 제나라에 조서를 내려 괴통을 체포하였다. 괴통이 잡혀오자 고조가 물었다. "네가 회음후에게 모반하라고 가르쳤느냐?" 괴통이 대답하여 "그렇습니다. 신이 틀림없이 그렇게 말하였습니다. 그러나 그 못난이가 신의 계책을 쓰지 않았기 때문에 자멸해버렸습니다. 만약 그 못난이가 신의 계책을 썼던들 어찌 그를 무찌를 수 있었겠습니까?"라고 하였다. 고조가 노하여 "이놈을 삶아 죽여라"라고 하였다. 괴통이 "아! 원통하구나. 이렇게 죽다니!"라고 하였다. 고조가 "네가 한신을 모반하게 해놓고는, 무엇이 원통하다는 말이냐?"라고 물었다. 괴통이 이렇게 대답하였다. "진나라의 기강이 해이해지자 산동(山東)이 크게 어지러워지고,[98] 이성(異姓)이 아울러 일어나 영웅준걸들이 까마귀떼처럼 모여들었습니다. 진나라가 그 사슴[99]을 잃어버리자, 천하가 모두 그 사슴을 쫓았습니다. 이리하여 키가 크고 발이 빠른 자가 먼저 그 사슴을 잡았습니다. 도척(盜跖)[100]의 개가 요(堯)임금을 보고 짖는 까닭은 요임금이 어질지 않아서가 아닙니다. 그 개는 주인이 아니기 때문에 짖은 것입니다. 그때 신은 오직 한신만 알았을 뿐이지, 폐하를 알지는 못하였습니다. 게다가 천하에는 칼끝을 날카롭게 갈아 가지고 폐하께서 하신 일을 자기도 해보려고 하는 사람들이 많았습니다. 그들이 다만 힘이 모자랐을 뿐이었습니다. 폐하께서는 그들을 모두 삶아 죽이시겠습니까?"라고 하자, 고조가 말하

악기를 두던 방이다.
97) 三族 : 부모, 형제, 자매를 가리킨다. 일설에는 父族, 母族, 妻族이라고 한다.
98) 전국시대 秦나라를 제외한 여섯 나라의 수도가 모두 崤山과 函谷關 동쪽에 있었다. 山東은 秦 이외의 여섯 나라의 영토를 통칭해서 말한 것이다.
99) 사슴의 '鹿'은 '祿'과 같다. 비유해서 제위를 뜻한다.
100) 盜跖 : 춘추시대 柳下惠의 동생으로 9,000명을 데리고 천하를 어지럽힌 도적이라고 한다. 이름이 '跖'으로 '盜跖'이라고 한다. 일설에는 黃帝시대의 도적이라고도 한다.

였다. "이 사람을 내버려두어라." 드디어 괴통의 죄를 용서하였다.

    태사공은 말하였다.

    "내가 회음(淮陰)에 갔더니 회음 사람들이 나를 보고 말하였다. '한신(韓信)이 벼슬하기 전에도 그 뜻이 여느 사람과는 달랐다. 자기 어머니가 돌아가셨을 때 너무 가난해서 장사도 지낼 수 없었다. 그러나 높고 넓은 땅에 무덤을 만들어, 그 곁에 만 호의 집이 들어앉을 수 있게 하였다.' 내가 그의 어머니 무덤을 보니 정말 그러하였다. 만약 한신이 도리를 배우고 겸양하여 자기의 공로를 자랑하지 않고 자기의 능력을 자랑하지 않았더라면, 한(漢)나라에 대한 공훈이 주(周)나라의 주공(周公), 소공(召公), 태공(太公)의 공훈[101]과 견줄 수도 있었을 것이다. 그리고 후세에까지 나라의 제향(祭享)을 받았을 것이다. 이렇게 되려고 힘쓰지 않고 천하가 이미 안정된 뒤에 반역을 꾀하였으니, 일족이 전멸한 것도 또한 마땅하지 않은가!"

---

101) 周公과 召公은 姬旦과 姬奭으로, 이들은 周 武王이 商나라를 멸하는 것을 돕고 武王 사후에 成王을 도운 周나라의 중요한 功臣이다. 뒤에 周公은 魯나라에, 召公은 燕나라에 봉해졌다. 한편 太公은 전설적 인물인 姜太公을 가리킨다. 그는 周 武王을 도와 商나라를 멸망시키고 齊나라에 봉해졌다.

권93 「한신노관열전 (韓信盧綰列傳)」 제33

　한왕(韓王) 신(信)은 본래 한 양왕(韓襄王)의 얼손(孼孫)인데, 키가 여덟 자 다섯 치나 되었다. [1] 항량(項梁)이 초(楚)나라의 후사로 회왕(懷王) [2]을 세우게 되자, 연(燕)나라, 조(趙)나라, 위(魏)나라도 모두 이전의 왕이 다시 왕으로 되었다. [3] 오직 한(韓)나라만이 후사가 없었다. 그래서 한나라 여러 공자(公子)들 가운데 한 사람인 횡양군(橫陽君) 성(成)을 세워 한왕(韓王)으로 삼아, 한나라의 옛 땅을 회복하려고 하였다. 그러다가 항량이 정도(定陶)에서 패하여 죽으니, 성이 회왕에게 달아났다. 그러자 패공(沛公)이 군대를 이끌고 와서 양성(陽城)을 치고, [4] 장량(張良)을 한나라의 사도(司徒)에 임명하여 한나라의 옛 땅을 평정하게 하였다. [5] 이때 장량이 신(信)을 만나 한나라 장수로 삼았다. 신이 자기 병사를 거느리고 패공을 따라 무관(武關) [6]으로 들어갔다.

　패공이 즉위하여 한왕(漢王)이 되자, 한신(韓信)이 한왕을 따라 한중(漢中) [7]으로 들어가서 한왕에게 "항우는 여러 장수들을 가까운 땅의 왕으로 봉하였습니다. 그런데 왕께서만 홀로 멀리 이곳에 있으니, 이는 좌천입니다. 왕의 사졸들은 모두 산동(山東) [8] 사람이라서 발돋움하며 고향

1)　韓 襄王의 이름은 倉이다. 韓나라 16대 임금으로 기원전 311년에서 기원전 296년까지 재위하였다. 孼孫은 庶出의 손자를 말한다.
2)　懷王 : 전국시대 楚 懷王의 손자. 이름은 熊心이다. 陳勝이 죽은 뒤에 項梁이 그를 楚 懷王으로 옹립하였다.
3)　武臣은 趙王, 田儋은 齊王, 韓廣은 燕王, 魏咎는 魏王이 되었다.
4)　沛公은 漢 高祖를 가리킨다. 陽城은 지금의 河南省 登封縣 서북쪽에 있었다.
5)　張良은 城父 사람으로 조부와 아버지가 모두 韓나라의 재상을 지냈다. 秦나라가 韓나라를 멸망시킨 후 秦 始皇을 저격한 적이 있으나 실패하였다. 그후 농민반란의 와중에 劉邦에게 귀순하였다. 司徒는 西周시대 설치된 관직 이름으로 토지, 民籍, 賦稅 등을 담당하였다.
6)　武關 : 지금의 陝西省 商南縣 丹江 부근이다.
7)　漢中 : 군 이름. 지금의 陝西省 남부와 湖北省 북부 지역이며 도읍은 南鄭(지금의 陝西省 漢中市)에 두었다.
8)　山東 : 전국시대, 秦漢시대에 岐山 또는 華山 동쪽의 넓은 지역을 가리킨다. 지금

으로 돌아가기를 바랍니다. 이제 그 칼날을 동쪽으로 향하신다면, 천하를 다툴 수 있을 것입니다"라고 설득하였다. 한왕(漢王)이 군사를 돌려 삼진 (三秦)을 평정하고,[9] 신(信)에게 한왕(韓王)이 되는 것을 허락하였다. 그에 앞서 신(信)을 한(韓)나라의 태위(太尉)[10]로 임명하여, 군대를 이끌고 한(韓)나라 땅을 공략하게 하였다.

항적(項籍)[11]이 여러 왕을 봉하여주자, 그들이 모두 봉해진 나라로 갔다. 그러나 한왕(韓王) 성(成)은 항적을 따라가지 않았으므로 공을 세우지 못해서 봉국을 받지 못하고 다시 열후(列侯)[12]가 되었다. 한(漢)나라가 한신(韓信)을 시켜 한(韓)나라의 옛 땅을 공략하게 한다는 말을 들은 항적은 자신이 오(吳)나라에 머물 적의 오나라의 영(令)이었던 정창(鄭昌)을 한왕(韓王)으로 삼아 한나라의 공격을 막게 하였다. 한(漢) 2년에 한신(韓信)이 한(韓)나라의 10여 개 성을 공략하여 평정하였다. 한왕(漢王)이 하남(河南)에 이르자, 한신(韓信)이 급히 한왕(韓王) 창(昌)을 양성(陽城)에서 공격하였다. 창이 항복하자, 한왕(漢王)이 한신(韓信)을 한왕(韓王)에 봉하였다. 한신은 언제나 한(韓)나라 군대를 거느리고 한왕(漢王)을 수행하였다. 한(漢) 3년에 한왕(漢王)이 형양(滎陽)[13]을 나가자, 한왕(韓王) 신(信)과 주가(周苛) 등이 형양을 지켰다. 초나라가 형양을 깨뜨리자 신은 초나라에 항복하였다. 그러나 얼마 뒤에 도망하여 다시 한(漢)나라로 돌아갔다. 한(漢)나라에서는 다시 그를 한왕(韓王)에 봉하였다. 그는 마침내 한왕(漢王)을 따라서 항적을 격파하고, 천하를 평정하였다. 한(漢) 5년 봄에 드디어 부(符)를 쪼개어 그를 한왕(韓王)에 봉하고, 영천(潁川)[14]을 다스리게 하였다.

그 이듬해 봄에 고조(高祖)는 한신(韓信)처럼 재능과 무예가 있는 왕이 북쪽으로는 공(鞏)과 낙(洛)에 가깝고,[15] 남쪽으로는 완(宛)과 섭

의 山東省과는 다르다.
9) 漢나라 원년 8월, 漢나라가 三秦을 평정하였다. 여기서 三秦은 項羽가 秦나라 降將인 司馬欣, 章邯, 董翳를 왕으로 봉해준 關中 지역을 가리킨다.
10) 太尉 : 관직 이름으로 군대의 우두머리이다. 丞相, 御史大夫와 함께 三公이라고 부른다.
11) 項籍 : 곧 項羽를 가리킨다.
12) 列侯 : 秦漢시대 12등급의 작위 중 가장 높은 지위.
13) 滎陽 : 현 이름. 지금의 河南省 滎陽縣 동북쪽 지역이다.
14) 潁川 : 지금의 河南省 許昌縣과 禹縣 지역이며, 도읍은 禹縣에 있었다.

(葉)에 가까우며,[16] 동쪽으로는 회양(淮陽)이 있어서 모두 천하의 사나운 군대만 있는 곳에서 왕 노릇을 한다고 하여, 이에 조서를 내려 한왕(韓王) 신(信)을 옮겨서 태원(太原)[17] 북쪽을 소유하게 하여 북쪽 오랑캐를 막게 하고, 진양(晉陽)에 도읍하게 하였다. 그러자 한왕(韓王) 신(信)이 글을 올려 "나라가 변경으로 둘러싸여 있어 흉노(匈奴)가 자주 쳐들어옵니다. 그런데도 도읍 진양은 변방의 요새와 너무 멀리 떨어져 있습니다. 마읍(馬邑)[18]으로 도읍하게 해주십시오"라고 하였다. 고조가 허락하자, 신은 곧 마읍으로 도읍을 옮겼다. 그해 가을에 흉노의 묵돌(冒頓)이 크게 신을 에워싸자, 신은 여러 번 오랑캐에게 사자를 보내 화해를 청하였다. 한(漢)나라가 군대를 보내어 그를 구원하였지만, 신은 자주 흉노에게 사사로이 사자를 보냈다. 한나라에서는 그가 두 마음을 품었다고 의심하여, 사람을 보내어 신을 꾸짖게 하였다. 신은 목이 베일까봐 두려워져서, 흉노와 약속하고 함께 한나라를 공격하기로 하였다. 그리고는 한나라를 배반하였다. 신은 마읍을 오랑캐에 바치며 항복하고 태원을 공격하였다.

한 7년 겨울에 고조가 직접 출동하여 한왕 신의 군대를 동제(銅鞮)[19]에서 격파하고, 그 장수 왕희(王喜)의 목을 베었다. 신은 흉노로 도망쳤다. 신이 거느렸던 장수인 백토(白土) 사람 만구신(曼丘臣)과 왕황(王黃) 등이 조나라의 후예인 조리(趙利)를 세워서 조나라 왕으로 다시 삼고, 신의 패잔병을 모아서 신 그리고 묵돌과 모의하여 한나라를 공격하기로 하였다. 흉노는 좌현왕(左賢王)과 우현왕(右賢王)으로 하여금 만여 명의 기병을 거느리고 왕황 등과 함께 광무(廣武)에 진을 치게 하고, 남쪽 진양으로 내려와 한나라 군사와 싸우게 하였다.[20] 한나라 군사가 그들을 크게 깨뜨리고, 이석(離石)[21]까지 추격하여 다시 그들을 깨뜨렸다.

---

15) 鞏과 洛은 모두 읍 이름이다. 鞏은 지금의 河南省 鞏縣 서남쪽이고, 洛은 지금의 洛陽市 동북쪽이다.
16) 宛은 지금의 河南省 南陽市이고, 葉은 지금의 河南省 葉縣이다.
17) 太原 : 군 이름. 지금의 山西省 太原市 서남쪽.
18) 馬邑 : 지금의 山西省 朔縣.
19) 銅鞮 : 읍 이름. 지금의 山西省 沁縣 서남쪽.
20) 賢王은 匈奴族 單于(임금) 아래의 최고 관직이다. '賢'의 발음은 匈奴 말로 '屠耆'의 뜻을 가지고 있어 '屠耆王'으로 옮기기도 한다. 廣武는 현 이름으로, 지금의 山西省 代縣 서남쪽이다.

흉노가 군대를 누번(樓煩)[22] 서쪽에 다시 모으자, 한나라에서는 전차와 기병으로 하여금 흉노를 격파하게 하였다. 흉노가 번번이 패하여 달아나자, 한나라 군대는 승세를 타고 북쪽으로 달아나는 적군을 뒤쫓았다. 묵돌이 대곡(代谷)[23]에 있다는 말을 듣고, 진양에 있던 고조가 사람을 시켜 묵돌의 실정을 살피게 하였다. 그 사람이 돌아와서 "쳐도 되겠습니다"라고 아뢰었다. 고조가 드디어 평성(平城)[24]에 도착하였다. 고조가 백등산(白登山)을 나가자 흉노 기병들이 고조를 에워쌌다. 고조가 사람을 시켜 연지(閼氏)[25]에게 후한 선물을 보내자, 연지가 묵돌에게 "지금 한나라 땅을 얻더라도, 아직은 우리가 그곳에서 살 수가 없습니다. 게다가 두 임금이 서로 괴롭혀야 할 까닭이 없습니다"라고 말하였다. 결국 7일 만에야 오랑캐 기병이 물러났다. 그때 하늘에 짙은 안개가 덮이자, 한나라에서는 사람을 오고 가게 하였지만, 오랑캐들은 그것을 알지 못하였다. 호군중위(護軍中尉) 진평(陳平)[26]이 고조에게 "오랑캐는 병사를 다치지 않게 하려고 합니다. 강한 쇠뇌에 화살을 두 개씩 매긴 후에 밖을 향하게 하고, 천천히 걸어서 포위를 벗어나십시오"라고 아뢰었다. 고조가 평성에 돌아오자 한나라 구원병도 도착하였고, 오랑캐 기병도 드디어 포위를 풀고 물러갔다. 한나라 역시 싸움을 끝내고 돌아갔다. 한왕(韓王) 신(信)이 흉노를 위하여 군대를 거느리고 왕래하면서 변경을 공격하였다.

한 10년에 신이 왕황 등을 시켜서 진희(陳豨)를 설득하여, 그 몸을 그르치게 하였다. 11년 봄에 예전의 한왕(韓王) 신(信)이 다시 흉노 기병과 함께 삼합(參合)[27]에 들어와서 한나라에 대항하였다. 한(漢)나라에서는 시장군(柴將軍)[28]에게 명하여 그들을 치게 하였다. 시장군은 신에게 글을 보내어 다음과 같이 말하였다. "폐하께서는 너그럽고 어진 분이십니다. 비록 한나라를 배반하는 제후가 있을지라도, 다시 돌아오면 번번이 예전의 지위와 칭호를 돌려주고 목을 베지 않으셨습니다. 그러한 사실은

---

21) 離石 : 현 이름. 지금의 山西省 離石縣.
22) 樓煩 : 지금의 山西省 寧武縣.
23) 代谷 : 지명. 지금의 山西省 代縣 서북쪽.
24) 平城 : 현 이름. 지금의 山西省 大同市 동북쪽. 城 동북쪽에 白登山이 있다.
25) 閼氏 : 單于의 正妻.
26) 陳平 : 陽武 사람. 惠帝와 呂后 때에 丞相을 지냈다. 권56「陳丞相世家」참조.
27) 參合 : 현 이름. 지금의 山西省 陽高縣 남쪽.
28) 柴將軍 : 柴武, 陳武라고도 한다. 棘蒲侯로 봉해졌다.

대왕께서도 알고 계실 것입니다. 지금 대왕은 흉노에게 패하여 달아났을 뿐, 큰 죄가 있는 것은 아니니 빨리 스스로 돌아오십시오." 한왕 신이 답장을 보냈다. "폐하께서는 나를 여항(閭巷)[29]에서 뽑으시고 남면하여 왕을 칭하게 해주셨습니다. 이것은 제게 다행이었습니다. 그런데 형양의 싸움에서 저는 죽지 못하고 항적에게 사로잡혔습니다. 이것이 저의 첫번째 죄입니다. 흉노가 마읍을 공격해왔을 때 저는 굳게 지키지 못하고 성을 들어 항복하였습니다. 이것이 저의 두번째 죄입니다. 지금은 도리어 오랑캐를 위하여 군대를 거느리고, 한나라의 장군과 맞서 하루아침에 목숨을 다투게 되었습니다. 이것이 저의 세번째 죄입니다. 옛날의 대부 종(種)과 범려(范蠡)[30]는 한 가지 죄도 없는데 죽임을 당하였는데, 지금 저는 폐하께 세 가지 죄를 저질렀습니다. 그러고도 세상에 살기를 바란다면, 오자서(伍子胥)가 오나라에서 쓰러져 죽은 죄와 같습니다.[31] 지금 저는 산골짜기로 달아나 숨어서 오랑캐들에게 아침 저녁을 구걸하며 지냅니다. 제가 한나라로 돌아가기를 바라는 것은 마치 앉은뱅이가 일어서기를 잊지 못하고, 장님이 보기를 잊지 못하는 것과 같습니다. 정세로 보아 돌아갈 수가 없습니다." 그리고는 드디어 싸웠다. 시장군이 삼합을 정벌하고, 한왕 신의 목을 베었다.

일찍이 신이 흉노에 들어갈 때 태자와 함께 갔다. 그들이 퇴당성(頹當城)[32]에 이르렀을 때 신의 아들이 태어났으므로 이름을 퇴당이라고 하였다. 태자도 또한 아들을 낳아, 영(嬰)이라고 이름 지었다. 효문제(孝文帝) 14년에 퇴당과 영이 그 부하들을 이끌고 한나라에 항복하였다. 한나라에서 퇴당을 봉하여 궁고후(弓高侯)로 삼았고, 영을 양성후(襄城侯)로 삼았다. 오나라와 초나라 등 일곱 나라가 반란을 일으켰을 때 여러 장군들 가운데 궁고후의 공이 으뜸이었다. 궁고후는 그 지위를 아들에게 전하여 손자에 이르렀지만, 그 손자는 아들이 없어 후(侯)의 지위를 잃었다. 영의 손자는 불경죄로 후의 지위를 잃었다. 퇴당의 얼손 한언(韓嫣)은 황

---

29) 閭巷 : 街巷, 즉 평민을 가리킨다.
30) 種과 范蠡는 춘추시대 말기의 越나라의 謀臣으로, 越나라를 부흥시켜 吳나라를 깨는 데 큰 공이 있었다. 그러나 후에 種은 피살되었고 范蠡는 도망쳤다.
31) 伍子胥는 춘추시대 말기 吳나라의 大夫로 나라에 공이 컸으나 직언으로 인해서 결국 자결하게 되었다. 권66 「伍子胥列傳」 참조.
32) 頹當은 城 이름이다. 지금의 내몽고 呼和浩特市 동북쪽.

제의 총애를 받아 그 이름과 부귀를 당세에 떨쳤다. 그의 아우 열(說)은 다시 봉작되었으며, 여러 차례 장군으로 일컬어지다가 마침내 안도후(案道侯)가 되었다. 그 아들이 후의 대를 잇더니, 한 해 남짓 지나 법에 연루되어 죽었다. 그후 다시 한 해 남짓 뒤에 열의 손자 증(曾)이 용액후(龍額侯)에 임명되어 열의 뒤를 이었다.

　노관(盧綰)은 풍(豊) 33) 땅 사람으로 고조와 같은 마을에 살았다. 노관의 아버지는 고조의 태상황(太上皇) 34)과 서로 친하였다. 그가 아들을 낳아 고조와 노관이 같은 날에 태어나게 되자 마을 사람들이 양고기와 술을 가지고 와서 두 집의 경사를 축하하였다. 고조와 노관은 장성한 뒤에는 함께 글도 배우고, 서로 친하였다. 마을 사람들은 두 집안이 서로 친하며 아들도 같은 날에 낳은 데다 그들이 자라서도 친하게 지내는 것을 아름답게 여겨, 다시 두 집에 양고기와 술을 가지고 와서 축하하였다. 고조가 아직 벼슬하기 전에 죄를 짓고서 피하여 숨은 적이 있다. 노관은 그를 따라 드나들었다. 고조가 처음 패(沛) 땅에서 진(秦)나라에 반기를 들고 일어나자, 노관이 그의 빈객으로 한중까지 따라가 장군이 되어 늘 안에서 시중을 들었다. 고조를 따라 동쪽으로 가서 항적을 칠 때에는 태위(太尉)가 되어 고조를 늘 모셨다. 침실까지도 드나들었다. 고조가 옷이나 음식을 상으로 내릴 때에도 여러 신하들은 그만한 총애를 감히 바라지 못하였다. 비록 소하(蕭何)와 조삼(曹參) 35) 등이 남다른 예우를 받았다고 하지만, 총애를 받는 것으로는 노관을 따를 수 없었다. 노관은 봉작되어 장안후(長安侯)가 되었는데, 장안은 옛 함양(咸陽)이다.

　한 5년 겨울에 고조가 항적을 깨뜨린 후 노관은 별장(別將)으로서 유고(劉賈) 36)와 함께 임강왕(臨江王) 공위(共尉)를 쳐서 깨뜨렸다. 7월에 돌아와서 고조를 따라 연왕(燕王) 장도(臧茶)를 치자, 장도가 항복하였다. 37) 고조가 천하를 평정하였을 때 제후 가운데 유씨(劉氏)가 아니면서

33) 豊 : 읍 이름. 지금의 江蘇省 豊縣.
34) 太上皇 : 漢 高祖 劉邦이 황제가 된 후에 그의 아버지를 존칭한 말.
35) 蕭何는 沛縣 사람으로 漢나라 건국에 지대한 공을 세웠다. 권53 「蕭相國世家」 참조. 曹參도 沛縣 사람으로 누차 전공을 세워 丞相을 지냈다. 권54 「曹相國世家」 참조.
36) 劉賈 : 高祖의 堂兄.

왕이 된 사람은 일곱이었다. [38] 고조는 노관도 왕으로 삼고 싶었지만, 여러 신하들이 불만스러워할까봐 그만두었다. 그러다가 연왕 장도를 사로잡게 되자, 여러 장군들과 재상 열후들에게 조서를 내려 여러 신하들 가운데 공 있는 자를 연왕으로 삼겠다고 하였다. 여러 신하들은 황상이 노관을 왕으로 삼고 싶어하는 줄 알았으므로, 모두 말하기를 "태위 장안후 노관이 늘 황상을 따라다니며 천하를 평정하였으니 그의 공이 가장 많습니다. 그를 연왕으로 삼는 것이 좋겠습니다"라고 하였다. 이에 고조가 조서를 내려 그를 연왕으로 삼으라고 허락하였다. 이윽고 한 5년 8월에 노관을 세워 연왕으로 삼았다. 제후나 왕들 가운데 연왕만큼 총애를 받는 사람이 없었다.

　한 11년 가을에 진희(陳豨)가 대(代)에서 반역하자 고조가 한단(邯鄲)[39]으로 가서 진희의 군사를 쳤다. 연왕 노관도 또한 그 동북쪽을 쳤다. 그러자 진희가 왕황을 시켜 흉노에게 구원을 청하게 하였다. 연왕 노관도 또한 자기 신하 장승(張勝)을 흉노에 사신으로 보내어 "진희의 군대가 이미 격파되었다"라고 말하게 하였다. 장승이 오랑캐 땅에 도착하고 보니, 예전 연왕 장도의 아들인 연(衍)이 도망하여 오랑캐 땅에 있었다. 그가 장승을 보고 "공이 연나라에 중용된 이유는 오랑캐 사정에 밝기 때문입니다. 연나라가 오래 존속하는 까닭은 제후들이 자주 배반하고 군대를 연합하여 승패를 결정짓지 못하기 때문입니다. 지금 공은 연나라를 위하여 빨리 진희 등을 멸망시키려고 합니다. 그러나 진희 등이 다 멸망하고 나면 그 다음에는 연나라에 화가 미칠 것이며 공도 포로가 될 것입니다. 어째서 공은 진희를 공격하는 일을 잠시 늦추고 오랑캐와 화친하도록 연왕께 말씀드리지 않습니까? 일이 느슨해지면 연왕은 오랫동안 왕의 자리를 누릴 수 있습니다. 만일 한나라에 급한 일이 생기면, 그 때문에 연나라는 편안해질 것입니다"라고 하였다. 장승도 옳다고 여겼다. 그래서 남몰래 흉노로 하여금 진희를 도와서 연나라를 치게 하였다. 연왕 노관은 장승이 오랑캐와 공모하여 배반하였다고 의심하고, 장승의 일족을 멸하라

---

37)　臧茶는 燕나라의 장군이었다. 項羽에 의해서 燕王이 되었다가 楚漢戰 와중에 漢나라로 귀부하였다. 漢 5년에 반역하였으나 사로잡혔다.

38)　楚王 韓信, 韓王 韓信, 衡山王 吳芮, 淮南王 英布, 梁王 彭越, 趙王 張耳, 燕王 臧茶 등 일곱 사람을 말한다.

39)　邯鄲 : 趙나라의 수도. 지금의 河北省 邯鄲市.

는 글을 올렸다. 장승이 돌아와서 자기가 그렇게 행동한 이유를 자세히 말하자, 연왕도 깨달았다. 그래서 거짓으로 다른 사람을 논죄하고, 장승의 가족을 탈출시켜 흉노의 간첩이 되게 하였다. 그리고는 범제(范齊)를 몰래 진희에게 보내 오랫동안 전쟁을 끌도록 해서 승패가 결정되지 않도록 하였다.

한 12년에 고조가 동쪽으로 가서 경포(黥布)를 쳤는데,[40] 진희는 늘 군대를 거느리고 대(代) 땅에 있었다. 한나라에서 번쾌(樊噲)를 시켜 진희를 쳐서 베어 죽였다. 그의 비장(裨將)[41]이 항복하면서 "연왕 노관이 범제를 시켜서 진희에게 통하도록 계책을 꾸몄습니다"라고 하였다. 고조가 사자를 보내 노관을 불렀지만, 노관은 병을 핑계로 오지 않았다. 고조가 다시 벽양후(辟陽侯) 심이기(審食其)와 어사대부(御史大夫) 조요(趙堯)를 보내 연왕을 데려오게 하고 연왕 좌우의 사람들을 심문하게 하였다. 노관이 더욱 두려워하며 문을 닫고 숨으면서, 자기의 총신에게 "유씨가 아니면서 왕이 된 자는 나와 장사왕(長沙王)뿐이다. 지난해 봄에 한나라는 회음후(淮陰侯)를 멸족시키고, 여름에는 팽월(彭越)을 베어 죽였다. 이것은 모두 여후(呂后)의 계략이다. 지금 황상은 병들어 모든 국사를 여후에게 맡기고 있다. 여후는 여인이라 성이 다른 왕과 제후를 죽이는 것을 일삼고 있다"라고 말하였다. 그리고는 병을 핑계대고 가지 않았다. 그의 좌우에 있던 신하들도 모두 도망해 숨었다. 그런데 그 말이 누설되어 벽양후가 듣게 되었다. 그가 이것을 고조에게 자세히 아뢰자 고조가 더욱 노하였다. 더욱이 흉노에서 항복해온 자가 있었는데 그가 "장승이 도망하여 흉노에 와 있는데 연나라의 사신이었습니다"라고 말하였다. 이 말을 듣고 고조가 "노관이 과연 배반하는구나!"라고 말하였다. 고조가 번쾌를 시켜서 연나라를 치게 하였다. 연왕 노관이 자기의 궁인과 가속(家屬), 기병 수천명을 거느리고 장성 아래에 머물면서 상황을 살폈다. 고조의 병이 나으면 자신이 들어가서 사죄하려고 하였던 것이다. 그러나 4월에 고조가 붕어하자, 노관은 드디어 자기 무리들을 거느리고 도

---

40)　黥布의 본 이름은 英布이다. 秦나라 때 죄를 지어 얼굴에 黥을 치는 형을 받아 黥布라고 부른다. 처음 項羽에 의해서 九江王으로 봉해졌다가, 劉邦에 귀순하였다. 淮南王에 봉해졌으나, 彭越과 韓信 등이 피살되는 것을 보고 반역하였다. 패전 후 江南으로 도망쳤다가 長沙王 呂臣에게 죽임을 당하였다.

41)　裨將 : 副將.

망쳐 흉노 땅으로 갔다. 흉노는 그를 동호(東胡)의 노왕(盧王)으로 삼았
다. 그러나 다른 오랑캐들에게 침략과 약탈을 당하게 되자, 노관은 늘 한
나라로 돌아갈 생각을 하였다. 그렇게 한 해 남짓 지내다가 그는 오랑캐
땅에서 죽었다.

고후(高后)⁴²⁾ 때에 노관의 아내와 자식이 한나라로 항복해왔다. 그러
나 마침 고후가 병들어서 만날 수가 없었다. 노관의 아내도 병들어 죽었
다.

효경제(孝景帝) 6년에 노관의 손자 동호왕(東胡王) 타지(他之)가 항복
하였다. 한나라에서 그를 봉하여 아곡후(亞谷侯)로 삼았다.

진희(陳豨)는 원구(宛朐)⁴³⁾ 사람이다. 처음에 어떤 까닭으로 고조를
따라다니게 되었는지 알 수 없다. 고조 7년 겨울에 한왕(韓王) 신(信)이
배반하여 흉노로 들어가게 되었을 때 고조가 평성까지 갔다가 돌아와서는
진희를 봉하여 열후(列侯)가 되게 하였다. 그리고 조나라 상국의 자격으
로 장수가 되어 조나라와 대(代)나라의 변경에 있는 군사를 감독하게 하
였다. 그래서 변경의 군사들이 모두 진희에게 소속하게 되었다.

진희가 한번은 휴가를 얻어 돌아오는 길에 조나라에 들렀다. 조나라 재
상 주창(周昌)이 진희를 따르는 빈객을 보았더니 그 수레가 천여 승이나
되어 한단(邯鄲)의 관사가 모두 가득 찼다. 진희가 빈객을 대하는 태도는
포의(布衣)의 사귐과 같아서 자기 몸을 낮추고 빈객을 높였다. 진희가 대
나라로 돌아가자 주창이 곧 고조께 들어가 뵙기를 청하여 "진희의 빈객이
너무 성대합니다. 외지에서 몇년 동안 제 마음대로 군대를 휘둘렀기에,
변이라도 일어날까 두렵습니다"라고 자세히 아뢰었다. 고조가 그 말을 듣
고 사람을 시켜 대나라에 사는 진희의 빈객들의 재물과 온갖 불법적인 일
들을 조사 심문하게 하였는데 진희와 관련된 일이 많았다. 진희가 두려워
하여 몰래 빈객을 시켜 왕황과 만구신이 있는 곳에 사자를 통하게 하였
다. 고조 10년 7월에 태상황이 죽었다. 고조가 사람을 보내 진희를 불렀
지만, 진희는 병이 심하다고 핑계대며 가지 않았다. 9월에 진희가 드디어

---

42) 呂后를 가리킨다.
43) 宛朐：현 이름. 지금의 山東省 曹縣 서북쪽. 전국시대에는 梁(즉 魏나라)에 속하
   였기에 아래에서는 '陳豨는 梁나라 사람이다'라는 구절이 있다.

왕황 등과 함께 반역하였다. 스스로 대왕(代王)이라고 하며 조나라와 대나라의 땅을 빼앗았다.

고조가 듣고는, 조나라와 대나라의 관리들 가운데 진희에게 속아 넘어갔거나 협박당하여 넘어간 자들을 모두 용서하였다. 고조가 몸소 한단까지 가서 그 되어가는 일을 보고는 기뻐하며 "진희가 남쪽으로 장수(漳水)에 의지하지 않고 북쪽으로 한단을 지키지 않으니, 그가 어떤 일도 할 수 없음을 알겠다"라고 말하였다. 조나라 재상이 상산(常山)⁴⁴⁾의 수(守)와 위(尉)⁴⁵⁾를 죽이려고, 고조에게 "상산의 25개 성 가운데 진희가 모반하여 20개 성을 잃었습니다"라고 아뢰었다. 고조가 "수와 위가 배반하였는가?"라고 물었다. 그러자 "배반하지는 않았습니다"라고 대답하였다. 이에 고조가 "그렇다면 힘이 모자랐을 뿐이다"라고 말하며 그들을 용서해 다시 상산의 수와 위로 삼았다. 고조가 주창에게 "조나라에도 장수로 삼을 만한 자가 있는가?"라고 물었다. "네 사람이 있습니다"라고 대답하였다. 네 사람이 고조를 알현하자 고조가 그들을 욕하며 "너희 같은 놈들이 장수가 될 수 있겠느냐!"라고 말하였다. 네 사람이 모두 부끄러워하며 땅에 엎드렸다. 고조가 그들을 각각 1,000호(戶)에 봉하고 장군으로 삼았다. 좌우의 신하들이 간하여 "황상을 따라 촉나라와 한나라에까지 들어가고 초나라를 쳤던 사람들에게도 상을 골고루 주지 못하였습니다. 지금 이들이 무슨 공이 있다고 1,000호에 봉하십니까?"라고 하였다. 고조가 "그대들이 알 수 있는 바가 아니오. 진희가 배반하여 한단 이북의 땅은 모두 진희의 소유가 되었소. 짐이 격서(檄書)를 날려 천하의 군사를 불렀지만 오는 사람이 없었소. 지금은 오직 한단의 군사뿐이오. 내 어찌 4,000호를 봉하는 것을 아끼리오? 조나라의 자제들을 위로해야 되지 않겠는가!"라고 말하였다. 모두들 "좋습니다"라고 하였다. 고조가 "진희의 장수가 누구냐?"라고 물었다. "왕황과 만구신인데 예전에 모두 장사꾼이었습니다.""나도 그들을 알고 있소." 각각 천금의 상을 걸고, 왕황과 만구신을 잡아들이기로 하였다.

11년 겨울에 한나라 군대가 공격하여, 진희의 장수 후창(侯敞), 왕황

---

44) 常山 : 본래 이름은 恒山이다. 중국 五嶽 중에 北嶽에 해당한다. 지금의 河南省 曲陽縣 서북쪽에 위치한다.
45) 守는 행정을, 尉는 군사를 맡았다.

등을 곡역(曲逆)[46] 아래에서 베고, 장춘(張春)을 요성(聊城)[47]에서 격파
하였다. 머리를 벤 군사가 만 명을 넘었다. 태위 주발(周勃)이 쳐들어가
서 태원(太原)과 대(代)나라 땅을 평정하였다. 12월에 고조가 몸소 동원
(東垣)[48]을 쳤지만, 동원은 항복하지 않았다. 오히려 병졸들이 고조에게
욕을 하였다. 나중에 동원이 항복하자 욕한 병졸들은 목을 베었고, 욕하
지 않은 자들은 경형(黥刑)에 처하였다. 그리고 동원의 이름을 고쳐 진정
(眞正)이라고 하였다. 왕황과 만구신의 휘하에 있던 자가 한나라의 상을
받으려고 그들을 산 채로 잡아왔다. 이렇게 해서 진희의 군대는 마침내
패하였다.

고조가 낙양에서 돌아와 "대나라는 상산(常山) 북쪽에 있다. 조나라가
상산 남쪽에 있으면서 그 땅까지 가지기에는 거리가 너무 멀다"라고 하였
다. 그리고는 아들 항(恒)[49]을 세워서 대왕(代王)으로 삼고 중도(中
都)[50]에 도읍하게 하였다. 이로써 대 땅과 안문(雁門)[51]이 모두 대나라
에 예속되었다.

고조 12년 겨울에 번쾌의 군대가 진희를 추격하여 영구(靈丘)[52]에서
그를 베어 죽였다.

태사공은 말하였다.

"한신(韓信)과 노관(盧綰)은 본래 조상 대대로 덕을 쌓고 선행을 한 것
이 아니라, 한때의 권모술수로써 벼슬을 구하고 간사한 힘으로 공을 이룬
자들이다. 한나라가 천하를 평정한 초기를 만나 땅을 분할받고 남면하여
임금이라고 칭할 수 있었던 것이다. 안으로는 너무 강대해졌다고 의심을
받았으며, 밖으로는 흉노(匈奴)를 원조자로 믿고 의지하였다. 그래서 날
마다 조정과 멀어지고 스스로 위태로움을 느끼게 되었다. 일이 막다른 데
이르고, 지혜가 다하자 마침내 흉노 땅으로 달아났다. 어찌 슬프지 않은

---

46) 曲逆 : 현 이름. 지금의 河北省 完縣 서북쪽.
47) 聊城 : 현 이름. 지금의 山東省 聊城縣 서북쪽.
48) 東垣 : 현 이름. 지금의 河北省 石家莊市 동쪽 지역.
49) 뒤에 漢 文帝가 되는 劉恒을 가리킨다.
50) 中都 : 현 이름. 지금의 山西省 平遙縣 서남쪽.
51) 雁門 : 군 이름. 지금의 山西省과 내몽고 자치구의 경계 지역.
52) 靈丘 : 현 이름. 지금의 山西省 靈丘縣 동쪽.

가! 진희(陳豨)는 양(梁)나라 사람이다. 그는 젊었을 때에 위 공자(魏公子)[53]를 자주 칭찬하고 사모하였다. 그래서 군대를 거느리고 변경을 지킬 때에도 빈객들을 불러 모으고 선비들에게 몸을 낮추어 겸양하였다. 그런데 명성이 실제보다 지나쳤다. 그래서 주창(周昌)이 그를 의심하고 조사하였더니, 많은 잘못이 드러났다. 진희는 화가 몸에 미칠 것을 두려워한 나머지, 간사한 말을 받아들여 드디어 무도한 짓에 빠져들었다. 아! 슬프다. 계책이 설익고 무르익음에 따라 사람의 성패가 달라지는 것이 이렇게 심하도다!"

---

53) 魏 公子 : 전국시대 魏나라 公子인 無忌를 말한다. 영웅호걸과 사귀기를 좋아하여 식객이 수천명이었다. 권77 「魏公子列傳」 참조.

권94 「전담열전 (田儋列傳)」 제34

전담(田儋)은 적현(狄縣)[1] 사람으로, 원래 제(齊)나라 왕족 전씨(田氏)[2]의 후예이다. 전담의 사촌 동생 전영(田榮)과 전영의 동생 전횡(田橫)은 모두 세력가로서 강대한 가문을 배경으로 대중들을 휘어잡았다.

진섭(陳涉)은 처음 군사를 일으켜 초왕(楚王)으로 군림하고는,[3] 주불(周市)을 파견하여 위(魏) 땅을 침략하여 평정한 뒤, 북쪽으로 적현에 당도하도록 하였다. 그러나 적현의 성은 굳게 방비되어 있었다. 전담은 거짓으로 자기 노복을 결박하고, 청년들을 대동한 뒤 관아에 당도하여 노복을 살해하겠다는 보고를 하려고 하였다.[4] 그는 적현의 현령이 나타나자 그를 때려 죽인 뒤 세력가와 청년들을 소집해놓고는 "제후들이 진(秦)나라에 대항하며 자립하고 있소이다.[5] 제나라는 오래전에 세워진 나라로서 나는 그 전씨의 후예이니 당연히 왕이 되어야 하오"라고 말하고, 마침내 스스로 제나라의 왕위에 올라 군사를 일으켜 주불을 공격하였다. 주불이 군사를 철수하고 돌아가자, 전담은 군사를 이끌고 동쪽 제나라 땅을 점령하였다.

진(秦)나라 장군 장함(章邯)[6]이 임제(臨濟)[7]에서 위나라 왕 구(咎)[8]

---

1) 狄縣 : 지금의 山東省 高靑縣 동남쪽.

2) 齊나라는 기원전 11세기에 周 왕조가 책봉한 제후국 중의 하나로서, 개국 군주는 呂尙이다. 춘추시대 말기에 齊나라의 군권이 대신이었던 陳氏 (즉 田氏)에게 넘어갔다. 기원전 386년 周나라 天子는 田和를 제후로 승인하자, 姜姓을 가졌던 齊나라가 田姓을 가진 齊나라로 변하였다. 田儋은 바로 이 齊나라 왕족의 후예이다. 권32 「齊太公世家」와 권46 「田敬仲完世家」 참조.

3) 秦 2세 원년(기원전 209년) 7월, 陳涉이 秦나라에 대항하여 군사를 일으키고, 스스로 왕에 올라 국호를 '楚'라고 하였다. 陳涉의 이름은 勝이고, 字가 涉이며, 陽城(지금의 河南省 登封縣 동남쪽) 사람이다.

4) 고대의 노비는 짐승처럼 주인이 마음대로 죽일 수 있었지만, 반드시 사전에 관아에 보고해야 한다. 田儋은 본래 狄縣의 縣令을 살해한 뒤 군사를 일으키기 위하여, 노비 살해에 관한 보고를 가장하여 縣令을 혼란에 빠뜨리려고 하였던 것이다.

5) 당시에 秦나라에 대항하여 자립한 왕은 楚나라의 陳涉 외에도, 武臣이 魏王으로 자립하였고, 韓廣이 燕王으로 자립하였다.

를 포위하였는데 그 형세가 위급하였다. 위나라 왕이 제나라에게 구원을 요청하자, 제나라 왕 전담은 군사를 이끌고 위나라를 구원하였다. 장함의 군사는 한밤에 몽둥이를 입에 물고 습격하여 제나라와 위나라 군사를 대파하고, 임제 아래에서 전담을 살해하였다. 전담의 사촌 동생 전영이 전담의 패잔병을 모아 동쪽 동아(東阿)⁹⁾ 땅으로 패주하였다.

제나라 사람들은 왕 전담이 죽었다는 소식을 듣고 곧바로 옛 제나라 왕 전건(田建)¹⁰⁾의 동생인 전가(田假)를 제나라 왕으로, 전각(田角)을 재상으로, 전간(田間)을 장군으로 옹립하여 제후들에게 대항하도록 하였다.

전영이 동아 땅으로 패주하니 장함이 추격하여 그를 포위하였다. 항량(項梁)은 전영이 위급하다는 소식을 듣고, 곧 병사를 끌고 장함의 군사를 동아 땅 아래에서 격파하였다. 장함이 서쪽으로 달아나자, 항량이 기세를 타고 그를 추격하였다. 한편 전영은 제나라 사람들이 전가를 왕으로 옹립한 것에 화가 나서 곧바로 병사를 끌고 귀국하여 제나라 왕 전가를 몰아 냈다. 전가는 초(楚)나라로 도망갔고, 제나라 재상 전각은 조(趙)나라로 도망갔으며, 전각의 동생 전간은 이미 조나라에 구원을 요청하러 갔기 때문에 그곳에 체류하면서 돌아오려고 하지 않았다. 전영은 전담의 아들 전불(田市)을 제나라 왕으로 옹립하고 그를 보좌하였으며, 전횡은 장군이 되어 제나라 땅을 평정하였다.

항량이 앞서 장함을 추격하였지만, 장함의 병력이 더욱 강성해지자, 항량은 사신을 파견하여 조나라와 제나라에게 알리고, 군대를 출동시켜 장함을 함께 공격하자고 하였다. 이에 전영이 "초나라가 전가를 죽이고, 조나라가 전각과 전간을 죽이도록 한다면 기꺼이 출병하겠소"라고 말하니, 초 회왕(楚懷王)¹¹⁾이 "전가는 우방국의 왕으로서 궁지에 몰려 우리에게

6) 章邯(? -기원전 205년) : 秦나라의 장군으로 군사를 거느리고 陳涉과 項梁의 반란군을 진압한 적이 있었다. 鉅鹿의 전투에서 項羽에게 패한 뒤 투항하여 雍王으로 봉해졌지만, 楚漢 전쟁에서 劉邦에게 패한 뒤 자살하였다.

7) 臨濟 : 지금의 河南省 封丘縣 동쪽.

8) 전국시대 말기 寧陵에 봉해졌기 때문에 寧陵君으로 불린다. 秦나라 말기 농민전쟁 중에 陳涉에게 魏王으로 봉해졌다. 기원전 208년 4월, 章邯이 臨濟에서 그를 포위하였을 때, 田儋이 그를 구원하려고 갔다가 전사하자, 그도 자살하였다.

9) 東阿 : 지금의 山東省 陽谷縣 동북쪽.

10) 田建 : 전국시대 齊나라의 마지막 군주. 기원전 264년부터 기원전 221년까지 재위하였다.

11) 楚 懷王 : 전국시대 楚 懷王의 손자 熊心을 가리킨다.

의지하려고 왔는데, 그를 죽이는 것은 의롭지 못한 일이오"라고 말하였
다. 조나라 역시 전각과 전간을 죽이면서까지 제나라와 교류하려고 하지
는 않았다. 이에 제나라 사신이 말하기를 "독사가 손을 물면 손을 자르
고, 발을 물으면 발을 자르는 법이오. 왜 그러겠소? 몸에 해를 끼치기
때문이오. 지금 전가, 전각, 전간은 초나라와 조나라에게 손과 발의 관계
가 되지 않는데, 어찌하여 죽이려고 하지 않습니까? 게다가 진(秦)나라
가 다시 천하의 호응을 얻는다면 반란자의 무덤까지 파헤칠 것입니다[12]"
라고 하였다. 초나라와 조나라가 말을 듣지 않자, 제나라 역시 화가 나서
끝내 출병하려고 하지 않았다. 장함은 과연 항량을 죽이고 초나라 병사를
격파하였다. 초나라 병사가 동쪽으로 도주하니, 장함은 황하를 건너가 거
록(鉅鹿)[13] 땅에서 조나라를 포위하였다. 항우(項羽)가 달려가 조나라를
구원하였는데, 항우는 이 일로 전영을 원망하게 되었다.

　항우는 이미 조나라를 구원하고 장함 등을 굴복시켰으며, 서쪽으로 진
군하여 함양(咸陽)을 피로 물들이며 진(秦)나라를 멸망시키고 제후들을
왕으로 책봉하였다. 제나라 왕 전불을 파견하여 교동왕(膠東王)으로 책
봉하였고, 즉묵(卽墨) 땅에 도읍을 정하게 하였다. 제나라 장군 전도(田
都)가 항우를 따라 조나라를 구원하면서 그 길로 함곡관(函谷關) 안으로
들어갔기 때문에, 전도를 제나라 왕으로 옹립하고 임치(臨淄)에 도읍을
정하도록 하였다. 옛 제나라 왕 전건의 손자인 전안(田安)은 항우가 막
황하를 건너 조나라를 구원하였을 때 제수(濟水) 북쪽의 몇개의 성을 무
찌른 뒤 군사를 거느리고 항우에게 투항한 적이 있었다. 항우는 전안을
제북왕(濟北王)으로 세우고 박양(博陽)[14]에 도읍하게 하였다. 전영은 항
량에게 거역하였고, 출병하여 초나라와 조나라를 원조하고 진나라를 공격
하는 것에 호응하지 않았기 때문에 왕이 되지 못하였다. 조나라 장군 진
여(陳餘)[15] 역시 실각하여 왕이 되지 못하였다. 두 사람 모두 항왕(項

---

12)　秦나라가 다시 뜻을 얻으면 일신이 모욕을 당하는 것뿐 아니라, 무덤도 파헤쳐질
　　것이라는 말이다. 마치 伍子胥가 楚 平王의 묘를 파헤쳐 채찍질 한 것과 같다(『史記
　　正義』 참조).
13)　鉅鹿: 지금의 河北省 平鄕縣 서남쪽에 있는 현 이름.
14)　博陽: 현 이름. 지금의 山東省 泰安縣 동남쪽.
15)　陳餘(?-기원전 204년): 陳勝이 반란을 일으킨 후, 그는 張耳와 함께 越王 武臣
　　을 따라 越 땅을 점거하였다. 武臣이 피살당하자, 그는 張耳와 趙나라의 옛 귀족 歇
　　을 趙王으로 세웠다. 秦나라와 趙나라의 鉅鹿 전쟁중, 陳餘는 鉅鹿의 북방에서 군대

王)을 원망하였다.

항왕이 귀국하고,[16] 제후들은 각자 제후국으로 돌아가자, 전영은 어떤 사람에게 군사를 거느리고 진여를 도와 조나라 땅에서 반란을 일으키도록 시키고는, 자신 역시 군대를 동원하여 전도(田都)를 공격하니, 전도가 초나라로 달아났다. 전영이 제나라 왕 전불을 붙잡고 교동 땅으로 가지 못하게 하자, 전불의 좌우 신하들이 "항왕은 포악하기 때문에 왕께서는 교동 땅으로 가셔야 하옵니다. 가시지 않으면 반드시 위험하게 됩니다"라고 말하니, 전불은 두려워 곧바로 봉지로 도망가듯이 가버렸다. 전영은 화가 나서, 제나라 왕 전불을 추격하여 즉묵 땅에서 살해하였다. 돌아오면서, 제북왕 전안을 공격하여 죽였다. 이리하여 전영은 곧 스스로 제나라 왕위에 올라 삼제(三齊)의 땅[17]을 모두 병합하였다.

항왕이 이 소식을 듣고 노발대발하고는 곧바로 북쪽으로 제나라를 토벌하였다. 제나라 왕 전영의 군사들이 평원(平原)[18]으로 패주하니 평원 사람들이 전영을 살해하였다. 항왕은 마침내 제나라 성곽을 불질러 평평하게 만들고 지나가는 사람을 모두 살육하였다. 제나라 사람들이 서로 모여 반항하였다. 전영의 동생 전횡은 흩어졌던 병사를 수습하여 수만명이 되자 성양(城陽)[19] 땅에서 항우를 반격하였다. 한편 한왕(漢王)은 제후들을 이끌고 초나라를 무찌른 뒤 팽성(彭城)[20]으로 들어갔다. 항우는 이 소식을 듣자마자 제나라를 포기하고 귀국하여 팽성에서 한(漢)나라를 공격하였다. 이로 인하여 연달아 전쟁을 벌였고, 형양(滎陽)[21]에서 서로 대치하였다. 이 때문에 전횡은 다시 제나라의 성읍(城邑)을 거두어들일

의 행동을 중지하고 기회를 기다렸다. 鉅鹿의 포위가 풀린 뒤, 張耳가 陳餘의 책임을 추궁하자, 陳餘는 병권을 넘겨주고 혼자 달아났다. 그러므로 項羽는 陳餘가 실직하였다고 여기고, 왕으로 책봉하지 못하였다. 나중에 陳餘는 스스로 왕이 되었으나, 漢나라 장군 韓信에게 피살되었다. 권89 「張耳陳餘列傳」 참조.

16) 項羽는 秦나라 멸망에 공을 세운 장군들을 제후로 나누어서 책봉하고 자신은 西楚覇王으로 자립하였다. 西楚는 項羽의 영지로서, 지금의 河南省 동부, 安徽省 북부와 江蘇省 북부 일대이다. 그는 제후들의 맹주가 되려고 하였다.

17) 項羽가 齊나라 땅을 삼분하여 세 사람에게 책봉하였는데, 田市를 膠東王에, 田都를 齊王에, 田安을 濟北王에 책봉하였기 때문에 '三齊'라고 부른다(『史記索隱』 참조).

18) 平原 : 지금의 山東省 平原縣 남쪽.

19) 城陽 : 지금의 山東省 鄄城縣 동남쪽.

20) 彭城 : 지금의 山東省 徐州市.

21) 滎陽 : 지금의 河南省 滎陽縣 동북쪽.

수 있게 되었고, 전영의 아들 전광(田廣)을 제나라 왕으로 옹립하고 전횡 자신은 그를 보좌하며 국정을 도맡았는데, 크고 작은 국정 모두를 재상이 결정하였다.

전횡이 제나라를 평정한 지 3년이 흐른 뒤에, 한왕은 역생(酈生)[22]을 전광과 재상 전횡에게 보내 한나라에게 항복하도록 유세하였다. 전횡은 옳다고 여기고 역하(歷下)[23] 땅에 있던 군대를 해산시켰다. 한나라 장군 한신(韓信)은 병사를 끌고 장차 동쪽으로 제나라를 공격하려고 하였다. 당초에 제나라는 화무상(華毋傷)과 전해(田解)를 시켜 역하 땅에 진지를 치고 한나라와 대치하도록 하였다. 한나라 사신이 도착하자 수비를 풀고 사병에게 음주를 허락하였다. 제나라는 사신을 파견하여 한나라와 화평하려고 하였다. 한나라 장군 한신은 이미 조나라와 연(燕)나라를 평정하고, 괴통(蒯通)[24]의 계략에 따라 평원(平原) 나루를 건너 제나라의 역하군(歷下軍)을 습격하고 그 기세를 몰아 임치로 입성하였다. 제나라 왕 전광과 재상 전횡은 화가 나서, 역생이 자기를 속였다고 생각하고 역생을 삶아 죽였다. 제나라 왕 전광은 동쪽 고밀(高密)[25]로 달아났고, 재상 전횡은 박(博)[26]으로 달아났으며, 임시 재상 전광(田光)은 성양(城陽)으로 달아났고, 장군 전기(田旣)는 교동(膠東)에 진을 쳤다. 초나라는 용저(龍且)를 파견하여 제나라를 구원하도록 하고 제나라 왕과 고밀에서 함께 진을 쳤다. 한나라 장군 한신과 조삼(曹參)은 용저를 죽이고 제나라 왕 전광을 사로잡았다. 한나라 장군 관영(灌嬰)은 제나라 임시 재상 전광을 추격하여 사로잡고 박 땅으로 진격하였다. 전횡은 제나라 왕이 죽었다는 소식을 듣고 스스로 제나라 왕위에 올라 관영을 반격하였다. 관영은 전횡

---

22) 酈生 : 酈食其. 원래는 里監의 문지기였는데, 秦나라 말기 농민봉기중에 劉邦에게 귀순하여 중요한 참모가 되었다. 권97 「酈生陸賈列傳」 참조.
23) 歷下 : 歷城 아래를 말한다. 歷城은 지금의 山東省 濟南市이다.
24) 蒯通 : 즉 蒯徹을 가리킨다. 秦, 漢 교체기의 저명한 辯士. 司馬遷이 漢 武帝의 이름 劉徹을 피해서 '徹'을 '通'으로 바꾸었다. 韓信이 燕나라와 越나라를 평정한 뒤, 이미 漢王이 酈食其를 파견하여 齊나라 왕에게 유세하였다는 말을 듣고, 원래 齊나라로 진군하지 않으려고 하였다. 이때 蒯通의 유세를 듣고 진군하여 일거에 齊나라를 무찔렀던 것이다.
25) 高密 : 지금의 山東省 高密縣 서남쪽.
26) 博 : 현 이름. 즉 앞의 〈주 14〉의 '博陽'을 가리킨다.

540

의 군사를 영(嬴)²⁷⁾ 땅 아래에서 무찔렀다. 전횡은 양(梁)나라로 패주하여 팽월(彭越)²⁸⁾에게로 귀순하였다. 팽월은 당시에 양 땅을 거점으로 중립을 지키면서, 한왕(漢王)을 위하기도 하고 초왕(楚王)을 위하기도 하면서 일을 하려고 하였다. 한신은 이미 용저를 죽이고, 연달아 조삼에게 진군을 명령하여 교동 땅에서 전기를 때려 죽이게 하였으며, 관영에게는 제나라 장군 전흡(田吸)을 천승(千乘)²⁹⁾ 땅에서 때려 죽이게 하였다. 한신은 마침내 제나라를 평정하고, 자신이 제나라의 임시 왕이 되겠다고 요청하자, 한나라에서는 추세에 따라 그를 왕으로 옹립하였다.

　그로부터 1년여 뒤에 한나라는 항적(項籍)을 멸망시키고, 한왕은 황제에 즉위하였으며, 팽월을 양나라 왕으로 삼았다. 전횡은 주살될 것이 두려워 자기의 무리 500여 명과 함께 바다로 들어가 섬에서 살았다. 고제(高帝)가 이 소식을 듣고, 전횡 형제는 본래 제나라를 평정하였고, 제나라의 많은 현자들이 그를 따랐으니, 지금 바다 가운데 방치해두고 거두지 않으면, 나중에 반란을 일으킬지 모른다고 생각하여, 사신을 보내 전횡의 죄를 사면하고 그를 불러오게 하였다. 전횡은 다음과 같은 이유로 사절하였다. "저는 폐하의 사신 역생을 삶아 죽였고, 듣건대 지금 그의 동생 역상(酈商)이 한나라 장군이 되었고 그는 또한 어진 사람이라고 합니다. 저는 송구스러워 감히 조서를 받들지 못하겠으며, 청컨대 평민이 되어 해도(海島)를 지키게 해주십시오." 사신이 돌아와 보고를 하자 고제는 곧바로 위위(衛尉) 역상에게 "만약 제나라 왕 전횡이 돌아왔을 때, 그를 수행하는 사람과 말을 괴롭히는 자가 있으면 일족을 멸하는 죄를 내리리라!"는 조서를 내리고, 다시 사신에게 부절(符節)을 들고 역상에게 조서를 내린 상황을 자세히 설명하도록 하면서 "전횡이 오면 크게는 왕으로 작게는 후(侯)에 봉할 것이다. 오지 않으면 장차 군대를 동원하여 그를 주살할 것이니라"라고 말하였다. 전횡은 곧 자신의 빈객 두 사람과 함께 역마³⁰⁾를

27)　嬴 : 지금의 山東省 萊蕪縣 서북쪽.
28)　彭越(? -기원전 196년) : 秦나라 말기에 군사를 일으켰다가, 秦漢 전쟁중에 劉邦에게 귀순하였다. 梁나라 땅(지금의 河南省 동남부)을 평정하여 梁王으로 책봉되었으나, 漢 왕조 건립 후에 어떤 사람의 모함으로 피살되었다. 권90 「魏豹彭越列傳」 참조.
29)　千乘 : 지금의 山東省 高靑縣 동북쪽.
30)　원문은 "傳車"로 이것은 말 네 필이 모는 수레를 가리킨다. 고대의 驛에서 쓰던 전용 차량이다.

타고 낙양(雒陽)으로 향하였다.

낙양에서 30리 떨어진 시향(尸鄕)[31] 역의 마구간에 이르렀을 때, 전횡은 사신에게 완곡하게 "남의 신하된 자가 천자를 알현하는데 마땅히 목욕을 해야지요"라고 말하고 유숙하였다. 전횡은 자신의 빈객에게 "처음에 나 전횡과 한왕은 모두 남면(南面)하며 왕이 되어 '고(孤)'라고 자칭하였지만, 지금 한왕은 천자가 되고, 나는 망명을 다니는 포로가 되어 북면(北面)하면서 그를 섬겨야 하니, 이 치욕은 정말로 참기 어렵게 되었소. 나는 장차 남의 형을 삶아 죽이고도 그 동생과 어깨를 나란히 하며 그 군주를 섬겨야 하오. 비록 그가 천자의 조서가 두려워 감히 나를 괴롭히지 못한다고 하지만 내 어찌 마음속에 부끄러움이 없겠소? 또한 폐하께서 나를 만나려고 하시는 까닭은 나의 얼굴을 한번 보시려는 것에 불과하오. 지금 폐하께서는 낙양에 계시니 지금 내 목을 잘라 30리를 말로 달리면 모습이 변질되지 않을 것이며 그런 대로 볼 만할 것이오"라고 말하고는 마침내 자기의 목을 자르려고 하면서, 빈객에게 자신의 목을 받들고 사신을 따라 말을 달려 고제에게 아뢰도록 하였다. 고제는 "아, 이유가 있었구나! 평민에서 시작하여 삼형제가 번갈아 왕이 되었으니, 어찌 어질지 아니한가!"라고 말하며, 그를 위해서 눈물을 흘리고는 그의 두 빈객들을 도위(都尉)로 임명하였고, 군졸 2,000명을 선발하여 왕의 예를 갖추어 전횡의 장례를 거행하게 하였다.

장례가 끝나자, 두 빈객들은 무덤 옆에 구덩이를 파고 모두 스스로 목을 베고 거꾸로 처박혀 전횡을 따라 죽었다. 고제가 이 소식을 듣고 크게 놀라 전횡의 빈객들이 모두 현명하다고 생각하였다. 내가 듣기에 그 나머지 500명은 여전히 바다 가운데에 있다가, 사신을 시켜 불러오게 하였다고 하는데, 그들은 도착하여 전횡이 죽었다는 소식을 듣자 모두 자살하였다고 한다. 이것으로 전횡 형제가 선비들의 마음을 사로잡고 있었다는 것을 바로 알 수 있다.

태사공은 말하였다.

"심하도다, 괴통(蒯通)의 계략이여! 제나라의 전횡(田橫)을 현혹시키고 회음후(淮陰侯)를 교만하게 만들어 마침내 저 두 사람을 망쳤구나!

---

31) 尸鄕 : 지금의 河南省 偃師縣 서쪽.

542

괴통은 언변술에 능통하여 전국시대(戰國時代)의 권모와 임기응변을 논한 81편의 글을 지었다. 괴통은 제나라 사람 안기생(安期生)과 친하였으며, 안기생은 일찍이 항우(項羽)에게 벼슬자리를 얻기 바랐지만, 항우가 그의 계책을 채용하지 않았다. 얼마 있다가 항우가 이 두 사람을 책봉하려고 하였지만, 두 사람은 끝내 받으려 하지 않고 도망갔다. 전횡(田橫)의 고상한 절개와 그의 빈객들이 그의 의리를 흠모하여 따라 죽은 것은 어찌 더할 수 없는 현명함이 아니리요! 나는 이런 이유로 그를 열전(列傳) 속에 넣었다. 천하에 그림을 잘 그리는 사람이 없지 않았을텐데 끝내 그 절개를 그리지 못하였으니, 어찌 된 일인가?[32]"

---

32) 천하에 그림을 잘 그리는 사람이 없지 않았을 터인데, 田橫과 그의 무리들의 충절 어린 장엄한 죽음을 그려내지 못하였다니, 어찌 된 일인가라는 뜻이다(『史記索隱』 참조).

권95 「번역등관열전(樊酈滕灌列傳)」 제35

무양후(舞陽侯) 번쾌(樊噲)[1]는 패현(沛縣)[2] 사람이다. 그는 개 도살[3]을 생업으로 하면서 유방(劉邦)과 같이 은둔하고 있었다.[4]

처음에 그는 유방을 따라 풍(豊) 땅에서 군사를 일으켜 패현을 공격하여 함락시켰다. 유방은 패공(沛公)이 되자 번쾌를 사인(舍人)[5]으로 삼았다. 그는 또 호릉(胡陵)과 방여(方與)[6] 땅을 공격하고 돌아오다가 풍 땅을 방비하면서, 사수군(泗水郡)[7]의 감(監)[8]을 풍 땅 부근에서 공격하여 무찔렀다. 다시 동쪽으로 패현을 평정하고는 설현(薛縣)[9]에서 사수의 군수(郡守)를 격파하였다.[10] 사마이(司馬㲱)[11]와 탕현(碭縣)[12] 동쪽에서 전쟁을 벌여 물리치고, 적군 15명을 참수하고 국대부(國大夫)[13]의 작위를 받았다. 상비군으로 패공을 지원하여 복양현(濮陽縣)[14]에서 장함(章邯)[15]의 군대를 공격할 때, 성을 먼저 올라가 공략하고 적군 23명을 참

---

1) 舞陽侯는 樊噲의 최후의 봉호이다. 舞陽은 지금의 河南省 舞陽縣 서북쪽이다.
2) 沛縣 : 지금의 江蘇省 沛縣 동쪽.
3) 당시 사람들은 개고기를 양고기나 돼지고기처럼 먹었기 때문에 樊噲가 전문적으로 개를 도살하여 팔았던 것이다(『史記正義』 참조).
4) 樊噲와 劉邦은 지금의 河南省 永城縣 동북쪽 芒山과 碭山 일대에서 은둔하고 있었다.
5) 舍人 : 전국시대 및 漢나라 초기에 王公과 귀족의 측근에서 수행하던 관원.
6) 胡陵은 지금의 山東省 魚臺縣 동남쪽이고, 方與는 魚臺縣 서쪽이다.
7) 泗水는 지금의 江蘇省 서북부와 安徽省 동북부이다.
8) 監 : 즉 御史監을 가리킨다.
9) 薛縣 : 지금의 山東省 滕縣 남쪽.
10) 薛縣의 서쪽을 지키고 있던 泗水의 郡守를 격파하였다는 의미이다(『史記索隱』 참조).
11) 司馬㲱 : 秦나라 장군.
12) 碭縣 : 지금의 安徽省 碭山縣 남쪽과 河南省 永城縣 동북쪽.
13) 國大夫 : 즉 官大夫를 가리킨다. 秦, 漢 시기 20등급의 작위 중에서 제6등급의 벼슬.
14) 濮陽縣 : 지금의 河南省 濮陽縣 서남쪽.
15) 章邯 : 秦나라 말기의 장군. 일찍이 陳勝과 項梁이 이끄는 반군을 진압하고 項羽

수하여 열대부(列大夫)¹⁶⁾의 작위를 받았다. 다시 상비군으로 패공을 지
원하여 성양현(城陽縣)¹⁷⁾을 공략할 때도 가장 먼저 성에 올라갔다. 호유
향(戶牖鄕)¹⁸⁾을 함락시키고, 이유(李由)¹⁹⁾의 군사를 격파하여 적군 16명
을 참수하여 상간작(上間爵)²⁰⁾의 벼슬을 받았다. 패공을 따라 성무현(成
武縣)²¹⁾에서 동군(東郡)²²⁾의 수위(守尉)²³⁾를 공격하고 포위하여 적을 물
리쳤으며, 적군 14명을 참수하고, 포로 11명을 잡아 오대부(五大夫)²⁴⁾의
작위를 받았다. 패공을 따라 진(秦)나라 군사를 공격하고, 박(亳)²⁵⁾ 땅
남쪽으로 나아가, 강리(杠里)²⁶⁾에 주둔하고 있던 하간군(河間郡)²⁷⁾ 군수
의 군대를 격파하였다. 또한 개봉(開封)²⁸⁾ 북쪽에 주둔하고 있던 조
분(趙賁)의 군대를 격파하여, 적을 물리치고 척후병 한 명을 베고 적군 68
명을 참수하였으며, 27명의 포로를 잡아 경(卿)²⁹⁾의 작위를 받았다. 패
공을 따라 곡우(曲遇)³⁰⁾에 주둔하고 있던 양웅(楊熊)의 군대를 격파하였
다. 원릉(宛陵)³¹⁾을 공략하고 가장 먼저 성에 올라 적군 8명을 참수하고
44명의 포로를 잡아 현성군(賢成君)이라는 봉호를 받았다. 패공을 따라
장사(長社)와 환원(轘轅)³²⁾을 공략하고, 하진(河津)³³⁾을 봉쇄하였으며,

에게 투항하였으나, 楚漢 전쟁에 패하여 자살하였다.

16) 列大夫 : 즉 公大夫. 당시 20등급의 작위 중에서 제7등급의 벼슬.

17) 城陽縣 : 지금의 山東省 鄄城縣 동남쪽.

18) 戶牖鄕 : 지금의 河南省 蘭考縣 동남쪽.

19) 李由 : 秦나라 丞相 李斯의 아들. 당시 三川의 郡守. 三川郡은 지금의 河南省 서
부이다.

20) 上間爵 : 벼슬 이름. 20등급의 작위 안에 있지 않다. '上聞爵'이라고 쓰기도 한다.

21) 成武縣 : 지금의 山東省 成武縣.

22) 東郡 : 지금의 山東省과 河南省이 교차하는 지역에 위치하였다.

23) 守尉 : 郡守와 郡尉를 말한다.

24) 五大夫 : 당시 20등급의 작위 중에서 제9등급의 벼슬이다.

25) 亳 : 지금의 河南省 商丘縣 남쪽.

26) 杠里 : 城陽縣 서쪽에 있다.

27) 河間郡 : 漢 高祖가 설치한 郡으로 秦나라 때에는 이 郡이 없었다. 漢代에 河間
郡은 지금의 河北省 경계에 있었고, 劉邦과 秦나라 군의 초기 작전 지역이었다.

28) 開封 : 지금의 河南省 開封市 남쪽.

29) 卿 : 당시에 三公 아래에 九卿을 두었다.

30) 曲遇 : 즉 曲遇聚를 가리킨다. 지금의 河南省 中牟縣 동쪽.

31) 宛陵 : 지금의 河南省 新鄭縣 동북쪽.

32) 長社는 지금의 河南省 葛縣 동북쪽이고, 轘轅은 지금의 河南省 偃師縣 동남쪽이
다.

33) 平陰津을 가리키는 것으로, 이곳은 黃河의 중요한 포구 중의 하나이다. 지금의

동쪽으로 시향(尸鄕)[34]에 주둔하고 있던 진(秦)나라 군대를 공격하고, 남쪽으로 주(犨)[35] 땅에 주둔하고 있던 진나라 군대를 공략하였다. 남쪽으로 양성현(陽城縣)[36]에 있던 남양군(南陽郡)[37] 군수 여의(呂齮)를 격파하였다. 동쪽으로 완현(宛縣)[38]의 성을 공격하였는데 가장 먼저 성에 올라갔다. 서쪽으로 역현(酈縣)[39]에 이르러 적을 물리치고 적군 24명을 참수하고 포로 40명을 잡아 추가로 봉록을 받았다. 무관(武關)[40] 땅을 공격하고, 패상(霸上)[41]에 이르러 도위(都尉) 한 명을 참수하고 적군 10명을 베었으며, 포로 46명을 잡고, 병졸 2,900명을 항복시켰다.

항우(項羽)가 희하(戱下)[42] 땅에서 주둔하고 있으면서 패공을 공격하려고 하였다. 패공은 100여 명의 기마병을 대동하고 항백(項伯)[43]을 통해서 항우를 접견하고는 함곡관(函谷關)을 봉쇄하는[44] 일이 없도록 하겠다고 사죄하였다. 항우가 병사들에게 주연을 베풀었고, 술자리가 무르익자 아부(亞父)[45]는 패공을 죽이려는 음모를 꾸미며, 항장(項莊)[46]에게 좌중에서 칼춤을 추다가 패공을 치라고 명령하였지만, 항백이 항상 패공을 엄호하고 있었다. 당시에 패공과 장량(張良)[47]만이 연회에 참석해 있었

河南省 孟津縣 동쪽.

34) 尸鄕 : 지금의 河南省 偃師縣 서쪽.

35) 犨 : 지금의 河南省 魯山縣 동남쪽.

36) 陽城縣 : 秦나라의 縣으로, 漢代에 '堵陽縣'으로 개명하였다. 지금의 河南省 方城縣 동쪽.

37) 南陽郡 : 지금의 河南省 서남부와 湖北省 서북부 일대.

38) 宛縣 : 지금의 河南省 南陽市.

39) 酈縣 : 지금의 河南省 內鄕縣 동북쪽.

40) 武關 : 지금의 陝西省 商南縣 동남쪽 丹江가.

41) 霸上 : '灞水'라고도 쓰는데, 즉 灞水 서쪽 白鹿原으로, 지금의 陝西省 西安市 동남쪽에 있다.

42) 戱下 : 지금의 陝西省 臨潼縣 동쪽.

43) 項伯 : 이름은 纏, 字는 伯이다. 項羽의 숙부로서 일찍이 楚나라 군의 左尹을 지낸 바 있다. 鴻門에서 劉邦이 탈출하는 것을 도왔기 때문에 漢나라 초기에 射陽侯에 봉해졌다.

44) 劉邦이 咸陽으로 진입한 뒤, 函谷關 안에서 왕 노릇을 하기 위하여 군대를 파견하여 函谷關을 봉쇄하고 다른 제후들이 들어오지 못하도록 하였다.

45) 亞父 : 아버지에 버금갈 정도로 중요한 사람을 부르는 존칭이다. 여기에서는 范增을 가리키며, 그는 項羽의 주요한 참모이다.

46) 項莊 : 項羽의 사촌 동생.

47) 張良 : 字는 子房이다. 劉邦의 주요 참모. 권55 「留侯世家」 참조.

고, 번쾌는 병영 밖에 있다가 사태가 급박하다는 소식을 듣고 곧바로 철 방패를 들고 병영 안으로 뛰어들었다. 병영의 보초가 번쾌를 저지하자, 번쾌는 곧장 돌진하여 장막 아래에 섰다. 항우가 그를 목격하고 누구냐고 물으니, 장량이 "패공의 경호원[48] 번쾌라는 자입니다"라고 대답하자, 항 우는 "장사로다"라고 말하고, 술 한 주전자와 돼지 다리를 하사하였다. 번쾌는 술을 다 마시고 나서 칼을 뽑아 고기를 잘라서 다 먹어치웠다. 항 우가 "더 마실 수 있는가?"라고 물으니, 번쾌가 말하였다. "신은 죽음도 사양하지 않거늘, 어찌 술 한 주전자를 사양하오리까! 그런데 패공께서 먼저 국경을 넘어 함양(咸陽)을 평정하였지만, 패상에 주둔하면서[49] 대 왕[50]을 기다리고 계셨습니다. 헌데 대왕께서는 오늘 도착하여 소인배들 의 말을 듣고 패공과의 사이에 틈을 만들고 계십니다. 신은 천하가 분열 되어 사람들이 대왕을 의심하지 않을까 걱정이 되옵니다." 항우는 묵묵부 답이었다. 패공이 변소로 가면서 손짓하여 번쾌를 불러내었다. 병영을 벗 어나자, 패공은 수레를 남겨둔 채 혼자 말을 탔고, 번쾌 등 네 사람은 걸 어서 뒤를 따랐으며, 산 아래 샛길을 따라 패상의 군영으로 도망쳐 돌아 온 뒤 장량을 시켜 항우에게 사과하도록 하였다. 항우 역시 마음이 흡족 하여 패공을 죽이려는 마음을 먹지 않았다. 이날 번쾌가 병영에 달려들어 항우를 나무라지 않았다면, 패공의 과업은 거의 끝났을 것이다.

다음날,[51] 항우는 함양에 입성하여 모두 몰살시키고 패공을 한왕(漢 王)으로 옹립하였다. 한왕은 번쾌에게 열후(列侯)의 작위를 내리고 임무 후(臨武侯)[52]로 불렀다. 번쾌는 낭중(郎中)[53]으로 승진하였고, 한왕을 따라 한중(漢中)[54]으로 진입하였다.

한왕은 회군하여 삼진(三秦)[55]을 평정하였고, 번쾌는 단독으로 백수

---

48) 원문은 "參乘"으로, 즉 '驂乘' 혹은 '陪乘'이라고도 한다. 수레의 우측에 위치하는 근위 경호원.

49) 咸陽을 평정하였지만 궁궐로 들어가지 않고 霸上에서 주둔하고 있다는 의미이다.

50) 項羽를 가리킨다.

51) 권7 「項羽本紀」에는 "며칠 지나서(居數日)"라고 쓰여 있다.

52) 臨武는 지금의 湖南省 臨武縣이다. 일설에 臨武는 봉호이지 식읍이 아니라고 한 다.

53) 郎中 : 황제의 시종관.

54) 漢中 : 지금의 陝西省 秦嶺 이남 일대와 湖北省 서북부.

(白水) 56) 북쪽에서 서현(西縣) 현승(縣丞) 57)의 군대를 공격하였으며, 옹현(雍縣) 58) 남쪽에서 옹왕(雍王)의 날쌘 기마병을 격파하였다. 한왕을 따라 옹현과 태성(斄城) 59)을 공격하였을 때, 가장 먼저 성에 올라갔다. 호치현(好時縣) 60)에서 장평(章平) 61)의 군대를 공격할 때, 성을 공략하고 가장 먼저 올라가 진지를 함락시켰고, 현령과 현승 각각 한 사람씩의 목을 잘랐으며, 적군 11명을 참수하였고, 포로 20명을 잡아서 낭중기장(郎中騎將)으로 승진하였다. 번쾌는 한왕을 따라 양향(壤鄕) 62) 동쪽에서 진(秦)나라의 기마병을 공격하여 적을 물리치고 장군으로 승진하였다. 조분(趙賁)을 공격하여 미(郿), 63) 괴리(槐里), 64) 유중(柳中), 65) 함양(咸陽)을 함락시켰다. 페구(廢丘)를 수물시킨 것은 번쾌의 최고의 공적이었다. 역양현(櫟陽縣) 66)에 이르러 식읍으로 두현(杜縣)의 번향(樊鄕) 67)을 받았다. 한왕을 따라 항적(項籍)을 공격하여 자조(煮棗) 68) 땅을 몰살시켰다. 외황현(外黃縣) 69)에서 왕무(王武)와 정거(程處)의 군대를 격파하였다. 추(鄒), 70) 노(魯), 71) 하구(瑕丘), 72) 설(薛)을 공략하였다. 항우는 팽성(彭城) 73)에서 한왕을 무찌르고 노(魯)와 양(梁) 74) 땅을 수복하였다. 번

---

55) 三秦 : 項羽가 秦 왕조의 關中 지역을 삼분하여 章邯을 雍王으로, 司馬欣을 塞王으로, 董翳를 翟王으로 책봉하였는데, 이 세 제후국을 합쳐 '三秦'이라고 불렀다.

56) 白水 : 지금의 甘肅省 武都에서 발원하여 西縣 동남쪽을 흐르는 물이다.

57) 西縣은 지금의 甘肅省 天水市 서남쪽이고, 縣丞은 縣令 밑에서 그를 도와 정치를 하는 관원이다.

58) 雍縣 : 원래 춘추시대 秦나라의 수도였는데, 漢나라가 雍縣을 설치하였다. 지금의 陝西省 鳳翔縣 남쪽.

59) 斄城 : 지금의 陝西省 武功縣 동쪽.

60) 好時縣 : 지금의 陝西省 乾縣 동쪽.

61) 章平 : 章邯의 아들.

62) 壤鄕 : 지금의 陝西省 武功縣 동남쪽.

63) 郿 : 지금의 陝西省 眉縣 동쪽.

64) 槐里 : 지금의 陝西省 興平縣 동남쪽. 廢丘를 가리키기도 한다.

65) 柳中 : 즉 細柳. 지금의 陝西省 咸陽市 서남쪽 渭河 북쪽 언덕에 있다.

66) 櫟陽縣 : 지금의 陝西省 臨潼縣 동북쪽

67) 杜縣은 지금의 陝西省 西安市 동남쪽에 있었던 현이고, 樊鄕은 즉 樊川으로 당시 杜縣 남쪽에 있었는데, 지금의 陝西省 長安縣 남쪽이다.

68) 煮棗 : 지금의 山東省 東明縣 남쪽.

69) 外黃縣 : 지금의 河南省 蘭考縣 동남쪽.

70) 鄒 : 지금의 山東省 鄒縣.

71) 魯 : 지금의 山東省 曲阜市.

72) 瑕丘 : 지금의 山東省 兗州縣 북쪽.

쾌는 형양(榮陽)⁷⁵⁾으로 돌아와 평음(平陰)⁷⁶⁾의 2,000호(戶)를 식읍으로
더 받았고, 장군으로서 광무산(廣武山)⁷⁷⁾을 수비하였다. 1년 뒤, 항우가
군대를 이끌고 동쪽으로 가자, 한왕을 따라 항적을 공격하여 양하현(陽夏
縣)⁷⁸⁾을 함락시키고 초(楚)나라 주장군(周將軍)의 병졸 4,000명을 사로
잡았다. 진현(陳縣)⁷⁹⁾에서 항적을 포위하여 크게 무찔렀다. 호릉(胡陵)
을 몰살시켰다.

항적이 죽자 한왕은 황제가 되었으며, 번쾌는 견고한 수비와 전공(戰
功) 때문에 800호의 식읍을 더 받았다. 번쾌는 고조를 따라 반란을 일으
킨 연(燕)나라 왕 장도(臧荼)⁸⁰⁾를 공격하여 장도를 사로잡고 연나라 땅
을 평정하였다. 초왕(楚王) 한신(韓信)이 반란이 일으키자,⁸¹⁾ 번쾌는 고
조를 따라 진(陳) 땅에 도착하여 한신을 체포하고⁸²⁾ 초나라를 평정하였
다. 다시 열후의 작위를 하사하고, 제후의 부절(符節)을 주어 대대로 세
습하게 하였으며, 무양(舞陽)을 식읍으로 주고 무양후(舞陽侯)라고 불렀
으며, 이미 책봉하였던 식읍을 해제하였다. 번쾌는 장군으로서 고조를 따
라 대(代)⁸³⁾ 땅에서 모반을 일으킨 한왕(韓王) 신(信)⁸⁴⁾을 공격하였다.
강후(絳侯)⁸⁵⁾ 등과 함께 곽인(霍人)⁸⁶⁾에서 운중(雲中)⁸⁷⁾으로 가면서 대

---

73) 彭城 : 지금의 江蘇省 徐州市.
74) 魯는 춘추시대 魯나라가 관할하던 지역으로, 지금의 山東省 서남부이다. 梁은 전
   국시대 魏나라가 관할하던 지역으로, 魏 惠王이 大梁(지금의 河南省 開封市)으로 천
   도하면서 魏를 梁이라고도 하였다.
75) 榮陽 : 지금의 河南省 榮陽縣 동남쪽.
76) 平陰 : 지금의 河南省 孟津縣 동북쪽.
77) 廣武山 : 지금의 河南省 榮陽縣 동북쪽에 있다.
78) 陽夏縣 : 지금의 河南省 太康縣.
79) 陳縣 : 지금의 河南省 淮陽縣.
80) 臧荼 : 원래 燕나라 왕 韓廣의 部將이었는데, 일찍이 項羽를 따라 越나라를 구하
   고 關中으로 들어왔다가 燕王에 책봉되었다. 나중에 楚나라에 반란을 일으키고 漢나
   라로 귀순하였다. 漢 5년 반란을 일으키다가 포로가 되었다.
81) 韓信은 원래 項羽를 추종하였는데, 나중에 劉邦에게 투항하였다가 齊王으로 자립
   하니, 劉邦이 그를 楚王으로 바꾸어 책봉하였다. 나중에 淮陰侯로 강등되었다가 呂
   后에게 피살되었다. 권92 「淮陰侯列傳」 참조.
82) 漢 6년(기원전 201년)의 일이다.
83) 代 : 대략 지금의 山西省 동북쪽과 河北省 서북부에 해당한다.
84) 韓王 信 : 전국시대 韓 襄王의 후예로서, 일찍이 군대를 이끌고 劉邦을 따라 漢中
   으로 들어와 韓王에 책봉되었으나, 高祖 7년 匈奴에게 투항하였다. 일반적으로 韓王
   信으로 호칭하여 淮陰侯 韓信과 구별한다.
85) 絳侯 : 즉 周勃을 가리킨다. 劉邦의 주요 장군. 권57 「絳侯周勃世家」 참조.

(代) 땅을 평정하여, 식읍 500호를 더 받았다. 진희(陳豨)[88]와 만구신(曼丘臣)[89]의 군대를 공격한 것 때문에 양국현(襄國縣)[90]에서 전쟁하였고, 백인현(柏人縣)[91]을 격파할 때에는 가장 먼저 성에 올라 청하(淸河)[92]와 상산(常山)[93] 등 모두 27개의 현을 함락시켜 평정하였고, 동원현(東垣縣)[94]은 철저히 파괴하여 좌승상(左丞相)으로 승진하였다. 무종(無終)[95]과 광창(廣昌)[96]에서 기무앙(綦毋卬)[97]과 윤반(尹潘)의 군대를 격파하였다. 대(代) 땅의 남쪽에서 진희의 부대장으로 흉노족(匈奴族)인 왕황(王黃)의 군대를 격파하고, 그 기세로 삼합(參合)[98]에서 한신의 군대를 공격하였다. 번쾌 휘하의 사병이 한신을 베고, 횡곡(橫谷)[99]에서 진희의 오랑캐 기마병을 공격하여 장군 조기(趙旣)를 참수하였으며, 대(代)나라의 승상 풍량(馮梁), 군수 손분(孫奮), 대장 왕황(王黃), 태복(太僕)[100]인 해복(解福) 등 10명을 생포하였다. 번쾌는 여러 장군들과 함께 대(代) 땅의 73개 향읍(鄕邑)을 평정하였다. 그후 연(燕)나라의 노관(盧綰)[101]이 반란을 일으키자, 번쾌는 재상의 신분으로 노관을 공격하여 계(薊)의 남쪽에서 그의 승상인 저(抵)[102]를 격파하고 연나라의 18개 현과 51개 향읍을 평정하였다. 1,300호의 식읍을 더 받아 무양현 5,400호

---

86) 霍人 : 지금의 山西省 繁峙縣 동북쪽
87) 雲中 : 지금의 내몽고 자치구 托克托縣 동북쪽.
88) 陳豨 : 劉邦의 將領. 漢나라 초기에 趙나라의 相國으로 임명되었지만, 高祖 10년, 匈奴와 결탁하여 반란을 일으켰고, 전쟁에 패하여 피살되었다.
89) 曼丘臣 : 韓王 信의 將領. 韓王 信을 추종하여 반란을 일으켰으나, 전쟁에 패하여 잠적하였다가 匈奴에 투항하였다.
90) 襄國縣 : 지금의 河北省 邢臺市 서남쪽.
91) 柏人縣 : 지금의 河北省 隆堯縣 서쪽.
92) 淸河 : 지금의 河南省 동남부와 山東省 서북부 지역.
93) 常山 : 지금의 河北省 중부와 山西省 일부에 있던 군 이름이다.
94) 東垣縣 : 지금의 河北省 石家莊市 동북쪽.
95) 無終 : 지금의 天津市.
96) 廣昌 : 지금의 河北省 淶源縣 북쪽.
97) 綦毋卬 : 성이 綦毋이고, 이름이 卬이다.
98) 參合 : 지금의 山西省 陽高縣 남쪽.
99) 橫谷 : 지금의 河北省 蔚縣 서북쪽.
100) 太僕 : 九卿 중의 하나. 황제나 제후의 車馬를 관장하는 벼슬.
101) 盧綰 : 일찍이 劉邦을 따라 군사를 일으켜 漢나라 초기에 燕王으로 책봉되었으나, 나중에 匈奴에 투항하였다. 권93 「韓信盧綰列傳」 참조.
102) 抵 : 지금의 北京市 서북쪽에 있던 縣.

의 식읍을 확정하였다. 번쾌는 고조를 따라 적군 176명을 참수하고 288명을 생포하였다. 단독으로 군 7개 대대를 격파하고, 5개의 성을 함락시켰으며, 6개 군과 52개 현을 평정하여 승상 1명, 장군 12명, 2,000석(石)에서 300석[103]까지 모두 11명을 체포하였다.

번쾌는 여후(呂后)의 여동생 수(須)를 아내로 맞이하여 아들 항(伉)을 낳았기 때문에 다른 여러 장군들에 비하여 고조와 가장 가까웠다.

앞서 경포(黥布)가 반란을 일으켰을 때, 고조는 병이 깊어 사람을 만나기 싫어하고 궁중에서 와병중이었다. 호위병을 불러 군신들을 들지 못하도록 명령하자, 강후(絳侯)와 관영(灌嬰) 등의 군신들이 감히 들어가지 못하였다. 10여 일이 지나자, 번쾌는 궁중의 작은 문을 열어젖히고 곧바로 들어갔고 대신들이 뒤를 따랐다. 고조는 홀로 환관을 베고 누워 있었다. 번쾌 등이 고조를 보고 눈물을 흘리며 말하였다. "처음 폐하께서 신 등과 함께 풍(豐)과 패(沛) 땅에서 군사를 일으켜 천하를 평정하셨을 때 그 얼마나 기고만장하셨사옵니까! 이제 천하가 이미 평정되었는데 어찌 그리 지쳐 보이시는지요! 폐하의 병이 깊어져 대신이 놀라 두려워하고 있는데 신 등을 접견하여 국사를 논의하시지 않으시고 도리어 환관 한 사람과 더불어 세상을 회피하고 계십니까? 폐하께서는 조고(趙高)의 일[104]을 잘 알고 계시지 않사옵니까?" 고제는 웃으면서 일어났다.

그후 노관이 반란을 일으키자, 고조는 번쾌에게 재상 신분으로 연나라를 공격하도록 하였다. 이때 고조의 병이 심하였는데 어떤 사람이 번쾌가 여씨(呂氏)와 작당한다고 비방하였다. 즉 황제가 어느날 붕어하면[105] 번쾌는 군대를 이끌고 척씨(戚氏)[106]와 조왕(趙王) 여의(如意)[107]의 일족을 멸살시키려 한다는 것이었다. 고조가 이 소리를 듣고 크게 진노하고

---

103) 漢 왕조의 관리들의 봉급은 모두 만 석에서 100石까지 15등급으로 나뉜다. 연봉 2,000石은 3등급으로 수도 지역과 각 지방 정치를 주관하는 장관의 봉급이고, 연봉 300石은 11등급으로 작은 현의 장관의 봉급이다.

104) 趙高는 秦 왕조의 환관으로, 秦 始皇 사후에 丞相 李斯와 함께 遺詔를 날조하여 태자 扶蘇를 죽이고 胡亥를 황제로 즉위시켰다. 후에 李斯와 胡亥를 살해하고 다시 子嬰을 秦王으로 즉위시켰으나, 끝내는 子嬰에게 피살되었다.

105) 원문에 "宮車晏駕"라고 하였는데, '宮車'는 황제가 궁중에서 타는 차량으로 황제의 代稱이고, '晏駕'는 수레가 늦게 도착한다는 뜻으로 죽음을 의미한다.

106) 戚氏 : 戚夫人을 말한다. 劉邦의 妃嬪이고, 趙王 如意의 모친이다.

107) 趙王 如意 : 劉邦의 셋째 아들. 劉邦의 사후에 劉盈(惠帝)이 즉위하자, 呂后가 실권을 장악하여 戚夫人과 趙王 如意를 살해하였다.

곧바로 진평(陳平)[108]을 시켜 강후를 싣고 번쾌를 대신하여 군대를 통솔하고 번쾌를 즉각 참수하라고 하였다. 진평은 여후가 두려워 번쾌를 장안(長安)으로 압송하였다. 고조가 붕어하자, 여후는 번쾌를 석방하고 작위와 식읍을 되돌려주도록 하였다.

효혜제(孝惠帝) 6년,[109] 번쾌가 죽자 무후(武侯)라는 시호가 내려졌다. 아들 번항(樊伉)이 대신하여 후작(侯爵)이 되었고, 번항의 어머니 여수(呂須) 역시 임광후(臨光侯)[110]가 되었다. 고후(高后)는 때때로 전권을 휘둘러 대신들이 모두 그를 두려워하였다. 번항이 후작을 대신한 지 9년 만에 고후가 서거하였다. 대신들이 여씨 자제들과 여수의 가솔들을 수살하고, 그 여세로 번항을 주살하였다. 이로써 무양후의 가통은 몇 개월 동안 끊어졌다. 그러나 효문제(孝文帝)가 즉위하자 곧바로 번쾌의 또다른 서자 번불인(樊市人)을 무양후로 책봉하였고, 옛 작위와 식읍을 되돌려주었다. 번불인은 후작이 된 지 29년 만에 죽었고, 시호는 황후(荒侯)였다. 그의 아들 번타광(樊他廣)이 대를 이어 후작이 되었다. 6년 후, 후작 집안의 가신이 타광에게 죄를 짓고, 그에게 원한을 품고 곧바로 상서를 올렸다. "황후 번불인은 병이 있어 성교를 하지 못하고, 자기 부인과 자기 동생에게 음란한 행위을 시켜 타광을 낳았으니, 타광은 실제로 황후의 아들이 아니므로 후작의 대를 이을 수 없사옵니다." 황제는 법관을 불렀다. 효경제(孝景帝) 중원(中元) 6년,[111] 타광은 후작을 박탈당하고 평민이 되었으며, 봉지도 해제되었다.

곡주후(曲周侯)[112] 역상(酈商)은 고양현(高陽縣) 사람이다. 진승(陳勝)[113]이 봉기하였을 때, 역상은 젊은 사람을 모으고 이리저리 노략질을 하여 수천명을 모았다. 패공이 토지를 공략하며 진류현(陳留縣)[114]에 이른 지 6개월여 뒤, 역상은 병졸 4,000명을 끌고 기(岐)[115] 땅에서 패공에

---

108) 陳平 : 劉邦의 주요한 참모로 나중에 丞相이 되었다. 권56 「陳丞相世家」 참조.
109) 孝惠帝 6년은 기원전 189년이다.
110) 臨光侯 : 권9 「呂太后本紀」에는 "林光侯"로 되어 있다.
111) 孝景帝 中元 6년은 기원전 144년이다.
112) 曲周侯 : 酈商의 생전의 마지막 시호. 曲周는 지금의 河北省 曲周縣 동북쪽에 있는 현이다.
113) 陳勝 : 字는 涉이다. 秦나라 말기 농민봉기의 영수. 권48 「陳涉世家」 참조.
114) 陳留縣 : 지금의 河南省 開封市 동남쪽.

552

게 귀순하였다. 역상은 패공을 따라 장사(長社)를 공격할 때, 성에 가장 먼저 올라갔으므로 신성군(信成君)이라는 작위에 책봉되었다. 역상은 패공을 따라 구지현(緱氏縣)[116]을 공격하고, 황하의 나루터를 봉쇄하였으며, 낙양(洛陽) 동쪽에서 진(秦)나라 군대를 격파하였다. 패공을 따라 완(宛)과 양(穰)[117]을 공격하여 함락시키고 17개 현을 평정하였다. 역상은 단독으로 군대를 동원하여 순관(旬關)[118]을 공격하고 한중(漢中)을 평정하였다.

항우는 진(秦)나라를 전멸시키고, 패공을 한왕으로 옹립하였다. 한왕은 역상에게 신성군의 작위를 하사하였고, 역상은 장군의 신분으로 농서도위(隴西都尉)[119]가 되었다. 역상은 단독으로 군대를 동원하여 북지(北地)와 상군(上郡)[120]을 평정하였다. 언지현(焉氏縣)[121]에서 옹왕(雍王)의 장군을, 순읍(枸邑)[122]에서는 장군 주류(周類)를, 이양(泥陽)[123]에서는 소장(蘇駔)을 격파하였으므로 무성현(武成縣)[124] 6,000호를 식읍으로 받았다. 역상은 농서도위의 자격으로 패공을 따라 항적의 군대를 5개월 동안 공격하였고, 거야현(巨野縣)[125]을 지나 종리말(鍾離眛)[126]과 전투하였는데, 그 전투가 아주 격렬하였다. 한왕은 역상에게 양(梁)나라 재상의 인장을 하사하였고, 식읍 4,000호를 보태주었다. 역상은 양나라의 재상 자격으로 한왕을 따라 2년 3개월 동안 항우를 공격하여 호릉(胡陵)을 공략하였다.

항우가 죽자, 한왕은 황제가 되었다. 그해 가을, 연왕(燕王) 장도가 반란을 일으키자, 역상은 장군 자격으로 한왕을 따라 장도를 공격하였고,

---

115) 岐:지금의 河南省 開封市 陳留鎭 부근.
116) 緱氏縣:지금의 河南省 偃師縣 서남쪽.
117) 穰:지금의 河南省 鄧縣.
118) 旬關:지금의 陝西省 旬陽縣 서쪽에 있던 關 이름이다.
119) 隴西는 지금의 河南省 杞縣 서남쪽이다.
120) 北地는 지금의 甘肅省 平涼縣과 寧夏回族 자치구 固原縣 일대를 나누는 경계에 있었고, 上郡은 지금의 陝西省 북부와 내몽고 자치구 舊鄂爾多斯를 나누는 경계에 있었다.
121) 焉氏縣:지금의 甘肅省 涇川縣 동쪽.
122) 枸邑:지금의 陝西省 旬邑縣 동북쪽.
123) 泥陽:지금의 甘肅省 寧縣 동북쪽.
124) 武成縣:지금의 陝西省 華縣 동북쪽.
125) 巨野縣:지금의 山東省 巨野縣 동북쪽
126) 鍾離眛:鍾離는 復姓이고, 이름이 眛이며, 項羽의 맹장이다.

용탈현(龍脫縣)[127]에서 전투를 하였는데, 성에 먼저 올라가 진지를 함락시켰고, 장도의 군대를 역현(易縣)[128] 아래에서 격파하였다. 적을 물리친 공로로 우승상(右丞相)으로 승진하였고, 열후의 작위를 받았으며, 제후의 부절을 받아 대대로 이어졌으며, 식읍으로 탁현(涿縣)[129]의 5,000호를 받았고, 봉호는 탁후(涿侯)였다. 역상은 우승상 신분으로서 단독으로 상곡(上谷)[130]을 평정하였고, 그 기세로 대(代) 땅을 공격하여 조나라의 재상의 인장을 인수하였다. 역상은 우승상과 조나라 재상의 자격을 가지고 단독으로 강후 등과 함께 대(代)나라와 안문(雁門)[131]을 정벌하여 대(代)나라의 승상 정종(程縱), 임시 재상 곽동(郭同), 장군 이하 연봉 600석을 받는 관원 19명을 생포하였다. 역상은 귀국하여 장군의 자격으로 태상황(太上皇)[132]을 1년 7개월 동안 호위하였다. 역상은 우승상의 자격으로 진희(陳豨)를 공격하였고, 동원현(東垣縣)을 몰살시켰다. 역상은 또 우승상 자격으로 고조를 따라 경포를 치고, 그의 선두 진지를 공략하고 6개 군, 73개 현을 항복시켰으며, 승상, 임시 재상, 대장 각 한 사람과 소장(小將) 두 사람, 연봉 2,000석 이하 600석까지의 관원 19명을 생포하였다.

역상은 효혜제와 여후를 섬겼을 때, 병이 나서 일을 할 수가 없었다. 자(字)가 황(況)인 그의 아들 역기(酈寄)는 여록(呂祿)[133]과 친하게 지냈다. 여후가 서거하자 대신들이 여씨 일족을 주살하려고 하였다. 여록은 장군이 되어 북군(北軍)[134]에 주둔하고 있었다. 태위(太尉)[135] 주발(周勃)은 북군으로 들어갈 수 없게 되자, 사람을 시켜 역상을 위협하여 그의 아들 역황(酈況)에게 여록을 유인하도록 하였다. 여록은 그것을 믿고, 그와 함께 외출하였고, 태위 주발은 곧바로 북군에 들어가 장악하고 마침

---

127) 龍脫縣 : 지금의 河北省 西水縣 서쪽.
128) 易縣 : 지금의 河北省 雄縣 서북쪽.
129) 涿縣 : 지금의 河北省 涿州市.
130) 上谷 : 지금의 河北省 서북부에 해당한다.
131) 雁門 : 지금의 山東省 북부와 내몽고 자치구 남부 지구의 경계에 해당한다.
132) 太上皇 : 漢 高祖는 그의 부친 太公을 높혀 '太上皇'이라고 불렀다.
133) 呂祿 : 呂后의 오빠의 아들로, 呂后가 집정하였을 때 趙王으로 책봉되었으나, 나중에 周勃에게 피살되었다.
134) 北軍 : 漢 왕조 때에 수도를 경비하던 부대로, 長安城 북부에 주둔하고 있었기 때문에 '北軍'이라고 불렸다.
135) 太尉 : 秦과 西漢 때 최고의 군사령관이었으나, 漢 武帝 때 '大司馬'로 바뀌었다.

내 여씨 일족을 주살하였다. 이해에 역상이 죽었고, 경후(景侯)라는 시호가 내려졌다. 그의 아들 역기가 후작의 대를 이었다. 천하의 사람들은 역황이 친구를 팔았다고 수군대었다.

효경제(孝景帝) 전원(前元) 3년,[136] 오(吳), 초(楚), 제(齊), 조(趙)나라가 반란[137]을 일으키자, 고조는 역기를 장군으로 삼아 조나라 성을 포위하게 하였지만, 10개월 동안 함락시키지 못하였다. 유후(兪侯) 난포(欒布)[138]가 제나라를 평정하고 돌아오자, 조나라 성을 함락할 수 있었고, 조나라를 전멸시켰으며, 왕[139]이 자살하자 봉국을 해제하였다. 효경제 중원(中元) 2년,[140] 역기가 평원군(平原君)[141]을 부인으로 삼으려고 하자, 경제(景帝)가 진노하며 역기를 재판하도록 하였고, 죄가 드러나자 후작을 박탈하였다. 경제는 곧바로 역상의 다른 아들 역견(酈堅)을 목후(繆侯)로 책봉하여 역씨후(酈氏侯)를 계승하도록 하였다. 목정후(繆靖侯)[142]가 죽자, 그의 아들 강후(康侯) 수성(遂成)이 계승하였다. 수성이 죽자, 그의 아들 회후(懷侯) 세종(世宗)이 계승하였다. 세종이 죽고, 그의 아들 종근(終根)이 후작을 계승하였는데, 그는 태상(太常)[143]이 되었으나, 죄를 지어 봉국을 해제당하였다.

여음후(汝陰侯)[144] 하후영(夏侯嬰)은 패현(沛縣) 사람이다. 패현의 마구간 사어(司御)[145]를 지냈다. 매번 사신과 빈객을 전송하고 돌아올 때에는 패현의 사상정(泗上亭)[146]을 지나면서 유방과 대화를 나누었는데, 하루 해를 넘기지 않았던 적이 없었다. 얼마 있다가 하후영은 시험삼아 임

---

136) 孝景帝 前元 3년은 기원전 154년이다.
137) 吳王 劉濞, 楚王 劉戊, 趙王 劉遂, 膠西王 劉卬, 膠東王 劉雄渠, 菑川王 劉賢, 濟南王 劉辟光 등 7명의 제후가 연합하여 일으켰던 무장반란을 가리킨다.
138) 欒布 : 원래 彭越의 家人이었는데, 나중에 臧荼의 將領이 되었으며, 文帝 때에는 燕나라의 재상이 되었고, 景帝 때는 兪侯로 책봉되었다. 권100 「季布欒布列傳」참조.
139) 趙王 劉遂로, 劉邦의 손자이다.
140) 孝景帝 中元 2년은 기원전 148년이다.
141) 平原君 : 孝景帝의 황후 王氏의 어머니 臧兒의 존칭.
142) 繆은 酈堅의 봉읍으로 위치는 알 수 없다. 靖侯는 酈堅의 시호이다.
143) 太常 : 九卿 중의 하나로, 종묘의례를 관장하고, 博士 선발을 주관하였다.
144) 汝陰侯 : 夏侯嬰 생전의 마지막 봉호.
145) 司御 : 말과 수레를 관장하는 관리.
146) 泗上亭 : 즉 泗水亭을 말한다. 지금의 江蘇省 沛縣 동쪽에 있었다.

용한 현리(縣吏)가 되어 유방과 서로 사이 좋게 지냈다. 유방이 하후영을
희롱하다가 상처를 입히니, 어떤 사람이 유방을 고발하였다. 유방은 당시
에 정장(亭長)¹⁴⁷⁾이었고, 남에게 상처를 입히면 가중처벌을 받게 되었
다. 유방은 결코 하후영에게 상처를 입히지 않았다고 진술하였고, 하후영
은 이를 증언하였다. 나중에 이 사건은 번복되었고 하후영은 위증죄로 유
방에 연루되어 1년여 동안 수감되었고, 수백대의 매질을 당하였지만, 결
국은 유방의 사건에서 벗어났다.

  당초 유방이 노역자들과 함께 패현을 공격하려고 하였을 때, 하후영은
현령의 부관¹⁴⁸⁾으로서 유방의 사신 역할을 하였다. 유방은 패현을 하루
만에 항복시키고 패공이 되자 하후영에게 칠대부(七大夫)¹⁴⁹⁾의 자위를 하
사하고 그를 태복(太僕)으로 임명하였다. 하후영이 패공을 따라 호릉을
공격하였을 때, 하후영이 소하(蕭何)¹⁵⁰⁾와 함께 사수군(泗水)의 군감(郡
監) 평(平)을 항복시키자, 평은 호릉을 가지고 투항하였다. 이 공로로
하후영에게 오대부(五大夫)의 작위를 하사하였다. 그는 또 패공을 따라
탕현(碭縣)에서 진(秦)나라 군대를 공격하였고, 제양현(濟陽縣)¹⁵¹⁾을 공
략하였으며, 호향(戶牖)을 항복시켰고, 옹구(雍丘) 아래에서 이유(李由)
의 군대를 격파하였다. 전차로 질주하면서 치열하게 전투를 벌인 공로로
집백(執帛)¹⁵²⁾의 작위를 받았다. 하후영은 항상 태복의 자격으로 패공을
수레에 모시고 다녔으며, 패공을 따라 동아(東阿)¹⁵³⁾와 아래에서 장함의
군대를 공격하였을 때, 전차로 질주하면서 치열하게 전투를 벌여 무찌른
공로로 집규(執珪)¹⁵⁴⁾의 작위를 받았다. 또한 일찍이 패공을 수레에 모시
고 개봉(開封)에서 조분(趙賁)의 군대, 곡우(曲遇)에서 양웅(楊熊)의 군
대를 공격하였다. 하후영은 포로 68명을 잡고, 군졸 850명을 항복시켰으
며, 인장 한 상자를 노획하였다. 이 기세로 패공을 수레에 모시고 낙양

---

147) 亭長 : 당시의 지방관리. 秦나라 때는 100리마다 하나의 정자를 설치하였다.
148) 원문은 "縣令吏"이다.
149) 七大夫 : 즉 公大夫를 가리킨다. 秦, 漢 왕조 때의 제7등급 작위.
150) 蕭何 : 劉邦의 주요 참모. 劉邦의 천하통일을 보좌하여 西漢 최초의 丞相이 되었
      고 酇侯로 책봉되었다. 권53「蕭相國世家」참조.
151) 濟陽縣 : 지금의 河南省 蘭考縣 동북쪽.
152) 執帛 : 전국시대 楚나라에서 설치한 관직으로서, 執珪의 다음 서열이었다.
153) 東阿 : 지금의 山東省 谷陽縣 동북쪽의 阿城鎭을 가리킨다.
154) 執珪 : 전국시대 楚나라에서 설치한 최고의 작위로서, '上執珪'라고 부른다.

동쪽에서 진(秦)나라 군대를 공격하였을 때, 전차로 질주하면서 치열하게 전투를 벌인 공로로 등공(滕公)이라는 작위를 받았다. 그 여세를 몰아 수레에 패공을 모시고 남양(南陽)을 공격하였고, 남전현(藍田縣)[155]과 지양현(芷陽縣)[156]에서 전투를 할 때, 전차로 질주하면서 치열하게 전투를 벌이면서 패상에 이르렀다. 항우가 도착하여 진(秦)나라를 전멸시키고, 패공을 한왕에 봉하였다. 한왕은 하후영에게 열후의 작위를 내리고, 봉호를 소평후(昭平侯)[157]라고 하였다. 그는 다시 태복이 되어 촉(蜀), 한(漢) 지역[158]으로 들어갔다.

하후영은 귀국하여 삼진(三秦)을 평정하고, 한왕을 따라 항적을 공격하였다. 한왕은 패배하여 불리하자 달아나다가 효혜(孝惠)와 노원(魯元)[159]을 발견하고 수레에 실었다. 한왕은 사태는 다급하고, 말은 지쳐 있으며, 적이 뒤에서 추적해오자 두 아이를 발로 차서 버리려고 하였다. 하후영이 수레 아래에서 이들을 받아 겨우 싣고, 느릿느릿 달리다가 두 자녀를 포옹할 수 있게 되자 곧바로 치달렸다.[160] 한왕은 진노하여, 노정 중에 하후영을 10여 차례 참수하려고 하였지만, 마침내 탈출하여 효혜와 노원을 풍(豐)으로 보냈다.

한왕은 형양(滎陽)에 도착하여, 흩어진 병사를 규합하고 다시 세력을 회복하자, 하후영에게 기양(祈陽)[161]을 식읍으로 하사하였다. 그는 다시 한왕을 수레에 모시고 항적을 공격하였는데, 진현(陳縣)까지 추격하였고, 마침내 초(楚)[162] 지방을 평정하였다. 하후영은 노(魯) 땅으로 돌아갔고, 자지현(玆氏縣)[163]의 식읍을 더 받았다.

---

155) 藍田縣 : 지금의 陝西省 藍田縣 서쪽.
156) 芷陽縣 : 지금의 陝西省 長安縣 동쪽.
157) 昭平侯 : 봉호이지, 봉읍이 아니다.
158) 蜀, 漢 지역은 項羽가 劉邦에게 준 봉지이다. 蜀은 지금의 四川省 중부이고, 漢은 즉 漢中을 가리킨다.
159) 魯元 : 劉邦의 딸로, 사후에 魯元太后라는 시호를 하사받았기 때문에 '魯元'이라고 하였다.
160) 원문의 "雍樹"는 당시의 방언이다. '雍'은 '擁'과 같은 뜻으로 쓰였다. 즉 어린 아이를 포옹하는 것을 '擁樹'라고 하였다. 어린 아이가 어른의 목에 매달리는 것이 마치 나무에 매달려 있는 것 같다는 의미이다.
161) 祈陽 : 『漢書』에는 "沂陽"으로 적혀 있으나, 지금의 위치는 알 수 없다.
162) 楚 : 項羽가 통할하던 지역.
163) 玆氏縣 : 지금의 山西省 汾陽縣 동남쪽.

한왕이 황제에 즉위하였다. 그해 가을, 연왕(燕王) 장도가 반란을 일으키자, 하후영은 태복의 자격으로 고조를 따라 장도를 공격하였다. 다음 해, 고조를 따라 진(陳) 땅에 도착하여 초왕(楚王) 신(信)을 체포하였다. 고조는 하후영에게 다시 여음현(汝陰縣)¹⁶⁴⁾을 식읍으로 하사하였고, 부절을 내려 대대로 계승하도록 하였다. 하후영은 태복의 자격으로 고조를 따라 대(代) 땅을 공격하면서, 무천(武泉)¹⁶⁵⁾과 운중(雲中)에까지 이른 공로로 식읍 1,000호를 더 받았다. 그 여세로 고조를 따라 진양현(晉陽縣)¹⁶⁶⁾ 부근에 있던 한신(韓信)의 군대내의 흉노 기마병을 공격하여 크게 무찔렀다. 계속 패잔병을 추격하여 평성현(平城縣)에 이르렀다가 흉노에게 포위되어 7일 동안 연락이 두절되었다. 고조가 사신을 시켜 연지(閼氏)¹⁶⁷⁾에게 후한 예물을 보내자, 묵돌(冒頓)¹⁶⁸⁾이 한쪽 포위망을 해제하였다. 고조는 포위망을 벗어나 달아나려고 하였지만, 하후영은 일부러 천천히 걸으면서 쇠뇌를 마음껏 당겨 밖으로 향하게 하여 마침내 탈출할 수 있었다. 그 공로로 세양현(細陽縣)¹⁶⁹⁾의 1,000호를 식읍으로 더 받았다. 다시 태복의 자격으로 고조를 따라 구주산(句注山)¹⁷⁰⁾ 북쪽에서 흉노의 기마병을 공격하여 크게 무찔렀다. 태복의 자격으로 평성현 남쪽에서 흉노의 기마병을 공격하여 진지를 세 차례 함락시켰는데, 공로가 많아 빼앗은 읍의 500호를 받았다. 태복의 자격으로 진희와 경포의 군대를 공격하여 진지를 함락시키고 적을 물리쳐 1,000호의 식읍을 더 받았으며, 여음현(汝陰縣)의 6,900호의 식읍을 확정하고 이전의 식읍은 반납하였다.

하후영은 유방이 처음 패현에서 봉기할 때부터 서거할 때까지 항상 태복의 자리에 있었고, 태복의 신분으로 효혜제까지 섬겼다. 효혜제와 고후는 하후영이 하읍현(下邑縣)에서 효혜제와 노원공주까지 탈출시킨 것에

---

164) 汝陰縣 : 지금의 安徽省 阜陽市.
165) 武泉 : 지금의 내몽고 呼和浩特市 동북쪽의 武川縣 경계에 있었다.
166) 晉陽縣 : 지금의 山西省 太原市 서북쪽.
167) 閼氏 : '焉提'라고 쓰기도 한다. 漢代에 匈奴의 왕후에 대한 칭호.
168) 冒頓 : 漢代 匈奴 單于의 이름. 單于 頭曼의 아들로, 부친을 살해하고 자립하여 東胡와 越氏 등을 격파한 뒤 남하하여 漢 高祖와 白登山에서 전투하였으나 패배하여 漢나라에 항복하였다. 권110 「匈奴列傳」 참조.
169) 細陽縣 : 지금의 安徽省 太和縣 동남쪽.
170) 句注山 : 雁門山 혹은 西陘山이라고 하는데, 지금의 山西省 代縣 서북쪽에 있었다.

감사하여 하후영에게 궁궐 북쪽에 제일 훌륭한 저택을 지어주면서 "가깝
게 지냅시다"라고 말하고, 그를 각별히 존중하였다. 효혜제가 서거하자,
하후영은 태복의 신분으로 고후를 섬겼다. 고후가 서거하고, 대왕(代
王)[171]이 들어오게 되자, 하후영은 태복의 신분으로 동모후(東牟侯)[172]와
함께 궁중으로 들어가 잔당을 말끔히 정리하고[173] 소제(少帝)를 폐위시켰
으며, 천자의 어가를 가지고 대왕(代王)을 관저로 영접하였고, 대신들과
함께 효문황제(孝文皇帝)로 옹립하였으며, 다시 태복이 되었다. 8년 후,
하후영이 죽었다. 그의 시호는 문후(文侯)였다. 그의 아들 이후(夷侯)
조(竈)가 계승하였는데, 그는 7년 후에 죽었다. 조의 아들 공후(共侯)
사(賜)가 대를 이었고, 그는 31년 후에 죽었다. 사의 아들 파(頗)는 평
양공주(平陽公主)[174]와 결혼하였다. 대를 계승한 지 19년 뒤인 원정(元
鼎) 2년,[175] 그는 부친의 하녀와의 간통죄에 연루되어 자살하였고, 봉국
도 박탈당하였다.

영음후(穎陰侯)[176] 관영(灌嬰)은 수양현(睢陽縣)[177]에서 비단을 파는
장수였다. 고조가 패공이었을 당시, 각지를 공략하며 옹구(雍丘) 일대에
이르렀을 때, 장함이 항량(項梁)[178]을 격파하여 죽이자, 패공은 탕현(碭
縣)으로 회군하였다. 관영은 당초 중연(中涓)[179]의 신분으로 패공을 따
라 성무(成武)에서 동군(東郡)의 군위(郡尉)[180]를, 강리(杠里)에서 진
(秦)나라 군대를 각각 격파하였다. 치열하게 전투를 벌인 공로로 칠대부
(七大夫)의 작위를 받았다. 관영은 패공을 따라 박(亳)의 남쪽, 개봉(開

171) 代王 : 劉邦의 아들 劉恒으로, 나중에 文帝가 되었다.
172) 東牟侯 : 齊 悼惠王 劉肥의 아들 劉興居를 가리킨다.
173) 궁중에 남아 있던 呂氏 일족을 정리하였다는 의미이다.
174) 平陽公主 : 景帝 劉啓의 딸. 平陽은 지금의 山西省 臨汾市 서남쪽이다.
175) 武帝 劉徹의 연호로 元鼎 2년은 기원전 115년이다.
176) 穎陰侯 : 灌嬰의 생전 최후의 봉호. 穎陰은 지금의 河南省 許昌市이다.
177) 睢陽縣 : 지금의 河南省 商丘市 남쪽이다.
178) 項梁 : 기원전 209년 陳勝이 봉기한 뒤, 그는 조카 項羽와 봉기하여 秦나라에 대
    항하였다. 군대를 거느리고 秦나라 장군 章邯을 물리쳤으나, 적을 얕보아 定陶에서
    전사하였다. 권7 「項羽本紀」 참조.
179) 中涓 : 황제의 신변 가까이에서 모시는 侍臣.
180) 郡尉 : 관직 이름. 秦나라 때 설치된 뒤, 漢 景帝 中元 2년(기원전 148년)에 '都
    尉'로 바뀌었다.

封), 곡우(曲遇)에서 진나라 군대를 공격하였는데, 치열한 전투를 벌인 공로로 집백(執帛)의 작위를 받았고, 선릉군(宣陵君)이라는 칭호를 가지게 되었다. 패공을 따라 양무(陽武)[181] 서쪽에서 낙양에 이르기까지 공략하여, 진나라 군대를 시(尸) 북쪽에서 격파하고, 북쪽으로 황하의 나루를 봉쇄하였으며, 남쪽으로는 남양(南陽)[182] 군수인 여의(呂齮)를 양성(陽城) 동쪽에서 격파하여 마침내 남양군을 평정하였다. 또한 서쪽 무관(武關)으로 진입하여 남전(藍田)에서 치열한 전투를 벌였고, 패상(霸上)에 이른 공로로 집규(執珪)의 작위를 받았으며, 창문군(昌文君)이라고 불렸다.

패공이 한왕으로 즉위하여 관영을 낭중(郎中)으로 임명하자, 관영은 한왕을 따라 한중(漢中)으로 진입하였으며, 10개월 사이에 다시 중알자(中謁者)[183]로 임명되었다. 그는 한왕을 따라 회군하여 삼진(三秦)을 평정하고, 역양(櫟陽)을 함락시켰으며, 새왕(塞王)[184]을 항복시켰다. 관영은 돌아와 폐구(廢丘)에서 장함을 포위하였으나, 함락시키지는 못하였다. 다시 한왕을 따라 동쪽으로 임진관(臨晉關)[185]을 경유하여 은왕(殷王)[186]을 공격하여 항복시켰고, 그 땅을 평정하였다. 정도(定陶)[187] 남쪽에서 항우의 장군 용저(龍且), 위(魏)나라 재상 항타(項他)의 군대를 공격하였고, 치열한 전투를 벌여 이를 격파하였다. 그 공로로 열후의 작위를 받았고, 창문후(昌文侯)라고 불렸으며, 두현(杜縣)의 평향(平鄕)을 식읍으로 받았다.

관영은 다시 중알자의 자격으로 한왕을 따라 탕현을 항복시키고, 팽성에 도착하였다. 항우가 한왕을 공격하여 대파하였다. 한왕이 서쪽으로 달아나자, 관영은 한왕을 따라 회군하여 옹구에 주둔하였다. 왕무(王武)와 위공(魏公) 신도(信徒)가 반란을 일으키자, 관영은 한왕을 따라 그들을 격파하였으며, 하황현(下黃縣)[188]을 공격하였고, 서쪽으로 병사들을 수

---

181) 陽武 : 지금의 河南省 原陽縣 동남쪽.
182) 南陽 : 지금의 河南省과 湖北省 경계 지역에 위치하였다.
183) 中謁者 : 황제 신변에서 접견을 연락하는 관원.
184) 塞王 : 項羽가 책봉한 秦나라의 투항한 장군 司馬欣을 가리킨다.
185) 臨晉關 : 지금의 陝西省 大荔縣의 黃河 西岸에 있었다.
186) 殷王 : 項羽가 책봉한 趙나라 장군 司馬卬을 말한다.
187) 定陶 : 지금의 山東省 定陶縣 서북쪽.
188) 下黃縣 : 지금의 河南省 民權縣 서북쪽과 蘭考縣 동남쪽.

습하여 형양(榮陽)에 주둔하였다. 초나라 기병대가 많이 밀려오자, 한왕은 군중(軍中)에서 기병대 장군을 뽑으려고 하니, 모두들 옛 진나라의 기사로서 중천(重泉)[189] 사람인 이필(李必)과 낙갑(駱甲)이 기마에 익숙하고 현재 교위(校尉)[190]로 있기 때문에 기마 대장으로 삼을 만하다고 추천하였다. 한왕이 그들을 임명하려고 하니, 이필과 낙갑이 "신들은 옛 진나라의 백성들이니, 아마도 군인들이 신들을 믿지 않을 것입니다. 대왕의 측근에서 기마에 능한 사람이 선발되면 신들이 그분을 보좌하도록 해주십시오"라고 말하였다. 한왕은 관영이 비록 나이가 어렸지만 그가 여러 차례 치열한 전투 경험이 있으므로 곧바로 관영을 중대부(中大夫)[191]로 임명하였고, 이필과 노갑은 좌우 교위(左右校尉)를 맡도록 하였다. 관영은 낭중의 군대를 거느리고 형양 동쪽에서 초나라 기병대를 공격하여 대파하였다. 관영은 조서를 받고 단독으로 초나라 군대의 후방을 공격하여, 그들의 군량 보급선을 차단하고, 양무에서 출발하여 양읍(襄邑)[192]에 이르렀다. 관영은 노현(魯縣) 일대에서 항우의 장군 항관(項冠)을 공격하여 무찔렀고, 그 휘하의 사병이 우사마(右司馬)와 기병대장 각각 한 사람씩의 머리를 베었다. 관영은 자공(柘公)[193] 왕무(王武)를 공격하고 연(燕)땅 서쪽에 주둔하였는데, 그 휘하의 사병이 누번(樓煩)[194]의 장군 5명과 연윤(連尹)[195] 한 명을 참수하였다. 관영은 백마현(白馬縣)[196] 일대에서 왕무의 별동대장 환영(桓嬰)을 공격하여 무찔렀는데, 그 휘하의 사병이 도위(都尉) 한 사람을 참수하였다. 관영은 기마병을 이끌고 황하 남쪽을 건너 한왕을 낙양으로 전송하였고, 사신으로 북쪽 한단(邯鄲)에 도착하여 재상 한신의 군대를 영접하였다. 관영은 오창(敖倉)[197]으로 돌아와 어

189) 重泉 : 지금의 陝西省 蒲城縣 동남쪽.
190) 校尉 : 漢代의 장군 다음의 위치에 있는 무관.
191) 中大夫 : 御史大夫의 顧問官.
192) 襄邑 : 지금의 河南省 睢縣.
193) 柘는 지금의 河南省 柘城縣 서북쪽이다.
194) 樓煩 : 부족 이름. 춘추시대 말기에 지금의 河北省 서북부, 山西省 북부와 내몽고 등지에 분포하며 살았는데, 기마와 활 쏘기에 능하였기 때문에 군중에서 기마와 활 쏘기에 능한 사람을 '樓煩'이라고 한다.
195) 連尹 : 춘추시대 楚나라의 활 쏘기를 주관하던 관원.
196) 白馬縣 : 지금의 河南省 滑縣 동쪽.
197) 敖倉 : 지금의 河南省 榮陽縣 동북쪽 邙山 옆, 즉 지금의 鄭州市 서북쪽 邙山 옆이다.

사대부(御史大夫)로 승진하였다.

　3년 후, 관영은 열후 신분으로 두현(杜縣)의 평향(平鄕)을 식읍으로
받았다. 관영은 어사대부 자격으로 조서를 받고 낭중의 기마병을 거느리
고 동쪽으로 재상 한신에 예속되어 역성(歷城) 일대에서 제(齊)나라 군
대를 격파하였으며, 그 휘하의 사병이 거기장군(車騎將軍) 화무상(華毋
傷)과 장리(將吏) 46명을 포로로 잡았다. 전영은 임치(臨菑)를 함락시키
고 제나라 임시 재상 전광(田光)을 생포하였고, 제나라 재상 전횡(田
橫)198)을 추격하여 영(嬴)199)과 박(博)200)에 이르러 그의 기마부대를 격
파하였으며, 휘하의 병사가 기마대장 중 1명을 참수하고 4명을 생포하였
다. 관영은 영과 빅을 공격히여 천승현(千乘縣)201)에서 제나라 장군 전흡
(田吸)을 격파하였고, 그의 휘하 병사가 전흡을 참수하였다. 관영은 동쪽
으로 한신을 따라 고밀현(高密縣)202)에서 용저와 유공(留公) 선(旋)을
공격하였는데, 휘하의 병사가 용저를 참수하고, 우사마와 연윤 각각 한
사람씩과 누번의 장군 10명을 생포하고, 그 자신은 부대장 주란(周蘭)을
생포하였다.

　제나라 땅이 이미 평정되자, 한신은 제왕(齊王)으로 자립하여, 관영을
별동대장으로 삼아 노(魯) 북쪽에서 초나라 장군 공고(公杲)를 공격하여
무찌르도록 하였다. 관영은 남쪽으로 방향을 바꾸어 설군(薛郡)203)의 군
장(郡長)을 격파하였으며, 자신은 기병대장 한 사람을 포로로 잡았다.
관영은 부양(傅陽)204)을 공격하고, 더 전진하여 하상(下相)205)과 그 동남
쪽으로 동(僮), 취려(取慮),206) 서(徐)207)에 이르렀다. 관영은 회수(淮
水)를 건너, 그 성읍(城邑)을 모두 항복시키고 광릉(廣陵)에 이르렀다.

198) 田橫：본래 齊나라의 귀족. 楚, 漢의 전쟁중에 齊王으로 자립하였다가 漢나라
　　 군대에게 패망하였다. 漢 왕조가 건립되자 무리 500명을 거느리고 섬으로 도망갔다.
　　 漢 高祖가 그를 洛陽으로 불렀으나, 도중에 자살하였다.
199) 嬴：지금의 山東省 萊武縣 서북쪽.
200) 博：지금의 山東省 泰安縣 동남쪽.
201) 千乘縣：지금의 山東省 高靑縣 동북쪽.
202) 高密縣：지금의 山東省 高密縣 서남쪽.
203) 薛郡：지금의 山東省 大汶河 하류 이남 지역.
204) 傅陽：지금의 山東省 棗莊市 남쪽.
205) 下相：지금의 江蘇省 宿遷縣 서남쪽.
206) 僮은 지금의 江蘇省 睢寧縣 동남쪽이고, 取慮는 睢寧縣 서남쪽이다.
207) 徐：지금의 江蘇省 泗洪縣 남쪽.

항우는 항성(項聲), 설공(薛公), 담공(郯公)을 시켜 다시 회수 북쪽을 평정하도록 하였다. 관영은 회수 북쪽을 건너 하비(下邳)[208]에서 항성과 담공을 격파하였고, 설공을 참수하였으며, 하비를 항복시켰으며, 평양 (平陽)[209]에서 초나라 기마병을 격파하고 마침내 팽성을 함락시켰고, 주국(柱國)[210]인 항타를 포로로 잡고 유(留),[211] 설(薛), 패(沛), 찬(酇),[212] 소(蕭),[213] 상(相)[214]을 항복시켰다. 관영은 고(苦)와 초(譙)[215]를 공격하여 다시 부대장 주란을 체포하였다. 관영은 한왕과 함께 이향(頤鄉)[216]에서 회동하여, 한왕을 따라 진성(陳城) 아래에서 항적의 군대를 공격하여 격파하였는데, 휘하의 병사가 누번의 장군 2명을 참수하였고, 기병대장 8명을 포로로 잡았다. 이 공로로 2,500호의 식읍을 더 받았다.

항적이 해하(垓下)[217] 전투에서 패하고 달아나자, 관영은 어사대부의 신분으로 조서를 받고 단독으로 기마병을 동원하여 항적을 동성(東城)[218]까지 추격하여 격파하였다. 휘하의 병사 5명이 함께 항적을 참수하여 모두에게 열후의 작위가 내려졌다. 관영은 좌우 사마 각각 한 사람씩과 병졸 만 2,000명을 항복시켰고, 그 장리(將吏)를 모두 체포하였다. 관영은 동성(東城)과 역양(歷陽)[219]을 함락시켰다. 관영은 양자강을 건너 오현 (吳縣) 일대에서 오군(吳郡)[220]의 군장(郡長)을 격파하였고, 오군의 군수를 체포하였으며, 마침내 오군, 예장군(豫章郡),[221] 회계군(會稽郡)[222]을 평정하였다. 관영은 귀국하여 회북(淮北) 지역의 52개 현을 평

---

208) 下邳 : 지금의 江蘇省 睢寧縣 서북쪽, 邳縣 서남쪽이다.
209) 平陽 : 지금의 山東省 鄒縣 서북쪽.
210) 柱國 : 楚나라의 관직 이름으로 '上柱國'이라고도 한다. 令尹 다음 서열이다.
211) 留 : 지금의 江蘇省 沛縣 동남쪽.
212) 酇 : 지금의 河南省 永城縣 서북쪽.
213) 蕭 : 지금의 安徽省 蕭縣 서북쪽
214) 相 : 지금의 安徽省 淮北市 서북쪽.
215) 苦는 지금의 河南省 鹿邑縣이고, 譙는 지금의 安徽省 亳縣이다.
216) 頤鄉 : 지금의 河南省 鹿邑縣 동쪽.
217) 垓下 : 지금의 安徽省 靈璧縣 동남쪽 沱河 北岸.
218) 東城 : 지금의 安徽省 定遠縣 동남쪽.
219) 歷陽 : 지금의 安徽省 和縣.
220) 吳縣은 지금의 江蘇省 蘇州市이다. 吳郡은 漢楚 교체기에 會稽郡에서 분리되었다.
221) 豫章郡 : 長江 이북, 淮水 이남 지역에 있었다.

정하였다.

한왕은 황제에 즉위하자, 관영에게 3,000호의 식읍을 더 하사하였다. 그해 가을, 관영은 거기장군의 신분으로 고조를 따라 연왕 장도(臧荼)를 공격하였다. 그 다음해, 고조를 따라 진(陳) 땅에 이르러 초왕(楚王) 신(信)을 체포하였다. 귀국하자, 고조는 부절을 하사하여 대대로 계승하게 하였으며, 영음(潁陰) 땅 2,500호의 식읍을 하사하고 영음후(潁陰侯)라고 불렀다.

관영은 거기장군의 신분으로 고조를 따라 한왕(韓王) 신(信)을 대(代) 땅에서 공격하고 마읍(馬邑)²²³⁾에 도착하여, 조서를 받고 단독으로 누번(樓煩)²²⁴⁾에서부터 북쪽의 6개 현을 함락시켰고, 대(代)나라의 좌상(左相)을 참수하였으며, 무천(武泉)²²⁵⁾ 북쪽에서 흉노의 기마병을 격파하였다. 다시 고조를 따라 진양(晉陽) 일대에서 한신의 흉노 기마병을 공격하였을 때, 휘하의 병사가 흉노족의 백제(白題)²²⁶⁾ 장군 한 사람을 참수하였다. 관영은 조서를 받고 연(燕), 조(趙), 제(齊), 양(梁), 초(楚)의 기마 전차부대를 병합하여 이끌고 사석(硰石)²²⁷⁾에서 흉노의 기마병을 격파하였다. 평성(平城)에 이르렀을 때 흉노에게 포위되었다가, 고조를 따라 동원(東垣)으로 회군하였다.

고조를 따라 진희(陳豨)를 공격하였고, 조서를 받고 단독으로 곡역(曲逆) 아래에서 진희의 승상인 후창(侯敞)의 군대를 공격하여 물리쳤을 때, 휘하의 사병이 후창과 특장(特將)²²⁸⁾ 5명을 참수하였고, 곡역(曲逆), 노노(盧奴), 상곡양(上曲陽), 안국(安國), 안평(安平)²²⁹⁾을 항복시켰다. 동원을 공격하여 함락시켰다.

경포가 반란을 일으키자, 관영은 거기장군의 신분으로 먼저 출격하여

---

222) 會稽郡 : 지금의 浙江省 북부와 江蘇省 남부의 경계에 있었다
223) 馬邑 : 지금의 山西省 朔縣.
224) 樓煩 : 현 이름. 지금의 山西省 寧武縣.
225) 武泉 : 지금의 내몽고 呼和浩特 동북쪽의 武川縣을 가리킨다.
226) 白題 : 匈奴의 일파.
227) 硰石 : 지금의 山西省 靜樂縣 동북쪽.
228) 特將 : 漢代 將領의 명칭. 군대를 통솔하고 작전할 때 단독으로 한 부분을 맡는 將領.
229) 盧奴는 지금의 河北省 省定縣이고, 上曲陽은 지금의 河北省 曲陽縣 서쪽이며, 安國은 지금의 河北省 安國縣 동남쪽이며, 安平은 지금의 河北省 安平縣이다.

상(相)에서 경포의 별동대장을 공격하여 무찔렀고, 부대장과 누번의 장군 3명을 참수하였다. 또한 경포의 상주국(上柱國)과 대사마(大司馬)의 군대를 진격하였다. 또 경포의 별동대장 비주(肥誅)를 진격하여, 관영 자신은 좌사마 한 사람을 생포하였고, 휘하 사병이 소대장 10명을 참수하면서 북쪽으로 회수까지 추격하였다. 그 공로로 2,500호의 식읍을 더 받았다. 경포를 격파하고 나서, 고조는 귀국하여 관영의 영음 땅 5,000호의 식읍을 확정하고 이전의 식읍을 해제하도록 하였다. 관영의 전체 공적은, 고조를 따라 2,000석 관원 2명을 체포한 것과, 단독으로 16개의 군대를 격파하였으며, 46개 성을 함락시켰고, 1개 국(國), 2개 군(郡), 52개 현을 평정하였으며, 장군 2명, 주국과 재상 각 1명, 2,000석 관원 10명을 체포한 것을 들 수 있다.

관영이 경포를 격파하고 귀국하였을 때, 고조가 붕어하였다. 관영은 열후의 신분으로 효혜제와 여태후를 섬겼다. 태후가 붕어하자, 여록(呂祿) 등이 조왕(趙王)의 신분으로 스스로 장군이 되어 장안에 주둔하면서 반란을 일으켰다. 제 애왕(齊哀王)[230]이 이 소식을 듣고, 군대를 동원하여 서쪽으로 진격하여 장차 왕이 될 수 없는 자를 주살하려고 하였다. 상장군(上將軍) 여록 등이 이 소문을 듣고, 곧 관영을 대장으로 삼아 군대를 거느리고 그들을 치도록 하였다. 관영은 출정하여 형양에 이르자, 강후(絳侯) 등과 모의하여 형양에서 병사를 주둔시키고, 제왕(齊王)에게 여씨를 주살할 것이라는 소문을 퍼트리니 제나라 군대가 더 이상 전진하지 않았다. 강후 등이 여씨 일족을 주살하자, 제왕은 군대를 철수하여 귀국하였고, 관영 역시 철수하여 형양에서 귀국한 뒤, 강후, 진평과 함께 대왕(代王)을 효문황제로 옹립하였다. 효문황제는 이에 관영에게 3,000호의 식읍을 더 책봉하였고, 황금 1,000근을 하사하였으며, 태위(太尉)[231]로 임명하였다.

3년 후, 강후 주발(周勃)이 재상직을 사직하고 봉국으로 돌아가자, 관영은 승상이 되었고, 태위직을 그만두었다. 이해, 흉노들이 대대적으로 북지(北地)와 상군(上郡)으로 침입하자, 황제는 승상 관영에게 기마병 8만 5,000명을 거느리고 흉노를 공격하도록 명령하였다. 흉노가 퇴각하고,

---

230) 齊哀王 : 齊悼惠王 劉肥의 아들.
231) 太尉 : 秦, 漢 시대의 군 최고 사령관.

제북왕(濟北王)[232]이 반란을 일으키자 조서를 내려 관영의 군대를 귀환시켰다. 1년여 뒤, 관영은 승상직에 있다가 죽었는데 의후(懿侯)라는 시호가 내려졌다. 그의 아들 평후(平侯) 관아(灌阿)가 후작을 계승하였다. 그가 28년 후에 죽자, 관아의 아들 관강(灌强)이 후작을 계승하였다. 13년 후, 관강이 죄를 지어 2년 동안 후작 계승이 단절되었다. 원광(元光) 3년,[233] 천자가 관영의 손자 관현(灌賢)을 임여후(臨汝侯)에 봉하고, 관씨(灌氏) 후대를 계승시켰다. 8년 후, 관현이 수뢰죄를 범하자 봉국을 해제하였다.

태사공은 말하였다.

"내가 풍(豐), 패(沛)에 가서 그곳 노인들을 방문하고, 소하(蕭何), 조삼(曹參), 번쾌(樊噲), 등공(滕公)의 옛 집과 그들의 평소의 사람됨을 살펴보니, 들은 바가 매우 기이하였다! 그들이 칼을 휘두르며 개를 도살하거나 비단을 팔고 있었을 때, 어찌 파리가 준마의 꼬리에 붙어 천리를 가듯이 자신들이 한 고조(漢高祖)를 만나 한나라 조정에 이름을 날리고 자손들에게 은덕을 내릴 수 있으리라는 것을 알았겠는가? 나는 번타광(樊他廣)과 교류하였는데, 그는 나에게 고조의 공신들이 흥기하였을 때 위와 같았다고 말해주었다."

---

232) 濟北王 : 劉興君을 가리킨다. 齊 悼惠王 劉肥의 아들.
233) 元光은 漢 武帝 劉徹의 연호이다. 元光 3년은 기원전 132년이다.

권96 「장승상열전(張丞相列傳)」 제36

    승상 장창(張蒼)은 양무(陽武)¹⁾ 사람이다. 그는 시서(詩書), 음률(音律), 역법(曆法)을 좋아하였다. 진(秦)나라 때에 어사(御史)²⁾가 되어 항상 궁전에서 사방의 문서를 수록하는 일을 맡아보다가, 후에 죄를 짓고 도망하여 귀향하였다. 패공(沛公)이 여러 지역을 공략하면서 양무를 지나가게 되었을 때에, 창은 빈객(賓客)의 신분으로 수행하여 남양(南陽)³⁾을 공격하였다. 창은 죄를 범하여 참형을 받게 되었다. 옷을 벗기고 사형대에 엎어놓았는데, 그 몸이 장대한 데다 살찌고 희기가 박속과 같았다. 그때에 왕릉(王陵)⁴⁾이 보고 그가 미남자이며 보통 사람과 다르다고 생각하여 곧 패공에게 놓아주기를 주청하여 참형을 받지 않게 하였다. 이리하여 패공을 따라 서쪽으로 무관(武關)⁵⁾을 지나 함양(咸陽)에 이르렀다. 패공이 한왕(漢王)에 오르자 한중(漢中)에 들어갔다가 돌아와서 삼진(三秦)을 평정하였다.⁶⁾ 진여(陳餘)가 상산왕(常山王) 장이(張耳)를 치자 장이는 달아나 한나라로 귀순해왔다.⁷⁾ 한왕은 곧 장창을 상산(常山)⁸⁾ 태수

---

1) 陽武 : 현 이름. 지금의 河南省 原陽縣 동남쪽.
2) 御史 : 관직 이름. 秦代 이전의 御史는 모두 史官으로 史籍 관리와 당시 조정의 일을 기록하는 일을 맡아보았으나, 秦 이후의 御史는 모두 일에 따라 명분이 달라졌고 직무 또한 매우 복잡하였다.
3) 南陽 : 군 이름. 지금의 河南省 서남부와 湖北省 서북부 경계 지역.
4) 王陵(? - 기원전 181년) : 沛縣(지금의 江蘇省 沛縣) 사람. 楚漢 전쟁중에 군중 수천을 모아 南陽을 점거하였다가, 후에 劉邦에게 소속되었다. 漢나라 건립 후에 安國侯에 봉해졌고 右丞相을 지냈다.
5) 武關 : 지금의 陝西省 商南縣 동남쪽 丹江 상류에 위치하였다.
6) 漢 원년(기원전 208년) 8월, 劉邦은 漢中으로부터 關中으로 돌아와 三秦을 평정하였다. 여기서 '三秦'이라고 함은 전국시대 關中 지역의 秦나라 본토를 말하는데, 秦나라를 멸망시킨 후 項羽는 關中을 秦나라의 降將 章邯, 司馬欣, 董翳 세 사람에게 분봉하였다. 그들의 영토를 합하여 '三秦'이라고 하였다.
7) 張耳(? - 기원전 202년)와 陳餘(? - 기원전 204년)는 모두 大梁(지금의 河南省 開封市) 사람으로 막역한 사이였다. 두 사람 다 武臣을 따라 趙나라를 평정하였다. 鉅鹿의 전쟁에서 張耳가 秦나라 군대에게 포위를 당하였는데 陳餘가 구출하러 가지 않

(太守)로 임명하였다. 그는 회음후(淮陰侯) [9]가 조(趙)나라를 치는 데 수
행하여 진여를 사로잡았다. 조나라의 땅이 이미 평정되니 한왕은 장창을
대(代) [10]의 정승에 임명하고 변방의 오랑캐에 대비하게 하였다. 얼마 뒤
에 그는 옮겨서 조나라의 상국이 되어 조왕(趙王) 장이를 보좌하였다. 장
이가 죽은 뒤에는 조왕 오(敖) [11]를 보좌하였으며 다시 벼슬을 옮겨서 대
왕(代王)을 보좌하였다. 연왕(燕王) 장도(臧荼) [12]가 배반하매 고조(高
祖)가 몸소 가서 그를 공격하였는데 장창은 대의 상국으로서 한왕을 수행
하여 장도를 무찌르는 데 공을 세웠다. 한 고조 6년 8월에 북평후(北平
侯)에 봉해졌고 1,200호의 식읍(食邑) [13]을 받았다.

계상(計相) [14]이 된 지 한 달 만에 다시 열후(列侯)의 신분으로 4년 동
안 주계(主計) [15]로 있었다. 이때 소하(蕭何) [16]가 상국(相國)이었는데 장
창은 진나라 때부터 주하사(柱下史)를 맡아보아서 천하의 도서, 재정,
호적의 통계에 밝았다. 장창은 또 산학, 음률, 역법에 능통하였으므로,
장창으로 하여금 열후의 신분으로 상부(相府)에 있으면서 군국(郡國)의

아 서로의 사이가 멀어졌다. 후에 張耳는 項羽를 따라 關中의 秦나라를 무찌르고 常
山王에 봉해졌고, 陳餘는 關中에 들어가지 않아 왕에 봉해지지 않아 두 사람의 사이
는 더욱 멀어지게 되었다. 후에 陳餘가 張耳를 습격함에 이르러 張耳는 패하고 劉邦
에게 투항하여 趙王에 봉해졌다. 권89「張耳陳餘列傳」참조.

8) 常山 : 군 이름. 군 소재지는 元氏(지금의 河北省 元氏縣 서북쪽)였다. 본래의 명
칭은 '恒山'이었는데 漢나라 때 漢 文帝 劉恒의 이름을 피하여 '常山'이라고 고쳐 불
렀다.

9) 淮陰侯 : 즉 韓信을 가리킨다. 韓信은 처음에 齊王으로 봉해졌다가, 漢나라가 건립
된 다음 楚王으로 봉해졌고 후에는 淮陰侯로 강등되었다. 권92「淮陰侯列傳」참조.

10) 당시의 代王은 韓王 信이었다.

11) 敖 : 張耳의 아들 張敖를 가리킨다.

12) 臧荼 : 본래 燕王 韓廣의 장군이었다. 項羽를 따라 關中을 공격하는 데 공을 세워
燕王에 봉해졌다. 項羽가 실패한 후 漢나라에 투항하였다. 漢 5년(기원전 202년) 7
월 臧荼가 배반하자 高祖는 직접 군대를 이끌고 가서 정벌하였다. 9월에 臧荼는 포
로가 되었다.

13) 食邑 : 封侯의 영지. 漢代의 食邑은 백성의 호수를 단위로 삼았는데, 공로의 대
소, 직위의 고저에 따라 그 다과가 결정되었다. 食邑을 받은 자는 그 범위내에서 賦
稅 징수의 권한을 가졌다. 자손이 그 권한을 계승하였다.

14) 計相 : 漢나라 초기에 설립한 임시 관직으로, 조정의 재정수지를 관장하였다.

15) 主計 : '計相'의 다른 명칭.

16) 蕭何(?-기원전 193년) : 沛縣 사람. 秦末 劉邦을 따라 기의하였다. 楚漢 전쟁중
劉邦에게 韓信을 大將으로 추천하였다. 아울러 相國의 신분으로 關中에 남아 關中을
수비하고 병사와 식량 수송을 맡아 劉邦이 項羽를 물리치고 漢나라를 세우는 데 중
요한 영향을 끼쳤다. 권53「蕭相國世家」참조.

상계자(上計者)¹⁷⁾를 관리, 감독하게 하였다. 경포(黥布)¹⁸⁾가 모반하였다가 망하였다. 한나라에서는 황자(皇子) 장(長)¹⁹⁾을 회남왕(淮南王)으로 세우고 장창을 그 상국으로 삼았다. 14년²⁰⁾ 후에 벼슬을 옮겨 어사대부(御史大夫)가 되었다.

주창(周昌)은 패현(沛縣) 사람이다. 그의 종형(從兄)이 주가(周苛)였는데 진나라 때에 둘 다 사수(泗水)²¹⁾의 졸사(卒史)였다. 유방이 패현에서 일어나 사수의 군수(郡守)와 군감(郡監)²²⁾을 공격하여 깨트릴 때에 주창과 주가는 졸사로서 패공에게 종군하였다. 패공은 주창을 기치(旗幟)를 관리하는 직지(職志)²³⁾로 삼고 주가를 막료로 삼았다. 그들은 패공을 따라 관중(關中)에 들어가 진나라 군을 깨트렸다. 패공은 한왕이 된 뒤에 주가를 어사대부로 하고 주창을 중위(中尉)²⁴⁾로 임명하였다.

한(漢) 4년²⁵⁾에 초(楚)나라가 한왕을 형양(滎陽)²⁶⁾에서 포위하여 형세

---

17) 上計者 : 漢代에 매년 郡, 國으로부터 회계 관리를 상경시켜 재정회계를 보고하게 하는 것을 '上計'라고 하였다. 上計者는 그 회계 보고를 하는 관리를 말한다.
18) 黥布(?-기원전 195년) : 즉 英布를 말한다. 六(지금의 安徽省 六安縣) 사람. 秦나라 때 죄를 지어 얼굴에 먹물을 넣고 驪山에 귀양 가서 요역을 하였기 때문에 黥布라고 불렀다. 秦나라 말기에 驪山에 요역을 온 죄수들을 이끌고 項羽에게 귀속되어 九江王에 봉해졌다. 楚漢 전쟁중에는 劉邦에게 투항하여 淮南王에 봉해졌다. 漢나라 초기에 彭越과 韓信이 연이어 피살당하는 것을 보고 군대를 이끌고 반란을 일으켰다. 반란에 실패한 후에 江南으로 도주하였으나 長沙王에게 피살되었다. 권91 「黥布列傳」 참조.
19) 皇子 長은 劉長을 말한다. 劉邦의 막내 아들. 高祖 11년(기원전 196년)에 淮南王에 봉해졌다. 文帝 前元 6년(기원전 174년)에 죄를 지어 蜀地로 유배되어 가다 음식을 끊고 자살하였다. 권118 「淮南衡山列傳」 참조.
20) 淮南王 劉長 14년(기원전 183년)을 가리킨다. 高后 5년에 해당한다.
21) 泗水 : 군 이름. 漢나라 때 '沛郡'이라 고쳐 불렀다. 군 소재지는 相(지금의 安徽省 淮北市 북쪽)이었다.
22) 監 : 監御史의 명칭. 秦代에 郡에 상주하는 감찰관. 漢나라 후기의 '刺史,' '州牧'은 이것이 변화된 것이다.
23) 職志 : 휘장이나 깃발의 관리를 맡은 관원.
24) 中尉 : 秦, 漢 시대의 무관. 수도의 치안을 담당하였다.
25) 漢 2년(기원전 205년) 5월, 劉邦은 滎陽에 병사를 주둔시키고 楚나라와 대항하였다. 漢 3년 4월, 項羽가 수많은 병사들을 이끌고 滎陽을 포위하였다. 5월, 劉邦이 계책을 써서 포위를 뚫고 滎陽을 빠져나오면서 周苛로 하여금 滎陽을 방어케 하였는데, 6월 項羽는 滎陽을 함락하고 周苛를 사로잡았다. 권8 「高祖本紀」, 권7 「項羽本紀」, 권16 「秦楚之際月表」와 『漢書』 「高帝紀」에 의하면 劉邦이 滎陽의 포위를 뚫고 滎陽을 빠져나온 것은 모두 "漢 3년"으로 되어 있다. 『史記』에서 '漢 4년'이라고 한

가 위급하게 되었다. 한왕은 포위망을 뚫고 도망가면서 주가로 하여금 형양성을 지키게 하였다. 초나라가 형양성을 점령하고 주가를 초나라의 장수로 삼으려고 하니 주가는 꾸짖어 말하였다. "너는 빨리 한왕에게 항복하라. 그렇지 않으면 이제 곧 포로가 될 것이다!" 이에 항우(項羽)는 성이 나서 주가를 삶아 죽였다. 이리하여 한왕은 주창을 어사대부로 임명하였다. 주창은 항상 한왕을 보좌하여 항적(項籍)을 격파하였다. 한왕 6년 8월에 소하(蕭何), 조삼(曹參) 등과 함께 후에 봉해졌는데, 주창은 분음후(汾陰侯)에 봉해지고 주가의 아들 주성(周成)은 아버지가 나라를 위해서 희생당하였다고 하여 고경후(高景侯)에 봉해졌다.

주창은 사람됨이 강직하여 직언하기를 서슴지 않았다. 소하와 조삼 등도 그처럼 강력히 직언하지는 못하였다. 주창은 일찍이 고제(高帝)가 휴식을 하고 있을 때에 들어가 일을 아뢰고자 하였는데, 고제가 마침 척희(戚姬)를 포옹하고 있었다. 창이 돌아서 달아나니 고제가 뒤쫓아와 붙잡고서는 주창의 목에 걸터 앉아 물었다. "나는 어떤 군주냐?" 창이 고개를 쳐들고 말하였다. "폐하는 바로 걸(桀), 주(紂)와 같은 군주입니다." 이에 황제는 웃었지만 더욱 주창을 두려워하였다. 고제가 태자를 폐하고 척희의 아들 여의(如意)를 태자로 삼으려고 하였을 때, 대신들은 강력히 반대하였으나 그 누구도 고제의 뜻을 돌리게 하지는 못하였다. 그러다가 황제는 유후(留侯)[27]의 계책으로 인해서 이 계획을 곧 중지하였다. 주창이 그것에 대해서 조정에서 강경하게 간하므로 황제는 그의 의견을 물었다. 주창은 본래 말을 더듬는 데다 몹시 성이 나 있었기 때문에 "신은 입으로 잘 말씀드릴 수가 없습니다. 그러나 신은 분명 그것이 불가한 것임을 알고 있습니다. 폐하께서 태자를 폐하려고 하십니다만은 신은 기어코 그 소명을 받들지 않겠습니다"라고 더듬으며 대답하였다. 황제는 흔연히 웃고 말았다. 조회가 끝나자 여후(呂后)가 동상(東廂)에서 귀를 기울여 그 이야기를 듣고 있다가, 주창이 나오는 것을 보고 그의 앞에 꿇어앉아서 감사하며 이렇게 말하였다. "그대가 아니었더라면 태자는 아마 폐위되

것은 잘못이다.

26) 榮陽 : 현 이름. 지금의 河南省 榮陽縣 동북쪽.
27) 留侯 : 張良을 가리킨다. 留는 지금의 江蘇省 沛縣 동남쪽에 위치한 현으로 張良의 봉지였다. 권55 「留侯世家」 참조.

었을 것이오."

그후에 척희의 아들 여의가 조왕(趙王)이 되니, 나이가 10세였다. 고조는 자기가 죽은 뒤 여의의 생명이 위태로워질 것을 근심하였다. 조요(趙堯)는 어린 나이로 부새어사(符璽御史)[28]가 되었다. 조(趙)나라 사람 방여공(方與公)[29]이 어사대부 주창에게 말하였다. "당신의 어사 조요는 나이 비록 어리나 뛰어난 재능이 있습니다. 당신께서는 반드시 그를 특별히 대우하십시오. 그는 장차 당신의 직위를 대신할 것입니다." 주창이 웃으면서 말하였다. "조요는 나이 어린 도필리(刀筆吏)[30]일 뿐이오. 어찌 이렇게 될 수 있겠소?" 얼마 지나지 않아 조요가 고조를 모시게 되었다. 어느날 고조가 홀로 마음이 즐겁지 않아 슬픈 노래를 불렀으나 여러 신하들은 황제가 왜 그런지 알지 못하였다. 조요가 나아가 청하여 묻기를 "폐하께서 즐거워하시지 않는 이유는 조왕(趙王)이 나이가 어리고 척희와 여후의 사이가 좋지 않으니, 황제께서 붕어하신 뒤에 조왕이 스스로 몸을 보전할 수 없을 것이라고 여기시기 때문이 아닙니까?" 고조가 말하였다. "그렇다. 나는 그 일이 염려되어 어떻게 해야 좋을지를 모르겠다." 조요가 말하였다. "폐하께서는 마땅히 조왕을 위하여 지위가 높고 강직한 신하로서, 여후와 태자와 군신들이 평소에 존경하고 두려워하는 이를 조왕의 상국으로 임명하시면 될 것입니다." 고조가 말하기를 "그렇다. 나도 그렇게 생각하여 그와 같이 하고자 한다. 그런데 군신들 가운데 누가 좋겠는가?"라고 하였다. 조요가 말하였다. "어사대부 주창은 그 사람됨이 강직하고 정직합니다. 또 여후, 태자와 대신들이 평소부터 그를 존경하고 두려워합니다. 오직 주창만이 적임자일 뿐입니다." 고조가 말하기를 "좋다"라고 하였다. 이에 주창을 불러 말하였다. "짐이 그대를 괴롭히고자 하오. 그대는 힘을 다해서 나를 위하여 조왕의 상국이 되어주기를 바라오." 주창이 울며 말하였다. "신은 처음 군사를 일으킬 때부터 폐하를 모셔왔습니다. 폐하께서는 어째서 중도에 저를 제후에게 버리려고 하십니까?" 고조가 말하기를 "나도 그것이 좌천인 것을 아오. 그러나 가만히

---

28) 符璽御史 : 황제의 符信印章을 관장하는 御史.
29) 方與公 : 方與縣의 老人(일설에는 縣令이라고도 한다)으로 이름은 알 수 없다. 方與는 지금의 山東省 魚臺縣 서쪽에 위치한 현 이름이다.
30) 刀筆吏 : 문자를 베껴 쓰는 관리. 옛날에는 대나무나 나무에 글을 썼기 때문에 다 쓰고는 다시 칼로 깎아내고 사용하였기에 '刀筆吏'라고 하였다.

조왕의 장래를 생각해보니 공이 아니고는 다른 적임자가 없소. 그대에게
는 미안한 일이지만 억지로라도 가주기 바라오"라고 하였다. 이리하여 어
사대부 주창은 조나라의 상국으로 자리를 옮겼다.

주창이 간 지 한참 뒤에, 고조는 어사대부의 관인을 손에 쥐고 어루만
지면서 말하기를 "어사대부로 앉힐 만한 사람이 누구일까?"라고 하였다.
그리고는 조요를 자세히 보다가 말하였다. "조요와 바꿀 만한 사람이 없
어"라고 말하고는 드디어 조요를 어사대부에 임명하였다. 조요는 또 전에
군공(軍功)이 있어서 식읍을 받은 바 있다. 또한 어사대부가 된 뒤에도
황제를 시종하여 진희(陳豨)[31]를 치는 데 공을 세웠으므로 강읍후(江邑
侯)에 봉해졌다.

고제가 붕어하니 여태후가 사자를 보내어 조왕을 불러오게 하였다. 그
러나 그의 상국 주창은 조왕이 병중에 있다는 핑계로 그를 보내주지 않았
다. 사자가 세 번이나 거듭 왕래하였으나 주창은 끝까지 조왕을 보내지
않았다. 이때 고후(高后)가 이를 근심하고 사자를 보내어 주창을 불렀
다. 주창이 장안(長安)에 와서 고후를 뵈니 고후가 성을 내며 주창을 몹
시 꾸짖으면서 말하였다. "그대는 내가 척씨(戚氏)를 미워하는 것을 모르
오? 그런데도 끝까지 조왕을 보내지 않는 것은 무슨 이유요?" 주창이
불려온 뒤에 고후는 사자를 보내어 조왕을 불러오게 하였다. 조왕이 과연
왔다. 조왕은 장안에 도착한 지 1개월여 만에 독약을 마시고 죽었다. 주
창은 그 일로 인하여 병을 핑계삼고 조정에 나오지 않은 지 3년 만에 죽
었다.

주창이 죽은 지 5년 후[32]에, 고후는 어사대부인 강읍후 조요가 고조 때
에 조왕 여의를 보호하기 위하여 계획을 도모하였다는 것을 듣고 조요를
벌하고 광아후(廣阿侯)[33] 임오(任敖)를 어사대부에 임명하였다.

임오는 본래 패현의 옥리(獄吏)였다. 일찍이 고조가 죄를 범하고 아전
을 피해 다닐 때 아전은 여후를 감옥에 가두고 대우함이 공경치 못하였

31) 陳豨:宛朐(지금의 山東省 曹縣 서북쪽) 사람. 高祖 7년에 侯에 봉해졌고, 代나
라의 相國이 되어 변경을 수비하였다. 高祖 10년, 반란을 일으켜 스스로 代王이 되
었다. 11년에 패하여 유배되고 12년에 죽임을 당하였다.
32) 周昌이 죽은 지 5년 후, 즉 高后 원년(기원전 187년)을 가리킨다.
33) 廣阿는 지금의 河北省 降堯縣 동쪽이었다.

다. 임오는 평소에 고조와 사이가 좋았던 터라 이를 보고 화가 나서 여후
를 맡아 다스리는 옥리를 때려 상처를 입힌 일이 있었다. 고조가 처음 군
사를 일으켰을 때에 임오는 빈객으로서 고조를 따라서 어사가 되고, 2년
동안 풍(豐)³⁴⁾을 지켰다. 고조가 한왕이 되고 나서 동쪽으로 항적을 칠
때, 임오는 벼슬을 상당(上黨)³⁵⁾의 군수로 옮겼다. 진희가 배반하였을
때에 임오는 상당을 굳게 지켰으므로 광아후에 봉해지고 1,800호를 식읍
으로 하사받았다. 고후 때에는 어사대부가 되었다가 3년 만에 면직되었고
평양후(平陽侯) 조줄(曹窋)³⁶⁾이 어사대부가 되었다. 고후가 붕어하였을
때 조줄은 대신들과 함께 여록(呂祿) 등을 베는 일에 동조하지 않았다. ³⁷⁾
그래서 조줄이 파면되고 회남(淮南)의 상국 장창이 어사대부가 되었다.

　장창은 강후(絳侯) 등과 함께 대왕(代王)을 옹립하여 효문황제(孝文皇
帝)가 되게 하였다. ³⁸⁾ 문제 4년에 승상 관영(灌嬰)이 죽으니 장창이 승
상이 되었다.
　한나라가 건립된 때로부터 효문황제에 이르기까지 20여 년, 이때 천하
가 처음으로 안정됨을 맞이하였으나 장상공경(將相公卿)이 모두 다 군리
(軍吏) 출신이었다. 장창은 계상으로 있을 때에 음률과 역법을 정리하고
바로잡았다. 고조가 10월에 처음으로 패상(霸上)에 이르렀다고 하여 원
래 진(秦)나라 때에 10월을 일년의 시작으로 삼았던 것을 그냥 고치지 않
았다. 오덕(五德)의 운행 법칙에 근거하면 한나라는 수덕(水德)의 시대
에 해당한다고 하여 흑색을 숭상하는 것을 이전과 같이 하였다. 12율(十
二律)³⁹⁾의 관악기를 불어 음악을 바로잡고 5음(五音)에 맞게 하였다. 경
중대소의 비례로써 법령을 정하였으며 또 모든 장공(匠工)들의 편의를 위

---

34) 豐 : 읍 이름. 지금의 江蘇省 豐縣.
35) 上黨 : 군 이름. 秦나라 때의 소재지는 壺關(지금의 山西省 長治市 북쪽)이었는
　데, 西漢 때에는 張子(지금의 山西省 張子縣 서쪽)로 옮겼다.
36) 曹窋 : 曹參의 아들.
37) 권9「呂太后本紀」에 의하면 曹窋도 참여한 것으로 되어 있다.
38) 呂太后가 죽은 뒤에 그의 조카 呂產, 呂祿 등이 정권을 찬탈하려고 하였다. 이에
　太尉 周勃, 丞相 陳平 등이 군사를 일으켜 여러 呂氏들을 죽이고 代王 劉恒을 옹립
　하였는데, 이가 곧 漢 文帝였다.
39) 十二律 : 음악의 六律과 六呂, 즉 黃鐘, 大呂, 太簇, 夾鐘, 姑洗, 仲呂, 蕤賓, 林
　鐘, 夷則, 南呂, 無射, 應鐘을 말한다.

해서 백공(百工)을 같게 하여 정품(程品)⁴⁰⁾을 만들게 하였다. 창이 승상이 된 때에 이르러 마침내 이것을 성취하였다. 그런 까닭에 한대에 율력을 말하는 자는 장창의 설을 근거로 하였다. 창은 본래 책을 좋아하여 보지 않는 글이 없었으며 능통하지 않는 것이 없었는데 그중에서도 음률과 역법에 가장 능통하였다.

장창은 왕릉(王陵)의 은덕을 고맙게 여겼다. 왕릉은 곧 안국후(安國侯)⁴¹⁾이다. 장창은 귀하게 된 후에도 항상 왕릉을 아버지처럼 섬겼다. 왕릉이 죽은 뒤에 장창은 승상이 되었지만 휴가⁴²⁾ 때면 제일 먼저 왕릉의 부인을 뵙고 음식을 올리고 난 후에야 감히 집으로 돌아가곤 하였다.

장창이 승상이 된 지 10여 년 되는 해에, 노(魯)나라 사람 공손신(公孫臣)이 상서하여 말하였다. "한나라는 곧 토덕(土德)의 시대에 접어들게 됩니다. 그 조짐으로 황룡(黃龍)이 나타나 보일 것입니다." 조서를 내려 그의 의론을 장창에게 감정케 하니 장창은 옳지 않다고 하여 그 의론을 폐지하였다. 그런데 그후에 황룡이 성기(成紀)⁴³⁾에 나타났으므로 문제는 공손신을 불러다가 박사(博士)에 임명하고 토덕의 시대에 맞는 역법 제도를 기초하게 하고 개원(改元)하여 원년(元年)이라고 하였다.⁴⁴⁾ 장승상은 이것으로 말미암아 기가 죽어 병을 핑계삼아 늙었다 하고 집에 있었다. 일찍이 장창이 추천하여 중후(中候)⁴⁵⁾가 된 사람이 있었는데, 그가 매우 부정한 이득을 취하였으므로 황제는 그 일로 장창을 문책하자 장창은 드디어 병을 핑계삼아 벼슬에서 물러났다. 이로써 장창은 승상이 된 지 15년 만에 그만두게 된 것이다. 효경제 전원(前元) 5년⁴⁶⁾에 장창이 죽으니 시호를 문후(文侯)라고 하였다. 아들 강후(康侯)⁴⁷⁾가 이어서 후가 되었다가 8년 만에 죽었다. 그 아들 류(類)⁴⁸⁾가 이어서 후가 되었으

---

40) 程品 : 器物에 일정한 무게와 길이의 단위를 정한 것. 즉 규격품을 말한다.
41) 安國은 현 이름으로 지금의 河北省 安國縣에 위치하였다.
42) 원문에는 "洗沐"으로 되어 있다. 漢나라 제도에 관리는 5일에 한 번 洗沐한다고 하였는데 여기서 '洗沐'이라 함은 '휴가'와 같은 것이다.
43) 成紀 : 현 이름. 지금의 甘肅省 秦安縣 북쪽.
44) 漢 文帝 劉恒은 23년간 재위하였는데, 전 16년을 '前元'이라 하고 후 7년을 '後元'이라고 하였다.
45) 中候 : 관직 이름. 少府의 屬官.
46) 기원전 152년이다.
47) 康侯 : 張蒼의 아들 張奉을 가리킨다. 시호가 '康'이었다.
48) 類 : 張奉의 아들 張類를 가리킨다. 권18 「高祖功臣侯者年表」에는 '類'가 "預"로

며, 후가 된 지 8년째 되는 해에 제후의 상사(喪事)에 참석한 뒤에 어전에 나간 것이 불경죄가 되어 영지를 박탈당하였다.

본래 장창의 아버지는 신장이 5척(五尺)⁴⁹⁾도 못 되었다. 장창을 낳으니 창은 신장이 8척이 넘었으며 후가 되고 승상이 되었다. 장창의 아들 또한 키가 컸다. 손자 장류에 이르러서는 키가 6척 남짓하였는데 법을 어기어 후의 작위를 상실하였다. 장창은 승상을 면직당한 뒤 늙어서 치아가 없었으므로 젖을 먹고 살았는데, 나이가 젊은 여인을 얻어 유모로 삼았다. 처첩이 모두 몇백명이나 되었는데 한 번 임신한 적이 있는 자는 다시 총애하지 않았다. 장창은 나이가 100세가 넘어서 죽었다.

승상 신도가(申屠嘉)는 양(梁)⁵⁰⁾나라 사람이다. 용감한 강궁(强弓)의 사수로서 고제에게 종군하여 항적을 공격하였고, 대수(隊率)⁵¹⁾의 벼슬에 올랐다. 고제를 따라 경포의 군대를 치고 도위(都尉)⁵²⁾가 되었다. 효혜제(孝惠帝)⁵³⁾ 때에는 회양(淮陽)⁵⁴⁾ 군수가 되었다. 효문제 원년에 옛날 고황제를 수행하여 2,000석의 녹봉을 받았던 관리들은 모두 다 관내후(關內侯)⁵⁵⁾로 하였고, 식읍을 받은 사람들은 24명이었는데, 신도가는 식읍 500호를 받았다. 장창이 승상이 된 뒤에 신도가는 어사대부가 되었다. 장창을 승상에서 파면하였을 때에, 효문제는 황후의 아우 두광국(寶廣國)을 승상으로 임명할 생각을 하고서 말하기를 "두광국을 승상으로 삼는다면 아마 천하 사람들이 내가 광국에게 사사로운 정을 베푼다고 할 것이다"라고 하였다. 광국이 어질고 덕행이 있기 때문에 그를 승상으로 삼고

되어 있다.
49) 漢나라 때의 1尺은 약 0.23미터이다.
50) 梁 : 즉 睢陽(지금의 河南省 商丘縣 남쪽)을 말한다.
51) 隊率 : 부대를 이끄는 장수.
52) 都尉 : 장군보다 약간 낮은 무관.
53) 孝惠帝 : 漢 惠帝 劉盈을 가리킨다. 기원전 194년에서 기원전 188년까지 재위하였다.
54) 淮陽 : 군, 나라 이름. 소재지는 陳(지금의 河南省 淮陽縣)이었다. 高祖 10년(기원전 196년)에 淮陽國을 세우고 皇子 劉友를 봉하였다. 惠帝 원년(기원전 194년) 淮陽王 劉友는 呂太后에 의해서 趙王으로 옮겨지고, 淮陽國을 없애고 淮陽郡으로 하였다. 이리하여 申屠嘉는 郡守가 되었다.
55) 關內侯 : 작위 명칭. 秦漢의 20등급의 작위 중 제19급에 해당하는 것으로, 列侯 다음이다.

자 한 것인데, 오랫동안 이 일을 생각해보았으나 역시 옳지 않다고 판단
하였다. 더구나 고제 때의 대신들은 거의 죽고 현재에 남아 있는 이로서
감당할 만한 자가 없었다. 이에 어사대부 신도가를 승상으로 하고 본래의
식읍을 그대로 하여 고안후(故安侯)[56]에 봉하였다.

　신도가는 사람됨이 청렴하고 정직하여 집에서 사사로운 청탁을 받는 일
이 없었다. 이때 태중대부(太中大夫)인 등통(鄧通)[57]이 한창 총애를 받
아 하사받은 재물이 만가지가 넘었다. 문제는 자주 등통의 집에서 연음
(燕飮)할 정도로 그를 총애하였다. 하루는 승상이 입조하였는데 통은 황
제의 곁에 있으면서 승상에 대한 예절이 태만하였다. 승상은 보고를 마치
고 이어 말하였다. "폐하께서 신하를 총애하시어 곧 그를 부귀하게 하는
것은 좋습니다만 조정의 예절이 엄격하지 않아서는 아니 됩니다." 황제는
말하였다. "그대는 말하지 마시오. 짐이 친히 그를 훈계할 것이오." 신도
가는 조회를 마치고 나와서 승상부에 정좌하여서는 격서(檄書)를 써서 등
통을 불러 승상부에 오게 하고, 만약 오지 않으면 등통을 참형에 처하겠
다고 하였다. 통은 두려워서 궁궐로 들어가 문제에게 이 사실을 말하니
문제가 말하였다. "너는 우선 가거라. 짐이 사람을 보내서 너를 불러 올
것이다." 등통은 승상부에 이르자 갓을 벗고 맨발로 머리를 조아려 사과
하였다. 신도가는 태연하게 앉은 채 고의로 예의를 갖추지 않고 꾸짖어
말하였다. "조정은 고황제의 조정이다. 등통은 보잘것없는 신하로서 어전
을 시끄럽게 하였다. 이것은 불경죄에 해당하니 참형을 받아 마땅하다.
형리는 지금 당장 그를 참형하라." 등통이 머리를 조아려 머리에서 온통
피가 나건만 신도가는 그를 석방하지 않았다. 문제는 이미 승상이 충분히
등통을 괴롭혔을 것이라고 생각하고 사자를 보내어 절(節)[58]을 가지고
가서 등통을 부르게 하였다. 그리고 승상에게 사과하여 말하였다. "그는
짐이 총애하는 신하이니 그대는 그를 놓아주라." 등통이 풀려나 궁정에

---

56) 故安은 현 이름으로, 전국시대 趙나라의 武陽을 말한다. 지금의 河北省 易縣 동
　　남쪽.
57) 鄧通:漢 文帝의 近臣. 본래는 궁중 연못의 뱃사공이었다가 黃頭郎이 되었다. 文
　　帝가 한번은 꿈속에서 하늘에 올랐는데 등 뒤에서 黃頭郎이 밀어 올려주었다. 그리
　　하여 꿈속에서 본 형상과 같은 사람을 찾았는데, 그가 바로 鄧通이었다. 文帝는 그
　　에게 상을 후하게 내리고 太中大夫(황제의 고문관)로 발탁하였다.
58) 節:황제의 사자임을 증명하는 信物.

도착하여 문제 앞에 이르자 울면서 말하였다. "승상은 신을 죽이려고 하였습니다."

신도가가 승상이 된 지 5년째 되는 해에, 효문제가 붕어하고 효경제(孝景帝)가 즉위하였다. 효경제 2년에 조조(晁錯)[59]가 내사(內史)[60]가 되어서 총애를 받게 되자 정권을 쥐고서 각종 법령제도를 대폭 고칠 것을 주청하고, 과실을 찾아 처벌하는 방법으로 제후의 권력과 봉지를 삭감할 것을 건의하였다. 그래서 승상 신도가는 자신의 의견이 채용되지 않은 것을 부끄러이 여겼기 때문에 조조를 미워하였다. 조조는 내사가 되자 문이 동쪽에 나 있어서 왕래하기에 불편하다 하여 다시 남쪽으로 담을 뚫어 문 하나를 새로 내었다. 그런데 남쪽으로 나오면 태상황(太上皇) 사당의 바깥 담장에 이르게 된다. 신도가는 이 사실을 듣고 함부로 종묘의 담을 뚫어서 문을 낸 죄를 법으로 다스리고 황제에게 아뢰어 조조를 베고자 하였다. 조조의 문객 중에 그 이야기를 조조에게 전해준 사람이 있었다. 조조는 두려워서 밤중에 궁궐에 들어가 황제를 뵙고 경제에게 자신의 죄를 인정하고 황제가 직접 그 죄를 다스려줄 것을 요청하였다. 아침이 되자 승상은 내사 조조를 벨 것을 주청하였다. 경제가 말하였다. "조가 뚫은 곳은 진짜 종묘의 담이 아니고 종묘와 떨어져 바깥으로 이어진 낮은 담이다. 그러므로 다른 관리가 그 안에서 살았다. 또 내가 그렇게 하라고 시켰으니 조조에게는 죄가 없다." 조회를 마치고 신도가는 장사(長史)[61]에게 이렇게 말하였다. "내가 후회하는 것은 먼저 조조를 죽이지 않고 주청을 먼저 하였기 때문에 내가 조조에게 지게 되었다는 것이다." 그리고는 집에 돌아와서 곧 피를 토하고 죽었다. 그의 시호를 절후(節侯)라고 하였다. 아들 공후(共侯) 멸(蔑)이 이어서 후가 되었으나 3년 만에 죽었다. 신도멸의 아들 거병(去病)[62]이 이어서 승상이 되었다가 31년 만에 죽었다. 신도거병의 아들 유(臾)가 후의 작위를 이어받은 지 6년 만에 구강

---

59) 晁錯(기원전 200-기원전 154년) : 文帝 때 太子家令을 맡았다. 太子 劉啓의 신임을 얻어 '智囊'이라고 불렸다. 景帝가 즉위하자 먼저 內史가 되었다가 후에 御史大夫가 되었다. 제후의 세력을 약화시키고 왕권을 강화할 것과 옛 정치의 개혁을 주장하다, 제후와 守舊 대신들의 시기를 사서 피살당하였다. 권101 「袁盎晁錯列傳」 참조.
60) 內史 : 京都의 행정장관.
61) 長史 : 관직 이름. 西漢 때 丞相, 太尉, 御史大夫에 딸린 관원으로 매우 중요한 직위였다. 지금의 비서실장에 해당한다. 그러므로 '三公을 보좌한다'라고 하였다.
62) 去病 : 권19 「惠景間侯者年表」에는 申屠去病이 들어 있지 않다.

(九江) 태수가 되었는데 전임 관원의 선물을 받은 것이 죄가 되어, 후의 작위를 박탈당하여 나라가 없어지게 되었다.

신도가가 죽은 뒤로 경제 (景帝) 때에는 개봉후 (開封侯)[63] 도청 (陶青), 도후 (桃侯)[64] 유사 (劉舍)가 승상이 되었으며, 지금의 황제[65]에 이르러서는 백지후 (柏至侯)[66] 허창 (許昌), 평극후 (平棘侯)[67] 설택 (薛澤), 무강후 (武疆侯)[68] 장청책 (莊靑翟), 고릉후 (高陵侯)[69] 조주 (趙周) 등이 승상에 올랐다. 이들은 모두 열후 (列侯)인 아버지의 뒤를 이은 사람들로 근신하고 너무 관대하여, 승상이 되기는 하였으나 열후의 이름에나 올랐을 뿐 공명 (功名)을 나타내어 당세 (當世)에 드러난 자는 없었다.

태사공은 말하였다.

"장창 (張蒼)은 문학, 음률, 역법에 뛰어난 한 (漢)나라의 명재상이었다. 그러나 가생 (賈生),[70] 공손신 (公孫臣) 등이 건의한 역법, 거마 복색 (車馬服色)의 개혁을 채택하지 않고, 진 (秦)나라 '전욱력 (顓頊曆)'[71]의 사용을 고집한 것은 무슨 까닭인가? 주창 (周昌)은 강직하고 성실한 사람이었다. 임오 (任敖)는 옛날의 은덕으로써 여후 (呂后)에 의해서 등용되었다. 신도가 (申屠嘉)는 강직하여 의연히 절조를 지켰다고 말할 수 있을 것이다. 그러나 그에게는 학술이 없어 소하 (蕭何), 조삼 (曹參), 진평 (陳平)에게는 미치지 못하였다."

---

63) 開封은 지금의 河南省 開封市를 말한다.
64) 桃는 현 이름으로 지금의 河北省 衡水縣 서북쪽이다. 일설에는 桃丘 (지금의 山東省 陽谷縣 동쪽)라고도 한다.
65) 즉 孝武帝를 가리킨다.
66) 柏至는 지금의 어느 지역인지 정확히 알 수 없다. 지금의 河南省 西平을 옛날의 柏國이라고 하였다. 柏鄉은 지금의 河北省 柏鄉縣 서남쪽에 있는데, 어느것이 맞는지 알 수 없다.
67) 平棘은 현 이름으로 지금의 河北省 趙縣 남쪽이다.
68) 武疆은 지금의 河南省 鄭州市 동북쪽이다.
69) 高陵은 지금의 어느 지역인지 정확히 알 수 없다.
70) 賈生: 賈誼를 말한다. 洛陽 사람. 20세에 博士가 되고, 1년 후에 太中大夫가 되었다. 권84 「屈原賈生列傳」 참조.
71) '顓頊曆': 상고의 제왕 顓頊 高陽氏가 제작하였다는 曆書. '顓頊曆'은 전국시대, 秦代 말기에 제정하여 秦나라 통일 후에 전국에 반포하여 실행하였다. 매년 10월을 그해의 시작으로 하고 있다.

효무제 때에는 승상이 매우 많았으나 기록되어 있는 것이 별로 없고, [72] 또 그 행동과 활동의 상황이 대략이나마도 기록되어 있지 않다. 여기에서는 정화(征和) [73] 이후의 것을 기록하기로 한다.

차승상(車丞相) [74]이 있었는데, 그는 장릉(長陵) 사람이다. 그가 죽으니 위승상(韋丞相) [75]이 이어서 승상이 되었다. 위승상 현(賢)은 노(魯)나라 사람이다. 서술(書術) [76]로써 아전이 되어 벼슬이 대홍려(大鴻臚) [77]에 이르렀다. 관상을 보는 사람이 그의 관상을 보고는 "마땅히 승상에 이를 것이다"라고 말하였다. 그에게는 아들이 4명 있었는데 관상가로 하여금 그들의 관상을 보게 하였다. 둘째 아들 현성(玄成)에 이르러 관상가는 말하였다. "이 아들은 귀상(貴象)입니다. 장차 열후에 봉해질 것입니다." 위승상이 말하였다. "내가 만일 승상이 된다면, 장남이 있는데 어떻게 이 아이가 작위를 얻을 수 있겠소?" 뒤에 마침내 그는 승상이 되었는데 병들어 죽었다. 그런데 장남은 죄가 있어서 조정에서 판결한 결과 아버지의 작위를 이을 수 없었다. 그리하여 현성이 승상에 올랐다. 현성은 그때 거짓 미치광이가 되어서 후가 되는 것을 원하지 않았으나 마침내 그가 작위를 이어받게 되자, 그로 말미암아 "나라를 사양하였다"는 미담을 듣게 되었다. 뒤에 그는 말을 타고 종묘에 간 것이 불경죄에 걸려 천자의 명령으로 작위 일급을 강등당하고 관내후가 되었다. 열후의 직위는 잃었으나 본래의 국읍(國邑)을 식읍으로 이어받았다. 위승상(韋丞相)이 죽고 위승상(魏丞相)이 계승하였다.

위승상(魏丞相)은 제음(濟陰) [78] 사람이다. 그는 문서를 관리하는 관원에서 승상에 올랐다. 그 사람은 무술를 좋아하여 여러 관원들로 하여금 다 칼을 차게 하였고, 칼을 찬 채로 앞에 나와 일을 보고하게 하였다. 간

혹 칼을 차지 않은 자가 꼭 들어가 보고하고자 할 때에는 곧 남의 칼을 빌려서 찬 다음에야 감히 들어가 일을 아뢸 수 있을 정도였다. 그때 경조윤(京兆尹) 조군(趙君)[79]이 죄를 지었으므로 승상은 그 직위를 파면해야 한다고 황제께 아뢰니, 조군은 사람을 시켜서 위승상을 붙잡고 자기의 죄를 벗게 해주기를 요구하였으나 받아들여지지 않았다. 다시 사람을 시켜서 "승상의 부인이 질투하여 시비(侍婢)를 찔러 죽였다"라는 일을 가지고 위승상을 협박하게 하고는 몰래 단독으로 조사하여 나라에 보고하고, 이졸(吏卒)을 풀어서는 승상의 집에 보내어 노비를 잡아다가 매를 치면서 심문하게 하였다. 그러나 사실은 칼로 찔러 죽인 것이 아니었다. 그리하여 승상의 사직(司直)[80] 파군(繁君)[81]이 황제께 아뢰기를 "경조윤 조군은 승상을 협박하고, 무고하여 승상의 부인이 노비를 적살(賊殺)하였다고 하고 이졸을 풀어 승상부를 포위였으니, 도에 어긋납니다"라고 하였다. 또 조경조(趙京兆)가 제 마음대로 기사(騎士)를 파면한 일이 알려져서, 경조윤 조군은 허리를 베는 형벌에 처해졌다.[82] 위승상은 또 사연(使掾)[83] 진평(陳平) 등을 시켜서 중상서(中尙書)[84]를 탄핵한 사건이 있었다. 이 사건에 대해서는 승상이 자기 마음대로 협박을 행한 것이라는 의심을 받으면서 매우 불경하다 하여 장사(長史) 이하 관련자들은 사형에 처해지거나 혹은 잠실(蠶室)[85]에 하옥되어 궁형(宮刑)을 받았다. 그런데 위승상만은 끝내 승상의 신분으로 있다가 병사하였다. 아들이 그 작위를 계승하였으나 후에 말을 타고 종묘에 갔던 것이 불경죄에 걸렸다. 황제의 명령에 의해서 작위 일급을 강등당하고 관내후가 되었다. 열후의 지위는

---

79) 趙君 : 즉 趙廣漢을 가리킨다.

80) 司直 : 관직 이름. 丞相이 여러 관리들의 불법을 조사, 감찰하는 일을 할 때 도와주는 丞相府의 관원을 말한다.

81) 繁君 : 繁延壽를 가리킨다. 『漢書』에 의하면, 당시 趙廣漢을 탄핵한 丞相의 司直은 蕭望之였다. 繁延壽는 蕭望之보다 거의 20년 아래의 사람이다.

82) 『漢書』「趙廣漢傳」에 의하면 趙廣漢의 門客이 長安城에서 술을 팔고 있었는데 丞相府의 관원들에 의해서 쫓겨났다. 門客은 騎士 蘇賢이 고발한 것인 줄 알고 趙廣漢에게 고하여 보복해주기를 청하였다. 이에 趙廣漢은 부하를 시켜 군령을 위반하였다는 죄명으로 蘇賢을 박해하여 죽게 하였다.

83) 使掾 : 丞相府의 屬官.

84) 中尙書 : 天子를 가까이서 모시면서 문서의 처리를 맡은 관원을 말한다.

85) 蠶室 : 宮刑을 집행하는 밀실. 宮刑을 집행할 때에는 밀실에 불을 피워놓았는데, 그 따뜻하기가 마치 누에를 기르는 온실과 같아 '蠶室'이라고 하였다.

잃었으나 본래의 국읍을 식읍으로 받았다. 위승상이 죽자 어사대부 병길 (邴吉)이 승상에 올랐다.

병승상 길(吉)은 노나라 사람이다. 그는 독서와 법률 연구로써 벼슬이 어사대부에 이르렀다. 효선제(孝宣帝) 때에 구고(舊故)[86]가 인정되어 열 후에 봉해지고 곧 이어서 승상이 되었다. 일에 밝으며 지혜가 있었다고 후세 사람들이 칭찬하였다. 승상으로 병사하고 아들 현(顯)이 뒤를 이었 으나, 후에 말을 타고 종묘에 갔던 것이 불경죄에 걸려 황제의 명에 의해 서 작위 일급을 강등당하였다. 열후의 지위는 상실하였으나 본래의 국읍 을 식읍으로 이어받았다. 병현(邴顯)은 벼슬이 태복(太僕)[87]에 이르렀으 나 관직에서 지권을 남용하고 자신과 아들이 뇌물을 받은 죄로 벼슬에서 파면되고 평민이 되었다.

병승상이 죽고 황승상(黃丞相)이 뒤를 이었다. 장안에 관상을 잘 보는 전문(田文)이라는 자가 있었다. 위(韋)승상, 위(魏)승상, 병(邴)승상이 아직 미천하였을 때에 그들은 어떤 집에서 객의 신분으로 서로 만난 적이 있었다. 전문은 말하였다. "이제 이 세 사람은 다 승상이 될 것입니다." 그 뒤 세 사람은 마침내 각각 차례로 승상이 되었다. 그 얼마나 보는 것 이 명확한가?

승상 황패(黃霸)는 회양(淮陽)[88] 사람이다. 글을 읽어서 관리가 되고 벼슬이 영천(潁川)[89] 태수에 이르렀다. 영천을 다스리는 데 예의로써 하 고 정책과 법령을 가르치고 타일러서 백성을 교화하고 풍속을 바로잡았 다. 죽을 죄를 범한 자가 있으면 은연중에 자살하게 하였다.[90] 이로써 교 화가 크게 행해지고 명성이 세상에 널리 알려졌다. 효선제가 조서를 내려 말하기를 "영천 태수 패는 조정의 법령을 선양하여 백성을 다스려서, 사 람들이 길에 떨어진 물건은 줍지 않으며 남자와 여자는 길을 따로 다닌 다. 옥중에는 중죄(重罪)의 죄수가 없으므로 관내후의 작위와 황금 100

---

86) 舊故: 漢 宣帝 劉詢이 어렸을 때 1차 궁정전쟁에 연루되어 하옥되었는데, 邴吉이 죽음을 무릅쓰고 그를 보호하고 보살펴서 武帝의 살해를 면하게 하였다.
87) 太僕: 九卿의 하나. 황제의 수레와 가마의 관리를 맡았다.
88) 淮陽: 현 이름. 지금의 河南省 淮陽縣.
89) 潁川: 군 이름. 소재지는 陽翟(지금의 河南省 禹縣)이었다.
90) 원문에는 "氾法者, 風曉令自殺"로 되어 있으나 앞뒤의 문맥으로 보아 '범법자에게 는 스스로 깨달아 그 잘못을 고쳐나가도록 하였다'로 번역하는 것이 좋을 듯하다.

근을 하사한다"라고 하였다. 그 뒤 그는 경조윤으로 초치되고 또 승상에 이르렀다. 역시 이때도 예의로써 정치를 하였다. 승상이 병들어 죽고 아들이 뒤를 이어서 열후에 올랐다. 황승상이 죽으니 어사대부 우정국(于定國)이 승상에 올랐다. 우승상은 이미 「정위전(廷尉傳)」[91]이 있는데 또 「장정위전(張廷尉傳)」의 이야기 속에도 사적이 들어 있다.[92] 우승상이 죽자 어사대부 위현성(韋玄成)이 이어서 승상에 올랐다.

  승상 현성은 앞의 위승상(韋丞相) 아들이다. 아버지의 뒤를 이었으나 후에 열후의 작위를 잃었다. 이 사람은 젊었을 때 독서를 좋아하여 『시경(詩經)』과 『논어(論語)』에 통달하였다. 아전에서 시작하여 위위(衛尉)의 지위에 이르고 또 태자태부(太子太傅)가 되었다. 어사대부인 설군(薛君)[93]이 파면되자 위현성이 어사대부가 되었다. 우승상이 스스로 사직하기를 주청하여 해직되니 위현성이 승상이 되었다. 이어 고읍(故邑)에 부양후(扶陽侯)[94]로 봉해졌다. 수년 뒤에 병으로 죽으니 효원제(孝元帝)가 친히 문상하였으며 상을 매우 후하게 내렸다. 그의 아들이 뒤를 이었으나, 뒤에 그의 정치는 지나치게 너그럽기만 하여 세상의 변화에 따라 흔들리게 되었다. 그리하여 아첨에 능하고 간교하다는 세상 사람들의 비난을 받았다. 그런데 관상을 보는 사람이 일찍이 이렇게 말하였다. "열후가 되어 아버지의 뒤를 잇게 되나 뒤에 그것을 잃게 될 것이다." 그것도 일반 관원에서 시작하여 승상에까지 올랐던 것이다. 부자(父子)가 함께 승상이 되었다고 해서 세상에서는 그것을 아름답게 여겼다. 이 어찌 운명이 아니겠는가! 관상을 보는 사람이 그것을 먼저 알았던 것이다. 위승상이 죽고 어사대부 광형(匡衡)이 이어서 승상이 되었다.

  승상 광형은 동해(東海)[95] 사람이다. 그는 독서를 좋아하였으며 박사에게서 『시경』을 배웠다. 집이 가난하여 광형은 남에게 고용되어 먹고 살았다. 재주가 뛰어나지 못해 여러 번 시험에 응하였으나 합격하지 못하였

---

91) 「廷尉傳」: 『史記』에는 이러한 편명이 없는데, 무엇을 가리키는지 알 수 없다.
92) 張廷尉는 張釋之를 가리킨다. 권102 「張釋之馮唐列傳」에는 于定國에 대한 언급이 없다.
93) 薛君: 즉 薛廣德을 가리킨다.
94) 扶陽에 대해서 孟康은 沛郡에 속한다라고 하였는데, 이곳은 漢나라의 제후국으로 지금의 安徽省 蕭縣 서남쪽에 위치하였다. 한편 읍 이름으로서 『元和志』에는 韋賢(韋玄成)의 봉읍이라고 되어 있는데, 이곳은 지금의 安徽省 亳縣 동북쪽이었다.
95) 東海: 군 이름. 지금의 山東省 남부와 江蘇省 북부 沿海 지구에 위치하였다.

다. 아홉번째에 이르러 마침내 병과(丙科)에 급제하였다. 경서 실력이
갑과(甲科), 을과(乙科) 시험에는 합격하지 못할 정도여서 분명해질 때
까지 경학을 배웠다. 평원군(平原郡)의 문학졸사(文學卒史)를 지냈으나
수년 동안 군(郡)에서 존경을 받지 못하였다. 어사가 그를 불러들여 봉록
100석의 관리로 채용하였다. 후에 추천되어 낭중(郞中)이 되었다. 이어
서 박사에 보직되었으며 태자소부(太子少傅)에 임명되어 효원제를 섬겼
다. 효원제는 『시경』을 좋아하였다. 그리하여 광형을 광록훈(光祿勳)에
임명하여 궁중에서 스승이 되어 좌우를 교수하게 하였다. 이때 천자는 그
곁에 앉아 듣고서 매우 좋아하였다. 그래서 그는 날로 존귀하게 되었다.
어사내부 징홍(鄭弘)이 사건에 관련되어 파직되니 광형이 어사대부가 되
었다. 1년여 만에 위승상이 죽으니 광형이 이어서 승상이 되고 낙안후(樂
安侯)에 봉해졌다. 10년 동안 장안의 성문을 나가는 일 없이 벼슬이 승상
에까지 이르렀다. 이 어찌 때를 만난 운명이라 아니할 수 있겠는가!

태사공[96]은 말하였다.

"깊이 생각해보니 선비들 가운데 일반 관원에서부터 열후에 이르는 자
는 매우 적다. 그래서 어사대부에 이르러서 그만두는 자가 많다. 누구든
지 어사대부가 되면 다음은 승상이 될 차례이다. 그들은 마음속으로 승상
의 신분으로 생을 마치기를 바란다. 그래서 혹은 몰래 승상을 헐뜯고 해
쳐서 그에 대신하려고 하는 이도 있다. 그러나 어떤 이는 어사대부로 오
랫동안 있었으나 결국 승상이 되지 못하는 이도 있고 어떤 이는 어사대부
로 있은 지 얼마 안 되어 승상의 지위를 얻고 봉후에 이르는 이도 있다.
참으로 운명이 아니겠는가! 어사대부 정군(鄭君)[97]은 수년 동안 그 자
리를 지켰으나 승상의 직위는 얻지 못하였고, 광형(匡衡)은 어사대부에
있은 지 1년도 못 되어서 위승상(韋丞相)이 죽자 곧 그를 이어서 승상이
될 수 있었다.[98] 그것이 어찌 지모와 계략으로 이룰 수 있는 것인가? 재
능 있는 성현들 중에서도 자기의 포부를 펴지 못하고 곤궁하게 지낸 사람
들이 수없이 많지 않는가?"

96) 여기서는 司馬遷이 아니고, 續作者(즉 褚少孫)가 모방하여 일컬은 것이다.
97) 鄭君 : 즉 鄭弘을 가리킨다.
98) 鄭弘은 漢 元帝 2년(기원전 42년) 2월에 御史大夫가 되었다가 建昭 2년(기원전
   37년) 겨울에 면직되었고, 匡衡이 이어서 御史大夫가 되었다. 그리고 다음해 6월 丞
   相 韋玄成이 죽자, 匡衡이 丞相에 올랐다.

권97 「역생육고열전 (酈生陸賈列傳)」 제 37

역생 (酈生) 이기 (食其)는 진류 (陳留)¹⁾ 고양 (高陽)²⁾ 사람이다. 그는 독서를 좋아하였으나 집안이 가난하여 영락한 채 떠도는 신세로, 의식을 해결할 만한 직업이 없어, 어느 마을의 성문을 관리하는 작은 관리가 되었나. 그러나 현 안의 현인이니 호걸들은 그를 전혀 쓰려 하지 않았고, 현의 사람들도 모두 그를 미치광이 선생이라고 불렀다.

진승 (陳勝)³⁾과 항량 (項梁)⁴⁾ 등이 군사를 일으키자 장수들이 각지를 경략하였는데, 고양을 지나간 사람이 수십명이나 되었다. 역생은 그들 장수들이 모두 도량이 작고 까다로운 예절을 좋아하며 자기만 옳다고 여길 뿐, 원대한 계책을 말해도 들어주지 않는다는 이야기를 듣고 자신의 계략을 깊이 감추고 있었다. 뒤에 역생은 패공 (沛公)⁵⁾이 군사를 거느리고 진류의 교외를 공략한다는 말을 들었다. 그때 패공 휘하의 기병 (騎兵) 한 사람이 마침 역생과 동향 사람의 아들이었는데, 패공은 가끔 그 기병에게 읍 사람들 가운데 현인과 호걸이 누구인지를 물었다. 그 기병이 마을로 돌아오자, 역생은 그를 보고 이렇게 말하였다. "나는 패공이 거만하고 남을 업신여기지만 원대한 뜻을 가졌다고 들었네. 그분이 바로 내가 섬기고 싶은 사람이지만, 나를 소개해주는 사람이 없었네. 자네가 만일 패공을 보거든 '신의 고향에 역생이라고 하는 사람이 있는데 나이는 60여 세요,

---

1) 陳留 : 현 이름. 지금의 河南省 開封市 동남쪽 陳留鎭.

2) 高陽 : 옛 鄕 이름. 지금의 河南省 杞縣 서남쪽.

3) 陳勝 : 字는 涉이다. 秦나라 말기 농민 봉기군의 우두머리로 소작농 출신이다. 秦 2세 원년(기원전 209년) 때 그는 漁陽(지금의 北京市 密雲縣 서남쪽)으로 징집되어 수자리를 서러 가다가 大澤鄕(지금의 安徽省 宿縣 동남쪽)에서 吳廣과 동행하던 수 자리 병사들과 함께 봉기하였다. 권48 「陳涉世家」 참조.

4) 項梁 : 秦나라 말기 농민 봉기군의 우두머리. 귀족 출신으로 전국시대 말기 楚나라 장수 項燕의 아들이다. 陳勝이 봉기한 후 項梁은 그의 조카 項羽와 秦나라 會稽 군 수 殷通을 살해하였다. 吳縣(지금의 江蘇省 蘇州市)에서 일어났다.

5) 沛公 : 劉邦. 秦 2세 원년 沛縣(지금의 江蘇省 沛縣)의 父老가 沛縣의 縣令을 죽이고 劉邦을 옹립하고 沛公이 되었다. 楚나라 사람들은 縣令을 公이라고 부른다.

신장은 8척입니다. 사람들은 모두 그를 미치광이 선생이라고 부르지만, 본인 스스로는 미친 사람이 아니라고 합니다'라고 말해주게!"기병이 말하였다. "패공은 선비를 좋아하지 않습니다. 빈객 중에 관을 쓰고 오는 사람이 있으면 패공은 언제나 그 빈객의 관을 빼앗아 그 안에 오줌을 싸 버립니다. 그리고 손님과 이야기할 때 상대방을 큰 소리로 욕하곤 하니, 선비의 신분으로 유세한다는 것은 좋지 못합니다."역생은 말하였다. "어쨌든 나의 말을 전하기만 해주게."기사는 역생이 부탁한 말을 침착하게 패공에게 아뢰었다.

패공은 고양의 객사에 머물면서 사람을 보내 역생을 불렀다. 역생이 객사에 이르러 알현하였다. 그때 패공은 다리를 벌리고 침상에 걸터앉아 두 여자에게 발을 씻기고 있었는데 그 자세 그대로 역생을 들어오게 하였다. 역생은 들어가서 양손으로 읍을 할 뿐 엎드려 절하지 않고 이렇게 말하였다. "공께서는 진(秦)나라를 도와 제후들을 치려 하십니까? 아니면 제후들을 이끌고 진나라를 치려 하십니까?"그러자 패공은 역생을 꾸짖으며 말하였다. "이 미친 선비놈아! 천하가 진나라에게 고초를 당한 지가 오래되었다. 그래서 제후들이 서로 협력하여 진나라를 치려고 하는데, 네놈이 어찌 진나라를 도와 다른 제후들을 친다고 말하는가?"역생이 말하였다. "공께서 진실로 군중을 모으고 의병을 합쳐서 저 무도한 진나라를 없애고자 하신다면 이런 오만불손한 태도로 나이든 사람을 만나서는 안 됩니다."이에 패공은 발 씻기를 멈추고 일어나서 의관을 단정히 하고 역생을 윗자리에 앉게 한 뒤 사과하였다. 이에 역생은 6국의 합종연횡책(合縱連橫策)의 형세에 대하여 말하였다. 패공은 기뻐하여 역생에게 음식을 대접하며 이렇게 물었다. "그렇다면 장차 어떤 계책을 써야겠소?"역생이 말하였다. "공께서는 오합지졸들과 일어나시고, 뿔뿔이 흩어진 병사를 모으셨지만 그 수 또한 만 명을 넘지 않습니다. 이러한 병력으로 강한 진나라를 치려 하시니 이는 호랑이의 입에 뛰어드는 격입니다. 진류는 천하의 요충지이며 사통오달의 지역으로, 현재 성 안에는 많은 식량을 비축해놓고 있습니다. 소인은 진류의 현령과 친분이 있으니 제가 사신으로서 가서 공께 항복하도록 만들겠습니다. 만일 그가 제 말을 듣지 않는다면 공께서 군대를 일으켜 성을 공격하십시오. 제가 성 안에서 내응하겠습니다."이에 패공은 역생을 사신으로 보내고, 군대를 이끌고서 그의 뒤를 따라가서 마침내 진류를 항복시켰다. 이에 패공은 역이기를 광야군(廣野君)⁶⁾에 봉하였다.

역생은 자기의 동생 역상(酈商)⁷⁾에게 수천명의 군사를 거느리고 패공을 따라 서남쪽 지방을 공격하게 하였다. 역생은 언제나 세객(說客)이 되어 제후들의 나라를 사신으로 왕래하였다.

한(漢) 3년 가을에 항우(項羽)가 한나라를 공격하여 형양(滎陽)⁸⁾을 함락시키니, 한나라는 공(鞏),⁹⁾ 낙양(洛陽)¹⁰⁾ 일대로 퇴각하여 머물렀다. 그무렵 초(楚)나라는 회음후(淮陰侯)가 조(趙)나라를 공격하고,¹¹⁾ 팽월(彭越)¹²⁾이 여러 차례 양(梁) 땅에서 반란을 꾀하였다¹³⁾는 소식을 듣고서 군대를 파견하여 조와 양을 구원하였다. 회음후가 동쪽으로 제(齊)나라를 공격하고 있을 때, 한왕은 여러 차례 형양과 성고(成皐)에서 곤란을 당해서 성고 동쪽을 포기하고 공과 낙양 사이에 군대를 주둔시켜 초나라에 대항할 계획을 세웠다. 그러자 역생은 이렇게 말하였다. "신은 '하늘이 하늘이 된 까닭을 아는 사람은 왕업을 이룰 수 있고, 하늘이 하늘이 된 까닭을 알지 못하는 사람은 왕업을 이룰 수가 없다. 천하에 왕 노릇 하는 자는 백성을 하늘로 알고, 백성은 양식을 하늘로 안다'¹⁴⁾라고 들었습니다. 저 오창(敖倉)¹⁵⁾이라는 곳은 천하의 양곡이 교역된 지 오래되었

---

6) 廣野君 : 酈食其는 劉邦을 위하여 세력을 확대시키는 계책을 세워주었기 때문에 廣野君이라고 불렀다.

7) 酈商 : 劉邦의 중요한 장수이다. 楚漢 전쟁과 漢나라 초기 제후왕들의 반란을 평정하는 데 전공을 세워 曲周侯에 봉해졌다.

8) 滎陽 : 전국시대의 韓나라의 읍 이름. 옛 성은 지금의 河南省 滎陽縣에 있다. 秦나라가 설치한 현이다.

9) 鞏 : 秦나라가 설치한 현. 옛 성은 지금의 河南省 鞏縣 서남쪽 30리에 있다.

10) 洛陽 : 秦나라가 설치한 현. 소재지는 지금의 河南省 洛陽市 동북쪽이다.

11) 劉邦이 滎陽, 成皐(옛 鎭 이름. 지금의 河南省 滎陽縣 서쪽 汜水鎭) 사이에서 項羽와 서로 대치하고 있을 때 韓信(漢 4년에 齊王에 봉해졌다. 漢 5년에는 楚王에 봉해졌다가 漢 6년에 淮陰侯로 좌천되었다. 후에 모반죄로 살해되었다)에게 項羽의 후방을 급습하게 하여, 井陘(지금의 河北省 井陘山 위의 井陘關) 입구에서 趙나라 군대를 대파하고 趙王 歇을 사로잡고 趙나라 재상 陳餘를 죽였다. 권92 「淮陰侯列傳」 참조.

12) 彭越 : 昌邑(지금의 山東省 金鄕縣 서북쪽) 사람. 秦나라 말기에 봉기하였다. 楚漢 전쟁 때 3만여 명을 이끌고 劉邦에게 귀속하였다. 권90 「魏豹彭越列傳」 참조.

13) 彭越은 여러 차례 지금의 河南省 開封市 일대에서 項羽를 괴롭혀, 項羽의 식량 보급로를 차단하였다.

14) 『管子』에는 "王者以民爲天, 民以食爲天, 能知天之天者, 斯可矣"라고 되어 있다.

습니다. 신은 거기에 엄청난 식량이 비축되어 있다고 들었습니다. 초나라 군대가 형양을 함락시킨 뒤에 오창을 그렇게 견고하게 수비하지 않고, 오히려 군대를 이끌고 동진하고 형도(刑徒)[16]로 하여금 나누어 성고를 수비하게 한 것은 바로 하늘이 한나라를 돕는 것이라고 하겠습니다. 지금이야말로 초나라 군대를 공격하여 취하기 쉬운 상황인데도, 한나라는 오히려 퇴각함으로써 스스로 호기를 놓치고 있으니, 신은 이것이 잘못된 것이라고 생각합니다. 게다가 두 강국이 병존할 수는 없는 것입니다. 초나라와 한나라가 오랫동안 대치하기만 하고 결전하지 않는다면, 백성들은 안정을 찾지 못하고 천하가 불안해하며 농민들은 쟁기를 버리고 베 짜는 여인들은 베틀에서 내려올 것이니, 천하의 민심이 안정되지 못합니다. 원컨대 왕께서는 즉시 다시 군대를 진격하여 형양을 회복하고 오창의 식량을 차지한 뒤, 성고의 요새를 막고 대행(大行)[17]으로 가는 길목을 차단하며, 비호(蜚狐)[18]의 입구를 가로막고, 백마(白馬)[19]를 견고히 지켜 제후들에게 현재의 실제적인 형세가 누구에게 기울고 있는가를 보여주십시오. 그렇게 되면 천하가 돌아갈 곳을 알게 될 것입니다. 현재 연(燕)나라와 조나라는 이미 평정되었으나[20] 오직 제나라만이 항복하지 않고 있습니다. 지금 전광(田廣)[21]은 넓은 제나라를 차지하고 있고, 전간(田間)[22]은 20만 명의 군대를 이끌고 역하(歷下)[23]에 주둔하고 있습니다. 전씨 일족

---

15) 敖倉 : 秦나라 때 敖山에 세웠던 큰 식량 창고로, 滎陽縣 동북쪽에 있었다.

16) 刑徒 : 죄를 짓고 징집된 병사.

17) 大行 : 河北省과 山西省의 경계에 있다. 大行은 곧 太行山을 말한다.

18) 蜚狐 : 요새 이름. 河北省 淶源縣 북쪽, 薛縣 동남쪽에 있다. 옛날 하북 평원과 북방 변경의 郡 사이의 교통 요충지였다.

19) 白馬 : 옛 나루터 이름. 지금의 河南省 滑縣 동북쪽, 옛 黃河 남쪽 강변에 있다.

20) 韓信이 趙나라를 격파한 뒤 趙나라의 항복한 장군 李左車의 계책으로 燕나라에게 형세를 시위하고, 사신을 燕나라에 보내 燕王 臧荼를 투항하도록 설득하였다.

21) 田廣 : 齊王 田榮의 아들. 陳勝이 봉기한 후 齊나라의 옛 귀족 田榮은 사촌형 田儋과 秦나라에 반대하여 군사를 일으켰다. 田儋은 전쟁중에 秦나라 장수 章邯에게 살해되었다. 秦나라가 망한 후 項羽는 齊나라를 삼분하여, 田都를 齊王으로, 田市을 膠東王으로, 田安을 濟北王으로 봉하였다. 田榮은 田市, 田安, 田都를 살해하고 楚나라로 도망하여 스스로 齊王이라고 하였다. 후에 項羽가 齊나라를 공격하자 모두 平原(지금의 山東省 平原郡)으로 패주하다 살해되었다. 田榮의 동생 田橫은 田廣을 齊王으로 세웠다.

22) 田間 : '田解'가 맞다. 권94 「田儋列傳」에는 "齊初使華無傷, 田解軍於歷下以距漢, 漢使至, 乃罷守戰備"라고 되어 있다. 또 『史記志疑』에는 "田間已於漢二年八月奔趙, 是時齊方欲殺之, 安得爲田廣將兵歷下乎"라고 되어 있다.

의 세력은 강하고 바다를 등지고 황하와 제수(濟水)로 앞이 가로막혀 있고, 남쪽으로는 초나라에 가깝고 또한 그 나라 사람들은 권모술수에 능하니, 왕께서 비록 수십만 명의 군사를 파견하여 공격한다 하더라도 1년 혹은 몇 개월 안에 격파하실 수 없습니다. 원컨대 신이 조칙을 받들어 제나라 왕을 설득하여 그들이 한나라에 귀속하여 동쪽의 속국이 되게 하겠습니다."이에 한왕은 좋다고 말하였다.

한왕은 역생의 계획에 따라 다시 오창을 지키고, 아울러 역생을 제나라에 사신으로 보내 제나라 왕을 설득하게 하였다. 역생은 제나라 왕에게 이렇게 말하였다. "왕께서는 천하의 민심이 어디로 돌아갈 것인지 알고 계십니까?"제나라 왕이 말하였다. "모르오." 역생이 말하였다. "왕께서 만일에 천하의 민심이 어디로 돌아갈 것인지를 아신다면 제나라를 보전하실 수 있겠지만, 만약 천하의 민심이 어디로 돌아갈 것인지를 모르신다면 제나라를 보전하실 수 없을 것입니다."제나라 왕이 물었다. "천하의 민심이 어디로 돌아갈 것 같소?"역생이 말하였다. "한왕에게 돌아갈 것입니다."제나라 왕이 말하였다. "그대는 무슨 근거로 그렇게 말하는 거요?"역생이 말하였다. "한왕과 항왕(項王)은 힘을 합쳐 진나라를 공격하여 함양(咸陽)24)에 먼저 들어서는 자가 왕이 되기로 약속하였습니다. 그런데 한왕이 먼저 함양에 입성하자 항왕은 약속을 저버리고 한왕에게 함양을 주지 아니하고, 한중(漢中)25)의 왕으로 삼았습니다. 항왕은 의제(義帝)를 추방하여 살해하였습니다.26) 한왕이 이 소식을 듣고서 즉시 촉한(蜀漢)27)의 군대를 동원하여 삼진(三秦)28)을 공격하고, 함곡관(函谷

---

23)   歷下 : 지금의 山東省 齊南市.
24)   咸陽 : 옛 도읍 이름. 지금의 陝西省 咸陽市 동북쪽. 기원전 350년 秦 孝公은 櫟陽(지금의 陝西省 臨潼縣 북쪽)에서 이곳으로 옮겨왔다.
25)   漢中 : 군 이름. 대략 지금의 陝西省 秦嶺 이남과 湖北省 서북부에 해당된다. 군 소재지는 南鄭(지금의 陝西省 漢中市)이다.
26)   秦나라 말기 농민이 봉기하였을 때 項梁은 전국시대 말기의 楚 懷王의 손자인 熊心을 왕으로 세워 여전히 楚 懷王이라고 불렀다. 秦나라가 망한 후 項羽는 스스로를 西楚覇王으로 세우고, 표면상으로는 楚 懷王이던 義帝를 존중한다고 하면서도 義帝를 長沙郡 郴縣에 옮기게 하고 도중에 英布, 吳芮로 하여금 義帝를 암살하게 하였다.
27)   蜀漢 : 대략 지금의 四川省 중부와 陝西省 남부에 해당된다.
28)   三秦 : 秦나라가 망한 후 項羽는 劉邦이 關中으로 들어오는 길을 막기 위하여 秦나라의 항복한 장수 章邯을 雍王으로, 董翳를 翟王으로, 司馬欣을 塞王으로 각각 봉하였는데, 이를 三秦이라고 한다.

關)29)을 나와서 의제를 살해한 죄를 따졌습니다. 그리고 천하의 병사를 수습하고, 각 제후의 후예를 세웠습니다. 성을 빼앗으면 바로 그 장수를 후(侯)로 봉하고, 재물을 얻으면 바로 그 병사들에게 나누어주어, 천하와 더불어 그 이익을 함께 하여 영웅, 호걸, 현인, 재사 등은 모두 한왕에게 기꺼이 기용되고자 하였습니다. 그리하여 제후들의 군대가 사방에서 왔으며, 촉한의 곡식이 배를 나란히 하고 장강(長江)을 내려오고 있습니다. 그러나 항왕에게는 약속을 배반하였다는 악명과 의제를 살해하였다는 큰 죄가 있으며, 또한 다른 사람의 공에 대해서는 기억하지 못하면서도 다른 사람의 죄에 대해서는 잊어버리는 일이 없고, 전투에서 승리한다 하더라도 상을 내린 적이 없으며, 성을 함락시킨다 하더라도 봉토를 내린 적이 없습니다. 또한 항씨의 일족이 아니면 권력을 잡을 수가 없으며, 사람을 봉하기 위해서 후인(侯印)을 새겨두고 아까워서 가지고 있을 뿐 다른 사람에게 주려고 하지 않습니다. 그리고 성을 공격하여 재물을 얻어도 쌓아두기만 할 뿐 남에게 상으로 주는 일이 없습니다. 이런 까닭에 천하의 사람들은 그에게 반기를 들고 현인과 재사들은 그를 원망하며 그를 위하여 일하는 사람이 아무도 없습니다. 그러므로 천하의 선비들이 한왕에게로 돌아갈 것이니, 한왕은 힘들이지 않고 그들을 부릴 것입니다. 한편 한왕께서는 촉한에서 군대를 일으켜서 삼진을 평정하셨고, 서하(西河)30)를 건너31) 상당(上黨)32)의 군대를 모아 정형(井陘)을 점령하여 성안군(成安君)33)을 죽이셨으며, 북위(北魏)34)를 격파하여 32개의 성을 함락시키셨습니다. 이는 진실로 치우(蚩尤)35)의 군대와 같은 것으로 인간의 힘이 아니며 하늘이 내려준 큰 복인 것입니다. 지금 한왕께서는 이미 오창

---

29) 函谷關 : 지금의 河南省 靈寶縣 동북쪽.
30) 西河 : 지금의 陝西省 大荔縣. 이 일대가 黃河의 서쪽 강변에 있기 때문에 西河라고 한다.
31) 漢 2년(기원전 205년) 劉邦이 韓信에게 군대를 이끌고 西河 臨晉關 위쪽에서 황하를 건너 魏豹를 치게 한 사건을 가리킨다.
32) 上黨 : 秦나라 군 이름. 지금의 山西省 동남부. 소재지는 壺關(지금의 山西省 長治市 북쪽)이다.
33) 成安君은 趙나라의 재상 陳餘의 봉호이다. 成安은 현 이름이다. 지금의 河南省 臨汝縣 동남쪽.
34) 北魏 : 項羽는 魏王 豹를 鼠魏王에 봉하였는데, 이곳은 지금의 河東(지금의 山西省 남부)에 있었다. 황하 이북에 위치하기 때문에 北魏라고도 하였다.
35) 蚩尤 : 전설 속의 九黎族의 족장. 신화에서 전쟁신에 가깝다.

의 곡식을 차지하고 계시며, 성고의 요새를 막고 계시며, 백마진을 지키고 태행산으로 가는 길목을 차단하고 계시며, 비호의 입구를 장악하고 계시니, 만일 천하의 제후들 중에 뒤늦게 한왕에게 항복하는 자는 남보다 먼저 멸망하게 될 것입니다. 왕께서 서둘러 한왕에게 항복하신다면 제나라의 사직을 보존할 수 있으실 것입니다. 그러나 만일 한왕에게 항복하지 않으신다면 멸망을 앉아서 기다리시게 될 것입니다." 전광은 역생의 말이 맞다고 생각하고 역생의 말을 받아들여 역하(歷下)의 방비를 풀고 역생과 더불어 날마다 술자리를 벌였다.

회음후는 역생이 수레 위에 앉은 채[36]로 제나라의 70여 개 성을 항복시켰다는 소식을 듣고, 밤을 틈타 군대를 평원(平原)에서 황하를 건너게 하여 제나라를 급습하였다. 제나라 왕 전광은 한나라 군대가 쳐들어왔다는 소식을 듣고서 역생이 자신을 속였다고 생각하고 이렇게 말하였다. "네가 만일 한나라 군대를 멈추게 할 수 있다면 내가 너를 살려주겠지만, 그렇지 않으면 나는 너를 삶아 죽이겠다!" 그러자 역생이 말하였다. "큰 일을 하는 사람은 자질구레한 일에 얽매이지 않으며, 덕이 높은 사람은 다른 사람의 비난을 신경쓰지 않는다. 내 너를 위해서 다시 무엇을 말하겠는가!" 제나라 왕은 결국 역생을 삶아 죽이고 군대를 이끌고 동쪽으로 도망쳤다.

한 12년에 곡주후(曲周侯) 역상은 승상으로서 군대를 거느리고 경포(黥布)[37]를 공격하여 공을 세웠다. 고조는 열후(列侯)와 공신들에게 봉토를 나누어줄 때 역이기를 생각하였다. 역이기의 아들 개(疥)는 일찍이 여러 차례 군대를 이끌고 전투를 하였으나 전공(戰功)이 후에 봉해질 정도는 아니었다. 그러나 고조는 그 아버지 역이기 때문에 개를 고량후(高梁侯)[38]에 봉하였다. 그 뒤에 다시 무수(武遂)[39]를 식읍으로 받고 3대까

---

36) 이 말은 酈生이 說客의 신분으로 齊나라를 항복시켰다는 것을 가리킨다.

37) 黥布 : 六(지금의 安徽省 六安縣) 사람. 원래 이름은 英布이다. 黥刑(이마에 죄인이라는 낙인을 먹실로 새기는 형벌)을 받았기 때문에 黥布라고 불렸다. 秦나라 말기 刑徒를 이끌고 봉기하여, 처음에는 項羽에게 의지하여 九江王에 봉해졌으나 뒤에 劉邦에게 의탁하여 淮南王에 봉해졌다. 漢나라 초기 彭越, 韓信 등의 공신들이 계속해서 劉邦을 살해하려는 것을 알고 군사를 일으켜 반란을 꾀하다가 전쟁에서 패하여 죽었다. 권91 「黥布列傳」 참조.

38) 高梁은 옛 읍 이름으로 지금의 山西省 臨汾市 동북쪽이다.

39) 武遂 : 漢나라가 설치한 현이다. 지금의 河北省 武強縣 서북쪽. 이것은 擔其驤의

지 계승하였다. 원수(元狩)⁴⁰⁾ 원년에 무수후(武遂侯) 평(平)이 조칙을 위조하여 형산왕(衡山王)⁴¹⁾에게 황금 100근(斤)을 사취하여, 그의 죄는 마땅히 기시(棄市)⁴²⁾의 죄에 해당되었으나 병으로 죽어 그의 봉국은 없어졌다.

육고(陸賈)는 초(楚)나라 사람이다. 식객으로 고조를 따라 천하를 평정하였다. 그는 구변이 좋은 세객으로 이름이 나 있어, 언제나 고조 가까이에서 늘 제후들에게 사신으로 가곤 하였다.

고조가 황제로 등극하였을 당시 중국은 거의 평정되었는데, 위타(尉他)⁴³⁾가 남월(南越)⁴⁴⁾을 평정하여 그곳에서 왕이 되었다. 고조는 육고를 보내 위타에게 인(印)을 내리고 남월왕으로 봉하였다. 육고가 도착하자 위타는 방망이 모양의 상투를 틀고 두 다리를 벌리고 앉은 채 육생(陸生)을 맞이하였다. 육생은 앞으로 나아가 이렇게 말하였다. "귀하께서는 중국 사람으로 친척과 형제의 무덤이 진정(眞定)에 있습니다. 그런데 지금 귀하께서는 천성(天性)을 위반하고 관대(冠帶)를 버린 채, 보잘것없는 월(越)나라로 천자와 대항하여 적국이 되려고 하오니, 화가 장차 몸에 미칠 것입니다. 또한 진(秦)나라는 정치를 잘못하였기 때문에 제후들과 호걸들이 저마다 들고 일어났는데, 유독 한왕께서 남보다 먼저 함곡관에 들어와 함양을 점거하셨습니다. 항우는 약속을 저버리고 스스로 서초의 패왕의 자리에 올랐고 제후들도 모두 그에게 귀속하였으니, 매우 강성한 나라라고 할 수 있습니다. 그러나 한왕께서 파, 촉에서 일어나 천하의 백성을 다스리고 제후들을 정복하여, 마침내는 항우를 정벌하셨습니다. 그리하여 5년 만에 천하가 평정되었으니, 이것은 사람의 힘이 아니라 하늘이

『中國歷史地圖』를 근거로 하였다(예전에는 지금의 山西省 武康縣 동북쪽이라는 설이 있었다).
40) 元狩 : 漢 武帝의 연호(기원전 122-기원전 117년)이다.
41) 衡山王 : 劉邦의 손자 劉勃의 봉호이다.
42) 棄市 : 저잣거리에서 사형을 집행하여 시체를 길거리에 버리는 형벌.
43) 尉他 : 尉佗라고도 한다. 원래의 성은 趙이다. '尉'는 관직 이름이다. 眞定(지금의 河北省 正定縣) 사람이다. 秦나라 때 龍川縣(지금의 廣東省 龍川縣)의 縣令을 지냈다. 뒤에 南海의 軍尉를 지냈기 때문에 尉他라고 불렀다.
44) 南越 : 고대 남방 越나라의 한 갈래. '南粤'이라고도 한다. 지금의 廣東省, 廣西省과 湖南省 남부 지역에 분포하였다.

세워준 것입니다. 천자께서는 귀하께서 남월의 왕이 된 뒤 천하를 도와서 폭도와 반역자를 죽이지 않는다는 것을 들으셨고, 지금 한나라의 장군과 재상들이 군대를 움직여 귀하를 주살하고자 하였으나, 천자께서는 또다시 백성을 괴롭히는 것을 불쌍히 여기시어 잠시 그들을 쉬게 하시고, 신을 이곳으로 보내어 귀하께 왕인(王印)을 내리시고 황제의 부절(符節)을 나누어 사신을 왕래하도록 하신 것입니다. 귀하께서는 마땅히 교외에 나와서 사신을 영접하고 북면(北面)하여 신하됨을 고해야 할 터인데도 새로 건립되어 아직 안정되지 못한 남월로 이처럼 강경하게 나오시니, 한나라에서 만일 이와 같은 사실을 안다면 귀하의 선조의 묘를 파내어 불태우고 귀하의 종속을 모두 없앨 것이며, 부장 한 사람에게 10만의 군대를 이끌게 하여 월나라를 공격하게 할 것입니다. 그렇게 되면 월나라 사람들이 귀하를 죽여서 한나라에 항복할 것이니, 이는 손을 뒤집는 것처럼 쉬운 일입니다."

그러자 위타는 깜짝 놀라 일어나 좌정하고 육생에게 사죄하여 말하였다. "오랑캐의 땅에 오래 거하다 보니 실례가 많았습니다." 그리고는 육생에게 질문하였다. "나를 소하(蕭何),[45] 조삼(曹參),[46] 한신(韓信)과 비교한다면 누가 더 현명합니까?" 육생이 말하였다. "귀하께서 조금 현명한 듯합니다." 위타가 다시 물었다. "나를 황제와 비교한다면 누가 더 현명합니까?" 육생이 대답하였다. "황제께서는 풍(豐),[47] 패(沛)[48]에서 일어나시어 포악한 진나라를 토벌하고 강성한 초나라를 주멸하시고, 천하를 위하여 이로운 것을 일으키시고 해로운 것을 제거하시어 오제(五帝), 삼왕(三王)[49]의 대업을 계승하여 중국을 통일하여 다스리고 계십니다. 중국의 인구는 수없이 많고, 사방 만리의 천하의 기름진 땅에 살고 있습니다. 사람도 많고 수레도 많으며 만물은 풍부하며, 정치는 황실 일가(一家)에 통일되어 있으니, 이러한 일은 천지가 개벽한 이래로 일찍이 없었

---

45)　蕭何: 劉邦의 중요한 謀臣. 西漢 제일의 丞相. 권53「蕭相國世家」참조.

46)　曹參: 劉邦이 도움을 받은 장군. 蕭何가 죽은 후 丞相을 계승하였다. 권54「曹相國世家」참조.

47)　豐: 옛 읍 이름. 秦나라 때에는 沛縣에 속하였다가 漢나라 때 현이 되었는데 지금의 江蘇省 豐縣이다.

48)　沛: 현 이름. 지금의 江蘇省 沛縣.

49)　五帝는 중국 고대 전설 속의 나섯 帝王을 가리킨다. 일반적으로 黃帝, 顓頊, 帝嚳, 堯, 舜을 가리킨다. 三王은 夏 禹王, 商 湯王, 周 文王 또는 周 武王을 가리킨다.

594

던 일입니다. 지금 귀하께서는 인구가 수 십만 명에 불과하고 그나마 모두 오랑캐들입니다. 그리고 영토는 험한 산과 바다 사이에 끼어 있어 한 나라의 하나의 군(郡)에 불과한데, 귀하께서는 어찌 한나라에 비교하십니까?" 그러자 위타가 크게 웃으며 이렇게 말하였다. "나는 중국에서 일어나지 않았기 때문에 여기에서 왕 노릇을 하는 것일 뿐이오. 만일 내가 중국에 거한다면 어찌 한나라의 황제만 못하겠소?" 위타는 육생에게 크게 만족하여 그를 만류하여 몇달 동안 함께 술을 마시며 즐겼다. 그는 육생에게 이렇게 말하였다. "남월에는 더불어 이야기를 나눌 사람이 없소. 그대가 이곳에 오신 뒤로 나에게 매일 그동안 들을 수 없었던 소식을 듣게 해주었소." 그리고는 육생에게 천금이나 나가는 보물을 자루에 넣어주고 따로 천금을 주었다. 육생은 마침내 위타를 남월왕에 임명하고, 그로 하여금 한나라의 신하됨을 고하게 하고 한나라와의 약속을 지키게끔 하였다. 육생이 한나라로 돌아와서 고조에게 보고하자 고조는 매우 기뻐하며 육고를 태중대부(太中大夫)[50]에 임명하였다.

육생은 항상 황제 앞에서 진언할 때 『시경(詩經)』, 『상서(尙書)』를 인용하였다. 고조는 육고를 꾸짖으며 이렇게 말하였다. "나는 말 위에서 천하를 얻었소. 어찌 『시경』, 『상서』 따위에 얽매이겠소?" 그러자 육생이 말하였다. "말 위에서 천하를 얻으셨지만 어찌 말 위에서 천하를 다스릴 수 있겠습니까? 옛날 은 탕왕(殷湯王)과 주 무왕(周武王)은 역도(逆道)로 천하를 얻었지만 민심에 순응하여 나라를 지키셨으니, 이와 같이 문무를 함께 사용하는 것이 국가를 길이 보존하는 방법입니다. 옛날에 오왕(吳王) 부차(夫差)[51]와 진(晉)나라의 지백(智伯)[52]은 무력을 지나치게 사용하여 멸망하였으며, 진(秦)나라는 가혹한 형법만을 사용하고 바꾸지 않다가 결국 조씨(趙氏)[53]는 멸망하였습니다. 당시에 진나라가 천하를

---

50) 太中大夫: 황제 옆에서 議論을 관장하는 관리.
51) 夫差: 춘추시대 말기의 吳나라 군주. 23년간(기원전 194-기원전 188년) 재위에 있었다. 일찍이 군대를 이끌고 越나라의 수도(지금의 浙江省 會稽)를 공격하였으나 후에 齊나라 군대에게 대패하였으며, 晉나라와 패권을 다투다가 결국은 越나라에게 패하고 자신은 자살하였다.
52) 智伯: '知伯'이라고도 한다. 춘추시대 말기의 晉나라 大夫로서, 晉나라 六卿(韓氏, 趙氏, 魏氏, 范氏, 中行氏, 知氏) 중의 하나였다. 일찍이 韓氏, 趙氏, 魏氏와 더불어 范氏와 中行氏의 토지를 나누어 가졌고, 뒤에는 또 趙氏를 멸망시키려고 하였으나 성공하지 못하고 반대로 趙氏에게 멸망당하였다.

통일한 뒤 인의(仁義)를 행하고 옛 성인을 본받았다면 폐하께서 어떻게 천하를 차지할 수 있었겠습니까?" 고조는 마음이 불편하였지만 오히려 부끄러워하는 기색을 보이며 곧 육생에게 이렇게 말하였다. "시험삼아 나를 위하여 진나라가 천하를 잃은 까닭과 내가 천하를 얻은 까닭이 무엇인지, 그리고 옛날에 성공하거나 실패한 나라의 역사사실을 저술하도록 하시오." 육생은 이에 국가의 존망의 징후에 대하여 약술하여 모두 12편을 지었다. 그가 매편을 상주할 때마다 고조는 좋다고 칭찬하지 않은 적이 없었으며, 좌우의 사람들도 모두 만세를 외치며, 그 책을 『신어(新語)』[54]라고 하였다.

효혜제(孝惠帝)[55] 때 여태후(呂太后)[56]가 정권을 잡고 여러 여씨들을 왕으로 세우려고 하였으나 대신들 중에서 바른 말 잘하는 사람을 두려워하였다. 육생은 스스로 여태후와는 논쟁할 수 없다고 판단하고 병을 구실삼아 사직하고서 집에 칩거하였다. 그는 호치(好畤)[57]에 있는 전답이 비옥하여 그곳에서 정착하기로 하였다. 그에게는 다섯 아들이 있었는데 그가 월나라에 사신으로 갔을 때 얻었던 자루의 보물을 팔아서 천금을 만들어 아들들에게 200금씩 나누어주고 생업을 마련하도록 하였다. 육생은 항상 네 마리의 말이 끄는 안거(安車)에 앉아서 가무를 하고 거문고를 타는 시종 10명을 데리고 다녔으며, 100금의 값이 나가는 보검을 차고 다녔다. 그는 아들들에게 이렇게 말하였다. "너희들과 약속하자. 내가 너희들 집에 들르면 너희들은 내가 데려온 사람과 말에게 술과 음식을 주도록 해라. 실컷 놀고 즐기다가 열흘이 되면 다음 아들 집으로 옮길 것이다. 내가 죽는 집에서 보검과 수레와 말, 그리고 시종들을 소유할 것이다. 1년 중에 다른 집에 머무는 것을 제외하면 대략 두세 번 정도 너희들 집에 들를 것이다. 자주 보게 되면 싫어할 테니 오래 묵어서 너희들을 귀찮게 하지 않을 것이다."

---

53) 趙氏 : 秦나라를 가리킨다. 秦 始皇의 선조 중의 한 갈래인 造父는 일찍이 趙城에 봉해졌기 때문에 성이 趙氏이다. 嬴氏와 趙氏 성은 같은 선조이다. 그래서 秦 始皇 嬴政을 趙政이라고도 한다.
54) 『新語』 : 지금은 두 권으로 나뉘어 있다. 모두 12편이다.
55) 孝惠帝 : 劉盈. 劉邦의 아들. 기원전 194년에서 기원전 188년까지 재위하였다.
56) 呂太后 : 呂雉. 劉邦의 아내. 권9 「呂太后本紀」 참조.
57) 好畤 : 漢나라가 설치한 현. 지금의 陝西省 乾縣 동쪽.

여태후 때에 여러 여씨들을 왕으로 세우니 여씨 일족은 정권을 전횡하고 어린 황제[58]를 협박하여 유씨의 한나라를 위태롭게 하였다. 우승상 (右丞相) 진평 (陳平)[59]은 이 일을 근심하였으나 그들에게 대항할 힘이 없고 화가 자신에게 미칠까 두려워서 항상 한가로이 지내면서 깊은 시름에 잠겨 있을 뿐이었다. 한번은 육생이 문안을 드리러 가서 그의 곁에 앉아 있었지만 진승상은 마침 깊은 시름에 잠겨 있어 육생을 바로 발견하지 못하였다. 육생이 말하였다. "무슨 생각을 그리 깊이 하고 계십니까?" 진평이 말하였다. "선생은 내가 무슨 생각을 하고 있는지 맞춰보시오?" 육생이 대답하였다. "그대의 벼슬은 우승상에 이르고 식읍은 3만 호나 되는 열후이시니, 참으로 부귀가 극에 달하였으니 더 이상 무슨 욕망이 있겠습니까? 그럼에도 불구하고 근심이 있으니, 이는 분명 여씨와 어린 군주의 일 때문일 것입니다." 진평이 말하였다. "그렇소. 이 일을 어떻게 하였으면 좋겠소?" 육생이 말하였다. "천하가 안정되어 있을 때에는 백성들은 재상에게 기대를 모으고, 천하가 위태로울 때에는 장군에게 기대를 모으는 것입니다. 만일 장군과 재상이 화목하고 협력한다면 모든 사대부들이 따를 것이며, 사대부들이 따르게 되면 설령 천하에 변란이 일어나더라도 국가의 대권은 분열되지 않을 것입니다. 사직을 위하여 생각해볼 때, 나라의 안위가 두 분의 손에 달려 있습니다. 신은 항상 태위 (太尉) 강후 (絳侯)[60]에게 이런 이야기를 하고자 하였으나 강후와 저는 농담을 잘하는 사이인지라 저의 말을 가볍게 받아들입니다. 그대는 어찌하여 태위와 친교를 맺어 서로 밀접하게 단결하지 않으십니까?" 이리하여 육고는 진평을 위하여 여씨 일족에게 대처하는 몇 가지 계책을 일러주었다. 진평은 육고의 계책에 따라 500금으로 강후 주발의 장수를 축복하고, 가무와 술과 음식을 융성하게 베풀었다. 태위 역시 마찬가지로 후하게 답례하였다. 이 두 사람이 서로 밀접하게 결속되자, 여씨들의 음모는 점차 움

---

58) 惠帝의 황후는 아들이 없었다. 그래서 임신한 것처럼 속여 후궁 妃殯의 아들 冒充을 자기의 아들로 삼아 태자로 세웠다. 惠帝가 죽은 뒤 이 태자는 황제가 되었는데, 뒤에 呂太后를 폐위시키고 살해하였다.

59) 陳平 : 劉邦의 중요한 謀臣. 曲逆侯에 봉해졌다. 惠帝와 呂太后 때 丞相을 지냈는데 呂氏 일족이 정권을 마음대로 하여 정치에 간섭하지 않았다. 呂太后가 죽은 뒤 그는 周勃과 계획하여 呂產, 呂祿 등을 죽이고 文帝를 세웠다.

60) 絳侯 : 周勃. 그는 劉邦을 따라 일어나 軍功으로 將軍이 되어 絳侯에 봉해졌다. 呂太后 때 전국 최고의 군사장관인 太尉에 임명되었다.

츠러들었다. 진평은 이에 노비 100명과 수레와 말 50승, 500만 전(錢)을 음식 비용으로 육생에게 주었다. 육생은 이것으로 한나라 조정의 공경(公卿)들과 교유하니 그의 명성이 자자해졌다. [61]

여씨 일족들을 주살하고 효문제(孝文帝)[62]를 세우는 일에 육생은 상당한 공을 세웠다. 효문제가 즉위하자 남월에 사신을 보내려고 하였다. 그때 우승상 진평 등이 육생이 태중대부로 있을 때 위타에게 사신으로 가서 위타로 하여금 황색 비단으로 수레 덮개를 사용하지 못하게 하고 황제의 제(制)[63]를 칭하는 것을 못하게 하여 제후와 동등하게 함으로써 황제의 마음에 들게 하였다고 말하였다. 이 이야기는 「남월열전(南越列傳)」에 상세히게 기록되어 있다. 육생은 천수를 누리고 죽었다.

평원군(平原君)[64] 주건(朱建)은 초나라 사람이다. 일찍이 그는 회남왕(淮南王) 경포(黥布)의 재상을 지낸 적이 있었는데 죄를 지어 관직을 떠났다가 뒤에 다시 경포를 섬겼다. 경포가 반란을 일으키려고 할 때 평원군에게 물었으나 평원군은 그것에 반대하였다. 그러나 경포는 그의 말을 듣지 않고 양보후(梁父侯)[65]의 말을 듣고서 마침내 모반하였다. 한나라는 경포를 죽이고 난 다음, 평원군이 경포에게 간언하고 모반에 동참하지 않았다는 사실을 알고서 그를 죽이지 않았다. 이 이야기는 「경포열전(黥布列傳)」에 기록되어 있다. [66]

평원군은 사람됨이 구변이 좋고 준엄하고 청렴하며 강직한 사람으로, 장안(長安)에 살았다. 그는 구차하게 남의 비위를 맞추거나 의리에 벗어나는 일을 하려 하지 않았다. 벽양후(辟陽侯)[67] 심이기(審食其)는 행실

---

61) 원문은 "名聲藉甚"이다.
62) 孝文帝 : 劉恒. 劉邦의 아들. 기원전 179년에서 기원전 157년까지 재위하였다. 권10「孝文本紀」참조.
63) 制 : 황제의 명령.
64) 平原君 : 朱建의 봉호. 봉읍 이름이 아니다. 朱建은 黥布가 漢나라에게 모반하지 못하도록 간언하였기 때문에 劉邦은 朱建을 平原君에 봉하였다.
65) 梁父侯 : 淮南王 英市의 관리. 일설에는 성이 侯이고, 이름이 遂인 梁父(지금의 山東省 新汶縣 서쪽) 사람이라고도 한다.
66) 권19「黥布列傳」에는 朱建이 黥布에게 간언한 일이 기록되어 있지 않다.
67) 辟陽侯 : 劉邦과 동향 사람으로 오랫동안 呂太后를 섬겼다. 呂太后의 깊은 총애를 받아 관직이 左丞相까지 이르렀다. 辟陽은 현 이름으로 지금의 河北省 翼縣 동남쪽이다.

이 바르지 않았지만 여태후의 총애를 받았다. 그무렵 벽양후는 평원군과
사귀고 싶어하였으나 평원군은 그를 만나려고 하지 않았다. 평원군의 어
머니가 죽었을 때 육고는 평소에 평원군과 사이가 좋았으므로 그의 집에
문상을 하러 갔다. 평원군은 너무 가난하여 아직 장례도 치르지 못하였고
마침 상복과 장례도구를 빌리려던 참이었다. 육고는 평원군에게 장례를
치르도록 하였다. 그리고 난 다음 육고는 벽양후를 찾아가서 축하하며 말
하였다. "평원군의 어머니께서 돌아가셨소." 그러자 벽양후가 말하였다.
"평원군의 어머니께서 돌아가셨는데 어찌하여 나에게 축하를 하시오?"
육고가 말하였다. "예전에 그대는 평원군과 사귀기를 바랐지만 평원군이
의리를 지키느라 그대와 사귀려하지 않았던 것은 그의 어머니 때문이었
소. 그런데 지금 그의 어머니께서 돌아가셨으니 그대가 진실로 후하게 조
문한다면 그는 당신을 위하여 죽기라도 할 것이오." 이에 벽양후는 100금
의 조의금을 냈다. 열후와 귀인들이 벽양후의 일로 인하여 평원군을 찾아
가 조의금을 내니 모두 500금에 달하였다.

  벽양후는 여태후와 간통하였는데 많은 사람들이 효혜제 앞에서 벽양후
를 헐뜯었다. 그러자 효혜제는 크게 노하여 형리에게 넘겨 그를 죽이려
하였다. 그러나 여태후는 부끄러워 아무 말도 하지 못하였다. 대신들은
벽양후의 행실을 매우 미워하였기 때문에 정말로 그를 죽이기를 바랐다.
그러자 벽양후는 다급하여 사람을 보내 평원군을 만나려고 하였다. 그러
나 평원군은 거절하며 이렇게 말하였다. "재판이 임박해 있으므로 감히
그대를 만날 수 없습니다." 그리고는 평원군은 효혜제의 총신 굉적유(閎
籍孺)[68]를 찾아가 그를 설득하며 이렇게 말하였다. "당신이 황제의 총애
를 받고 있다는 사실을 천하에 모르는 사람이 없소. 그런데 지금 벽양후
는 태후에게 총애를 받았다 하여 형리에게 넘겨져 있는데, 사람들은 모두
가 당신이 중상해서 그를 죽이려 한다고 말하고 있소. 지금 벽양후가 주
살당한다면 여태후께서 분노를 감추고 계셨다가 다음날에 역시 당신을 죽
일 것이오. 그런데 어찌하여 당신은 옷을 벗어 어깨를 드러내놓고[69] 벽양
후를 위하여 황제께 용서해달라고 부탁하지 않는 거요? 만일 황제께서

---

68) 閎籍孺 : 권125 「佞幸列傳」에 의하면 高帝 때는 "籍孺," 惠帝 때는 "閎孺"로 기록
   되어 있다.
69) 죄를 청하는 표시.

당신의 청을 받아들여 벽양후를 풀어준다면 태후께서 크게 기뻐하실 것이오. 그렇게 된다면 황제와 태후 두 분께서는 당신을 총애할 것이고 당신은 부귀가 이전에 비하여 더욱더 늘어날 것이오."그러자 굉적유는 크게 두려워서 그의 계획에 따라 황제에게 진언하니 과연 황제는 벽양후를 풀어주었다. 벽양후는 자기가 감옥에 끌려갈 때 평원군을 만나려 하였으나 평원군이 만나주지 않자, 평원군이 자기를 배반하였다고 생각하고 크게 노하였다. 그러나 평원군이 계획을 성공시켜 그를 구해주자 벽양후는 크게 놀랐다.

여태후가 붕어하자 대신들이 여씨 일족을 주살하였다. 벽양후는 여씨 일족과 관계가 매우 밀접하였지만 끝내 죽임을 당하지 않았다. 계획을 세워 그를 살아남게 한 것은 바로 육고와 평원군의 힘이었다.

효문제 때에 회남(淮南)의 여왕(厲王)은 벽양후를 죽였는데[70] 이는 여씨 일족과의 관련 때문이었다. 효문제는 벽양후의 식객인 평원군이 벽양후를 위하여 계책을 세웠다는 이야기를 듣고 형리를 시켜 평원군을 체포하여 그 죄를 다스리고자 하였다. 형리가 집에 도착하였다는 소식을 듣고는 평원군은 자살하려고 하였다. 그러자 여러 아들들과 속리(屬吏)들이 모두 이렇게 말하였다. "일의 결과를 아직 모르는데 어찌해서 조급하게 자살하시려 하십니까?"그러자 평원군은 말하였다. "내가 자살하면 화근이 끊어져 화가 너희들에게까지 미치지 않을 것이다."그리고는 마침내 목을 찔러 자살하였다. 효문제는 소식을 듣고 애석해하며 이렇게 말하였다. "나는 그를 죽일 생각이 없었는데."이에 그의 아들을 불러서 중대부(中大夫)[71]에 임명하였다. 그는 흉노(匈奴)에 사신으로 갔다가 선우(單于)[72]가 무례하자 선우를 나무랐다가 결국 흉노 땅에서 죽었다.

처음 패공이 군대를 이끌고 진류(陳留)를 지나갈 때에 역생은 군대의 문 앞까지 찾아와 알현을 청하는 명함을 주면서 이렇게 말하였다.[73] "고

---

70) 漢 高帝 11년(기원전 196)에 그의 아들 劉長을 淮南王에 봉하였다. 厲王은 그가 죽은 후의 諡號이다. 漢 文帝 3년(기원전 177년)에 劉長은 쇠망치로 辟陽侯를 때려 죽였다. 권118「淮南衡山列傳」참조.

71) 中大夫 : 황제의 고문직.

72) 單于 : 匈奴 군주의 칭호.

73) 酈生이 처음 沛公을 만난 일에 대해서는 『漢書』「朱建傳」에 또 나온다. "是後人因

양(高陽)의 천민 역이기는 패공께서 뜨거운 햇살과 찬 이슬을 무릅쓰고 군대를 이끌고 초나라를 도와 불의한 진나라를 토벌한다는 소식을 듣고서 삼가 종자(從者) 여러분을 위문하고, 패공을 만나 뵙고서 천하 대사에 대해서 말씀드리고자 합니다."사자가 들어가서 고하였다. 그때 패공은 마침 다리를 씻고 있다가 사자에게 물었다. "어떤 사람이냐?"사자가 이렇게 대답하였다. "그의 용모로 보아서 뛰어난 선비 같사온대 선비의 옷을 입고 측주관(側注冠)[74]을 쓰고 있습니다."그러자 패공이 말하였다. "나 대신에 그에게 사과하고, '내가 지금 천하의 일로 바쁘기 때문에 선비를 만날 겨를이 없다'고 전하여라."사자가 밖으로 나와서 역생에게 거절하며 이렇게 말하였다. "패공께서 선생께 삼가 사죄하시며, 지금은 천하의 대사로 바쁘기 때문에 선비를 만날 겨를이 없다고 하십니다."그러자 역생은 눈을 부릅뜨고 검을 잡더니 사자에게 이렇게 꾸짖었다. "다시 들어가봐라! 다시 들어가서 패공께 나는 고양의 술꾼이지 선비가 아니라고 전하라."사자는 두려워 명함을 떨어뜨렸다가 허리를 굽혀 그 명함을 주워서 다시 들어가 아뢰었다. "손님은 천하의 장사이옵니다. 저를 꾸짖었는데 저는 두려워서 명함을 떨어뜨렸을 정도입니다. 그는 '다시 들어가봐라! 다시 들어가서 고양의 술꾼이라고 전하라'고 하였습니다."그러자 패공은 즉시 맨발로 창을 잡고서 말하였다. "손님을 들어오게 하라!"

역생은 들어와서는 패공에게 읍하고 이렇게 말하였다. "공께서는 몹시 고생을 하시며, 의관은 햇빛에 쏘이고 관은 비에 젖어가며 군대를 이끌고 초나라를 도와 불의한 진나라를 정벌하고 계십니다. 그런데 공께서는 어찌하여 자중하시지 않으십니까? 저는 천하의 대사 때문에 공을 뵈려고 하는데 오히려 '내가 지금 천하의 일로 바쁘기 때문에 선비를 만날 겨를이 없다'고 말씀하시는지요? 공께서는 대사를 일으켜 천하의 큰 공을 세우려 하시면서 사람의 겉모습만 보시니, 천하의 재능 있는 사람들을 놓쳐버리실 것입니다. 게다가 저는 공의 지혜가 저보다 못하고 공의 용맹함 또한 저보다 못하다고 생각합니다. 만약 공께서 천하의 대사를 이루고자

其小有異同而附之"라고 되어 있다(『史記志疑』 참조). 이 문장에서부터 '太史公은 말하였다' 앞까지의 문장은 후세 사람이 기록한 것으로 보인다.

74) 側注冠 : 선비들이 쓰는 관으로 '高山冠'이라고도 한다. 秦나라 때에는 본래 側臣 謁者들의 의복이었다.

하시면서 저를 만나지 않으신다면, 공께서 잘못 생각하고 계신 것이라고 생각합니다." 패공은 사과하며 이렇게 말하였다. "아까는 선생의 용모에 대하여 들었을 뿐인데, 이제야 선생의 마음을 알았소." 그리고 역생을 이끌어 자리에 앉히고서 천하를 취할 방법에 대하여 물었다. 역생은 이렇게 말하였다. "대저 공께서 큰 공(功)을 이루고자 하신다면 진류에 머무는 것보다 나은 것이 없습니다. 진류는 천하의 사통팔달의 요충지이며 군대가 모이는 곳이며, 수십만 석의 식량이 비축되어 있으며 성의 수비가 대단히 견고합니다. 저는 평소에 그곳의 현령과 잘 아는 사이인데 공을 위하여 그를 설득해보겠습니다. 만일 저의 말을 듣지 않는다면 저는 공을 위하여 그를 죽여 진류를 항복시키겠습니다. 공께서는 진류의 군대를 거느리고 진류성을 차지하고 그곳에 쌓인 식량을 이용하여 공을 따를 천하의 군사를 모집하십시오. 군사를 다 모집하신 후에 공께서 천하를 횡행하시더라도 공을 방해할 수 있는 사람은 아무도 없을 것입니다." 패공은 이 말을 듣고 이렇게 말하였다. "삼가 가르침에 따르겠소."

이에 역생은 그날 밤 진류의 현령을 만나 그를 설득하여 말하였다. "무릇 진나라는 무도하여 천하가 진나라에 반기를 들고 있소. 지금 그대가 천하와 더불어 따른다면 큰 공을 이룰 수 있을 것이오. 만약 혼자서 망해가는 진나라를 위하여 성에 의지하여 굳게 지킨다면 나는 그대가 대단히 위태로울 것이라고 생각하오." 그러자 진류의 현령은 이렇게 말하였다. "진나라의 법은 매우 엄하여 망언을 할 수 없소. 망언을 하는 사람은 멸족당할 것이니 그대의 말에 따를 수 없소. 그대가 나에게 가르쳐준 것은 나의 뜻이 아니니 다시는 이와 같은 말을 하지 마시오." 역생은 그곳에 머물러 자다가 한밤중에 진류 현령의 머리를 베고 성을 넘어 패공에게 보고하였다. 이에 패공은 군사를 이끌고 성을 공격하는 한편, 진류 현령의 머리를 장대에 매달아 성 위에 있는 사람에게 보여주면서 말하였다. "빨리 항복하라! 현령의 머리는 이미 베어졌다. 지금부터 뒤늦게 항복하는 사람은 먼저 죽일 것이다!" 이에 진류현의 사람들은 현령이 이미 죽은 것을 알고서 드디어 서로 앞을 다투어 패공에게 항복하였다. 패공은 진류의 남쪽 성문 위에 주둔하면서 그곳의 병기와 저장하여 놓은 식량으로 3개월 동안 머물면서 따르는 군사가 수만명에 달하자, 마침내 함곡관(函谷關)에 들어가 진나라를 격파하였다.

태사공은 말하였다.

"세상에 유전되는 역생(酈生)에 관한 기록에는 대부분 한왕(漢王)이 이미 삼진(三秦)을 함락시킨 뒤 동쪽으로 항적(項籍)을 공격하여 군대를 이끌고 공(鞏)과 낙양(洛陽) 사이에서 물러나 있을 때 역생이 선비의 옷을 입고 한왕에게 유세하였다고 되어 있는데, 이는 잘못된 것이다. 그때 패공은 함곡관에 들어가지 않았고, 항우(項羽)와 이별하고 고양(高陽)에 이르러서 역생 형제를 얻었다. 내가 역생의 『신어(新語)』 12편을 읽어보니 과연 역생은 당시의 구변이 뛰어난 세객이었다. 평원군(平原君)의 아들[75]과 나는 친교가 있었기 때문에 이 일에 대해서 상세하게 기록할 수 있었다."

---

75) 그의 이름은 분명하지 않다.

권98 「부근괴성열전(傅靳蒯成列傳)」 제38

　양릉후(陽陵侯)¹⁾ 부관(傅寬)은 위(魏)나라 오대부(五大夫)²⁾의 기장(騎將)으로 패공(沛公)³⁾을 따라 가신(家臣)이 되었다. 횡양(橫陽)⁴⁾에서 일어나 패공을 따라 안양(安陽)⁵⁾과 강리(杠里)⁶⁾를 공격하였으며, 개봉(開封)⁷⁾에서 조분(趙賁)⁸⁾의 군대를 격파하였으며, 그리고 곡우(曲遇),⁹⁾ 양무(陽武)¹⁰⁾ 일대에서 양웅(楊熊)¹¹⁾을 공격하여 적의 수급(首級)¹²⁾ 12개를 베어오자 패공은 그에게 경(卿)의 작위를 하사하였다. 그는 또 패공을 따라 패상(霸上)¹³⁾에 이르렀다. 패공은 한왕(漢王)으로 등극하였고, 부관에게 공덕군(共德君)이라는 봉호를 하사하였다. 그는 패공을 따라 한중(漢中)¹⁴⁾에 들어가 우기장(右騎將)이 되었다. 그가 다시 한왕을 따라 삼진(三秦)¹⁵⁾을 평정하자, 한왕은 그에게 조음(雕陰)¹⁶⁾을 식읍으로

---

1) 陽陵侯 : 傅寬의 최후의 봉호. 陽陵은 현 이름으로 지금의 陝西省 高陵縣 서남쪽이다.
2) 五大夫 : 작위 이름. 秦, 漢 나라의 20등급의 작위 중 9번째이다.
3) 沛公 : 劉邦은 처음 沛(지금의 江蘇省 沛縣)에서 일어났기 때문에 沛公이라고 한다. 楚나라 사람들은 縣令을 公이라고 불렀다. 기원전 206년 項羽는 沛公을 漢王에 봉하였다.
4) 橫陽 : 읍 이름. 지금의 河南省 商丘縣 서남쪽.
5) 安陽 : 읍 이름. 지금의 山東省 曹縣 동북쪽.
6) 杠里 : 현 이름. 지금의 山東省 鄄城縣.
7) 開封 : 현 이름. 지금의 河南省 開封市 서남쪽.
8) 趙賁 : 秦나라의 장수.
9) 曲遇 : 曲遇聚를 가리킨다. 읍 이름. 지금의 河南省 中牟縣 서쪽.
10) 陽武 : 현 이름. 지금의 河南省 原陽縣 동남쪽.
11) 楊熊 : 秦나라 장수.
12) 首級 : 秦나라의 제도에는 적의 머리를 얼마나 베었냐 하는 것으로 공을 논하고 진급하였는데, 뒤에 목이 잘린 사람의 머리를 '首級'이라고 하였다.
13) 霸上 : '灞上'이라고도 한다. 지명. 지금의 陝西省 西安市 동남쪽.
14) 漢中 : 군 이름. 지금의 陝西省 남부와 湖北省 서북부.
15) 三秦 : 項羽가 關中에서 봉한 雍, 塞, 翟 세 왕을 가리킨다. 이 제후국은 모두 원래 秦나라 땅에 있었기 때문에 합해서 三秦이라고 한다.
16) 雕陰 : 현 이름. 지금의 陝西省 富縣 북쪽.

하사하였다. 또 패공을 따라 항우를 공격하고, 회(懷)¹⁷⁾에서 패공을 기다리니, 패공은 부관에게 통덕후(通德侯)의 작위를 하사하였다. 또 패공을 따라서 항관(項冠),¹⁸⁾ 주란(周蘭),¹⁹⁾ 용저(龍且)²⁰⁾를 공격하였고, 그가 거느린 병사가 오창(敖昌)²¹⁾에서 적의 기장 한 사람을 죽이니 그의 식읍은 더 많아졌다.

그가 회음후(淮陰侯)²²⁾에게 속해 있을 때에는 역하(歷下)²³⁾에 주둔하고 있는 제(齊)나라 군대를 격파하였고, 또 전해(田解)²⁴⁾를 사로잡았다. 그가 상국(相國) 조삼(曹參)²⁵⁾에게 속해 있을 때에는 박(博)²⁶⁾을 격파하여 그의 식읍이 더 많아졌다. 제나라 평정에 공을 세웠기 때문에 한왕은 부절(符節)을 나누어 반을 주고²⁷⁾ 자손 대대로 계승하게 하였으며, 양릉후(陽陵侯)에 봉하여 식읍 2,600호를 하사하였고, 이전에 준 식읍을 회수하였다. 그는 제나라의 우승상(右丞相)이 되어 항복하지 않은 제나라의 전횡(田橫)²⁸⁾에 대비하였다. 5년 뒤에 그는 제나라의 상국이 되었다.²⁹⁾

4월, 진희(陳豨)³⁰⁾를 공격할 때 그는 태위(太尉)³¹⁾ 주발(周勃)³²⁾에게

---

17) 懷: 현 이름. 지금의 河南省 武陟縣 서남쪽.
18) 項冠: 項羽의 장수.
19) 周蘭: 龍且의 부하로 뒤에 漢信에게 포로로 잡혔다.
20) 龍且: 項羽의 장수로 뒤에 韓信에게 살해되었다.
21) 敖昌: 지금의 河南省 鄭州市 서북쪽 邙山 위에 있다.
22) 淮陰侯: 韓信. 淮陰 사람이다. 처음에는 項羽에게 속해 있다가 劉邦에게 귀속하여 대장에 임용되었다. 漢 4년(기원전 203년) 劉邦은 그를 齊王에 봉하였다. 漢 5년에는 楚王에 봉해졌으나, 漢 6년에는 淮陰侯로 좌천되었다. 漢 11년, 모반죄로 살해되었다. 권92「淮陰侯列傳」참조.
23) 歷下: 읍 이름. 지금의 山東省 齊南市.
24) 田解: 齊王 田廣의 장수로 歷下에 주둔하고 있었다.
25) 曹參: 沛縣 사람. 秦나라 말기 劉邦을 따라 일어나 여러 차례 전공을 세웠다. 漢나라가 건립된 후 平陽侯에 봉하였다. 일찍이 9년 동안 齊나라의 재상을 지냈는데, 후에 蕭何를 이어서 漢나라 재상이 되었다. 권54「曹相國世家」참조.
26) 博: 읍 이름. 지금의 山東省 泰安縣 동남쪽.
27) 고대의 帝王들은 제후에게나 공신들에게 분봉할 때 증거를 표시하는 符節을 반으로 나누어 양쪽이 각각 반을 가짐으로 해서 신용을 나타내었다.
28) 田橫: 齊나라의 재상.
29) 齊王 劉肥의 相國을 말한다.
30) 陳豨: 宛朐(지금의 山東省 菏澤縣 서남쪽) 사람. 高祖를 따라 韓王 信을 격파하여 代나라를 평정하였다. 趙나라의 相國이 趙와 代 나라의 변방 군사를 이끌고 오자 성대하게 대접하여 高祖의 의심을 받았다. 그래서 스스로 代王이 되어 군사를 일으

속하였는데, 제나라의 상국으로 승상(丞相) 번쾌(樊噲)[33]를 대신하여 진희를 정벌하였다. 1월, 그는 대(代)나라의 상국으로 전임되어 변방을 수비하였다. 2년 뒤에는 대나라의 승상이 되어 변방을 수비하였다.

효혜제(孝惠帝)[34] 5년에 부관이 죽자 경후(景侯)라는 시호가 내려졌다. 그의 아들 경후(頃侯) 정(精)이 뒤를 계승하였는데, 그는 24년 뒤에 죽었다. 경후의 아들 공후(共侯) 측(則)이 뒤를 계승하였는데, 그는 12년 뒤에 죽었다. 그의 아들 후언(侯偃)이 뒤를 계승하였는데, 31년 뒤 회남왕(淮南王)[35]과 모반한 것으로 인하여 그는 죽고 봉국은 없어졌다.

신무후(信武侯)[36] 근흡(靳歙)은 중연(中涓)[37]의 신분으로 패공을 따라 원구(宛胊)[38]에서 일어났다. 제양(濟陽)[39]을 공격하여 이유(李由)[40]의 군대를 격파하였다. 그는 박(亳)[41]의 남쪽과 개봉의 동북쪽 일대에서 진(秦)나라 군대를 공격하여 기병 1,000명과 장수 한 사람을 죽이고, 수급 57개를 얻고, 포로 73명을 사로잡으니, 패공은 그에게 임평군(臨平君)의 작위를 하사하였다. 또 남전(藍田)[42] 북쪽에서 전투를 하여 거사마(車司馬)[43] 두 사람과 기장 한 사람을 죽였으며, 수급 28개를 얻고, 포로 57

켜 모반하였으나 전쟁에서 패하여 살해되었다.
31) 太尉 : 무관의 이름. 丞相, 御史大夫와 함께 三公이라고 불렸다. 전국 최고의 군사장관이다.
32) 周勃 : 권57 「絳侯周勃世家」 참조.
33) 樊噲 : 沛縣 사람. 처음에 劉邦을 따라 일어났는데, 軍攻으로 賢成君에 봉해졌다. 漢나라 초기에 劉邦을 따라 韓王 信과 陳豨, 燕王 臧荼의 반란을 격파하고 左丞相에 임명되어 舞陽侯에 봉해졌다. 권95 「樊酈滕灌列傳」 참조.
34) 孝惠帝 : 劉盈. 기원전 194년에서 기원전 188년까지 재위하였다.
35) 淮南王 : 劉安. 劉邦의 작은아들 劉長의 아들이다. 劉長의 봉토와 작위를 계승하여 淮南王이 되었다. 그는 독서와 거문고 타기를 좋아하였으며, 문장을 잘 지었다. 일찍이 손님과 도사를 초빙하여 함께 『淮南子』를 편찬하였다. 漢 武帝 元狩 원년(기원전 122년)에 모반을 꾀하다 일이 발각되어 자살하였다. 권118 「淮南衡山列傳」 참조.
36) 信武侯 : 靳歙의 최후의 봉호. 信武의 지금의 위치는 분명하지 않다. 일설에는 이것이 봉호로서 지명이 아니라고 한다.
37) 中涓 : '涓人'이라고도 한다. 궁중의 대청소를 주관하는 관리이다.
38) 宛胊 : 현 이름. 지금의 山東省 菏澤縣 서남쪽.
39) 濟陽 : 읍 이름. 지금의 河南省 蘭考縣 동북쪽.
40) 李由 : 秦 丞相 李斯의 아들. 三川(지금의 河南省 서부)의 郡守를 지냈다.
41) 亳 : 도읍 이름. 지금의 河南省 商丘縣 남쪽.
42) 藍田 : 현 이름. 지금의 陝西省 藍田縣 서쪽.

명을 사로잡았다. 그가 패상(霸上)에 돌아왔을 때 패공은 한왕이 되었고, 근흡에게는 건무후(建武侯)⁴⁴⁾의 작위가 내려졌으며, 기도위(騎都尉)⁴⁵⁾로 승진되었다.

그는 한왕을 따라 삼진(三秦)을 평정하였다. 그리고 그는 따로 군대를 이끌고 서쪽으로 가서 농서(隴西)⁴⁶⁾에서 장평(章平)⁴⁷⁾의 군대를 격파하여, 농서의 여섯 개의 현을 평정하였다. 그가 거느린 병사들이 거사마와 군후(軍候)⁴⁸⁾ 각각 네 사람과 기장 12명을 죽였다. 그는 또 패공을 따라 동진하여 초(楚)나라를 공격하여 팽성(彭城)에 이르렀으나, 한나라 군대는 패하여 옹구(雍丘)⁴⁹⁾로 퇴각하여 지키고 있었다. 그곳을 떠나 배반한 장군 왕무(王武)⁵⁰⁾를 치고 양(梁)나라 땅을 공략하였으며, 그는 따로 정예 부대를 이끌고 치(菑)⁵¹⁾의 남쪽에서 형열(邢說)⁵²⁾의 군대를 공격하여 격파하고, 친히 형열의 도위(都尉) 두 사람과 사마와 군후 12명을 사로잡고, 관리와 병사 4,180명을 항복시켰다. 그는 또 형양(滎陽)⁵³⁾의 동쪽에서 초나라 군대를 격파하였다. 한(漢) 3년, 그에게 식읍 4,200호가 내려졌다.

그는 따로 하내(河內)⁵⁴⁾로 진격하여 조가(朝歌)⁵⁵⁾에서 조(趙)나라 장수 비학(賁郝)⁵⁶⁾의 군대를 격파하였다. 그가 거느린 병사가 기장 두 사

---

43) 車司馬 : 軍政과 군의 세금을 관장하던 관리.
44) 建武는 현 이름이다. 南齊가 설치하였다. 지금의 湖北省 南漳縣에 있었다. 漢나라 때에는 이 현을 설치하지 않았기 때문에 이것은 당연히 봉호이지 읍 이름이 아니다.
45) 騎都尉 : 무관 이름. 직위는 장군보다 약간 낮다.
46) 隴西 : 군 이름. 지금의 甘肅省 동부. 소재지는 狄道(지금의 臨洮縣 남쪽)이다.
47) 章平 : 雍王 章邯의 아들.
48) 軍候 : 정찰 임무를 띤 군관, 즉 斥候兵을 가리킨다.
49) 雍丘 : 현 이름. 지금의 河南省 杞縣.
50) 王武 : 원래는 項羽에 속하였으나 外黃(지금의 河南省 서부)에서 漢나라 군대에 패하여 항복하였다. 그 뒤 漢나라가 彭城에서 패하자 王武 등이 다시 漢나라를 배반하였다.
51) 菑 : 현 이름. 지금의 河南省 民權縣 동북쪽.
52) 邢說 : 項羽의 장수.
53) 滎陽 : 현 이름. 지금의 河南省 滎陽縣 동북쪽.
54) 河內 : 지역 이름. 춘추전국 시대에 黃河 이북 지역을 '河內'라고 하였다. 漢 2년에 河內郡을 설치하였다. 위치는 지금의 河南省 黃河 이북에 있었다. 소재지는 懷縣(지금의 河南省 武陟縣 서남쪽)이다.
55) 朝歌 : 도읍 이름. 지금의 河南省 淇縣.

람과 수레와 말 250필을 획득하였다. 그는 또 패공을 따라서 안양(安陽) 동쪽을 공격하여 극포(棘蒲)[57]에 이르러 일곱 개의 현을 함락시켰다. 그는 따로 조나라 군대를 공격하여 조나라 장수와 사마 두 사람과 군후 네 사람을 사로잡고, 관리와 병사 2,400명을 항복시켰다. 그는 패공을 따라서 한단(邯鄲)[58]을 공격하여 함락시켰다. 그는 또 따로 평양(平陽)[59]을 공격하여, 몸소 수상(守相)[60]을 베었고, 그가 거느린 병사가 군위(郡尉)와 군수(郡守)[61] 한 사람씩을 베었고, 업(鄴)[62]을 항복시켰다. 그는 또 패공을 따라서 조가, 한단을 공격하였고, 따로 조나라 군대를 격파하여 한단의 여섯 개 현을 항복시켰다. 그는 오창(敖倉)으로 회군하여 성고(成臯)[63]의 남쪽에서 항적(項籍)의 군대를 격파하여 초나라의 식량 보급로를 차단하였다. 그는 형양(滎陽)에서 군을 이끌고 양읍(襄邑)[64]까지 진군하여, 노(魯)[65] 부근에서 항관(項冠)의 군대를 격파하였다. 그는 각지를 공격하여 동쪽으로는 증(繒),[66] 담(郯),[67] 하비(下邳)[68]에 이르고, 남쪽으로는 기(蘄),[69] 죽읍(竹邑)[70]에까지 이르렀다. 제양(濟陽) 부근에서 항한(項悍)[71]을 공격하였다. 회군하여 진(陳)의 성 아래에서 항적을 공격하여 격파하였다. 또 따로 강릉(江陵)[72]을 평정하여 강릉의 주국(柱國),[73] 대사마(大司馬) 이하 관리 여덟 명의 항복을 받았고, 몸소 강릉

---

56)　貰郝 : 殷王 司馬卬의 장수.
57)　棘蒲 : 현 이름. 지금의 河北省 趙縣.
58)　邯鄲 : 도읍 이름. 지금의 河北省 邯鄲市.
59)　平陽 : 읍 이름. 지금의 河北省 臨漳縣 서남쪽.
60)　守相 : 대리 相國.
61)　郡守 : 군의 최고의 행정장관. 漢나라 때에는 '太守'로 개칭하였다.
62)　鄴 : 현 이름. 지금의 河北省 臨漳縣 서남쪽.
63)　成臯 : 읍 이름. 지금의 河南省 滎陽縣 서쪽 氾水鎭.
64)　襄邑 : 읍 이름. 지금의 河南省 睢縣.
65)　魯 : 현 이름. 지금의 山東省 曲阜市.
66)　繒 : 현 이름. 지금의 山東省 棗莊市 동북쪽.
67)　郯 : 현 이름. 지금의 山東省 郯城縣 북쪽.
68)　下邳 : 현 이름. 지금의 江蘇省 邳縣 서남쪽.
69)　蘄 : 현 이름. 지금의 安徽省 宿州市 동남쪽.
70)　竹邑 : 현 이름. 지금의 安徽省 宿州市 북쪽.
71)　項悍 : 項羽의 부하.
72)　江陵 : 현 이름. 지금의 湖北省 江陵縣. 당시에는 臨江의 수도였다.
73)　柱國 : 관직 이름. 전국시대에 楚나라가 설치하였다. 원래는 수도를 지키는 관리였으나 후에 楚나라 최고의 무관이 되었다. '上柱國'이라고도 한다. 지위는 令尹 다

왕(江陵王)[74]을 사로잡아 낙양(洛陽)[75]으로 압송하였다. 그리하여 남군 (南郡)[76]을 평정하였다. 그는 또 패공을 따라서 진(陳)에 이르러 초왕 (楚王) 한신(韓信)[77]을 사로잡으니 한왕은 그에게 부절을 나누어주어 자손 대대로 계승하게 하였으며, 식읍 4,600호를 하사하고, 신무후에 봉하였다.

그는 기도위(騎都尉)의 신분으로 고조를 따라 대(代)나라를 공격하였다. 그는 평성(平城)[78] 부근에서 한신(韓信)[79]을 공격한 뒤 동원(東垣)[80]으로 회군하였다. 그는 한신의 반란을 평정하는 데 공을 세워 거기장군(車騎將軍)으로 승진되었고, 아울러 양, 조, 제, 연, 초 나라의 거기(車騎)를 통솔하였다. 따로 진희의 승상 후창(侯敞)[81]을 공격하여, 곡역(曲逆)[82]을 항복시켰다. 그는 또 고조를 따라 경포(黥布)[83]를 공격하여 공을 세웠는데, 규정된 식읍보다 많은 5,300호를 하사받았다. 그는 적의 수급 90개를 베었고, 132명을 포로로 사로잡았으며, 따로 14차례나 군대를 격파하였고, 59개의 성, 군과 나라를 각각 하나씩, 그리고 23개의 현을 항복시켰다. 그리고 왕과 주국을 각각 한 사람씩 사로잡았으며, 이로써 봉록 2,000석 이하에서 500석까지의 관리 39명을 사로잡았다.

여태후(呂太后) 5년[84]에 근흡이 세상을 떠나니 숙후(肅侯)의 시호가

음이었다.

74) 江陵王 : 項羽가 臨江王에 봉한 共敖의 아들 共驩를 가리킨다.

75) 洛陽 : 도읍 이름. 지금의 河南省 洛陽市 동북쪽.

76) 南郡 : 지금의 湖北省 중서부. 소재지는 江陵(지금의 湖北省 江陵縣)이다.

77) 韓信 : 淮陰侯 韓信을 가리킨다.

78) 平城 : 현 이름. 지금의 山西省 大同市 동북쪽.

79) 韓信 : 전국시대 韓 襄王의 후손. 일찍이 군대를 이끌고 劉邦을 따라 漢中에 들어갔다. 劉邦이 三秦을 평정하고 그를 韓 太尉에 임명하였다. 漢 2년 韓信을 韓王에 세웠다. 漢 7년 韓信은 匈奴에게 항복하였다. 역사서에서는 일반적으로 그를 韓王 信이라고 하므로 淮陰侯 韓信과 구별해야 한다. 권93「韓信盧綰列傳」참조.

80) 東垣 : 현 이름. 지금의 河北省 石家莊市 동쪽.

81) 侯敞 : 陳豨가 스스로가 代王이 될 때 侯敞은 丞相에 임명되었다.

82) 曲逆 : 현 이름. 지금의 河北省 完縣 동남쪽.

83) 黥布 : 六縣(지금의 安徽省 六安縣) 사람. 원래 이름은 英布이다. 黥刑(이마에 죄인이라는 낙인을 먹실로 새기는 형벌)을 받았기 때문에 黥布라고 불렀다. 秦나라 말기 刑徒를 이끌고 일어났다. 처음에는 項羽에게 의지하여 九江王에 봉해졌다. 뒤에 劉邦에게 항복하여 淮南王에 봉해졌다. 漢나라 초기에 彭越, 韓信 등의 공신이 계속해서 죽이려는 것을 알고 모반을 일으켰으나 전쟁에서 패하여 살해되었다. 권91「黥布列傳」참조.

내려졌다. 그의 아들 정(亭)이 후(侯)의 작위를 계승하였다. 21년 뒤 그는 백성들에게 법에 정한 것보다 지나치게 부역을 시킨 죄로 효문제(孝文帝) 후원(後元) 3년[85]에 후의 작위를 박탈당하였고 봉국은 없어졌다.

괴성후(蒯成侯)[86] 주설(周緤)은 패(沛)[87] 사람으로 성은 주씨(周氏)이다. 그는 일찍이 고조의 참승(參乘)[88]을 지냈는데, 가신이 되어 패공을 따라 패에서 일어났다. 그는 패공을 따라 패상에 갔고, 서쪽으로 촉(蜀)[89]과 한중(漢中)에도 들어갔으며, 회군하여 삼진을 평정하여 지양(池陽)[90]을 식읍으로 받았다. 다시 동쪽으로 초나라 군의 식량 보급로를 차단하였다. 고조를 따라 출병하여 평음(平陰)[91]에서 황하를 건너, 양국(襄國)[92]에서 회음후의 군대와 조우하였다. 전세가 어떤 때는 유리하고 어떤 때는 불리하였지만 그는 끝내 고조를 배반하는 마음을 품지 않았다. 고조는 주설을 신무후(信武侯)에 봉하고 식읍 3,300호를 하사하였다. 한 12년에 고조는 주설을 괴성후로 삼고 이전에 하사하였던 식읍을 모두 폐하였다.

고조가 몸소 진희를 정벌하려고 하자 괴성후가 울면서 말하였다. "이전에 진(秦)나라가 천하를 정벌하였을 때도 일찍이 황제가 몸소 군대를 인솔한 적은 없었습니다. 그런데 지금 폐하께서 몸소 나가려 하시니 이는 보낼 만한 사람이 없어서 그러시는 것입니까?" 고조는 이 말을 듣고서 주설이 자기를 사랑한다고 생각하였다. 그래서 그에게 궁전 문을 들어와서 종종걸음으로 달리지도 않아도 되고 사람을 죽여도 사형에 처하지 않

---

84) 呂太后는 아들 惠帝가 재위하고 있을 때 실권을 장악하였다가 惠帝가 죽은 뒤 기원전 189년에서 기원전 180년까지 직접 정권을 장악하였다. 呂太后 5년은 기원전 183년이다.

85) 孝文帝는 漢 文帝 劉恒을 가리킨다. 전후 모두 23년간 재위하였는데, 전반부가 16년, 후반부가 7년이다.

86) 蒯成侯 : 周緤 최후의 봉호. 蒯成은 鄕聚(고을)의 이름으로 지금의 陝西省 寶鷄市 동쪽이다.

87) 沛 : 현 이름. 지금의 江蘇省 沛縣.

88) 參乘 : '陪乘'이라고도 한다. 수레의 오른쪽에 타서 기우는 것을 방지하는 일을 하는 관리이다.

89) 蜀 : 군 이름. 지금의 四川省 중서부. 소재지는 지금의 成都市였다.

90) 池陽 : 현 이름. 지금의 陝西省 涇陽縣 서북쪽.

91) 平陰 : 나루터 이름. 지금의 河南省 孟津縣 동북쪽.

92) 襄國 : 현 이름. 지금의 河北省 邢臺市.

는다는 특전을 내렸다.

효문제 5년에 주설은 천수를 누리고 죽었다. 시호는 정후(貞侯)였다. 그의 아들 창(昌)이 후(侯)의 작위를 계승하였으나 죄를 지어 봉국은 없어졌다. 효경제(孝景帝) 중원(中元) 2년[93]에 주설의 아들인 거(居)가 후의 작위를 계승하였다. 원정(元鼎) 3년[94]에 거는 태상(太常)[95]이 되었으나 죄를 지어 봉국은 없어졌다.

태사공은 말하였다.

"양릉후(陽陵侯) 부관(傅寬)과 신무후(信武侯) 근흡(靳歙)은 모두 높은 작위에 올랐던 사람으로, 고제(高帝)를 따라 산동(山東)[96]에서 일어나 항우(項羽)를 공격하였으며, 적의 명장을 주살하였고, 수십 차례 적군을 격파하고 성을 함락시켰으나 곤욕을 치른 적이 없었으니, 이는 또한 하늘이 도와준 것이라. 괴성후(蒯城侯) 주설(周緤)은 마음이 곧고 정직하여 의심을 받은 적이 없었다. 고제가 출정(出征)하려 할 때마다 그는 눈물을 흘리지 않는 때가 없이 마치 상심한 사람인 듯하였다고 하니, 돈독하고 후덕한 군자라고 할 수 있겠다."

---

93) 孝景帝는 漢 景帝 劉啓를 가리키는데, 모두 16년간 재위하였다. 전반부 7년, 중반부 6년, 후반부 3년이다.
94) 元鼎은 漢 武帝의 연호이다. 元鼎 3년은 기원전 114년에 해당된다.
95) 太常 : 관직 이름. 九卿 중의 하나이다. 종묘의 의례를 관장하였다.
96) 山東 : 지역 이름. 전국시대, 秦나라, 漢나라 때 통상 崤山과 華山 이북 지역을 '山東'이라고 하였다. 어떤 때는 전국시대의 秦나라 이외의 6국 지역을 가리키기도 한다.

권99 「유경숙손통열전 (劉敬叔孫通列傳)」제39

　유경 (劉敬) 은 제 (齊)나라 사람이다. 한 (漢) 5년에 농서 (隴西)에 수자리하러 가면서 낙양 (洛陽)을 지나게 되는데, 그때 고제 (高帝)는 낙양에 머물고 있었다. 누경 (婁敬)은 수레의 앞에서 끄는 가로막대를 내려놓고 양털 가죽옷을 입은 채 제나라 출신인 우장군 (虞將軍)을 만나 이렇게 말하였다. "소인은 폐하를 뵙고 국가에 유익한 일에 관하여 말씀드리고 싶습니다." 그러자 우장군이 그에게 좋은 새 옷을 주려고 하니 누경은 이렇게 말하였다. "소인은 현재 비단옷을 입고 있으면 비단옷을 입은 채 황상을 뵐 것이고, 베옷을 입고 있으면 베옷을 입은 채로 뵐 것입니다. 절대 옷을 바꿔 입지 않겠습니다." 이에 우장군은 안으로 들어가 황상께 아뢰자, 황상은 그를 불러서 알현하게 하고 음식을 하사하였다.

　그런 후에 황제는 누경에게 만나고자 한 이유를 물으니 누경이 이렇게 말하였다. "폐하께서는 낙양에 도읍을 하셨는데, 그것은 주 (周) 왕실과 융성함을 견주려고 하신 것입니까?" 황제가 말하였다. "그렇다." 누경이 말하였다. "폐하께서 천하를 얻으신 것은 주 왕실과는 다릅니다. 주나라의 선조는 후직 (后稷)인데, 요 (堯)임금이 그를 태 (邰)에 봉하여 그

---

1) 劉敬 : 본래의 성은 '婁'이다. 뒤에 '劉氏' 성을 하사받았다.
2) 기원전 202년이다.
3) 隴西 : 군 이름. 지금의 甘肅省 동부. 소재지는 狄道 (지금의 臨洮縣 남쪽)이다.
4) 洛陽 : 도읍 이름. 周 成王 때 周公이 洛邑을 조성하여 東都로 삼았다. 東周 때 이곳으로 천도하였다. 전국시대에 '洛陽'으로 개명하였다. 이곳은 秦나라가 설치한 현이다. 지금의 河南省 洛陽市 동쪽.
5) 虞將軍 : 漢 高祖의 장수.
6) 后稷 : 고대 周族의 시조. 이름은 棄이다. 그는 농사에 뛰어나, 일찍이 堯舜시대에 農官을 지냈다. 백성에게 농사 짓는 법을 가르쳤다.
7) 堯 : 중국 고대 전설 속의 父系 씨족사회 후기 부락연맹의 지도자. 陶唐氏. 이름은 放勛이다. 역사에서는 '唐堯'라고 한다. 그는 일찍이 관리를 설치하고 계절을 관장하였으며 曆法을 제정하였다.
8) 邰 : 읍 이름. 지금의 陝西省 武功縣 서남쪽.

곳에서 덕을 쌓고 선정을 베푼 지 10여 대가 지났습니다. 공류(公劉)[9]는 하(夏)나라의 걸왕(桀王)[10]을 피하여 빈(豳)에 살고 있었습니다. 그 뒤 태왕(太王)[11]은 오랑캐의 침략으로 인해서 빈을 떠나 말채찍을 잡고 기(岐)로 옮겨와 살게 되었는데, 빈의 사람들은 앞을 다투어 그를 따랐습니다. 문왕(文王)이 서백(西伯)이 되어[12] 우(虞)[13]나라와 예(芮)[14]나라의 소송을 해결해주고[15] 비로소 천명을 받자 여망(呂望)[16]과 백이(伯夷)[17]도 바닷가에서 찾아와 문왕에게 귀의하였습니다. 무왕(武王)[18]이 은 주왕(殷紂王)[19]을 정벌할 때 미리 약속을 하지 않았는데도 천하의 제후들이 맹진(孟津)[20]의 해안가에 회합하니 그 수가 800명이나 되었습니다.

---

9) 公劉 : 周族의 지도자. 后稷의 증손자로 夏代 말기에 周族을 이끌고 豳(지금의 陝西省 彬縣 동북쪽)으로 옮겨와, 지형과 수리를 관찰하고 황무지를 개간하여 정착하였다고 전해진다.

10) 桀王 : 夏 왕조의 마지막 군주. 그는 잔혹하고 포악한 정치를 하였다. 뒤에 商 湯王에게 패하여 남쪽으로 쫓겨가 죽었다.

11) 太王 : 周族의 지도자. 古公亶父라고도 한다. 后稷의 23세손으로 전해진다. 그는 戎族과 狄族의 침략을 받아 岐山 아래의 周(지금의 陝西省 岐縣의 북쪽)로 옮겨와 성곽과 궁실을 짓고 관직을 설치하고 풍속을 개혁하고 황무지를 개간하여 농업사회를 발전시켜 周族을 점차 강성하게 만들었다.

12) 周 文王 姬昌은 商代 말기 周族의 지도자였다. 商 紂王 시대 때 西伯(서쪽 제후의 우두머리)이 되었다. 그가 통치하던 기간 동안에 국력이 강성해졌고, 豐邑(지금의 陝西省 長安縣 서남쪽)을 세워 수도로 삼았다.

13) 虞 : 姬氏 성의 나라. 지금의 山西省 平陸縣 북쪽.

14) 芮 : 姬氏 성의 나라. 지금의 山西省 芮縣 서쪽. 일설에는 陝西省 大荔縣 경계.

15) 周 文王 때 虞와 芮 두 나라가 영토를 다투자 周 文王은 자신의 백성들의 겸양으로 그들을 감화시켜 분쟁을 멈추게 하고 周나라로 귀속하게 하였다.

16) 呂望 : 성은 姜, 呂는 봉지를 따른 나중의 성이다. 이름은 尙, 일명 牙이다. 원래는 東海 근처에서 살았는데, 뒤에 周나라에 투항하였다. 일찍이 周 文王이 渭水 근처에서 그와 만나 "내 조부 太公은 그대를 오랫동안 만나려고 했소"라고 하였기 때문에 '太公望'이라고 불렀고 軍師로 임명하였다. 뒤에 周 武王을 보좌하여 商 왕조를 전복시키고 齊나라에 봉해졌다.

17) 伯夷 : 商代 말기의 孤竹君의 장남. 墨胎氏. 孤竹君은 일찍이 차남 叔齊를 후계자로 삼으려 하였기에 孤竹君이 죽은 뒤 叔齊가 양위하였으나 伯夷는 이를 받아들이지 않았다. 결국 이들은 周나라에 투항하였다. 孤竹國은 渤海 근처에 있었다.

18) 武王 : 姬發. 그는 아버지 文王의 유지를 받들어 여러 부족들과 연합하여 商 紂王을 전복시키고 周 왕조를 세웠다.

19) 殷紂王 : 商 왕조의 마지막 군주. 그는 사치스럽고 방탕하여 많은 충신을 죽이거나 핍박하였다. 뒤에 周 武王이 공격하였는데 牧野(지금의 河南省 汲縣 북쪽) 전쟁에서 크게 패하여 스스로 분신 자살하였다.

20) 孟津 : 옛 黃河 나루터의 이름. 지금의 河南省 孟津縣 동북쪽. 周 武王이 일찍이 이곳에서 제후들과 회맹하여 황하를 건너 紂王을 공격하였다고 한다.

그들 제후들은 한결같이 '주왕을 정벌해야 한다'라고 말하였습니다. 그리하여 마침내 은나라를 멸망시켰습니다.

성왕(成王)[21]이 즉위하자 주공(周公)[22]의 사람들이 성왕을 보좌하여 성주(成周)의 도읍을 낙읍(洛邑)에 건설하였는데,[23] 이는 낙읍이 천하의 중심으로 각지의 제후들이 조공을 바치고 부역을 바치기에 거리가 비슷한 곳이라고 생각하였기 때문입니다. 낙읍은 덕이 있는 사람이면 왕 노릇을 하기가 쉽고, 덕이 없는 사람이면 쉽게 망할 곳이기도 하였습니다. 무릇 이 낙읍에 도읍을 정한 것은 주나라가 덕으로써 천하의 백성을 이끌도록 한 것으로, 험준한 지형을 믿고 후세의 자손들이 교만과 사치로 백성을 학대하는 일이 없고자 하였기 때문이었습니다. 주나라가 흥성할 때에는 천하가 화합하였고, 사방의 오랑캐들이 교화에 이끌려서 주나라의 의와 덕을 사모하며 모두 다같이 천자를 섬겼습니다. 그리하여 한사람의 병사도 주둔시키지 않았고, 한사람의 병사도 싸우지 않고서도 팔방 대국의 이민족들이 복종하지 않는 사람이 없었고, 주나라에 조공이나 부역을 바치지 않는 사람이 없었습니다. 그러나 주나라가 쇠퇴해지자 서주(西周)와 동주(東周)로 분열되었고, 천하에 입조하는 제후들도 없었으며, 주나라는 그들을 제어할 수 없게 되었습니다. 이것은 그들의 덕이 박해서 그런 것이 아니라 그들의 형세가 쇠약하였기 때문입니다. 지금 폐하께서는 풍(豊)과 패(沛)에서 일어나 3,000명의 군사를 모아 진격하여 촉(蜀)과 한(漢)을 석권하시고,[24] 삼진(三秦)을 평정하시고,[25] 항우(項羽)와 더불어

---

21) 成王 : 姬誦. 그의 아버지 武王이 죽었을 때 그가 어렸기 때문에 숙부 周公이 섭정하였다. 뒤에 周公은 그에게 정권을 넘겨주었다.

22) 周公 : 姬旦. 周 武王의 동생. 영읍이 周나라에 있었기 때문에 周公이라고 한다. 일찍이 武王을 도와 周 왕조를 세웠다. 武王에게 죽은 뒤 成王이 나이가 어려 그가 7년간 섭정하였다. 成王에게 정권을 넘겨주고도 여전히 成王을 보좌하였다. 그는 일찍이 동쪽을 정벌하여 管叔과 武庚 등의 반란을 평정하였으며 제후에게 분봉하고 洛邑을 건설하여 東都로 삼고 예악을 세우고 법령을 만들었다.

23) 周公은 洛邑을 건설하여 東都로 삼고 王城과 成周城을 축조하였다. 王城은 지금의 洛陽市의 서부에 있었다. 周 平王은 鎬京에서 이곳으로 천도하였다. 成周城은 지금의 洛陽市의 동부에 있었다. 周 敬王도 王城에서 이곳으로 천도하였다. '宗周 鎬京(鎬京은 周 武王이 처음으로 연 도읍으로 西都, 宗周라고도 한다)'과 상대적으로 '成周 洛邑'이라고 한다.

24) 漢 원년(기원전 206년) 項羽는 제후들에게 분봉하고 劉邦을 漢王으로 봉하였다. 봉토는 巴郡(지금의 四川省 동부), 蜀郡(지금의 四川省 중서부), 漢中郡(지금의 陝西省 남부와 湖北省 북부)이며, 南鄭(지금의 陝西省 漢中市)에 도읍하였다.

형양(滎陽)²⁶⁾에서 교전하시고, 성고(成皐)의 요충지를 장악하시기 위하여²⁷⁾ 70차례의 큰 전투를 하시고 40차례의 작은 전투를 치르셔서, 천하의 백성들의 간과 골을 대지에 뒹굴게 하시고 아버지와 자식의 뼈가 함께 들판에 뒹굴게 하신 것이 이루 헤아릴 수 없는 지경입니다. 통곡하는 소리가 끊이지 아니하고 부상을 당한 사람들이 아직 일어나지도 않은 형편인데 주나라의 성왕(成王)과 강왕(康王) 때²⁸⁾와 융성함을 비교하려 하시니, 소인은 아직은 서로 비교할 수 없다고 생각합니다. 게다가 진(秦)나라의 땅은 산에 에워싸여 있고 하수(河水)를 끼고 있어 사면이 천애의 요새로 견고하게 막혀 있어,²⁹⁾ 비록 갑자기 위급한 사태가 있더라도 100만의 군사를 동원하여 배치할 수 있었습니다. 진나라의 옛 터전을 차지하여 더없이 비옥한 땅을 소유한다면 이것이 이른바 천연의 곳간이라고 할 수 있습니다. 폐하께서 함곡관(函谷關)³⁰⁾으로 들어가셔서 그곳에 도읍하신다면 산동(山東)³¹⁾이 비록 어지러워도 진나라의 옛 땅은 보존할 수 있을 것입니다. 대저 다른 사람과 싸울 때 목을 조르고 등을 치지 않으면 완전한 승리를 얻을 수가 없습니다. 지금 폐하께서 함곡관에 들어가셔서 도읍하시고 진나라의 옛 땅을 차지하시는 것이 바로 천하의 목을 조르는 것이며, 천하의 등을 치는 것입니다."

이리하여 고조가 뭇 신하들에게 의견을 물으니, 뭇 신하들은 모두 산동

25) 三秦 : 項羽가 제후들에게 분봉할 때 秦나라 본토 關中을 세 개의 나라로 나누어 분봉하였다. 秦나라의 항복한 장수 章邯을 雍王에 봉하였는데 봉토는 지금의 陝西省 서부와 甘肅省 동부 지역이었다. 또 司馬欣을 塞王에 봉하였는데 봉토는 지금의 陝西省 동부 지역이다. 董翳를 翟王에 봉하였는데 봉토는 지금의 陝西省 서부 지역이다. 합하여 三秦이라고 한다. 劉邦이 漢中으로 돌아오다 즉시 회군하여 章邯을 급습하여 격파하고 司馬欣, 董翳를 공격하여 三秦을 평정하였다.
26) 滎陽 : 현 이름. 지금의 河南省 滎陽縣 동북쪽.
27) 成皐는 읍 이름이다. 원래의 이름은 '虎牢'로 요새가 있었다. 지금의 滎陽縣 서쪽 氾水鎭을 가리킨다. 기원전 205년에서 기원전 203년 사이에 劉邦과 項羽는 일찍이 이 지역에서 여러 차례 전략적으로 격렬한 전투를 벌였다.
28) 周公이 周나라의 법령제도를 수립한 이래 '明德愼刑'과 계급모순의 완화를 주장하고 끊임없이 이러한 정책을 추진하여 통치를 강화하였다. 역사에서는 이를 '成康之治'라고 하였다.
29) 동쪽의 函谷關, 남쪽의 武關, 서쪽의 散關, 북쪽의 蕭關을 가리킨다.
30) 函谷關 : 지금의 河南省 靈寶縣 동북쪽.
31) 山東 : 전국시대, 秦漢 나라 시대에는 崤山과 華山 이동을 '山東'이라고 하였다. 일반적으로 黃河 유역만을 가리키고, 어떤 때는 일반적으로 전국시대의 6국 이외의 지역을 가리키기도 한다.

사람들인지라 앞을 다투어 주나라는 수백년 동안 왕 노릇을 하였으나, 진나라는 2대 만에 멸망하였으므로 주나라의 낙양에 도읍하는 것이 낫다고 말하였다. 고조는 주저하며 결정을 짓지 못하고 있었다. 그때 유후(留侯) 장량(張良)[32]이 함곡관으로 들어가는 것이 유리하다고 분명히 말하자, 그날로 수레를 서쪽으로 몰아 관중(關中)[33]에 도읍하기로 하였다.

이에 고조는 말하였다. "본래 진나라의 옛 땅에 도읍하자고 말한 것은 바로 누경이다. '누(婁)'는 바로 '유(劉)'와 발음이 비슷하다." 그리고는 그에게 유씨(劉氏) 성을 하사하고 낭중(郎中)[34]의 벼슬에 임명하고 그를 봉춘군(奉春君)[35]이라고 불렀다.

한 7년, 한왕(韓王) 신(信)[36]이 반란을 일으키자 고조는 친히 군대를 이끌고 정벌하러 나섰다. 고조가 진양(晉陽)[37]에 이르러 한왕 신이 흉노(匈奴)[38]와 힘을 합하여 함께 한나라를 치려고 한다는 소문을 듣고, 고조는 크게 노하여 흉노에 사신을 보냈다. 그러자 흉노는 그들의 장사와 살찐 소와 말을 숨기고 노약자와 야윈 가축만을 보여주었다. 사신들이 10명이나 흉노에 다녀왔지만, 모두 흉노를 정벌할 수 있다고 말하였다. 고

32) 張良(? -기원전 186년) : 泗水郡 城父縣(지금의 安徽省 亳縣 동남쪽) 사람. 劉邦의 중요한 謀臣. 漢楚 三傑의 우두머리로 불리고 留侯에 봉해졌다. 수도를 정하는 문제에 대해서 그는 婁敬의 건의에 전적으로 동의하고 여러 신하들의 의견을 묵살하였다. 그는 洛陽은 협소하고 땅이 척박하며 사면이 적으로 둘러싸여 있어 전쟁에 불리하다며 생각하였다.
33) 秦 왕조는 咸陽(지금의 咸陽市 동북쪽)에 도읍하였고 漢 왕조는 長安(지금의 陝西省 西安市 서북쪽)에 도읍하였는데, 이 지역은 서쪽으로는 函谷關, 동쪽으로는 散關, 북쪽으로는 武關, 남쪽으로는 蕭關 사이에 위치하여 '關中'이라고 한다.
34) 郎中 : 관직 이름으로 전국시대에 만들어졌다. 郎中令에 속하며 궁정의 마차, 문지기 등을 관리하였다.
35) 奉春君 : 봄은 1년의 시작으로, 그가 맨 먼저 關中에 도읍을 정하자고 건의하였기 때문에 奉春君이라고 불렸다.
36) 信 : 전국시대 韓 襄王의 후손. 楚漢 전쟁중에 韓王에 봉해졌다. 봉토는 원래 穎川(지금의 河南省 중부)이었으나 뒤에 太原(지금의 山西省 서부)으로 옮겼다. 후에 匈奴에게 포위당하여 여러 차례 사신을 보내 화의를 청하자, 劉邦은 그가 모반할 마음이 있다고 생각하였다. 그래서 그는 匈奴로 도망쳤는데 劉邦은 군대를 보내 추격하여 그를 죽였다. 권93「韓信盧綰列傳」 참조.
37) 晉陽 : 현 이름. 지금의 山西省 太原市 서남쪽.
38) 匈奴 : 북방 부족의 이름. 胡라고도 한다. 전국시대에 長城 이북 지역에서 활동하였다. 單于 冒頓은 각 부족을 통일하고 세력을 강화하여, 남북의 광대한 사막 지역을 통치하였다. 漢나라 초기에 끊임없이 남하하여 소요를 일으켰으나 漢나라는 기본적으로 방어전략을 채택하였다. 권110「匈奴列傳」 참조.

조가 다시 유경을 사신으로 흉노에 보냈다. 유경은 돌아와서 이렇게 보고
하였다. "두 나라가 싸우려 할 때에 자신들의 이로운 점을 과시하고 자랑
하는 것이 당연한 것이옵니다. 그런데 신이 흉노에 가서는 여위고 지쳐
보이는 노약자만을 보았으니, 이는 필시 자기들의 단점을 보여주고 복병
을 숨겨두었다가 승리를 얻으려는 것입니다. 어리석은 생각으로는 흉노를
공격해서는 안 된다고 생각하옵니다." 그무렵 한나라 군대는 이미 구주산
(句注山)39)를 넘어서 20만여 명의 군사가 진격하고 있었다. 고조는 노하
여 유경을 꾸짖으며 말하였다. "제나라 포로녀석아! 주둥이를 놀려 벼슬
을 얻더니만, 이제는 감히 망령된 말로 나의 군대의 출병을 막는구나."
그리고는 유경을 족쇄와 수갑을 채워서 광무(廣武)40)에 가두었다. 그리
고는 계속 진군하여 평성(平城)41)에 이르렀다. 흉노는 과연 복병을 내어
백등산(白登山)42)에서 고조를 포위하였는데, 이레 만에야 겨우 포위를
풀었다. 고조는 광무로 가서 유경을 용서하고 이렇게 말하였다. "내가 그
대의 말을 듣지 않았다가 평성에서 곤경을 당하였소. 나는 이미 전에 흉
노를 공격해도 좋다고 말한 10여 명의 사신을 모두 참하였소." 그리고 유
경에게 2,000호의 식읍을 하사하여 관내후(關內侯)43)로 삼고 건신후(建
信侯)라고 불렀다.

고조는 평성에서 철군하여 돌아왔고 한왕 신은 흉노로 도망쳤다. 그무
렵 묵돌(冒頓)44)이 선우(單于)45)로 있었는데, 군사도 강하였으므로 활
잘 쏘는 군사 30만 명을 거느리고 자주 북방 변경을 괴롭혔다. 고조는 이

39) 句注山 : 지금의 山西省 代縣 서북쪽.
40) 廣武 : 현 이름. 지금의 山西省 代縣 서남쪽.
41) 平城 : 현 이름. 지금의 山西省 大同市 동북쪽.
42) 白登山 : 지금의 山西省 大同市 동북쪽.
43) 關內侯 : 작위 이름. 秦漢 나라의 20등급의 작위 중에서 19번째이다. 지위는 徹侯
(列侯)의 다음이다. 일반적으로 봉호는 있으나 봉읍은 없다. 수도나 수도 교외에서
살았다. 劉敬의 봉읍은 2,000호에 달하였다. 그 侯의 명칭 建信은 또한 漢代의 현
이름이기도 하였다. 그래서 『史記志疑』에서는 그의 작위는 關內侯가 아니고 列侯라
고 의심하였다.
44) 冒頓(?-기원전 174년) : 성은 攣鞮이다. 기원전 209년 그의 아버지 頭曼을 죽이
고 왕이 되어 안으로는 조직을 강화하고 軍政制度를 수립하였다. 주위의 東胡, 丁
零, 月氏, 樓蘭, 烏孫, 樓煩, 白羊 등의 부족들을 격파하였고, 秦 왕조의 河南 지역
(지금의 내몽고 자치구 河套 일대)를 점령하여 세력이 막강하였다. 西漢 초기에 자
주 남방을 침략하여 西漢 왕조를 위협하였다.
45) 單于 : 匈奴 군주의 칭호.

일을 걱정하며 유경에게 그 대책을 물었다. 유경은 다음과 같이 대답하였다. "천하가 이제 막 평정된지라 군사들이 전투에 지쳐 있으므로 무력으로는 흉노를 복종시킬 수 없습니다. 묵돌은 자기 아비를 죽이고 선우가되어 아비의 많은 첩을 아내로 삼았고 무력으로 위세를 떨치고 있으니, 인의로는 그를 설득시킬 수 없습니다. 다만 그의 자손을 영원히 한나라의신하로 만드는 계책을 쓸 수밖에 없습니다. 그러나 폐하께서는 그것을 실천하지 못하실 것입니다." 고조가 말하였다. "만일 그와 같은 일이 가능하기만 하다면 못할 것이 무엇이 있겠느냐? 어떻게 해야 한다는 말인가?" 유경이 대답하였다. "폐하께서 만일 적출 장녀 공주를 묵돌에게 시집을 보내시고 후한 선물을 그에게 내려주신다면 그는 한나라가 적출 공주를 그에게 시집 보내고 선물이 후한 것을 보고, 비록 오랑캐라고 할지라도 반드시 공주를 존경하여 연지(閼氏)⁴⁶⁾로 삼을 것이고, 공주께서 그의 아들을 낳으면 태자로 삼아서 선우의 대를 잇게 할 것입니다. 왜냐하면 그들은 한나라의 많은 선물을 탐내기 때문입니다. 폐하께서는 철마다 한나라에서는 남아돌지만 그들에게는 드문 물건으로 자주 위문하시고, 그때마다 말 잘하는 사신을 보내 은근히 예절에 대하여 가르치신다면, 묵돌이 살아 있는 동안에는 폐하의 사위가 되는 것이며, 그가 죽을 경우에는 폐하의 외손이 선우가 되는 것입니다. 폐하께서는 외손이 감히 외할아버지와 대등한 예를 주장하였다는 말을 들으신 적이 있으십니까? 이것은 군대를 내어 싸우지 않고도 점차 그들을 신하로 만드는 방법입니다. 만일 폐하께서 맏공주를 보내실 수가 없으셔서 종실과 후궁 중의 딸을 뽑아 공주라고 속여 보내신다면 그도 또한 눈치를 채고서 그녀를 귀하게 여기지 않거나 가까이하지 않을 것이므로 그것은 아무런 도움이 안 될 것입니다." 고조는 이 말을 듣고 좋다고 말하고 맏공주를 시집 보내려고 하였다. 그러나 여태후(呂太后)⁴⁷⁾가 밤낮으로 울면서 사정하였다. "첩에게는 태자와 딸 하나밖에 없는데, 어찌하여 그 아이를 흉노에 버리시려 하십니까?" 고조는 결국 맏공주를 보내지 못하고, 그 대신에 가인(家人)⁴⁸⁾ 중

---

46) 閼氏 : 匈奴 왕후의 칭호.
47) 呂太后(기원전 241-기원전 180년) : 呂雉. 碭郡 單父縣 사람이다. 권9 「呂太后本紀」 참조.
48) 家人 : 평민 출신의 여자로 입궁하였으나 아직 職號를 얻지 못한 사람에 대한 美稱이다. 그러나 권110 「匈奴列傳」과 『漢書』 「匈奴傳」에는 뽑힌 사람은 실제 황족의

618

에 한 사람을 뽑아 맏공주라고 속여 선우에게 시집을 보냈다. 그리고 유경을 흉노에 사신으로 보내어 화친을 맺게 하였다.

유경은 흉노에 사신으로 갔다 와서 이렇게 말하였다. "흉노의 하남(河南)⁴⁹⁾에 살고 있는 백양왕(白羊王)⁵⁰⁾과 누번왕(樓煩王)⁵¹⁾은 장안(長安)에서 가깝게는 700여 리 정도밖에 떨어져 있지 않습니다. 그들은 하루 밤낮을 달리면 진중(秦中)⁵²⁾에 도달할 수 있습니다. 진중은 최근에 전화를 당한 곳으로 백성들은 적지만 토지가 비옥하여 백성들을 이주시켜 강화할 수 있는 곳입니다. 대저 제후들⁵³⁾이 일어날 때에 제나라의 전씨(田氏)나 초나라의 소씨(昭氏), 굴씨(屈氏), 경씨(景氏)가 협력하지 않았다면 일어날 수가 없었습니다. 지금 폐하께서 비록 관중에 도읍을 하시기는 하셨으나 실상 인구가 너무 적고, 북쪽으로는 흉노와 너무 가까이 접하여 있고, 동쪽으로는 6국의 왕족이 남아 있어 그들 종족의 세력이 매우 강하여 변란이라도 있는 날에는 폐하라고 하실지라도 베개를 높이 하고 편안하게 주무실 수 없으실 것입니다. 신이 바라건대 폐하께서는 제나라의 전씨와 초나라의 소씨, 굴씨, 경씨 그리고 연, 조, 한, 위 나라의 왕족들의 후손과 호걸과 명문의 사람들을 관중으로 이주시켜 살게 하십시오. 그렇게 하면 아무 일도 없을 때에는 흉노에 대비할 수 있고, 제후들이 변란이라도 일으켰을 때에는 그들을 이끌고 동쪽으로 가서서 정벌하시기에 충분할 것입니다. 이것은 바로 나라의 근본은 튼튼히 하고 말단을 약화시키는 방법입니다." 고조는 좋다고 말하고 유경을 보내어 그가 말한 대로 10만여 명을 관중에 이주하여 살게 하였다.⁵⁴⁾

숙손통(叔孫通)은 설(薛)⁵⁵⁾ 땅 사람이다. 진(秦)나라 때에는 학문이
─────────
여자라고 기록되어 있다.
49) 河南 : 秦漢 나라 때의 지금의 내몽고 자치구 河套 일대에 대한 이름.
50) 白羊은 匈奴의 한 부족이다.
51) 樓煩은 부족 이름이다. 춘추시대 말기에 지금의 山西省 북부에 분포하였는데, 뒤에 陝西省 북부와 내몽고 자치구 남부에서 활동하였다. 秦代 말년에 匈奴에 정복당하였다.
52) 秦中 : 關中을 말한다.
53) 陳勝이 봉기한 후 기회를 보아서 분분히 일어난 6국의 귀족, 즉 熊心, 田儋, 魏咎, 趙歇, 韓成, 景駒 등을 가리킨다.
54) 『資治通鑑』에서는 이 사건이 "徙所言(者於)關中(凡)十餘萬口"라고 기록되어 있다.

뛰어나 부름을 받고 박사(博士)⁵⁶⁾에 임용되기를 기다리고 있었다. 몇년 뒤에 진승(陳勝)⁵⁷⁾이 산동에서 일어나자 사자가 그 소식을 전하였다. 2세(二世) 황제⁵⁸⁾는 박사와 여러 선비들을 불러 물었다. "초나라에서 수자리 서던 병사들이 기(蘄)를 공격하고 진(陳)에까지 이르렀다 하니 경들은 어떻게 생각하시오?" 박사와 선비 30여 명이 앞에 나서서 이렇게 말하였다. "신하된 자로 반역의 마음을 품을 수가 없습니다. 반역의 마음을 품고 있다는 그 자체가 바로 반역을 한 것이니, 이는 죽어 마땅한 죄로써 용서할 수 없습니다. 폐하께서는 급히 군대를 내어 그들을 치시기 바랍니다." 2세 황제는 이 말을 듣고 노하며 안색이 변하였다. 그때 숙손통이 앞으로 니이가 말하였다. "여러 선비들의 말은 틀린 것이옵니다. 무릇 오늘날 천하가 통일되어 한집을 이루고 있고, 각 군과 현의 성을 허물었으며, 게다가 무기를 녹여 다시는 그것을 사용하지 않겠다는 뜻을 천하에 보였습니다. 또한 위로는 영명하신 황제께서 계시고, 아래로는 법령이 완비되어 있어 사람들은 각자 직업에 충실하고 사방에서 모이고 있는데, 어디서 감히 반란을 일으키는 자가 있겠습니까? 그것은 단지 도적들로서 쥐새끼가 곡식을 훔치고 개가 물건을 물어가는 것에 불과합니다. 무슨 이야기할 가치가 있겠습니까? 현재 군수(郡守)⁵⁹⁾들과 군위(郡尉)⁶⁰⁾들이 그들을 잡아들여 죄를 다스리고 있으니 조금도 걱정하실 필요가 없습니

---

55) 薛 : 전국시대의 齊나라의 읍 이름으로, 지금의 山東省 滕縣 남쪽이다.

56) 博士 : 관직 이름. 전국시대 때부터 설치되었는데, 秦과 漢 나라 초기에 고금의 역사 사실에 대한 고문과 서적을 보관하는 일을 맡았다.

57) 陳勝(?-기원전 208년) : 字는 涉이다. 汝南郡 陽城縣(지금의 河南省 登封縣) 사람이다. 秦 2세 원년(기원전 209년) 그는 漁陽으로 징집되어 가다가 吳廣과 蘄縣의 大澤鄕(지금의 安徽省 宿州市 동남쪽)에서 같이 수자리 가던 수비 교대 병사 900명과 봉기하였다. 봉기하자마자 병사는 수만명으로 급속히 늘어났다. 또한 陳縣(지금의 河南省 淮陽縣)에서 楚나라를 세워 '張楚'라고 하고 자신은 왕으로 추대되었다. 다음해 실패하여 반란군에게 살해되었다. 권48「陳涉世家」참조.

58) 二世 황제(기원전 230-기원전 207년) : 嬴胡亥. 秦 始皇의 어린 아들. 기원전 210년에서 기원전 207년까지 재위하였다. 그는 계속해서 阿房宮과 馳道(天子나 귀인이 다니는 길)를 수리하였는데 조세와 부역이 秦 始皇 때보다 더욱 무거워 곧 농민의 봉기가 폭발하였다. 뒤에 대권을 쥐고 있던 趙高에게 핍박받아 자살하였다.

59) 郡守 : 관직 이름. 전국시대 때부터 설치되었는데, 처음에는 변방의 郡을 지키는 무관이었으나 뒤에 점점 지방장관으로 바뀌었다. 秦 왕조가 통일된 후 郡의 최고 지방 행정구역에 郡守를 설치하여 郡政을 관장하게 하였다.

60) 郡尉 : 관직 이름. 郡守를 보좌하고 郡의 군사를 관장하였다.

다." 이에 2세 황제는 기뻐하며 좋다고 말하고 다른 선비들에게도 물어보니 어떤 선비는 반란을 일으킨 것이라 하고, 어떤 선비는 도적에 불과하다고 하였다. 이에 2세 황제는 어사(御史)[61]에게 명하여 선비들 중 반란을 일으킨 것이라고 말한 사람을 형리에게 넘겨 조사하게 하였다. 그 까닭은 말해서는 안 될 것을 말하였다는 것이다. 그리고 도적이라고 말한 선비는 모두 용서하였다. 한편 2세 황제는 숙손통에게 비단 20필과 옷 한 벌을 하사하고 박사에 임명하였다. 숙손통이 궁전을 나와 숙사로 돌아오자 선비들이 말하였다. "선생은 어찌하여 그렇게 아첨하는 말을 하셨습니까?" 숙손통이 이렇게 말하였다. "여러분들은 모르오. 나는 하마터면 호랑이의 입을 벗어나지 못할 뻔하였소." 그리고는 설 지역으로 도망갔다. 그러나 설은 벌써 초나라에 항복한 뒤였다. 그러던 중 항량(項梁)[62]이 설에 왔을 때 숙손통은 그를 따랐다. 항량이 정도(定陶)에서 패하자 숙손통은 회왕(懷王)을 따랐다. 회왕이 의제(義帝)[63]가 되어 장사(長沙)[64]로 옮기자 숙손통은 그대로 남아 항우를 섬겼다. 한 2년, 한왕이 다섯 제후들[65]을 이끌고 팽성(彭城)에 입성하자 숙손통은 한왕에게 항복하였다. 그러나 한왕이 전투에서 패하여 서쪽으로 퇴각하자 끝까지 한나라 군대를 따랐다.

숙손통은 선비 옷을 입고 있었기 때문에 한왕이 그것을 몹시 싫어하였다. 이에 숙손통은 그의 옷을 바꾸어 짧은 옷을 입었는데, 그것은 초나라의 복식이라 한왕이 기뻐하였다.

---

61) 御史: 관직 이름. 춘추전국 시대 때부터 설치되었다. 문서와 역사의 기록을 관장하였다. 秦代의 御史는 탄핵규찰의 직권을 아울러 가지고 있었다.
62) 項梁(?-기원전 208년): 項羽의 숙부. 陳勝 등이 봉기한 후, 項羽와 함께 일어났다. 張楚의 上柱國을 지냈다. 陳勝이 실패한 후 전국시대의 楚 懷王의 손자 熊心을 왕으로 옹립하고 楚 懷王이라고 불렀다. 뒤에 定陶(지금의 山東省 定陶縣 서북쪽)에서 전사하였다.
63) 義帝: 項梁이 전사한 후 楚 懷王은 彭城(지금의 江蘇省 徐州市)으로 옮겼는데 項羽와 사이가 벌어졌다. 기원전 306년 項羽는 스스로 西楚霸王이라 하고 定陶에 도읍하였다. 項羽가 표면상으로는 義帝를 존중한다고 하였지만 그를 長沙郡 郴縣으로 천도하게 한 후 英布에게 명하여 추격하여 암살하였다.
64) 長沙: 군 이름. 지금의 湖南省 중남부 지역.
65) 常山王 張耳, 河南王 申陽, 韓王 鄭昌, 魏王 魏豹, 殷王 司馬卬을 가리킨다. 기원전 205년 劉邦은 이들을 이끌고 項羽를 공격하여 彭城을 급습하였다. 당시 項羽는 田榮을 치고 있던 중이었는데 즉시 劉邦을 반격하여 劉邦은 대패하고 서쪽으로 도망쳤다.

숙손통이 한왕에게 항복하였을 때 그를 따르는 선비들과 제자들이 100여 명이었다. 그러나 숙손통은 그들을 한왕에게 추천하지 않고, 오로지 과거의 도적들 중 장사만 천거하였다. 그래서 제자들은 숨어서 숙손통을 욕하며 이렇게 말하였다. "선생을 섬긴 지 여러 해가 지났고 다행히도 한왕에게 항복하여 따르게 되었습니다. 그런데 지금 선생은 저희들을 천거하지 않고 오로지 교활한 사람만을 천거하니 그것은 무슨 까닭입니까?" 숙손통은 이 말을 듣고서 이렇게 말하였다. "한왕은 지금 화살과 돌을 무릅쓰고 천하를 다투고 있는데, 그대들은 싸울 수 있겠는가? 그래서 우선 적장을 베고, 적기를 빼앗을 수 있는 사람을 천거한 것이오. 그대들은 잠시 기다리고 계시오. 나는 그대들을 잊지 않을 것이오." 한왕은 숙손통을 박사로 임명하고 직사군(稷嗣君)[66]이라고 불렀다.

한 5년, 천하가 통일된 뒤 제후들[67]은 정도(定陶)에서 한왕을 황제로 추대하였는데, 숙손통이 조정의 의례와 관제를 제정하였다. 고조는 지나치게 번잡한 진나라의 의례를 모두 없애버리고 간편하고 쉽게 하였다. 그런데 뭇 신하들은 술을 마시면 서로의 공을 다투었고 술에 취해서는 함부로 큰 소리를 지르고, 검을 뽑아들고 기둥을 치기도 하였다. 고조는 이를 근심하지 않을 수 없었다. 숙손통은 황제가 점점 이러한 것을 싫어한다는 것을 알고 황제에게 이렇게 건의하였다. "대저 선비라고 하는 작자들은, 함께 천하를 취하여 진취적인 일을 같이하기에는 어렵지마는 함께 성업(成業)을 지키기에는 적당합니다. 원컨대 노(魯)나라의 여러 선비들을 불러 신의 제자들과 함께 조정의 의례를 정하게 해주십시오." 고조가 말하였다. "어렵지 않겠소?" 숙손통이 말하였다. "오제(五帝)[68]는 음악을 달리하였고, 삼왕(三王)[69]은 예법을 달리하였습니다. 예법은 시대와 인

---

66) 稷嗣君 : 세 가지 설이 있다. 첫째는 叔孫通의 도덕과 학문이 齊나라 稷下의 유풍을 계승할 수 있을 정도로 뛰어난 것을 찬양하는 것이다. 稷下는 전국시대 齊나라 도성 臨淄縣 稷門 부근의 지역으로, 당시의 각 학파가 모이는 중심지였다. 둘째는 읍 이름이라는 설이고, 셋째는 劉邦은 后稷이 堯임금을 보좌하였던 것처럼 叔孫通이 자신을 보좌할 수 있기를 바랐다는 설이다. 첫번째 설이 비교적 타당한 것 같다.

67) 楚王 韓信, 韓王 韓信, 淮南王 英布, 梁王 彭越, 衡山王 吳芮, 趙王 張敖, 燕王 臧荼를 가리킨다.

68) 五帝 : 중국 고대 전설 속의 다섯 제왕을 가리킨다. 세 가지 설이 있다. 첫째는 黃帝, 顓頊, 帝嚳, 堯, 舜이고, 둘째는 太皞, 炎帝, 黃帝, 少昊, 顓頊이고, 셋째는 少昊, 顓頊, 帝嚳, 堯, 舜이라고도 한다. 이들은 원시사회 말기의 부락 또는 부락연맹의 지도자였다.

정에 따라 간략하게 하기도 하고 꾸미기도 하는 것입니다. 그러한 까닭에 하(夏), 은(殷), 주(周) 나라의 예는 이전의 예를 따르면서 줄이고 보충한 것임을 가히 알 수 있다고 한 것[70]은 바로 고금의 예법이 서로 중복되지 않았음을 말하는 것입니다. 원컨대 고대의 예와 진나라의 의법(儀法)을 결합하여 한나라의 예를 만들고자 합니다." 고조가 말하였다. "시험삼아 만들어보시오. 그러나 사람들이 이해하기 쉽게 하고, 내가 실행할 수 있도록 염두에 두고 만드시오."

이에 숙손통은 황제의 명을 받들고 노나라에 가서 노나라의 선비 30여 명을 모집하였다. 그때 노나라의 두 선비가 가기를 거절하며 이렇게 말하였다. "당신이 섬긴 군주가 모두 열 사람[71]이나 되지만 모두 앞에서 아첨하여 가깝게 되었고 귀하게 된 경우입니다. 지금 천하가 겨우 평정되어 죽은 사람은 아직 장례도 치르지 않았고, 부상당한 사람은 아직 움직일 수도 없는 상황인데, 또 예악(禮樂)을 일으키시려 하십니다. 예악은 덕을 100년 동안 쌓은 뒤라야 흥성할 수 있는 것입니다. 나는 차마 당신이 하려고 하는 바에 동참할 수 없습니다. 당신이 하려고 하는 일은 옛 법에 부합되는 것이 아니니, 우리들은 갈 수가 없소. 당신은 그만 돌아가시오. 우리를 욕되게 하지 마시오!" 숙손통은 웃으며 이렇게 말하였다. "당신들은 참으로 고루한 선비들이구려. 시대의 변화를 모르고 있으니."

마침내 숙손통은 모집한 30명의 선비들과 황제의 좌우에서 학문을 하는 사람들, 그리고 숙손통의 제자 100여 명들과 함께 교외에 모의 회장을 설치하여 한 달여 동안 예식을 강습하였다. 숙손통이 말하였다. "폐하께서 시험삼아 한번 살펴보십시오." 고조가 나가서 보고는 예식을 거행하도록 하고 말하였다. "나도 이 정도는 할 수 있다." 이에 뭇 신하들에게 명을 내려 예식을 익히도록 하여 10월[72] 조회 때 실시하기로 하였다.

---

69) 三王: 夏 禹王, 商 湯王, 周 文王(혹은 周 武王을 포함시키기도 한다)을 말한다.
70) 『論語』「爲政」편에는 "孔子께서 말씀하시기를, 殷나라는 夏나라의 예에 따랐으니, 손익을 알 수 있다. 혹, 周나라를 이을 자가 있다면 비록 백세라도 알 수 있을 것이다(子曰, 殷因於夏禮, 所損益可知也. 其或繼周者, 雖百世, 可知也)"라고 되어 있는데, 叔孫通은 이 말을 빌려서 시대와 사회가 변함에 따라 적절하게 고쳐야 한다는 것을 설명하였다.
71) 秦 始皇, 秦 二世, 項梁, 楚 懷王, 項羽, 劉邦 등 실제로는 10명이 되지 않는다.
72) 고대의 紀月은 12干支로 12개의 달로 삼았다. 夏曆에서는 북두칠성의 자루가 寅을 가리키는 달(建寅)을 정월로, 商曆에서는 북두칠성의 자루가 丑을 가리키는 달

한 7년, 장락궁(長樂宮)⁷³⁾이 낙성되자 제후들과 뭇 신하들이 모두 10월 조회에 참가하였다. 예식은 다음과 같았다. 날이 밝기 전에 알자(謁者)⁷⁴⁾가 식전을 맡아, 조회하는 사람들을 인도하여 순서에 따라 대궐의 문에 들어오게 하였다. 뜰 가운데에는 전차, 기병, 보병과 위병(衛兵)을 배열하여 무기를 갖추고서 깃발을 세웠다. 그런 뒤 "뛰어 가"라는 명령을 전달하였다. 궁전 아래에는 계단을 끼고 낭중(郎中)들을 양 옆에 도열시켰는데 각 계단마다 수백명이 되었다. 공신과 열후(列侯),⁷⁵⁾ 여러 장군들 및 군리(軍吏)들은 서열에 따라 서쪽에 열을 지어 동쪽을 바라보고, 문관인 승상(丞相) 이하는 동쪽에 열을 지어 서쪽을 바라보고 있었다. 대행(大行)⁷⁶⁾은 아홉 명의 빈상(儐相)⁷⁷⁾을 배치히어 황제의 명령을 전달하게 하였다. 이때 황제가 봉련(鳳輦)⁷⁸⁾을 타고 나타나자 백관들은 깃발을 들어 정숙하게 하고, 제후왕 이하 봉록이 600석까지인 관리들을 인도하여 차례대로 황제께 하례를 하도록 하였다. 이렇게 하니 제후왕 이하 누구도 두려워 떨며 엄숙하고 공경하지 않는 사람이 없었다. 의식이 끝나고 법주(法酒)⁷⁹⁾를 거행하였다. 궁전 위에 모시고 있던 사람들은 모두 머리

(建丑)을 정월로, 周曆에서는 북두칠성의 자루가 子를 가리키는 달(建子)을 정월로, 秦曆에서는 북두칠성의 자루가 亥를 가리키는 달(建亥)을 정월로 삼았다. 漢나라 초기에는 여전히 秦曆을 답습하여 夏曆 10월을 正初로 삼았으며, 게다가 劉邦이 咸陽에 들어간 것도 10월이어서 10월에 성대하게 조회를 거행하기로 한 것이다. 漢 武帝 太初 원년에 역법을 고친 이후 夏曆 정월을 연초로 하는 역법을 다시 사용하였다. 그래서『史記』에서는 漢나라 초기 각 제왕의 系年에서 모두 '冬十月'을 연초로 삼았다.

73) 長樂宮 : 西漢의 주요한 궁전 중의 하나. 지금의 陝西省 西安市 서북쪽 교외에 있다. 秦代의 興樂宮을 재건한 것이다. 漢나라 초기에 황제는 이곳에서 조회를 열었다. 惠帝 이후의 조회는 未央宮으로 옮겨서 열고 長樂宮을 太后의 거처로 만들었다.

74) 謁者 : 관직 이름. 춘추전국 시대 때부터 설치되었는데 군주의 명을 전달하는 일을 주관하였다. 秦漢 시대에도 계속해서 설치되었는데, 郎中令에 속하여 빈객을 안내하고 돕는 일을 관장하였다.

75) 列侯 : 작위 이름. 漢나라 20등급의 작위 중 가장 높은 등급의 '徹侯'이다. 뒤에 '通侯'로 개칭하였다.

76) 大行 : 관직 이름. 西周 때부터 설치되었다. 원래의 명칭은 '代行人'이다. 漢나라 초기에는 '典客'으로 불리다가 뒤에 '大行'으로 개칭되었다. '代行令'이라고도 한다.

77) 儐相 : 세 가지 설이 있다. 첫째는 규칙이 다른 아홉 종류의 예절을 가리키고, 둘째는 손님을 접대하는 아홉 명의 관리를 말하며, 셋째는 지위가 다른 아홉 종류의 의전 관리를 가리킨다.

78) 輦은 고대에는 사람이 밀고 당기는 수레를 가리켰다. 秦漢 시대 이후에는 특히 황제나 황후, 妃 등이 타는 수레를 가리켰다.

를 조아리고 있다가 서열에 따라 일어나서 황제에게 축수하였다. 술잔이 아홉 순배가 돌자 알자가 "주연을 끝낸다!"라고 말하였다. 어사는 법을 집행하여 의식을 준수하지 않은 사람은 즉시 데리고 나갔다. 그래서 의식을 끝내고 다시 주연을 베푸는 동안 어느 누구도 감히 시끄럽게 예를 위반하는 사람이 없었다. 그제야 고조는 이렇게 말하였다. "나는 오늘에서야 비로소 황제의 고귀함을 알았다." 그리고는 숙손통을 태상(太常)[80]에 임명하고 황금 500근을 하사하였다.

숙손통은 이 기회를 틈타 진언하였다. "신의 여러 제자인 선비들이 신을 따른 지가 오래되었습니다. 그들은 신과 함께 의법을 만들었으니 원컨대 그들에게도 관직을 내려주시옵소서." 그러자 고조는 그들을 모두 낭관(郞官)[81]에 임명하였다. 숙손통은 궁을 물러나와서 자기가 받은 500근의 황금을 모두 여러 선비들에게 나누어주었다. 이에 여러 선비들은 기뻐하며 이렇게 말하였다. "숙손 선생님은 참으로 성인이시다. 당대의 중요한 일을 다 알고 계신다."

한 9년,[82] 고조는 숙손통을 태자태부(太子太傅)[83]에 임명하였다. 한 12년, 고조는 조왕(趙王) 여의(如意)[84]로 태자를 바꾸려 하자 숙손통은 황제에게 이렇게 간언하였다. "옛날에 진 헌공(晉獻公)[85]은 총애하던 여희(驪姬) 때문에 태자를 폐하고 해제(奚齊)를 태자로 세웠습니다. 이 때문에 진(晉)나라는 수십년 동안 혼란스러웠으며 천하의 웃음거리가 되었습니다. 진(秦)나라는 부소(扶蘇)[86]를 일찍이 태자로 정하지 않았기 때

79) 法酒 : 조정의 정식 연회.
80) 太常 : 관직 이름. 秦代에는 '奉常'을 설치하여 종묘의례를 관장하였다. 漢나라에도 계속해서 설치되었다. 景帝 때 '太常'으로 개칭하였다.
81) 郞은 帝王의 시종관의 통칭이다. 이것은 전국시대 때부터 설치되었는데, 秦, 漢 역시 이를 따라 설치하였다. 議郞, 中郞, 侍郞, 郞中 등의 명칭이 있다.
82) 기원전 198년이다.
83) 太子太傅 : 관직 이름. 태자를 보좌하는 임무를 맡고 있다.
84) 如意. 劉如意. 趙王에 봉해졌다. 劉邦이 총애하던 妃 戚夫人의 아들이다. 劉邦은 일찍이 그를 태자 劉盈을 대신하여 세우려고 하였으나 여러 차례 대신들의 반대에 부딪쳐 실행하지 못하였다. 劉邦이 죽은 뒤 呂太后는 독살당하였고 戚夫人 역시 呂太后에게 잔인하게 죽임을 당하였다.
85) 晉獻公 : 姬詭諸. 춘추시대의 晉나라 임금. 총애하던 驪姬 때문에 그녀의 아들 奚齊를 후계자로 세우려고 태자 申生을 자살하도록 만들고 아들 重耳(晉 文公)와 夷吾(晉 惠公)를 내쫓아 장기간의 혼란상태를 만들었다. 살육이 한참일 때 晉 文公이 돌아와 왕위를 계승하자 점차 안정되어갔다.

문에 조고(趙高)로 하여금 황제의 명을 사칭하여 호해(胡亥)를 태자로
세우게끔 하였습니다. 이 때문에 스스로 선조의 제사를 끊어지게 하였으
니, 이는 폐하께서 친히 보신 일입니다. 지금 태자께서 어질고 효성스러
운 것을 천하의 사람들이 알고 있습니다. 그리고 여후께서는 폐하와 함께
보잘것없는 음식을 드시면서 고생을 하셨는데 어찌 여후를 저버리실 수
있겠습니까? 만약 폐하께서 굳이 적자를 폐하고 어린 여의를 세우시려
하신다면 신은 먼저 죽음을 청하여 저의 목에서 나오는 피로 이 땅을 더
럽히겠습니다." 고조가 이 말을 듣고 말하였다. "경은 그만하라! 나는
단지 농담한 것일 뿐이오." 그러자 숙손통은 말하였다. "태자는 천하의
근본으로, 근본이 한번 흔들리면 천하가 진동합니다. 그런데 어떻게 천하
의 큰일을 가지고 농담을 하실 수 있으십니까?" 고조가 말하였다. "경의
말을 따르겠소." 황제가 연회를 베풀 때 유후 장량이 초대한 빈객들[87]이
태자를 따라와 알현하는 것을 보고서 태자를 바꾸려는 생각을 버렸다.

고조가 붕어하고 효혜제(孝惠帝)가 즉위하자, 효혜제는 숙손통에게 말
하였다. "선제의 원릉(園陵)[88]과 침묘(寢廟)[89]의 예절에 대하여 뭇 신하
들이 잘 모르고 있소." 이에 숙손통을 다시 태상의 자리로 옮겨 종묘의
의법을 제정하게 하였다. 이후 한나라의 여러 의법이 점차 갖추어지니,
이는 모두 숙손통이 태상으로 재직할 무렵에 만들어진 것이다.

효혜제가 동쪽에 있는 장락궁의 여태후에게 문안하러 가거나 가끔 비공
식적으로 들를 때[90] 자주 통행을 금지하여 백성들을 번거롭게 하였다. 그

---

86) 扶蘇: 秦 始皇의 장남. 그는 秦 始皇이 유생을 탄압하는 것을 그만두도록 설득하
다가 上郡(지금의 陝西省 북부)으로 파견되어 변방의 군대를 감독하게 되었다. 秦
始皇이 죽은 뒤 환관 趙高가 丞相 李斯와 결탁하여 조칙을 위조하여 그를 자살하도
록 만들고, 秦 始皇의 어린 아들 胡亥를 옹립하고 秦 始皇의 모든 자녀를 살해하여
秦 왕조를 멸망하게 하였다.

87) 東園公, 甪里先生, 綺里季, 夏黃公이다. 이들은 모두 전국시대 말기 사람으로,
이때 나이 80여 세로 商山(지금의 陝西省 商縣 동남쪽)에 살았다. 당시의 사람들은
이들을 '商山四皓'라고 불렀다. 漢나라 초기에 高祖가 초빙하였으나 그들은 부름에
응하지 않았는데, 呂太后가 張良의 계획대로 태자로 하여금 아주 공손한 태도로 이
네 사람을 모시고 오도록 하여 교유하였다. 그래서 태자는 高祖의 두터운 신임을 얻
었고 高祖는 태자를 바꾸려는 의도를 그만두었다.

88) 園陵: '園'은 제왕들의 묘지이고, '陵'은 제왕들의 무덤이다.

89) 寢廟: '廟'는 天子의 능묘에 있는 앞건물로 조상의 위패와 畵像을 안치하고 사계
절마다 제사를 지냈다. '寢'은 天子의 능묘에 있는 뒷건물로 의관과 几丈을 비치해두
었다.

래서 따로 복도(複道)⁹¹⁾를 만들었는데 공교롭게도 그것을 무기고(武器庫)의 남쪽에다 만들었다. 그러자 숙손통은 정사에 대해 보고하면서, 한가한 틈을 타서 이렇게 말하였다. "폐하께서는 어찌하여 복도를 축조하십니까? 고제(高帝)의 사당에 간직되어 있는 의관은 한 달에 한 번 고묘(高廟)로 옮기게 되어 있습니다. 고묘는 한나라의 시조묘인데, 어찌하여 후세의 자손들로 하여금 종묘의 위로 다니게 할 수 있습니까?" 효혜제가 매우 두려워하며 말하였다. "급히 그것을 헐어버리시오." 그러자 숙손통이 말하였다. "군주는 잘못된 일을 하실 수 없음이옵니다. 지금 이미 복도를 만들었다는 것을 백성들이 모두 알고 있습니다. 그런데 지금 다시 그것을 허물어버린다면 황제께서 잘못하셨다는 것을 보여주는 것이 됩니다. 청컨대 폐하께서는 위수(渭水)⁹²⁾의 북쪽에 따로 사당을 만들고, 고제의 의관을 매월 그리로 옮기도록 하십시오. 종묘를 넓히고 많이 짓는 것은 바로 대효(大孝)의 근본입니다." 효혜제는 이에 관리에게 조직을 내려 사당을 신축하도록 하였다. 따로 사당을 신축한 것은 바로 복도 때문이었다.

효혜제가 일찍이 봄에 이궁(離宮)⁹³⁾으로 출유(出游)하였을 때 숙손통이 이렇게 말하였다. "옛날에는 봄이 되면 햇과일을 종묘에 바치는 일이 있었습니다. 지금 막 앵두가 익었으니 바칠 만합니다. 원컨대 폐하께서 출유하실 때 앵두를 가져다 종묘에 바치시기를 바랍니다." 이에 황제는 그렇게 하겠다고 하였다. 여러 신선한 과일들을 종묘에 헌납하는 일은 이로부터 시작되었다.

태사공은 말하였다.

"속언에 '천금의 갖옷은 여우 한 마리의 겨드랑이 가죽만으로 만든 것이 아니고, 높은 누대의 서까래는 한 그루의 나무 가지만으로 만든 것이 아니듯이, 하, 은, 주 삼대의 태평성대함은 한 사람의 지혜로써 이룬 것이 아니다'⁹⁴⁾라고 하였는데, 맞는 말이다! 무릇 고조(高祖)는 평민 신분

90) 이때 惠帝는 未央宮에 거하였는데, 이곳은 당시의 長安城 서남쪽 모퉁이에 있었다. 한편 呂太后는 長樂宮에 거하였는데, 이곳은 長安城 동남쪽 모퉁이에 있었다.
91) 複道 : '閣道'라고도 한다. 높은 건물 사이를 연결하는 통로.
92) 渭水 : 당시에 長安城 서북쪽으로 흘렀다.
93) 離宮 : 제왕이 정식으로 거처하는 正宮 이외의 임시로 거처하는 궁실.

으로 일어나 천하를 평정하였는데 모계(謀計)과 용병술의 재주를 모두 갖추었다고 할 수 있다. 그러나 유경(劉敬)은 수레를 끄는 막대를 내던지고 한 번 도읍을 옮기라고 유세함으로써 만세의 안정을 이루었으니, 지혜라고 하는 것을 어찌 한 사람이 전유할 수 있겠는가! 숙손통(叔孫通)은 세상에 영합하여 쓰이기를 바라고 당시의 중요한 일을 생각하고 의례를 제정하고, 또한 시세의 변화에 따라 나아가고 물러나 마침내 한나라 유학의 종정이 되었다. '매우 곧은 것은 굽어 보이고, 길이란 원래 구불구불한 것이다'95)라고 하는 말은 이와 같은 경우를 두고 하는 말일 것이다!"

---

94) 『愼子』에서 인용한 말이다. 원문은 "千金之裘, 非一狐腋也. 臺榭之榱, 非一木之枝也. 三代之際, 非一士之智也"이다.
95) 『老子』 제41장에서 인용한 말이다. 원문은 "大直若詘, 道固委蛇"이다.

권100 「계포난포열전(季布欒布列傳)」 제40

　계포(季布)는 초(楚)나라 사람이다. 그는 사람됨이 의리가 있고 불의를 참지 못하는 협기를 가진 사람으로 초나라에서 유명하였다. 항우(項羽)는 그에게 군대를 거느리게 하였는데 그는 여러 차례 한왕(漢王)을 곤경에 빠뜨렸다. 항우가 멸망하자 고조(高祖)는 천금의 현상금을 걸어 계포를 수배하고, 감히 그를 숨겨주는 자가 있으면 그의 삼족(三族)을 멸할 것이라고 하였다. 계포는 복양(濮陽)[1]의 주씨(周氏) 집에 숨어 있었다. 주씨가 계포에게 말하였다. "한나라가 현상금을 걸어 장군을 급히 찾고 있으니 행방을 추적하여 곧 저희 집에 들이닥칠 것입니다. 장군께서 제 말을 들으신다면 제가 감히 계책을 말씀드리겠습니다. 그러나 만약 들을 수 없으시다면 먼저 스스로 목숨을 끊어주십시오." 계포가 동의하였다. 이에 주씨는 계포의 머리를 깎고 칼을 채우고 허름한 베옷을 입힌 뒤 광류거(廣柳車)[2]에 넣어 그의 집 하인 수십명과 함께 노(魯)나라의 주가(朱家)[3]에게 팔았다. 주가는 마음속으로 그가 계포인 것을 알면서도 사서 전원에 두고 자기 아들에게 경계하여 말하였다. "밭일은 이 하인의 말을 따르고, 반드시 그와 같이 식사하도록 해라." 그리고는 주가는 가벼운 수레를 타고 낙양(洛陽)으로 가서 여음후(汝陰侯) 등공(滕公)[4]을 만났다. 등공은 주가를 집에 머물게 하고 여러 날 함께 술을 마셨다. 주가는 기회를 보아서 등공에게 이렇게 말하였다. "계포가 무슨 큰 죄를 지었길래 황상께서 그렇게 급하게 찾고 계십니까?" 등공이 말하였다. "계포는

---

1)　濮陽 : 현 이름. 지금의 河南省 濮陽縣 서남쪽.
2)　廣柳車 : 화물을 운반하는 큰 수레이다. 일설에는 관을 싣는 수레이다.
3)　朱家 : 魯(지금의 山東省 曲阜市) 사람. 漢나라 초기에 遊俠으로 유명하다.
4)　汝陰侯 滕公 : 夏侯嬰. 秦나라 말기에 劉邦을 따라 일어나 공을 세워 汝陰(지금의 安徽省 曲陽縣)에 봉해졌다. 夏侯嬰은 일찍이 滕縣의 縣令을 지냈는데, 楚나라 사람들은 縣令을 公이라 부르기 때문에 夏侯嬰을 滕公이라고 한다. 권95 「樊酈滕灌列傳」 참조.

여러 차례 항우를 위하여 황상을 곤경에 빠뜨렸는데, 황상께서 그 일에 원한을 품고 계시오. 그래서 반드시 그를 잡으려 하시는 것이오." 주가가 물었다. "공께서는 계포가 어떤 인물이라고 생각하십니까?" 등공이 말하였다. "재능 있는 사람이오." 주가가 말하였다. "신하는 각자 자기의 군주를 위하여 충성을 다합니다. 계포가 항우를 위하여 충성을 다하는 것은 그의 직분을 다한 것뿐입니다. 그렇다고 항우의 신하를 모두 다 죽여야 한다는 말입니까? 지금 황상께서는 천하를 얻으신 지 얼마 되지 않으셨는데 사사로운 원한으로 사람을 찾고 계시니, 어찌하여 황상의 도량이 좁다는 것을 천하에 보이려 하시는지요? 게다가 계포와 같은 현명한 사람을 한나라가 현상금을 걸어 이렇게 급하게 찾고 있으니, 그렇게 하다가는 계포를 북쪽의 흉노(匈奴)로 도주하게 하지 않으면 남월(南越)로 도망치게 할 것입니다. 무릇 장사를 미워하여 적국을 이롭게 하는 것은 바로 오자서(伍子胥)가 초 평왕(楚平王)의 묘를 파내어 그 시신에 채찍질을 한 것과 같은 것입니다.5) 공께서는 어찌하여 솔직히 황상께 말씀드리지 않으십니까?" 여음후 등공은 마음속으로 주가가 대협(大俠)인 줄을 알고 있었으므로 계포가 그의 집에 숨어 있다고 짐작하였다. 그래서 등공은 그렇게 하겠다고 하였다. 등공은 기회를 보아서 주가가 일러준 대로 황상에게 진언하였다. 황상은 마침내 계포를 용서하였다. 그무렵 여러 공경들은 모두 계포가 정세에 적응하여 자신의 강직한 성격을 억누르고 유순해진 것을 칭찬하였고, 주가 또한 이로 인하여 당시에 이름을 날렸다. 후에 계포는 황상을 알현하고 사죄하여 황상은 그를 낭중(郎中)6)에 임명하였다.

효혜제(孝惠帝) 때 계포는 중랑장(中郎將)7)이 되었다. 일찍이 선우(單于)8)가 편지를 보내 여태후(呂太后)를 모욕하였는데 그 태도가 매우 불손하였다. 이에 여태후는 크게 노하여 여러 장수들을 불러 대책을 상의하

5) 伍子胥의 아버지 伍奢와 형 伍尙은 楚 平王에게 살해되고, 伍子胥는 吳나라로 도망갔다. 뒤에 伍子胥는 吳王 闔閭를 도와 왕위를 탈취하였다. 그는 闔閭를 보좌하여 吳나라 군대를 이끌고 楚나라 郢都를 격파하고 楚 平王의 무덤을 파 시체를 꺼내 300대나 채찍질하여 아버지의 원수를 갚았다. 권66 「伍子胥列傳」 참조.
6) 郎中 : 관직 이름. 전국시대 때부터 설치되었는데 漢나라 때에도 계속해서 설치되었다. 郎中令에 속하였다. 궁정의 수레, 말, 문을 관리하였다. 또한 안으로는 侍衛를 맡았고 밖으로는 작전에 참가하였다.
7) 中郎將 : 관직 이름. 황제의 시종을 통솔하였다.
8) 單于 : 匈奴 군주의 칭호.

였다. 상장군 (上將軍) 번쾌 (樊噲)[9]가 말하였다. "신으로 하여금 10만의 군대를 이끌고 흉노 한가운데를 마음껏 짓밟게 해주십시오." 여러 장수들은 모두 여태후의 뜻에 아첨하여 좋다고 말하였다. 그때 계포가 말하였다. "번쾌를 참하는 것이 마땅합니다. 옛날에 고조께서는 40여 만의 군사를 거느리고도 평성 (平城)에서 곤경을 당하셨는데,[10] 지금 번쾌가 어떻게 10만의 군사로 흉노의 한가운데를 마음껏 짓밟을 수 있다는 말입니까? 이는 태후를 면전에서 기만하는 것입니다. 게다가 진 (秦)나라는 흉노를 정벌하는 일에 군사를 부렸다가 진승 (陳勝)[11]이 봉기하는 틈을 주었습니다. 지금까지 그 상처가 아직 아물지도 않았는데 번쾌는 또 면전에서 아첨을 하여 천하를 동요시키려 하고 있습니다." 이때 전 (殿) 위에 있던 사람들은 모두 두려움에 떨었고, 태후는 조회를 파하고는 다시는 흉노를 정벌하는 논의를 하지 않았다.

계포는 하동 (河東)[12] 군수가 되었다. 효문제 (孝文帝) 때 어떤 사람이 계포가 현명하다고 말하자 효문제는 계포를 불러 어사대부 (御史大夫)[13]로 삼으려 하였다. 그런데 또 어떤 사람은 계포가 용맹하기는 하지만 술주정이 심하여 가까이하기 어렵다고 말하였다. 계포는 부름을 받고 장안 (長安)에 도착하여 숙소에서 한 달이나 머물렀지만 알현도 못하고 돌아가게 되었다. 그러자 계포는 이로 인하여 이렇게 진언하였다. "신은 공도 없으면서 총애를 받아 하동에서 벼슬살이를 하고 있습니다.[14] 그런데 폐하께서는 아무 까닭도 없이 신을 부르시니, 이는 필시 어떤 사람이 신을

9) 樊噲 : 沛縣(지금은 江蘇省에 속한다) 사람. 秦나라 말기 劉邦을 따라 일어났다. 漢나라 초기에 舞陽侯에 봉해졌고 左丞相을 지냈다. 惠帝 때 上將軍이 되었는데 군대를 이끌고 출정하여 싸우는 일을 맡았다.
10) 漢 7년(기원전 200년) 韓王 信이 匈奴와 결탁하여 太原에서 모반하자, 漢 高祖는 군대를 이끌고 공격하다 平城(지금의 山西省 大同市 동북쪽)에서 匈奴의 單于 冒頓에게 7일간 포위되었다가 陳平의 계책으로 포위를 벗어났다.
11) 陳勝 : 秦나라 말기의 농민 봉기군의 우두머리. 秦나라는 부역이 매우 무거웠고 정치와 형벌은 가혹하였다. 秦 2세 원년(기원전 209년), 陳勝은 漁陽(지금의 北京市 蜜運縣 서남쪽)으로 징집되어 수자리 가다가 吳廣과 함께 蘄縣 大澤鄕(지금의 安徽省 宿州市 동남쪽)에서 동행하며 수자리 가던 병사 900명과 일어났다.
12) 河東 : 군 이름. 지금의 山西省 서남부. 소재지는 安邑(지금의 夏縣 서북쪽)이다.
13) 御史大夫 : 관직 이름. 秦, 漢 나라 때 丞相 다음의 중앙 장관이다. 주로 감찰, 법 집행을 관장하였으며, 아울러 중요한 문서, 그림과 서적을 관리하였다.
14) 옛날 사람들은 자기가 관직에 있는 것을 겸손하게 '待罪'라고 하였는데, 이는 자신이 능력이 미약해서 언제 죄를 지을지 모른다는 것을 나타냈다.

터무니없이 칭찬하여 폐하를 속였기 때문일 것입니다. 지금 신이 도착하였지만 폐하로부터 어떠한 임무도 받지 못하고 그냥 돌아가라 하시니, 이는 필시 어떤 사람이 신을 헐뜯었기 때문일 것입니다. 무릇 폐하께서는 한 사람의 칭찬으로 인하여 신하를 부르시고, 또 한 사람의 헐뜯음으로 신을 돌려보내시니, 신이 두려워하는 바는 천하에 지혜를 가진 사람이 이런 이야기를 듣고 폐하의 식견을 들여다보지 않을까 하는 것입니다." 황제는 이 말을 듣고 부끄러워 한참 잠자코 있더니 이렇게 말하였다. "하동은 나의 수족처럼 여기는 군(郡)이므로 그래서 특별히 그대를 부른 것이오." 계포는 이 말을 듣고 황제를 고별하고 하동 군수의 원래 관직으로 돌아갔다.

초나라 사람 조구생(曹丘生)[15]은 구변에 능한 선비였는데, 여러 차례 권세에 아부하여 돈을 얻었다. 그는 조동(趙同)[16] 등의 귀인을 섬기었고, 특히 두장군(竇長君)[17]과 사이가 좋았다. 계포는 이러한 소문을 듣고 두장군에게 편지를 올려 이렇게 간언하였다. "저는 조구생이라는 사람이 정직한 사람이 아니라고 들었습니다. 그와 왕래하지 마십시오." 조구생은 초나라로 돌아갈 때 두장군의 소개장을 얻어서 계포를 만나고자 하였다. 이에 두장군은 말하였다. "계장군은 그대를 좋아하지 않으니, 그대는 가지 마오." 그러나 조구생은 기어이 소개장을 얻어 떠났다. 조구생은 먼저 사람을 시켜 계포에게 소개장을 보냈다. 계포는 과연 크게 노하여 조구생을 기다리고 있었다. 조구생이 도착한 뒤 계포에게 읍하며 이렇게 말하였다. "초나라 사람들 사이에 '황금 100근을 얻느니보다 계포의 허락을 한 번 받는 것이 낫다'라는 말이 있더군요. 그대는 어떻게 하셔서 양(梁)나라와 초나라 지방에서 이러한 명성을 얻으셨는지요? 저 또한 초나라 사람이고 장군 또한 초나라 사람입니다. 제가 유람하면서 장군의 이름을 천하에 널리 선양한다면 귀하게 되지 않겠습니까? 그대는 어찌하여 저를 그다지도 단호하게 거절하시는지요?" 계포는 이에 크게 기뻐하며 그를 안으로 들여 여러 달 동안 머물게 하고 상객으로 대접하고 후한 선

---

15) 曹丘生 : 曹丘先生이라고도 한다.
16) 趙同 : 漢 文帝의 총애를 받던 환관 趙談을 가리킨다. 司馬遷은 그의 아버지 司馬談의 이름과 諱를 피하기 위하여 '談'을 '同'으로 고쳤다.
17) 竇長君 : 漢 文帝 황후의 오라버니.

물을 주었다. 계포의 명성이 더욱 높아진 것은 조구생이 그의 이름을 선양하였기 때문이었다.

계포의 아우 계심(季心)은 의기가 관중(關中)을 뒤덮을 정도로 뛰어났다. 그는 사람들에게 공손하고 근실하였으며 의협심이 강하여 사방 수천 리에서 선비들이 앞을 다투어 그를 위하여 죽음도 아끼지 않았다. 그는 일찍이 사람을 죽이고서 오(吳)나라로 도망가서 원사(袁絲)[18]라는 사람의 집에 숨어 지냈다. 그는 원사를 형님으로 섬기고, 관부(灌夫),[19] 적복(籍福)[20] 등의 사람을 아우처럼 돌봐주었다. 그는 일찍이 중사마(中司馬)[21]가 된 적이 있었는데 중위(中尉) 질도(郅都)[22]조차도 그에게 예로써 대우하지 않을 수 없었다. 또한 젊은 사람들은 자주 은밀히 계심의 이름을 빙자하여 행세하였다. 그 당시 계심은 용맹함으로, 계포는 일단 부탁을 받으면 거절하지 못하는 것으로 각각 관중에 명성이 높았다.

계포의 외삼촌 정공(丁公)[23]은 초나라 장수였다. 정공은 항우를 위하여 팽성(彭城)[24] 서쪽에서 고조를 추적하여, 단병(短兵)으로 접전을 벌였다. 고조는 다급해지자 정공을 보고 말하였다. "우리 둘 다 좋은 사람들인데 어찌 서로 해치려 하는가?" 이에 정공은 군사를 거두어 돌아가니 고조는 몸을 피해 도망쳤다. 항우가 멸망한 뒤에 정공이 고조를 알현하였다. 그러자 고조는 정공을 붙잡아 군중에 돌려 보이면서 모든 사람들에게 말하였다. "정공은 항왕의 신하가 되어서 충성을 다하지 않았다. 항왕으로 하여금 천하를 잃게 만든 자는 바로 정공이다." 이에 드디어 정공을

---

18) 袁絲 : 袁盎을 가리킨다. 齊나라 재상과 吳나라 재상을 지냈다. 여러 차례 吳王 劉濞에게 뇌물을 받아 모반의 진상을 숨겼기 때문에 御史大夫 晁錯에게 고발되어 평민으로 강등되었다. 吳楚 7국이 晁錯를 주살한다는 명분으로 모반을 할 때, 그는 이 일로 漢 景帝에게 건의하여 그를 주살하였다. 뒤에 이 일 때문에 梁 孝王 劉武의 원한을 사서 저격당하였다.

19) 灌夫 : 漢 景帝 때 軍攻으로 中郎將이 되었다. 武帝 때 太卜에 임명되었다가 뒤에 燕나라 재상으로 옮겼다. 어떤 일로 죄를 지어 면직되었다가 결국 丞相 田蚡을 거역하여 살해되었다. 권107 「魏其武安侯列傳」 참조.

20) 籍福 : 田蚡의 식객.

21) 中司馬 : 관직 이름. 中尉(수도의 치안을 담당하는 무관)의 속관이다.

22) 郅都 : 漢 景帝 때 濟南 太守를 지냈다. 뒤에 中尉로 승진하였다. 법 집행이 가혹하였기 때문에 황제의 인척과 列侯들에게 '파리'라고 불렸다. 뒤에 雁門 太守로 지내다가 竇太后에게 죄를 지어 살해되었다.

23) 丁公 : 丁固를 가리킨다. 薛(지금의 山東省 滕縣 남쪽) 사람.

24) 彭城 : 현 이름. 지금의 江西省 徐州市. 項羽의 도읍지이다.

참하고는, 이렇게 말하였다. "후세에 신하된 사람으로 정공을 본받지 않게 하기 위함이다!"

난포(欒布)는 양(梁)나라 사람이다. 처음에 양왕(梁王) 팽월(彭越)[25]이 평민이었을 때 일찍이 난포와 교유하였다. 두 사람은 가난하였기 때문에 제(齊)나라에서 고용살이를 하기도 하고, 술집의 점원으로 일하기도 하였다. 몇년 뒤 팽월은 그곳을 떠나 거야(巨野)[26]로 가서 도적이 되었고, 난포는 어떤 사람에게 붙들려 연(燕)나라에서 노예생활을 하였다. 그가 주인을 위하여 원수를 갚아주었기 때문에 연나라 장수인 장도(臧茶)[27]가 그를 추천하여 도위(都尉)[28]에 임명하였다. 후에 장도는 연왕(燕王)이 되자 난포를 장군으로 삼았다. 장도가 반란을 일으키자 한나라는 연나라를 공격하고 난포를 사로잡았다. 양왕 팽월은 이 소식을 듣고 황제에게 진언하여 난포를 위하여 돈을 바쳐서 죄를 보상하고 그를 양나라의 대부(大夫)로 삼았다. 난포가 제나라로 사신을 갔다가 돌아오지 않은 사이 한나라는 팽월을 소환하여 모반죄로 팽월을 처벌하고[29] 삼족을 멸하였다. 그리고는 팽월의 머리를 낙양 아래에 걸어놓고 다음과 같이 조칙을 내렸다. "감히 그의 머리를 거두어 보살피는 사람이 있으면 즉시 체포한다." 난포는 제나라에서 돌아오자 팽월의 머리 아래에서 사신으로 갔던 일을 보고하고 제사를 지내며 통곡하였다. 그러자 관리가 난포를 체포

---

25) 彭越 : 昌邑(지금의 山東省 金鄕縣 서북쪽) 사람. 秦나라 말기 군중을 모아 일어나, 楚漢 전쟁 때 劉邦에게 귀속하여 梁나라를 점령하여 여러 차례 項羽의 식량 보급로를 차단하였다. 뒤에 군대를 이끌고 劉邦을 따라 垓下에서 項羽를 격파하였다. 漢 5년(기원전 202년), 梁王에 봉해졌다. 漢 11년, 모반죄로 살해되었다. 권90「魏豹彭越列傳」참조.
26) 巨野 : 巨野澤. 지금의 山東省 巨野縣 동북쪽.
27) 臧茶 : 秦나라 말기 燕王 韓廣의 부대장. 군대를 이끌고 趙나라를 원조하여 項羽를 따라 關中에 들어갔다. 秦나라가 망한 후 項羽는 燕나라를 양분하여 韓廣을 단지 遼東王으로 봉하고 臧茶를 燕王에 봉하였다. 뒤에 臧茶는 楚나라를 배반하고 漢나라에 귀속하였다. 漢 5년, 모반을 일으켜 포로로 잡혔다.
28) 都尉 : 무관 이름. 전국시대 때 설치되었다. 직위는 장군보다 약간 낮다.
29) 漢 10년 陳豨가 代나라에서 모반하자 高祖는 親征하였는데 邯鄲에 이르러 彭越의 군대를 징병하였으나 그는 병을 핑계로 나가지 않고 장수를 파견하여 군대를 이끌고 나아가게 하였다. 이에 高祖는 사람을 보내 彭越을 책망하자 彭越은 사죄하려 하였으나 그의 부하 扈輒이 가지 말도록 하였다. 高祖는 사신을 보내 비밀리에 그를 사로잡았다. 권90「魏豹彭越列傳」참조.

하고 그 사실을 고조에게 보고하였다. "너도 팽월과 같이 모반을 하였느냐? 나는 그 머리를 거두어 보살피지 말도록 금하였거늘 너 혼자 그에게 제사를 지내고 통곡하였으니, 팽월과 함께 모반을 하였음이 분명하다. 즉시 저놈을 삶아 죽여라!" 관리가 그를 잡아끌어 끓는 물로 데려가려 할 때 난포는 돌아보며 말하였다. "한마디 하고 죽고 싶습니다." 고조가 말하였다. "무슨 말이냐?" 난포가 말하였다. "폐하께서 팽성에서 곤경에 처하시고, 형양(滎陽)30)과 성고(成皋)31) 사이에서 패하셨을 때 항왕이 서진(西進)할 수 없었던 것은 오로지 팽왕(彭王)이 양나라 땅을 지키고 있으면서 한나라와 연합하여 초나라 군대를 괴롭혔기 때문입니다. 그때 팽왕이 한쪽으로 치우쳐져 초나라와 연합하였다면 한나라가 격파되었을 것이고, 한나라와 연합하였다면 초나라가 격파되었을 것입니다. 또한 해하(垓下)32)의 전쟁에 팽왕이 참가하지 않았다면 항우는 멸망하지 않았을 것입니다. 천하가 이미 평정되어 팽왕도 부절(符節)을 나누어 받고 봉토를 받았으니 그 또한 대대손손 전하려고 하였을 것입니다. 그런데 이제 폐하께서 양나라에 군대를 징집하시면서, 팽왕이 병으로 나가지 못하자 폐하께서는 그가 모반하였다고 의심하셔서 모반의 기미가 나타나지 않았는데도 끝내 가혹하게도 사소한 일로 그의 가족을 주멸하셨습니다. 신이 걱정하는 바는 공신들마다 스스로 위태롭다고 느끼지 않을까 하는 것입니다. 이제 팽왕이 죽었으니 신은 살아 있는 것보다 죽는 것이 나으니, 어서 삶아서 죽이십시오." 이에 고조는 난포의 죄를 용서하고 그를 도위에 임명하였다.

효문제 때 그는 연나라의 재상이 되었고 장군에까지 이르렀다. 난포는 큰소리 치며 말하였다. "어려울 때 자신을 욕되게 하거나 뜻을 굽히지 못한다면 사내 대장부라고 할 수가 없고, 부귀를 누릴 때 만족하지 못하면 현명한 사람이 아니다." 그래서 그는 일찍이 그에게 은혜를 베푼 사람들은 후하게 보답하고, 원한을 가졌던 사람들은 반드시 법으로 파멸시켰다. 오와 초가 반란을 일으켰을 때33) 그는 군공을 세워 유후(俞侯)34)에 봉해

---

30) 榮陽 : 현 이름. 지금의 河南省 滎陽縣 동북쪽.
31) 成皋 : 읍 이름. 지금의 河南省 滎陽縣 서쪽 汜水鎭에 있었다.
32) 垓下 : 지명. 지금의 安徽省 靈璧縣 동남쪽.
33) 漢 景帝 3년(기원전 154년), 吳王 劉濞와 楚王 劉戊 등 7국의 제후들이 무장반란을 일으켰다. 이를 역사에서는 '吳楚七國之亂'이라고 한다.

636

지고, 또 연나라의 재상이 되었다. 연과 제 나라에서는 모두 난포를 위하여 사당을 세웠는데 이를 난공사(欒公社)라고 하였다.

경제(景帝) 중원(中元) 5년,[35] 난포가 세상을 떠나니 그의 아들 분(賁)이 그의 작위를 계승하여 태상(太常)[36]이 되었으나 종묘제향(宗廟祭享)의 희생물이 법령에 맞지 않아 봉국은 없어졌다.

태사공은 말하였다.

"항우(項羽)의 기개로도 덮을 수 없을 만큼 계포(季布)는 용맹함으로 초(楚)나라에서 이름을 드날렸다. 그는 여러 번 직접 적군을 무찌르고 적기를 탈취하였으니 가히 장사라고 할 수 있다. 그러나 그가 형벌을 받고 다른 사람의 노예가 되었음에도 쉽게 자살하지 못하였으니 또한 얼마나 비겁한가! 그는 필시 자신의 재주를 믿었기 때문에 비록 욕을 당하였지만 부끄러워하지 않고 아직 제대로 펼쳐보지 못한 자신의 재능을 발휘하려 하였을 것이다. 그런 까닭에 그는 결국 한(漢)나라의 명장이 되었다. 현명한 사람은 진실로 자신의 죽음을 중히 여긴다. 저 비첩(婢妾)과 천한 사람이 분개하여 자살하는 것은 진정한 용기라고 할 수 없다. 계획을 다시 고쳐서 실현시킬 용기가 없을 뿐이다. 난포(欒布)는 팽월(彭越)을 위하여 통곡을 하고서 끓는 물에 들어가 죽는 것을 마치 집에 돌아가듯 하였다. 그는 진실로 그가 처할 곳이 어디인가를 잘 알고 있었으므로 자신의 죽음을 아끼지 않았던 것이다. 비록 옛날의 열사(烈士)라고 할지라도 무엇을 더할 수 있겠는가!"

34) 兪는 현 이름이다. 지금의 山東省 平原縣 서남쪽.
35) 기원전 145년에 해당한다.
36) 太常 : 관직 이름. 九卿 중의 하나. 종묘의례를 관장하였다.

권101 「원앙조조열전(袁盎晁錯列傳)」제41

　원앙(袁盎)은 초(楚)나라 사람으로 자는 사(絲)이다. 그의 부친은 원래 도둑이었는데 안릉(安陵)[1]으로 옮겨 살았다. 여태후(呂太后) 때 원앙은 여록(呂祿)[2]의 가신(家臣)으로 있었다. 효문제(孝文帝)가 즉위하자 원앙의 형 쾌(噲)가 추천하여 원앙은 중랑(中郎)[3]이 되었다.

　그무렵 강후(絳侯) 주발(周勃)[4]은 승상(丞相)으로 있었는데, 조회가 끝나고 급히 물러 나오는 모습이 매우 의기양양하였다. 황제도 그를 정중하게 예우하여 그가 물러날 때마다 친히 전송하곤 하였다. 원앙이 황제 앞에 나가 아뢰었다. "폐하께서는 승상이 어떤 인물이라고 생각하십니까?" 황제가 말하였다. "사직(社稷)의 신하라고 생각하오." 원앙이 말하였다. "강후는 이른바 공신일 뿐이지 사직의 신하는 아닙니다. 사직의 신하란 군주가 살아 있으면 그 군주와 함께 하고, 군주가 망하면 함께 망하는 것입니다. 여태후 때 여씨(呂氏) 일족이 정치를 전횡하고 제멋대로 왕이 되어 유씨(劉氏)의 명맥은 한낱 실낱같이 거의 단절되었습니다. 이런 때에 강후는 태위(太尉)로서 병권을 쥐고 있었으면서도 이를 바로잡지 못하였습니다. 여태후가 돌아가시자 대신들이 서로 힘을 합하여 여씨 일족에게 반기를 들 때 태위는 마침 병권을 장악하고 있었기 때문에 우연히 공을 얻었던 것일 뿐입니다. 그러므로 이른바 공신이라고 할 수는 있으나 사직의 신하는 아닙니다. 그런데 승상은 폐하에 대하여 교만한 태도를 취하고 있는 듯한데 폐하께서는 오히려 겸손하시니 이는 신하와 군주가 모

---

1) 安陵 : 현 이름. 지금의 陝西省 咸陽市 동북쪽.
2) 呂祿 : 呂太后의 조카. 胡陵侯, 武信侯, 趙王에 차례로 봉해졌고, 아울러 北軍(수도를 수비하는 부대)을 통솔하였다.
3) 中郎 : 관직 이름. 궁궐을 호위하는 숙직 시종을 맡았다. 우두머리를 中郎將이라고 한다.
4) 周勃 : 沛縣 사람이다. 秦나라 말기 劉邦을 따라 군대를 일으켰는데, 楚漢 전쟁이 끝난 뒤 絳(지금의 山西省 曲沃縣)에 봉해졌다. 韓王 信의 모반을 평정하던 중에 太尉로 승진하였다. 漢 文帝 때 右丞相이 되었다. 권57「絳侯周勃世家」참조.

두 예를 잃은 것입니다. 따라서 폐하께서 취하실 바가 아닌 줄 아옵니
다."그러자 이후의 조회에서는 황제는 점차 위엄을 보였고 승상은 점차
황제를 두려워하게 되었다. 그 뒤에 강후는 원앙을 원망하며 이렇게 말하
였다. "나는 그대의 형과 친한 사이인데 그대가 지금 조정에서 감히 나를
헐뜯다니!"그러나 원앙은 끝내 사과하지 않았다.

　강후가 승상에서 물러나 자기의 봉국으로 돌아간 뒤 그곳의 사람들이
상소를 올려 강후가 반란을 일으키려 한다고 밀고하였다. 그래서 강후는
소환되어 감옥에 갇히게 되었으나 종실과 대신들은 누구도 강후를 위하여
변호하지 않았다. 그런데 유독 원앙만이 강후가 죄가 없다고 분명히 변호
하였다. 강후가 석방될 수 있었던 것은 원앙의 힘이 상당히 컸다. 그 뒤
강후는 원앙과 친교를 굳게 맺었다.

　회남(淮南)의 여왕(厲王)5)이 입조하여 벽양후(辟陽侯)6)를 살해하는
등 행동이 매우 교만하였다. 이에 원앙은 다음과 같이 간언하였다. "제후
가 지나치게 교만하면 반드시 우환이 생기니, 그를 꾸짖으시고 그의 봉토
를 깎는 것이 좋을 듯하옵니다."그러나 황제는 그의 말을 듣지 않았다.
회남왕은 더욱 교만해졌다. 그러던 중 극포후(棘蒲侯)7) 시무(柴武)의 태
자(太子)8)가 모반을 꾀한 사건이 발각되어 조사를 하니 회남왕도 연루가
되어 회남왕은 소환되어 조사를 받았다. 황제는 그를 촉(蜀)9)으로 귀양
을 보내기로 하고 죄수를 호송하는 마차에 실어보내도록 하였다. 이때 원
앙은 중랑장(中郞將)으로 있었는데 황제에게 간언하였다. "폐하께서는
평소에 회남왕이 지나치게 교만하도록 방치하시고 조금도 금하지 않으셨
기에 이런 사태에까지 이르렀습니다. 그런데 지금 갑자기 그를 꺾어버리
시려 하십니다. 회남왕은 억센 사람이기 때문에 무슨 일이 일어날지 모릅

---

5)　劉長을 가리킨다. 漢 高祖의 어린 아들.
6)　辟陽侯 : 審食其를 말한다. 呂太后의 寵臣. 관직은 左丞相까지 이르렀다. 劉長의
　　모친은 일찍이 趙나라 재상 貫高가 漢 高祖를 죽이려고 한 일에 연루되어 감옥에 갇
　　혔는데, 劉長의 외삼촌은 辟陽侯를 통해서 高祖에게 사실을 이야기할 수 있도록 呂
　　太后에게 부탁하였으나 呂太后는 이를 허락하지 않았고 辟陽侯 또한 힘이 없었다.
　　뒤에 劉長의 모친은 자살하고 劉長은 이 일로 辟陽侯에게 원한을 품고 조회하러 가
　　는 길에 辟陽侯를 살해하였다.
7)　棘蒲는 읍 이름으로, 지금의 河北省 趙縣이다.
8)　太子 : 柴奇. 당시에 列侯의 후계자도 太子라고 불렀다.
9)　蜀 : 군 이름. 지금의 四川省 서부. 관할 중심지는 成都(지금의 成都市)이다.

니다. 만일 험한 여정에 죽는 일이라도 생긴다면 폐하께서는 결국 천하의
대권을 소유하시고도 아우 한 사람을 포용하지 못하여 아우를 죽였다는
오명을 듣게 되실 것인데, 그리 된다면 어떻게 하시겠습니까?"황제는
원앙의 간언을 받아들이지 않고 결국 회남왕을 촉으로 보냈다.

  회남왕은 옹(雍)[10]에까지 가서 병사하고 말았다. 그 소식이 전해지자
황제는 식사를 전폐하고 매우 슬프게 통곡하였다. 원앙이 입조하여 머리
를 조아리며 죄를 청하였다. 황제가 말하였다. "공의 간언(諫言)을 듣지
않아 이런 일이 일어났소."원앙이 말하였다. "폐하께서는 마음을 넓게
하시옵소서. 이미 지난 일이니 후회하신들 무슨 소용이 있으시겠습니까?
폐하께서는 세상에서 뛰어나 세 가지의 행적이 있으시니, 이번 일로 폐하
의 명예가 훼손되지는 않을 것입니다."황제가 말하였다. "나에게 세상에
서 뛰어난 세 가지 행적이 있다니, 그것이 무엇인가?"원앙이 말하였다.
"폐하께서 대(代)[11]나라에 계실 때 태후(太后)[12]께서 3년 동안 병상에
계셨습니다. 그때 폐하께서는 주무시지도 않으시고 옷도 벗지 아니하셨으
며, 탕약도 폐하께서 친히 입으로 맛보시지 않으시면 태후께 드리지 않으
셨습니다. 대저 증삼(曾參)[13]은 평민의 신분으로도 이러한 일을 하기 어
려워하였거늘, 지금 폐하께서는 친히 황제의 몸으로도 실행하셨으니 효성
스러움에서 증삼보다 훨씬 뛰어나시다고 할 것입니다. 또한 여씨 일족들
이 정권을 쥐고 대신들이 정치를 전횡하고 있을 때 폐하께서는 대나라에
서 여섯 대의 수레를 타고 어떤 위험이 있을지 모르는 수도로 달려오셨습
니다. 비록 맹분(孟賁)과 하육(夏育)의 용맹함이라고 하더라도 폐하에게
는 미치지 못할 것입니다. 또한 폐하께서는 대왕(代王)의 저택에 이르시
어 서쪽을 향하여 천자(天子)의 자리를 사양하신 것이 두 차례이고, 남쪽
을 향하여 천자의 자리를 양보하신 것이 세 차례였습니다. 허유(許由)[14]

---

10) 雍 : 漢나라가 설치한 현 이름. 지금의 陝西省 鳳翔縣 동남쪽.
11) 代 : 봉국 이름. 漢 11년(기원전 196년)에 劉邦은 劉恒을 代王에 봉하였다. 지금
    의 山西省 북부와 河北省 서부에 위치하였다. 관할 중심지는 中都(지금의 山西省 平
    遙縣 서남쪽)이다.
12) 漢 文帝의 어머니 薄太后이다.
13) 曾參 : 춘추시대 말기 魯나라 武城(지금의 山東省 費縣 동남쪽) 사람. 孔子의 제
    자이다. 효로써 이름이 나 있다. 권67 「仲尼弟子列傳」참조.
14) 許由 : 전설에 堯가 그에게 양위하자 그는 箕山으로 도망가서 농사 지으며 생활하
    였다고 한다.

는 한 번밖에 양보하지 않았는데 폐하께서는 다섯 번이나 천하를 사양하셨으니, 허유보다 네 번이나 더 많이 하신 것입니다. 또 폐하께서 회남왕을 귀양 보내신 것은 그가 폐하의 심사를 괴롭히므로 그의 잘못을 고치려고 하신 것이었습니다만 관리들이 그를 잘못 보살폈기 때문에 병사하신 것입니다." 이에 황제는 마음을 가라앉히고 말하였다. "앞으로 어떻게 하면 좋겠는가?" 원앙이 말하였다. "회남왕에게는 아들 셋이 있는데 폐하께서 하시기에 달렸습니다." 이에 효문제는 그 세 아들을 모두 왕으로 봉하였다. 원앙은 이 일로 인하여 조정에서 더욱 명성을 떨쳤다.

　원앙은 언제나 큰 이치를 이끌어 말하였으며, 세상 일을 개탄하곤 하였다. 환관 조동(趙同)15)은 황제의 총애를 받았는데, 항상 원앙을 해하려고 하였기 때문에 원앙은 그것을 걱정하였다. 원앙의 조카 종(種)은 상시기(常侍騎)16)로서 황제를 상징하는 부절(符節)을 잡고 황제의 곁에서 시종하였는데 그가 원앙에게 다음과 같이 귀뜸하였다. "숙부님께서 그와 싸우고 계시는데, 어전에서 그에게 모욕을 주어 그의 중상이 받아들여지지 않도록 선수를 치십시오." 어느날 효문제가 외출할 때 조동은 황제를 수행하며 수레에 함께 타고 있었다. 그때 원앙이 수레 앞에 엎드리며 말하였다. "신은 천자께서 여섯 대의 수레에 함께 태우고 가는 사람들은 모두 천하의 호걸과 영웅이라고 들었습니다. 비록 지금 한나라에 인재가 부족하다고는 하나 폐하께서 어찌 환관과 함께 수레를 타십니까?" 이에 황제는 웃으면서 조동을 내리게 하였다. 조동은 울면서 수레에서 내렸다.

　효문제가 패릉(霸陵)17)에서 서쪽으로 가파른 산비탈을 말을 달려 내려가려고 하였다. 그때 원앙은 말을 타고서 말머리를 황제의 수레와 나란히 하여 수레의 고삐를 잡았다. 그러자 황제가 말하였다. "장군은 겁이 나오?" 원앙이 말하였다. "신은 천금을 가진 부잣집의 아들은 마루 끝에 앉지 아니하고, 백금을 가진 부잣집의 아들은 난간에 기대고 서지 않으며, 현명한 군주는 위험을 무릅쓰면서 요행을 바라지 않는다고 들었습니다. 지금 폐하께서 여섯 마리의 말이 끄는 수레를 몰아 가파른 산비탈을

15) 趙同 : 본명은 趙談이다. 司馬遷은 자기 아버지 司馬談의 이름과 諱를 피하기 위하여 '談'을 '同'으로 고쳐 썼다.
16) 常侍騎 : 관직 이름. 황제를 모시는 騎士이다.
17) 霸陵 : 현 이름. 지금의 陝西省 西安市 동북쪽.

달려 내려가려고 하시는데, 만일 말이 놀라 수레가 부서진다면 폐하께서는 몸을 가벼이 하신 것은 둘째치고, 종묘와 태후께는 무슨 면목으로 대하시겠습니까?" 이에 황제는 그만두었다.

황제가 상림원(上林苑)¹⁸⁾에 출유(出游)하였을 때 황후(皇后)¹⁹⁾와 신부인(慎夫人)도 함께 따라갔다. 궁중에서 이 두 여인은 언제나 같은 자리에 앉았다. 상림원에 자리를 마련할 때 낭서장(郎署長)이 자리를 만들자 원앙이 신부인의 자리를 뒤로 밀어놓았다. 신부인이 화가 나서 앉으려 하지 않았고 황제 또한 노하여 일어나 궁중으로 돌아가버렸다. 원앙은 곧 궁중으로 들어가 황제 앞으로 나아가 이렇게 말하였다. "신은 높고 낮음에 질서가 잡혀 있으면 위와 아래가 화목하다고 들었습니다. 지금 폐하께서는 황후를 세우신 이상 신부인은 첩에 불과합니다. 첩과 정처(正妻)가 어찌 같은 자리에 앉을 수 있겠습니까! 이것은 높고 낮음의 분별을 잃은 것입니다. 폐하께서 신부인을 사랑하신다면 그녀에게 후하게 상을 내리십시오. 폐하께서 방금 하신 일은 바로 신부인에게 화가 되는 일입니다. 폐하께서는 설마 '인체(人彘)'²⁰⁾의 사건을 보시지 못하신 것은 아니시겠지요!" 이에 황제는 기뻐하며 신부인을 불러 원앙의 말을 들려주었다. 이에 신부인은 원앙에게 황금 50근을 하사하였다.

그러나 원앙은 자주 직간(直諫)을 하였기 때문에 오래 궁중에 머물지 못하고 농서(隴西)²¹⁾ 도위(都尉)²²⁾로 좌천되어갔다. 그는 사졸을 사랑으로 보살폈기 때문에 사졸들은 모두 그를 위하여 앞을 다투어 죽음도 아끼지 않을 정도였다. 뒤에 그는 제(齊)나라의 재상으로 자리를 옮겼다. 그리고 다시 오(吳)나라의 재상으로 자리를 옮기게 되었다. 그가 하직인사하고 오나라로 떠나려 할 때 조카인 종(種)이 원앙에게 이렇게 말하였다.

---

18) 上林苑 : 苑 이름. 지금의 陝西省 西安市 서남쪽. 秦, 漢 왕조의 황제들이 놀러 다니면서 사냥하던 風致林 지구이다.

19) 皇后 : 竇皇后를 가리킨다.

20) 人彘 : '사람 돼지'라는 뜻이다. 漢 高祖가 총애하던 戚夫人은 자신의 아들 趙王 如意를 태자에 세우려고 하였다. 高祖가 죽은 뒤 呂太后는 사람을 시켜 戚夫人의 수족을 자르고 눈을 파내고 귀를 찢고 몰래 약을 먹여 벙어리로 만들어 영원히 항아리에다 가두어서 변소에 놓게 하였다. 이를 '人彘'라고 한다.

21) 隴西 : 군 이름. 지금의 甘肅省 동남부. 관할 중심지는 狄道(지금의 臨洮縣 남쪽)이었다.

22) 都尉 : 무관 이름. 郡守를 보좌하고 全郡의 군사를 장악하였다.

"오왕(吳王)23)은 이미 오랫동안 교만에 빠져왔고, 그 나라에는 간사한 사람이 많습니다. 지금 만약 탄핵하여 다스리려 한다면 그들은 반대로 폐하께 상서를 올려 숙부님을 고발하거나 그렇지 아니하면 날카로운 검으로 숙부님을 암살하려 할 것입니다. 남방은 지대가 낮고 습한 곳이니 숙부님께서는 그저 날마다 술이나 마시고 다른 일에는 절대 간섭하지 마십시오. 그리고 가끔 왕에게 '모반을 꾀하지 마십시오'라고 말씀이나 하면 됩니다. 그러면 다행히 화를 면하실 수 있을 것입니다." 원앙이 종의 말대로 하니 오왕이 그를 후대하였다.

원앙이 고향으로 돌아오는 길에 승상 신도가(申屠嘉)24)를 만나 수레에서 내려 예를 올렸지만 승상은 수레 위에서 원앙에게 답례하였을 뿐이었다. 원앙은 되돌아와 생각하니 자기의 부하들에게 부끄러웠다. 이에 그는 승상의 관저로 가서 명함을 주고 뵙기를 청하였다. 승상은 한참 지나서야 그를 만나주었다. 원앙은 무릎을 꿇고 말하였다. "사람들을 물리쳐주십시오." 그러나 승상이 말하였다. "만일 공이 하고자 하는 말이 공적인 일이거든 관청에 가서 장사(長史)25)나 연(掾)26)과 상의하도록 하시오. 그러면 내가 황제께 주청을 하겠소. 그러나 만일 사적인 일이라면 받아들이지 않겠소." 원앙은 곧 일어나27) 이렇게 말하였다. "공께서는 승상의 자리에 계시면서 스스로 판단하시기에 진평(陳平),28) 강후(絳侯)와 비교하여 누가 더 낫다고 생각하십니까?" 승상이 말하였다. "내가 그들만 못하오." 원앙이 말하였다. "좋습니다. 공께서는 그들보다 못하다고 인정하셨습니다. 대저 진평과 강후는 고조를 보좌하여 천하를 평정하였고 대장과 재상이 되어 여씨 일족을 주멸하여 유씨의 한나라를 보전시켰습니다. 그런데 공께서는 말 타기와 활 쏘기를 잘하는 무사로서 대장으로 승진하시어, 공

---

23) 吳王 : 劉濞. 漢 高祖의 조카이다. 그는 특권을 이용해서 사사로이 화폐를 주조하고 소금을 만들고, 또한 도당을 모아 세력을 확장하였다.
24) 申屠嘉 : 梁(지금의 河南省 동부) 사람. 처음에 漢 高祖를 따라 項羽, 英布를 공격하여 都尉가 되었다. 漢 文帝 때 丞相을 지냈고 故安侯에 봉해졌다.
25) 長史 : 西漢 때의 丞相, 太尉, 御史大夫의 속관. 지금의 비서장 임무와 비슷하다.
26) 掾 : 고대 屬官의 총칭.
27) 원문에는 "跪"로 되어 있으나 『漢書』에는 "起"로 되어 있다. '起'가 맞다.
28) 陳平 : 陽武(지금의 河南省 原陽縣) 사람. 漢 高祖의 중요한 謀臣이다. 漢 왕조가 건립되고 曲逆侯에 봉해졌다. 惠帝, 呂后, 文帝 때 丞相을 역임하였다. 권56 「陳丞相世家」 참조.

을 쌓아 회양(淮陽)²⁹⁾의 군수가 되셨을 뿐 기이한 계책을 낸 것도 아니며
성을 치고 야전에서 공을 세운 것도 아닙니다. 한편 폐하께서는 대(代)나
라에서 오신 이래로 조회를 할 때마다 낭관(郎官)들이 상소를 올리면 폐
하께서는 용련(龍輦)³⁰⁾을 멈추게 하시고 그들의 진언을 받아들이지 않으
신 적이 없었습니다. 그리하여 진언 중에서 쓸 만한 것이 아니면 버려두
고 쓸 만한 진언이면 채택하시면서 '좋다'라고 칭찬하지 않으신 적이 없으
셨습니다. 그러한 까닭은 무엇이었겠습니까? 이것은 바로 그런 방법으로
천하의 현명한 사대부를 불러 모으시고자 하셨기 때문입니다. 그리하여
폐하께서는 날마다 아직 듣지 못하신 사실을 들으시고, 일찍이 모르시던
사실을 상세하게 아시게 되어 날이 갈수록 현명해지시고 지혜로워지셨습
니다. 그런데 공께서는 스스로 천하 사람들의 입을 막아 날로 더욱 어리
석어지고 계십니다. 대저 현명한 군주가 어리석은 재상을 질책할 경우,
그 화를 공이 받을 때가 그리 멀지 않았습니다." 이에 승상은 원앙에게
두 번 절하고 말하였다. "나는 미천한 사람인지라 아무 것도 모르니 장군
께서 가르쳐주시면 다행이겠소." 그리고 원앙을 이끌고 들어가 자리를 같
이하고 상객으로 대접하였다.

　원앙은 원래부터 조조(晁錯)³¹⁾를 좋아하지 않았다. 그래서 조조가 있는
자리에서는 원앙이 자리를 뜨고, 원앙이 있는 자리에서는 조조도 마찬가
지로 자리를 떴다. 그래서 두 사람은 한 번도 같은 자리에서 이야기를 나
눈 적이 없었다. 효문제가 붕어하고 효경제(孝景帝)가 즉위하자 조조는
어사대부(御史大夫)³²⁾가 되었다. 그는 관리를 시켜 원앙이 오왕(吳王)의
재물을 받은 죄를 조사하게 하여 그에게 처벌을 내리려 하였으나 황제는
조칙을 내려 원앙을 평민으로 만드는 정도로 해서 그의 죄를 용서하였다.

　오초(吳楚)가 반란을 일으켰다³³⁾는 소식이 전해지자 조조가 승(丞)과

---

29)　淮陽 : 군 이름. 지금의 河南省 동부. 관할 중심지는 淮陽(지금의 淮陽縣)이었다.
30)　'輦'은 원래는 사람이 밀고 끌어당기는 수레였으나 秦, 漢 나라 이후에는 특히 황
　　제나 황후가 타는 수레를 가리켰다.
31)　晁錯 : 潁川(지금의 河南省 禹縣) 사람. 漢 景帝의 주요한 謀臣이다. 봉토를 삭감
　　당하였기 때문에 吳王 劉濞의 책략으로 살해되었다.
32)　御史大夫 : 관직 이름. 秦, 漢 때 丞相 다음의 중앙 장관이다. 주로 감찰과 법 집
　　행을 맡았으며 아울러 문서, 그림과 서적을 관리하였다.
33)　漢나라 초기에 봉해졌던 같은 성의 제후들이 점점 할거세력을 형성해갔다. 景帝
　　가 즉위한지 3년 뒤 晁錯의 건의를 받아들여 제후의 봉토를 삭감하였다. 이에 吳王

사(史)[34]에게 말하였다. "무릇 원앙은 오왕의 뇌물을 많이 받고 오로지 오왕의 죄를 은닉하기만 하고 그가 모반할 리 없다고 말을 하고 있다. 그런데 지금 과연 오왕이 반란을 일으켰다. 원앙을 처벌하도록 황제께 청하려 한다. 그는 분명히 모반의 계획을 알고 있었을 것이다." 승과 사가 말하였다. "아직 일이 일어나지 않았을 때 그를 처벌하였더라면 역모를 막을 수 있었을 것입니다. 그러나 지금 반란군이 서쪽으로 향하고 있는데 원앙을 처벌한들 무슨 도움이 되겠습니까? 게다가 원앙이 그런 음모를 꾸몄을 리가 없습니다." 조조는 주저하며 결정하지 못하였다. 그때 누군가가 이러한 사실을 원앙에게 알려주었다. 원앙은 두려워서 밤을 틈타 두영(竇嬰)[35]을 만나 그에게 오나라가 모반한 진상을 말하고 황제 앞에서 직접 아뢰고 싶다고 하였다. 두영이 어전에 들어가 황제에게 원앙의 이야기를 아뢰자 황제는 곧 원앙을 불러 만나보았다. 그때 조조는 황제의 앞에 있었는데 원앙이 다른 사람을 물려달라고 요청하자 조조는 물러갔다. 조조는 대단히 분하게 여겼다. 원앙은 오나라가 반란을 일으키게 된 원인은 조조 때문이고, 빨리 조조를 참하여 오나라에 사과한다면 오나라의 군대는 물러날 것이라고 상세히 아뢰었다. 이 이야기는 「오왕비열전(吳王濞列傳)」에 상세하게 기록되어 있다. 황제는 원앙을 태상(太常)[36]에 봉하고 두영을 대장군(大將軍)에 봉하였다. 이 두 사람은 원래부터 사이가 좋았다. 오나라가 반란을 일으키자 장안(長安) 주변[37]의 벼슬하지 않은 장자(長者)들과 장안 도읍 안에 있는 재능 있는 대부들이 앞을 다투어 이 두 사람에게 모여들었는데, 따르는 수레가 하루에 수백대가 되었다.

조조가 처형된 뒤 원앙은 태상의 신분으로 오나라에 사신으로 갔다. 오왕은 원앙을 장군으로 삼고자 하였으나 그는 받아들이려 하지 않았다. 그러자 오왕은 원앙을 살해하려고 도위(都尉) 한 사람에게 500명의 군사를 주어 군대 안에서 원앙을 감시하도록 하였다. 이전에 원앙이 오나라의 재

劉濞는 楚王 劉成과 膠西, 膠東, 濟南, 淄川, 趙 등의 제후들과 연합하여 晁錯를 주살한다는 명분으로 반란을 일으켰다.

34) 丞, 史 : 御史大夫의 보좌관. 御史大夫에게는 두 명의 丞이 있었다.

35) 竇嬰 : 觀津(지금의 河北省 武邑縣 동남쪽) 사람. 竇太后의 당질. 吳, 楚 등의 나라가 반란을 일으킬 때 大將軍으로 임명되어 吳, 楚를 격파하였으며, 魏其侯에 봉해졌다.

36) 太常 : 관직 이름. 九卿 중의 하나. 종묘의례를 관장하였다.

37) 長安 부근의 長陵, 安陵, 霸陵 등의 현을 가리킨다.

상으로 있을 때 종사(從史)³⁸⁾ 한 사람이 원앙의 시녀와 몰래 통정하였는데, 원앙은 이를 알고 있으면서도 발설을 하지 않고 예전처럼 대해주었다. 어떤 사람이 종사에게 "재상께서 네가 시녀와 통정한 사실을 알고 계신다"라고 일러주자 그는 바로 도주하였다. 이에 원앙은 말을 달려 그를 쫓아가서 데려다가 마침내 시녀를 그에게 보내주고 예전처럼 종사로 일하게 하였다. 원앙이 오나라에 사신으로 왔다가 잡혀 감시를 당하고 있었을 때 공교롭게도 그 종사가 원앙을 감시하는 교위사마(校尉司馬)³⁹⁾로 있었다. 그는 가지고 있던 옷과 물건들을 팔아서 독한 술 두 섬을 샀다. 그때 마침 날은 추웠고 병사들은 굶주리고 목이 말라 있었다. 그리하여 술을 먹이니 모두 취하였는데, 서남쪽을 지키는 병사들은 술을 취하도록 마시고는 모두 잠이 들었다. 이에 사마는 밤을 틈타 원앙을 깨워 이렇게 말하였다. "공께서는 지금 도망가십시오. 오왕은 내일 아침에 공을 죽이려 하고 있습니다." 원앙은 믿지 못하고 그에게 물었다. "그대는 무엇하는 사람이오." 사마가 말하였다. "소인은 이전에 공 밑에서 종사로 일하던 사람으로 공의 시녀와 사통한 자입니다." 이에 원앙은 놀라서 거절하면서 말하였다. "그대는 다행히 양친이 살아 계시니, 나는 이 일로 그대를 연루시킬 수 없소." 사마가 말하였다. "공께서는 그저 도망가시기만 하면 됩니다. 저도 또한 도망하여 저의 양친을 피신시키겠으니 공께서는 뭘 걱정하십니까?" 그리고는 칼로 군의 막사를 찢어 원앙을 인도하여 취해 잠들어 있는 병사들 사이로 도망쳐나왔다. 사마는 원앙과 서로 반대 방향으로 도망하였다. 원앙은 절모(節毛)⁴⁰⁾를 끌러 가슴 속에 품고 지팡이를 잡고 7, 8리를 걸어서 갔다. 다음날 날이 밝았을 때 그는 양(梁)나라 기병을 만나 말을 얻어 타고 마침내 수도로 돌아와 보고하였다.

　　오나라와 초나라의 반군이 격파되고 난 뒤 황제는 다시 원왕(元王)의 아들 평륙후(平陸侯)⁴¹⁾ 유례(劉禮)⁴²⁾를 초왕(楚王)으로 삼고, 원앙을 초나라 재상에 임명하였다. 그 뒤 원앙은 상서를 올려 의견을 말하였으나

---

38) 從史 : 屬官. 자신의 상관을 수행하기만 할 뿐 전문적인 임무를 가지지 않았다.
39) 校尉司馬 : 군정과 군수를 담당하던 校尉(장군 아래의 무관) 아래의 관리이다.
40) 節毛 : 신하에게 지니게 한 증표. '旄'라고도 한다. 대나무로 만든 것으로 자루 길이가 8척이고 위에 쇠꼬리를 매단 장식품이다.
41) 平陸은 읍 이름으로 지금의 河南省 尉氏縣 동북쪽이다.
42) 劉禮 : 楚 元王 劉交의 아들. 처음에 平陸侯에 봉해졌다.

646

채택되지 않았다. 원앙은 병으로 벼슬을 그만두고 집으로 돌아와 지냈다. 그는 마을 사람들과 똑같은 모양으로 살아가며, 서로 어울려 닭싸움이나 개싸움 등을 즐기며 지냈다. 낙양(洛陽)의 극맹(劇孟)[43]이 일찍이 원앙을 방문한 적이 있었는데 원앙은 그를 후히 대접하였다. 그러자 안릉(安陵)의 어떤 부자가 원앙에게 이렇게 말하였다. "저는 극맹이 노름만 일삼는 사람이라고 들었는데 장군께서는 무슨 이유로 그와 교제하시는지요?" 원앙이 말하였다. "극맹은 비록 노름꾼에 불과하지만 그의 모친이 죽었을 때 장례에 참석한 손님의 수레가 천 대가 넘었소. 이것은 그가 남보다 뛰어난 면이 있기 때문이오. 그리고 위급한 경우는 사람마다 있게 마련이오. 만약 어떤 사람이 급한 일을 당해서 문을 두드리면 모친을 구실삼아 변명하거나 집에 있으면서도 없다고 핑계를 대며 따돌린 적이 없는, 천하의 사람들이 우러러볼 수 있는 사람은 계심(季心)[44]과 극맹뿐이라오. 지금 당신은 항상 몇명의 말 탄 시종을 데리고 다니지만 일단 위급한 일이 생기면 그들을 믿을 수 있겠소!" 원앙은 그 부자를 꾸짖고는 그와 절교해버렸다. 여러 제후들이 이러한 이야기를 듣고 모두 원앙을 칭송하였다.

　원앙은 비록 은퇴해 집에 한가하게 지내고 있었지만 경제는 때때로 사람을 보내어 국정에 관하여 그의 의견을 묻곤 하였다. 양왕(梁王)[45]은 경제의 뒤를 이을 생각을 하고 있었지만 원앙이 진언하여 이 이야기는 중단되고 말았다. 양왕은 이 일로 원앙을 원망하여 사람을 시켜 원앙을 죽이려고 하였다. 자객이 관중(關中)에 이르러 원앙의 사람됨에 대하여 알아보니 많은 사람들이 원앙에 대하여 입에 침이 마르도록 칭찬하였다. 이에 그 자객은 원앙을 만나서 이렇게 말하였다. "소인은 양왕의 돈을 받고서 공을 죽이려고 왔습니다. 그런데 알고 보니 공은 덕이 있는 분인지라 차마 해칠 수가 없었습니다. 그렇지만 이 뒤에도 공을 해치려는 자가 10여 명이 있으니 경계하십시오!" 이 이야기를 듣고 원앙은 마음이 불안하였다. 또 집안에 괴이한 일이 많이 발생하여 배생(棓生)[46]에게 가서 점을 보았다. 그러나 돌아오는 길에 양왕이 보낸 자객이 안릉의 성문 밖에

43) 劇孟 : 漢 景帝 때의 유명한 游俠.
44) 季心 : 游俠으로 유명하다. 용맹함으로 關中에서 유명하였다. 일찍이 사람을 죽여 袁盎 집에 숨어 있었다.
45) 梁王 : 劉武. 漢 景帝의 동생.
46) 棓生 : 점쟁이의 이름.

서 그를 가로막고 원앙을 찔러 죽였다.

조조(晁錯)는 영천(潁川) 사람이다. 그는 지(軹)[47]의 장회선생(張恢先生)으로부터 신불해(申不害)와 상앙(商鞅)[48]의 형명학(刑名學)[49]을 배웠다. 그리하여 낙양의 송맹(宋孟)과 유례(劉禮)와 같은 스승을 모셨다. 그는 학문이 뛰어나 태상(太常)의 장고(掌故)[50]가 되었다.

조조의 사람됨은 준엄, 강직하고 비정, 각박하였다. 효문제 때에는 천하에 『상서(尙書)』[51]를 공부한 사람이 없었다. 오직 제남(濟南)[52]의 복생(伏生)[53]이 옛날 진(秦)나라의 박사(博士)[54]로서 『상서』에 정통하다고 들었으나 그는 나이가 90여 세로 늙어 조정으로 불러들일 수가 없었다. 그래서 황제는 태상에게 명을 내려 사람을 시켜 복생에게 보내 그 학문을 전수받도록 하였다. 태상은 조조를 복생의 집으로 보내 『상서』를 전수받도록 하였다. 후에 조조는 돌아와서 국정에 유익한 일을 상주하고 『상서』를 인용해가며 풀이하였다. 황제는 조칙을 내려 그를 태자의 사인(舍人)에 임명하고 이어서 태자의 문대부(門大夫), 가령(家令)에 임명하였다.[55] 그는 뛰어난 구변으로 태자의 총애를 받았으며 태자의 궁 안에서 그를 '지혜 주머니'라고 불렀다. 그는 효문제 때에 자주 상서를 올려 제후들의 봉토를 깎아야 하고 법령을 개정해야 한다고 말하였는데, 상소를 수십번이나 올렸다. 그러나 효문제는 받아들이지 않았지만 그의 재능을 기이하다고 여겨 그를 중대부(中大夫)[56]로 승진시켰다. 그 당시 태자는 조조의 계책에 찬성하였으나 원앙을 비롯한 여러 공신들은 조조를 좋아하지

47) 軹 : 현 이름. 지금의 河南省 濟源縣 남쪽.
48) 申不害, 商鞅 : 전국시대 法家의 대표적인 인물.
49) 刑名學 : '名'과 '實'의 관계를 가리킨다. 즉 名으로써 實을 따지고, 잘한 것은 상을 주고, 죄는 신중하게 처벌한다는 통치술이다.
50) 掌故 : 太常의 속관으로 故事를 다룬다.
51) 『尙書』: 유가경전 중의 하나. 『書經』이라고도 한다. 孔子가 수집하여 편찬해서 만들었다고 전해진다. 『尙書』는 商, 周 특히 西周 초기의 중요한 사료이다.
52) 濟南 : 군 이름. 지금의 山東省 중서부. 관할 중심지는 東平陵(지금의 章丘縣 서쪽)이었다.
53) 伏生 : 伏勝. 西漢 때의 今文 『尙書』의 최초 전수자.
54) 博士 : 관직 이름. 전국시대 때부터 설치되었다. 秦과 漢 나라 초기에 博士는 고금의 역사사실에 대한 고문과 서적의 보관을 맡았다.
55) 舍人, 門大夫, 家令 : 太子의 속관.
56) 中大夫 : 관직 이름. 議論을 관장하고, 顧問을 맡았다.

않는 사람이 많았다.

경제가 즉위하자 조조를 내사(內史)[57]에 임명하였다. 조조는 자주 사람을 물리치고 정사에 관한 일을 말하였는데 황제는 언제나 그것을 받아들였다. 그래서 그에 대한 황제의 총애는 구경(九卿)[58]을 능가하였으며 법령은 그에 의하여 개정된 것이 많았다. 승상 신도가(申屠嘉)는 마음속으로 못마땅하게 여겼으나 그를 누를 만한 힘이 없었다. 내사부(內史府)는 태상황(太上皇)[59]의 사당 안쪽 담 바깥의 빈 터에 있었는데, 문이 동쪽으로 나 있어서 불편하였다. 조조는 이에 남쪽으로 출입이 편하도록 두 개의 문을 내었는데 이때 사당 빈 터의 바깥 담을 뚫었다. 승상 신도가가 그러한 사실을 듣고서 크게 노하여, 이 잘못을 빌미로 조조를 처형할 것을 주청하려고 하였다. 조조는 그 소식을 듣고 그날 밤으로 사람을 물리쳐줄 것을 요청하고서 황제께 그 일에 대해서 상세하게 아뢰었다. 뒤에 승상은 정사에 관한 일을 상주하면서 기회를 보아서 조조가 함부로 사당의 담을 뚫어 문을 만들었으니 그를 정위(廷尉)에게 넘겨 처형해야 한다고 아뢰었다. 그러자 황제가 말하였다. "그것은 사당의 담이 아니고 사당 바깥 담의 빈 터이니 법에 저촉되지 않소." 이에 승상은 사죄를 하였다. 조정에서 물러나와 승상은 노하여 장사(長史)에게 이렇게 말하였다. "나는 마땅히 먼저 그를 참하고 난 뒤에 황제께 말씀드려야 하였다. 처형할 것을 먼저 주청하였기 때문에 어린 녀석에게 모욕을 당하였으니 애당초 내가 잘못하였다." 승상은 이 일로 인하여 병이 들어 죽고 조조는 더욱 명성이 높아졌다.

조조는 어사대부로 승진하여 제후들의 죄과를 들어 그들의 봉토를 삭감하고 그들 봉토 변경에 있는 군을 몰수하자고 주청하였다. 상소문이 올라가자 황제는 공경(公卿),[60] 열후(列侯),[61] 종실들을 불러 모아 의논하게

---

57) 內史 : 관직 이름. 秦나라 때부터 설치되었는데 京畿 지방을 관장하였다. 후세의 京兆尹에 해당한다.

58) 九卿 : 秦, 漢 나라 때 중앙의 아홉 행정관직의 총칭. 奉春(뒤에 太常으로 개칭), 郞中令(뒤에 光祿勛으로 개칭), 衛尉, 太卜, 宗正, 少府, 廷尉, 典客, 治粟內史(뒤에 大司農으로 개칭)이다.

59) 太上皇 : 漢 高祖의 아버지.

60) 公卿 : 원래는 三公, 九卿을 가리켰으나 뒤에는 조정의 대신을 총칭하였다.

61) 列侯 : 작위 이름. 秦, 漢나라의 20등급 중 가장 높은 작위를 '徹侯'라고 하였다. 뒤에 '通侯'로 개칭되었고 다시 '列侯'로 개칭되었다.

하였는데 아무도 감히 반대하지 못하였다. 오직 두영(竇嬰)만이 반대하여 이 일로 두영은 조조와 사이가 벌어지게 되었다. 조조가 개정한 법령은 30장(章)에 이르렀는데, 제후들은 모두 반대하였고 더욱 조조를 증오하게 되었다. 조조의 아버지가 그런 소식을 듣고 영천에서 올라와 조조에게 이렇게 말하였다. "폐하께서 즉위하신 지 얼마 되지도 않아서 네가 정치를 마음대로 하여 제후들의 봉토를 삭감하고, 다른 사람의 골육 사이를 멀어지게 하여 사람들이 모두 너를 원망하는 자가 많다 하니, 어찌하여 그런 짓을 하느냐?" "당연하신 말씀입니다. 그러나 이와 같이 하지 않는다면 천자는 존귀해질 수 없고, 종묘는 편안해질 수 없습니다." "유씨는 편안해졌지만 조씨는 위태로워졌다. 나는 죽어버리겠다." 그리고는 약을 마시고 자살하면서 이렇게 말하였다. "나는 화가 내 자신에게까지 미치는 것을 차마 볼 수가 없다." 그가 죽은 지 10여 일 만에 오초 7국은 과연 반란을 일으켰는데 그들은 조조를 죽인다는 것을 명분으로 내세웠다. 그때 두영과 원앙이 황제에게 조조에 대한 처벌을 주청하자 황제는 명을 내려 조조에게 조복(朝服)을 입힌 후 그를 동시(東市)[62]에서 참하였다.

조조가 죽고 난 다음 알자복야(謁者僕射)[63] 등공(鄧公)이 교위(校尉)가 되었는데, 그는 오초 반란군을 진압하는 장군이 되었다. 그가 전쟁에서 돌아와서 군사에 관한 글을 올리고 황제를 알현하였을 때 황제가 물었다. "그대는 전쟁터에서 돌아왔는데 조조가 죽었다는 이야기를 듣고 과연 오초의 반란군이 전투를 중지하던가?" 등공이 말하였다. "오왕은 모반을 준비한 지 수십년에 이르고 있습니다. 다만 봉토를 삭감당한 데에 분개하여 조조를 죽인다는 명분을 내세운 것일 뿐, 그의 뜻은 본래 조조에게 있었던 것은 아닙니다. 게다가 신이 걱정하는 바는 천하의 선비들이 입을 다물고 다시는 황제께 진언을 하지 않을 것이라는 것입니다." 황제가 말하였다. "어째서인가?" 등공이 말하였다. "대저 조조는 제후들이 강성하고 비대해져서 그들을 제제할 수 없게 될까 걱정한 까닭에 그들의 봉토를 삭감하도록 주청하고 나라의 존엄을 꾀한 것이니, 이것은 만세(萬世)에 이익이 되는 것입니다. 그러나 이러한 계획이 겨우 시행되자 그 자신은

---

62) 東市 : 漢代 長安의 시가. 자주 사형을 집행하던 곳이었다.
63) 謁者僕射 : 관직 이름. 漢代 郎中令의 속관에 謁者가 있는데, 이는 손님을 안내하는 일을 맡았다. 그 장관을 謁者僕射라고 불렀다.

갑자기 사형을 당하는 처지가 되고 말았으니, 안으로는 충신의 입을 막고 밖으로는 제후를 위하여 원수를 갚아준 격이 되었으니, 신은 그것은 폐하께서 취할 바가 아니라고 생각합니다." 그러자 경제는 한참 아무 말 없이 있다가 이렇게 말하였다. "공의 말이 옳소. 나 또한 후회하고 있소." 이에 등공을 성양(城陽)의 중위(中尉)로 임명하였다.

등공은 성고(成固)[64] 사람으로 기이한 계책에 뛰어난 사람이었다. 건원(建元)[65] 연간에 황제가 현량(賢良)을 초빙하자 공경대신들이 등공을 천거하였다. 그때 등공은 벼슬에서 물러나 있었으나 다시 기용되어 구경(九卿)이 되었다. 1년 뒤에 그는 다시 병을 구실로 물러나서 귀향하였다. 그의 아들인 장(章)은 황로(黃老)[66]의 학문을 배워 대신들 사이에서 명성이 높았다.

태사공은 말하였다.

"원앙(袁盎)은 비록 학문을 좋아하지 않았으나 시의적절하게 일을 처리하는 데 능하였다. 그는 어진 마음을 근본으로 삼았고, 대의를 이끌어 말할 때에는 비분강개하기도 하였다. 효문제 즉위 초 그의 재능은 시대를 만났다. 시대는 끊임없이 변화하여 오, 초가 반란을 일으켰을 때 황제에게 건의하여[67] 그의 건의가 받아들여져 시행되기는 하였으나 다시는 성공하지 못하였다. 그는 명성을 좋아하고 재주를 자랑하였으나 결국은 명성 때문에 죽었다. 조조(晁錯)가 가령(家令)이었을 때 여러 차례 진언을 하였으나 받아들여지지 않았다. 그러나 그 뒤에 권력을 마음대로 할 수 있게 되자 법을 많이 고쳤다. 그는 제후들이 반란을 일으키자 그 반란을 급히 바로잡는 데 힘을 쓰지 않고 사적인 원한을 갚으려다 도리어 자신을 망치고 말았다. 옛말에 '옛것을 바꾸고 떳떳한 도리를 어지럽히면 죽거나 멸망한다'라고 하였으니 이는 조조와 같은 사람들을 두고 한 말이 아니겠는가!"

---

64) 成固 : 현 이름. 지금의 陝西省 成固縣.
65) 建元 : 漢 武帝의 연호(기원전 140-기원전 135년).
66) 黃老 : 黃帝와 老子를 가리킨다. 先秦 儒家들은 堯舜만을 논할 뿐 黃帝를 언급하지 않았다. 그런데 道家는 堯舜보다 훨씬 앞선 전설 속의 黃帝를 옹호하고 老子와 함께 존중하여 道家의 창시자로 여겼다.
67) 晁錯를 죽여 吳, 楚의 반란을 수습하자는 건의를 가리킨다.

권102 「장석지풍당열전 (張釋之馮唐列傳)」 제42

정위 (廷尉)¹⁾ 장석지 (張釋之)는 도양 (堵陽)²⁾ 사람으로 자(字)는 계 (季)이다. 그는 장중(張仲)이라고 하는 형과 함께 생활하였다. 그는 집 안이 유복하여 재물로써 기랑(騎郞)³⁾으로 선출되었으며, 효문제 (孝文帝) 를 섬겼다. 그러나 10여 년 동안 승진을 하지 못하였고, 그를 알아주는 어떤 사람도 없었다. 장석지는 "오래도록 낭관(郞官)⁴⁾을 지내면서 형의 재산만 축낸 채 뜻을 이루지 못하였구나"라고 하였으며, 스스로 관직을 사직하고 집으로 돌아가고자 하였다. 중랑장(中郞將)⁵⁾ 원앙(袁盎)⁶⁾은 그의 현능(賢能)함을 알고 있었으므로, 그가 떠나가는 것을 애석하게 여 겼으며, 이에 장석지가 알자(謁者)⁷⁾에 임명되도록 주청(奏請)하였다. 장 석지는 조현(朝見)이 다 끝나자 기회를 이용해 앞으로 나아가 나라와 백 성을 평안하게 하는 일에 관한 것을 진술(陳述)하였다. 문제(文帝)가 말 하였다. "말은 현실에 적합한 말로 해야 할 것이며 지나치게 고론(高論) 을 하지 말고 당장 실행할 수 있는 것이어야 한다." 이리하여 장석지는 진한(秦漢)의 일, 즉 진나라가 멸망하고 한나라가 흥기한 까닭을 오랫동

---

1) 廷尉 : 秦나라 때 설치한 것으로 漢나라가 이를 답습하였다. 刑獄을 관장하는 최고 장관.
2) 堵陽 : 지금의 河南省 方城縣.
3) 騎郞 : 황제가 외출할 때에 말을 타고 황제를 호위하던 郞官.
4) 郞은 帝王 시종관의 통칭이다. 전국시대 때 처음 설치한 것으로 秦, 漢이 답습하 였으며, 議郞, 中郞, 侍郞, 郞中 등이 있다.
5) 中郞將 : 秦나라 때에 中郞을 설치하여 황제의 近侍로 삼았는데, 西漢 때에 이르러 官, 左, 右 三署로 나누어 각각 中郞將을 설치하여 그것을 통솔하게끔 하였다.
6) 袁盎 : 楚나라 사람. 후에 安陵(지금의 陝西省 咸陽市 동북쪽)으로 거처를 옮겼다. 이때는 張釋之의 장관이었다. 이 이전에 中郞을 역임하였고, 이후에 吳나라의 丞相 이 되었다. 吳楚七國의 난이 일어났을 때 그는 孝景帝에게 御史大夫 晁錯를 주살할 것을 건의하였다. 기원전 148년, 梁 孝王이 보낸 자객에 의해서 살해되었다.
7) 謁者 : 관직 이름. 춘추전국 시대 때 처음 설치된 것으로 국왕을 위해서 전달을 관 장하였다. 秦漢이 이를 답습하였으며, 빈객 등을 접견하고 인도하는 일을 관장하였 다.

652

안 말하였다. 문제는 훌륭하다고 칭찬하였으며, 곧 장석지를 알자 복야 (謁者僕射)⁸⁾로 승진 발탁하였다.

장석지는 황상을 따라 출행(出行)하여 호권(虎圈)⁹⁾에 이르렀다. 황상은 상림위(上林尉)¹⁰⁾에게 여러 금수들에 관한 것을 기록한 책자(冊子)의 상황에 대하여 10여 가지의 질문을 하였지만 상림위는 이리저리 두리번거리면서 아무런 대답도 하지 못하였다. 호권을 관리하는 색부(嗇夫)¹¹⁾가 곁에서 상림위를 대신하여 황상이 질문한 것에 대하여 매우 상세하게 대답하였는데, 이로써 자신의 대답이 마치 메아리쳐나오는 소리와 같이 무궁무진함을 나타내 보이고자 하였다. 문제가 말하였다. "관리란 마땅히 이와 같아야 되지 않겠는가? 상림위는 쓸모가 없어." 이리하여 장석지에게 색부를 상림령(上林令)으로 삼으라고 명하였다. 장석지는 잠시 후 앞으로 나와 말하였다. "폐하께서는 강후(絳侯) 주발(周勃)¹²⁾이 어떠한 인물이라고 생각하십니까?" 황상이 대답하였다. "덕망이 있고 점잖은 사람이 아니던가!" 또다시 물었다. "동양후(東陽侯) 장상여(張相如)¹³⁾는 어떠한 인물이라고 생각하십니까?" 황상은 여전히 대답하였다. "역시 덕망이 있고 점잖은 사람이지." 장석지가 말하였다. "강후나 동양후와 같은 사람은 덕망이 있고 점잖은 사람이라고 하셨지만 그러나 이 두 사람은 일을 이야기할 때에는 말조차도 하지 못하였습니다. 그런데 어떻게 사람들에게 색부와 같이 쉴새없이 재잘거리며 말주변이 뛰어난 사람을 배우라고 하실 수 있겠습니까? 하물며 진나라는 붓끝을 놀려 법을 우롱하는 서리 (書吏)들을 임용하였기 때문에 서리들은 다투어서 빨리 일을 처리하고 잘

8) 謁者 僕射：謁者 長官.
9) 圈은 금수를 가두는 곳이다.
10) 上林尉：上林苑에서 사무를 관리하는 관원. 上林苑은 秦 始皇이 만든 것으로 황제만이 수렵하는 곳이다. 지금의 陝西省 西安市로 서쪽으로는 盧縣에 이르고 북쪽으로는 渭水에 이르며 남쪽으로는 終南山에 이르는데 주위가 100여 리에 달한다.
11) 嗇夫：虎圈을 관장하는 낮은 관리.
12) 周勃：泗水郡 沛縣(지금의 江蘇省 沛縣) 사람. 秦나라 말기에 劉邦을 따라 起義하였고, 軍功을 세워 장군이 되었으며, 絳侯에 봉해졌다. 漢나라 초기에 劉邦을 따라 韓王 信, 陳豨와 盧綰의 반란을 평정하였으며, 呂后 때에는 太尉에 임명되었다. 呂后 사후 그는 灌嬰, 陳平 등과 함께 呂氏들을 주살하였으며, 文帝를 옹립하여 右丞相에 임명되었다. 권57「絳侯周勃世家」참조.
13) 東陽侯는 張相如의 봉호이다. 張相如는 高祖 6년(기원전 201년)에 中大夫가 되었고, 河間 郡守로서 陳豨를 공격하여 공로가 있어 11년(기원전 196년)에 봉지를 수여받았다. 文帝 때에는 大將軍과 太子太傅를 역임하였다.

못을 혹독하고 가혹하게 처리하는 것으로서 우열을 가렸습니다. 그러나 그와 같이 행하였던 일의 병폐는 다만 규칙대로 일을 처리하였을 뿐 인자한 정이란 조금도 없었다는 것입니다. 이러한 이유 때문에 황제는 과실을 말해주는 것을 들을 수 없어서 나라는 날로 쇠퇴하였으며, 2세(二世)에 이르러 천하는 마침내 와해되었습니다. 지금 폐하께서는 색부가 말주변이 좋다고 하시면서 직위를 초월하여 그를 선발하셨는데, 신은 천하의 사람들이 모두 이러한 것을 따라 다투어서 지나치게 과장만 하려 하고 실제를 강구하지 않을까 염려되옵니다. 하물며 아랫사람이 윗사람을 본받는 것은 그림자가 형체를 따르는 것과 같이 빠르고 소리가 메아리쳐오는 것처럼 빠르니, 폐하께서는 무슨 일을 하시든지 간에 신중하게 처리하지 않으실 수 없습니다." 문제가 "맞는 말이로다!"라고 말하였다. 이리하여 색부를 발탁한다는 명령을 철회하였다.

그리고는 황상은 수레에 올라 장석지를 불러 동승하도록 하였다. 황상은 수레를 천천히 앞으로 나아가게 하였으며, 진나라의 병폐에 대하여 물었는데, 장석지는 모두 사실대로 성실하게 대답하였다. 궁중에 도착하자 황상은 장석지를 공거령(公車令)[14]에 임명하였다.

얼마 안 있어 태자(太子)[15]와 양왕(梁王)[16]이 함께 수레를 타고 궁궐로 들어왔는데, 사마문(司馬門)[17]을 지날 때 수레에서 내리지 않았다. 이에 장석지는 쫓아가서 태자와 양왕이 궁전문으로 들어가지 못하도록 저지하였다. 그리고는 곧 그 두 사람이 사마문에서 내리지 않았다고 불경죄(不敬罪)로 다스렸으며 위에 보고하였다. 박태후(薄太后)[18]는 이러한 사

14) 公車令 : 公車 司馬令. 秦나라에 의해서 시작되었으며 漢나라가 답습하였다. 궁전문과 司馬門을 관장하며, 야간에 궁중을 순시할 책임이 있다. 전국의 관리와 백성들의 상서 및 공헌물품은 또 모두 그에 의해서 전달되었다.

15) 孝景帝 劉啓를 가리킨다. 劉啓는 漢 文帝의 맏아들이다. 기원전 157년부터 기원전 141년까지 재위하였다. 계속적으로 '與民政策'을 실행하였으며, 吳楚七國의 난을 평정한 후 제후왕이 관리를 임면하는 권력을 조정으로 귀속시켰으며, 나아가 중앙집권제도를 공고히 하였다.

16) 梁王 : 梁 孝王 劉武로 劉啓의 동생이다. 문학 애호가로서 유명하다. 梁나라에 봉해졌으며, 그 지역은 지금의 河南省과 安徽省의 경계 지역에 해당한다.

17) 司馬門 : 궁정의 外門을 말한다. 당시에 백관들이 궁궐에 들어올 때는 반드시 여기에서 수레를 내려 걸어서 들어가야만 하였다. 위반자는 벌금 4兩에 처하였다.

18) 薄太后 : 薄姬. 高祖의 첩. 文帝가 여덟 살에 代王이 되자 薄姬는 아들을 따라 代나라로 가서 太后가 되었다. 文帝가 즉위하자 皇太后가 되었으며, 景帝가 즉위하자 太皇太后가 되었다.

실을 알았으며, 문제는 모자를 벗고 사죄하며 말하였다. "자식을 엄격하게 다스리지 못한 탓이옵니다!" 박태후는 그제야 비로소 사자를 보내 태자와 양왕을 사면하도록 하였으며, 그 두 사람은 비로소 궁궐로 들어왔다. 문제는 이러한 일이 있은 뒤부터 장석지가 다른 사람들과 같지 않음을 알았으며 그에게 중대부(中大夫)[19]를 수여하였다.

얼마 되지 않아 장석지는 관직이 중랑장에 이르렀다. 그는 황상을 수행하여 패릉(霸陵)[20]에 갔다. 황상은 능묘 위 북쪽에 앉아 먼 곳을 바라보았다. 이때 신부인(愼夫人)[21]도 수행하였는데, 황상은 신풍현(新豊縣)으로 가는 길을 가리키면서 신부인에게 "이것이 바로 한단(邯鄲)으로 가는 길이오!"라고 하였다. 황상은 신부인에게 거문고를 타도록 하였으며, 자신은 거문고의 곡조를 따라서 노래를 불렀는데 정의(情意)가 처량하고 비상(悲傷)하였다. 그리고는 고개를 돌려 여러 신하들에게 말하였다. "아! 북산(北山)의 좋은 돌로 외관(外棺)을 만들고, 모시와 솜으로 석곽의 틈새를 막고, 다시 옻으로 붙여놓으면 누가 열 수 있겠는가?" 좌우에 있던 사람들이 말하였다. "훌륭합니다." 장석지가 앞으로 나와 말하였다. "만약에 그 속에 탐욕을 일으킬 수 있는 물건이 있다면 설령 남산(南山)[22]으로 외관을 만들고 쇠를 녹여 틈을 막는다고 할지라도 또한 틈이 생길 것입니다. 그러나 만약 탐욕을 일으킬 만한 물건이 없다면 비록 석관을 쓰지 않을지라도 또 무슨 걱정을 할 필요가 있겠습니까?" 문제는 아주 훌륭한 말이라고 칭찬하였다. 이후에 장석지는 승진하여 정위가 되었다.

얼마 되지 않아 황상은 중위교(中渭橋)[23]로 행차하였는데 어떤 사람이 다리 아래에서 뛰어 나와 황상의 수레를 끄는 말을 놀라게 하였다. 이리하여 기사들이 그 사람을 체포하였으며 정위에게 죄를 다스리도록 넘겨주었다. 장석지가 그 사람을 심문하자 그 사람은 대답하여 말하였다. "저는 장안현(長安縣) 사람인데 여기에 와서 청도계엄(淸道戒嚴)[24]을 듣고는

---

19) 中大夫 : 관직 이름. 秦나라가 설치하였으며 漢나라가 이를 답습하였다. 議論을 관장하였다.
20) 霸陵 : 漢 文帝의 능묘. 지금의 陝西省 西安市 동북쪽.
21) 愼夫人 : 漢 文帝의 寵姬.
22) 南山 : 終南山을 가리킨다.
23) 中渭橋 : 漢나라 長安城(지금의 陝西省 西安市 서북쪽) 북쪽에 있었다.

서둘러 다리 아래에 몸을 숨겼습니다. 한참이 지나서 폐하께서 이미 지나가신 것으로 생각하고 곧 다리 밑에서 올라왔는데, 황상의 거마(車馬)와 의장대가 아직 눈앞에 있는 것을 보고 즉각 몸을 돌려 달려갔을 뿐입니다." 정위는 그의 말에 의거하여 마땅히 받아야 할 형벌을 상주하였는데, 청도계엄의 명령을 위반하였으므로 벌금형에 처하여야 한다고 하였다. 문제가 대노하여 말하였다. "그자는 나의 말을 놀라게 하였다. 다행히 내 말의 성질이 온순하였기에 망정이지 만약 다른 말 같았다면 벌써 나를 떨어뜨려 다치게 하였을 것이다. 그런데 정위는 오히려 다만 벌금형에 처하라고 하다니!" 장석지는 말하였다. "법률이란 황제와 천하 사람들이 모두 함께 준수해야 하는 것입니다. 지금 법률에는 이와 같이 규정되어 있는데 오히려 가중하여 처벌하고자 한다면 이와 같은 법률을 백성들은 믿고 따를 수 없는 것입니다. 하물며 당시에 황상께서는 그 자리에서 그를 베어버리라고 하셔도 그만이었습니다. 그러나 지금 이미 그를 정위에게 넘겨주셨으며, 그리고 정위는 천하의 공평한 법을 상징합니다. 그런데 정위가 일단 한쪽으로 치우치게 되어 천하 사람들에게 법률을 적용할 때 임의로 혹 무겁게 하거나 혹 가볍게 적용한다면 백성들은 어디에 편안히 손발을 둘 곳이 있겠습니까? 폐하께서는 명찰(明察)하시기를 바라옵니다." 한참 후에 황상이 말하였다. "정위는 마땅히 이와 같은 판결을 내려야만 하는 것이다."

그 이후 어떤 사람이 고묘(高廟)[25] 안에서 신좌(神座) 앞에 있는 옥환(玉環)을 훔치다가 체포되었다. 문제가 대노하여 정위에게 넘겨주며 법률로 다스리라고 하였다. 장석지는 법률 가운데 종묘(宗廟) 안의 의복과 기물(器物)을 훔친 자를 처벌하는 조문에 의거하여 참수에 처해야 한다고 주청하였다. 황상은 벌컥 화를 내며 말하였다. "그자는 제멋대로 마구 나쁜 짓을 하였으며, 뜻하지 않게 선제(先帝) 종묘 안의 기물을 훔쳤다. 짐이 그대 정위에게 넘겨주어 심리하라는 까닭은 그를 멸족시킬 것이라고 믿었기 때문이었는데, 그대는 오히려 통상적인 법률 조문에 따라 주청을 하니 이것은 짐이 종묘를 공경하여 받들고자 하는 뜻이 아니로다." 장석

---

24) 淸道戒嚴 : 제왕이 행차할 때 길을 내고 거리를 청소하며 사람들의 통행을 금지시키는 것을 말한다.
25) 漢나라의 군신이 高祖 劉邦을 받들어 모시는 묘.

지는 모자를 벗고 머리를 조아리고 사죄하며 말하였다. "법령에 의거하여 이와 같이 판결하는 것은 이미 극한 상황에 이른 것입니다. 하물며 참수 와 멸족은 모두 사죄(死罪)에 해당하는 것입니다. 그러나 경중(經重)의 정도로서 논함에 차별이 있어야 합니다. 지금 종묘 안의 기물을 훔쳤다고 곧 그의 전족(全族)을 멸하라고 하신다면, 만약 가령 우둔한 백성이 장릉 (長陵)²⁶) 위의 한움큼의 흙을 훔쳤다고 한다면 폐하께서는 장차 또 그에 게 어떤 형벌을 내리시겠습니까?" 한참 후에 문제와 박태후는 이 일을 의론하였으며, 마침내 정위의 판결대로 처리하라는 지시를 내렸다. 당시 중위(中尉)²⁷) 조후(條侯) 주아부(周亞夫)²⁸)와 양상(梁相)²⁹) 산도후(山 都侯)³⁰) 왕염개(王恬開)³¹)는 장석지가 의론에 공정하게 대처하는 것을 보고 그와 친밀한 친구가 되었다. 이로부터 장석지는 천하 사람들의 칭송 을 받았다.

후에 문제가 붕어하고 경제(景帝)가 즉위하였다. 장석지는 경제에게 죄를 지었던 일을 생각해내고 마음속에 두려움을 느껴 병을 핑계로 휴가 를 청하였다. 그는 사직하고 떠나려 하였으나 더욱 크고 중대한 형벌을 초래할지 모른다고 생각하여 궁궐로 들어가 사죄를 하고자 하였지만 오히 려 또 어떻게 해야 좋을지 몰랐다. 후에 그는 왕생(王生)³²)의 계책을 받 아들였으며, 마침내 경제를 배알하여 그 자리에서 사과의 말을 하였다. 경제는 책망하지 않았다.

왕생은 황로학술(黃老學術)에 뛰어난 사람으로 은거하는 처사(處士)였 다. 일찍이 그가 궁전에 불려들어간 적이 있었는데, 당시 삼공(三公),³³)

---

26) 長陵: 漢 高祖 劉邦의 능묘. 지금의 陝西省 咸陽市 동북쪽.
27) 中尉: 秦漢 때의 무관으로 京師의 치안을 담당하였으며, 漢代에는 京師를 지키는 屯衛兵(北軍)을 겸하였다. 漢 武帝 때에 '執金吾'라고 고쳐 불렀다.
28) 條侯는 周亞夫의 봉호이다. 周亞夫는 周勃의 아들이다. 文帝 때에 匈奴가 침입하 였을 때 그는 河內 郡守로서 장군이 되어 細柳를 방어하였는데 군령이 엄격하였다. 景帝 때에 大尉로 임명되었으며, 吳楚七國의 난을 평정한 후 丞相으로 승진하였다.
29) 梁相은 梁나라의 丞相을 가리킨다. 漢代에는 각 왕국에도 조정과 같이 丞相을 두 어서 국왕을 보좌하여 정사를 처리하도록 하였다. 그 사람은 조정에서 직접 임명하 였다.
30) 山都侯: 王恬開의 봉호.
31) 王恬開: 원래 이름은 恬啓이다. 景帝의 諱를 피하기 위해서 '啓'를 '開'로 고쳤다. 衛將軍으로 陳豨를 격파한 공이 있어 山都侯에 봉해졌다.
32) 王生: 성이 王인 선생.
33) 三公: 丞相(행정 담당), 太尉(군사 담당), 御史大夫(감찰 담당)를 말하는데, 이

구경 (九卿)³⁴⁾ 대신들이 모두 모여서 서 있었다. 왕생은 연로한 사람이었는데 "나의 버선 대님이 풀어졌구려!"라고 하면서 머리를 돌려 장정위 (張廷尉)를 바라보며 "나의 버선 대님을 매어주시겠소!"라고 하였다. 장석지는 땅바닥에 꿇어앉아 그의 버선 대님을 다 매어주었다. 그후 어떤 사람이 왕생에게 물었다. "어떻게 공교롭게 많은 사람들이 있는 조정에서 장정위에게 모욕을 주어 그가 꿇어앉아 당신의 버선 대님을 매도록 하셨습니까?" 왕생이 말하였다. "나는 연로한 데다 또 지위가 비천하므로 아무리 해도 장정위에게 어떤 좋은 것을 줄 수는 없다고 생각하였소. 장정위는 마침 현재 천하의 명신(名臣)이므로 나는 잠시 그에게 한번 굴욕을 주어 그가 꿇어앉아 나의 버선 대님을 매어줌으로써 이것으로서 그를 보살펴주려고 한 것입니다." 각 공경(公卿)들은 이 말을 듣고 모두 왕생을 현명하다고 칭송하였으며 장정위를 존경하였다.

장정위는 경제를 1년여 동안 섬기다가 회남왕(淮南王)³⁵⁾의 승상(丞相)이 되었는데 이 또한 역시 이전에 경제에게 죄를 지었던 까닭 때문이다. 얼마 있다가 장석지는 세상을 떠났다. 그의 아들은 장지(張摯)라고 부르며 자(字)는 장공(長公)이다. 관직은 대부(大夫)³⁶⁾에까지 이르렀으나, 면직당하였다. 그는 당세(當世)³⁷⁾에 영합하지 못하였기 때문에, 종신토록 벼슬을 하지는 못하였다.

풍당(馮唐)의 조부는 조(趙)나라 사람이다. 그의 아버지는 대(代)나라로 옮겨와 살았다. 한(漢)나라가 건립된 후 안릉(安陵)³⁸⁾으로 거처를 옮겨 살았다. 풍당은 효행으로 널리 이름이 났으며, 중랑서(中郞署)³⁹⁾의

는 모두 중앙의 최고 관리이다.

34) 九卿: 중앙 각 부문의 고급 관리. 太常 (종묘 예의와 제사를 담당), 鴻臚(儀式 담당), 宗正(황족 宗譜 및 서류 담당), 郞中令(車騎門戶 담당), 衞尉(宮庭磬衞 담당), 太僕(황제 거마 담당), 庭尉(刑獄 담당), 少府(황실 화원, 湖澤 담당), 大司農(錢穀財政 담당)을 가리킨다.

35) 淮南王: 당시에는 劉安이었다. 劉安은 劉邦의 막내 아들인 劉長의 아들이다. 劉長의 봉작을 계승하여 淮南王이 되었다. 文辭에 뛰어났으며 창작력이 우수하였고, 널리 빈객 수천명을 초빙하여 『淮南子』를 집필하였다.

36) 大夫: 당시에는 太中大夫, 中大夫 등이 있었다.

37) 當世: 당시의 권세 있고 지위가 높은 사람을 말한다.

38) 安陵: 지금의 咸陽市 동북쪽으로 漢 惠帝는 이곳에 安陵을 축조하였으며 아울러 安陵縣을 설치하였다.

장(長)으로 천거되어 문제(文帝)를 섬겼다. 문제가 수레를 타고 중랑 관서(官署)를 지나갈 때 풍당에게 물었다. "그대는 어떻게 그 나이에 아직까지 낭관(郎官) 자리에 있는가? 사는 곳은 어디인가?" 풍당은 모두 사실과 같이 대답하였다. 문제가 말하였다. "내가 대(代)나라에 머무를 때 나의 상식삼(尙食監)⁴⁰⁾ 고거(高祛)⁴¹⁾는 여러 차례 나에게 조나라 장수 이제(李齊)의 현능함을 칭송하였으며, 거록(鉅鹿)⁴²⁾ 아래에서 악전고투한 이야기들⁴³⁾을 들려주었소. 지금 나는 매번 식사를 할 때마다 항상 이제가 거록에서 악전고투하던 일을 생각하오. 그대는 이제라는 이 사람을 아는가?" 풍당이 대답하여 말하였다. "그러나 오히려 염파(廉頗)⁴⁴⁾와 이목(李牧)⁴⁵⁾이 장수(將帥)로서 병사들을 이끌던 것만 못합니다." 황상이 물었다. "어떤 근거로 그와 같이 말하는가?" 풍당이 말하였다. "저의 조부가 조나라에 있을 때 장수를 역임하였는데 이목과 아주 절친하였습니다. 또 저의 부친이 이전에 대왕(代王)의 승상을 지낼 때 조나라 장수 이제와 관계가 매우 친밀하였으므로 그의 사람됨을 잘 알고 있습니다." 황상은 풍당이 염파와 이목의 사람됨을 이야기하는 것을 듣자 매우 기뻐하였으며 이리하여 대퇴(大腿)를 치면서 말하였다. "아. 애석하게도 나는 공교롭게 염파나 이목과 같은 사람을 얻어서 나의 장수로 삼을 수 없구나. 그렇지 않으면 내가 또 흉노(匈奴)를 두려워하겠는가?" 풍당이 말하였다. "황공하옵고 부끄럽습니다! 폐하께서 설령 염파나 이목을 얻는다고 하실지라도 또한 임용하실 수 없사옵니다." 황상은 대노하여 몸을 일으키더니 궁궐⁴⁶⁾로 돌아갔다. 한참 후에 풍당이 알현하자 원망하여 말하

---

39) 中郎은 秦나라가 설치한 것으로 시종관이다.

40) 尙食監 : 膳食을 관리하였다. '太官'이라고 칭하기도 한다.

41) 高祛 : 代王의 尙食監. 그밖의 것은 상세하지 않다.

42) 鉅鹿 : 옛 현 이름. 秦나라가 설치하였다. 지금의 河北省 平鄕縣 서남쪽.

43) 기원전 208년 秦나라 장수 王離가 鉅鹿에서 趙王 歇을 포위하였을 때 趙나라 장수 李齊가 秦나라 병사들과 鉅鹿城 아래에서 격전하던 일을 가리킨다.

44) 廉頗 : 전국시대 때 趙나라의 명장. 趙 惠文王 때 上卿에 임명되었으며, 齊나라, 魏나라 등과 여러 차례 싸웠다.

45) 李牧 : 趙나라 말기의 大將. 오랫동안 趙나라 북쪽 지역을 담당하였는데 軍心을 얻어 東胡, 林胡, 匈奴를 대파하였다. 趙王 遷 3년(기원전 233년) 군대를 이끌고 秦나라로 공격해들어가 肥(지금의 河北省 晉縣 서쪽)에서 秦나라 군을 대파하여 武安君에 봉해졌다.

46) 원문에는 "禁中"으로 되어 있는데, 이는 '궁중'을 말한다.

였다. "그대는 어째서 많은 사람들 앞에서 나를 모욕하였는가?" 풍당은 사죄하며 말하였다. "미천한 사람이 가릴 줄 몰랐습니다."

당시에 흉노는 대거 조나(朝那)[47]를 침입하여 북지(北地)[48]의 도위(都尉)[49] 손앙(孫卬)을 살해하였다. 황상은 마침 흉노의 침입을 우려하고 있었으므로 이리하여 마침내 또 풍당에게 물었다. "그대는 어떻게 내가 염파와 이목을 임용할 수 없다는 것을 알았는가?" 풍당이 대답하였다. "저는 상고시대 때 군왕이 장수를 출정시키는 데에는, 떠날 때에 군왕이 몸소 꿇어앉아 수레를 밀면서 '국문(國門) 이내의 일은 군왕이 결정하고 국문 이외의 일은 장군이 결정하라'고 말하였다고 하는 것을 들었습니다. 군공, 작위와 상을 주는 깃은 모두 장군이 결정하여 돌아와서 다시 조정에 주청하라고 하였습니다. 이것은 헛된 말이 아닙니다. 저의 조부는 이목은 조나라에서 병사들을 이끌고 변경을 지킬 때 군시(軍市)[50]에서 징수하는 조세를 모두 병사들에게 상을 주는 데 사용하였는데, 상을 주는 것은 장군이 결정하였으며, 조정은 간여하지 않았다고 말하였습니다. 그에게 중임을 맡겨 그가 책임지고 성공하도록 명령하였는데, 이로 인해서 이목은 비로소 그의 지혜와 재능을 다하였다고 합니다. 선거(選車)[51]된 1,300량(輛)과 승원(乘員), 활을 잘 쏘는 기병(騎兵) 만 3,000명, 정예 병사 10만 명을 파견하였는데, 이러한 부대에 의거하여 북쪽으로는 흉노 선우(單于)를 물러쳐 쫓아냈으며, 동호(東胡)[52]를 물리쳤고, 담림(澹林)[53]을 멸하였습니다. 서쪽으로는 강한 진(秦)나라를 억눌렀고 남쪽으로는 한(韓), 위(魏) 나라에 대항하였습니다. 이렇게 되자 조나라는 거의 패주(覇主)가 되었습니다. 이후에는 공교롭게 조왕(趙王) 천(遷)[54]이 즉위하였는데 그의 모친은 원래 거리에서 노래를 부르며 돈을 벌던 예인

47) 朝那 : 옛 현 이름. 지금의 寧夏 回族 자치구 固原縣 동남쪽.
48) 北地 : 지금의 甘肅省 동북부 및 寧夏 回族 자치구 일부분에 해당된다.
49) 都尉 : 한 郡의 軍備, 軍卒을 담당하며, 서열은 郡守 아래이다.
50) 軍市 : 군중에 설치한 교역 시장.
51) 選車 : 합격하여 선발된 車士.
52) 東胡 : 燕나라 북부에 거주하던 유목민족. 馬桓, 鮮卑의 조상으로 지금은 '古斯族'이라고 통칭된다. 나라가 匈奴의 동부에 있음으로 '東胡'라고 칭하였다.
53) 澹林 : '澹林之胡'라고 하며, '林胡'라고도 칭한다. 趙나라의 代郡 이북에 거주하였다. 지금의 河北省 張北縣 일내.
54) 趙王 遷 : 기원전 236년 그의 아버지 悼襄王 趙偃을 계승하여 趙王이 되었다.

660

(藝人)이었습니다. 조왕 천은 즉위하여 총신(寵臣)인 곽개(郭開)⁵⁵⁾의 참언(讒言)을 듣고 마침내 이목을 주살하였으며 안취(顏聚)⁵⁶⁾가 그를 대신하도록 하였습니다. 이로 인해서 군대는 패하여 도주하였으며 진나라의 포로가 되었고 나라는 멸망하였습니다. 지금 저는 개인적으로 위상(魏尙)이 운중(雲中) 태수(太守)를 맡고 있을 때 군시(軍市)의 교역의 세금을 모두 가져와서 병사들을 배불리 먹이고 또 개인의 봉록으로 5일마다 한 차례씩 소를 잡아 빈객, 군리(軍吏)와 친근한 속관들을 청해서 연회를 베푼다고 들었습니다. 이로 인해서 흉노는 먼 곳에 숨어 있고 감히 운중 요새에 접근하지 못하였다고 합니다. 흉노가 한 차례 침입하였는데, 위상이 병마를 이끌고 공격하였으며 이때 살해된 적군이 매우 많았다고 합니다. 그 병사들은 모두 평민 백성의 자제들로서 밭에서 일을 하다가 종군하였는데 어떻게 '척적(尺籍),'⁵⁷⁾ '오부(伍符)'⁵⁸⁾ 등의 군법 조령(條令)을 알겠습니까? 하루 종일 노력하여 작전을 펴서 적의 머리를 베었고 포로들을 체포하였으나, 관가에 전공(戰功)을 보고할 때 다만 한마디 말이라도 부합하지 않으면 문리(文吏)⁵⁹⁾들은 법령을 인용하여서 그들을 제재하였습니다. 그들에게 상을 주는 것은 아직 실행하지 못하였지만 그러나 사법관이 법령을 행하는 것은 오히려 반드시 집행하였습니다. 저는 어리석게도 폐하의 법령은 너무나 억지로 남의 결점을 찾아내고자 하며, 상을 주는 데에는 몹시 인색하지만 벌을 주는 데에는 매우 엄격하다고 생각합니다. 하물며 운중 군수 위상이 위에 보고한 적군을 참살한 숫자가 다만 수급(首級)⁶⁰⁾ 여섯만이 차이가 났을 뿐인데 폐하께서는 바로 그를 사법관에게 넘겨 죄를 다스리게 하셨으며, 그의 작위를 삭탈하였고 1년간의 도형(徒刑)에 처하셨습니다. 이와 같은 것으로 말하건대 폐하께서는 설

55) 郭開 : 趙王의 총신.
56) 顏聚 : 본래는 齊나라의 장수. 趙王 遷이 李牧을 주살하고 司馬尙을 파면한 이후 顏聚, 趙怱이 대신하여 趙나라 군을 통솔하도록 하였다.
57) 尺籍 : 군법에는 무릇 사졸이 참수를 하면 그 참수한 공을 목판 위에 써야만 한다고 규정되어 있는데, 그 목판의 길이가 1尺이므로 '尺籍'이라고 하였다.
58) 伍符 : 장관은 부대와 약속을 편하게 하여 군인 隊伍가 서로 알게 하도록 하였고, 아울러 信符를 써서 증거로 삼았기 때문에 마침내 이 증거를 '伍符'라고 하였다.
59) 文吏 : 사법관.
60) 首級 : 싸움터에서 베어 온 적군의 목을 가리킨다. 秦나라 법에 적군의 목을 하나 베면 한 계급을 더 올려준 데서 연유한다.

령 염파나 이목을 얻으신다고 할지라도 또한 중용하실 수 없으실 것입니다. 저는 확실히 어리석고 우둔하여 기위(忌諱)를 범하였으니 죽을 죄를 지었습니다!" 문제는 이를 듣고 기뻐하였다. 그리고는 그날로 풍당을 칙사로 임명하여 위상을 사면하도록 하였고 그를 다시 운중 군수에 임명하였다. 아울러 풍당을 거기도위(車騎都尉)에 기용하여 중위(中尉)와 각 군(郡)과 국(國)[61]의 전거부대의 병사를 관장하도록 하였다.

한 문제 후원(後元) 7년,[62] 효경제(孝景帝)가 즉위하여 풍당을 초(楚)나라의 승상에 임명하였으나 얼마 되지 않아 면직되었다. 한 무제(漢武帝)[63]가 즉위한 후에는 널리 현량(賢良)을 불러들였는데 이때 풍당이 추천뇌었다. 풍당은 당시에 이미 90여 세가 되어 더 이상 관직을 맡을 수 없었으므로 그의 아들 풍수(馮遂)에게 낭관(郎官)을 맡도록 하였다. 풍수는 자(字)가 왕손(王孫)이고 또한 걸출한 인재였는데, 나[64]와 친한 사이였다.

태사공은 말하였다.

"장계(張季)가 덕망이 있는 사람에 대해서 논한 것[65]은 엄격하게 법도를 지켜서 황상의 뜻에 아부하지 않은 것이었다. 풍공(馮公)이 장수(將帥)에 대해서 논한 것[66]은 그 말에 깊은 뜻이 있도다. 매우 일리가 있도다! 옛말에 '그 사람을 이해하지 못하면 그의 친구를 보라'고 하는 말이 있다. 두 사람이 칭송한 바의 말[67]은 낭묘(廊廟)[68]에 기록하여 남겨둘 만하다. 『서경(書經)』에 이르기를 '한쪽에 치우치지도 않고 파당도 만들

---

61) 漢나라 초기에 郡과 國은 함께 지방의 고급 행정구획이다. 郡은 직접 조정에 속하며, 國은 분봉을 받은 왕이 통치한다.
62) 기원전 157년을 말하며 이해에 文帝가 죽었다.
63) 漢 武帝: 劉徹. 景帝의 일곱번째 아들. 漢나라의 제5대 황제. 기원전 141년부터 기원전 87년까지 재위하였다. 통치기간 동안에 대내적으로 중앙집권을 강화하였으며, 농업을 발전시켰고, 수리사업을 일으켰고, 太學을 세웠으며, 유학을 숭상하였다. 대외적으로 匈奴의 침략을 물리쳤으며, 西域으로 통하는 길을 개척하였다. 漢帝國의 통치와 발전을 공고히 하는 데 커다란 작용을 하였다.
64) 司馬遷을 말한다.
65) 張釋之가 上林苑에서 絳侯와 東陽侯는 덕망이 있는 사람이라고 칭찬하던 말.
66) 馮唐이 '李牧, 魏尙이 장수이다'라고 평한 말.
67) 張釋之, 馮唐 두 사람이 長者와 덕망 있는 사람과 장수에 대해서 설명하고 찬미한 말.
68) 廊廟: 조정.

지 않으니 성왕(聖王)의 도는 평탄하고 창달(暢達)하도다. 파당도 없고 한쪽에 치우치지도 않으니 성왕의 도는 끝없이 넓고 크도다'[69]라고 하였다. 장계와 풍공은 모두 이러한 뜻에 가깝다."

---

69) 「周書」 "洪範"에 나온다.

권103 「만석장숙열전(萬石張叔列傳)」제43

만석군(萬石君)¹⁾의 이름은 분(奮)이다. 그의 아버지는 조(趙)나라 사람으로 성은 석(石)이다. 조나라가 망하자 온(溫)²⁾으로 옮겨와 살았다. 한 고조(漢高祖)가 동쪽으로 항적(項籍)을 공격하기 위해서 하내(河內)³⁾를 지나가게 되었는데, 당시 분은 15세였고 미천한 관리로 고조를 모시고 있었다. 고조는 그와 이야기할 때 그가 공경심과 예의가 바름을 좋아하였으며 "집에는 어떠한 사람들이 있느냐?"라고 물었다. "저에게는 단지 어머님만 계시는데, 불행하게도 앞을 못 보시며, 집안이 가난합니다. 누이가 한 명 있는데 거문고를 잘 탑니다"라고 대답하였다. 고조가 말하였다. "너는 나를 따를 수 있느냐?" "있는 재력(材力)을 다하기를 원합니다"라고 하였다. 당시에 고조는 그의 누이를 불러 미인(美人)⁴⁾으로 삼았으며, 석분(石奮)을 중연(中涓)⁵⁾에 임명하였고 아울러 겸하여 전달(傳達)을 관장하게 하였으며, 장안성(長安城)내의 척리(戚里)⁶⁾로 거처를 옮기도록 하였는데, 이것은 누이가 미인이 되었기 때문이다. 그의 관직은 효문제(孝文帝)에 이르렀을 때에 공로가 많이 쌓여 승진하여 태중대부(太中大夫)⁷⁾에 이르렀다. 그에게 문재(文才)나 학문은 없었지만 그러나 공경심과 신중함은 그와 견줄 만한 사람이 없었다.

문제(文帝) 때에 동양후(東陽侯) 장상여(張相如)⁸⁾는 태자태부(太子太傅)⁹⁾였는데 면직당하였다. 문제가 태부가 될 만한 사람을 뽑으려 하자

---

1) 萬石君 : 石奮과 그의 네 아들들이 모두 봉록 2,000石에 해당하는 관원이었으므로 그를 萬石君이라고 불렀다.
2) 溫 : 지금의 河南省 溫縣.
3) 河內 : 군 이름. 지금의 河南省 북부.
4) 美人 : 妃嬪의 칭호.
5) 中涓 : 청결과 위생을 담당하는 시종 관원.
6) 戚里 : 漢代 京師 안에 외척이 거주하던 곳.
7) 太中大夫 : 議論을 담당하였나.
8) 張相如 : 漢 高祖 때에 戰功을 세움으로 인해서 東陽侯에 봉해졌다.

사람들은 모두 석분(石奮)을 추천하였으며, 석분은 태자태부가 되었다. 효경제는 즉위한 후 그가 구경(九卿)¹⁰)을 맡아보도록 하였다. 그러나 그가 너무 공경과 성실로써 조정에 접근하였기 때문에 경제는 그를 무서워하고 두려워하였으며, 석분을 제후의 상(相)으로 전근시켰다. 석분의 맏아들은 석건(石建)이고, 둘째 아들은 석갑(石甲)이며, 셋째 아들은 석을(石乙)이며,¹¹) 넷째 아들은 석경(石慶)인데 모두 품행이 선량하고 부모에게 효순(孝順)하며 일을 처리하는 것이 신중하였으며, 관직은 모두가 2,000석(二千石)의 지위에 달하였다. 당시에 경제는 말하였다. "석군(石君)과 네 아들들은 모두 2,000석의 지위에 해당하니 신하의 존귀와 영예가 그의 일가(一家)에 집중되어 있구나"라고 하였으며, 곧 석분을 만석군(萬石君)이라고 칭하였다.

경제 말년, 만석군은 상대부(上大夫)의 봉록으로 노령을 구실로 관직을 사직하고 집으로 돌아왔으며, 세시(歲時) 때에는 대신(大臣)의 자격으로 참가하였다. 궁궐문을 지날 때 만석군은 반드시 수레에서 내려 걸어 들어갔는데, 황제의 거마(車馬)를 보게 되면 반드시 거마 앞에 엎드려 경의를 표하였다. 자손이 미천한 관리가 되어 집으로 돌아와 그를 뵈올 때면 만석군은 반드시 조복(朝服)을 입고 그들을 만났으며 이름을 부르지 않았다. 자손에게 잘못이 있으면 책망하지 않고 옆의 자리에 앉아 밥상을 대하여도 음식을 먹지 않았다. 그런 후에 아들들이 서로 책망하고 나이가 많은 아들이 옷을 벗어 어깨를 드러내어 사죄하고 잘못을 고치면 비로소 용서하였다. 이미 성년이 된 자손은 그의 곁에 있게 하였고, 비록 한거(閑居)하다고 할지라도 반드시 관(冠)을 쓰게 하였으며, 단정하고 엄숙한 분위기를 가지도록 하였다. 노복(奴僕) 또한 공손하였으며 똑같이 엄숙하고 신중하였다. 황상이 어떤 때에 음식물을 그의 집에 하사하시면 반드시 예의를 갖추고서 무릎을 꿇고 앉아 허리를 굽혀 머리를 숙이고 먹었는데, 그 모습이 마치 황상 앞에서 하는 것과 똑같았다. 그가 상사(喪事)를 처리하는 것은 몹시 비통하였다. 자손들도 가르침을 따라 그와 똑같이

---

9) 太子太傅 : 태자를 지도하던 관원.

10) 九卿 : 秦漢 때의 중앙 9개 행정장관의 총칭. 통상 奉常, 郎中令, 衛尉, 太僕, 宗正, 廷尉, 典客, 少府, 治粟內史를 가리킨다.

11) 石甲, 石乙 : 그들의 이름이 기록되어 있지 않으므로 甲, 乙로 이름을 대신하였다.

행하였다. 만석군 일가는 효순과 신중함으로 각 군(郡)과 국(國)에 이름
이 날렸다. 제(齊)나라, 노(魯)나라의 성신(誠信)의 행위가 돈독한 많은
유생들도 모두 스스로 그와 견줄 수 없다는 것을 인정하였다.

　건원(建元) 2년, [12] 낭중령(郞中令) [13] 왕장(王臧) [14]은 유가의 학설을
숭배하였기에 하옥되었다. 황태후(皇太后) [15]는 유자(儒者)들은 겉모양만
치중하고 질박함이 부족하지만 지금 만석군의 일가는 말이 많지 않으면서
몸소 체험하고 실천할 수 있다고 여겼으므로 곧 그 맏아들인 석건을 낭중
령으로 삼았으며, 작은아들인 석경을 내사(內史) [16]에 임명하였다.

　석건은 연로하여 머리가 희었지만 만석군은 아직 건재하였으며 병이 없
었다. 석건은 낭중령이있지만 닷새마다 휴가를 얻어 집으로 돌아와 부친
을 뵈었다. 작은 방으로 들어가 몰래 시종에게 물어 부친의 속옷과 요강
을 꺼내어 친히 깨끗하게 세탁을 하고 씻은 후에 다시 시종에 건내주었는
데, 감히 이것을 만석군이 알지 못하도록 하였으며, 늘상 이와 같이 하였
다. 석건은 낭중령으로 말할 일이 있으면 사람을 물리치고 하고 싶은 말
을 다하였는데 말하는 것이 매우 간절하였다. 조정의 회견(會見) 때면 말
을 못하는 사람과 같았다. 이로 인해서 황상은 친히 그를 예우하였다.

　만석군은 능리(陵里) [17]로 거처를 옮겼다. 내사(內史)인 석경이 술에
취한 후 돌아왔는데, 외문(外門)을 들어와서도 수레에서 내리지 않았다.
만석군은 이러한 소식을 듣자 밥을 먹지 않았다. 석경은 두려워서 옷을
벗고 어깨를 드러내어 죄를 청하였으나 그래도 용서하지 않았다. 온 가족
과 형인 석건이 옷을 벗고 어깨를 드러내어 죄를 청하자 만석군은 책망하
며 말하였다. "내사는 지위가 높고 귀한 사람이므로 마을에 들어오면 마
을의 연로한 사람들이 모두 길을 피해서 숨으며, 그리고 내사는 수레에
앉아 자유자재로 행하는데 본래 그렇게 해야만 되는 것인가!" 이에 석경
에게 길을 피하도록 분부하였다. 이후에 석경과 모든 자식들은 마을 안으

---

12)　建元은 漢 武帝의 첫번째 연호(기원전 140-기원전 135년)로 建元 2년은 기원전
　　139년이다.
13)　郞中令 : 황제의 侍從, 警衛, 顧問 관원의 우두머리.
14)　王臧 : 蘭陵(지금의 山東省 蒼山縣 서남쪽) 사람. 유가학설을 숭배하고 도가학설
　　을 헐뜯었기 때문에 竇太后에게 죄를 지어 하옥되었으며 자살하였다.
15)　皇太后 : 竇太后.
16)　內史 : 京師를 다스리는 것을 관장하는 것으로 郡守에 해당한다.
17)　陵里 : 지금의 陝西省 興平縣.

로 들어서면 걸어서 집으로 들어왔다.

만석군은 원삭(元朔) 5년[18]에 세상을 떠났다. 큰아들 낭중령 석건은 통곡하며 눈물을 흘리면서 몹시 비통해하였으며, 손에 지팡이를 의지해야만이 비로소 걸을 수 있을 정도였다. 1년여 후에 석건 또한 세상을 떠났다. 자손들은 모두 효순하였지만 석건이 가장 뛰어났으며, 그는 만석군을 능가할 정도였다.

석건은 낭중령이 되어 상서(上書)하여 어떤 일에 대해서 주청하였는데, 그 일에 대한 황상의 회신이 내려왔다. 석건은 그것을 읽더니 "잘못 썼구나! '마(馬)' 자(字)는 아래에 꼬리를 표시한 획을 포함해 반드시 5획이 되어야 하는데[19] 지금 다만 네 획만 있고 한 획이 모자란다. 폐하께서 책망하시면 죽어야 한다!"라고 하면서 매우 두려워하였다. 그가 언행에 조심하는 것은 설령 다른 작은 일이라고 할지라도 모두 이와 같았다.

만석군의 작은아들인 석경은 태복(太僕)이었는데, 황제의 수레를 몰고 외출하게 되었을 때 황상은 수레 앞에 몇 마리의 말이 있냐고 물었다. 석경은 채찍으로 말의 수를 점검한 후 손을 들고 "여섯 필의 말이 있습니다"라고 대답하였다. 석경은 형제 가운데서 예절에 까다롭지 않아 가장 상대하기 편하였는데, 그러나 역시 형제들과 같았다. 석경은 제(齊)나라의 승상이 되었는데, 모든 제나라 사람들은 모두 그의 집안의 덕행을 앙모하였다. 명령을 내리지 않았는데도 제나라는 태평하였으며, 그를 위해서 석상사(石相祠)를 건립하였다.

원수(元狩) 원년(元年),[20] 황상은 태자를 세웠다. 신하들 가운데서 태자의 스승이 될 수 있는 사람을 뽑았는데, 석경이 패군(沛郡)[21] 태수(太守)에서 태자태부가 되었으며, 7년 후에는 어사대부(御史大夫)로 승진하였다.

원정(元鼎) 5년[22] 가을, 승상이 죄를 범하여 파면되었다.[23] 황상은 어

---

18) 元朔은 漢 武帝의 세번째 연호(기원전 128-기원전 123년)로 元朔 5년은 기원전 124년이다.

19) 당시 隸書 '馬'자는 아래에 다섯 획이 있어 마치 말의 꼬리와 네 발의 형상과 같았다.

20) 元狩는 漢 武帝의 네번째 연호(기원전 122-기원전 117년)이다.

21) 沛郡: 지금의 安徽省, 河南省, 江蘇省 경계 지역.

22) 元鼎은 漢 武帝의 다섯번째 연호(기원전 116-기원전 110년)로 元鼎 5년은 기원전 112년이다.

사에게 "선제께서는 만석군을 존중하셨으며, 그의 자손들 또한 모두 효성
스럽다. 어사대부 석경에게 승상을 맡게 하고 목구후(牧丘侯)에 봉한다"
라고 하는 조서(詔書)를 내렸다. 이때 한나라는 마침 남쪽으로는 양월
(兩越)²⁴⁾을 토벌하였고, 동쪽으로는 조선(朝鮮)을 공격하였으며, 북쪽으
로는 흉노(匈奴)를 추격하였으며, 서쪽으로는 대원(大宛)²⁵⁾을 정벌하였
으므로 나라에는 여러 가지 일이 많았다. 황상은 온 천하를 순시하였는
데, 상고(上古)의 신사(神祠)를 수리하여 복원하였고, 명산에 가서 천지
에 제사 지냈으며, 예악(禮樂)을 창제하였다. 국가의 재정이 곤란하여
상홍양(桑弘羊)²⁶⁾ 등은 재원을 찾아나섰으며, 왕온서(王溫舒)²⁷⁾ 등은 엄
격한 법률을 시행하였고, 아관(兒寬)²⁰⁾ 등은 문학을 추앙하였는데, 그들
의 관직은 구경(九卿)에 이르렀고, 더욱이 교대로 정권을 장악하였으며,
국가의 대사는 승상의 결정을 거치지 않았는데, 그것은 승상이 다만 충직
하고 언행에 신중할 뿐이었기 때문이다. 석경은 9년 동안 재직하였지만
잘못된 것을 고치게 할 만한 어떤 말을 하지 않았다. 그는 일찍이 황상의
근신(近臣)인 소충(所忠)²⁹⁾과 구경인 함선(咸宣)³⁰⁾의 죄행을 처벌할 것
을 간청하려고 하였으나 그들을 복죄(服罪)³¹⁾시키지도 못하고, 도리어
처벌을 받아 속죄한 일이 있었다.

　원봉(元封) 4년,³²⁾ 관동(關東)에 유민이 200만 명이나 되었는데, 그중
호적이 없는 사람이 40만 명이었다. 공경대신들은 서로 상의하여 유민들
을 변경 근처로 이주시킬 것을 주청하기로 하였으며, 이로써 그들을 폄척

23) 당시 丞相 趙周를 말하는 것이다.
24) 兩越 : 東越과 南越을 가리킨다.
25) 大宛 : 漢나라 때의 西域의 여러 나라 중의 하나. 권123 「大宛列傳」 참조.
26) 桑弘羊 : 洛陽 사람. 大司農, 御史大夫를 역임하였다. 重農抑商을 주장하였고 鹽
　　鐵酒類의 관영 전매를 제창하였다.
27) 王溫舒 : 陽陵(지금의 陝西省 高陵縣 서남쪽) 사람. 中尉, 少府를 역임하였으며,
　　酷吏로 유명하다.
28) 兒寬 : 千乘(지금의 山東省 高靑縣) 사람. 御史大夫를 역임하였고, 「太初曆」 제정
　　에 참여하였다.
29) 所忠 : 사람 이름으로 武帝의 近臣이었다.
30) 咸宣 : 楊縣(지금의 山西省 洪洞縣 동남쪽) 사람. 御史中丞, 左內史, 右扶風을 지
　　낸 유명한 酷吏이다.
31) 服罪 : 자기의 죄를 인정하는 것.
32) 元封은 漢 武帝의 여섯번째 연호(기원전 110-기원전 105년)로 元封 4년은 기원
　　전 107년이다.

668

(貶斥)하고자 하였다. 황상은 승상이 연로하고 언행에 신중하므로 이러한 논의에 참여할 수 없음을 알고 승상에게 휴가를 주어 집으로 돌아가도록 하였으며, 어사대부 이하를 의론에 참여시켜 주청하고자 한 것을 조사하였다. 승상은 직무를 수행할 수 없음에 부끄러움을 느껴 상서하여 "저는 총애를 받아 승상의 직무를 맡았으나, 재능이 부족하여 국가를 다스리는 데 도움을 줄 방법이 없습니다. 성곽 창고는 비었고, 백성은 유민이 많아졌으므로 그 죄는 마땅히 엄벌에 처해져야 합니다만 폐하께서는 차마 저를 처벌하시지 못하셨습니다. 청컨대 승상후(丞相侯) 인(印)을 반납하고 물러나 고향으로 돌아가기를 바라오며, 현명하고 유능한 사람에게 자리를 양보하기를 원합니다"라고 하였다. 이에 황상은 "양식 창고는 이미 비어 있고, 백성은 빈곤하여 많은 유민이 있는데, 그대는 그들을 변경으로 이주시키를 원하였소. 나라는 동요되어 안정되지 못하고 인심은 불안한데 그대가 직위를 사임하고자 한다면 그대는 어려운 국면을 누구에게 맡기기를 원한다는 것이오?"라고 하였다. 이렇게 조서로써 석경을 책망하자 석경은 매우 부끄러움을 느꼈으며 곧 조정에 나아가 공무를 처리하였다.

석경은 법률 조문에 대해서는 세세하게 파고들어 주도면밀하고 신중하였지만, 어떤 원대한 모략으로 백성들을 위해서 말을 하지는 못하였다. 그후 3년여가 지난 태초(太初) 2년[33]에 승상 석경은 세상을 떠났는데, 염후(恬侯)라는 시호가 내려졌다. 석경의 둘째 아들은 석덕(石德)이었는데, 석경은 그를 몹시 좋아하였다. 황상은 석덕을 석경의 계승인으로 삼아 후작(侯爵)을 잇게 하였다. 이후 그는 태상(太常)이 되었으나, 법을 어겨서 참형에 처해져야만 하였지만 벌금을 내고 감형되어 평민이 되었다. 석경이 승상으로 있었을 때 모든 자손들은 관리가 되었는데, 2,000석급에 해당하는 사람이 13명이나 되었다. 석경이 세상을 떠나자 어떤 사람은 점차적으로 죄를 범하여 관직에서 물러났고, 효성스럽고 언행에 신중하던 가풍은 갈수록 퇴락하였다.

건릉후(建陵侯)[34] 위관(衛綰)은 대(代)[35]의 대릉(大陵)[36] 사람이다.

---

33) 太初는 漢 武帝의 일곱번째 연호(기원전 104-기원전 101년)로 太初 2년은 기원전 103년이다.
34) 建陵은 지금의 江蘇省 新沂縣 남쪽이다.

위관은 수레 위에서 하는 곡예로써 낭관(郎官)이 되었으며, 문제를 섬기었다. 계속하여 공을 세워 중랑장(中郎將)³⁷⁾으로 승진하였는데, 사람됨이 충후(忠厚)하고 언행에 신중하였지만 다른 재능은 없었다. 효경제(孝景帝)가 태자였을 때 황상의 좌우의 신하들을 불러 술을 마셨지만 위관은 병이 났다는 구실로 가지 않았다. 문제가 임종할 때에 경제에게 부탁하여 말하였다. "위관은 충후한 사람이므로 그를 잘 대우해주기를 바란다."문제가 붕어하자 경제가 즉위하였다. 경제는 1년여 동안 위관을 책망하지 않았으며 위관은 계속 근무에 신중을 기하였다.

경제가 어가를 몰아 상림원(上林苑)에 행차하였는데, 중랑장에게 함께 동승하도록 명하였다. 돌아올 때에 "그대는 함께 동승하였던 까닭을 아는가?"라고 물었다. 위관은 "저는 거사(車士)에서 총애를 받아 공적 순서에 의거하여 중랑장이 되었기에 이러한 도리를 알지 못하옵니다"라고 하였다. 황상은 물었다. "내가 태자였을 때 그대를 오라고 불렀지만 그대는 오지 않았는데 무슨 까닭이었는가?" 대답하여 말하였다. "죽을 죄를 지었습니다. 사실 병이 났었습니다." 황상이 그에게 보검을 하사하자 위관은 "선제께서 저에게 하사하신 보검이 이미 여섯 자루나 되는데 또 검을 하사하시면 감히 받을 수 없습니다"라고 하였다. 황상이 "보검은 사람들이 가장 좋아하는 것으로 교환도 할 수 있고 매매도 할 수 있는데 설마 아직까지 그대로 남아 있다는 말은 아니겠지?"라고 하였다. 위관이 말하였다. "모두 아직까지 남아 있습니다." 황상은 그에게 그 여섯 자루의 보검을 가져오도록 하였으나, 보검은 역시 아직 칼집에 있었고 사용하지 않은 채 그대로였다. 낭관들에게 잘못이 있으면 그는 늘상 그 죄책을 자신이 감당하였으며, 다른 중랑장과 논쟁을 벌이지 않았다. 또 공로가 있으면 다른 중랑장에게 양보하였다. 황상은 그가 청렴하고 충실하면서 다른 나쁜 생각이 없는 것을 알고 마침내 위관이 하간왕(河間王)³⁸⁾의 태부(太傅)를 담당하도록 하였다. 오, 초 등이 반란을 일으켰을 때 황상은 위관을 장군이 되게 하여 하간부대(河間部隊)를 이끌고 오와 초를 공격하도록

---

35) 代 : 군 이름. 지금의 河北省 서북부, 山西省 동북부 지역.
36) 大陵 : 지금의 山西省 文水縣 동북쪽.
37) 中郎將 : 황제의 侍衛를 통솔한다.
38) 河間은 봉국 이름이다. 지금의 河北省 중남부.

명하였는데, 공로가 있자 그를 중위(中尉)³⁹)에 임명하였다. 3년 후, 군공을 세워서 경제(景帝) 전원(前元) 6년에 위관은 건릉후(建陵侯)에 봉해졌다.

그 다음해 황상은 태자(太子)⁴⁰)를 폐출시켰고 율경(栗卿)⁴¹) 등을 주살하였다. 황상은 위관이 충후한 사람이고 박정하지 못한 사람임을 알고 그에게 휴가를 주어 집으로 돌아가도록 하였고, 질도(郅都)⁴²)를 보내 율가(栗家)를 체포 처벌하도록 하였다. 이미 처리가 다 끝나자 황상은 교동왕(膠東王)⁴³)을 태자로 세웠으며, 위관을 불러들여 태자태부로 삼았다. 많은 세월이 지나 그는 어사대부로 승진하였다. 5년 후, 도후(桃侯) 유사(劉舍)를 대신하여 승상이 되었다. 조정에서는 정무(政務)를 보고하고 법규에 따라 일을 처리하였다. 처음 관리가 되어 승상에 이르기까지 어떤 계획 따위를 제안하는 것이 없었다. 황상은 그가 성실하고 관대하여서 어린 군주를 잘 보좌할 수 있다고 여겨 그를 존중하고 총애하였으며, 많은 물건을 하사하였다.

승상이 된 지 3년 후, 경제가 서거하였으며 무제(武帝)가 즉위하였다. 건원(建元) 연간에는 경제가 병이 났을 때 각 관서의 범죄자들이 무고하게 죄를 받아 연루된 자가 많았다는 이유로 위관은 승상의 직무를 감당해 낼 수 없다고 인정되어 면직당하였다. 그후 위관은 세상을 떠났으며, 아들인 위신(衛信)이 후작(侯爵)을 계승하였다. 신은 주금(酎金)⁴⁴)이 규정에 맞지 않았기 때문에 후작을 상실하였다.

새후(塞侯)⁴⁵) 직불의(直不疑)는 남양(南陽) 사람으로 낭관(郎官)을 지냈으며, 문제를 섬겼다. 그와 같이 방을 쓰던 사람이 휴가를 얻어 집으로

---

39) 中尉 : 京師의 치안을 관장하였다.
40) 劉榮을 말한다. 景帝의 맏아들이며 栗姬의 소생이다. 景帝 前元 4년 皇太子가 되었으나 中元 원년에 폐출되었다.
41) 栗卿 : 栗太子의 외삼촌.
42) 郅都 : 河東 大陽(지금의 山西省 平陸縣 동북쪽) 사람. 中郎將, 郡太守, 中尉 등을 역임하였다. 直諫을 잘하였다.
43) 膠東王 : 漢 武帝 劉徹을 가리킨다. 景帝의 둘째 아들.
44) 酎金 : 漢代에 황제가 宗廟에 제사 지낼 때 제후가 제사를 돕기 위하여 바치는 헌금.
45) 塞는 지명으로, 즉 桃林塞를 가리킨다. 지금의 河南省 靈寶縣 서쪽 지역 및 陝西省 華縣 동쪽 지역의 潼關 일대이다.

돌아갔는데, 같은 방을 쓰던 다른 낭관의 황금을 가지고 갔다. 얼마 되지 않아 금 주인이 금을 잃어버린 것을 알게 되었고, 그는 직불의가 훔쳐간 것으로 함부로 의심하였다. 직불의는 이 일에 대해서 사죄를 하고 황금을 사서 그에게 돌려주었다. 그후 휴가를 얻어 집으로 돌아갔던 사람이 돌아왔으며, 잃어버렸던 금을 가지고 와 돌려주자 그 금을 잃어버렸던 낭관은 몹시 부끄러움을 느꼈다. 이로 인해서 그는 '장자(長者)'⁴⁶⁾라는 칭송을 받았다. 문제는 인재를 선발하였으며, 그는 점차 태중대부(太中大夫)로 승진하였다. 조정에서 황제를 배알할 때 어떤 사람이 "직불의는 용모가 매우 뛰어나지만, 그는 공교롭게 형수와 사통을 잘하니, 그를 어떻게 처리해야 할지……"라고 비방하였다. 직불의는 이러한 말을 듣자 "나는 형이 없는데……"라고 말하였다. 그러나 끝내 스스로 밝혀내지 않았다.

　오, 초 등의 나라가 반란을 일으켰을 때 직불의는 2,000석에 해당하는 관원의 신분으로 군대를 이끌고 그들을 공격하였다. 경제 후원(後元) 원년(元年),⁴⁷⁾ 그는 어사대부에 임명되었다. 황상은 오, 초의 반란 때의 공로를 표창하여 직불의를 새후(塞侯)에 봉하였다. 무제(武帝) 건원(建元) 연간에는 승상 위관과 함께 과실 때문에 관직을 박탈당하였다.

　직불의는『노자(老子)』⁴⁸⁾를 공부하였다. 그는 직책에 임하여 일을 처리할 때 다른 관리와 같이 하였다. 다만 그는 다른 사람이 그가 관리로서의 치적을 알게 될 것을 두려워하였다. 그는 명성을 세우는 것을 좋아하지 않았는데 사람들은 그를 장자(長者)라고 칭송하였다. 직불의가 세상을 떠나자, 그의 아들 직상여(直相如)가 이어서 후작(侯爵)을 계승하였다. 손자 직망(直望)은 주금(酎金)이 규정에 맞지 않았기 때문에 후작을 상실하였다.

　낭중령(郎中令) 주문(周文)의 이름은 인(仁)이며, 그의 선조는 원래 임성(任城)⁴⁹⁾ 사람이었다. 의술로 인해서 황상을 알현하였다. 경제가 태자였을 때 그는 사인(舍人)⁵⁰⁾에 임명되었으며, 공로를 쌓아 점차로 승진

46)　長者 : 덕망이 있는 사람.
47)　기원전 144년을 말한다.
48)　『老子』:『道德經』이라고도 한다. 道家의 주요 경전.
49)　任城 : 지금의 山東省 濟寧市 동남쪽.
50)　舍人 : 侍從.

하여 효문제 (孝文帝) 때에는 태중대부가 되었다. 경제가 막 즉위하자 주인 (周仁)을 낭중령에 임명하였다.

주인 (周仁)은 사람됨이 주의깊고 세심하며 신중하여 다른 사람의 말을 누설하지 않았다. 그는 항상 낡아서 기운 옷을 입거나 오줌으로 찌든 속옷을 입었으며, 늘상[51] 청결하게 하려고 하지 않았다. 이 때문에 경제의 총애를 받았다. 경제가 침실에 들어가 후궁 (後宮)에서 비밀리 회롱할 때 주인은 항상 그 곁에 있었다. 경제가 붕어할 때까지 주인은 낭중령이었으나 끝내 말하는 바가 없었다. 황상이 때로 다른 사람의 좋고 나쁨에 대해서 물으면 주인은 "폐하께서 친히 그를 살피시옵소서"라고 하여 남을 헐뜯으려고 하지 않았다. 이와 같기 때문에 경제는 두 번이나 친히 그의 집에 왕림하였다. 후에 양릉 (陽陵)[52]으로 집을 옮겼다. 황상이 하사한 물건이 매우 많았으나 항상 사양하며 감히 받으려고 하지 않았다. 그는 제후와 군신들이 보내주는 물건 또한 끝내 어떤 것도 받아들이지 않았다.

무제는 즉위한 후에 그가 선제의 신하임을 알고 그를 존중하였다. 주인은 마침내 병으로 면직하였으며, 2,000석의 봉록으로 고향에 돌아가 노후를 보냈다. 자손들은 모두 대관 (大官)에 이르렀다.

어사대부 (御史大夫) 장숙 (張叔)은 이름이 구 (歐)이고, 안구후 (安丘侯) 장열 (張說)[53]의 서자 (庶子)이다. 효문제 때에 형명학 (刑名學)[54]을 연구한 것을 계기로 태자를 섬기게 되었다. 그러나 장구 (張歐)는 비록 형명가 (刑名家)를 연구하였을지라도 그의 사람됨은 오히려 충후한 장자 (長者)였다. 경제 때에 존중히 여겨져서 일찍이 구경 (九卿)이 되었다. 무제 원삭 (元朔) 4년에 이르러 한안국 (韓安國)이 면직되자 황상은 조서를 내려서 장구를 어사대부로 등용하였다. 장구는 관리가 된 뒤로부터 남을 처벌해야 된다는 말을 하지 않았으며, 오로지 성실하고 충후한 태도로서 관직에 임하였다. 그러므로 속관들이 모두 그를 덕망이 깊은 사람이라고 하였으며, 또한 감히 그를 크게 속이지 않았다. 속관이 이미 다 판결한 옥안

---

51) 원문에 나오는 "期"는 '常'의 뜻이다.
52) 陽陵：지금의 陝西省 高陵縣 서남쪽.
53) 張說：漢나라 초기에 軍功으로 安丘侯에 봉해졌다.
54) 刑名은 전국시대 때 法家의 한 파이다. 申不害를 대표로 한다.

(獄案)을 올렸을 때, 되돌려 보내서 다시 심리할 만한 것이 있으면 반송하고, 반송할 수 없는 것은 부득이 허락하였으나, 눈물을 흘리며 그것을 바라보면서 밀봉하였다. 그가 사람을 사랑함은 바로 이와 같았다.

장구는 늙어 병이 위독하자 면직을 청하였다. 이리하여 특별히 면직을 허락한다는 책(策)[55]을 내렸으며, 상대부(上大夫)[56]의 봉록으로 집으로 돌아가 노후를 보내게 하였다. 그의 집은 양릉(陽陵)에 있었으며, 자손들은 모두 다 대관(大官)에 이르렀다.

태사공은 말하였다.

"공자(孔子)는 일찍이 '군자(君子)는 말을 하는 데에는 어눌해야만 하고, 행동하는 데에는 민첩해야만 한다'[57]라고 하였다. 그것은 만석군(萬石君), 건릉후(建陵侯), 장숙(張叔)과 같은 이들을 이르는 말이 아니겠는가? 이로 인해 그들의 교화(敎化)는 성급하거나 모질지 않았지만 이루어질 수 있었으며, 정치 또한 엄격하지 않았지만 다스려질 수 있었던 것이다. 새후(塞侯)는 정교하고 교묘하며, 주문(周文)은 아첨에 빠졌다. 군자는 그들을 비웃었는데, 그것은 그들의 작풍(作風)이 간교하고 아첨에 가깝기 때문이었다. 그러나 그들은 행위가 돈후한 군자라고 말할 수 있는 것이로다!"

---

55) 策 : 天子가 수여하는 사령장으로 신하에 대하여 토지를 봉하거나 벌을 내리고 관직을 면한다는 말을 기록한 簡冊이다.
56) 上大夫 : 周나라에서는 卿 아래 大夫가 있는데 상, 중, 하 셋으로 나뉘었다. 漢나라에서는 九卿 다음의 官階이다.
57) 『論語』권4「里仁」제24章 참조.

권104「전숙열전(田叔列傳)」제44

전숙(田叔)은 조(趙)나라 형성(陘城)[1] 사람이다. 그의 선조는 제(齊)나라 전씨(田氏)[2]의 후예이다. 전숙은 격검(擊劍)을 좋아하였으며, 악거공(樂巨公)[3]에게서 황로(黃老)의 무위(無爲)의 학술을 배웠다. 전숙은 사람됨이 엄격하고 단정하였고, 세속에 물들지 않고 자신을 지켰으며, 연로하고 덕망이 있는 사람들과 교제하고 내왕하는 것을 즐겁게 여겼다. 조나라 사람은 그를 승상(丞相) 조오(趙午)에게 추천하였는데, 조오는 조나라 왕 장오(張敖)[4]에게 보고하였으며, 조나라 왕은 그를 낭중(郎中)[5]에 임명하였다. 그가 몇년간 일을 하였는데 성실하고 정직하였으며 청렴결백하였다. 조나라 왕은 그가 덕망이 있고 재능이 있다고 생각하였지만 관직을 승진시켜주지는 않았다.

마침 진희(陳豨)[6]가 대(代)[7]나라에서 반란을 일으켰는데 한(漢) 7년에 고조(高祖)가 토벌하러 갈 때, 조나라를 지나가게 되었다. 조나라 왕 장오는 친히 쟁반을 받들고 음식을 바치었는데, 예절이 매우 공경스러웠다. 고조는 오히려 다리를 뻗고 앉아 그를 욕하였다. 이때 조나라 승상

---

1) 陘城:苦陘縣(지금의 河北省 無極縣 동북쪽)을 말한다.
2) 춘추시대 때 陳나라 公子인 完이 화를 피해서 齊나라를 버리고 田氏라고 하였다. 周 安王 11년(기원전 391년) 그의 10세손인 田和가 姜氏를 대신하여 齊나라를 통치하였는데, 그 지역은 지금의 山東省 북부와 중부를 포함하는 것으로, 戰國七雄의 하나가 되었다. 秦 始皇 26년(기원전 221년) 田完의 16세손인 齊王 田建이 秦나라에 포로가 되어 나라는 멸망하였다. 권46「田敬仲完世家」참조.
3) 樂巨公:本燕 사람. 樂毅의 후예.
4) 張敖(?-기원전 182년):趙王 張耳의 아들. 劉邦의 장녀 魯元公主의 남편. 張耳가 죽자 그를 趙王으로 세웠다.
5) 郎中:전국시대 때 시작된 것으로 漢나라 초기에 중앙과 지방 왕국에 모두 설치하였다.
6) 陳豨:劉邦의 將領으로 趙나라의 丞相에 임명되었다. 漢 10년(기원전 197년) 代나라에서 반란을 일으켜 代王이 되었으며, 漢 12년 전쟁터에서 피살되었다.
7) 代:漢나라 초기의 왕국. 지금의 山西省 동북부와 河北省 蔚縣 및 懷安 등을 포괄한다.

조오 등 수십명은 모두 분노하였으며, 조나라 왕 장오에게 말하였다. "왕께서는 예절을 갖추셔서 황상을 받드셨습니다. 지금 황상께서 이와 같이 왕을 대하신다면 신 등은 왕께서 저희들이 반란을 일으키는 것을 허락해 주실 것을 간청합니다." 조나라 왕은 자신의 손가락을 깨물어 피를 흘리면서 말하였다. "선인(先人)[8]께서 나라를 잃으셨을 때[9] 만약 폐하가 아니었다면, 우리들의 시체에는 구더기가 생겼을 것이오. 공들께서는 어떻게 이와 같은 말을 하는 것이오! 다시는 이와 같은 말을 하지 마시오!" 그러자 관고(貫高)[10] 등은 "왕께서는 덕망이 있는 분이시니 은덕을 배반해서는 안 될 것이오"라고 하였다. 마침내 몰래 황상을 모살(謀殺)하기로 서로 상의하였다. 그러나 공교롭게도 일은 발각되었고, 한나라는 조나라 왕과 군신들 중 반란을 꾀한 사람들을 모두 체포하라고 조서를 내렸다. 이리하여 조오 등은 모두 자살하였으며, 다만 관고만이 체포되었다. 이때 한나라에서는 "조나라에서 만약 감히 조나라 왕을 따르는 사람이 있으면, 그의 삼족(三族)을 멸하겠다"라는 조서를 내렸다. 오직 맹서(孟舒), 전숙(田叔) 등 10여 명만이 적갈색의 수의(囚衣)를 입고서 스스로 머리를 깎고 쇠칼을 차고 조나라 왕의 가노(家奴)로 가장하여 조나라 왕을 따라서 장안(長安)에 이르렀다. 관고의 모반은 조나라 왕과는 무관한 것이 분명하게 밝혀져 조나라 왕 장오는 석방되어 나왔으며, 왕에서 폐위당하여 선평후(宣平侯)[11]가 되었다. 그리고 나서 장오는 전숙 등 10여 명을 추천하고 칭찬하였다. 황상은 그들을 모두 소견(召見)하였으며 그들과 이야기를 나누었는데, 당시 조정 신하들로서 그들을 능가할 수 있는 사람들이 없었다. 황상은 기뻐하였으며, 그들을 모두 군수(郡守)[12]나 제후왕(諸侯王)[13]의 승상으로 임명하였다. 전숙이 한중(漢中)[14] 군수가 된 지

---

8) 先人 : 張敖가 죽은 아버지 張耳를 스스로 일컫는 말이다.
9) 漢 원년(기원전 206년) 張耳는 項羽를 따라 入關하였는데, 項羽는 趙나라의 땅을 주어 그를 常山王으로 삼았다. 다음해 陳餘의 습격을 당해서 나라를 잃고 劉邦에게 투항하였다. 또 다음해 韓信과 趙나라를 격파하였으며, 陳餘와 趙王 歇을 참하였으며, 劉邦은 張耳를 趙王으로 삼았다. 권89 「張耳陳餘列傳」참조.
10) 貫高 : 趙나라의 丞相. 劉邦의 암살을 꾀하였으나 이루지 못하였다. 음모가 발각되어 혹형을 받았으며, 이 사건이 張敖와는 무관하다는 것을 증명하였다. 張敖가 풀려난 후 자살하였다.
11) 宣平은 지명으로 그 위치는 알 수 없다.
12) 郡守 : 郡政을 관할하였다. 후에 '太守'로 바뀌었다.
13) 諸侯王 : 漢나라 때에는 비록 이름은 왕일지라도 사실은 제후와 같았다.

10여 년 뒤에 고후(高后)가 붕어하고 여씨들이 반란을 일으키자 대신들은 그들을 살해한 후에 효문제(孝文帝)를 옹립하였다.

효문제는 즉위한 뒤 전숙을 불러들여 물었다. "그대는 천하에 어떤 장자(長者)[15]가 있다는 것을 아는가?" 전숙이 대답하여 말하였다. "신이 어떻게 그것을 알겠습니까?" 황상이 말하였다. "그대는 장자이니 응당 알아야 하오." 전숙이 머리를 조아리며 말하였다. "전임(前任) 운중(雲中)[16] 군수 맹서(孟舒)가 장자이옵니다." 이때에 맹서는 흉노(匈奴)가 대규모로 장성(長城)을 침입하여 약탈하였을 때 운중은 약탈당하는 정도가 더욱 심하였기에 그 죄로 인하여 관직을 해임당한 상태였다. 황상이 말하였다. "선세께서 맹서를 운중 군수로 임명하신 것이 10여 년이나 되었소. 흉노가 한 번 침입하였는데 맹서는 견고하게 지키지 못하였으며, 까닭 없이 병사들을 몇백명이나 잃었는데, 장자가 어째서 살인을 하였다는 말인가? 그대는 무엇에 근거하여 맹서가 장자라고 말하는가?" 전숙이 머리를 조아리며 대답하여 말하였다. "이것은 바로 맹서가 장자라고 불리는 까닭입니다. 관고 등이 모반을 하였을 때 황상께서는 조나라에서 만약 어떤 사람이라도 감히 조나라 왕을 따르는 사람은 삼족을 멸하겠다는 매우 분명한 조서를 내리셨습니다. 그러나 맹서는 스스로 삭발을 하고 목에 칼을 차고 조나라 왕 장오를 따라서 조나라 왕이 가는 어떠한 곳이라도 가서 자신의 몸으로 그를 위해서 사력을 다하여 돌보려고 하였는데, 어찌 자신이 장차 운중 군수에 임명될 줄 알았겠습니까? 한나라와 초나라가 서로 대항할 때[17] 병사들은 피로하고 고통스러웠습니다. 흉노의 묵돌(冒頓)[18]이 막 북이(北夷)를 정복하였고,[19] 우리나라 변경으로 와서 해를 입혔습니다. 맹서는 병사들이 피로하고 고통스러워하는 것을 알고 차마 나가서 싸우라는 말을 하지 못하였습니다. 그러나 병사들은 다투어서 성으로 올라가 목숨을 걸고 싸움을 하였는데, 마치 아들이 아버지를

---

14) 漢中 : 군 이름. 지금의 陝西省 秦嶺 이남과 湖北省 서북부 지역에 해당한다.
15) 長者 : 연로하고 덕망이 있는 사람.
16) 雲中 : 지금의 내몽고 자치구 托克托 일대.
17) 漢王 劉邦과 西楚霸王 項羽가 오랫동안 전쟁을 한 것을 말한다.
18) 冒頓(?-기원전 174년) : 匈奴의 單于. 秦 2세 원년 아비 頭曼을 살해하고 자립하였다.
19) 冒頓이 渾庾, 屈射, 丁零, 鬲昆, 薪犁 등 다섯 나라를 정복한 것을 말한다. 이들 다섯 나라가 匈奴의 북쪽에 있으므로, '北夷'라고 한다.

돕는 것과 같았고 동생이 형을 돕는 것과 같았습니다. 이러한 이유 때문에 전사한 병사가 수백명이나 되었던 것입니다. 맹서가 어찌 고의로 병사들에게 나가서 싸우라고 할 마음이 있었겠습니까? 이것이 바로 맹서가 장자라고 불리는 까닭입니다." 그러자 황상이 말하였다. "맹서는 현재(賢才)로다!" 그리고는 다시 맹서를 불러들였으며 그를 운중 군수에 임명하였다.

몇년 후 전숙은 법을 어겼으므로 관직을 잃었다. 양 효왕(梁孝王)[20]이 자객을 보내 이전에 오(吳)나라의 승상이었던 원앙(袁盎)[21]을 살해하였는데, 경제(景帝)는 전숙을 불러들여 양(梁)나라로 가서 사건을 조사하도록 하였다. 전숙은 사실을 조사하여 모든 내막을 알고 돌아와 보고하였다. 경제가 말하였다. "양왕에게 그러한 일이 있었는가?" 전숙이 대답하였다. "신이 죽을 죄를 지었습니다! 그러한 일이 있었습니다." 황상이 말하였다. "그 죄의 증거는 어디에 있소?" 전숙이 말하였다. "황상께서는 양왕의 일을 지나치게 추궁하지 마시옵소서." 경제가 말하였다. "무슨 까닭이오?" 전숙이 말하였다. "지금 만약 양왕이 처형당하지 않는다면 한나라의 법률은 폐기되어 시행되지 않는 것이 될 것입니다. 그러나 만약 그가 처형된다면 태후(太后)[22]께서는 음식을 잡수셔도 맛이 없을 것이며 잠도 편안하게 이루지 못하실 것입니다. 이와 같다면 근심은 폐하에게도 있게 되는 것입니다." 경제는 그가 매우 현명하다고 생각하여, 그를 노(魯)나라의 승상에 임명하였다.

노나라의 승상이 되어 막 부임을 하였는데, 백성들이 자발적으로 승상에게 노나라 왕[23]이 그들의 재물을 탈취해갔다고 제소하는 사람이 100여 명이나 되었다. 전숙은 그들의 우두머리 20여 명을 붙잡아 각각에게 태형(笞刑) 50대씩을 내렸으며, 나머지 사람들에게는 손바닥을 20대씩 때렸

---

20) 梁 孝王(?-기원전 144년) : 劉武. 漢 武帝 劉恒의 아들. 景帝의 동생. 문학을 애호한 것으로 유명하다.

21) 袁盎(?-기원전 148년) : 楚나라 사람. 후에 安陵(지금의 陝西省 咸陽市 동북쪽)으로 옮겨가 살았다. 齊나라, 吳나라, 楚나라의 相을 역임하였다. 병이 들어 면직하고 집에 돌아와 거하였는데, 梁 孝王이 형의 자리를 계승하는 것을 반대하다가 梁孝王에게 원한을 사서 梁 孝王이 보낸 사람에게 살해당하였다. 권101 「袁盎晁錯列傳」 참조.

22) 太后 : 景帝의 어머니 竇氏를 말한다.

23) 景帝의 아들인 劉餘를 말한다.

으며, 그리고 나서 그들에게 화를 내며 말하였다. "노나라 왕은 그대들의 군주가 아니던가? 어떤 것에 의거하여 감히 그대들의 군주를 비방하는가!" 노나라 왕은 이를 듣고 매우 부끄러움을 느꼈으며, 중부(中府)[24]의 돈을 꺼내어 승상이 그들에게 돌려주도록 하였다. 승상이 말하였다. "왕께서 스스로 탈취해오시고 저에게 그것을 돌려주라고 하신다면 왕께서는 나쁜 일을 하시고 저는 좋은 일을 하는 것이 됩니다. 저는 돌려주는 일에 관여하지 않을 것입니다." 이리하여 노나라 왕은 곧 있는 대로 다 그들에게 돌려주었다.

노나라 왕은 사냥을 좋아하였다. 승상은 늘상 왕을 수행하여 사냥터[25]에 따라갔는데, 노나라 왕은 언제나 승상에게 관사(館舍)에 가서 쉬라고 하였다. 승상은 사냥터를 둘러싼 담을 걸어나와 햇볕이 내리쬐는 곳에 앉아서 노나라 왕을 기다렸다. 노나라 왕은 여러 차례 사람을 보내 그가 가서 쉬도록 하였으나 그는 시종 쉬려고 하지 않았으며, "우리들 왕께서 사냥터 안의 햇볕 아래 계시는데, 내가 어떻게 혼자 관사에 가서 쉬겠는가!"라고 말하였다. 노나라 왕은 이러한 이유 때문에 비로소 지나치게 밖으로 나가 사냥을 하지 않게 되었다.

몇년이 지나 전숙은 재임중에 죽었는데, 노나라 왕은 100근의 황금을 주어 제례(祭禮) 비용으로 쓰게 하였다. 작은아들인 전인(田仁)은 이것을 받으려 하지 않으며 "100근의 황금 때문에 선친의 청렴결백한 명예를 손상시킬 수 없습니다"라고 하였다.

전인은 신체가 건장하고 힘이 세었기 때문에 위장군(衞將軍)[26]의 가신이 되었으며, 여러 차례 그를 따라서 흉노를 공격하였다. 위장군은 황상에게 전인을 추천하였으며, 전인은 낭중(郎中)이 되었다. 몇년 후 그는 2,000석급(二千石級)[27]의 승상 장사(長史)[28]가 되었다가 관직을 잃게 되

---

24) 中府 : 통치자가 재물을 거두어 보관하는 곳.

25) 본문에는 "苑中"이라고 되어 있는데, 이는 초목과 금수를 길러 수렵을 하기에 편하도록 한 園林을 말하는 것으로 담이 둘러쳐져 있었다.

26) 衞將軍 : 衞靑(?-기원전 105년)을 가리킨다. 字는 仲卿이다. 河東 平陽(지금의 山西省 臨汾市 서남쪽) 사람. 衞皇后의 동생. 본래는 平陽公主의 家奴였으나 漢 武帝에게 등용되어 大將軍이 되었으며, 長平侯에 봉해졌다.

27) 秦漢 官階의 고저는 통상 봉록의 다소에 의해서 결정되는데, 2,000石으로부터 점차 줄어들어 100石까지 있었다. 漢代 관리의 봉록의 등급에서 九卿, 郎將, 郡守는 모두 2,000石에 해당한다.

었다. 그후 황제는 그에게 삼하(三河)²⁹⁾를 은밀히 조사하여 죄인을 검거하도록 하였다. 황상이 동쪽을 순시하자 전인은 사건에는 논단할 진술이 있다고 보고하여 황상은 기뻐하며 그를 경보도위(京輔都尉)³⁰⁾에 임명하였다. 한 달 후 황상은 그를 사직(司直)³¹⁾으로 승진시켰다. 몇년이 지나서 그는 태자의 사건에 연루되어 죄를 지었다. 당시에 좌승상(左丞相)³²⁾이 친히 군대를 이끌고 사직 전인에게 성문을 굳게 닫고 지키라고 명령을 하였으나 태자를 놓아주는 죄를 범하였으므로,³³⁾ 그는 법관에 넘겨져 사형에 처해지게 되었다. 전인이 병사를 이끌고 장릉(長陵)³⁴⁾에 이르렀는데, 장릉령(長陵令) 차천추(車千秋)³⁵⁾는 전인이 반란을 꾀하려 한다고 위에 보고하여 전인은 온 가족이 사형에 처해져 멸족되었다. 형성(陘城)은 지금의 중산국(中山國)³⁶⁾에 있었다.

태사공은 말하였다.

"공자(孔子)가 '한 나라에 거하면 반드시 그 나라의 정사(政事)를 듣는다'³⁷⁾라고 하였는데, 이 말은 바로 전숙(田叔)을 두고 한 말이라고 할 수 있다! 그는 정사를 논함에 현인(賢人)³⁸⁾을 추천하는 것을 잊지 않았으

---

28) 長史 : 丞相府 속관의 장관.
29) 三河 : 河南郡(지금의 河南省 洛陽市 동북쪽), 河內郡(지금의 河南省 武陟縣 서남쪽), 河東郡(지금의 山西省 夏縣 서북쪽)을 가리킨다.
30) 京輔都尉 : 漢나라 때 설치한 것으로 京都의 치안을 담당하였다.
31) 司直 : 丞相을 보좌하였다.
32) 左丞相 : 漢代에 左右 丞相을 두었는데 이는 최고 행정장관이다. 右丞相이 左丞相의 위이다.
33) 元狩 원년(기원전 122년)에 漢 武帝는 아들 劉據를 태자로 세웠다. 征和 2년(기원전 91년) 劉據는 江充에게 모함을 받아 군대를 일으켜 江充을 살해하였으며, 丞相 劉屈氂 등과 長安에서 싸움을 벌였는데, 패하여 성문을 통해 달아났다. 머지 않아 그는 병사들에게 포위당해 체포되었으며 자살하였다. 후에 諡이 戾太子가 되었다.
34) 長陵 : 옛 현 이름. 漢 高祖 12년(기원전 195년)에 능을 축조하여 현을 설치하였다. 지금의 陝西省 咸陽市 동북쪽으로 이곳에 劉邦을 장사 지냈다.
35) 車千秋 : 본성은 田氏이다. 조상은 齊나라 田完의 후대인데 漢나라 초기에 長陵으로 옮겨왔다.
36) 中山國 : 漢나라 초기의 왕국. 지금의 河北省 滿城, 唐縣, 新樂, 無極, 蠡縣 등을 포괄한다.
37) 『論語』「學而」편에 "子禽이 子貢에게 묻기를, 夫子께서 이 나라에 이르시어 반드시 그 정사를 들으시니, 스스로 구하신 것입니까? 아니면 저편의 요청에 의한 것입니까? (子禽問于子貢曰, 夫子至于是邦也, 必聞其政, 求之與, 抑與之與)라고 되어 있다.

며, 잘못을 고치게 하는 방법으로 군주(君主)³⁹⁾의 미정(美政)을 나타내었다. 전인(田仁)은 나와 친하기 때문에 나는 그를 함께 논하였다."

저선생(褚先生)⁴⁰⁾은 말하였다

"내가 낭(郎)이었을 때 전인(田仁)은 이전에 임안(任安)과 서로 친하였다고 들었다. 임안은 형양(榮陽)⁴¹⁾ 사람이다. 그는 어렸을 때 고아가 되었으므로 생활이 빈곤하였으며, 다른 사람을 위해서 수레를 끌다가 장안(長安)에 이르렀다. 그곳에 머물면서 일을 찾아 하급 관리라도 되고자 하였지만 기회가 닿지 않았다. 각자 기록된 호적에 근거함에 따라 그는 무공(武功)⁴²⁾으로 옮겨 가 살았다. 무공은 부풍(扶風)⁴³⁾ 서쪽에 있는 작은 현으로 산골짜기 입구에는 촉군(蜀郡)으로 통하는 잔도(棧道)⁴⁴⁾가 산간지대에 맞물려 있다. 임안은 무공이 작은 읍(邑)이므로 호족이나 호걸들이 없기에 지위가 쉽게 오를 수 있을 것이라고 생각하였으므로 그곳에 머물렀다. 그는 다른 사람들을 위해서 구도(求盜)⁴⁵⁾가 되고 정부(亭父)⁴⁶⁾가 되었다. 나중에는 정장(亭長)⁴⁷⁾이 되었다. 읍의 사람들이 모두 나와서 사냥을 하였으며, 임안은 항상 사람들을 위하여 사슴, 꿩, 토끼 등을 나누어주었는데, 노인들 그리고 아이들과 장정들을 혹은 어렵고 혹은 쉬운 곳에 안배하였으므로 사람들이 다 기뻐하며 '어떤 관계도 없는데, 임소경(任少卿)은 나누는 것이 공평하며, 지략이 있도다'라고 하였다. 다음날 다시 모이게 하니 모인 자가 수백명이었다. 임소경이 '모모의 아들, 즉 이름을 갑(甲)이라고 부르는 사람은 어째서 안 왔습니까?'라고

---

38) 여기에서는 孟舒를 가리킨다.
39) 여기에서는 魯王을 가리킨다.
40) 褚先生 : 이름은 少孫이다. 漢 元帝와 成帝 연간(기원전 48년부터 7년 동안)의 博士였다. 자칭 侍郎이었다고 한다. 司馬遷 사후 『史記』의 어떤 부분들은 그에 의해서 보충되었다.
41) 榮陽 : 지금의 河南省 榮陽縣 동북쪽.
42) 武功 : 지금의 陝西省 長安縣 서쪽.
43) 扶風 : '右扶風'을 약하여 칭하는 것이다. 京兆尹, 左馮翊과 함께 '三輔'라고 한다. 三輔는 漢 武帝 太初 원년에 세 구역으로 나눈 長安 부근 땅의 지방장관이다. 즉 長安 동쪽의 京兆尹, 長陵 북쪽의 左馮翊, 渭城 서쪽의 右扶風을 말한다.
44) 棧道 : 절벽과 절벽 사이에 다리를 걸쳐 만들어놓은 길.
45) 求盜 : 亭卒. 도적을 쫓아 체포하는 일을 담당하였다.
46) 亭父 : 亭卒.
47) 亭長 : 漢代에는 매 10리마다 亭을 두고 亭마다 長을 두어 도적을 잡게 하였다.

하니 여러 사람들은 다 그가 사람을 인식하는 것이 매우 빠름에 놀랐다. 이후 그는 삼로(三老)[48]에 임명되었고, 친민(親民)[49]으로 추대되었으며 나가서 300석급(三百石級)[50]의 현장(縣長)이 되어 백성을 다스렸다. 그런데 황상이 행차하여 출유(出游)할 때에 공장(共帳)[51] 등을 준비해놓지 않았기 때문에 질책을 당하고 면직되었다.

이리하여 위장군(衛將軍)의 가신이 되었다. 이후 전인과 만나게 되었고 함께 가신으로 있었다. 그들은 위장군의 문하에 같이 머물면서 마음을 같이하고 서로 사랑하였다. 이 두 사람은 집이 가난하여 장군의 가감(家監)[52]을 받드는 데 사용할 돈이 없었다. 그러자 가감은 그들을 사람을 무는 사나운 말을 기르는 곳으로 보냈다. 두 사람은 침상을 같이하고 누웠는데, 전인이 조그마한 소리로 '가감은 사람을 몰라보는구나!'라고 하였다. 그러자 임안이 '장군 또한 사람을 몰라보는데 어찌 가감이 알 수 있겠는가!'라고 하였다. 위장군이 이 두 사람을 데리고 평양공주(平陽公主)[53]를 방문하였는데,[54] 공주의 주가(主家)[55]는 두 사람을 기노(騎奴)들과 같은 자리에서 밥을 먹게 하였다. 이 두 사람은 칼을 뽑아 자리를 자르고 기노들과 따로 앉았다. 공주의 가인(家人)들은 모두 놀랐으며 또 그들을 싫어하였으나 감히 큰 소리로 꾸짖지는 못하였다.

그후 위장군의 가신들 중에서 낭(郞)을 선택한다는 조서(詔書)가 있었다. 장군은 가신들 중에서 부유한 자를 골라 말 안장과 강의(絳衣)와 옥구검(玉具劍)[56]을 갖추게 하여 궁궐로 들어가 아뢰고자 하였다. 그때 마

---

48) 10亭을 1鄕이라고 하였으며, 鄕에는 三老 한 명을 두었다. 三老는 고을의 長老로서 교화를 담당하였다.

49) 親民 : 『史記會注考證』에는 鄕邑의 일을 관장한다고 하였다. 다른 뜻으로는 '백성들을 교화하여 善으로 이끈다'는 것이다.

50) 작은 縣을 뜻한다.

51) 共帳 : '共'은 '供'의 뜻이다. 결국 '共帳'은 휘장 등의 용구를 설치하여 연회를 하거나 여행을 하는 데 필요한 것을 제공하는 것이다.

52) 家監 : '管家'를 가리킨다. 지주나 관료 집안의 가사를 관리하는 지위가 비교적 높은 하인.

53) 平陽公主 : 漢 武帝의 누이동생. 平陽侯 曹壽의 처가 되었으며, '平陽主'라고도 한다. 나중에 또 衛靑과 혼인하였다. 平陽은 지금의 山西省 臨汾市 서남쪽이다.

54) 원문에는 "過"라고 되어 있는데 이는 '방문하다'라는 뜻이다.

55) 主家 : '管家'를 말한다. 앞의 〈주 52〉 참조.

56) 絳衣는 漢代에 궁궐을 지키고 호위하기 위한 숙직자가 입는 아주 진한 붉은 색의 복장을 말하고, 玉具劍은 劍口와 손잡이 부분을 옥으로 만든 검을 말한다.

침 현명한 태중대부(太中大夫)인 소부(少府) 조우(趙禹)가 위장군을 방문하였다. 장군은 추천한 가신들을 오라고 하여 조우에게 보였다. 조우가 차례로 그들에게 물어보았으나 지모가 있고 일에 익숙한 사람은 10여 명 가운데 한 사람도 없었다. 조우가 말하였다. '나는 장군의 가문에는 반드시 장관에 해당할 만한 인재가 있다고 들었습니다. 옛 글에, 만약 그 군(君)을 알지 못하면 그가 부리는 사람을 보고, 그의 아들을 알지 못하면 그 아들이 사귀는 친구를 보라는 말이 있습니다. 지금 장군의 가신을 천거하라는 조서를 내린 목적은 이것으로써 장군이 능히 현명한 사람과 문무에 뛰어난 인재를 얻을 수 있었는가를 보고자 하는 것입니다. 그런데 지금 부유한 집 아들만을 골라서 보고하고자 하시는데, 그들은 또 지략도 없으며 마치 나무 인형에 비단옷을 입힌 것에 불과할 뿐입니다. 장차 그들을 데리고 어떻게 하려고 하십니까?' 이리하여 조우는 위장군의 가신 100여 명을 모두 불러 차례대로 물어본 후 드디어 전인과 임안을 발견하고는 '다만 이 두 사람만이 쓸 만할 뿐 나머지는 쓸 만한 사람이 하나도 없습니다'라고 하였다. 위장군은 이 두 사람이 가난한 것을 알고 마음이 편안하지 못하고 불만스러웠다. 조우가 간 뒤 두 사람에게 '각자 스스로 말 안장과 새 강의(絳衣)를 준비하라'라고 하였다. 두 사람은 '집이 가난하여 준비할 수가 없습니다'라고 대답하였다. 장군은 화가 나서 말하였다. '지금 두 사람은 스스로 집이 가난하다고 하는데, 어떻게 그러한 말을 할 수 있는가? 내가 추천하겠다고 하는데도 마음이 편치 않은 듯, 마치 나에게 무슨 책임이라도 있는 것처럼 말하는데, 어째서인가?' 그러나 장군은 다른 방법이 없어 다만 부책(簿冊)을 만들어 황상에게 보고하였다. 위장군의 가신을 소견(召見)한다는 조서가 내리자 이에 두 사람은 앞으로 나아가 뵈었으며, 조서로써 그들의 재능과 지략을 시험하게 되었는데, 두 사람은 서로 양보하여 칭찬하였다. 전인은 '손에 북채와 북을 들고 발은 군문(軍門)을 딛고 서서 사대부로 하여금 기꺼이 전투에서 죽게 할 수 있는 것은, 신이 임안을 따를 수 없습니다'라고 대답하였다. 임안은 '혐의(嫌疑)를 판결하고 시비를 판정하며 백관을 다스려 백성들에게 원망이 없게 할 수 있는 것은, 제가 전인에게 미치지 못합니다'라고 대답하였다. 무제가 크게 웃으며 '훌륭하다'라고 말하였으며, 임안에게는 북군을 감호(監護)하게 하고, 전인에게는 황하(黃河) 안변(岸邊)으로 보내

684

변방의 둔전(屯田)과 곡물을 감호하게 하였다. 이 두 사람의 명성은 곧 천하에 드러나게 되었다.

이후 임안은 익주(益州)[57] 자사(刺史)[58]가 되었고, 전인은 승상 장사(長史)가 되었다.

전인은 상서하여 말하였다. '전국의 군(郡) 태수(太守) 가운데에 범법의 수단으로 사리(私利)를 꾀하는 자가 매우 많습니다. 그중 삼하(三河)가 가장 심하니, 신이 먼저 삼하를 조사하여 밝히도록 허락하시기를 청하옵니다. 삼하 태수는 모두 경내(京內)의 궁중 귀인(貴人)[59]에 의지하고 있으며, 승상과 어사대부 등 삼공(三公)과 친속(親屬) 관계에 있으므로 두려워하거나 꺼리는 데가 없습니다. 마땅히 먼저 삼하를 바로잡아서 전국의 범법 관리들에게 경고를 주어야 합니다.' 이때 하남(河南), 하내(河內)의 태수는 모두 어사대부 두주(杜周)[60]의 부형자제(父兄子弟)들이었고,[61] 하동(河東)의 태수는 승상 석경(石慶)[62]의 자손들이었다. 이때 석씨(石氏) 가문은 9명이 2,000석급에 해당하는 관리였는데, 마침 권세가 왕성하고 존귀하였다. 전인은 여러 차례 상서하여 그들에 대하여 보고하였다. 두대부(杜大夫)와 석씨(石氏)는 사람을 보내 전소경(田少卿)[63]에게 미안함을 표시하며 '우리들은 감히 무슨 말을 하려는 것은 아니지만, 소경께서 무고하여서 우리들을 욕되게 하지 말기를 바랍니다'라고 하였다. 전인은 이미 삼하를 조사하여, 삼하 태수를 모두 법관에게 넘겨 심문하여 사형에 처한 뒤였다. 전인이 경사(京師)로 돌아와 사건을 보고하자 무제는 기뻐하였다. 무제는 인(仁)이 유능하며, 횡포를 일삼거나 권세

57) 益州 : 관할 지역은 지금의 四川省 중부와 동부, 雲南省과 貴州省의 대부분이며, 陝西省과 甘肅省의 秦嶺 이남, 湖北省의 西北 등의 지역을 포괄한다.
58) 刺史 : 漢 武帝 元封 5년(기원전 106년) 전국을 13部(州)로 나누었는데, 매 部마다 1刺史를 두었으며, 봉록은 600石이다.
59) 황제가 총애하는 太監을 가리킨다.
60) 杜周 : 南陽 杜衍(지금의 河南省 南陽市 서남쪽) 사람. 酷吏 張湯의 廷尉史였으며, 후에 廷尉가 되었다. 天漢 3년(기원전 98년)부터 太始 2년(기원전 95년)까지 御史大夫를 지냈다.
61) 父兄子弟는 친족을 말한다. 『漢書』「杜周傳」에 따르면 두 명의 아들이 夾河의 郡守였다고 한다.
62) 石慶 : 溫(지금의 河南省 溫縣 서남쪽) 사람. 元鼎 5년(기원전 112년)에 丞相이 되었으며, 太初 2년(기원전 103년)에 죽었다. 이 10년 동안에 미천한 관리로부터 2,000石에 이르는 자손들이 13명이나 되었다.
63) 少卿은 아마 田仁의 字일 것이다.

있는 자를 두려워하지 않는다고 생각하여, 전인을 승상 사직(司直)에 임명하였는데, 이로써 그의 위세는 천하에 진동하였다.

그후 태자가 거병(擧兵)하는 일이 있게 되자, 승상은 친히 병사를 이끌고 사직에게 성문을 주관하도록 하였다. 사직은 태자가 황상의 골육지친(骨肉之親)으로서 아버지와 아들 사이이므로 지나치게 박절한 것을 바라지 않을 것이라고 생각하고 태자가 제릉(諸陵)⁶⁴⁾을 지나가게 하였다. 이때 무제는 감천(甘泉)⁶⁵⁾에 있었는데, 어사대부 포군(暴君)⁶⁶⁾을 보내 '어째서 태자를 놓아주었는가?'라고 승상을 문책하였다. 승상은 '사직에게 성문을 지키게 하였는데 그가 태자를 놓아주었습니다'라고 대답하였으며, 아울러 상서하여 사직을 체포하는 것을 허락해달라고 주청하였다. 사직은 법관에게 넘겨져 심문을 받았으며, 사형에 처해졌다.

이때에 임안은 북군(北軍)의 사자가 되어 군을 호위하였다. 태자는 북군의 남문 밖에서 수레를 멈추고 임안을 불러 그에게 부절(符節)을 주고 군대를 이끌고 나가라고 명하였다. 임안은 절을 하며 부절을 받고는, 안으로 들어가더니 문을 닫고 나오지 않았다. 무제는 이를 듣고 임안이 부절을 받는 체 가장하였다가 태자의 일에 부응하지 않는 것은 무엇 때문일까를 생각하였다. 임안은 북군의 돈(錢)을 관리하는 하급 관리를 때려 모욕을 주었는데, 하급 관리는 그것 때문에 임안이 태자의 부절을 받았는데, 아울러 '깨끗하고 좋은 부절을 나에게 주기를 바란다'고 말하였다고 상서하였다. 상서가 무제에게 전달되자, 무제는 '이는 매우 세상 물정에 노련한 관리로다. 태자가 거병한 사건이 발생한 것을 보고 한쪽에서 승패를 관망하다가 승리자에게 부합하여 그를 따르려고 하는 두 가지 마음을 가졌구나. 임안은 사형에 처해져야 할 많은 죄를 지었지만 나는 늘상 그를 살려냈다. 그는 지금 간사한 마음을 품고 있으며 불충한 생각을 가지고 있구나'라고 말하였다. 임안을 법관에게 넘겨주었고 사형에 처하였다.

무릇 달은 만월이 된 연후에 기울며, 사물은 극성한 연후에 쇠락하는 것이 천지의 법칙이다. 오직 앞으로 나가는 것만 알고 뒤로 물러설 줄 모

---

64) 諸陵 : 漢 이래 劉邦 등 제왕의 陵寢.
65) 甘泉 : 궁 이름. 지금의 陝西省 淳化縣 서북쪽 甘泉山에 있었다.
66) 暴君 : 暴勝之를 가리킨다. 太始 3년(기원전 94년)부터 征和 2년(기원전 91년)까지 御史大夫를 지냈다.

르며, 오래도록 부귀의 지위에 있으면 화가 날로 쌓여 재앙이 된다. 그러
므로 범려(范蠡)[67]는 월(越)나라를 떠났으며, 관직을 사직하고 관함(官
銜)과 작위도 받지 않았는데, 오히려 미명(美名)이 후세에 전해져 만세
(萬世)에 이르도록 사람들에게 잊혀지지 않았으니 어떻게 화가 닥칠 수
있겠는가! 후에 관직을 구하여 승진하기를 원하는 사람들은 전인과 임안
을 경계로 삼아라."

---

67) 范蠡 : 춘추시대 말기의 정치가. 楚나라 宛(지금의 河南省 南陽市) 사람. 趙나라
   의 大夫. 越王 句踐을 도와 吳나라를 멸망시켰다. 작위를 받지 않고 五湖에서 游하
   였다. 陶(지금의 山東省 陶縣 서북쪽)에 이르러 '陶朱公'이라고 개명하였으며, 상업을 하
   여 재산을 모았다. 후세 사람들은 그를 공을 이루고 은퇴하였던 사람으로 간주하였
   다.

권105 「편작창공열전(扁鵲倉公列傳)」제45

편작(扁鵲)¹⁾은 발해군(勃海郡)²⁾ 막읍(鄭邑)³⁾ 사람으로 성은 진(秦)⁴⁾
이고, 이름은 월인(越人)이다. 젊어서 남의 객사(客舍)에서 사장(舍長)⁵⁾
을 지냈다. 객사에 장상군(長桑君)⁶⁾이라는 은자가 빈객(賓客)으로 와 있
었는데, 많은 사람들 중 오직 편작만이 장상군을 특출한 사람이라고 여겨
언제나 그를 정중하게 대하였다. 장상군 역시 편작이 보통 사람이 아니라
는 것을 알았다. 장상군은 그가 객사를 드나든 지 10여 년이 되었을 때
은밀히 편작을 불러 둘만이 마주하고는 "비전(祕傳)의 의술(醫術)을 알
고 있는데 내 이미 나이 들어 그대에게 전해주려 하네. 절대 남에게 말하
지 말게"라고 하였다. 이에 편작은 "그렇게 하겠습니다"라고 하고 공손하
게 대답하였다. 이리하여 장상군은 품속에서 약을 꺼내 편작에게 주면서

---

1) 扁鵲: 고대의 名醫라고 전해진다. 춘추전국 시대 동쪽 일부 지역에서는 良醫를 흔
히 扁鵲이라고 불렀다. 秦越人은 의술이 뛰어나고 醫德이 높았는데 사방을 돌아다니
며 의료행위를 하였으며, 세태에 따라 그 진료과목을 바꾸었다. 趙나라에 있을 때
扁鵲이라고 불리게 되었다.
2) 勃海郡: 군 이름. 西漢 高帝 때 설치한 행정구역. 지금의 河北省 동남부와 山東省
서북부에 해당한다. 先秦시대 齊나라는 '郡'이라는 행정구역을 설치하지 않았으므로
齊나라에는 당연히 '勃海郡'이 없다. 扁鵲이 스스로 '勃海 秦越人'이라고 한 것이나
『太平御覽』에서 볼 수 있듯이 '郡'은 후에 들어간 衍字이다.
3) 원문에는 "鄭"으로 되어 있다. '鄭'은 춘추시대의 작은 나라로, 지금의 河南省 新
鄭縣 일대이다. 또 勃海郡에는 鄭縣이 없다. '鄭'은 '鄚'의 자형을 잘못 보고 쓴 것이
다. 『河間府志』의 기록에 근거하면 唐 玄宗 開元 13년(725년) '鄭'과 '鄚'의 자형이
유사하므로 '鄚'을 '莫'으로 고쳤다고 한다. '鄚'은 지금의 河北省 任丘縣 북쪽의 鄚州
鎮인데, 일찍이 趙나라 鄚縣의 옛 城이었으나 기원전 294년에 燕나라에 귀속되었다.
4) 상고시대에는 '姓'과 '氏'를 구별하였다. '姓'은 族名이고 '氏'는 '姓'의 갈래인데, 후
에 남자는 '氏'로, 여자는 '姓'으로 칭하게 되었다. 그러나 최종적으로 '姓'과 '氏'는
하나로 합쳐져서 漢代에 이르러서는 '姓' 하나로 칭하게 되었다. 따라서 원문의 "姓
秦氏"는 성이 秦이라는 의미이다.
5) 舍長: 客館의 主管人. '舍'는 客館으로서 旅客에게 숙식을 제공하던 곳이다.
6) 長桑君: '長桑'은 複姓이다. '君'은 고대의 타인에 대한 존칭으로서 그 이름을 모르
므로 '君'이라고 하였다.

"이 약을 땅에 떨어지지 않은 깨끗한 이슬이나 빗물[7])에 타서 마신 후 30
일이 지나면 사물을 꿰뚫어볼 수 있게 되네"라고 하였다. 그리고는 비전
의 의서(醫書)를 전부 꺼내어 편작에게 주고 홀연히 모습을 감추었다. 아
마도 그는 인간이 아닌 듯하였다. 장상군의 말대로 약을 복용한 지 30일
이 지나자 편작은 담 너머에 있는 사람들이 보이게 되었다. 이러한 재주
로 병자를 진찰하니 오장(五臟) 속 병근(病根)이 있는 부위를 훤히 볼 수
있었다. 그러나 겉으로는 맥을 짚어서 아는 양 하였다. 그는 의원(醫員)
이 되어 제(齊)나라에 머물기도 하고 조(趙)나라에 머물기도 하였는데,
조나라에 있을 때에 편작이라고 불리게 되었다.

  진 소공(晉昭公)[8)] 때, 대부(大夫)[9)]들의 세력은 커지고 공족(公族)[10)]
의 세력은 약해졌으며, 조간자(趙簡子)[11)]가 대부가 되어 국정을 장악하
고 있었다.[12)] 조간자가 병이 들어 닷새 동안이나 사람을 알아보지 못하자
대부들이 모두 걱정하였다. 바로 이때 편작을 불러들였다. 편작이 병실에
들어가 조간자의 병세를 살펴보고 나오니, 동안우(董安于)[13)]가 편작에게
조간자의 병세를 물었다. 편작은 "혈맥(血脈)이 정상이니 그리 크게 걱정
하실 것 없습니다. 옛날 진 목공(秦穆公)[14)]께서도 이런 증세를 보였는데
이레가 지나자 정신이 맑아지셨습니다. 정신이 드신 날 목공께서 공손지
(公孫支)[15)]와 자여(子輿)[16)]에게 '천제(天帝)가 계신 곳에 갔는데 정말 즐

7) 원문은 "上池之水"이다. 나무나 풀 위에 맺힌 빗물이나 이슬과 같이, 직접 땅에
   떨어지지 않은 깨끗한 물을 가리킨다.
8) 晉 昭公 : 성은 '姬'이고 이름은 '夷'이다. 춘추시대 晉나라의 군주. 재위 기간은 기
   원전 531년에서 기원전 526년까지이다.
9) 大夫 : 고대의 관직 이름. 춘추시대 大夫의 위치는 '卿' 다음이었는데, 晉나라에서
   는 후에 大夫의 세력이 커졌다. 권43 「趙世家」의 기록에 의하면 晉 悼公 원년(기원
   전 572년)에 大夫의 세력이 강대해지기 시작하였다고 한다.
10) 公族 : 나라 임금의 宗族.
11) 趙簡子(? -기원전 458년) : 춘추시대 晉나라의 大夫로서 晉나라 六卿 중의 하나.
   즉 趙鞅을 가리킨다. 이름을 志父라고도 하고 趙孟이라고도 한다. '簡子'는 그의 諡
   號이다. 趙簡子의 선조는 본래 성이 '嬴'인데 趙에 봉해졌으므로 '趙'를 성으로 하였
   다.
12) 역사서의 기록에 의하면 趙簡子가 國事를 전횡한 것은 晉 昭公 때의 일이 아니
   라, 晉 頃公과 晉 定公의 재위 기간 동안이다.
13) 董安于 : 趙簡子의 家臣. 晉 定公 16년(기원전 496년) 자살하였다.
14) 秦 穆公 : 秦나라의 군주. 春秋五覇의 하나. 성은 嬴, 이름은 任好로 기원전 659
   년에서 기원전 621년까지 39년간 재위하였다.
15) 公孫支 : 秦나라의 大夫로서 '子桑'이라고도 한다. 公孫支는 秦 穆公이 晉나라에서

거웠소. 내가 거기 그렇게 오래 머물렀던 까닭은 마침 천제의 명을 받았기 때문이오. 천제께서 내게 말씀하신 바로는 진(晉)나라는 큰 난(亂)이 일어나 5대(五代) 동안 임금이 모두 평안치 못하게 될 것이고[17] 그 뒤를 이은 임금이 천하의 패자(覇者)를 칭할 것이라고 하오.[18] 그러나 그도 패업(覇業)을 이루지 못하고 죽고[19] 그 패자의 아들이 천하를 호령하게 되며, 진(晉)나라는 남녀간에 헤어지지 않게 될 것이라고 하오.'[20]라고 하셨습니다. 공손지는 이 말을 잘 기록하여 보관해두었습니다. "진책(秦策)"은 이렇게 해서 세상에 나타나게 된 것입니다. 진(晉)나라의 헌공(獻公) 때의 내란,[21] 문공(文公) 때의 패업, 그리고 양공(襄公)이 효산(殽山)에서 진(秦)나라 군대를 섬멸하고 돌아온 후 방종하고 음란하였던 것은 그대도 알고 계신 일이지요. 지금 주군(主君)[22]의 병은 진 목공의 병과 같은 것이니 사흘 안에 좋아질 것이고 깨어나면 반드시 무슨 말씀이 계실 것입니다"라고 하였다.

이틀 반이 지나자 조간자가 깨어나 대부들에게 "내 천제가 계신 곳에 갔었는데 매우 즐거웠소. 하늘에서 많은 신선들과 노닐었는데 광락구주(廣樂九奏)[23]와 만무(萬舞)[24]는 그 옛적 하(夏), 상(商), 주(周) 삼대(三代)의 춤과 노래와는 달라서 그 소리는 사람의 마음을 울리게 하였소. 그런데 곰 한 마리가 나를 잡아가려 하였소. 이를 보고 천제께서 나에게 곰을 쏘라 하시기에 곰을 잘 쏘아 맞추니 곰이 죽어버렸소. 그러자 큰 곰

불러들여 중요한 자리에 임용한 사람이다.
16)　子輿：秦나라의 大夫. '子車'라고도 한다.
17)　원문은 "五世不安"이다. 晉 獻公, 奚齊, 卓子, 惠公과 懷公 5代의 군주가 재위할 때 나라가 불안정함을 말한다.
18)　晉 文公이 覇者를 칭함을 가리킨다.
19)　晉 文公은 나라 밖에 19년간 있었는데, 62세에 돌아와 즉위하였으나 9년을 재위한 후 죽은 셈이다. 즉 패자를 칭한 기간이 짧았음을 말한다.
20)　원문은 "男女無別"이다. 여기서는 晉 襄公이 전쟁 포로를 석방함으로써 남녀간에 이별을 하지 않게 되었다는 의미로 풀이하였으나, 남녀관계가 문란함을 말한다는 견해도 있다. 권43 「趙世家」에서는 晉 襄公을 음란하다고 하였다.
21)　晉 獻公 때 태자의 옹립을 둘러싸고 일어난 내란.
22)　主君：扁鵲의 趙簡子에 대한 존칭. '主,' '君,' '長'은 모두 고대에 빈객의 주인에 대한 존칭 또는 신하나 종의 주인에 대한 존칭이다.
23)　廣樂九奏：'廣樂'은 갖가지 악기로 합주하는 음악이고 '九奏'는 음악을 아홉 차례 연주하는 것이다.
24)　萬舞：文舞와 武舞를 겸유한 갖가지 춤.

이 또 나타났소. 내가 또 쏘았더니 명중해서 큰 곰이 죽었소. 천제께서 기뻐하며 내게 대나무 바구니 두 개를 하사하셨는데 모두 쌍으로 되어 있었소. 또 천제 옆에 내 아이가 있는 것을 보았는데,[25] 천제께서는 내게 개〔翟犬〕[26] 한 마리를 주시면서 '네 아들이 장성하거든 이 개를 주도록 하라'고 하시었소. 또 천제께서 내게 '진(晉)나라는 대대로 쇠약해져서 7대(七代)[27]로 내려가면 멸망하리라. 영씨(嬴氏)[28]가 범괴(范魁)[29] 서쪽에서 주(周) 사람[30]을 크게 칠 것이지만, 이 또한 나라를 오래 보전치는 못하리라'고 하시었소"라고 하였다. 동안우는 이러한 이야기를 듣고 기록하여 보관하였다. 그가 편작이 한 말을 조간자에게 알리자 조간자는 편작에게 전답 4만 무(畝)[31]를 상으로 내렸다.

그후 편작은 괵(虢)[32]나라로 갔다. 그때 마침 괵나라 태자가 병에 걸려 죽었다. 편작은 괵나라 궁궐 문 앞에 가서 의술을 좋아하는 중서자(中

---

25) 원문은 "吾見兒在帝側"이다. '兒'는 아이를 말한다. 권43 「趙世家」에 의하면 趙簡子의 아들 趙襄子를 가리킨다고 한다.

26) 翟犬 : 翟族이 사는 지역에서 나는 개. '翟'은 중국 고대 북부의 한 민족이다.

27) 七代 : 晉의 定公, 出公, 哀公, 幽公, 烈公, 孝公, 靜公을 말한다. 靜公 2년(기원전 376년)에 韓, 趙, 魏의 三家가 晉나라를 분할하였다.

28) 先秦時代에는 秦, 趙, 奄, 盈, 徐 등 嬴氏 성의 나라가 있었다. 여기에서는 趙나라를 가리킨다.

29) 范魁 : 지명. 전국시대에 衛나라의 관할하에 있었는데 후에 齊나라에 속하게 되었다. 지금의 河南省 范縣 경내에 있었다.

30) 衛나라 사람을 가리킨다. 衛나라의 선조 康叔과 周 武王은 같은 어머니의 형제인데 衛에 봉해졌다. 기원전 372년, 趙 成侯가 衛나라의 鄕邑 73군데를 탈취한 바 있다.

31) 畝 : 토지 단위. 山東省 臨沂縣 銀雀山에서 출토된 竹簡의 기록에 의하면, 춘추시대 말기에 趙나라는 100步를 1畝로 하는 옛 제도를 변경하여 240步를 1畝로 하였다고 한다.

32) 虢 : 고대의 나라 이름. 西周에서 춘추시대에 이르기까지 虢나라가 여럿 있었다. 東虢은 지금의 河南省 滎陽縣 동북쪽에 있었는데 기원전 767년 鄭나라에 멸망당하였다. 西虢은 '城虢'이라고도 하였는데 지금의 陝西省 寶鷄縣에 있었다. 周 平王이 洛陽으로 東遷하였을 때 周 왕실을 따라 옮겨간 후에 '南虢'이라고 칭호를 바꾸었으며 上陽에 도읍을 정하였다. 옛 성 터는 지금의 河南省 陝縣 동남쪽에 있었다. 춘추시대에 晉나라에 의해서 멸망하였다. 그러나 일부는 周 왕실의 동천을 따르지 않고 여전히 원래 거주지에 있으면서 나라 이름을 '小虢'이라고 바꾸었는데, 기원전 687년 秦나라에 멸망당하였다. 北虢은 여러 虢나라 중 나중에 세워졌는데 지금의 山西省 平陸縣에 있었다. 후에 郭나라로 개칭하였다. 본문에 나온 虢나라는 편벽된 곳에 위치한 작은 나라이거나 亡國의 잔여 정권이므로 임금의 이름도 기재되어 있지 않다. 그 땅은 지금의 山西省 혹은 河北省 경내이다.

庶子)³³⁾에게 "태자께서 무슨 병에 걸리셨습니까? 온 나라 안에서 빌고 기도하며 만사를 제쳐놓고 있던데요"라고 물으니 중서자는 "태자의 병은 혈기(血氣)가 제대로 돌지 않고 뒤엉켜 꽉 막혀서 풀리지 않다가 갑자기 발작을 일으켜 몸 밖으로 터져나오며 몸 속으로는 내장을 해쳐서 생긴 것입니다. 정기(精氣)가 사기(邪氣)를 누르지 못하여 그 사기가 체내에 쌓여 발산되지 못하였기 때문에 양(陽)의 움직임이 느려지고 음(陰)의 움직임이 급해져서 돌연히 의식을 잃고 죽게 된 것입니다"라고 하였다. 편작이 "돌아가신 것은 언제쯤입니까?"라고 묻자 중서자가 "닭이 울 때³⁴⁾부터 방금 사이입니다"라고 대답하였다. 편작이 또 "입관(入棺)은 하셨는지요?"라고 묻자 중서자는 "아직 안 하였습니다. 돌아가신 지 아직 반나절도 안 되니까요"라고 하였다. 이에 편작이 "저는 제(齊)나라 발해(勃海)의 진월인(秦越人)이라는 사람입니다. 집이 정읍(鄭邑)에 있어 이제까지 태자의 모습을 뵈옵지도 못하였고 또 앞에서 모실 기회도 없었습니다. 불행하게도 태자께서 돌아가셨다고 하는데, 제가 태자를 살려낼 수 있습니다"라고 하였다. 이에 중서자가 "선생은 함부로 말씀하시면 아니됩니다. 어찌 태자를 살려낼 수 있다고 하시는지요? 내 듣자니 옛날 유부(兪跗)³⁵⁾라는 의원이 있었다는데, 그 의원은 병을 고치는 데 탕액(湯液),³⁶⁾ 예쇄(醴灑),³⁷⁾ 참석(鑱石),³⁸⁾ 교인(撟引),³⁹⁾ 안올(案扤),⁴⁰⁾ 독위(毒熨)⁴¹⁾를 사용하지 않고 옷을 풀어헤쳐 한 번 진찰해보는 것으로 병의 징후를 보고, 오장(五臟)에 있는 수혈(腧穴)⁴²⁾의 모양에 따라, 피부

---

33) 中庶子: 고대의 관직 이름. 太子의 屬官으로서 太子에 대한 교육과 관리 등을 담당하였다.
34) 여기에서는 특히 이른 새벽 수탉이 우는 때를 말한다. 현재의 새벽 1시에서 3시 사이에 해당된다.
35) 兪跗: 고대의 醫員. 고대 기록 중에는 "踰跗," "兪附," "楡拊," "臾跗" 등으로도 기록되어 있다. 일설에 상고시대 軒轅 때의 醫員이라고도 하고, 또 춘추시대 초기 楚나라의 '兪跗'라는 醫員이라고도 한다.
36) 湯液: 湯劑, 湯藥.
37) 醴灑: 酒劑. 단술과 맑은 술 종류.
38) 鑱石: 鑱鍼과 砭石을 가리킨다. 모두 돌침.
39) 撟引: 즉 導引을 말한다. 수족을 펴 늘이는 일종의 의료 체조.
40) 案扤: 按摩를 가리킨다.
41) 毒熨: 약물을 환부에 붙이는 것.
42) 원문은 "輸"이다. 이것은 오장육부의 腧穴을 말한다. 腧穴은 오장의 맥이 모이는 곳으로 '輸'는 '腧'와 통한다. 인체에서 臟腑 經絡의 氣血이 들고 나는 곳으로서 침과

692

를 가르고 살을 열어 막힌 맥(脈)을 통하게 하고 끊어진 힘줄을 잇고, 척수(脊髓)와 뇌수(腦髓)를 누르고 고황(膏肓)과 횡격막(橫膈膜)을 바로하고, 장(腸)과 위(胃)를 씻어내고 오장을 씻어내어 정기(精氣)를 다스리고 신체를 바꾸어놓았다고 합니다. 선생의 의술이 이러할 수 있다면 태자께서는 다시 살아날 수 있겠지요. 그렇지도 못하면서 태자를 다시 살려내려 한다면, 막 웃기 시작한 갓난아이에게조차 말할 수 없을 것입니다"라고 하였다. 이렇게 한참 동안 주거니받거니 하다 하루가 지나버리자 편작은 하늘을 쳐다보고 "그대가 말하는 의술은 가느다란 관을 통해서 하늘을 보고 좁은 틈으로 무늬를 보는 듯한 것입니다. 저, 진월인의 의술은 환자의 맥을 짚어보거나 기색을 살펴보고 목소리를 들어보거나 몸의 상태를 살펴보지 않아도 병이 어디에 생겼는지 말할 수 있습니다. 양(陽)에 관한 증상을 진찰하면 음(陰)에 관한 증상을 미루어 알 수 있고, 음에 관한 증상을 진찰하면 양에 관한 증상을 알 수 있습니다. 몸 속의 병은 겉으로 드러나는 것이니 굳이 천리 먼 곳까지 가서 진찰하지 않아도 병을 진단할 수 있는 경우가 아주 많아 감추려 해도 감출 수가 없습니다. 그대가 제 말이 진실이 아니라고 생각한다면 시험삼아 들어가 태자를 한번 살펴보시지요. 태자의 귀 속에서는 소리가 나고 코는 벌름거리고 있을 것입니다. 태자의 두 다리를 더듬어 올라가 음부(陰部)에 이르면 아직 따뜻한 기운이 남아 있을 것입니다"라고 하였다.

중서자는 편작의 말을 듣자 멍해져 눈 한번 깜박이지 못하고, 혀는 오그라져 붙어 움직이지 않을 정도로 깜짝 놀랐다. 그는 안으로 들어가 편작의 말을 괵나라 임금에게 전하였다. 이 이야기를 들은 괵나라 임금은 몹시 놀라워하며 궁정의 중문(中門)까지 나와서 편작을 접견하였다. 괵나라 임금은 "선생의 고귀한 인술(仁術)에 대해서 들은 지 오래되었소만, 그대 앞에 나아가 뵙지는 못하였소. 이제 선생이 우리 이 작은 나라에까지 오시어 다행스럽게도 나를 도와주게 되시니, 외떨어진 작은 나라의 나로서는 참으로 다행스러운 일이오. 지금 선생이 여기 계시기에 내 아들이 다시 살아나게 되었소. 선생이 계시지 않았더라면 내 아들은 버려져 구학(溝壑)에 묻혀 영원히 죽어 다시는 살아나지 못하였겠지요"라고 하며 말을 마치기도 전에 숨이 막히는 듯 흐느껴 울며, 정신이 혼미해져 하염없

───────────

뜸을 뜨는 부위를 말한다.

이 눈물을 흘리는데, 넘치는 눈물이 눈썹을 적시고 스스로 누를 수 없는
슬픔에 모습마저도 변해버린 듯하였다. 편작이 "태자의 병과 같은 것을
'시궐(尸蹶)'⁴³⁾이라고 합니다. 대저 양기(陽氣)가 음기(陰氣) 속으로 흘
러내려가 위(胃)를 움직이고 경맥(經脈)⁴⁴⁾과 낙맥(絡脈)⁴⁵⁾을 막히게 하
고 한편으로는 또 삼초(三焦)⁴⁶⁾와 방광(膀胱)으로 흘러내려갑니다. 이렇
게 양맥(陽脈)은 아래로 내려가고 음맥(陰脈)은 위로 올라가 양기와 음
기가 모이는 곳이 막혀 통하지 않게 됩니다. 음맥은 위를 향해서 올라가
고 양맥은 안을 향해서 내려갑니다. 그래서 양맥은 안으로 내려가 고동
(鼓動)하지만 발양(發揚)하지는 못하고, 음맥은 밖을 향해 올라가 끊어
져서 음(陰)의 역할을 하지 못합니다. 위에는 양기가 끊어진 낙맥이 있고
아래에는 음기가 끊어진 근뉴(筋紐)가 있는 것입니다. 음기가 파괴되고
양기가 단절되어 혈색이 없어지고 맥이 어지러워진 때문에 몸이 죽은 것
처럼 움직이지 않게 된 것입니다. 태자께서는 아직 죽지 않았습니다. 대
저 양기가 음기로 들어가 오장을 누르는 자는 살고, 음기가 양기로 들어
가 오장을 누르는 자는 죽습니다. 대체로 이러한 것은 모두 오장의 기가
몸 속에서 역상(逆上)할 때 돌연히 일어나는 것입니다. 명의(名醫)는 이
러한 설(說)을 취하지만 용의(庸醫)는 의심하여 믿지 않습니다"라고 하
였다.

　이에 편작은 제자인 자양(子陽)에게 침(鍼)을 지석(砥石)⁴⁷⁾을 갈게 하
여 이것으로 몸 표면에 있는 삼양(三陽)⁴⁸⁾과 오회(五會)⁴⁹⁾를 찔렀다. 한

---

43) 尸蹶 : 병 이름. 정신이 혼미하여 假死 상태에 빠진 것. 몸이 마치 시체와 같이
　　된다.
44) 經脈 : 陽의 맥.
45) 絡脈 : 陰의 맥. 經脈에서 갈라져나온 그물 모양의 크고 작은 가지.
46) 三焦 : 上焦, 中焦, 下焦를 말한다. 上焦는 橫膈 윗부분으로서 심장, 폐 등의 臟
　　器를 포함하는데 호흡, 혈맥, 精氣, 피부, 筋骨 등에 관여한다. 中焦는 脘腹部로서
　　脾臟, 胃 등의 장기를 포함하며 주요한 기능은 음식물을 소화시키는 것이다. 下焦는
　　배꼽 이하로서 간장, 신장, 대장, 소장, 방광 등의 장기를 포함하며 주요한 기능은
　　淸濁을 분별하고 찌꺼기, 水液 등을 배설하는 것이다. 三焦의 총체적인 기능은 인체
　　의 氣化를 총괄하고 여러 氣를 주관하는 것이다. 본문에서 말하는 '三焦'는 이 三焦
　　의 전체적인 부위, 그리고 이것이 포함하는 장기와 그 기능을 가리키는 것이 아니고
　　특히 '下焦'만을 가리킨다.
47) 砥石 : 돌침. '砭石' 혹은 '砭鍼'이라고도 한다.
48) 三陽 : 세 개의 陽의 자리. 사람의 수족에는 각각 三陽과 三陰이 있다.
49) 五會 : 오장으로 통하는 穴.

참 지나자 태자가 소생하였다. 그러자 자표(子豹)에게 오분(五分)의 위(熨)[50]와 팔감(八減)의 약제(藥劑)[51]를 섞어서 달인 다음 이것을 양 겨드랑이 아래에 번갈아 붙이게 하였다. 태자가 자리에서 일어나 앉자 다시 음과 양을 조절하여 탕약을 스무 날 동안 마시게 하자 태자의 몸은 원래대로 돌아왔다. 그래서 세상 사람들 모두가 편작은 죽은 사람을 살려낼 수 있다고 여기게 되었다. 그러나 편작은 "나 월인(越人)은 죽은 사람을 살려내지는 못한다. 이는 다만 스스로 살 수 있는 사람을 월인이 일어나게 해준 것뿐이다"라고 하였다.

편작은 제(齊)나라로 갔다. 제 환후(齊桓侯)[52]는 편작을 빈객으로 맞아들였다. 편작이 궁정에 들어가 환후를 배알하고 "군(君)께서는 피부에 병이 있습니다. 지금 치료하시지 않으면 점점 깊이 들어가 중해지실 것입니다"라고 하자 환후는 "과인에게는 병이 없소"라고 하였다. 편작이 물러가자 환후는 곁에 있던 신하들에게 "의원이 이(利)를 탐하여 병도 없는 사람을 가지고 공을 세우려 하다니"라고 하였다. 그로부터 닷새가 지나자 편작이 또 환후를 배알하고 "군의 병이 혈맥(血脈)에까지 이르렀습니다. 지금 치료하지 않으시면 더욱 깊은 곳까지 이를 것입니다"라고 하니, 환후는 "과인에게는 병 같은 것은 없소"라고 하였다. 편작이 물러가자 환후는 기분이 좋지 않았다. 그로부터 닷새가 지나자 편작이 또 배알하고서 "군의 병이 장(腸)과 위(胃) 사이까지 들어가 있는데, 지금 치료하지 않

---

50) '熨'는 녹여서 붙이는 고약이다. '五分'은 원래의 藥劑 양을 10분의 5, 즉 반으로 줄인 것을 말한다.

51) 10분의 8로 감량한 藥劑를 말한다. 〈주 50〉의 '五分'이나 여기의 '八減'은 모두 약제의 양을 경감시켰음을 말한다. 감량시킨 이유는 태자의 병을 치료할 때 초기에는 대량의 약을 사용하는 것이 좋지 않거나, 태자의 나이가 어리기 때문이거나, 태자의 체질이 허약하기 때문인 듯하다. 일설에 "八減之劑"를 '여덟 가지 약제를 배합한 약'이라고도 한다.

52) 齊 桓侯 : 춘추전국 시대 齊나라에는 '桓侯'가 없고 두 명의 '桓公'이 있다. 하나는 春秋五霸의 한 사람인 齊 桓公 姜小白(재위 기간 : 기원전 685-기원전 642년)이고, 다른 하나는 전국시대의 齊 桓公 田午(재위 기간 : 기원전 375-기원전 357년)이다. 그런데 『韓非子』「喩老」에 수록된 "扁鵲見蔡桓公"의 내용과 본문에서 전하는 扁鵲이 齊 桓公을 만났다는 내용은 기본적으로 동일하다. 司馬遷은 여기서 '蔡 桓公'이라고 하지 않고 '齊 桓侯'라고 하였는데 이는 반드시 무슨 근거가 있을 것이다. '齊 桓侯'는 곧 '齊 桓公'을 가리킨다. 혹자는 『戰國策』「秦二」에 수록된 扁鵲이 秦 武王(재위 기간 : 기원전 310-기원전 307년)을 만난 시기를 근거로 추측하여 扁鵲이 만났다는 齊 桓侯는 '田午'라고 한다.

으시면 더 깊은 곳까지 들어가게 됩니다"라고 하였다. 그래도 환후는 대꾸도 하지 않았다. 편작이 물러가자 환후는 기분이 좋지 않았다. 그로부터 닷새가 지나자 편작은 또 환후를 배알하였으나 이번에는 바라보기만 하고 물러나왔다. 환후가 사람을 보내서 그 까닭을 물으니 편작은 "병이 피부에 있는 동안에는 탕약과 고약으로 고칠 수 있습니다. 혈맥에 있을 때에는 침자(鍼刺)나 폄법(砭法)으로 고칠 수 있습니다. 병이 장과 위에 있을 때에는 약주(藥酒)로 고칠 수 있습니다. 그러나 병이 골수(骨髓)에까지 들어가버리면 사명(司命)[53]이라고 해도 어쩔 수 없습니다. 그런데 지금 병이 골수에 들어가 있습니다. 이 때문에 말씀드리려 하지 않은 것입니다"라고 하였다. 그로부터 닷새가 지나자 제 환후는 몸에 병이 들어 사람을 보내 편작을 불러들이려고 하였으나 편작은 이미 자취를 감추어버렸다. 마침내 제 환후는 죽고 말았다.

성인(聖人)이 병의 징후를 예견하여 명의(名醫)로 하여금 일찍 치료하게 할 수 있다면 병도 고칠 수 있고 몸도 구할 수 있다. 사람이 걱정하는 것은 병이 많은 것이고 의원이 걱정하는 것은 치료방법이 적은 것이다. 그래서 여섯 가지 불치의 병이 있는 것이다. 교만하여 도리를 논하지 않는 것이 첫번째 불치병이고, 몸을 가벼이 여기고 재물을 중히 여기는 것이 두번째 불치병이다. 의식(衣食)을 적절히 하지 않는 것이 세번째 불치병이며, 음(陰)과 양(陽)이 오장(五臟)에 함께 있어 기(氣)가 안정되지 않는 것이 네번째 불치병이다. 몸이 극도로 쇠약해져 약을 받아들일 수 없는 것이 다섯번째 불치병이며, 무당의 말을 믿고 의원을 믿지 않는 것이 여섯번째 불치병이다. 이러한 것 중 하나라도 있다면 좀처럼 낫기 어려운 것이다.

편작의 이름이 천하에 퍼지게 되었다. 그가 한단(邯鄲)[54]에 갔을 때 그곳에서는 부인(婦人)을 매우 소중히 여긴다는 말을 듣고 곧 부인과(婦人科) 의원이 되었다. 낙양(雒陽)에 가서는 주(周)나라 사람들[55]이 노인을 공경한다는 말을 듣고 곧 이질(耳疾), 안질(眼疾) 그리고 마비(麻痺)

---

53) 司命 : 고대 전설에서 사람의 목숨을 관장하는 神.
54) 邯鄲 : 춘추시대 衛나라의 읍. 후에 쯤나라에 속하게 되었다. 기원전 386년, 趙
    敬侯가 晉陽으로부터 邯鄲으로 천도하였다. 그 땅은 지금의 河北省 邯鄲市 서남쪽이
    다.
55) 여기에서는 東周 洛陽 일대의 사람들을 가리킨다.

등 노인병의 의사가 되었다. 함양(咸陽)에 가서는 진(秦)나라 사람들이 어린아이를 사랑한다는 말을 듣고 즉시 소아과 의원이 되었다. 이렇게 각지의 인정 풍속에 맞추어 의료 과목을 바꾸었다. 진(秦)나라의 태의령(太醫令)[56] 이혜(李醯)[57]는 자신의 의술이 편작에 미치지 못함을 알고 자객을 보내 편작을 찔러 죽였다.[58] 그러나 지금에 이르기까지 세상에서 맥법(脈法)을 논하는 사람들은 모두 편작의 이론과 방법을 따르고 있다.

태창공(太倉公)은 제(齊)나라의 태창(太倉) 장관(長官)[59]으로 임치(臨菑)[60] 사람이다. 성은 순우(淳于), 이름은 의(意)라고 하였다. 젊어서부터 의술을 좋아하여 고후(高后) 8년,[61] 다시 같은 고향 원리(元里)의 공승(公乘)[62]인 양경(陽慶)[63]에게 의술을 배웠다. 양경은 그때 나이가 70여 세였는데 그의 의술을 계승할 아들이 없었으므로 순우의로 하여금 그가 이전에 배운 의술을 모두 버리게 하고, 다시 자신이 가지고 있던 비전(祕傳)의 의서(醫書)를 모두 그에게 주고 '황제(黃帝)'와 편작(扁鵲)이 남긴 '맥서(脈書)'[64]를 전수해주었다. 그것은 얼굴에 나타나는 다섯 가지

---

56) 太醫令 : 관직 이름. 醫藥 행정을 주관하는 최고 관리. 전국시대에 秦나라가 제일 먼저 太醫令을 두었다.

57) 李醯 : 秦 武王(재위 기간 : 기원전 310-기원전 307년) 때의 太醫令.

58) 扁鵲은 秦나라에서 살해되었는데 『陝西通志』와 『臨潼縣志』의 기록에 의하면 扁鵲의 묘는 지금의 臨潼縣 동북쪽 30리에 있다고 한다. 즉 지금의 南陳村(원래 이름 盧底村) 동북쪽이 扁鵲의 묘 터이다. 이곳은 남쪽으로는 驪山에 닿아 있고 북쪽에는 渭河가 있는데, 先秦時代 秦나라가 中原을 왕래하던 주요 도로가 바로 이 지역을 통과하였다. 扁鵲의 묘 서쪽에는 남북으로 흐르는 溪河가 있다. 이것으로 보아 扁鵲은 咸陽을 떠나 동쪽으로 가는 도중에 李醯가 보낸 자객에게 溪河 계곡에서 살해되었는데, 그후 溪河의 東岸 평지에 안장된 것으로 추측된다. 그러므로 臨潼縣 南陳村의 扁鵲의 묘는 믿을 만하다.

59) '太倉長'은 도성의 양식 창고를 관리하는 관원으로 '太倉令'이라고도 한다. 齊나라는 漢나라 초기에 봉해진 제후국인데, 그 땅은 지금의 山東省에 있었다. '太倉'은 나라의 양식 창고로서 수도 長安과 각 제후국의 도성에 설치하였다.

60) 臨菑 : 齊나라의 도성으로 지금의 山東省 淄博市 동북쪽에 있었다.

61) 기원전 180년이다. '高后'는 漢 高帝 劉邦의 처, 즉 呂太后를 가리킨다.

62) 公乘 : 작위 이름. 『漢書』 「百官公卿表」에 여덟번째 작위로 올라 있다.

63) 陽慶 : 성이 陽, 이름이 慶이다. 楊中倩이라고도 한다. '陽'은 '楊'과 통한다. 漢代에는 글을 쓸 때, 관직에 있는 사람은 성 앞에 관직 이름을 표기하고 작위가 있는 백성은 성 앞에 작위를 표기하는 습관이 있었다. 그러므로 陽慶은 작위가 있는 鄉紳(퇴직 관리로서 그 지방에서 학문과 덕망이 높은 사람)이다. 일설에 '公乘陽慶'을 사람 이름으로 보아 '公乘'은 '復性'이고, 陽慶은 이름이라고도 한다.

빛깔[65]을 보고 오장(五臟)의 병을 진단하여 병자가 살지 죽을지를 판별하고, 의심스러운 병의 증세를 알아내어 치료법을 결정한다는 것이다. 또 약학(藥學)에 관해서 논술되어 있는 책도 있었는데 매우 정밀하였다. 순우의는 3년 동안 가르침을 받았는데, 그동안 사람의 병을 고쳐주기도 하고 살지 죽을지를 판단해주기도 한 것이 효험이 많았다. 그러나 여기저기 제후국들[66]을 돌아다니며 노닐기만 하고 집을 집으로 여기지 않고 때로는 남의 병을 치료해주지 않기도 하여 병자가 있는 집에서 그를 원망하는 자가 많았다.

　문제(文帝) 4년,[67] 어떤 사람이 상서(上書)하여 순우의를 고발하였다. 순우의는 형죄(刑罪)[68]에 처해지게 되어 여전(驛傳)[69]에 의해서 압송되어 제나라의 서쪽 장안(長安)으로 가게 되었다. 순우의에게 딸 다섯이 있어 그를 따라오며 우니, 순우의는 화를 내며 큰 소리로 "자식을 낳았으나 사내아이를 낳지 않아 긴급할 때에 쓸 자식이 없구나!"라고 꾸짖었다. 그러자 막내 딸인 제영(緹縈)이 아버지의 말을 애처롭게 여겨 아버지를 따라 서쪽으로 가며 조정에 상서하여 "제 아버지가 관리일 때, 청렴하고 공정하다고 제나라 사람들이 칭찬하였습니다. 그런데 지금은 법을 위반하여 형죄를 받게 되었습니다. 제가 깊이 마음 아파하는 것은 죽은 자는 다시는 살아날 수 없고, 형죄에 처해지게 되면 몸이 다시는 원래대로 될 수 없다는 것입니다. 잘못을 고쳐서 스스로 새롭게 되고자 해도 그렇게 할 방법이 없으니, 결국 새롭게 될 수 없는 것이 마음 아픈 것입니다. 원컨대 제 한 몸을 관비(官婢)로 바쳐 아버지가 받게 된 형죄를 대신 갚고 아

---

64)　黃帝, 扁鵲이 저술한 것으로 전해지는 의학서를 가리킨다. 『漢書』「藝文志」"方技略"에 의하면 西漢 초기에 『黃帝內經』 18권, 『黃帝外經』 37권, 『扁鵲內經』 9권, 『扁鵲外經』 12권이 있었는데 후에 모두 망실되었다. 현재 볼 수 있는 것은 隋代(혹자는 唐代라고도 한다)에 楊上善이 撰注한 『黃帝內經太素』, 唐代 王氷이 정리 編注한 『黃帝內經素問』 및 『靈樞經』, 『難經』 등이 있다. 혹자는 『靈樞經』은 『黃帝內經』의 일부분이고 『難經』은 扁鵲(秦越人)과 그 제자가 저술한 것이라고도 한다. '脈書'는 脈理에 관해 논술한 책인데, 광범위하게는 의술이론에 관한 책으로 지칭하기도 한다.

65)　靑, 赤, 黃, 白, 黑의 다섯 가지 얼굴빛.

66)　齊나라와 인접한 제후국들을 말한다.

67)　기원전 176년이다.

68)　刑罪 : 신체를 불구로 만드는 肉刑의 重刑.

69)　驛傳 : 驛馬, 또는 驛馬에 의해서 공문서를 배달하거나 관리를 호송하는 일 또는 그 일을 하는 사람을 가리킨다.

버지가 행실을 고쳐서 스스로 다시 살아갈 수 있도록 해드리고자 합니다"
라고 하였다. 이 글이 위로 올라가니 황상(皇上)은 그녀의 마음을 불쌍히
여겼다. 그리하여 그해 안에 또 육형(肉刑)의 법도 폐지하였다.[70]

　순우의가 죄의 사함을 받고 집에 있을 때, 황상이 조서(詔書)를 내려
불러들이고는 병을 치료해서 살았든 죽었든 간에 효험이 있었던 자는 몇
사람이었는지, 또 그 병자들의 이름은 무엇이었는지 등에 대해서 물었다.

　조서를 내려 전(前) 태창(太倉) 장관(長官) 순우의에게 하문한 내용은
이러하였다. "그 의술에서 뛰어난 것은 무엇이며, 잘 치료할 수 있는 병
은 무엇인가? 또 그에 대한 의서(醫書)를 가지고 있는가? 어디에서 의
술을 닦았는가? 몇 년 동안 배웠는가? 지금까지 효험이 있었던 자는 어
느 현, 어느 마을의 누구인가? 그것은 무슨 병이었는가? 또 치료를 하
고 약제를 쓴 후 그 병세는 어떠하였는가? 모두 자세히 대답하라."그래
서 순우의가 이렇게 대답을 올렸다.

　　저는 젊어서부터 의학, 약학을 좋아하였으나 그 의학, 약학을 실지로 시험
　　해보아도 효험이 없는 경우가 많았습니다. 그런데 고후(高后) 8년, 제 스
　　승인 임치현(臨菑縣) 원리(元里)의 공승(公乘) 양경(陽慶)을 만나게 되었
　　습니다. 그때 양경은 이미 나이 70여 세였는데, 저는 그에게서 수업을 받
　　게 되었습니다. 양경은 저에게 "네가 배운 의서를 모두 버려라. 그것은 정
　　확한 것이 아니다. 나는 옛 의원(醫員)들이 전한 황제(黃帝), 편작(扁鵲)
　　의 의서를 가지고 있다. 거기에는 얼굴에 나타나는 다섯 가지 색깔을 보고
　　질병을 진단하고 병자가 살지 죽을지를 예측하며 의심스러운 병의 증세를
　　판별하여 치료할 수 있는지를 결정하는 것, 그리고 약학에 관한 것도 언급
　　되어 있는데, 매우 정밀하다. 우리 집은 부유하며, 나는 너를 마음으로부
　　터 사랑하므로 내 비전(祕傳)의 의서를 모두 하나하나 너에게 가르쳐주고
　　자 한다"라고 하였습니다. 그래서 저는 그 자리에서 "참으로 분에 넘치는
　　기쁨입니다. 감히 바라지도 못하던 바입니다"라고 하고는 즉시 그 자리를
　　피하여 재배한 뒤 다시 뵙고 『맥서(脈書)』,[71] 『상경(上經)』, 『하경(下
　　經)』,[72] 『오색진(五色診)』,[73] 『기해술(奇咳術)』,[74] 『규도음양외변(揆度陰

70)　권10 「孝文本紀」와 『漢書』「刑法志」의 기록에 의하면 墨(이마에 刺字하는 형벌),
　　劓(코를 베는 형벌), 剕(발꿈치를 베는 형벌)의 세 가지 肉刑을 폐지한 것은 文帝
　　13년의 일이며, 淳于意가 刑을 받게 되어 長安으로 압송된 것, 緹縈이 상서한 것 등
　　도 文帝 4년이 아닌 文帝 13년의 일이라고 한다.
71)　『脈書』: 앞에서 말한 黃帝, 扁鵲의 脈書.

陽外變)』,[75] 『약론(藥論)』, 『석신(石神)』,[76] 『접음양(接陰陽)』 등 비장 (祕藏)의 의서들[77]을 받았습니다. 책을 받아 통독(通讀)하고 분석하고 시험해보기를 1년 남짓 하였습니다. 다음해에 이것을 시험해본즉 효험은 있었지만 아직 정밀하거나 정확하지는 않았습니다. 이렇게 의술에 전념하고 한 3년이 지나자 병자를 치료하는 것, 병을 진찰하여 병자가 살고 죽는 것을 예측하는 것, 모두가 효험이 뚜렷해졌습니다. 지금은 양경이 죽은 지이미 10년 정도 되는데, 제 나이는 그에게서 배운 3년을 더하여 올해 39세가 됩니다.[78]

제나라의 시어사(侍御史)[79] 성(成)[80]이 스스로 제게 두통을 호소하기에, 저는 맥을 짚어보고 "공의 병은 매우 중하여 말로 하기 어렵습니다"라

---

72) 『上經』, 『下經』: 고대의 의학서. 『黃帝內經素問』「病能論」의 기록에 의하면 『上經』은 주로 인체와 자연계의 관계를 논한 것이고, 『下經』은 주로 질병의 변화를 논한 것이다.

73) 『五色診』: 안색을 살펴보고 진찰하는 고대의 의학서. 『黃帝內經素問』에는 『五色』이라는 책 이름이 있고, 『靈樞經』에는 「五色」편이 있다.

74) 『奇咳術』: 이에 관해서는 세 가지 이설이 있다. 첫째는 소리를 듣고 진찰하는 의학 저술로서 '咳'는 병자가 내는 소리를 말한다. 둘째는 여러 기이하고 특이한 의술을 기재한 저작으로서 '咳'는 '侅'의 假借字이다. 셋째는 『奇恒』이라는 고대 의학서를 말한다. 『黃帝內經素問』「病能論」의 기록에 근거하면 『奇恒』은 여러 기이한 병을 논술한 의학서이다.

75) 『揆度陰陽外變』: 겉으로 드러난 변화를 관찰하여 체내의 음양 성쇠를 헤아리는 것으로 진단학에 속하는 고대의 의학서. 혹자는 이것이 한 권의 의학서가 아니라 『揆度』와 『陰陽外變』이라는 두 권의 의학서라고도 한다.

76) 『石神』: 침과 뜸에 관한 저술.

77) 원문은 "接陰陽禁書"이다. '接陰陽'은 책 이름으로서 房中術(性衛生)에 관한 책이고, '禁書'는 '공개되지 않은 비장의 의학서'라는 의미이다. 이밖에도 '接陰陽禁書'가 『陰陽外變』과 마찬가지로 고대의 음양학설을 연구하는 하나의 책 이름이라는 견해와 '위의 공개되지 않고 유전되어온 여러 의학서들을 받아들이다'라는 의미의 문장이라는 견해가 있다.

78) 원문은 "今慶已死十年所, 臣意年盡三年, 年三十九歲也"이다. 이에 관해서 두 가지 해석이 있다. 첫째는 淳于意가 高后 8년(기원전 180년)에 陽慶에게 의술을 배우기 시작하여 만 3년간의 배움을 끝마쳤을 때는 바로 文帝 4년(기원전 176년)이 되며 이때의 나이가 39세라는 것이다. 앞서 말한 '文帝四年中, 人上書言意'와 '此歲中亦除肉刑法'의 시기와 일치한다(앞의 〈주 68〉, 〈주 70〉 참조). 둘째는 淳于意가 高后 8년 陽慶에게 의술을 배워, 만 3년간의 배움을 끝마쳤을 때 陽慶이 죽었는데, 의술을 배운 3년에다 陽慶이 죽은 후 10년이라는 기간을 더하면 바로 文帝 13년이 되며, 이때의 나이가 39세라는 것으로서 권10 「孝文本紀」 및 『漢書』「刑法志」의 '文帝十三年'에 肉刑法이 폐지되었다는 기록과 합치한다. 그러므로 후자의 견해가 타당하다.

79) 侍御史: 御史大夫 휘하의 관원. 御史大夫는 副丞相으로 감찰, 법의 집행을 주관하고 중요한 문서를 관리하였다.

80) 成: 사람 이름.

고 하고는 곧 물러나와 성의 아우 창(昌)에게만 "이 병은 저(疽)[81]입니다. 저(疽)가 몸 속 장(腸)과 위(胃) 사이에 생겨서 닷새 후에는 그것이 부풀 어오르고 다시 여드레가 지나면 고름을 쏟고 죽을 것입니다"라고 하였습니다. 성의 병은 과도한 음주와 방사(房事)로 인해서 생긴 것인데 결국은 예 상한 대로 죽었습니다. 성의 병을 안 것은 제가 그의 맥을 짚었을 때 간 (肝)의 기(氣)를 느꼈기 때문입니다.[82] 간의 기가 탁하며 고요한 것은 내 관(內關)의 병[83]입니다. 『맥법(脈法)』에 "맥이 길고 활시위같이 팽팽하며 사계절을 통하여 변하지 않는 것은 그 병이 주로 간장(肝臟)에 있다.[84] 맥 이 길고 활시위같이 팽팽하면서 고르다면 그 병은 경맥(經脈)에 있는 것이 고 불규칙하다면 낙맥(絡脈)에 이상이 있는 것이다"라고 되어 있습니다. 경맥에 이상이 있고 맥이 고른 것은 그 병이 근수(筋髓)에서 생긴 것이고 맥박이 불규칙하여 갑자기 끊어졌다 높아졌다 하는 것은 그 병이 과도한 음주와 방사에서 생긴 것입니다. 앞으로 닷새 후에 종기가 부풀어오르고 다시 여드레가 되면 고름을 쏟고 죽을 것을 안 것은 그의 맥을 짚었을 때 소양(少陽)[85]에 처음으로 대맥(代脈)[86]이 나타났기 때문입니다. 대맥의 출현은 소양 경맥에 병이 생긴 후 소양 낙맥에까지 발전되어 병이 주로 낙 맥에 있게 되었음을 말하는 것이며, 병세가 전신에 퍼지면 환자는 죽게 되 는 것입니다.[87] 이때에는 아직 대맥이 왼손 촌구맥(寸口脈)[88] 초관(初關) 일분(一分)[89]에 나타났을 뿐이므로 속에 열은 있어도 고름은 나오지 않은 것입니다. 그러나 오분(五分)까지 미치면 소양의 말단에 이르게 되고, 다 시 그때부터 여드레가 지나면 고름을 쏟고 죽게 되는 것입니다. 이러한 까

---

81) 疽 : 체내에 생기는 毒瘡(종기).
82) 원문은 "得肝氣"이다. 즉 맥을 짚었을 때 肝臟에 병이 있다는 脈氣를 느끼는 것 이다.
83) 內關의 병이란 내부는 심각하게 병들어 있는 상태이나 외부로는 드러나지 않는 질병으로서, 병자는 흔히 고통을 느끼지 못하거나 느끼더라도 매우 미미한 경우이 다. '關'은 '막히다, 닫혀버리다'라는 의미이다.
84) 중의학에서는 정상인의 맥박은 사계절의 변화에 따라 역시 변화한다고 본다.
85) 少陽 : 여기에서는 '足少陽膽經'을 말한다. 인체의 12經脈 중 하나. 순행경로는 체 내에서는 膽에 속하며 肝에 연결되고, 체외에서는 眼部로부터 側頭部, 下肢 바깥쪽 을 지나 네번째 발가락 끝에서 멈춘다. 少陽 經脈의 진맥 부위는 왼손 關部이다.
86) 代脈 : 간격이 긴 맥박.
87) 원문은 "代者經病, 病去過人, 人則去. 絡脈主病, ……"으로 되어 있으나 앞뒤 문 맥상 '絡脈主病'을 '代者經病'의 뒤에 놓아, 위의 해석과 같이 '代者經病, 絡脈主病, 病去過人, 人則去'로 하는 것이 타당하다.
88) 寸口는 엄지손가락이 시작되는 곳에서 한 치〔一寸〕위의 부분을 말한다.
89) 初關 一分 : 關 부분을 五分으로 나눌 때, 처음 一分을 말한다.

닭으로 대맥이 위로 이분(二分)까지 이르면 고름이 나오기 시작하고 말단
까지 이르면 종기가 부풀어올라 있는 대로 고름을 쏟고 죽는 것입니다. 열
이 높아지면 양명(陽明)⁹⁰⁾의 경맥(經脈)을 찌게〔菳〕하고 소락맥(小絡脈)
을 타게〔爛〕하는데, 소락맥이 움직이면 낙맥이 서로 연결된 부분에 병이
생기고, 이렇게 되면 또 문드러지고 풀어져서 낙맥이 서로 막히게 됩니다.
이리하여 열기(熱氣)가 위로 올라가 머리에 이르러 움직입니다. 그래서 머
리가 아픈 것입니다.

　제왕(齊王)⁹¹⁾의 가운데 아들의 아이가 병이 들어,⁹²⁾ 제가 불려들어가
맥을 진찰하였습니다. 저는 "기격병(氣鬲病)⁹³⁾입니다. 이 병은 사람의 가
슴을 답답하게 하고 음식이 목구멍을 넘어가지 않게 하고 때로는 담(痰)을
토하게 합니다. 이 병은 마음에 근심이 많아 늘 먹기를 싫어하였기 때문에
걸린 것입니다"라고 하였습니다. 저는 즉시 그에게 하기탕(下氣湯)⁹⁴⁾을 지
어 마시게 하였습니다. 그러자 하루 만에 기가 내려가고 이틀 만에 식욕이
돌았으며 사흘 만에 완전히 나았습니다. 이 아이의 병을 알아낸 것은 그
맥을 짚어보니 마음에 병이 있는 맥기(脈氣)를 느꼈기 때문인데, 심맥(心
脈)이 무겁고 탁하며 안정되지 않고 빨랐습니다. 이것은 양기(陽氣)가 엉
킨 병입니다. 『맥법』에 "맥박을 손가락으로 짚으면 빨라졌다가 손가락을
떼면 느려졌다 하여 안정되지 않는 것은 그 병소(病巢)가 마음에 있는 것
이다"라고 되어 있습니다. 온몸에 열이 있고 맥박이 빨리 뛰며 힘이 있는
것을 중양(重陽)⁹⁵⁾이라고 하는데, 양열(陽熱)이 심하면 마음을 어지럽게
하여 번민하게 되고 음식이 넘어가지 않게 됩니다. 이것은 마음 속으로 너
무나 슬퍼한 결과에 의한 것으로서 병은 근심에서부터 생긴 것입니다. 만
약 때맞추어 치료하지 않으면 열이 혈맥(血脈)을 상하게 하고 낙맥을 병들

90) 陽明 : 여기에서는 '足陽明胃經'을 말한다. 인체의 12經脈의 하나에 속한다. 그 순
　　행경로는 체내에서는 胃에 속하여 脾臟에 연결되고, 체외에서는 鼻部를 지나 側頭
　　部, 顏面, 頸部, 胸腹部, 下肢 外側 앞부분을 지나 두번째 발가락 끝에서 멈춘다.
91) 齊王 : 劉將閭를 가리킨다. 漢 文帝 16년(기원전 164년)에 齊王으로 봉해졌는데,
　　봉해지기 이전은 陽虛侯였다.
92) 원문은 "齊王中子諸嬰兒小子病"이다. '小子'는 남자아이를 가리킨다. 일설에 '小
　　子'를 왕자의 아이를 돌보는 '하인'이라고도 한다.
93) 氣鬲病 : 氣가 胸隔 사이에 막혀 있는 병. '鬲'은 '隔'과 통한다.
94) 下氣湯 : 원래의 약 처방은 亡佚되어 알 수 없다. 다른 약 처방을 참고로 살펴볼
　　때 기와 열을 내리게 하고 마음을 안정시키는 등의 작용을 한 듯하다.
95) 重陽 : 陽氣가 한 군데 겹친 것. 온몸에 열이 나는 것은 陽熱이 넘친다는 징후이
　　고, 맥박이 왕성한 것은 陽熱이 넘친다는 脈으로서, 징후나 맥박 모두 陽熱이 과도
　　하므로 '重陽'이라고 한다.

게 하여 위로 피를 토하고 죽게 되는 것입니다. [96]

　제나라의 낭중령(郎中令) [97] 순(循) [98]이 병이 들었을 때 많은 의사들이 모두 기(氣)가 역상(逆上)하여 심장에 들어간 때문이라고 생각하여 침을 놓았습니다만, 저는 진찰해보고 "이 병은 용산(涌疝) [99]인데 대소변을 보지 못한다"라고 하였습니다. 이에 순(循)은 "대소변을 보지 못한 지 사흘이 된다"라고 말하였습니다. 그래서 저는 화제탕(火劑湯) [100]을 마시게 하였습니다. 한 번 마시니 대소변을 보게 되었고, 두 번 마시니 대소변을 시원하게 잘 보게 되었고, 세 번 마시니 병이 나았습니다. 이 병은 지나친 방사 때문에 걸린 것입니다. 순(循)의 병을 알게 된 것은 그의 맥을 짚었을 때 오른손 촌구맥 부분의 기가 격하였고 맥에 오장(五臟)의 기가 느껴지지는 않았으나 맥박이 몹시 크고 빨랐기 때문입니다. 맥이 빠르면 몸의 중앙부 이하는 물이 소용돌이치듯 열이 끓어오릅니다. 왼손 맥이 크고 빠르면 열이 아래로 내려가는 것이고, 오른손 맥이 크고 빠르면 열이 위로 끓어오르는 것인데, 좌우 어느 쪽의 맥에도 오장에 병이 있다는 맥기가 느껴지지 않습니다. 그래서 용산이라고 진단하였습니다. 또 체내에 열이 있으므로 소변이 붉은 것입니다.

　제나라 중어부(中御府) [101]의 장관인 신(信)이 병이 들었을 때 제가 가서 그의 맥을 짚어보고 "열병(熱病)의 기(氣)가 보입니다. 그러나 더위 때문에 땀을 흘려 맥이 좀 약해진 것뿐이므로 생명에 지장은 없습니다"라고 하였습니다. 그리고 또 "이 병은 냇물에 목욕하여 한기(寒氣)를 심하게 느껴서 나중에 열이 나게 되어 얻은 것입니다"라고 하였습니다. 그러자 신(信)은 "그렇습니다. 작년 겨울 왕명으로 초(楚) [102]나라에 갔을 때, 거현(莒

---

96)　'陽熱이 심하면 마음을 어지럽게 하여……죽게 되는 것입니다'까지의 원문은 "重陽者, 遏心主. 故煩懣食不下則絡脈有過, 絡脈有過則血上出, 血上出者死. 此悲心所生也, 病得之憂也"이다. 혹자는 '故煩懣食不下則絡脈有過, 絡脈有過則血上出, 血上出者死'는 錯簡文이므로 삭제해야 한다고 하나, 앞뒤의 상황으로 볼 때 '故煩懣食不下'에서 문장이 끝나고, 그 뒤 문장 '則絡脈有過, 絡脈有過則血上出, 血上出者死'는 치료의 시기를 놓치거나 잘못 치료한 결과에 대해서 분석한 것이므로 '此悲心所生也, 病得之憂也'의 뒤에 와야 한다.

97)　郎中令 : 궁문을 지키는 관원.

98)　循 : 사람 이름.

99)　疝氣 : 아랫배가 아픈 병으로, 이런 환자는 대소변을 잘 보지 못한다.

100)　火劑湯 : 원래의 약 처방은 망실되어 알 수 없다. 그러나 淳于意가 치료한 병 중 火劑湯을 사용한 경우가 세 번 있는데, 이에 근거해볼 때 熱을 내리게 하고 氣를 내려가게 하며 소변, 대변을 잘 보게 하는 일종의 寒凉劑인 듯하다.

101)　中御府 : 왕실의 사무를 관리하는 곳.

102)　楚 : 漢 高帝 6년, 劉交를 楚 元王으로 봉하여 도읍을 彭城에 정하였다. 文帝 때

縣)¹⁰³⁾의 양주수(陽周水)에 이르자 거(莒)의 다리가 심하게 부서져 있기에 수레의 끌채를 잡아다녀 건너가기를 주저하고 있었는데, 말이 놀라서 물 속에 빠지고 나도 물 속에 빠져서 죽을 뻔하였습니다. 그런데 아전이 달려와서 저를 물 속에서 건져주었습니다만 옷은 흠뻑 젖어버렸고 잠시 후에 온몸이 떨려왔는데 한기가 그치자 열이 불같이 올랐습니다. 지금까지도 밖에 나가 한기를 쐴 수 없을 정도입니다"라고 하였습니다. 그래서 저는 곧 그에게 화제탕을 달여주어 열을 다스리도록 하였습니다. 한 번 마시자 땀이 없어지고 두 번 마시자 열이 내리고 세 번 마시자 병이 나았습니다. 그렇게 계속 약을 복용토록 하여 스무 날 정도 지나자 그의 몸에서 병이 사라졌습니다. 신(信)의 병을 알아낸 것은 그의 맥을 짚었을 때 맥이 '병음(幷陰)'¹⁰⁴⁾에 속하였기 때문입니다. 『맥법』에 "열병이 음기(陰氣)와 양기(陽氣)가 뒤섞여 있을 때에는 죽는다"라고 되어 있습니다. 그런데 그의 맥을 보니 음양의 기가 뒤섞여 있지는 않았지만 양이 음에 들러붙어 있었습니다. 이러한 '병음(幷陰)'의 경우는 맥이 순조롭다면 치료할 수 있습니다. 따라서 열이 완전히 내리지는 않았어도 살 수 있습니다. 신기(腎氣)가 때로 탁해지기도 하고 드물게 태음맥(太陰脈)¹⁰⁵⁾의 맥구(脈口)에 있기도 한 것은 체내에 수기(水氣)가 있는 것입니다. 신(腎)은 말할 것도 없이 물을 관장하기에 이로써 알아내게 된 것입니다. 치료가 조금이라도 늦게 되면 곧 한열병(寒熱病)¹⁰⁶⁾으로 되어버립니다.

제왕(齊王)의 태후(太后)¹⁰⁷⁾가 병이 들었을 때, 저를 불러들여 맥을 보게 되어 있습니다. 저는 "이것은 풍단(風癉)¹⁰⁸⁾이 일시적으로 방광에 머물러 있어 대소변을 보기가 어렵고 소변이 붉어진 것입니다"라고 말씀드리고, 태후에게 화제탕을 복용하도록 하였습니다. 한 번 마시니 대소변을 보고 두 번 마시니 병이 나아서 소변도 원래대로 돌아왔습니다. 이 병은 땀을 흘렸을 때 소변을 보아 '유한출순(流汗出滫)'에서 얻은 것입니다. 소위 '순(滫)'¹⁰⁹⁾이라는 것은 옷을 벗어 땀을 말리는 것을 말합니다. 태후의 병을 안 것은, 제가 그 맥을 볼 때 태음맥의 맥구를 짚어보니 축축한 기가

에는 劉交의 손자 楚王 劉戊가 재위하였다.
103)　莒縣 : 지금의 山東省 莒縣.
104)　幷陰 : 열병의 한 병리 상태로서 陽氣가 陰氣에 합병되어 있는 것.
105)　太陰脈 : 經脈의 이름.
106)　寒熱病 : 오한과 열이 번갈아 일어나는 병.
107)　齊王 劉將閭의 어머니를 말한다.
108)　風癉 : 열병의 일종.
109)　滫 : '滫'의 假借字.

느껴졌기 때문입니다. 『맥법』에도 "세게 짚어보면 맥이 크고 단단하고, 가볍게 짚어보면 맥이 크면서 강한 것은 병이 신장(腎臟)에 있다"라고 되어 있습니다. 그런데 맥을 짚어보니 신장의 경우와는 반대로 맥이 조급하였습니다. 맥이 큰 것은 방광에 병이 있는 것이고, 맥이 조급한 것은 내열(內熱)이 있는 것이며, 이 때문에 소변도 붉은 것입니다.

제나라 장무리(章武里)[110]의 조산부(曹山跗)라는 사람이 병이 들었을 때, 제가 그의 맥을 짚어보고 "이것은 폐(肺)의 소단(消癉)[111]인데 게다가 한열병까지 같이 왔습니다"라고 하였습니다. 그리고 곧 그에게 "살 수 없겠군요. 치료할 수가 없습니다. 적절하게 조섭하도록 하십시오. 이는 침이나 뜸 등으로 치료하여 나을 병이 아닙니다"라고 하였습니다. 의법(醫法)에서도 "앞으로 사흘 후에는 발광하여 함부로 나다니고, 내달리려고 할 것이다. 이때로부터 닷새가 지나면 죽는다"라고 하였는데 결국 그 말대로 죽었습니다. 산부(山跗)의 병은 몹시 화가 난 상태에서 방사를 하였기 때문입니다. 산부의 병을 알게 된 까닭은 제가 그의 맥을 짚어보았을 때 폐(肺)의 기(氣)가 열을 띠고 있었기 때문입니다. 『맥법』에 "맥이 고르지 않고 무력하면 형체(形體)가 쇠미해진다"라고 되어 있습니다. 이것은 오장(五臟)이 높게는 폐로부터 멀리는 간에 이르기까지 차례차례 병들어 있다는 것을 의미하는 것입니다. 그러므로 맥을 짚어보면 고르지 못하고 대맥(代脈)이 나타나는 것입니다. 고르지 못하다는 것은 피가 간에 머무르지 못하는 것이고,[112] 대맥은 맥이 상하좌우에서 때때로 한꺼번에 뛰어 급해지는가 하면 또 거세지는 것입니다. 이것은 간과 폐 두 곳의 낙맥이 끊어졌기 때문입니다. 그래서 치료하지 못하고 살릴 수 없는 것입니다. 또 한열병을 가져왔다고 하는 것은 그가 신체는 있으나 정신은 이미 나가버렸다는 것을 말합니다. 정신이 이미 나가버리고 몸이 쇠약해지면 뜸도 침도 약도 쓸 수 없습니다. 제가 가서 진찰하기 전에 제나라 태의(太醫)[113]가 먼저 진찰하고서 발의 소양(少陽) 맥구(脈口)에 뜸을 뜨고 반하환(半夏丸)[114]을 복용하게 하였습니다. 이에 병자는 즉시 설사하여 뱃속이 비게 되었습니다. 그리고 나서 또 소음(少陰)[115] 맥구에 뜸을 떴습니다. 그래서

---

110) 章武里 : 고을 이름.
111) 즉 '肺消'를 말한다. 消渴病의 하나. 갈증이 나고 소변이 누렇게 되는 內熱病.
112) 원문은 "血不居其處"이다. 중의학에서는 肝은 피를 저장하는 기능이 있다고 본다. 肝이 일단 손상되면 피를 저장할 수 없다.
113) 太醫 : 궁정 의원.
114) 半夏丸 : 원래의 약 처방은 알 수 없다. 下劑의 일종.
115) 少陰 : '足少陰腎經'을 가리킨다. 인체의 12經脈 중의 하나. 순환경로는 체내에

간이 완전히 상하게 된 것입니다. 이렇게 거듭하여 병자의 기(氣)를 심하게 해쳐 한열병을 일으키게 된 것입니다. 또 사흘 뒤에 발광할 것이라고 한 것은 간의 낙맥 중 하나는 유방 아래의 양명(陽明)에 이어져 있는데, 그 낙맥이 끊어지면 양명맥(陽明脈)이 상하게 되고, 양명맥이 상하게 되면 그대로 미쳐 날뛰게 되기 때문입니다. 닷새 후에 죽는다고 말씀드린 것은 간과 심장은 오분(五分) 만큼의 거리에 떨어져 있기 때문인데,[116] 간의 원기는 닷새면 다해버리고, 간의 원기가 다하면 죽게 됩니다.

제나라 중위(中尉)[117]인 반만여(潘滿如)가 아랫배에 통증을 일으켰을 때, 저는 그의 맥을 짚어보고 "유적하(遺積瘕)[118]입니다"라고 하였습니다. 저는 즉시 제나라의 태복(太僕)[119] 요(饒)[120]와 내사(內史)[121] 요(繇)[122]에게 "중위(中尉)는 스스로 방사를 그치지 않으면 30일 후에 죽을 것입니다"라고 하였습니다. 그후 스무 날 정도 지나자 소변에 피가 비치고서 죽어버렸습니다. 병은 과도한 술과 방사에서 생긴 것입니다. 반만여의 병을 알아차릴 수 있었던 것은 제가 그의 맥을 짚었을 때 맥이 가라앉고, 작고, 약하였는데,[123] 이 세 가지 음맥(陰脈)이 갑자기 한꺼번에 느껴졌기 때문이었습니다. 이러한 것은 비기(脾氣)[124]입니다. 오른손 촌구맥이 긴장되고 미약하여 하기(瘕氣)[125]가 나타나 있습니다. 비(脾)의 병은 오장이 차례로 상승(相乘)하여 30일이면 죽게 됩니다.[126] 삼음(三陰)[127]이 한꺼번

서 腎에 속하고 방광에 연결되며, 체외에서는 새끼발가락으로부터 발바닥, 발 안쪽 복사뼈, 下肢 내측 후면, 복부를 지나 흉부에서 멈춘다. '足少陰腎經'에 뜸을 뜸으로써 腎이 허해서 일으키는 설사를 치료할 수 있다.

116) 寸口 부위의 肝脈과 心脈의 거리가 五分이라는 것이다. 중의학의 진맥법에서 왼쪽, 오른쪽 손의 寸口脈을 '寸, 關, 尺'의 세 부분으로 나누는데, 왼손의 關部는 肝의 병에, 왼손의 寸部는 심장의 병에 관련된다.

117) 中尉 : 도성의 치안을 담당하는 무관.

118) 遺積瘕 : 뱃속에 응어리가 생기는 병.

119) 太僕 : 九卿의 하나. 군왕의 수레와 말을 관리하였다.

120) 饒 : 사람 이름.

121) 內史 : 민정을 담당하는 관원이다.

122) 繇 : 사람 이름.

123) 원문은 "臣意切其脈深小弱"이다. '深'은 '沉'이다. 맥이 가라앉아 있으면 병이 안에 있다는 것이고, 또 맥이 '작고(小)' '약(弱)한' 것은 대부분 氣血이 부족한 것이 원인이다.

124) 脾氣 : 脾臟에 병이 있다는 脈氣.

125) 瘕氣 : 뱃속에 응어리가 생기는 병.

126) 원문은 "以次相乘, 故三十日死"이다. 중의학의 五行學說에서는 五臟이 서로 생장하게 하기도 하고, 억제하기도 하는 관계를 가지고 있다고 보며, 상호 억제가 심하여 정상적인 범위를 넘어서는 것을 '相乘'이라고 한다. 이 병은 脾가 腎을 乘하고,

에 뛰고 있으면 정해진 대로 30일이면 죽겠지만 한꺼번에 뛰지 않을 경우는 그보다 빠른 시일에 생사가 결정나고, 뛰다가 멈추었다가 하는 경우는 죽음에 가까운 것입니다. 그런데 그는 삼음이 한꺼번에 뛰고 있었으므로 소변에 피가 나오고 앞서 말한 바와 같이 죽은 것입니다.

양허후(陽虛侯)[128]의 승상(丞相) 조장(趙章)이 병들었을 때 저도 불려들어갔습니다. 여러 의사들이 '한중(寒中)'[129]이라고 하였습니다. 저는 그의 맥을 짚어보고 "이 병은 동풍(迵風)[130]입니다"라고 하였습니다. 동풍이라는 것은 먹은 음식이 모두 그냥 밖으로 나와버려 배에 머무르지 못하는 병입니다. 의법에 따르면 "닷새면 죽는다"라고 되어 있는데, 그후 그는 열흘 만에 죽었습니다. 그 병은 술 때문에 생긴 것입니다. 조장의 병을 알게된 연유는 그의 맥을 짚어보니 맥이 뛰는 것이 온화하였기 때문인데, 이것은 내풍(內風)[131] 기(氣)가 있다는 것을 말합니다. 의법에서는 먹은 음식이 모두 그냥 나가버리고 배에 머무르지 못하면 닷새 만에 죽는다고 되어 있습니다. 이것은 모두 앞서 말한 맥의 '분계법(分界法)'[132]에 근거한 것입니다. 그런데 그는 열흘 후에야 죽었습니다. 이렇게 죽음의 시기를 넘긴 것은 그가 죽(粥) 먹기를 몹시 좋아하여 위장이 튼튼하였기 때문입니다. 위장이 튼튼해야 그 시기를 넘기고 죽는 것입니다. 제 스승[133]께서도 "음식을 잘 섭취하는 자는 사기(死期)를 넘기고 죽고, 음식을 잘 섭취하지 않는 자는 사기(死期)가 이르기도 전에 죽는다"라고 하셨습니다.

제북왕(濟北王)[134]이 병이 들자 저를 불러 맥을 보게 하였습니다. 저는

腎이 心을 乘하고, 心이 肺를 乘하고, 肺가 肝를 乘하고, 肝이 다시 肺를 乘하는 차례로 진행된다. 한 과정에 5일 걸리므로 五臟이 모두 相乘하는 데 25일 걸리고 肝이 肺를 乘한 후 5일이 지나면 죽으므로 모두 30일이 되는 것이다.

127) 三陰 : 〈주 123〉에서 언급한 '深, 小, 弱'의 세 가지 陰脈을 가리킨다.

128) 陽虛侯 : 齊 悼惠王의 아들 劉將閭를 가리킨다. 文帝 16년 齊王으로 봉해졌다. '陽虛'는 어느곳을 말하는지 알 수 없다. 단지 옛날에 陽虛山이 있었는데, 하나는 지금의 河南省 洛寧縣 서쪽이고 다른 하나는 지금의 陝西省 洛南縣 서쪽이라는 것을 알 수 있을 뿐이다.

129) 寒中 : 장이 차져서 설사를 하는 병.

130) 迵風 : 병 이름. 먹은 음식이 소화 흡수되지 못하고 곧바로 구토나 설사로 나오는 병.

131) 內風 : 체내의 臟器가 그 기능을 잃어 일으키는 질병. 병이 갑자기 생긴다든가 신속히 변화한다든가 하는 것이 자연계의 '바람'의 특성과 유사하여 붙은 이름이다.

132) 分界法 : 脈에는 좌우가 있고 또 각각 寸, 關, 尺 세 부분으로 나뉘며 각각은 다시 五分으로 나뉜다. 이 五分을 分界로 삼아 질병이 변화해가는 증상이나 日數를 예측하는 방법이다.

133) 陽慶을 말한다.

그의 맥을 짚어보고 "이 병은 풍궐(風蹶)¹³⁵⁾로 환자는 가슴이 꽉 차 답답합니다"라고 하였습니다. 저는 즉시 약주(藥酒)를 만들어 복용하게 하였는데 3석(三石)¹³⁶⁾을 마시자 병이 나았습니다. 이 병은 땀을 흘린 채로 땅에 드러누웠기 때문에 걸린 것입니다. 제북왕의 병을 알게 된 것은 제가 그의 맥을 짚었을 때 풍기가 있고 심맥(心脈)이 탁하였기 때문입니다. 의법에 "풍기(風氣)가 양맥(陽脈)에 들어가면 양기(陽氣)가 다하고 음기(陰氣)가 들어간다"라고 하였습니다. 음기가 들어가 퍼지면 한기(寒氣)는 올라가려고 하고 열기(熱氣)는 내려가려 하기 때문에 가슴이 답답하게 되는 것입니다. 또 땀을 흘린 채로 땅바닥에 누웠기 때문에 얻은 병이라고 한 것은 그의 맥을 짚어보았을 때 기(氣)가 음(陰)에 있었기 때문입니다. 맥이 음기인 경우에는 병이 반드시 몸 속으로 들어가 있으며, 축축한 식은땀을 흘리게 됩니다.

제나라 북궁(北宮)¹³⁷⁾ 사공(司空)¹³⁸⁾의 부인인 출오(出於)가 병이 들었을 때, 많은 의사들은 모두 풍기가 몸 속으로 들어간 것인데, 병은 주로 폐에 있다고 생각하여 출오의 족소양맥(足少陽脈)에 침을 놓았습니다. 그러나 저는 그 맥을 짚어보고 "기산(氣疝)¹³⁹⁾을 앓고 있는데, 이것은 산기(疝氣)가 방광에 들어가 있어 대소변을 보기 어렵고 또 소변이 붉어지는 병입니다. 이러한 병은 한기(寒氣)에 닿으면 소변을 가누지 못하고 배가 붓게 됩니다"라고 하였습니다. 출오의 병은 소변을 보고 싶은데도 보지 않고 참은 채로 방사를 치렀기 때문입니다. 출오의 병을 안 것은 맥을 짚어보았더니 맥박이 크고 힘이 있었지만, 맥이 오는 것이 순조롭지 못하였기 때문입니다. 이것은 궐음(蹶陰)¹⁴⁰⁾ 경맥(經脈)이 움직인 것입니다. 맥박

---

134) 濟北王 : 劉志. 齊 悼惠王 劉肥의 아들. 漢 文帝 16년, 濟北王에 봉해졌다. 漢 景帝 3년 菑川王으로 옮겼다.

135) 風蹶 : 외계의 風氣, 寒氣, 濕氣가 체내에 들어와 위로 역행하여 일으키는 병. 주된 증상은 가슴이 답답한 것이다.

136) 漢代의 1石은 120斤이므로 3石은 360斤이다. 일설에 '3石'은 '3日'의 잘못이라고도 한다.

137) 北宮 : 왕후의 거처. '北宮'이 複姓이라는 설도 있다.

138) 司空 : 관직 이름. 工程을 관리하는 관원.

139) 氣疝 : 疝病의 일종. 주된 증상은 배가 갑자기 팽창하다가 수축하다가 하며 통증을 느끼는 것이다.

140) 蹶陰 : '足蹶陰肝經'을 말한다. 인체에 있는 12經脈 중 하나. 그 순행경로는 체내에서는 肝에 속하고 膽에 연결되며, 체외에서는 엄지발가락으로부터 下肢 내측, 외음부, 복부를 지나 側胸部에서 멈춘다. 『靈樞經』에 의하면 足蹶陰肝經 經脈의 변동이 일으키는 병에는 疝氣, 아랫배의 팽창 등이 있다고 한다.

이 오는 것이 순조롭지 못한 것은 산기(疝氣)가 방광에 있었기 때문입니다. 또 배가 부풀어오른 것은 궐음의 낙맥이 아랫배에 이어져 있기 때문입니다. 궐음에 이상이 생기면 맥이 이어져 있는 부위도 움직이고, 이렇게 움직이게 되면 배가 부풀어오르게 되는 것입니다. 저는 즉시 출오의 족궐음맥(足蹶陰脈)에, 좌우 각각 한 군데씩 뜸을 떠주었습니다. 그러자 소변을 흘리지 않게 되고 소변 빛깔도 맑아졌으며 아랫배의 통증도 가셨습니다. 그래서 다시 화제탕을 만들어 마시도록 하니, 사흘 만에 산기(疝氣)가 없어지고 곧 나았습니다.

고(故) 제북왕(濟北王)[141]의 유모가 발에 열이 올라 괴롭다고 호소하였을 때에 저는 "이 병은 열궐(熱蹶)입니다"[142]라고 말하고 좌우 족심(足心)[143]에 각각 세 군데씩 침을 놓고, 그 자리를 눌러 피가 흘러나오지 않도록 하니 병이 곧 나았습니다. 병은 술을 너무 마셔 지나치게 취한 까닭에 생긴 것입니다.

제북왕이 저를 불러 모든 시녀들의 맥을 보게 하였습니다. 이름이 수(竪)라는 시녀의 맥을 보게 되었을 때, 수 자신에게는 병이 없다고 하였습니다. 그러나 저는 영항(永巷)의 장(長)[144]에게 "저 수라는 시녀는 비장(脾臟)이 나빠져 있으므로 과로하여 지치게 되면 안 됩니다. 의법으로 본다면 봄이 되면 피를 토하고 죽겠지요"[145]라고 하였습니다. 제가 또 왕에게 "저 영리해 보이는 시녀 수는 무슨 재주가 있습니까?"라고 묻자, 왕은 "저 시녀의 재주는 바느질, 수예와 같은 기예(技藝)를 좋아하는 것인데,[146] 매우 다재다능하오. 옛 기예 수법을 연구하여 그것에서 새로운 무늬를 생각해내기를 좋아하오. 예전에 민간에서 그의 동년배 네 명과 함께 470만 전(錢)을 주고 사왔소"라고 하였습니다. 왕이 또 "병이 있는 것은 아니오?"라고 묻기에, 저는 "수의 병은 중합니다. 죽는 병에 속합니다"라고 하였습니다. 왕이 수를 가까이 불러 살펴보았으나 수의 안색에 변화가

---

141) 故 濟北王 : 劉興居. 齊 悼惠王 劉肥의 아들. 漢 文帝 2년 濟北王에 봉해졌는데 文帝 4년에 모반을 일으켜 주살당하였다.

142) 熱蹶 : 열이 나서 달아오르는 병.

143) 足心 : 발바닥에 오목하게 들어간 곳.

144) '永巷'은 궁녀가 거처하는 곳이다. 이곳을 관리하는 관원을 '永巷長'이라고 한다.

145) 중의학에서 오행학설로 보면, 脾臟은 '土'에 속하고 肝臟은 '木'에 속하는데 '木'은 '土'를 이긴다. 脾臟을 해친 병자는 肝의 기가 왕성해지는 봄에 혈액을 통괄하는 기능을 잃게 되어 피를 토하고 죽는다.

146) 원문은 "是好爲方"이다. '是'는 '재능,' '好'는 '좋아하다,' '爲'는 '하다, 만들다'의 의미이다. '方'은 '方術, 각종 기예의 범칭'인데 여기서는 천을 짠다든가 수를 놓는다든가 하는 여자들의 일을 말한다.

없었으므로 병에 걸리지 않았다고 여기고 다른 제후에게 팔지 않았습니다. 봄이 되어 왕이 변소에 가는데 수가 칼을 받쳐들고 따라갔습니다. 그러나 왕이 변소에서 나왔는데도 수가 따라오지 않는 것이었습니다. 왕이 사람을 시켜서 수를 불러오게 하니, 수는 변소에 넘어져 피를 흘리고 죽어 있었습니다. 병은 땀을 너무 많이 흘린 탓에 생긴 것입니다. 땀을 지나치게 많이 흘리는 것은 의법에 의하면 병이 몸 속에서 심해진 때문인데, 모발이나 안색은 윤기가 흐르고 맥도 약해지지 않습니다. 이 또한 내관의 병입니다.

제나라 중대부(中大夫)[147]가 충치를 앓고 있었을 때 저는 그의 왼손 양명맥(陽明脈)[148]에 뜸을 떴습니다. 그리고 즉시 고삼탕(苦蔘湯)[149]을 만들어 하루에 세 되씩 입을 가시게 하였더니 5, 6일 만에 나았습니다. 이것은 바람을 맞으며 입을 벌린 체 자고, 식후에 입을 가시지 않았기 때문에 생긴 병입니다.

치천왕(菑川王)[150]의 미인(美人)[151]이 해산하지 못하고 있을 때 저를 불러들였습니다. 제가 가서 낭탕약(莨蕩藥)[152]을 1촬(撮)[153] 술로 마시게 하였습니다. 그러자 곧 해산하였습니다. 제가 다시 맥을 짚어보니 맥이 조급하였습니다. 이것은 또 다른 병이 있기 때문입니다. 그래서 즉시 소석(消石)[154]을 한 모금 마시게 하였더니 피가 나왔는데, 콩 크기만하게 덩어리진 것이 5, 6개나 나왔습니다.

제나라 승상의 가신(家臣)의 하인이, 임금을 조현(朝見)하러 가는 주인을 따라 궁중에 들어갔을 때의 일입니다. 저는 그가 궁중의 작은 문 밖에서 음식을 먹는 것을 보았습니다. 그의 얼굴을 보니 병색이 있었습니다.

---

147) 中大夫 : 郎中令(漢 武帝는 光祿勳으로 개명하였다)의 屬官.

148) 원문은 "左大陽明脈"이다. 즉 '左手陽明大腸經'을 말한다. 그 순행경로는 체내에서는 大腸에 속하고 肺에 연결되며, 체외에서는 집게손가락 끝으로부터 上肢, 肩部, 頸部, 頰部를 거쳐 鼻孔 옆에서 멈춘다. 이 經脈 穴에 침이나 뜸을 시행함으로써 충치를 치료할 수 있다. '大'는 '手'자의 오기이거나 연자이다.

149) 苦蔘湯 : 원래의 약 처방은 알 수 없다. 주성분인 苦蔘의 성질로 볼 때 해열, 除濕, 風의 제거, 살충 작용을 하는 듯하다. 沈括의 『夢溪筆談』에 의하면 北宋 시기까지 苦蔘湯 가루로 이를 문지르고 충치를 치료하였다고 한다.

150) 菑川王 : 劉賢. 齊 悼惠王 劉肥의 아들. 漢 文帝 16년 菑川王에 봉해졌다. 漢 景帝 3년 모반을 일으켜 주살되었다.

151) 美人 : 妃嬪의 칭호의 하나.

152) 莨蕩藥 : '莨蕩'은 '莨菪'이다. 다년생 초본 식물로서 약용으로 쓰인다. 씨는 '天仙子'라고 한다. 독성이 있으며 소량 복용할 때에는 진정, 진통 등의 효과가 있으며 다량 복용할 때에는 이성을 잃고 방탕하게 된다.

153) 撮 : 당시 가루약을 재는 방법. 손가락 세 개로 한 번 집어올린 양이 1撮이다.

154) 消石 : 즉 硝石을 말한다. 通血劑.

그래서 저는 평(平)이라는 환관에게 그 이야기를 하였습니다. 평은 병을 진찰하기를 좋아하여 저에게서 의술을 배우고 있었습니다. 저는 그에게 가신의 하인의 병을 가리켜 보여주고 "이 병은 비장(脾臟)의 기(氣)가 상해 있어 봄이 되면 가슴이 막혀 통하지 않게 되고 음식을 먹고 마실 수 없게 된다. 의법에서는 여름이 되면 혈변(血便)을 보고 죽는다고 되어 있다"라고 말하였습니다. 그러자 환관 평이 승상에게 가서 "군(君)의 가신의 하인은 병이 들어 있는데, 병이 중하여 죽을 날이 머지 않았습니다"라고 하였습니다. 그러자 승상은 "경(卿)은 그것을 어찌 알았소?"라고 하였습니다. 이에 평은 "군께서 조현하러 궁중에 들어오셨을 때, 군의 가신의 하인이 작은 문 밖에서 끊임없이 음식을 먹고 있었습니다. 저는 창공(倉公)과 함께 그곳에 서 있었는데 창공이 거기서 저에게 '이러한 병세를 보이는 사람은 죽는다'라고 가르쳐주었습니다"라고 하였습니다. 그러자 승상은 가신을 불러 "그대의 하인에게 병이 있는가?"라고 물었습니다. 이에 가신은 "제 하인은 병이 없습니다. 몸이 어디 좋지 않은 것 같다든가 하는 일은 없습니다"라고 하였습니다. 그러나 봄이 되자 결국은 병이 들고 4월이 되자 혈변을 보고 죽었습니다. 하인의 병을 알게 된 것은 비장의 기가 완전히 오장으로 옮겨들어가, 이것이 얼굴의 각 부위에 교차하여 나타났기 때문인데, 이렇게 비장이 상한 사람의 안색은 멀리서 바라보면 언뜻 누런 색으로 보이지만, 자세히 보면 시든 풀 같은 짙은 잿빛을 보입니다. 많은 의사들은 병을 알지 못하고 회충 때문이라고 여길 뿐 비장을 해치고 있는 것을 알지 못하였습니다. 봄이 되면 병이 중해져 죽을 것이라고 한 것은 비위(脾胃)가 병든 얼굴 색은 황색(黃色)[155]인데, 황색은 토(木)의 기(氣)이고,[156] 토(土)는 목(木)을 이기지 못하므로 봄이 되면 죽는다고 한 것입니다.[157] 그런데 여름이 되어서야 죽은 것은 이렇습니다. 『맥법』에 "병이 중

---

155) 원문은 "胃氣黃"이다. 脾臟에 병이 있으면 안색이 누렇다. 여기서 '胃'는 '脾'를 가리킨다. 중의학에서 脾와 胃는 상호 표리를 이루는 장기로서 흔히 바꾸어 칭하거나 함께 칭한다.

156) 원문은 "黃者土氣也"이다. 황색은 脾土의 색이다. 중의학의 오행학설에 의하면 脾는 土에 속하고 색깔로는 황색이라고 하는데, 이는 脾臟의 특징이 흙[土]이 만물을 자라게 하는 것과 유사하기 때문이다. 그래서 脾臟의 생리나 병리의 변화는 얼굴에 나타나는 황색의 정상 여부를 통해서 반영된다. 이와 마찬가지 이치로 폐는 金에 속하며 백색이고, 신장은 水에 속하며 흑색이고, 심장은 火에 속하며 적색이고, 간장은 木에 속하고 청색이다.

157) 원문은 "土不勝木, 故至春死"이다. 脾病은 肝氣를 견디어내지 못하므로 봄이 되면 죽는다는 뜻이다. 중의학의 臟腑學에 의하면 脾胃는 반드시 肝氣를 얻어야만 소화, 흡수의 기능을 달성한다고 한다. 오행설에서는 肝과 脾의 이러한 관계를 '木克

한데도 맥이 정상인 것을 내관(內關)이라고 한다"라고 되어 있는데, 내관의 병은 병든 사람이 아픈 것을 모르고 아무런 고통도 느끼지 않습니다. 만약 여기에 한 가지 병을 더한다면 중춘(中春)[158]에 죽겠지만, 마음이 즐겁고 천리(天理)에 따라 양생(養生)한다면 한 계절을 연장할 수 있습니다. 4월이 되어 죽은 것은 그를 진찰하였을 때 그의 마음은 즐거웠고 자연에 따르고 있었으며 몸도 아직 살이 쪄 있었기 때문입니다. 이 하인의 병은 여러 차례 땀을 흘리고는 불에 쬐고, 그리고 또 밖에 나와서 센 바람을 쐬었기 때문에 얻은 것입니다.

치천왕이 병이 들었을 때 저를 불러 진맥하도록 하였습니다. 저는 "궐(蹶)[159]인데 상부(上部)의 증상이 심하여 두통이 나고 몸에 열이 나서 괴롭게 되는 것입니다"라고 하였습니다. 서는 즉시 찬물로 그의 머리를 식히게 하고 좌우의 족양명맥(足陽明脈)[160]에 세 군데씩 침을 놓았습니다. 그러자 곧 병이 나았습니다. 병은 머리를 감고 나서 마르기 전에 잠을 잤기 때문에 걸린 것입니다. 병을 진단한 과정은 앞서 말한 바와 같고, 궐이라고 한 것은 열이 머리에서 어깨까지 역행하였기 때문입니다.

제왕(齊王)의 애첩 황희(黃姬)의 오빠 황장경(黃長卿)이 집에서 주연을 베풀어 손님을 청하였을 때 저도 초청되었습니다. 손님들이 자리에 앉았지만 아직 음식이 들어오지 않았을 때 저는 왕후(王后)의 아우인 송건(宋建)[161]을 보고 "군(君)에게는 병이 있습니다. 4, 5일 전에 군은 등허리가 아파서 위를 쳐다볼 수도 아래를 내려다볼 수도 없고 소변도 볼 수 없었을 것입니다. 빨리 치료하지 않으면 병은 바로 신장(腎臟)으로 진행되어버릴 것입니다. 병이 오장(五臟)으로 들어가버리기 전에 서둘러 치료하십시오. 병은 지금 막 신장으로 들어가려 하고 있는데, 이것을 소위 '신비(腎痺)'[162]라고 합니다"라고 하였습니다. 그러자 송건은 "그러하오. 나는 전부터 등허리가 아팠소. 실은 4, 5일 전 비오던 날, 황씨(黃氏)의 사위들이 우리 집 곳간에 있던 네모난 돌을 보고는 이것을 가지고 놀이를 하였

土'라고 한다. 肝은 봄철에 왕성해지고 그 기능이 강화되는데, 병으로 상해 있는 脾臟은 견디어내지 못한다. 이러한 까닭에 '土不勝木'이며 병자가 봄에 죽는 것이다.
158) 中春 : 仲春. 음력 2월.
159) 蹶 : 열이 역행하여 생기는 병.
160) 足陽明脈 : 순행노선은 코에서부터 側頭部, 얼굴, 목을 지나간다. 그러므로 이곳에 침을 놓게 되면 두통은 치료할 수 있다.
161) 宋建 : 자세한 사적은 알 수 없다.
162) 腎痺 : 骨痺를 오래 앓던 중 다시 外邪를 받거나 힘들게 먼 길을 걸었을 때, 외상으로 뼈가 상하였거나 腎精이 소모되었을 때 생긴다.

소.[163] 나도 그들이 하는 양을 흉내내어 똑같이 해보았지만 돌을 들어올릴 수가 없어서 그대로 다시 내려놓았소. 그런데 저녁 때부터 등허리가 아프고 소변도 볼 수 없게 되었는데 지금까지도 낫지 않고 있소"라고 하였습니다. 송건의 병은 무거운 것을 들어올리기를 즐겨 하였기 때문에 생긴 것입니다. 송건의 병을 알게 된 것은 제가 그의 안색을 보니 광대뼈 부위가 메말라 윤기가 없고, 신부(腎部)에서 허리 이하에 이르는 사분(四分) 정도의 부위가 건조해 있었습니다. 그래서 4, 5일 전에 발병한 것을 알게 된 것입니다. 그래서 제가 유탕(柔湯)[164]을 만들어 복용하게 하였더니 열여드레만에 병이 나았습니다.

한녀(韓女)라는 제북왕(濟北王)의 시녀가 허리와 등이 아프고 오한이 났다 열이 올랐다 하였을 때, 많은 의사들이 모두 한열병(寒熱病)이라고 하였습니다. 그러나 저는 맥을 짚어보고 "몸 속이 차져서 월경(月經)이 통하지 않는 것입니다"라고 하고 즉시 좌약(坐藥)[165]을 사용하게 하였더니, 곧 월경이 통하고 병이 나았습니다. 이 병은 남자를 가까이 하고자 하였으나 그렇게 하지 못하여 얻은 것입니다. 한녀의 병을 알아낸 것은 맥을 짚어보았을 때 그 맥이 신맥(腎脈)[166]이었기 때문입니다. 맥박이 뛰는 것이 여리고도 느리며 끊어지곤 하였습니다. 여리고 느리며 끊어지는 맥박은 그 뛰는 것이 원활하지 않고 단단합니다. 그래서 월경이 통하지 않는다고 말한 것입니다. 또 간맥(肝脈)[167]이 활시위같이 팽팽한 것이 상부 심맥(心脈)의 촌구(寸口)[168]에서 뛰고 있었습니다. 이러한 까닭에 남자를 가까이하고 싶었으나 그 뜻을 이루지 못하였다고 한 것입니다.

임치현(臨菑縣) 범리(氾里)[169]에 사는 박오(薄吾)[170]라는 여자가 중병

---

163) 돌을 들어 힘을 겨루는 놀이.

164) 柔湯 : 원래의 약 처방은 알 수 없으나 작용이 온화한 강장제인 듯하다.

165) 원문은 "竄以藥"이다. 이에 관해서 세 가지 설이 있다. 첫째는 약으로 씻어낸다는 것이고, 둘째는 혈액순환 약을 복용하여 血行을 원활하게 한다는 것이며, 셋째는 약물을 좌약으로 만들어 陰道에 넣어 월경이 통하게 한다는 것이다. '竄'의 의미로 볼 때 세번째 견해가 타당하다. 『說文解字』에 "竄, 墜也, 從鼠在穴中"이라고 되어 있다.

166) 腎脈 : 중의학에서는 子宮의 絡脈이 腎에 연결되어 있어, 몸이 차지면 피가 유통되지 못하고 자궁의 絡脈이 막히게 되고 월경이 통하지 않게 되며, 따라서 腎脈이 원활하지 못하게 된다고 한다.

167) 肝脈 : 왼손 寸口脈의 關部. 肝氣가 맺히고 腎에서 나는 열이 왕성한 맥으로서, 마음속에 감추어진 일이 있으나 그것을 오랫동안 이루지 못하였을 때 생긴다.

168) 심장을 지배하는 부분이다.

169) 氾里 : 고을 이름.

170) 薄吾 : 환자의 이름.

에 걸렸을 때 많은 의사들이 모두 한열병이 심해졌기 때문에 이로 인해서 죽을 것이며 치료할 방법이 없다고 여겼습니다. 저는 박오의 맥을 짚어보고 "요하(蟯瘕)¹⁷¹⁾입니다"라고 하였습니다. '요하'라는 병은 배가 부풀어오르고 피부가 누렇게 되고 거칠어지며 손으로 만져보면 환자가 아파합니다. 제가 원화(芫華)¹⁷²⁾ 1촬(撮)을 복용하게 하자, 곧 요충(蟯蟲)이 몇되나 나오고 병이 나아 30일 만에 원래대로 되돌아왔습니다. 이 병은 한기(寒氣)와 습기(濕氣) 탓에 걸린 것입니다. 한기와 습기가 몸에 꽉 차서 발산되지 못하면 벌레로 변하는 것입니다. 제가 박오의 병을 알게 된 것은 그의 맥을 짚었을 때 척부(尺膚)¹⁷³⁾ 부위를 만져보니 이곳이 거칠어져 껄끄러웠고, 머리카락은 타 오그라져 있었기 때문인데, 이러한 현상은 벌레가 있기 때문입니다. 병자의 얼굴에 윤기가 돌면 몸 속 오장에 아무런 사기(邪氣)도 중병(重病)도 없다는 것입니다.

제나라 순우사마(淳于司馬)¹⁷⁴⁾가 병들었을 때 저는 그 맥을 짚어보고 "동풍(迥風)을 앓고 있음에 틀림없습니다. '동풍'의 증상은 음식물이 목구멍을 넘어가기만 하면 곧바로 설사로 나가버리는 것입니다. 병은 배불리 먹고 나서 빨리 달렸기 때문에 걸린 것입니다"라고 하였습니다. 그러자 순우사마는 "나는 왕궁에 가서 말의 간을 대접받아 배불리 먹었습니다. 그런 후 술을 내오는 것을 보고 황급히 도망쳐 빨리 달려 집으로 돌아왔습니다. 그러자 수십번이나 설사를 하였습니다"라고 하였습니다. 저는 "화제탕과 미즙(米汁)¹⁷⁵⁾을 섞어서 마시고 7, 8일이면 나을 것입니다"라고 알려주었답니다. 이때 진신(秦信)이라고 하는 의원이 옆에 있다가 제가 돌아간 후 곁에 있던 성이 각(閣)이라는 도위(都尉)¹⁷⁶⁾에게 "순우의가 순우사마의 병을 무어라고 하였습니까?"라고 물었다고 합니다. 이에 도위는 "동풍이라는 병인데 치료할 수 있다고 합니다"라고 하였습니다. 그러자 신(信)은 웃으면서 "그 사람은 모릅니다. 순우사마의 병은 의법에 의하면 아흐레 후에 죽습니다"라고 하였답니다. 그런데 아흐레가 지나도 죽지 않았으므로 그의 집에서는 다시 또 저를 불렀습니다. 제가 가서 용태를 들어보니 완전히 저

---

171) 蟯瘕 : 요충이 뭉쳐서 이루어진 덩어리.
172) 芫華 : 즉 '芫花'를 가리킨다. 독초로서 살충제가 된다. '華'는 '花'와 통한다.
173) 尺膚 : 양손의 肘關節 아래 寸口에 이르는 피부.
174) 淳于司馬 : '淳于'는 성이고, '司馬'는 사건에 관한 사항을 담당하는 관리를 말한다.
175) 원문은 "火劑米汁"이다. 火劑湯과 米汁을 같이 넣어 끓인 것인 듯하다. 火劑湯은 腸의 열을 씻어내리게 하고, 米汁은 胃를 온화하고 부드럽게 한다.
176) 都尉 : 장군보다 약간 낮은 무관이다.

의 진단에 부합되었습니다. 저는 그 자리에서 화제탕에 미즙을 섞은 것을 복용하게 하였습니다. 그러자 7, 8일 만에 병이 나았습니다. 병을 치료할 수 있다는 것을 안 것은 그의 맥을 짚었을 때, 맥이 의법에서 말하는 바에 완전히 부합되었기 때문이며, 병과 맥이 서로 순응하였기 때문에 죽지 않은 것입니다.

제나라의 중랑 (中郞)[177]인 파석 (破石)[178]이 병들었을 때, 저는 그의 맥을 보고 "폐가 나빠져 있는데 치료할 수 없습니다. 열흘 후 정해일 (丁亥日)에 소변에 피가 섞여 나오고 죽을 것입니다"[179]라고 알려주었습니다. 그러자 열하루 되던 날 소변에 피가 섞여 나오고 죽었습니다. 파석의 병은 말에서 떨어져 돌 위에 넘어졌기 때문에 걸린 것이었습니다. 파석의 병을 알게 된 것은 그의 맥을 짚어보았을 때 폐에 음기 (陰氣)가 있었기 때문입니다. 맥이 뛰는 것이 흩어져 몇 갈래로 뛰며 한결같지 않고, 안색 또한 음기로 인하여 붉어져 있었습니다. 그가 말에서 떨어졌다는 것을 안 것은 맥을 짚어보니 반음맥 (反陰脈)[180]이었기 때문입니다. 그 반음맥이 허 (虛) 속에 들어간 후 폐맥 (肺脈)에 합쳐져 있었던 것입니다. 폐맥이 흩어져 뛰면 이에 따라 본래의 얼굴 색도 변합니다. 예측한 날짜에 죽지 않은 것은 저의 스승 공승 (公乘) 양경 (陽慶)께서도 "환자가 곡기 (穀氣)를 잘 섭취하면 사기 (死期)를 넘어서 죽고, 곡기를 잘 섭취하지 않으면 사기에 이르기도 전에 죽는다"라고 하셨듯이, 그 사람은 기장〔黍〕을 즐겨 먹었는데 기장이 폐를 보(補)하기 때문에 사기를 넘긴 것입니다. 또 소변에 피가 섞여 나온 것은 『진맥법 (診脈法)』에도 "병을 조섭하는 데에도 고요한 음기 (陰氣)의 장소를 좋아하는 자는 피를 아래로 쏟고 죽고, 번잡한 양기 (陽氣)의 장소를 좋아하는 자는 피를 토하고 죽는다"라고 되어 있습니다. 그런데 이

---

177) 中郞 : 임금의 측근에서 모시는 신하.
178) 破石 : 사람 이름.
179) 원문은 "當後十日丁亥溲血死"이다. 丁亥日에 죽는다고 한 것은 天干을 오행에 맞추어 오장에 생긴 병의 死期를 계산하는 방법에 의한 것이다. 『黃帝內經素問』「平人氣象論」의 기록에 의하면 肝의 병은 庚, 辛日에 죽고, 심장의 병은 壬, 癸日에 죽고, 脾의 병은 甲, 乙日에 죽고, 肺의 병은 丙, 丁日에 죽고, 腎의 병은 戊, 己日에 죽는다고 한다. 丙과 丁이 火에 속하고 肺의 병이 丙, 丁日에 죽음을 맞이한다는 것은 火로 金을 벌한다는 것, 즉 肺는 金에 속하므로 丁亥日에 죽게 된다는 것이다.
180) 원문은 "番陰脈"으로, 즉 '反陰脈'을 가리킨다. 陰의 부위에 陽脈이 보이는 것으로 '番'은 '翻'과 통하며 '反'의 의미이다. 중의학 이론에 의하면 심장과 肺는 모두 인체의 상부에 있는데, 심장은 陽의 장기에 속하고 肺는 陰의 장기에 속한다. 散脈(흩어져 뛰는 맥)은 본래 심장의 病脈인데 肺의 맥부에서 散脈이 된다면, 이것은 陽脈이 陰位에 합쳐진 것이고 이러한 것을 '反陰脈'이라고 한다.

사람은 고요한 것을 좋아하였고 조급하지 않았으며 또 오랫동안 조용히 앉아 책상에 엎드려 잤기 때문에 피를 아래로 흘린 것입니다.

제왕(齊王)의 시의(侍醫)[181]인 수(遂)[182]가 병들었을 때 그는 스스로 오석(五石)[183]을 달여서 먹었습니다. 제가 가보니 수는 저에게 "내게는 병이 있소. 진찰해주시면 고맙겠소"라고 하였습니다. 저는 즉시 그를 진찰하고 "공(公)은 몸 속에 열이 차 있는 병을 앓고 계십니다. 『약론(藥論)』에 '몸 속에 열이 차 있어 소변을 보지 못하는 사람은 오석을 복용해서는 안 된다'라고 되어 있습니다. 석제(石劑)는 약으로서는 너무 강하여 공이 이것을 복용하시면 소변을 보는 횟수가 줄어들 것이니 당장 복용을 중지하십시오. 얼굴 색을 보니 장차 종기가 날 것 같습니다"라고 하였습니다. 그러자 수는 "편작은 '음석(陰石)으로 음성(陰性)의 병을 치료하고 양석(陽石)으로 양성(陽性)의 병을 낫게 한다'[184]라고 하였습니다. 대저 약석(藥石)에는 음(陰), 양(陽), 수(水), 화(火)[185] 각각의 약제가 있습니다. 그래서 몸 속에 열이 있으면 순한 음석의 약제를 지어 치료하고, 몸 속에 한기가 있으면 강한 양석의 약제를 지어 치료합니다"라고 하였습니다. 이에 저는 "공(公)의 관점은 너무 잘못되었습니다. 편작이 그러한 말을 하였다고 하더라도 반드시 주의깊게 진찰해야 합니다. 말하자면 도량(度量)[186]을 사용하여 규구(規矩)[187]로 재고 권형(權衡)[188]으로 다는 것처럼 얼굴 색과 맥의 상태, 겉과 안, 여분과 부족, 순(順)과 역(逆)의 법칙 등을 모두 고려하고, 또 병자의 동정(動靜)과 호흡이 조화를 이루는가 등을 참작한 후에야 석약(石藥)의 사용 여부를 논할 수 있습니다. 『약론』에도 "양성의 병이 속에 들어 있고 이에 감응하여 음성의 증상이 밖으로 드러난 경우는 강

181) 侍醫 : 궁정 의원.
182) 遂 : 사람 이름.
183) 五石 : 다섯 가지 광물을 배합한 약으로서, 五石의 배합 방법에는 여러 가지가 있다. 晉代 葛洪이 저술한 『抱朴子』「內篇」에 기록된 五石은 丹砂, 雄黃, 白礬, 曾靑, 磁石이다.
184) 원문은 "陰石以治陰病, 陽石以治陽病"이다. 성질이 차가운 石藥에는 石膏, 滑石, 寒水石 등이 있는데 이것은 陰의 虛에 열이 있는 병을 치료하고, 성질이 뜨거운 石藥에는 雄黃, 硫磺, 鐘乳石 등이 있는데 이것은 陽의 虛에 한기가 있는 병을 치료한다.
185) 水, 火 : 寒, 熱을 말한다.
186) 度量 : '度'는 길이를 재는 단위이고, '量'은 용량을 재는 단위이다. 합하여 자〔尺〕와 되〔升〕를 가리킨다.
187) 規矩 : '規'는 '그림쇠'이고, '矩'는 '곡자〔曲尺〕'이다.
188) 權衡 : '權'은 저울추이고, '衡'은 저울대이다. 합하여 저울을 가리킨다.

한 약이나 침을 써서는 안 된다"라고 되어 있습니다. 대체로 강한 약이 몸 속에 들어가면 사기(邪氣)가 모여들어 울기(鬱氣)가 점점 깊어집니다. 『진법』에도 "소음(少陰)의 한기(寒氣)가 내열에 응해서 겉으로 드러나고, 소양(少陽)의 열이 안에 차 있는 경우는[189] 강한 약을 써서는 안 된다"라고 되어 있습니다. 강한 약이 몸 속으로 들어가면 양기를 움직이게 하므로 이 때문에 음성의 병은 점점 약해지고 양성의 병은 점점 중해지며 사기는 밖으로 흘러 경맥(經脈)의 수혈(腧穴)에 깊은 통증을 주는 결과가 되어 분노가 폭발하듯 터져나와 종기[疽]가 되는 것입니다"라고 하였습니다. 제가 이렇게 알려주고 나서 100일여 쯤 지나자 결국은 종기가 유방 위에 생겼는데, 이것이 결분(缺盆)[190] 속으로 들어가자 그는 죽어버렸습니다. 이상에서 말한 것은 극히 개략적인 것이고, 실제로는 병에 따른 치료 원칙이 반드시 있습니다. 용의(庸醫)는 한 가지 배우지 못한 것이 있어 미숙하므로, 의학서에 쓰인 치료 법칙의 의미와 실제 병에서의 음양관계를 잘못 보는 것입니다.

제왕(齊王)이 앞서 양허후(陽虛侯)로 있었을 때 중병에 걸렸던 적이 있었습니다. 많은 의사들이 모두 궐(蹶)이라고 여겼습니다만, 저는 맥을 짚어보고 비(痺)[191]라고 진단하였습니다. 병근(病根)은 오른쪽 옆구리 아래에 있었는데 술잔을 엎어놓은 정도로 커서 병자로 하여금 숨이 차게 하고 기(氣)가 거꾸로 올라와 음식을 먹지 못하게 하였습니다. 제가 즉시 화제죽(火齊粥)[192]을 잠시 복용하게 하니, 엿새 후에 기가 내려갔습니다. 이에 다시 환약(丸藥)을 복용하게 하니 대략 엿새 만에 병이 나았습니다. 이 병은 방사를 절제하지 않은 데서 걸린 것입니다. 그런데 제가 진찰하였을 때, 어떻게 경맥 이론을 사용하여 이러한 병을 해석해야 하는지는 몰랐고, 병근의 소재만 대략 알 수 있었을 뿐이었습니다.

저는 이전에 안양현(安陽縣)[193] 무도리(武都里)[194]에 사는 성개방(成開方)[195]을 진찰한 적이 있습니다. 개방 자신은 병에 걸리지 않았다고 하였

---

189) 원문은 "二陰應外, 一陽接內者"이다. 二陰은 六經 중의 少陰으로서 한기와 관계되고, 一陽은 六經 중의 少陽으로서 內熱과 관계된다.

190) 缺盆: 鎖骨 위의 우묵한 곳.

191) 痺: 邪氣가 臟腑에 가득 차서 일으키는 질병. 이밖에 '肝痺,' '肺痺'라는 견해도 있다. 그러나 淳于意는 이 병이 무슨 '痺'에 속하는지 언급하지 않았다.

192) 火齊粥: 원래의 조제법은 알 수 없으나, 앞서 언급한 〈주 175〉의 '火劑米汁'과 유사할 것이다.

193) 安陽縣: 지금의 山東省 曹縣의 동쪽.

194) 武都里: 고을 이름.

195) 成開方: 사람 이름.

습니다만 저는 그에게 "앞으로 답풍(沓風)[196]에 걸려 고통을 받게 되고, 3
년 후에는 수족을 쓰지 못하고 목소리도 나오지 않게 될 것입니다. 말을
못하게 되면 곧 죽게 됩니다"라고 하였습니다. 지금 듣자니 그가 수족을
못 쓰고 말도 못하게 되었으나 아직은 죽지 않았다고 합니다. 이 병은 자
주 술을 마시고 센 바람을 쐬었기 때문에 걸린 것입니다. 성개방의 병을
알아낸 것은 그를 진찰해보니, 스승의 책인 『맥법』과 『기해술(奇咳術)』에
"오장의 기가 서로 거스르는 자는 죽는다"라고 되어 있는 것처럼, 그의 맥
을 짚었을 때 신기(腎氣)가 폐기(肺氣)를 거스르고 있는 것을 알았기 때문
입니다.[197] 이러한 병은 의법에서는 "3년이면 죽는다"고 하였습니다.

　안릉(安陵)[198] 판리(阪里)[199]에 사는 공승(公乘) 항거(項處)[200]가 병이
들었을 때 저는 맥을 짚어보고 "모산(牡疝)[201]입니다"라고 하였습니다. 그
에게는 모산이 흉격(胸膈)[202] 아래에 발생하여 위로 폐에 연결되어 있었습
니다. 이 병은 방사를 절제하지 않아 걸린 것이었습니다. 저는 그에게 "힘
든 일을 절대 하지 않도록 주의하십시오. 힘든 일을 하면 반드시 피를 토
하고 죽을 것입니다"라고 하였습니다. 그후 항거는 축국(蹴鞠)[203]을 하였
기 때문에 허리에 한기(寒氣)를 느끼고 땀을 흠뻑 흘리고는 피를 토하였습
니다. 저는 또다시 그를 진찰하고 "내일 저녁 죽을 것입니다"라고 하였는
데, 그는 과연 제 말 그대로 죽고 말았습니다. 항거의 병을 알아낸 것은
그의 맥을 짚었을 때 반양맥(反陽脈)[204]임을 알았기 때문인데, 이처럼 반

---

196)　沓風 : 中風 병의 하나.
197)　원문은 "切之, 得腎反肺"이다. 肺의 맥 위에서 腎病의 맥을 짚는 것이다. 五行
　相生說에 의하면 金이 水를 낳고, 水가 木을 낳고 木이 火를 낳고, 火가 土를 낳고
　土가 金을 낳으므로, 肺(金에 해당)는 腎(水에 해당)의 母臟이 된다. 腎病이 肺에
　미치는 것을 '子盜母氣'라고 하는데, 여기에서는 '腎反肺'라고 하였다.
198)　安陵 : 漢 惠帝의 묘가 있는 곳. 지금의 陝西省 咸陽市 동북쪽. 당시 여기에 현
　성이 있었다.
199)　阪里 : 安陵縣에 있는 고을 이름.
200)　項處 : 사람 이름.
201)　牡疝 : '陽疝'에 속한다. 疝症은 대부분 膈膜 아래 腹腔내에 발생한다. 복부는 陰
　에 속하는데 지금 복통이 위로 肺에까지 연결되어 있다. 肺는 膈膜 위인 胸腔내에
　있으며 흉부는 陽에 속한다. 그러므로 '牡疝'이라고 하는 것이다. '牡,' '陽' 모두 원
　래 雄性의 鳥獸를 말한다.
202)　胸膈 : 가슴을 말한다.
203)　蹴鞠 : 축구와 비슷한 운동. 이로써 놀이를 하거나 군사를 훈련시킨다.
204)　원문은 "番陽脈"이다. 陽의 부위에서 陰의 맥이 뛰는 것이다. 疝症은 대부분 腎
　臟과 관계가 있다. '牡疝'은 肺와 腎 두 장기와 관련이 있으므로 여기에서 말하는 '反
　陽脈'은 肺의 맥부에서 腎病의 맥이 뛰는 것을 말한다. 앞의 〈주 180〉 참조.

718

양맥이 빈 속에 들어가, 한편으로는 반양맥이 느껴지고 다른 한편으로는 산통(疝痛)이 위로 폐까지 연결되는 것, 이것이 모산입니다.

　　신 순우의는 "이밖에도 진맥을 하여 사기(死期)를 예측하고 죽고 사는 병을 판별하며, 치료하여 고친 병도 많습니다만 오래된 일이라 대부분 잊어버려 하나하나 기억하지 못하기에 감히 이 이상은 말씀드리지 못합니다"라고 아뢰었다.

　그러자 황상은 "진찰하여 고친 병은 명칭이 같은 것이 많으나, 진단이 다르고 어떤 자는 죽기도 하고 어떤 자는 살기도 하는 것은 무슨 연유인가?"라고 물었다. 이에 "병 이름은 유사한 것이 많아서 좀처럼 알 수가 없습니다. 그래서 옛날 성인이 그 진맥법을 만들어 이에 의해서 도량(度量)을 사용하여 규구(規矩)로 재고 권형(權衡)으로 달며 승묵(繩墨)[205]을 사용하여 음양의 성쇠를 살피고, 사람의 맥을 구별하여 각각 명칭을 붙였습니다. 여기다 또 위로는 자연계의 변화와 아래로는 인체의 여러 상황을 참고하였습니다. 이렇게 하여 갖가지 질병을 분별하여 여러 가지 진단을 내릴 수 있는 것입니다. 의술이 뛰어난 사람은 구별하여 여러 가지 진단을 내릴 수 있지만, 의술이 졸렬한 자는 혼동하는 것입니다. 그렇다고는 하나 맥법이라는 것은 하나하나 시험해볼 수 있는 것이 아닙니다. 병자를 진찰하는 데 도량(度量)을 가지고 맥의 부위를 구별하여, 이것으로 같은 이름의 병을 자세히 구분하고 병이 주로 어디에 있는지를 지적할 수 있는 것입니다. 지금까지 제가 진찰한 것은 모두 진찰부(診察簿)에 기록해두었습니다. 제가 병명을 분별할 수 있는 것은 제가 스승으로부터 의술을 모두 습득하였을 때 스승이 돌아가셨기 때문인데, 저는 진찰한 병과 생사를 예측한 것을 모두 진찰부에 기록하여 진단이 적중하였는지 어떤지를 『맥법』과 대조하여 관찰해왔습니다. 그렇기 때문에 지금에 와서도 그 경과를 확실히 알 수 있는 것입니다"라고 대답하였다.

　"병을 진찰하여 생사의 시기를 판정한 것이 때로 맞지 않기도 하는데, 무슨 연유인가?"라고 물으니, 이에 "그것은 모두 병자가 음식과 기뻐하고 노하는 것에 절도를 잃었거나, 복용해서는 안 되는 약을 복용하였거나, 해서는 안 되는 침과 뜸을 맞거나 떴기 때문에 예측한 기일이 아닌 때에 죽었습니다"라고 대답하였다.

---

205)　繩墨 : 먹줄. 굽거나 곧은 것을 재는 도구. 법도, 준칙을 비유한다.

"그대는 참으로 병의 사생(死生)을 알고, 약을 처방할 때에 약제의 가감(加減)에 대해서 논할 수 있는 사람이오. 그런데 제후나 왕, 대신 중에 일찍이 그대에게 의논한 자가 있는가? 그리고 제 문왕(齊文王)[206]이 병들었을 때 그대에게 진찰하여 치료를 구하지 않은 것은 무슨 연유인가?" 라고 물으니, 이에 "조왕(趙王),[207] 교서왕(膠西王),[208] 제남왕(濟南王),[209] 오왕(吳王)[210] 등이 모두 사람을 보내 저를 불렀습니다만 저는 감히 가지 않았습니다. 문왕(文王)이 병들었을 때 저의 집은 가난하여 남의 병을 치료해주고자 하였습니다. 그러나 진실로 관리가 저에게 관직을 주어 구속하는 것을 두려워하여, 호적(戶籍)을 여기저기 친척이나 친지들의 집으로 옮기며[211] 집안의 생계노 돌보시 않고 나라 인을 떠돌며, 의술에 능한 자를 찾아 그에게 배우기를 오랫동안 계속하였습니다. 이리하여 많은 스승들을 만나 그들을 섬겨 그들의 비술(祕術)을 다 배우고 그들이 지닌 의학서의 깊은 내용을 궁구하여 그것을 해석하고 논구하였습니다. 당시 저는 양허후(陽虛侯)의 나라에 있었으므로 그를 섬겼습니다. 양허후가 입조하자 저는 그를 따라 장안(長安)으로 갔습니다. 그래서 안릉(安陵)에 사는 항거(項處) 등의 병을 진찰할 수 있었던 것입니다"라고 대답하였다.

"문왕(文王)이 병이 들어 다시는 일어날 수 없게 된 연유를 아는가?" 라고 하니, 이에 "문왕의 병은 진찰하지 못하였습니다. 그러나 남몰래 들으니 문왕은 천식을 앓고 있었고 두통이 심하였으며 눈이 잘 보이지 않았다고 하였습니다. 저는 마음속으로 논구해보고 병이 아니라고 생각하였습니다. 비만해지고 정력이 쌓여서 몸을 잘 움직일 수 없게 되고 뼈와 살이 조화를 이루지 못하게 되어 천식이 생기는 것이므로, 이것은 의약(醫藥)으로는 고칠 수 없는 병입니다. 『맥법』에도 '나이 스물에는 혈맥이 왕성하여 달리는 것이 좋고, 서른에는 빠른 걸음으로 걷는 것이 좋고, 마흔에

---

206) 齊 文王: 劉側, 즉 齊 哀王 劉襄의 아들이다. 14년간(기원전 179-기원전 165년) 재위하였다.
207) 趙王: 劉遂. 趙 幽王의 아들. 漢 文帝 원년에 세워졌다.
208) 膠西王: 이름은 劉卬이다. 齊 悼惠王의 아들. 漢 文帝 16년에 세워졌다.
209) 濟南王: 이름은 劉辟光이다. 齊 悼惠王의 아들. 漢 文帝 16년에 세워졌다.
210) 吳王: 劉濞. 漢 高祖 劉邦의 조카.
211) 원문은 "移名數左右"이다. '名數'는 호적이다. '左右'는 『史記正義』에 "以名籍屬左右之人"이라고 하였다. 즉 친척이나 이웃을 가리킨다.

는 조용히 앉아 있는 것이 좋고, 쉰에는 편안히 누워 있는 것이 좋고, 예순 이상이면 원기(元氣)를 깊이 감추어두는 것이 좋다'라고 되어 있습니다. 문왕의 나이는 채 스무 살도 되지 않았기 때문에 맥기로 보자면 마침 달려야 할 때였습니다. 그런데 걷는 것이 느릿느릿하여 천도(天道) 사계(四季)²¹²)의 자연법칙에 순응하지 않았습니다. 후에 듣자니 의사가 뜸을 뜬 직후 병이 심해졌다고 합니다. 이것은 병을 잘못 진단한 것입니다. 저는 뜸을 떴기 때문에 정기(正氣)는 밖에서 다투고 사기(邪氣)는 안으로 들어간 것으로 봅니다. 그런데 젊은 사람은 이를 원래대로 회복시킬 수가 없습니다. 그래서 죽은 것입니다. 소위 기(氣)가 있는 사람은 음식을 조절하고, 쾌청한 날을 골라서 수레를 타거나 걸어서 밖으로 나가 마음을 넓히고, 이에 의해서 근육과 뼈, 혈맥의 상태를 조절하여 남은 기를 발산시켜야 합니다. 그래서 나이 스물을 '역무(易貿)'²¹³)라고 하는데, 의법에서는 이때 침을 놓거나 뜸을 떠서는 안 된다고 합니다. 침이나 뜸을 놓거나 뜨면 혈기가 끓어올라 누를 수 없게 됩니다"라고 대답하였다.

"그대의 스승 양경(陽慶)은 누구에게서 의학을 전수받았는가? 또 제나라 제후들간에 명성이 있었는가?"라고 물으니 이에 "양경이 누구에게서 전수받았는지는 모릅니다. 양경은 의술에 뛰어나기는 하였습니다만 집이 부유하였으므로 남의 병을 고쳐주려고는 하지 않았습니다. 이러한 까닭에 이름이 알려지지 않았을 것입니다. 양경은 또 저에게 '네가 나의 의술을 배운 것을 나의 자손이 알게 하지 않도록 조심하라'고까지 말하기도 하였습니다"라고 대답하였다. "스승 양경은 그대의 어떤 점이 마음에 들어 그대를 사랑하여 의술을 모두 전수해주려고 하였는가?"라고 물으니 이에 "저는 스승 양경이 의술에 뛰어나다는 것을 들어보지 못하였습니다. 제가 양경을 알게 된 것은 이렇습니다. 제가 젊었을 때 여러 의술을 좋아하였습니다.²¹⁴) 그래서 스스로 의술을 시험해보니 대체로 효력이 있고 우수하

---

212) 원문은 "天道四時"이다. 봄에 나고 여름에 자라고 가을에 거두고 겨울에 갈무리하는 자연규칙을 말한다.
213) 원문은 "易貿"로 '易貿'를 말한다. '貿'는 '貿'의 속자. 신체나 혈기를 유통, 교체시키는 것을 말한다.
214) 원문은 "好諸方事"이다. 이에 관해서는 두 가지 견해가 있다. 하나는 '方'은 醫方,' 諸'는 '많다'는 의미로서 各家의 의술을 좋아한다는 의미이고, 다른 하나는 '方事'는 '의료업, 의학,' 諸'는 '之於'로서 의학에 대해서 좋아한다는 의미이다.

였습니다. 그러다가 치천(菑川) 당리(唐里)²¹⁵⁾의 공손광(公孫光)²¹⁶⁾이라
는 사람이 옛적부터 전해온 의술에 능통하다는 것을 듣게 되었습니다. 저
는 즉시 그곳에 가서 그를 만나보고 그를 섬기게 되어, 그의 의방(醫方)
과 음양변화이론(陰陽變化理論), 그리고 구전되어온 비법을 배우게 되었
습니다.²¹⁷⁾ 저는 배운 것을 모두 기록해두었습니다. 저는 또 그의 뛰어난
의술을 모조리 배우고자 하였습니다. 그러자 공손광은 '나의 의술은 이것
으로 전부이다. 너에게 가르쳐주는 것은 아까울 것이 없다. 나는 이미 몸
이 늙어 쇠약해져 더 이상 의술에 전념할 수 없다. 이것은 내가 젊었을
때 배운 비법인데 모두 너에게 가르쳐줄 터이니 이를 남에게 가르쳐주지
말라'고 하였습니다. 이에 저는 '선생께 입문하여 곁에서 모시면서 모든
비법을 배우게 되었습니다. 참으로 기쁘기 그지없습니다. 죽어도 함부로
남에게 전하지 않겠습니다'라고 하였습니다. 그로부터 얼마 후 저는 공손
광이 한가한 틈을 타서 의술에 대해서 깊이 논하였습니다. 그리고서 저는
백대(百代)까지도 의술의 정화(精華)라고 불리게 되기를 바란다고 하였
습니다. 스승 광은 기뻐하면서 '반드시 나라 안에서 제일 가는 의사가 될
것이다. 나에게는 친하게 지내는 의원들이 있으나 그들의 의술은 모두 보
잘것없다. 그러나 임치현(臨菑縣)에 사는 나의 동복(同腹) 형제²¹⁸⁾는 의
술에 매우 뛰어나서 나로서는 도저히 그에 미치지 못한다.²¹⁹⁾ 그의 의술
은 매우 기묘하여 세간에서 들어본 적이 없는 것이다. 내가 중년 무렵 어
느 때인가 그에게 의술을 배우고자 하였으나 양중천(楊中倩)²²⁰⁾이 승낙하

---

215) 唐里 : 菑川의 고을 이름.
216) 公孫光 : '公孫'은 성이고 '光'은 이름이다.
217) 원문은 "受方化陰陽及傳語法"인데 '受方, 化陰陽, 及傳語法'과 같이 끊어서 풀이
해야 한다. 즉 그의 醫方과 음양변화의 이론 및 고대 醫員들로부터 구두로 전해내려
온 치료방법을 받아들였다는 말이다. '受'는 '接受,' '語'는 문자로 기록되지 않은 말
을 가리킨다. '語法'은 임상체험에서 얻어진 치료방법으로서 구두로 전해진 것을 말
한다.
218) 원문은 "同產"으로 同母兄弟를 가리킨다. 여기에서는 陽慶을 말한다. 公孫光과
陽慶은 同母異父의 관계이므로 성이 다르다.
219) '나에게는 친하게 지내는 의원들이 있으나……나로서는 도저히 그에 미치지 못
한다(吾有所善者皆疏, 同產處臨菑, 善爲方, 吾不若)'라는 부분을 '나에게 의술을 좋
아하는 친구가 있는데 그의 의술은 보잘것없다. 그러나 그의 同母 형제는 臨菑에 살
고 있는데 의술이 뛰어나, 나로서는 그에 미치지 못한다'라고 해석하는 견해도 있
다.
220) 楊中倩 : 陽慶을 가리킨다. '楊'은 '陽'과 통한다. '慶'은 이름이고 '中倩'은 字이

지 않고 '너는 그러한 그릇이 되지 못한다'라고 하였다. 꼭 너와 함께 가서 만나보기로 하자. 반드시 네가 의술을 좋아한다는 것을 알아줄 것이다. 그 또한 늙었으나 집은 부유하다'라고 하였습니다. 그러나 그때는 가지 못하고 있었는데, 때마침 양경(陽慶)의 아들 은(殷)이 말을 헌상하러 와서 스승 광의 중개로 왕에게 바치게 되었습니다. 저는 이를 기회로 은과 친하게 되었습니다. 공손광은 은에게 저를 부탁하여 '순우의는 의술을 좋아한다. 반드시 삼가며 그를 대우하라. 이 사람은 성인(聖人)의 도를 앙모하는 선비[221]이다'라고 하였습니다. 또 공손광은 즉시 서찰을 써서 저를 양경에게 부탁하였습니다. 이렇게 하여 양경을 알게 되었습니다. 제가 삼가며 깊이 양경을 섬겼으므로 저를 사랑해주신 것입니다"라고 대답하였다.

"관리건 백성이건 지금까지 그대에게 의술을 사사받은 자가 있는가? 또 그대의 의술을 하나하나 다 배운 자가 있는가? 있다면 어느 현, 어느 리(里)의 사람인가?"라고 물으니, 이에 "임치현 사람으로 송읍(宋邑)[222]이라는 자가 있습니다. 송읍이 배우러 왔을 때 그에게 1년 남짓 『오색진(五色診)』을 가르쳐주었습니다. 제북왕이 태의(太醫)인 고기(高期)와 왕우(王禹)를 제게 보내 배우게 하였을 때에는 수족(手足) 경맥(經脈)의 상하 분포 부위와 기락결(奇絡結),[223] 논구해야 하는 수혈(腧穴)의 위치 및 기(氣)가 상하 출입할 때의 정사(正邪), 순역(順逆) 등에 대해서 가르치고 또 침을 놓고 뜸을 떠야 할 부위를 가르쳐주기를 1년 남짓 하였습니다. 치천왕은 때때로 태창(太倉)의 마장(馬長)[224]인 풍신(馮信)[225]을 보내 의술을 묻게 하였습니다. 저는 안마(按摩)에서의 순(順)과 역(逆)의 두 가지 방법, 약제를 쓰는 방법, 약제의 오미(五味)를 정하여 조제하

다. 앞의 〈주 63〉 참조.
221) 원문은 "聖儒"로 聖人의 도를 앙모하는 유학자를 말한다. 일설에 '고명한 학자'라고도 한다.
222) 宋邑 : 사람 이름. 『古今醫統』에 당대의 良醫라고 기록되어 있다. '邑'을 '昆'으로 쓰기도 한다.
223) 奇絡結 : 무엇을 가리키는지 확실히 알 수 없으나 '奇'는 '異'의 의미이므로 '異常 絡脈이 맺힌 부위'인 듯하다. 혹자는 '奇'를 '奇經,' '絡'은 '絡脈'이라고 하여 奇經과 絡脈이 서로 만나 맺힌 곳이라고도 한다.
224) 太倉馬長 : 太倉에서 말에 관한 업무를 담당하는 우두머리 관리.
225) 馮信 : 사람 이름.

는 법,[226] 화제탕의 조제법[227] 등을 가르쳐주었습니다. 고영후(高永
侯)[228]의 가승(家丞)[229] 두신(杜信)[230]이 맥법에 홍미를 가지고 있어 저
에게 배우러 왔습니다. 저는 상하 경맥의 분포 부위와 『오색진』을 2년 남
짓 가르쳐주었습니다. 임치현 소리(召里)[231]의 당안(唐安)[232]이 배우러
왔을 때에는 『오색진』, 경맥의 분포 부위와 『기해술』, 사계절의 기후가
음양의 변동에 따라 변화하는 이치[233] 등을 가르쳤습니다. 그런데 그는
다 배우기도 전에 제왕(齊王)의 시의(侍醫)에 임명되었습니다"라고 대답
하였다.

"병을 진찰하여 생사를 판단함에 실수가 전혀 없었는가?"라고 물으니,
이에 "세가 병자를 치료할 때에는 반드시 먼저 맥을 보고 나서 치료합니
다. 맥이 쇠약하거나 병증(病症)에 거스를 경우는 치료하지 못하지만 순
조로울 경우는 치료합니다. 제 마음이 맥을 정밀하게 볼 수 없는 상태일
때에는 사기(死期)를 예측하여 단정하기도 하고, 치료할 수 있는 병으로
보기도 하여[234] 때때로 실수하기도 하니, 저도 완전하게 하지는 못합니
다"라고 아뢰었다.

태사공은 말하였다.

"여자는 미인이거나 못생겼거나 간에 궁중에 있기만 하면 질투를 받게
되고, 선비는 현명하거나 아니거나 간에 조정에 들어가기만 하면 의심을
받게 된다. 그래서 편작(扁鵲)은 뛰어난 의술 때문에 화를 입었고, 창공
(倉公)은 흔적을 감추고 몸을 숨겼어도 형벌을 받게 되었다. 그는 제영

---

226) 원문 "定五味"는 약제를 辛, 酸, 甘, 苦, 鹹의 다섯 가지 맛에 의해서 배합하는
　　것이다.
227) 원문 "和劑湯法"은 달이는 약을 배합하는 법을 말한다.
228) 高永侯 : 어떤 인물인지 알 수 없다.
229) 家丞 : 집사. 높은 벼슬아치 집의 관리인.
230) 杜信 : 사람 이름.
231) 召里 : 고을 이름.
232) 唐安 : 사람 이름.
233) 원문은 "四時應陰陽重"이다. 이에 관해서 세 가지 이설이 있다. 첫째는 사계절
　　과 重陰, 重陽의 두 가지 병이 상응하는 상황이라는 것이고, 둘째는 經脈의 음양과
　　사계절이 상응하는데 매계절은 음양에 편중이 있다는 것이며, 셋째는 사계절이 음양
　　의 교체에 따라 변동한다는 것으로서, '重'은 '動'의 의미이다.
234) 원문은 "所期死生視可治"이다. 여기서 '死生'은 '死'만을 가리키는 偏義詞이다.
　　'視'는 '여기다'의 뜻이다.

724

(緹縈)이 조정에 편지를 올리고서야 아버지가 편안하게 지낼 수 있게 되었다. 그래서 노자(老子)도 '아름답고 좋은 것은 상서롭지 못한 그릇이다'[235]라고 하였다. 이는 편작 등과 같은 경우를 두고 한 말이 아니겠는가? 창공과 같은 사람도 이에 가깝다고 할 수 있을 것이다."

---

235) 원문은 "美好者不祥之器"이다. 『老子』 上篇 제31장 "夫佳兵者不祥之器"에서 나온 말.

권106 「오왕비열전(吳王濞列傳)」제46

　오왕(吳王) 비(濞)[1]는 한 고제(漢高帝)의 형인 유중(劉仲)[2]의 아들이다. 고제가 천하를 평정하고 7년째[3] 되던 해에 유중을 대왕(代王)[4]에 세웠다. 그러나 흉노(匈奴)가 대(代)나라를 공격하자 유중은 능히 지켜내지 못하고 나라를 버리고 도망쳤다. 그는 샛길로 해서 낙양(雒陽)으로 들어가 천자에게 자수하였다. 고제는 그와 형제간인지라 차마 법대로 다스리지 못하고 왕위를 폐하고 합양후(郃陽侯)[5]로 삼았다. 고제 11년[6] 가을, 회남왕(淮南王) 영포(英布)[7]가 반란을 일으켰다. 그는 형(荊)[8]의 땅을 병합하고 그 나라의 군사를 위협하여 서쪽으로 회수(淮水)를 건너 초(楚)나라를 공격하였다. 고제는 군사를 통솔하여 그를 토벌하러 갔다. 유중의 아들 패후(沛侯) 비(濞)는 나이가 스무 살이었는데 기력이 있어

---

1)　吳王 濞(기원전 215-기원전 154년) : 劉濞. 泗水郡 沛縣(지금의 江蘇省 沛縣) 사람. 처음에는 沛侯에 봉해졌는데, 후에 吳王에 봉해졌다. 吳는 漢나라 초기의 제후국이다. 지역은 지금의 安徽省, 江蘇省, 浙江省 일대이며 廣陵(지금의 江蘇省 揚州市)에 도읍하였다.

2)　劉仲 : 漢 高帝의 둘째 형. 代王에 봉해졌다. 代는 대략 지금의 내몽고 자치구 남부, 山西省 남부, 河北省 남부를 포괄한다.

3)　권17 「漢興以來諸侯王年表」나 『漢書』 紀, 表 등에는 모두 "六年"으로 되어 있다. 여기의 '七年'은 잘못이다.

4)　代는 漢나라 초기의 봉국 이름이다. 지역은 지금의 내몽고 자치구 남부와 동남부, 山西省 북부와 동북부, 河北省 서북부이고 代縣(지금의 河北省 蔚縣 동북쪽)에 도읍하였다.

5)　郃陽은 지금의 陝西省 合陽縣을 말한다.

6)　기원전 196년이다.

7)　英布 : 지금의 安徽省 六安縣 사람. 일찍이 黥刑(얼굴에 먹을 뜨는 형벌)을 받아 黥布라고도 불린다. 秦나라 말기에 驪山의 죄수 무리를 이끌고 起義하였다가 후에 項羽에 의해서 九江王에 봉해졌다. 楚漢 전쟁중에 劉邦 편에 가담하여 淮南王에 봉해졌다. 楚나라가 망하자 彭越, 韓信 등의 공신이 차례로 劉邦에게 살해당하는 것을 보고 난을 일으켰으나 전쟁에 패하고 江南으로 도망갔다가 長沙王 吳臣誘에게 죽임을 당하였다. 권91 「黥布列傳」 참조.

8)　荊 : 봉국 이름. 영지의 범위는 기본적으로 조금 후대인 吳나라와 일치한다. 吳縣(지금의 江蘇省 蘇州市)에 도읍하였다.

기장(騎將)으로 종군하여 기(蘄)⁹⁾의 서쪽 회추(會甀)에서 영포의 군대를 깨뜨렸다. 영포는 도망갔지만 형왕(荊王) 유고(劉賈)¹⁰⁾가 영포에게 죽임을 당하였는데 그는 후사가 없었다. 오(吳)와 회계(會稽) 지역은 사람들이 날쌔고 사나웠으므로, 고제는 이들을 제압할 만한 힘이 있는 왕이 없음을 근심하였다. 고제의 여러 아들들은 아직 어렸으므로 비를 패(沛)에 세우고¹¹⁾ 오왕으로 삼아 3개 군(郡) 53개 성을 다스리게 하였다. 이미 왕인(王印)을 배수(拜受)하고 난 뒤에 고제는 비를 불러 그의 관상을 보고 나서 이렇게 말하였다. "너의 얼굴에는 모반의 상(相)이 있다."(모반의 상이 있는 사람을 오왕에 책봉한 것을) 내심으로 후회하였으나 이미 왕인을 배수한 뒤였으므로 그의 등을 토닥거리며 경계의 말을 일러주었다. "한나라에서 앞으로 50년 후에 동남쪽에서 난을 일으키는 자가 있다면 바로 너일 것이다. 그러나 천하는 동성(同姓)으로 한 집안이니라. 조심하여 모반하지 않도록 하라!" 비는 머리를 조아리며 말하였다. "감히 그러지 않겠습니다."

한 혜제(漢惠帝),¹²⁾ 고후(高后) 때에 이르러 천하가 비로소 안정되었다. 군국(郡國)¹³⁾의 제후들¹⁴⁾은 각기 힘써 그 백성들을 어루만졌다. 오나라는 예장군(豫章郡)¹⁵⁾에 구리 광산[銅鑛山]이 있어, 비는 천하의 도망자들을 불러 모아 몰래 돈을 주조하였고, 바닷물을 끓여 소금을 만들었다. 그래서 백성들로부터 세금을 걷지 않아도 나라의 재정은 풍부하였다.

효문제(孝文帝) 때였다. 오나라 태자(太子)¹⁶⁾가 조정에 들어와 천자를 알현하고는 황태자¹⁷⁾를 모시고 음주하며 쌍륙(雙六)¹⁸⁾을 놀게 되었다.

---

9) 蘄 : 지금의 安徽省 宿州市 동남부.

10) 劉賈 : 漢 高帝의 從兄으로 漢 高帝 6년에 荊王에 봉해졌다.

11) 이때 漢 高帝는 沛縣을 지나가고 있었다. 여기에서 劉濞를 吳王에 책봉하기로 결정하였다는 의미이다.

12) 漢 惠帝(기원전 216-기원전 188년) : 劉盈. 漢 高帝의 차남. 기원전 195년에서 기원전 188년까지 재위하였다.

13) 郡國 : 郡은 중앙 정부의 직할령이고 왕국은 봉토를 나누어 받은 국왕이 통치하는 영지로서 漢代 초기 최고의 지방 행정구역이다. 이를 '郡國制'라고 한다.

14) 여기에서는 郡守와 국왕을 아울러 칭하는 것이다.

15) 豫章郡 : '鄣郡'의 잘못이다. 이것은 '鄣郡'을 '章郡'으로 칭하기도 하였기 때문인데, 여기서 '豫'는 이유 없이 끼어들어간 글자이다. 당시에 실제로 豫章郡(지금의 江西省 경내)이 있었는데, 鄣郡과 인접해 있었으며 처음에 長沙國에 속해 있다가 나중에 淮南國에 속하게 되었다. 따라서 아래에 나오는 '豫章郡' 역시 잘못된 글이다.

16) 劉賢을 가리킨다.

오나라 태자의 스승들은 모두 초나라 사람들로 경박하고 사나웠으며, 오나라 태자 자신도 천성이 교만하였다. 쌍륙을 노는 데 길을 다투는 것이 오만불손하여 황태자가 쌍륙판을 오나라 태자에게 집어던져 그를 죽게 하였다. 그리하여 (조정에서는) 그 유해를 돌려보내어 장사 지내게 하였다. (그 유해가) 오나라에 이르자, 오왕은 분노하며 이렇게 말하였다. "천하는 모두 같은 유씨(劉氏)의 집안이다. 장안(長安)에서 죽었으면 장안에서 장사 지내야지 왜 꼭 와서 장사 지내야 한다는 말인가!" 그리고는 다시 유해를 장안으로 보내어 장사 지내게 하였다. 이후로 오왕은 차츰 번신(藩臣)[19]의 예를 잃게 되어 병을 핑계삼아 입조(入朝)도 하지 않았다. 경사(京師)[20]에서는 그가 자식의 일 때문에 병을 핑계로 입조하지 않는 것으로 알고 조사해보니 사실 병이 아니었다. 오나라에서 사자들이 오면 번번이 그들을 잡아두고 문책하였다. 오왕은 두려운 마음에 더욱 심하게 음모를 꾸미게 되었다. 후에 가을 정기 입조[21]에 다른 사람을 보내오자 황상은 다시 오나라 사자를 문책하였다. 오나라 사자가 대답하여 말하였다. "사실 오왕은 병이 난 것이 아닙니다. 한나라에서 여러 사신들을 붙잡아두고 문책하므로 드디어는 병이라 칭하게 된 것입니다. 무릇 '연못 속의 고기를 살피는 것은 상스럽지 못하다'[22]라고 하였습니다. 지금, 왕이 처음에는 거짓으로 병이라고 하였는데 (조정에서 이것을) 알게 되어 심하게 문책받게 되자 더욱 숨어들면서, 황상께서 토벌하실까 두려워 어찌할 수 없는 상황에서 꾀를 내게 된 것입니다. 바라옵건대 황상께서는 그를 내버려두시어 그가 다시 시작할 수 있게 해주셨으면 합니다." 그래

---

17) 皇太子 : 후에 漢 景帝가 되는 劉啓를 가리킨다.
18) 雙六 : 원문은 "博"이다. 博局(쌍륙판. 바둑판 비슷한 것)을 12道로 나누고 여섯 개의 箸와 12개의 말(棋)로 경기를 한다. 두 사람이 경기하는데 采(주사위와 같은 것)를 던져 말을 움직인다. 말이 한 번 종점에 도착하면 산가지(籌) 둘을 얻게 되는데 이 산가지의 숫자로 승부를 가린다.
19) 藩臣 : 봉토로 받거나 귀순한 나라를 藩國이라고 하고, 이 藩國의 王侯를 藩臣이라고 한다.
20) 京師 : 관할 중심지. 여기에서는 조정을 가리킨다.
21) 원문은 "秋請"이다. 漢代의 규정에 제후왕들이 봄에 入朝하는 것을 '朝,' 가을에 入朝하는 것을 '請'이라고 하였다.
22) 군주가 신하의 은밀한 일을 모두 알게 되면 그는 자기가 지은 죄에 대한 두려움으로 번고를 일으키게 되어 禍亂이 생기게 될 수도 있다는 것을 가리킨다. 『韓非子』「文子」에서 인용하였다.

728

서 천자는 곧 오나라 사자들을 사면하여 그들을 돌려보내고 오왕에게는
궤장(几杖)[23]을 하사하며 연로하였으니 입조하지 말라고 하였다. 오나라
는 죄를 사면받게 되었으므로 음모 역시 차츰 중지하게 되었다. 그러나
그는 구리와 소금으로써 나라를 다스린 까닭에 백성들에게는 세금이 없었
다. 사병(士兵)으로 병역에 복무하면[24] 그때마다 대역금(代役金)에 해당
하는 급여[25]를 주었다. 매년 철따라 나라 안의 어진 사람들에게 안부를
묻고 백성들에게 상품을 하사하였다. 다른 군국에서 관리가 와서 도망자
를 체포하고자 하여도 (도망자를) 비호하며 항상 (다른 군국의 관리를)
제지하여 (도망자를) 넘겨주지 않았다. 이와 같이 하기를 40여 년,[26] 그
는 이렇게 능히 그 무리를 이용할 수 있게 되었다.

조조(晁錯)[27]가 태자가령(太子家令)[28]이 되어, 황태자의 총애를 받게
되었다. 그는 자주 오나라는 죄를 범하였으므로 영토를 깎아야 한다고 권
하였다. 또 자주 한 문제(漢文帝)에게도 글을 올려 말하였다. 한 문제는
천성이 관대하였으므로 차마 벌을 주지 못하였다. 이에 오나라는 날이 갈
수록 멋대로 굴었다. 효경제(孝景帝)가 즉위하게 되자 조조가 어사대부

23) 几杖:'几'는 연로한 사람이 앉을 때 기대는 책상이고, '杖'은 보행할 때 의지하는
지팡이이다. 고대에는 노인에 대한 존중의 뜻으로 几杖을 하사하곤 하였다.
24) '병역에 복무하면'의 원문은 "踐更"이다. '更'은 돌아가면서 병역에 복무하는 것을
말한다. '踐更'은 본인이 직접 병역에 복무하는 것을 말한다. '踐更'에 상대되는 것으
로 '過更'이라는 것이 있는데, 이것은 자신이 직접 병역에 복무하지 않고 돈을 내어
정부에서 사람을 고용하여 대신하게 하는 것이다. 이때 내는 代役金을 '更賦'라고 한
다.
25) 원문은 "平賈"로, 당시 代役金의 가격을 말한다. '平賈'를 준다고 해서 혹 남을
대신하여 병역에 복무하는 사람에게 代役金을 지급한다고 옮기는 이도 있는데 이것
은 오역이다. 이것은 앞의 주에서 보인 것처럼 자신이 직접 병역에 복무하는[踐更]
사람에게도 '過更하는' 사람이 받는 代役金에 해당하는 급여를 조정에서 지급하였다
는 것이다.
26) 劉濞가 처음 吳王에 봉해졌다가 반란이 실패하기까지가 41년이므로 여기서 '四十
余年'이라는 것은 타당하지 못하다. 아래에 吳王 자신의 반란 선언문에서는 "三十余
年"이라고 하였다. 『漢書』에는 "三十余年"이라고 하고 있는데 이것이 옳다.
27) 晁錯(기원전 200-기원전 154년):潁川郡(지금의 河南省 중남부) 사람. 그는 '重
本抑末' 정책을 주장하였고 移民으로 북부 변경을 충실히 다져 匈奴를 적극적으로 방
어할 것을 건의하였다. 또 제후들의 영지를 점차 삭감하여 중앙집권제를 공고히 하
고자 하였다. 권101 「袁盎晁錯列傳」 참조.
28) 太子家令:태자의 집안 일에 관한 것을 주무하는 관리.

(御史大夫)²⁹⁾에 임명되었다. 그는 천자에게 이렇게 말하였다. "옛날에 고조께서 처음 천하를 평정하셨을 때 형제들은 적고 여러 자제들은 아직 어렸습니다. 그래서 같은 성씨를 많이 봉하여, 서자(庶子)인 도혜왕(悼惠王)³⁰⁾을 제(齊)나라 70여 개 성의 왕이 되게 하셨고, 서동생〔庶弟〕인 원왕(元王)³¹⁾을 초나라 40여 개 성의 왕이 되게 하셨으며, 형의 아들인 비를 오나라 50여 개 성의 왕이 되게 하였습니다. 이렇게 세 서얼(庶孼)을 왕에 봉하여 천하의 반을 나누어주셨던 것입니다. 지금 오왕은 전에 있었던 태자의 일로 하여 틈이 생겨 거짓으로 병을 칭하고는 입조도 하지 않고 있습니다. 옛 법에 의하면 당연히 사형에 처해야 할 것인데, 문제께서 자마 처벌하지 못하시고 궤장을 하사하셨던 것입니다. 은덕이 이토록 두터우니 그는 의당 스스로 허물을 고치고 새로운 사람이 되어야 하였을 것입니다. 그런데도 오히려 더욱 교만하게 사람을 능멸하려드는즉, 산에서는 돈을 주조하고 바닷물을 끓여 소금을 만들며 천하의 도망자들을 이끌어 모아 난을 일으킬 음모를 꾀하고 있습니다. 지금 그 영토를 삭감해도 모반할 것이며 삭감하지 않아도 모반할 것입니다. 영토를 삭감하면 그 반란의 시기는 빨라지겠지만 화는 작을 것입니다. 삭감하지 않으면 반란의 시기는 느려지겠지만 그 화는 더욱 클 것입니다." 효경제 3년 겨울, 초왕(楚王)³²⁾이 입조하였다. 이에 맞추어 조조는 초왕 무(戊)가 지난해 박태후(薄太后)³³⁾의 거상중(居喪中)에 복사(服舍)³⁴⁾에서 몰래 간음하였다고 말하며 그에게 죽음을 내리기를 청원하였다. 효경제는 조서(詔書)를 내려 죽음의 죄는 사해주고 벌로써 동해군(東海郡)을 깎았다. 이러한 여세에 맞추어 오나라의 예장군, 회계군을 깎았다.³⁵⁾ 또 2년 전에 조왕

---

29)　御史大夫 : 秦, 漢 시대에 丞相 바로 아래에 있는 중앙 최고의 장관. 주요 직책은
　　감찰과 법의 집행이고 중요 문서와 圖籍의 관리도 겸하였다. 丞相, 太尉와 아울러
　　'三公'이라고 칭해진다.

30)　齊 悼惠王 劉肥를 가리킨다. 漢 高帝의 庶長子. 齊王에 봉해졌다. 그 영지는 모
　　두 지금의 山東省의 膠東郡(지금의 平度縣 일대), 膠西郡(지금의 膠河 이서 일대),
　　臨菑郡(지금의 淄博市 동북쪽), 濟北郡(지금의 濟寧市 일대), 博陽郡(지금 泰安縣
　　일대), 城陽郡(지금의 莒縣 일대) 등이고 臨菑에 도읍을 두었다.

31)　元王 : 劉交를 가리킨다. 문학을 좋아하였다.

32)　楚王 : 劉戊로서 劉交의 손자이다.

33)　薄太后 : 漢 高帝의 첩으로 漢 文帝의 생모이다. 漢 景帝 2년에 죽었다.

34)　服舍 : 居喪中에 머무르는 집. 여기서 '服'은 상복을 입고 사자에 대한 예를 갖추
　　며 애도를 표한다는 것으로 '居喪'의 뜻이다.

(趙王)36)이 지은 죄가 있다고 하여 조나라의 하간군(河間郡)37)을 깎았다. 교서왕(膠西王) 앙(卬)38)이 작위를 팔아먹는 비리를 저질렀다 하여 그의 여섯 개의 현(縣)을 깎았다.

한나라 조정의 신하들은 막 오나라의 영토를 삭감하는 것을 논의하고 있었다. 오왕 비는 땅을 삭감당하는 것이 계속되어 그치지 않을까 두려워하다가 이 때문에 궁리해낸 것이 난을 일으켜보자는 것이었다. 생각해보니 제후들 중에 족히 더불어 일을 도모할 만한 사람이 없었다. (그러던 중에) 교서왕은 용기가 있어 기개를 중시하며 용병을 좋아하여 제나라 지역의 모든 나라들39)이 두려워한다는 말을 들었다. 그래서 중대부(中大夫) 응고(應高)를 보내어 교서왕을 꾀었다. 그는 서신을 쓰지 않고 구두(口頭)로 오왕의 뜻을 전하며 이렇게 말하였다. "오왕은 불초하여 조만간 닥쳐올 우환이 있습니다만40) 감히 스스로를 남으로 간주할 수 없어서41) 이렇듯 저를 보내어 그의 호의를 전하게 하였습니다." 교서왕이 말하였다. "나에게 무엇을 가르쳐주실 것인지요?" 응고가 말하였다. "지금 황상께서는 간신에게 추켜올림을 받으시고 사악한 신하에게 가려져 위선을 좋아하시며 참소하는 적신(賊臣)의 말을 들으시니 (이 사악한 신하들은) 마음대로 법령을 고치고 제후의 땅을 침탈하며, 요구하여 거두어들이는

---

35) 吳의 땅을 삭감한 것은 위아래의 문맥을 볼 때 논의중인 일로서 아직 실행에 옮기지 않은 것이다. 다소 오해의 여지가 있는 서술인 듯하다.

36) 趙王 : 劉遂. 漢 高帝의 여섯째 아들인 劉友의 아들. 趙나라는 대략 지금의 河北省 남부이고 邯鄲이 도읍이었다.

37) 河間郡 : 지금의 河北省 獻縣 일대. 이 일에 대한 권50 「楚元王世家」와 『漢書』에서 기록한 것을 보면 모두 '河間郡'이 아니라 "常山郡"으로 되어 있다.

38) 膠西王 卬 : 劉卬. 劉肥의 아들. 膠西는 齊나라에서 갈라져나온 나라이다. 도읍은 高密(지금의 山東省 高密縣 서남쪽)이었다.

39) '齊나라 지역의 모든 나라들'은 원래 齊나라에 속해 있다가 갈라져나온 齊, 城陽, 濟北, 濟南, 菑川, 膠東, 膠西 등의 나라를 가리킨다. 이들 나라의 왕은 모두 劉肥의 자손이다.

40) 원문은 "有宿夕之"이다. '宿夕'은 旦夕과 같은 말로 '아주 짧은 시간내에'라는 뜻이다. 이것을 '宿患'처럼 풀어서 '오랜 근심'으로 해석하는 경우도 있는데 앞으로 吳나라의 땅이 삭감당한다고 보면 '조만간 닥쳐올 우환'으로 보는 것이 타당할 것이다.

41) 원문은 "不敢自外"이다. 이 부분은 흔히 '(우환이 있음에도) 남에게 감히 말하지 못하다'로 번역하고 있다. 여기서 '自外'는 '자신을 외부인, 타인으로 간주하다'의 뜻으로 상호간에 거리가 있음을 나타내는 것이다. 따라서 지금까지 다른 사람에게 말한 것의 여부에 상관없이 膠西王을 남이라 생각하지 않고 자신의 속마음을 털어놓겠다는 뜻으로 보아야 한다.

바가 점점 많아지고, 선량한 사람을 주벌하는 것이 날이 갈수록 심해지고 있습니다. 속담에 이르기를 '겨〔糠〕를 핥다 보면 쌀에 이른다'라고 하였습니다. 오와 교서는 모두 이름난 제후국입니다. 그러나 하루아침에 검사를 받게 되면 아마 안녕과 자유는 누릴 수 없게 될 것입니다. 오왕은 몸에 속병이 있어 입조하지 못한 지 20여 년이 되었습니다. 항상 의심을 받으면서도 스스로 명백하게 증명하지 못함을 근심하고 있습니다. 지금 어깨를 움츠리고 두 발을 모으고 있건만 오히려 용서받지 못할까 두려워하고 있습니다. 가만히 듣건대 대왕께서는 작위에 관한 일로 하여 문책받아 땅을 깎일 것이라는 말이 제후들 사이에서 들리고 있습니다. 이 죄는 땅을 삭감당할 정도에까지 이를 만한 것은 아닙니다. (그러나 오히려) 이 일은 땅을 삭감당하는 데서 그치지 않을까 두렵군요." 교서왕이 말하였다. "그렇소. 그런 일이 있었소. 대왕께서 장차 어떻게 하시려는 것이오?" 응고가 대답하였다. "미움을 같이하는 자는 서로 돕고, 기호가 같은 자는 서로 붙들어 머무르며, 뜻을 같이하는 자는 함께 이루며, 욕망이 같은 자는 서로 같이 달려가며, 이익을 같이하는 자는 서로 생사를 같이한다고 하였습니다. 지금 오왕은 스스로 대왕과 근심을 같이하고 있다고 생각하고 있습니다. 원컨대 시세에 응하여 순리를 좇아 몸을 던져 천하에서 근심거리를 제거해주십시오. 생각하면 이 또한 좋지 않겠습니까?" 교서왕은 깜짝 놀라며 말하였다. "과인이 어찌 감히 그와 같이 할 수 있겠소? 지금 황상께서 비록 사람을 옥죈다 해도 진실로 죽음이 있을 뿐이지 어찌 따르지 않을 수 있다는 말이오!" 응고가 말하였다. "어사대부 조조는 천자를 미혹하고 제후를 침탈하며 충신을 덮어 가리고 현사(賢士)의 앞길을 막고 있어 조정에는 증오와 원망이 가득하고, 제후들은 모두 배반의 뜻을 가지고 있으니, 이로써 인간세상의 일이 극한에 이른 것입니다. (하늘에는) 혜성이 나타나고,[42] (땅에는) 황충(蝗蟲)[43]이 자주 나타나고 있습니다. 이는 만세(萬世)에 한 번 있는 때로서 만백성이 근심하고 고생하는 때야말로 바로 성인(聖人)이 일어나야 할 시기인 것입니다. 그런 까닭에 오왕

---

42) 혜성의 출현은 흔히 어떤 재난의 조짐으로 생각하였다. 여기서는 뒤에 蝗蟲과 대응하여 특히 兵亂의 조짐을 상징한다.
43) 蝗蟲 : 누리. 메뚜기과에 속하는 곤충. 떼를 지어 다니며 농사에 큰 피해를 주므로 應高는 기근의 징후를 나타내는 말로 이 말을 사용한 것이다.

은 안(조정)으로는 조조의 토벌을 명분으로 하고 밖으로는 대왕의 수레 뒤를 따르며 천하를 뛰어다니고자 하는 것입니다. 향하는 곳마다 항복할 것이며 가리키는 곳마다 함락시켜 천하에 감히 복종하지 않는 자가 없을 것입니다. 대왕께서 다행히 한마디 승낙만 하신다면 오왕은 초왕을 이끌고 함곡관(函谷關)을 공략하고 형양(滎陽)[44] 오창(敖倉)[45]의 양곡을 지켜 한나라 군사를 막으며 행영(行營)[46]을 차려두고 대왕을 기다릴 것입니다. 대왕께서 다행히 그곳에 임하여주신다면 곧 천하를 아우를 수 있을 것이니, 두 대왕께서 천하를 나누어 가지시는 것 또한 좋지 않겠습니까?" 교서왕은 "좋소" 하고 대답하였다. 응고가 돌아가서 오왕에게 보고하였다. 오왕은 그래도 교서왕이 그와 행동을 더불어 하지 않을까 두려워 자신이 직접 사자가 되어 교서로 가서 교서왕과 대면하고 맹약을 맺었다.

교서의 여러 신하들 중에서 어떤 사람이 왕이 모의한다는 것을 듣고 간하여 말하였다. "한 사람의 황제를 섬기는 것은 지극히 편한 일입니다. 지금 대왕께서 오나라와 함께 서쪽을 향하시어, 설령 일이 성공한다고 하더라도 두 군주께서 갈라져 다툴 것이니 근심거리는 여기에서 만들어지는 것입니다. 제후들의 영토는 한나라 직할 군(郡)의 10분의 2도 안 됩니다. 그런데도 (이런 중과부적인 상태에서) 반란을 일으켜 태후(太后)[47] 마마께 심려를 끼치는 것은 좋은 계획이 못 됩니다." 그러나 교서왕은 이 말을 듣지 않았다. 드디어 제(齊),[48] 치천(菑川), 교동(膠東), 제남(濟南),[49] 제북(濟北)[50] 등에 사신을 보내어 약속하게 하니 모두 이를 허락하였다. 그러면서 이렇게들 말하였다. "성양(城陽)의 경왕(景王)[51]은 의

---

44) 滎陽 : 현 이름. 지금의 河南省 滎陽縣 동북쪽.

45) 敖倉 : 秦漢代에 滎陽縣 경내의 敖山(지금의 河南省 鄭州市 서북쪽의 邙山)에 설치한 곡식창고. 당시 가장 중요한 糧倉이었다.

46) 원문은 "次舍"로 '行營'은 행군중에 머무를 때의 임시 처소, 막사 같은 것을 말한다.

47) 膠西王의 太后를 가리킨다.

48) 齊 : 원래 劉肥의 봉국이었는데 뒤에 속속 갈라져 일곱 나라가 되었다. 이때 齊나라 왕은 劉肥의 아들 劉將閭였다. 지역은 지금의 山東省 平度縣 일대이고 도읍은 卽墨(지금의 平度縣 동남쪽)이었다.

49) 濟南 : 劉肥의 아들 劉辟光의 봉국. 지금의 山東省 濟南市 일대로서 도읍은 平陵(지금의 章丘縣 서쪽)이었다.

50) 濟北 : 劉肥의 아들 劉志의 봉국. 지금의 山東省 濟寧市 일대로서 도읍은 盧縣(지금의 長淸縣 서남쪽)이었다.

51) 城陽 景王 : 劉肥의 차남 劉章을 가리킨다. 그는 呂氏의 난을 평정하는 데 공이

리가 있는 사람인지라 일찍이 여씨(呂氏)들을 공격하였다. 그를 참여시
키지 말고 일이 성취된 후에 그에게 나누어줄 따름이다."⁵²⁾

제후들은 이미 벌로써 새로이 영토를 삭감당하였기 때문에 몹시 두려워
하면서 조조를 대단히 원망하였다. 오나라에 회계군과 예장군을 삭감한다
는 문서가 도착하자 오왕이 먼저 군사를 일으켜 정월(正月) 병오일(丙午
日)⁵³⁾에 2,000석(二千石)⁵⁴⁾ 이하의 한나라 관리들⁵⁵⁾을 모두 죽였다.⁵⁶⁾
교서, 교동, 치천, 제남, 초, 조 역시 그렇게 하고는 드디어 병사를 일으
켜 서쪽으로 나아갔다. 그러나 제나라 왕은 후회하여 약을 마시고 자살하
여 약속을 어겼다.⁵⁷⁾ 제북왕은 성이 무너져 완전하지 못하였는데, 그 나
라 낭중령(郎中令)⁵⁸⁾이 왕을 협박하며 지켰으므로 병사를 일으키지 못하

있다 하여 城陽에 봉해졌다. 그러나 이때 劉章은 이미 죽었고 그의 아들 劉喜가 왕
위를 계승하였다. 齊 지역 일곱 왕들 중에서 劉喜만이 하나 아래 항렬이고 세력도
약하였으므로 劉卬 등이 그를 이 일에서 제외시킨 것이다.
52) 인용문 속의 원문은 "城陽景王有義, 攻諸呂, 勿與, 事定分之耳"이다. 이것을 城
陽 景王은 의리가 있어 呂氏를 공격할 때도 참여하지 않았으니 (이번에도 참가하지
않을 것이므로 참여시키지 말고) 일이 정해진 후에 그 땅을 나누어 가질 따름이다'고
번역하는 경우가 많다. 실제로는 景王이 呂氏의 반란을 진압하는 데 공이 있었으므
로 이러한 번역은 오역일 것이다. 또 '分之'는 '그것(景王의 영지)을 나누어 가지자'
라는 것이 아니라 '천하를 차지한 성과물을 나누어주자'는 것으로 보아야 할 것이다.
앞의 〈주 48〉 참조.
53) 丙午日 : 간지로 날짜를 나타낸 것이다. 그러나 이해의 정월에는 丙午日이 없다.
아래에 正月 甲子日에 起兵하였다는 말이 나오는데 '甲子日' 앞의 비슷한 날짜로는
'丙辰'과 '戊午'가 있을 뿐이다.
54) 二千石 : 秦, 漢에서 관급의 고하는 흔히 녹봉의 다과로 계산하는데 2,000石에서
100石까지 있었다. 각 왕국에서 2,000石은 최고급 관리의 녹봉 등급이다. 조정의
九卿郎將부터 각 왕국의 傅, 相과 郡守, 尉까지 모두 2,000石의 지위이다.
55) 원문은 "漢吏"로 당시 각 왕국의 太傅, 丞相, 中尉 등 중요 관리는 중앙정부에서
직접 任免하였다.
56) 원문에는 '正月' 앞에 '膠西'가 있어서 번역할 때 漢나라 관리의 학살 주체를 膠西
라고 하기도 하고 죽임을 당한 사람을 '膠西 땅에 파견되어 있는 漢나라 관리'라고
하기도 한다. 그러나 『漢書』를 보면 여기에서 '膠西'는 잘못 끼어든 것으로 뒤에 나
오는 '膠東' 앞에 와야 한다고 되어 있다.
57) 반란이 일어나는 초반에 齊王이 후회한 나머지 자살한 것은 아니다. 그는 애초에
반란을 일으키려는 것인지 모르다가 劉濞와 劉卬의 음모를 알고는 망설이며 반란에
참가하기를 거절하였다. 이에 劉卬, 劉雄渠, 劉賢, 劉辟光 등이 함께 臨菑를 포위하
고 공격하자 劉將閭는 곧 劉卬 등과 통모하게 되었다. 담판이 아직 이루어지기 전에
漢나라 군대가 도착하여 劉卬 등이 달아나자 漢나라 군대가 劉將閭를 공격하려 하였
으므로 그는 처벌이 두려워 자살하였다.
58) 郎中令 : 벼슬 이름. 秦代에 처음 설치하였는데 漢代에도 계속 설치하였다. 조정

734

였다. 교서가 우두머리가 되어 교동, 치천, 제남은 함께 임치(臨菑)를 포위하여 공격하였다. 조왕도 마침내 모반하여 몰래 사자를 흉노(匈奴)로 보내어 그 군대와 연합하였다.

일곱 나라의 군사가 일어나자 오왕은 그 병사들을 모두 소집하여 온 나라 안에 명령하였다. "과인은 나이가 62세인데 몸소 장수가 되었다. 과인의 자식은 14세인데 역시 병사가 되어 선봉에 섰다. 무릇 나이가 위로는 과인과 같은 사람으로부터 아래로는 과인의 자식과 같은 사람에 이르기까지 모두 나서라." 그리하여 20여 만 명을 동원하였다. 남쪽으로 민월(閩越)과 동월(東越)59)에 사자를 보냈는데, 이들도 역시 병사를 일으켜 뒤따랐다.

효경제 3년 정월 갑자일(甲子日)에 (오나라가) 가장 먼저 (오나라의 수도) 광릉(廣陵)60)에서 군사를 일으키고 서쪽으로 회수(淮水)를 건너 초나라 군사와 합쳤다. 그리고 제후들에게 사신을 파견하여 서신을 보내 이렇게 말하였다.

오왕 유비는 교서왕, 교동왕, 치천왕, 제남왕, 조왕, 초왕, 회남왕(淮南王),61) 형산왕(衡山王),62) 여강왕(廬江王),63) 고(故) 장사왕(長沙王)64)

에서 황제의 좌우에서 가까이 받드는 고급 관직으로 侍從, 警衛, 顧問 관원 등의 우두머리이며 大夫나 郎官, 謁者 등이 이에 속한다. 당시 각 왕국에도 이 관직을 설치하고 있었다. 뒤에 '光祿勳'으로 이름을 바꾸었다.
59) 閩越, 東越：고대 越人의 한 가지로 秦漢代에 지금의 福建省, 浙江省 일대에 분포하였다. 秦代에 그곳에 閩中郡을 설치하였다. 楚漢 전쟁중에 越人의 수령 無諸와 搖는 劉邦을 편들었다. 漢나라 초기에 선후하여 無諸는 閩越王에 봉해져 東冶(지금의 福建省 福州市)에 도읍하였고, 搖는 東海王에 봉해져 東甌(지금의 浙江省 永嘉縣 서남쪽)에 각기 도읍하였다.
60) 廣陵：지금의 江蘇省 揚州市를 말한다.
61) 淮南王：劉安. 漢 高帝의 일곱째 아들 劉長의 장남. 영지는 지금의 安徽省 淮河 이남 일대이며 도읍은 壽春(지금의 壽縣)이었다. 그는 이번 반란에 참가하려 하였으나 그의 丞相에게 제지당하였다.
62) 衡山王：劉勃. 劉長의 아들. 영지는 지금의 安徽省, 湖北省, 河南省 지역으로 도읍은 六(지금의 安徽省 六安市 동북쪽)이었다. 그는 이 반란에 불참의사를 확실히 밝힌 바 있다.
63) 廬江王：劉賜. 劉長의 아들. 영지는 지금의 安徽省 남부와 湖北省 동단이다. 舒(지금의 安徽省 廬江縣 서남쪽)에 도읍하였다. 그는 이 반란에 대해서 모호한 태도를 취하였다.
64) 長沙王：漢 高帝 때에 吳芮를 長沙王에 봉하였는데 그 영지는 지금의 湖南省, 江西省 일대이며 도읍은 臨湘(지금의 湖南省 長沙市)이었다. 그의 玄孫(손자의 손자)

의 왕자께 삼가 여쭙겠습니다. 과인에게 가르침이 있으시면 다행이겠습니다. 한나라 조정에 적신(賊臣)이 있어 천하에 아무런 공로도 없으면서 제후의 영토를 침탈하고 관리를 시켜 탄핵과 구속과 심문과 처벌을 일삼으며 제후들을 능욕하기를 능사로 하고 있습니다. 봉토를 받은 군주에 대한 예로써 유씨 형제를 예우하지 않고, 선제(先帝)의 공신의 자손을 끊고 간교한 무리들을 추천 임용하여 천하를 어지럽히며 사직을 위태롭게 하려 합니다. 폐하께서는 병이 많으셔서 뜻이 상도(常道)를 잃어 능히 잘 살펴보실 수가 없습니다. (이제) 병사를 일으켜 그들을 주살하고자 하니 삼가 가르침을 듣겠습니다. 저희 나라가 비록 협소하지만 땅이 사방 3,000리는 되고 사람이 비록 적기는 하지만 가히 정예 병사 50만 명은 추스릴 수 있습니다. 과인이 평소 남월(南越)65)과 사귀기를 30여 년, 그 왕과 지방 수령들은 모두 군사를 나누어 과인을 따르는 것을 거절하지 않으니 또 30여 만 명을 더 얻을 수 있습니다. 과인이 비록 덕이 없지만 원컨대 이 한 몸 바쳐 여러 왕들을 따르고자 합니다. 남월과 장사의 접경 지역은 (장사왕의) 왕자께서 장사 이북을 평정하시고 서쪽으로 촉(蜀),66) 한중(漢中)67)으로 나아가시는 것입니다. 이러한 내용을 남월에 통보해주십시오. 초왕과 회남의 삼왕(三王)68)께서는 과인과 더불어 서쪽으로 향하시고 제남왕과 조왕은 하간(河間), 하내(河內)69)를 평정하시고 임진관(臨晉關)70)으로 들어가시든지 낙양에서 과인과 합류해주십시오. 연왕(燕王),71) 조왕은 본래 호왕(胡王)72)과 약속이 있었습니다. 연왕께서는 북쪽에서 대(代), 운중(雲中)

吳著의 사후에 자식이 없어 나라가 없어지게 되었다.

65) 南越 : 고대 越人의 한 가지. 秦漢代에 지금의 廣東省, 廣西省 壯族 자치구 일대에 분포하였다. 秦代에 그곳에 南海郡, 桂林郡과 象郡을 설치하였다. 秦나라 말기에 南海郡의 趙佗가 세 군을 겸병하여 南越國을 세워 番禺(지금의 廣東省 廣州市)에 도읍하였다.

66) 蜀 : 군 이름. 지금의 四川省 서부. 군 관할 중심지는 成都(지금의 成都市)였다.

67) 漢中 : 군 이름. 지금의 陝西省 남부, 湖北省 서북부. 군 관할 중심지는 西城(지금의 陝西省 安康縣 서북쪽)이었다.

68) 淮南王, 衡山王, 廬江王을 가리킨다. 이들은 삼형제로서 원래 淮南國에서 분리되어나왔다.

69) 河內 : 군 이름. 지금의 河南省 동북부. 군 관할 중심지는 懷縣(지금의 武陟縣 서부)이었다.

70) 臨晉關 : 關 이름. 지금의 陝西省 大荔縣 동쪽. 당시에 長安과 河北 지구를 왕래할 때 거쳐야 하는 교통의 요지이다.

71) 燕은 漢 高帝가 再從兄弟인 劉澤에게 봉해준 나라이다. 지역은 지금의 河北省 북부이며 薊縣(지금의 北京市 서남쪽)에 도읍하였다. 이때의 燕王은 劉澤의 손자인 劉定國이다.

을 평정하시고 흉노의 군대를 통솔하여 소관(蕭關)[73]으로 들어가십시오. (우리들은 모두) 장안으로 진격하여 천자를 바로잡아 황실과 조정[74]을 안정시켜야 합니다. 바라옵건대 왕들께서는 이것에 힘써주십시오. 초 원왕(楚元王)의 왕자분들[75]과 회남의 삼왕들께서는 머리 감고 발 씻는 것조차 잊어먹기를 10여 년, 원한은 골수에 사무쳐 한번 이 원한을 풀고자 한 지가 이미 오래입니다. (그러나 지금까지는) 과인이 여러 왕들의 뜻을 얻지 못하였고, 그래서 감히 따를 수가 없었습니다. 지금 여러 왕들께서 능히 망한 것을 존재하게 하며 끊어진 것을 이어지게 하며 약한 자를 구제하고 횡포한 자를 벌 주셔서 우리 유씨를 편안하게 하실 수 있다면, 이는 사직이 바라는 바입니다. 저희 나라가 비록 가난하지만 과인이 입고 먹는 비용을 절약하여 돈을 저축하고 무기를 갖추며 식량을 모으는 일을 밤낮으로 하기를 30여 년입니다. 이 모든 것은 이번 일을 위한 것입니다. 원컨대 여러 왕들께서는 힘써 이를 이용해주십시오. 능히 대장을 베어 죽이거나 사로잡는 사람에게는 금 5,000근을 하사하고 만 호(萬戶)의 땅을 봉할 것입니다. 그것이 일반 장수(列將)일 경우에는 금 3,000근과 5,000호의 땅을 봉하겠습니다. 부장(副將), 즉 비장(裨將)인 경우에는 금 2,000근과 땅 2,000호를 봉하겠으며 2,000석의 관리인 경우에는 금 1,000근과 1,000호의 땅에 봉하겠습니다. 1,000석(千石)의 관리[76]인 경우에는 금 500근과 500호의 땅에 봉하고 모두 열후(列侯)[77]로 삼겠습니다. 군대나 혹은 성읍을 이끌고 항복해오는 자로서 군졸이 만 명, 읍이 만 호인 경우에는 대장(大將)을 얻은 경우와 같이 대우할 것입니다. 군사가 5,000명이고 읍이 5,000호인 경우에는 일반 장수를 얻은 경우와 같이 대우할 것입니다. 군사가 3,000명이고, 읍이 3,000호인 경우에는 부장을 얻은 경우와 같이 대우할 것입니다. 군사가 1,000명이고, 읍이 1,000호인 경우에는 2,000석의 관리를 얻은 경우와 같이 대우할 것이며, 그 아래 하급 관리들이 투항해오면 모두 등급에 따라 작위와 상금을 줄 것입니다. 그밖에 봉작(封爵)과 상

---

72) 胡王 : 匈奴의 군주인 單于를 가리킨다.

73) 蕭關 : 關 이름. 지금의 寧夏 回族 자치구의 固原縣 동남쪽. 당시 長安에서 북방으로 왕래할 때 거쳐야 하는 교통의 요지이다.

74) 원문은 "高廟"이다. 漢 高帝의 廟堂으로 여기서는 황실과 조정을 상징한다.

75) 劉交의 아들인 劉禮, 劉富, 劉歲, 劉藝 및 劉調를 가리킨다. 그러나 이들은 모두 이번 반란에 참가하지 않았다.

76) 원문은 "千石"이다. 丞相長史, 太尉長史, 御史中丞, 太中大夫 등이 1,000石의 관리이다.

77) 列侯 : 작위 이름. 秦漢代에 20등급의 작위 중에서 최고위 1급을 '徹侯'라고 하였는데 후에 개칭하여 '通侯' 또는 '列侯'라고 하였다.

사(賞賜)는 모두 현행 한나라 군법의 두 배로 하겠습니다. 원래 작위와 식읍이 있는 자는 그냥 그대로 두지 않고 새로이 더 보태어줄 것입니다. 원컨대 여러 왕들께서는 명백하게 사대부들에게 하령(下令)하십시오. 감히 속이지 않을 것입니다. 과인의 돈은 천하의 어디에나 있으니, 반드시 오나라에서 가져올 필요는 없으며 여러 왕들께서 밤낮으로 그것을 써도 다 쓸 수 없을 것입니다. 마땅히 주어야 할 사람이 있으면 과인에게 알려주십시오. 과인이 장차 가서 그에게 수여하도록 하겠습니다. 삼가 알려드리는 바입니다.

일곱 나라가 반란을 일으켰다는 보고가 천자에게 들어왔다. 천자는 이에 태위(太尉)[78] 조후(條侯) 주아부(周亞夫)[79]를 보내어 36명의 장군을 이끌고 가서 오와 초를 치게 하고, 곡주후(曲周侯) 역기(酈寄)[80]로 하여금 조를 치게 하고, 장군 난포(欒布)[81]로 하여금 제(齊)[82]를 치게 하며, 대장군(大將軍)[83] 두영(竇嬰)[84]으로 하여금 형양에 주둔하여 제와 조 지역의 군대를 감독하게 하였다.[85] 오와 초가 반란을 일으켰다는 보고서가 올라오고 나서 아직 (한나라에서) 병사가 출발하기 전이었다. 두영은 떠나기 전에 오나라 승상이었던 원앙(袁盎)[86]을 천자에게 추천하였다.

---

78) 太尉：무관 이름. 秦代에 처음 설치하였는데 漢代에도 계속 설치하였다. 전국의 軍政을 통괄하는 우두머리로 丞相, 御史大夫와 함께 三公이라 일컬어진다.
79) 條侯 周亞夫(？-기원전 143년)：泗水郡 沛縣 사람. 漢 文帝 때 匈奴가 침략해오자 장군에 임명되어 細柳(지금의 陝西省 咸陽市 서남쪽)를 방어하였다. 군령이 엄격하고 정비되어 文帝의 신임을 받았다.
80) 曲周侯 酈寄：陳留縣(지금의 河南省 開封市 동남쪽) 사람. 그의 아버지 酈商이 曲周侯에 봉해졌는데 그가 그 작위를 계승하였다.
81) 欒布：梁地(지금의 河南省 동부) 사람. 일찍이 都尉에 임명되었는데 이때 장군에 임명되었다. 후에 兪侯에 봉해졌다.
82) 실제로는 반란에 가담한 膠西, 膠東, 菑川, 濟南의 네 나라를 가리킨다.
83) 大將軍：무관 이름. 전국시대에 처음 설치되었는데 漢代에도 계속 설치하였다. 장군의 최고 칭호로서 직무는 兵事와 전쟁에 관하여 주관하는 것이다. 漢代에 사실상 대개 貴戚이 그 자리를 차지하면서 실권을 장악하였으므로 그 직위는 굉장히 높은 것이었다.
84) 竇嬰(？-기원전 131년)：清河郡 觀津縣(지금의 河北省 衡水縣 동쪽) 사람. 漢 文帝 竇皇后의 從姪이다. 일찍이 詹事를 역임하고 이때는 大將軍에 임명되었는데 후에 다시 魏其侯에 봉해졌다. 권107「魏其武安侯列傳」참조.
85) 원문은 "監齊趙兵"인데 이것을 '齊나라와 趙나라 병사를 감시한다'고 옮기는 경우도 있는데 大將軍이 이미 반란을 일으킨 나라를 감시만하고 있다는 것은 어폐가 있다.

이때 원앙은 집에 있었는데 부름을 받고 입조하였다. 황상은 마침 조조와 함께 군대와 군량을 따져보고 있었다. 황제가 원앙에게 물었다. "그대는 일찍이 오나라의 승상이었다니 오나라의 신하 전녹백(田祿伯)이 어떤 사람인지 알겠군? 지금 오와 초가 반란을 일으켰는데 그대가 보기에 어떨 것 같은가?" 원앙이 대답하여 말하였다. "족히 두려워하실 것이 없습니다. 곧 격파할 수 있습니다." 황제가 말하였다. "오왕은 산에서[87] 돈을 주조하고 바닷물을 끓여 소금을 만들며 천하의 호걸을 불러 모아 백발[88]이 다 되어 난을 일으켰소. 일이 이와 같으니 그의 계획이 십분 완전하지 않다면 어찌 난을 일으켰겠는가? 어찌하여 그가 무엇을 이룰 수 없을 것이라고 말하는가?" 원앙이 대답하여 말하였다. "오나라에 구리와 소금의 이익으로 말하자면 그 이익이 있기는 합니다. 그러나 어찌 호걸을 얻어 불러 모았다 할 수 있겠습니까! 가령 진실로 오나라가 호걸을 얻었다고 하면 역시 곧 왕을 보좌하여 의를 행할 뿐이지 반란을 일으키지는 않을 것입니다. 오나라가 불러 모은 것은 모두 무뢰배들로서 도망다니며 사전(私錢)이나 주조하는 간교한 무리일 뿐입니다. 따라서 서로 이끌어 모반한 것입니다." 조조가 말하였다. "원앙의 생각이 옳습니다." 황제가 물었다. "어떤 대책을 세울 수 있겠는가?"[89] 원앙이 대답하여 말하였다. "원컨대 좌우를 물리쳐주십시오." 황제가 사람들을 내보냈는데 조조는 혼자 남아 있었다. 원앙이 말하였다. "신이 지금부터 드릴 말씀은 사람의 신하된 자가 알아서는 안 되는 것입니다." 이에 조조를 물러가게 하였다. 조조는 빠른 걸음으로 동상(東廂)[90]으로 물러나면서 속으로 몹시 원망하였

---

86) 袁盎(? -기원전 148년): 右扶風安陵縣(지금의 陝西省 咸陽市 동북쪽) 사람. 齊나라와 吳나라의 丞相을 역임하였다. 일찍이 劉濞가 대량으로 뇌물을 수수한다는 소식을 접하자 그를 위하여 다방면으로 은폐하고 변명해주다가 晁錯에 의해서 고발되어 평민으로 강등되었다. 권101 「袁盎晁錯列傳」 참조.

87) 원문은 "卽山"으로 이 '卽'을 산의 이름으로 풀기도 한다. 여기에서는 '산에 임하여,' '산에 있는 구리 광산에 의하여' 정도의 뜻으로 보아 딱히 우리말로 새기지는 않았다.

88) 원문은 "白頭"이다. 나이가 들었다는 말로서 그만큼 오랜 세월을 두고 심사숙고하였다는 것을 말한다.

89) 원문은 "計安出"이다. 여기서 '安'은 '어디,' '어느 곳'의 뜻을 가진 의문 대명사이다. 따라서 '어떤 것에 의지해서,' 즉 '어떤 것을 근거로 해서 대책을 세울 것인가' 하는 뜻이 된다.

90) '廂'은 중심이 되는 방이나 가옥의 동서에 있는 곁채, 곁방을 말한다. 여기서는 궁전 동편에 있는 일종의 대기실을 가리킨다.

다. 황제가 마침내 원앙에게 물었다. 원앙은 대답하여 이렇게 말하였다. "오와 초가 서로 주고받은 글에는 '고제(高帝)는 그 자제를 왕으로 삼아 각각 영토를 나누어주었다. 지금 적신(賊臣) 조조는 제 마음대로 제후들을 처벌하여 그 땅을 삭탈하고 있다'라고 말하고 있습니다. 이것으로 반란의 명분을 삼았으니 서쪽으로 나아가 함께 조조를 베어 죽이고 옛 땅을 회복하는 것으로 일은 끝나는 것입니다. [91] 현재의 대책으로는 조조 한 사람을 처형하고 사신을 보내어 오와 초 등 일곱 나라를 사면하며 그 삭감당한 옛 땅을 회복시켜주면 곧 병사들이 가히 칼날에 피를 물들이는 일 없이 모두 해산하게 될 것입니다." 이때 황제는 한동안 침묵하였다가 말하였다. "그러나 참으로 어떻게 해야 하다는 말인가? 짐이 한 사람을 아끼지 말고서 천하에 사죄해야 한다는 말인가?" 원앙이 말하였다. "신의 어리석은 계획으로는 이것보다 나은 것이 없습니다. 바라옵건대 황제께서는 깊이 헤아려보십시오." 이에 황제는 원앙을 태상(太常)[92]에 배수하고 오왕 동생의 아들 덕후(德侯)[93]를 종정(宗正)[94]에 앉혔다. 원앙은 행장을 갖추어 길 떠날 준비를 하였다. 10여 일이 지나서 황제는 중위(中尉)[95]를 시켜 조조를 불렀다. 중위는 조조를 속여 수레에 태워 동시(東市)[96]로 순행(巡行)하였다. 조조는 관복(官服)[97]을 입고서 동시에서 참형당하였다. 곧 원앙은 종묘를 받들고, 종정은 친척을 보좌한다는 명분으로 이들을 파견하여 원앙의 계책대로 오나라에 알리게 하였다. 오나라에 이르자 오와 초 나라의 군사들이 이미 양(梁)[98]나라의 병영을 공격하고

---

91) 여기까지를 袁盎이 吳楚의 문서에서 인용한 부분인 것으로 해석할 수도 있다. 이렇게 볼 경우 '옛 땅을 회복한 다음 일을 끝내자,' '군사를 해산하자' 등의 해석이 된다. 그러나 이후의 사태 전개로 볼 때 이 문장은 袁盎의 추측인 것으로 보는 것이 나을 듯하다.

92) 太常: 관직 이름. 秦代에 '奉常'을 설치하여 종묘의례를 주관하게 하였다. 漢나라 초기에도 이를 계속 설치하였는데 이름을 '太常'으로 고쳤다.

93) 德侯: 원래 劉濞의 동생 劉廣을 德侯에 세웠는데 이때는 이미 劉廣의 아들 劉通이 그 작위를 계승하고 있었다.

94) 宗正: 관직 이름. 秦代에 처음 설치하였고 漢代에도 계속 설치하였다. 황족에 관한 여러 가지 일을 맡아보았다. 주로 황족 중의 인물로 임명되었다.

95) 中尉: 관직 이름. 京師를 경호하는 관직. 漢 武帝 때 '執金吾'라고 고쳤다.

96) 東市: 長安의 東市는 漢代에 사형을 집행하는 장소였다. 후대에는 흔히 '형장'을 가리키는 말로 사용하게 되었다.

97) 원문은 "朝服"으로, 이는 조회할 때 입는 예복을 말한다.

98) 梁: 漢 文帝의 아들 劉武의 봉국. 영지는 지금의 河南省, 安徽省 경계 지역으로

있었다. 종정이 (오왕과) 친척인 까닭으로 먼저 들어가서 오왕을 만나고 는 오왕에게 절하고 조서를 받도록 말하였다. 오왕은 원앙이 왔다는 말을 듣자 또한 그가 자신을 설득하려는 것임을 가히 알 수 있었으므로 웃으며 대답하였다. "나는 이미 동쪽 황제이다. 어찌 누구에게 절할 수 있으리 요?" 원앙을 만나려고도 하지 않았으며, 그를 군중(軍中)에 머무르게 한 다음 위협하여 장수로 쓰려고 하였다. 원앙이 이를 거절하자 사람을 시켜 둘러싸고 지키게 하며 장차 그를 죽이려고 하였다. 원앙은 밤을 틈타 빠 져나와서는 걸어서 양나라 군영으로 도망쳤다가 마침내 돌아가 황제에게 보고하였다.

조후(條侯)는 장군이 되어 여섯 마리 말이 이끄는 느린 수레[99]를 타고 는 군사를 형양에 집결시켰다. 그가 낙양에 이르렀을 때 극맹(劇孟)[100]을 만나자 기뻐하며 말하였다. "일곱 나라가 반란을 일으켜 내가 역마차를 타고 이곳에 이르기는 하였소만, 무사히 이를 것이라고는 생각하지 못하 였소. 또 제후들이 이미 극맹을 데려갔을 것으로 생각하였는데 극맹은 지 금 옮겨가지 않고 있었구려. 내가 볼 때 형양에 주둔하여도 형양 동쪽으 로는 족히 근심할 만한 인물이 없을 것 같소." 회양(淮陽)[101]에 이르러 그의 부친 강후(絳侯)[102]의 옛날 문객(門客)이었던 등도위(鄧都尉)[103]에 게 물었다. "어떤 계책이 있겠습니까?" 문객이 답하였다. "오나라 군사 는 대단한 정예 부대이므로 더불어 싸워 승부를 가른다는 것은 어려운 일 입니다. 초나라 병사는 경박하므로 오래갈 수 없을 것입니다. 지금 장군 을 위한 계책으로는 군사를 이끌고 동북쪽으로 가서 창읍(昌邑)[104]에서

睢陽(지금의 河南省 商丘縣 남쪽)에 도읍하였다.

99) '느린 수레'의 원문은 "乘傳"이다. '傳'이란 驛站이나 驛站의 車馬를 가리킨다. 漢 代의 규정에는 네 마리 상등 말이 이끄는 傳을 '置傳'이라고 하고, 네 마리 중등 말 이 이끄는 傳을 '馳傳'이라고 하며, 네 마리 하등 말이 이끄는 傳을 '乘傳'이라고 한 다. 條侯 周亞夫는 자신의 신분을 감추고 크게 급한 일이 아님을 나타내기 위해서 일부러 느린 마차를 탔다.

100) 劇孟 : 洛陽縣 사람. 유명한 俠客으로 河南 지구에서는 세력이 컸다.

101) 淮陽 : 漢 景帝의 아들 劉餘의 봉국. 영지는 지금의 河南省 동부이며 도읍은 陳 縣(지금의 淮陽縣)이었다.

102) 絳侯 : 周勃을 가리킨다. 漢나라 초기에 일찍이 太尉, 丞相을 지내고 후에 絳侯 에 봉해졌다.

103) 都尉는 무관 이름이다. 전국시대에 처음 설치하여 漢代에도 계속 설치하였다. 직위는 장군보다 약간 아래이다.

104) 昌邑 : 현 이름. 지금의 山東省 巨野縣 동남쪽.

누벽(壘壁)을 높게 쌓고 방비를 튼튼히 하고 양나라는 오나라에게 내맡겨 버리는 것보다 나은 것이 없습니다. 오나라는 반드시 정예 부대를 총동원하여 그를 공격할 것입니다. 장군은 도랑을 깊게 파고 날랜 병사들을 보내어 회사구(淮泗口)[105]를 끊어 오나라의 보급로를 차단하십시오. 저들 오나라와 양나라는 서로를 지치게 할 것이므로 오나라는 식량마저 고갈될 것입니다. 이에 온전하고 강한 군대로 저 극도로 피로한 군대를 제압하는 것이 되므로 오나라를 격파하는 것은 필연적인 일입니다." 조후가 대답하였다. "옳습니다." 조후는 그 계책을 좇아 드디어 창읍 남쪽에 영루(營壘)를 견고히 하고 날랜 병사를 보내어 오나라의 보급로를 차단하였다.

오왕이 막 출병하려 할 때에 오나라 신하 전녹백이 대장군이 되었다. 전녹백이 아뢰었다. "병사가 모두 모여서 서쪽으로 나아가는 데 별다른 기이한 계책이 없으면 공을 이루기가 어렵습니다. 신이 원컨대 5만 명의 군사를 얻어 따로 장강(長江), 회수(淮水)를 따라 상류로 올라가면서 회남(淮南)과 장사(長沙)를 손에 넣고 무관(武關)[106]에 입성하여 대왕과 합류하고자 합니다. 이 또한 하나의 기이한 계책입니다." 오왕의 태자[107]가 간하였다. "왕께서는 반란을 명분으로 하고 계신 만큼 이 병사를 남에게 빌려주기는 어렵습니다. 이 사람 역시 황차 왕을 배반하면 어떻게 하시겠습니까? 또 일단의 군대를 전권을 가지고 통솔하며 단독으로 행동하는 것이 얼마나 여타의 이해가 많을지 알 수 없는 것이니, 그것은 단지 스스로 손해일 뿐입니다!" 이에 오왕은 전녹백의 의견을 받아들이지 않았다.

오나라의 젊은 장수인 환장군(桓將軍)이 오왕에게 유세하여 말하였다. "오나라는 보병이 많은데 보병은 험난한 지형이 이점이 됩니다. 한나라는 수레와 기병(車騎)이 많은데 수레와 기병은 평지에서는 이롭습니다. 원컨대 왕께서는 지나치는 성읍들이 함락되지 않으면 곧장 내버려두고 나가시어, 급속히 서진하여 낙양의 무기고[108]를 점거하고 오창의 곡식을 먹으며 산하[109]의 험난함을 의지하여 제후들에게 명령을 내리시면 비록 함곡

---

105) 淮泗口 : 지금의 江蘇省 淮陰市 서남쪽으로 泗水가 淮水에 유입되는 곳.
106) 武關 : 關 이름. 지금의 陝西省 丹鳳縣 동남쪽 丹江 상류이다. 당시에 長安에서 南陽 지구를 왕래할 때 거쳐야 하는 요충지였다.
107) 劉子駒를 가리킨다.
108) 사실 漢代에 洛陽에는 중요 무기고가 없다.

관에 들어서지 않으시더라도 천하는 이미 진실로 평정된 것이나 다름없을 것입니다. 가령 대왕께서 천천히 진군하시고 지체하며 성읍을 공략하시는 사이에 한나라 군대의 수레와 기병이 이르러 양나라와 초나라의 들판에 달려가게 되면 일은 실패한 것입니다."오왕은 연로한 장군들에게 물었는데 그들은 이렇게 대답하였다. "이는 젊은 사람이 손에 무기를 잡고 진격할 때의 계획으로나 쓸 만할 따름입니다. 어찌 큰 계획을 알겠습니까!" 그래서 오왕은 환장군의 계책도 사용하지 않았다.

오왕이 홀로 전권을 가지며 그 군사를 모두 모아서 거느리고 있었다. 오나라의 군대가 아직 회수를 건너기 전이었다. 여러 빈객(賓客)이 모두 장군, 교위(校尉),[110] 척후(斥候),[111] 사마(司馬)[112] 등의 자리를 얻어 등용되었으나 주구(周丘)만이 홀로 쓰임을 얻지 못하였다. 주구라는 사람은 하비(下邳)[113] 사람이다. 그는 오나라로 도망와서 술을 팔았는데 품행이 좋지 못하였으므로 오왕이 그를 업수이 여겨 임용하지 않았던 것이다. 주구가 나아가 왕을 알현하고 왕에게 유세하여 말하였다. "신은 무능하여 이번 대오(隊伍) 중에서 어떤 임무도 맡지 못하였습니다. 그렇다고 감히 신이 이끌 군사를 주십사 하고 요구하는 것은 아닙니다. 대왕의 한나라 부절(符節) 하나만 얻기를 원하는 바입니다. 반드시 대왕께 이로 인한 보답이 있을 것입니다."이에 오왕이 그것을 주었다. 주구는 부절을 얻어 밤을 틈타 하비로 달려갔다. 이때 하비에서는 오나라가 반란을 일으켰다는 소식을 듣고 모두 성을 지키고 있었다. 주구는 전사(傳舍)[114]에 도달하자 현령(縣令)[115]을 불러들였다. 현령이 문 안으로 들어서는데 주구는 따라온 사람들을 시켜 죄명을 대고는 현령을 참하였다. 드디어 그의 형제들이 평소에 친하게 지내던 영향력 있는 관리들을 불러 일러 말하였

---

109) 洛陽 주위의 산악지대와 황하를 가리킨다.
110) 校尉 : 무관 이름. 직위는 장군보다 조금 아래이다. 그의 직무에 따라 '校尉' 앞에 각종 명칭을 부여한다.
111) 斥候 : 軍候. 정찰 임무를 담당하는 군관.
112) 司馬 : 大將軍, 將軍, 校尉 등에 속해 있는 관리로서 지휘, 참모, 군법, 군수 등의 작업을 분담한다.
113) 下邳 : 현 이름. 지금의 江蘇省 邳縣 동남쪽.
114) 傳舍 : 고대에 행인이나 손님에게 휴식이나 숙박처를 제공하던 처소.
115) 秦漢代에는 萬戶 이상의 縣을 다스리는 관리를 '縣令'이라고 하였고 萬戶 이하는 '縣長'이라고 하였다.

다. "오나라 반군이 곧 여기에 이를 것이다. 여기에 이르면 하비를 도륙하는 데에는 밥 한 끼 먹는 시간도 안 걸릴 것이다. 가령 앞장서서 항복한다면 가정과 식솔들은 반드시 온전할 것이며, 능력 있는 자는 열후에 봉해질 것이다. " 이에 이들이 나가서 이러한 소식을 서로 알리고 다니니 하비 사람들은 모두 항복하였다. 이렇게 하여 주구는 하룻밤에 3만 명을 얻은 것이다. 사람을 시켜 이러한 사실을 오왕에게 보고하고 드디어 그 병사들을 이끌고 북쪽으로 성읍을 공략하였다. 성양(城陽)에 이르렀을 때 병사가 10여 만 명이 되어 성양 중위군(中尉軍)[116]을 격파하였다. (이때) 오왕이 패주하였다는 소식이 들려와 스스로 생각해보니 더불어 함께 성공할 사람이 없어 곧 병사를 이끌고 하비로 돌아갔다. 그런데 하비에 도달하기 전에 그만 등에 종기가 나서 죽고 말았다.

2월중에 오왕의 군대는 이미 격파되어 패주하였다. 이때 천자는 장군들에게 제조(制詔)[117]를 내려 다음과 같이 말하였다.

무릇 듣건대 착한 일을 행하는 자는 하늘이 복으로써 그에게 갚아주며, 그릇된 일을 행하는 자는 하늘이 재앙으로써 그에게 갚아준다고 하였다. 고조 황제께서 친히 공덕을 표창하시어 제후를 세우셨는데, 유왕(幽王),[118] 도혜왕(悼惠王)은 왕위가 끊어져[119] 뒤를 잇지 못하였다. 문제께서는 이를 불쌍히 여기시고 은혜를 베풀어 유왕의 아들 수(遂), 도혜왕의 아들 앙(卬) 등을 왕으로 세워 그 선왕의 종묘를 받들게 하고 한나라의 번국(藩國)으로 삼으셨으니, 그 덕은 천지에 어울리고 밝기는 일월(日月)과 나란한 것이다. 오왕 비는 덕을 배반하고 의를 등지고는 세상의 도망 다니는 죄인들을 꾀어들여 천하의 화폐를 어지럽히고,[120] 병들었다 칭하고 입조하

---

116) '中尉'는 군사에 관한 일을 담당하였는데 직위는 郡尉에 해당하였다. 당시 각 국 왕들도 中尉를 두고 있었다.

117) 漢代에 황제가 내리는 문서에는 策書, 制書, 詔書, 戒書의 네 가지가 있었다. 그중 '制書'는 三公에게 詔令을 내려 州郡에 전달하는 것이고, '詔書'는 일반 신민에게 포고하는 것이다. 여기에서 漢 景帝가 制, 詔의 형식을 겸용한 것은 이 일을 엄숙히 다룬다는 것을 나타내기 위해서일 것이다.

118) 幽王 : 漢 高祖의 여섯째 아들 劉發. 처음에 淮南王에 봉해졌다가 뒤에 옮겨져 趙王이 되었다. 뒤에 呂后에 의해 감금되어 굶어 죽었다. 漢 文帝는 劉發의 장남 劉遂가 趙王의 뒤를 잇게 하고 아울러 劉發의 아들 劉辟光을 河間王으로 세웠다.

119) 원문은 "絶無後"이다. 후손, 후사가 끊어졌다고 번역하는 경우도 있는데, 이것은 바로 뒤에 그 아들들을 왕으로 세웠다는 말과 모순된다. 이들은 자손이 없었던 것이 아니라 앞의 〈주 118〉에 나오는 것처럼 어떤 사건으로 왕위를 계승하지 못한 것이다.

지 않은 지 20여 년, 유사(有司)[121]가 여러 차례 비의 죄를 다스리기를 청하였다. 효문 황제께서는 그를 관대히 대하여 그로 하여금 행실을 고쳐 옳은 일을 하게 하고자 하셨다. 지금 결국에는 초왕 무(戊), 조왕 수(遂), 교서왕 앙(卬), 제남왕 벽광(辟光), 치천왕 현(賢), 교동왕 웅거(雄渠) 등과 연합하여 모반하였으니 대역무도하게도 병사를 일으켜 종묘를 위협하고 (한나라에서 파견한) 대신 및 한나라의 사자를 학살하였으며 많은 백성을 겁주어 무고한 사람을 일찍 죽게 만들고 민가를 불태우고 분묘를 파헤치는 등 매우 포학한 짓을 저질렀다. 지금 앙 등은 또 더욱 대역무도하게도 (군국〔郡國〕에 있는) 종묘를 불태우고 종묘의 어물(御物)[122]을 노략질하였으니 짐은 이를 심히 가슴 아파하여 흰 옷을 입고 정전(正殿)을 피하는 바이니 장군들은 마땅히 사대부들을 독려하여 반역의 적도(賊徒)를 쳐 무찌르게 하라. 반역의 무리를 치는 자는 깊숙히 들어가 많이 죽이는 것을 공으로 한다. 목을 베고,[123] 사로잡은 사람으로 300석 이상의 신분을 가진 자는 모두 죽여 놓아주지 말라. 감히 이 조서에 대해서 의론하거나 이 조서대로 하지 않는 자는 모두 허리를 벨 것이다.

처음에 오왕이 회수를 건너 초왕 수와 서쪽으로 진격하여 극벽(棘壁)[124]을 깨뜨리고 승세를 타고 전진하니 기세가 심히 날카로웠다. 양 효왕(梁孝王)[125]은 두려운 마음에 여섯 명의 장군을 보내어 오나라를 치게 하였으나, 오나라가 양나라의 두 장군을 또 격파하였으므로 사졸들은 모두 다시 양나라로 도망왔다. 양나라는 여러 차례 조후(條侯)에게 사자를 보내어 보고하며 구원을 청하였으나 조후는 이를 들어주지 않았다. 이에 이번에는 사자를 시켜 황제에게 조후를 나쁘게 말하였다. 황제가 사람을 보내어 조후에게 양나라를 구하라고 하였으나, 조후는 다시금 자신이 합당하다고 생각하는 바를 고수하며 구원하러 가지 않았다. 양나라는 한안국(韓安國)[126]과 초왕이 반란을 일으킬 때 간하다가 죽임을 당한 초나라

---

120) 劉濞가 私錢을 주조하여 나라의 官錢의 유통을 어지럽힌 것을 말한다.
121) 有司 : 관직을 설치하고 직무를 분담하는 데 각기 전담 관리가 있게 된다. 그래서 관리를 '有司'라고 부르는데 마치 지금의 '담당자〔負責人〕'라는 말과 같은 것이다.
122) 御物 : 임금이 쓰는 물건. 여기서는 종묘에서 사용하는 의복과 그릇 등을 가리킨다.
123) 원문은 "斬首"이다. 이 말은 衍文이 아닐까 한다. 뒤에 이어지는 말과 중복되면서도 논리적으로 잘 맞지 않기 때문이다.
124) 棘壁 : 지명. 지금의 河南省 寧陵縣 서남쪽.
125) 梁孝王 : 劉武를 가리킨다.

승상의 동생 장우(張羽)를 장군으로 삼아 겨우 오나라 군대를 약간 꺾을
수 있었다. 오나라 군대가 서쪽으로 나아가고자 하였으나 양나라 성의 수
비가 견고하여 감히 서진할 수가 없었다. 그런즉 조후의 군대 쪽으로 가
서 하읍(下邑)[127]에서 맞닥뜨리게 되었다. 오나라는 싸우고자 하였으나
조후는 영채(營寨)만 굳게 지키며 싸우려고 하지 않았다. 오나라는 양식
이 다 떨어져 병사들이 굶주리게 되어 자주 싸움을 걸다가, 마침내 야음
(夜陰)을 틈타 조후의 영채를 습격하였다. 오나라는 영채 동남쪽에서 소
란을 떨었으나 조후는 서북쪽을 수비하게 하였다. 과연 오나라 군대는 서
북쪽에서 침입해왔다. 오나라 병졸들은 크게 패하고 많은 수가 굶어 죽게
되자, 이에 오나라 군대는 뿔뿔이 흩어졌다.[128] 이렇게 되자 오왕은 곧
그 휘하의 장사 수천명과 함께 밤을 틈타 도망쳐 장강을 건너 단도(丹
徒)[129]로 달아나 동월(東越)에 몸을 의탁하였다. 동월의 병사는 가히 만
여 명은 되었으므로 사람을 시켜 도망중인 병사들을 불러 모으게 하였다.
한나라에서 사람을 보내어 이익으로써 동월을 꾀었다. 그러자 동월은 곧
오왕을 속여, 오왕이 나가서 군사를 위로할 때 사람을 시켜 창으로 오왕
을 찔러 죽이고 그 머리를 그릇에 담아 치전(馳傳)[130] 편에 보고를 올렸
다. 오나라의 왕자 자화(子華)와 자구(子駒)는 민월(閩越)로 도망쳤다.
오왕이 그의 군대를 버리고 도망가자 군대는 마침내 무너져 속속 태위(太
尉)나 양나라 군대에 투항하였다. 초왕 무는 군대가 패하자 자살하였다.

세 왕이 제나라의 임치를 포위하였으나[131] 세 달이 지나도록 함락시키
지 못하였다. 한나라 군사가 도착하자 교서, 교동, 치천의 왕은 각자 군
대를 이끌고 돌아갔다. 교서왕은 이에 웃통을 벗어 어깨를 드러내고 맨발
로 짚 위에 앉아 물을 마시며 태후에게 사죄하였다. 태자 덕(德)이 말하
였다. "한나라의 군사는 먼 길을 왔습니다. 제가 그들을 살펴보니 이미

---

126) 韓安國(? -기원전 127년) : 梁나라 成安縣(지금의 河南省 民權縣 동남쪽) 사람
      이다. 권108「韓長孺列傳」참조.
127) 下邑 : 현 이름. 지금의 安徽省 碭山縣.
128) 원문은 "畔散"이다. '畔'에 '배반하다, 흩어지다'의 뜻이 있으므로 吳王을 배반하
      거나 흩어졌다 또는 배반하고 흩어졌다고 해석할 수도 있다.
129) 丹徒 : 현 이름. 지금의 江蘇省 丹徒縣.
130) 앞의 〈주 99〉 참조.
131) 앞에서 보면 네 나라가 포위하였다고 되어 있는데, 여기에서 '세 나라'라고 한
      정확한 경위는 알 수 없다.

지쳐 있어 습격해볼 만합니다. 원컨대 대왕의 남은 병사를 거두어 그를 치십시오. 그를 쳐서 이기지 못하면 그제야 바다로 도망쳐들어가도 늦지 않을 것입니다."교서왕은 "나의 병사들은 모두 이미 피폐해져 일으켜 쓸 수가 없소"라고 말하며 왕자의 말을 듣지 않았다. 한나라 장수 궁고후(弓高侯) 퇴당(穨當)[132]이 교서왕에게 서신을 보내어 말하였다. "나는 조칙을 받들어 불의를 주벌하노니 항복하는 자는 그 죄를 용서해주고 옛 지위를 회복시켜줄 것이로되, 항복하지 않는 자는 그를 멸할 것입니다. 왕은 어느 쪽으로 처신할 것입니까? 대답을 기다려 일을 처리하겠습니다."교서왕은 위통을 드러내고 한나라 영채에 머리를 조아리며 아뢰어 말하였다.[133] "신 앙은 법을 받들기를 삼가지 못하여 백성들을 놀라게 하고 이에 수고롭게도 장군을 저희 나라까지 먼 길을 오시게 하였으니 감히 살로 젓을 담그는 죄를 청합니다."궁고후는 금고(金鼓)[134]를 잡고 그를 보며 말하였다. "왕은 용병하는 일로 하여 괴로움을 받고 있는데 왕이 병사를 일으키게 된 상황을 듣고 싶습니다."교서왕은 머리를 조아리고 무릎으로 기어가서 대답하여 말하였다. "근자에 조조는 천자께서 정권을 맡긴 신하였습니다. 그런데 조조는 고조 황제의 법령을 변경하고 제후의 영지를 침탈하였습니다. 이에 앙 등은 의롭지 못하다고 생각하여 그가 천하를 어지럽힐까 두려워하여 일곱 나라가 병사를 일으켜 조조를 주벌하려고 하였습니다. 지금 들으니 조조가 이미 주벌당하였다고 하여 앙 등은 삼가 이미 용병을 그치고 돌아갔습니다."장군이 말하였다. "왕이 참으로 조조가 옳지 못하다고 여겼다면 왜 이 일을 황제께 말씀드리지 않으셨습니까? 황제께서 조서와 호부(虎符)[135]를 내리지도 않으셨는데 마음대로 병사를 일으켜 의로운 나라[136]를 공격한다는 말씀입니까? 이로써 보건대 참으로

---

132) 穨當 : 韓穨當. 漢나라 초기에 배반한 韓王 韓信의 아들. 뒤에 匈奴의 군대를 이끌고 귀순하여 弓高侯에 봉해졌다.

133) 원문은 "謁曰"이다. '謁'에 '아뢰다' 외에 '뵙다'의 뜻도 있으므로 '(弓高侯를) 뵙고 말하다'라고 번역하기도 한다. 여기서는 '변명'의 어감을 가지는 어떤 말을 진술하는 것 정도의 뜻으로 보는 것이 나을 듯하다.

134) 金鼓 : 전투중에 병사들을 지휘하는 신호 도구. '鼓'는 전진, 돌격 신호이며 '金'은 정지, 퇴각 신호이다. '金'은 금속으로 만든 징이다. 전투 시기가 아닌데 이런 것을 벌여놓은 것은 위세를 보이고자 하는 의도에서이다.

135) 虎符 : '銅虎符'의 준말. 秦漢代에 제왕이 신하에게 병권을 내리거나 군대를 출동시킬 때의 符節로서 동으로 호랑이 형상을 주조하여 반으로 나누어 반은 조정에 두고 반은 신하에게 주었다.

뜻하는 바는 조조를 주벌하려는 것이 아닙니다." 그리고는 조서를 꺼내어 왕에게 읽어주었다. 궁고후는 그것을 다 읽고 나서 이렇게 말하였다. "왕은 마땅히 스스로 잘 생각해보시오." 교서왕이 말하였다. "신 앙과 같은 자는 죽어도 남은 죄가 있겠나이다." 그리고는 마침내 자살하였다. 태후와 태자도 모두 죽었다. 교동왕, 치천왕, 제남왕도 모두 죽고, 나라는 폐지되어 한나라의 직할령에 편입되었다. 역장군(酈將軍)이 조나라를 포위한 지 10달 만에 조나라를 함락시켜 조왕도 자살하였다. 제북왕은 협박받았던 까닭에 목숨은 건지고 옮겨져 치천의 왕이 되었다.

처음에 오왕이 먼저 반란을 일으켜 초나라 병사를 아울러 통솔하고 제, 조 나라와 연합하었나. 정월에 병사를 일으켜 3월에 모두 패하고, 조나라만이 좀더 뒤에 함락되었다. 원왕(元王)의 어린 아들 평륙후(平陸侯) 례(禮)[137]를 다시 세워 초나라 왕으로 삼아 원왕의 뒤를 잇게 하였다. 여남왕(汝南王) 비(非)[138]를 옮겨 오나라의 옛 땅에 왕으로 삼아 강도왕(江都王)[139]이라고 하였다.

태사공은 말하였다.

"오왕(吳王)이 왕이 된 것은 그의 아버지가 강등되었기 때문이다. 그가 능히 부세의 징수를 가볍게 하고 그 무리를 부릴 수 있었던 것은 산과 바다의 이익을 마음대로 취할 수 있었기 때문이다. 반란의 싹은 그의 아들로부터 일어났다. 기예(技藝)를 다투는 데서 재앙이 발생하여 마침내 그 근본을 망하게 하였고,[140] 월인(越人)을 가까이하며 종실(宗室)을 도모하다가 결국 이로 하여 멸절당하게 된 것이다. 조조(晁錯)는 국가를 위하여 멀리 내다보고 생각하였으나 화가 도리어 그의 몸에 다가왔다. 원앙(袁盎)은 권모(權謀)에 능하고 유세를 잘하여 처음에는 총애를 받았으나 후에는 그 몸이 욕되게 되었다. 그래서 옛날에 제후의 땅은 백리를 넘지

---

136) '의로운 나라'는 반란에 참가하기를 거절한 齊나라를 가리킨다.
137) 平陸侯 禮:劉禮를 말한다. 平陸은 지금의 河南省 尉氏縣 동북쪽이다.
138) 汝南王 非:漢 景帝의 아들 劉非를 말한다. 汝南은 지금의 河南省 동부, 安徽省 서북부이며 上蔡(지금의 河南省 上蔡縣 서남쪽)에 도읍하였다.
139) 이때는 吳나라의 이름이 江都로 바뀌었다.
140) 여기서 技藝는 雙六을 말한다. 吳王의 태자가 입조하여 황태자와 雙六을 놀던 중 죽게 된 것을 가리킨다.

않고 산과 바다가 있는 곳은 제후에게 봉하지 않았던 것이다. '오랑캐를 가까이하여 친속을 소원히 하지 말라'는 말은 무릇 오나라와 같은 경우를 가리키는 것일까? '권모에 앞장 서지 말아라, 오히려 그 재앙을 받을 것이니'[141]라고 한 것은 원앙이나 조조와 같은 경우를 두고 하는 말이 아닐까?"

---

141) 여기의 인용문들은 『逸周書』에 나오는 것들이다.

권107 「위기무안후열전(魏其武安侯列傳)」제47

위기후(魏其侯)[1] 두영(竇嬰)은 효문제(孝文帝) 황후(皇后)[2]의 종형(從兄)의 아들이다. 조상 대대로 관진(觀津) 사람이다. 두영은 빈객을 좋아하였다. 효문제 때 두영은 오(吳)[3]나라 승상(丞相)이 되었었는데 병으로 사임하였다. 효경제(孝景帝)가 막 즉위하였을 때 첨사(詹事)[4]에 임명되었다.

양 효왕(梁孝王)[5]은 효경제의 동생인데, 어머니인 두태후(竇太后)[6]가 그를 매우 총애하였다. 한번은 양 효왕이 입조하였는데 황제와 형제간이었으므로 사사로운 술자리가 벌어졌다. 이때 황제가 아직 태자를 세우지 않았었는데 주흥이 무르익자 황제가 별 생각 없이 양 효왕에게 이렇게 말하였다. "천년 세월이 흐른 뒤에[7] 제위(帝位)를 양왕(梁王)에게 전해야지." 태후는 이 말을 듣자 기뻤다. 그러나 두영이 술잔을 들어 황제에게 술을 올리며 말하기를[8] "천하는 고조 황제의 천하로서 부자간에 서로 전하는 바입니다. 이것이 바로 한(漢)나라의 규정입니다. 황제께서 무엇을 근거로 마음대로 양왕에게 전하실 수 있습니까?"라고 말하였다. 태후는 이 때문에 두영을 미워하게 되었다. 두영 역시 그 관직을 가벼이 여기고

1) 魏其는 현 이름이다. 지금의 山東省 臨沂水 남쪽.
2) 孝文帝 皇后：竇猗房. 淸河郡 觀津縣(지금의 河北省 衡水縣 동쪽) 사람이다. 漢 文帝의 皇后로 공주 劉嫖, 漢 景帝 劉啓와 梁 孝王 劉武를 낳았다.
3) 吳：漢나라 초기의 제후국. 지역은 지금의 安徽省, 江蘇省, 浙江省 일대이며 廣陵(지금의 江蘇省 揚州市)에 도읍하였다. 왕은 漢 高帝의 조카인 劉濞인데, 이에 관해서는 권106 「吳王濞列傳」 참조.
4) 詹事：관직 이름. 秦代에 설치하여 漢代에도 계속 설치하였다. 황후와 태자의 가사에 관한 일을 담당하였다.
5) 梁 孝王：劉武. 梁나라는 지금의 河南省, 安徽省에 걸쳐 있었으며 睢陽(지금의 河南省 商丘縣 남쪽)에 도읍하였다.
6) 竇太后：孝文帝의 황후(孝文后)를 가리킨다. 황제의 모친을 皇太后 또는 太后라 하고 할머니를 太皇太后라고 한다.
7) 자신의 사후를 가리키는 말이다.
8) 황제가 말 실수를 하였으므로 벌주를 올린다는 뜻이다.

있었으므로 병이라고 칭하고 사임하였다. 9) 그런데 태후는 아예 두영을 문적(門籍)10)에서 삭제시켜버려 봄, 가을로 조회11)에 들어오는 것조차 막아버렸다.

효경제 3년,12) 오(吳)와 초(楚)가 반란을 일으켰다. 황제가 종실(宗室)과 두씨(竇氏) 일족을 두루 살펴보아도 두영만큼 현명한 사람이 없었다. 이에 두영을 불렀다. 두영이 입조하여 황제를 알현하고는 병 때문에 중책을 맡기에 부족하다고 하며 굳이 사양하였다. 태후 역시 부끄러워하였다. 이때 황제는 이렇게 말하였다. "천하는 바야흐로 위급한 시기이다. 왕손(王孫)13)은 어찌 겸양만 하고 있을 수 있다는 말인가?" 이에 두영을 대장군(大將軍)14)에 배수하고 금 1,000근을 하사하였다. 두영은 곧 원앙(袁盎),15) 난포(欒布)16) 등 집에 머물러 있는 여러 명장현사(名將賢士)를 추천하였다. 또 하사받은 금은 궁전의 행랑에 진열해두고 군리(軍吏)17)가 가서 필요한 만큼 가져가 쓰게 하고 자신의 집으로 가져간 금은 하나도 없었다. 두영은 형양(滎陽)18)에 주둔하여 제(齊),19) 조(趙)20) 지

9) 원문은 "因病免"이다. 여기서는 앞에 竇嬰이 자신의 관직을 가벼이 여긴다는 말이 나왔으므로 竇嬰이 병이라고 칭탈하고 사임하였다고 본 것이다. 그러나 아래에 竇嬰이 황제의 부름에 대해서 병으로 중책을 막을 수 없다고 한 것에 대해서 竇太后가 부끄러워한다는 말이 나오므로 이 말을 竇嬰이 太后의 처사에 대해서 비꼰 것이라고 본다면 竇嬰이 병들었다는 이유로 太后가 竇嬰을 해임시켰다고 볼 수도 있다. 두 가지 해석이 모두 가능하다.
10) 門籍: 궁궐에 출입하는 자의 신상을 기록한 명부.
11) 원문은 "朝請"이다. 漢代의 규정에 제후왕들이 봄에 입조하는 것을 '朝,' 가을에 입조하는 것을 '請'이라고 하였다. 외척들이 절기에 따라 입조하여 알현하는 것도 '朝請'이라고 한다.
12) 孝景帝 3년: 기원전 154년.
13) 王孫: 竇嬰의 字이다.
14) 大將軍: 무관 이름. 전국시대에 처음 설치하였는데 漢代에도 계속 설치하였다. 장군의 최고 칭호로서 직무는 兵事와 전쟁에 관하여 주관하는 것이다. 漢代에 사실상 대개 貴戚이 그 자리를 차지하면서 실권을 장악하였으므로 그 직위는 굉장히 높은 것이었다.
15) 袁盎: 권101 「袁盎晁錯列傳」 참조.
16) 欒布: 梁地(지금의 河南省 동부) 사람. 일찍이 都尉에 임명되었는데 이때 장군에 임명되었다. 후에 兪侯에 봉해졌다.
17) 軍吏: 장군의 보조 요원.
18) 滎陽: 현 이름. 지금의 河南省 滎陽縣 동북쪽.
19) 齊: 漢나라 초기의 제후국 이름. 위치는 지금의 山東省 지역으로 臨淄(지금의 淄博市 동북쪽)에 도읍하였다. 뒤에 齊, 城陽, 濟北, 濟南, 菑川, 膠東, 膠西 등의 일곱 나라로 나뉘었다. 여기에서는 특히 吳楚의 반란에 가담한 네 나라(濟南, 菑川,

역의 한나라 군사를 감독하였다. 일곱 나라의 군대가 이미 다 격파되자 황제는 두영을 위기후(魏其侯)에 봉하였다. 여러 유사(游士)들과 빈객들이 다투어 위기후에게 의탁하였다. 효경제 때 매번 조정에서 큰 일을 의논할 때면 여러 열후(列侯)들은 조후(條侯), 21) 위기후를 감히 자신들과 동등한 예로 대하려 들지 않았다. 22)

효경제 4년에 율태자(栗太子)23)를 세워 위기후를 태자부(太子傅)24)로 삼았다. 그후 효경제 7년에 율태자가 폐해지자 위기후는 여러 차례 간하였으나 성과를 얻지 못하였다. 그러자 위기후는 병을 핑계로 물러나 남전 (藍田)25)의 남산(南山)26) 기슭에서 몇달을 머물렀다. 여러 빈객들과 변사(辯士)들이 그를 설득하였으나 누구도 그를 돌아오게 하지 못하였다. 이러던 차에 양(梁)나라 사람 고수(高遂)가 위기후에게 유세하여 말하였다. "장군을 능히 부귀하게 할 수 있는 사람은 황제이십니다. 장군을 능히 친하게 할 수 있는 사람은 태후 마마이십니다. 지금 장군께서는 태자의 스승이 되어, 태자가 폐위되었는데도 간하지 못하셨고, 간하였는데도 뜻을 이루지 못하셨으며, 또 그렇다고 죽을 수도 없는 일입니다. 스스로 병을 핑계로 조희(趙姬)27)를 끼고 한적한 곳에 물러나와 입조하지 않고 계십니다. 그러면서 서로 비교하여 의론하고 계시니 이는 스스로 황제의 허물을 드러내는 것입니다. 가령 두 궁궐28)에서 장군에게 분노하신다면

膠東, 膠西)를 가리킨다.
20) 趙 : 漢나라 초기의 제후국 이름. 위치는 대략 지금의 河北省 남부 지역이고, 邯鄲이 도읍이었다.
21) 條侯 : 周亞夫(?-기원전 143년)를 가리킨다. 泗水郡 沛縣 사람. 漢 文帝 때 匈奴가 침략해오자 그가 장군에 임명되어 細柳(지금의 陝西省 咸陽市 서남쪽)를 방어하였다. 군령이 엄격하고 정비되어 文帝의 신임을 받았다. 吳楚의 난 때 吳나라 군대를 진압하는 데 공을 세웠다. 條는 현 이름으로 지금의 河北省 景縣 지역이다.
22) '않았다'의 원문은 '莫'이다. 여기서 '莫'은 '~하는 사람이 없었다'라고 해석할 수도 있다.
23) 栗太子 : 劉榮. 漢 景帝의 장자로서 栗姬의 소생이다. 뒤에 압박받아 자살하였는데 모친의 성을 따서 栗太子라고 부른다.
24) 太子傅 : 관직 이름. 太傅와 少太傅의 구분이 있는데 각각 나누어 태자의 교육과 보좌를 맡았다.
25) 藍田 : 현 이름. 지금의 陝西省 藍田縣 서쪽이다.
26) 南山 : '藍田山'이라고도 한다. 藍田縣의 동남쪽에 있다. 이곳은 당시 고위 관료들이 은퇴 후 휴양지로 흔히 찾던 명승지이다.
27) 원문은 '趙女'이다. 고대에 燕과 趙 나라에 아름다운 사람이 많다고 이렇게 칭하였다. 그래서 燕姬나 趙姬라고 하면 미녀를 가리키는 말이 된다.

장군의 일족은 살아 남는 자가 없게 될 것입니다." 위기후는 그 말이 그
럴듯하다고 생각하였다. 이에 마침내 몸을 일으켜 옛날과 같이 조회에 참
석하였다.

도후(桃侯)[29]가 승상에서 해임되었다. 두태후가 여러 차례 위기후를
천거하자 효경제가 두태후에게 말하였다. "태후께서는 어찌 제가 자리에
인색하여 위기(魏其)를 승상에 쓰지 않는다고 생각하십니까? 위기라는
사람은 경박하여 스스로 득의만만할 따름입니다. 경솔한 면이 많으므로
승상으로 써서 막중한 임무를 맡기기 어렵습니다." 마침내 위기후를 등용
하지 않고 건릉후(建陵侯)[30] 위관(衞綰)[31]을 승상으로 삼았다.

무안후(武安侯)[32] 전분(田蚡)은 효경제 황후[33]의 아버지가 다른 동생
으로 장릉(長陵)[34]에서 태어났다. 위기후가 이미 대장군이 되고 난 후에
바야흐로 위세가 드높을 때 전분은 제랑(諸郞)[35]으로 존귀한 신분이 아
니었다. 그는 위기후의 집에 드나들며 위기를 모시고 술자리를 함께 하곤
하였는데 꿇어앉고 일어서는 행동거지가 마치 자식이나 손자와 같았다.
효경제 만년에 이르러 전분은 차츰 존귀하게 되어 태중대부(太中大夫)[36]
가 되었다. 전분은 언변이 뛰어났고 『반우(槃盂)』[37] 등의 여러 책들을

---

28) 두 궁궐 : 東宮(長樂宮)과 西宮(未央宮)을 가리킨다. 이것은 東宮에 거주하는 竇
　　太后와 西宮에 거주하는 漢 景帝를 비유하는 것이다.
29) 桃侯 : 劉舍. 泗水郡 下相縣(지금의 江蘇省 宿遷縣 서남쪽) 사람이다. 그 아버지
　　劉襄이 桃侯에 봉해졌는데 그가 그 작위를 계승하였다. 桃는 현 이름으로 지금의 河
　　北省 衡水縣 서남쪽 지역이다.
30) 建陵은 현 이름으로 지금의 江蘇省 新沂縣 남쪽이다.
31) 衞綰 : 太原郡 大陵縣(지금의 山西省 文水縣 동북쪽) 사람이다. 吳楚七國의 亂을
　　평정하는 데 공이 있어 建陵侯에 봉해졌다. 일찍이 太子太傅, 御史大夫를 지냈다.
32) 武安은 현 이름으로 지금의 河北省 武安縣이다.
33) 즉 孝景后(?-기원전 125년) 王娡를 가리킨다. 右扶風槐里縣(지금의 陝西省 興
　　平縣 동남쪽) 사람이다. 漢 景帝의 황후로서 平陽公主, 南宮公主, 隆慮公主와 漢 武
　　帝 劉徹을 낳았다. 田蚡과 田勝은 모두 그녀와 어머니는 같고 아버지가 다른 형제이
　　다.
34) 長陵 : 현 이름. 지금의 陝西省 咸陽市 동북쪽.
35) 諸郞 : 議郞, 中郞, 侍郞, 郞中 등의 郞官을 가리키며 郞中令에 속한다. 직무는
　　수행, 호위 및 수시로 건의하고 참고안을 준비하며 差使와 같은 임시직의 수행 등이
　　었다.
36) 太中大夫 : 관직 이름. 秦代에 처음으로 설치하여 漢代에도 이어서 설치하였다.
　　議論을 주관하며 郞中令에 속하였다.

공부하여 왕태후(王太后)³⁸⁾가 그를 현명한 사람이라고 여겼다. 효경제가 붕어하자 당일로 태자(太子)³⁹⁾를 세우고 왕태후가 섭정하였는데, 이때 신하들과 백성을 누르고 달래는 데 전분 문하의 빈객들이 낸 계책을 많이 사용하였다. 전분과 전분의 아우 전승(田勝)은 모두 태후의 동생이라고 하여 효경제 후원(後元) 3년⁴⁰⁾에 전분은 무안후(武安侯), 전승은 주양후(周陽侯)⁴¹⁾에 각각 봉해졌다.

　무안후는 새로 정권을 잡아 승상이 되고자 하였다. 그래서 스스로 몸을 낮추어 빈객을 대하고 집에 머물러 있는 명사(名士)를 추천하여 그들을 존귀하게 함으로써 위기 등의 여러 장상(將相)들을 누르고자 하였다. 건원(建元)⁴²⁾ 원년에 승상 위관이 명으로 사임되었다. 황제는 승상, 태위(太尉)⁴³⁾의 임명을 논의하였다. 적복(籍福)⁴⁴⁾이 무안후에게 말하였다. "위기후는 존귀하게 된 지가 오래입니다. 천하의 선비들이 평소부터 그에게 의탁하고 있습니다. 그러나 장군은 지금 막 일어나는 중이므로 위기후만 못합니다. 만약 황제께서 장군을 승상으로 삼으려 하시면 반드시 위기후에게 양보하십시오. 위기후가 승상이 되면 장군은 반드시 태위가 될 것입니다. 태위와 승상은 존귀하기가 동등합니다. 아울러 장군은 어진 인사에게 승상의 자리를 양보하였다는 명성을 얻게 되는 것입니다." 이에 무안후는 태후에게 에둘러 말하여 은연중에 황제에게 전달되게 하였다. 그래서 위기후가 승상이 되고 무안후가 태위가 되었다. 적복이 무안후를 축하하러 가서는 조의(弔意)⁴⁵⁾를 표하면서 말하였다. "군후(君侯)⁴⁶⁾께서는

---

37)　『槃盂』: 책 이름. 전하는 바로는 黃帝의 史官인 孔甲이 지은 銘文이라고 하는데 槃盂 등의 器物에 새겨져 있었다. 이미 소실되어 전해지지 않는다.

38)　王太后 : 이 당시에는 漢 景帝가 아직 살아 있었으므로 '太后'라고 칭하는 것은 옳지 못하다. 『漢書』에는 "王皇后"라고 되어 있는데 이것이 옳다.

39)　太子 : 나중의 漢 武帝를 가리킨다.

40)　孝景帝 後元 3년 : 기원전 141년이다. 漢 景帝의 재위 기간은 모두 16년인데 前, 中, 後의 세 기간('元'으로 단위 삼는다)으로 나누는데 前元은 7년, 中元은 6년, 後元은 3년이다. 그는 後元 3년 正月에 죽었다. 곧 이어 漢 武帝가 즉위하였으나 사실은 王太后가 실권을 장악하고 있었으므로 3월에 田蚡과 田勝을 侯에 봉하였다.

41)　周陽은 현 이름으로 지금의 山西省 聞喜縣 동쪽이다.

42)　建元 : 기원전 140년이다. 建元은 漢 武帝의 첫번째 연호이다. 이것이 중국 역사상 첫번째 연호이다.

43)　太尉 : 무관 이름. 秦代에 처음 설치하였는데 漢代에도 계속 설치하였다. 전국의 軍政을 통괄하는 우두머리로 丞相, 御史大夫와 함께 三公이라고 일컬어진다.

44)　籍福 : 田蚡의 門客.

품성이 선한 것을 좋아하시고 악한 것을 미워하십니다. 지금 착한 사람들이 군후를 칭송하므로 승상에 이르시게 되었습니다. 그러나 군후께서는 장차 악한 것을 미워하실 것입니다. 천하에 악한 사람은 많습니다. 이들 역시 장차 군후를 비방할 것입니다. 군후께서는 능히 악인도 겸하여 포용하셔야 다행히 지위를 오래 보전하실 수 있습니다. 그렇지 못하면 곧 비방에 의해 자리에서 물러나시게 될 것입니다." 그러나 위기후는 이 말을 듣지 않았다.

위기후와 무안후는 모두 유학을 좋아하였다. 조관(趙綰)[47]을 추천하여 어사대부(御史大夫)[48]로 삼고, 왕장(王臧)[49]을 추천하여 낭중령(郞中令)[50]으로 삼았으며, 노(魯) 땅의 신공(申公)[51]을 맞아들여 명당(明堂)[52]을 설립하려고 하였다. 열후들을 자기들의 영지로 돌아가게 하였고[53] 관(關)을 폐지하였으며[54] 예법에 따라 복식(服飾)을 정하는 등, 태

---

45) 弔意 : 앞으로 닥칠 어려움에 대해서 간언한다는 뜻이다. 따라서 '간하다'로 옮길 수도 있다.

46) 君侯 : 원래는 丞相을 지낸 列侯에 대한 존칭이었는데 점차 고위 관료 모두에 대해서 쓰이게 되었다.

47) 趙綰 : 代郡 代縣(지금의 河北省 蔚縣 동북쪽) 사람이다. 申培의 제자로 당시에 유명한 儒者였다.

48) 御史大夫 : 秦漢 시대에 丞相 바로 아래에 있는 중앙 최고의 장관. 주요 직책은 감찰과 법의 집행이고 중요 문서와 圖籍의 관리도 겸하였다. 丞相, 太尉와 아울러 '三公'이라고 칭해진다.

49) 王臧 : 東海郡 蘭陵縣(지금의 山東省 蒼山縣 서남쪽) 사람이다. 申培의 제자로 당시의 유명한 儒者였다.

50) 郞中令 : 벼슬 이름. 秦代에 처음 설치하였는데 漢代에도 계속 설치하였다. 조정에서 황제의 좌우에서 가까이 받드는 고급 관직으로 시종, 警衛, 顧問 관원 등의 우두머리이며 大夫나 郞官, 謁者 등이 이에 속한다. 당시 각 왕국에도 이 관직을 설치하고 있었다. 뒤에 '光祿勳'으로 이름을 바꾸었다.

51) 申公 : 申培를 가리킨다. 薛郡 魯縣(지금의 山東省 曲阜市) 사람이다. 당시의 저명한 대유학자였다. 이때 이미 80여 세가 넘었지만 나아가 太中大夫 직을 맡았다.

52) 明堂 : 고대에 제왕이 정치와 교화를 펴던 大會堂으로 조회, 제사, 慶賞, 敎學, 選士, 敬老 등 성대한 典禮는 모두 이곳에서 거행하였다. 이의 건축 규모에 대해서 十三室, 九室, 五室 등의 여러 학설이 있다. 趙綰과 王臧은 옛 제도에 맞추어 明堂을 짓고 제후의 조회를 거행하려고 하였는데 당시에 쟁론이 분분하여 의견이 일치되지 않았으므로 申培를 청해온 것이다.

53) 원문은 "就國"이다. 당시 列侯들은 대개가 자신의 봉국에서 거주하지 않고 수도 長安에서 거주하였다. 지금 이들을 자신의 영지로 돌아가도록 시킨 것이다.

54) 당시 諸侯王이 도성에 출입하려면 증명서가 있어야 하였고 검사도 받아야 하였던 것을 폐지한다는 것이다.

평정치를 진작시켰다. 외척과 종실(宗室) 가운데서 행실이 옳바르지 못한 자를 들추어내어 견책하고 그를 족적(族籍)에서 삭제하였다. 이때 많은 외척들이 열후가 되어 있었는데, 열후들은 대부분 공주를 아내로 맞이하였으므로 모두 자신의 영지로 돌아가고 싶지가 않았다. 그래서 비방하는 소리가 나날이 두태후에게 들려왔다. 태후는 황로(黃老)의 말을 좋아하였는데 위기, 무안, 조관, 왕장 등은 유가(儒家)의 학술을 높이고 도가(道家)의 말을 깎아내렸으므로 이 때문에 두태후는 더욱 위기 등을 좋아하지 않게 되었다. 건원(建元) 2년에 어사대부 조관이 동궁(東宮)[55]에 정무 보고하는 것을 그만두게 하자고 황제에게 청원하였다. 두태후는 크게 노하여 곧 조관, 왕장 등을 내쫓았다.[56] 그리고 승상과 태위를 해임하고 백지후(柏至侯)[57] 허창(許昌)[58]을 승상으로 삼고 무강후(武强侯)[59] 장청책(莊靑翟)[60]을 어사대부로 삼았다. 위기후와 무안후는 이로써 후의 신분을 가진 채 집에서 머물게 되었다.

무안후가 비록 직책은 맡지 못하고 있었지만 왕태후와의 연고로 하여 총애를 받았으며 여러 차례 정사에 관해서 말한 것이 많이 채택되어 성과를 보니, 천하의 권세와 이익을 좇는 선비들과 관리들은 모두 위기후를 떠나 무안후에게 돌아갔다. 무안후는 날로 더욱 방자해졌다. 건원 6년에 두태후가 붕어하였다. 승상 허창과 어사대부 장청책은 두태후의 상례(喪禮)를 잘 처리하지 못하였다 하여 해임되었다. 그러고는 무안후 전분을 승상으로 삼고 대사농(大司農)[61] 한안국(韓安國)[62]을 어사대부로 삼았다. 천하의 선비와 군국의 제후들은 더더욱 무안후에게 모여들었다.

무안후는 키가 작고 못생겼으면서 매우 거만하였다. 또 혼자 생각하기

---

55) 東宮 : 長樂宮으로 竇太后가 거처하는 곳이다.
56) 실제로는 趙綰과 王臧은 모두 감옥에서 자살하였다.
57) 柏至는 당시의 지명인데 지금의 어디인지 분명하지 않다.
58) 許昌 : 그 조부 許溫이 柏至侯에 봉해졌는데 그는 그 작위를 계승하여 柏至侯가 되었다.
59) 武强은 현 이름으로 지금의 河北省 武强縣 동북쪽이다.
60) 莊靑翟 : 그 조부 莊不識이 武强侯에 봉해졌는데 그가 그 작위를 계승하였다.
61) 大司農 : 관직 이름. 秦代에 '栗內史'를 설치하였는데 漢代에도 계속 설치하였다. 이를 漢 景帝 때 '大農令'으로 개칭하였고 武帝 때 다시 '大司農'으로 개칭하였다. 조세, 화폐와 곡물, 소금과 철 그리고 국가의 수입과 지출 등을 관리하였다.
62) 韓安國(? -기원전 127년) : 梁나라 成安縣(지금의 河南省 民權縣 동남쪽) 사람이다. 권108 「韓長孺列傳」참조.

를 "제후들과 왕들 중에 나이 많은 사람이 많다. 주상이 막 즉위하여 아직 나이가 어리니 전분이 외척으로서 경사의 승상이 된 이상 그들을 매섭게 깎아내려 예로써 굴복시키지 않으면 천하가 두려워하지 않을 것이다"라고 생각하였다. 이때에 이르러 승상 전분이 입조하여 정무을 아뢸 때에는 앉아서 하루 종일 이야기해도 황제가 다 들어주었다. 사람을 추천하는데에도 때로는 집에 머물러 있는 자를 세워서 단숨에 2,000석(二千石)[63]의 신분에 이르게 하기도 하여 실권이 황제로부터 그에게로 옮겨갔다. 이에 황제가 이렇게 말하였다. "그대는 관리 임명이 끝났는가, 아직 남았는가? 나도 관리를 임명하고 싶은데!" 한번은 승상이 집을 늘리려고 고공(考工)[64]의 땅을 청하자 황제가 화를 내며 "그대는 어째서 숫제 무기고[65]를 가져가지 않는가?"라고 하였다. 이후로 그는 약간 행동을 삼가게 되었다. 또 일찍이 손님을 초대하여 술자리를 벌였는데 그의 형 갑후(蓋侯)[66]는 남쪽을 향하고 앉게 하고 자신은 동쪽을 향하고 앉았다.[67] 그는 "한나라 승상은 존귀한 자리이니 형이라고 하여 사사로이 굽힐 수 없다"라고 생각하였던 것이다. 무안후는 이로부터 더욱 교만하여 집을 수리하고 꾸미는 데 귀족 저택 중에서 으뜸가게 만들었다. 밭이나 임야는 아주 비옥하고 군현(郡縣)에서 기물(器物)을 사들여오는 행렬이 길에 서로 이어졌다. 전당(前堂)에는 종과 북을 벌여두고 곡전(曲旃)[68]을 세워두었으며, 뒤채에는 부녀가 100명을 헤아릴 정도였다. 제후들이 진상한 금과 옥, 개와 말 그리고 완호물(玩好物)[69] 등은 수를 헤아릴 수 없었다.

위기후는 두태후라는 의지처를 잃고 나자 더욱 황제와 소원해져서 쓰이지 않았다. 세력이 없어지자 여러 빈객들도 자연 차츰차츰 멀어지며 그를

---

63) 二千石 : 秦, 漢에서 관직의 고하는 흔히 녹봉의 다과로 계산하는데 2,000石에서 100石까지 있다. 각 왕국에서 2,000石은 최고급 관리의 녹봉 등급이었다. 조정의 九卿郞將부터 각 왕국의 傅, 相과 郡守, 尉까지 모두 2,000石의 지위였다.

64) 考工 : 관직 이름. 器械 제조를 담당하며 少府에 속하였다.

65) 이는 당시 未央宮의 주체 건물 중의 하나였다.

66) 蓋侯 : 王信. 田蚡과는 아버지가 다른 형제간이다. 蓋는 현 이름으로 지금의 山東省 沂水縣 서북쪽이다.

67) 동쪽을 향하고 앉는 것이 상석이다.

68) 曲旃 : 깃대 끝이 비스듬하게 굽은 긴 깃발. 이것은 고대 국왕이 은사를 초빙할 때 사용하는 의장용구로서 田蚡이 이것을 장식용으로 세워둔 것은 당시 규정에 위배되는 것이다.

69) 玩好物 : 만지작거리며 아끼고 좋아하는 물건. 골동품이나 예술품 따위.

대하는 것이 태만하고 방자해졌다. 오로지 관장군(灌將軍)만이 홀로 옛 정분을 잊지 않고 있었다. 위기후는 매일 침묵한 채 뜻을 얻지 못하면서 단지 관장군만을 후하게 대우하였다.

　관장군 관부(灌夫)는 영음(潁陰)[70] 사람이다. 관부의 아버지 장맹(張孟)은 일찍이 영음후(潁陰侯) 관영(灌嬰)[71]의 가신(家臣)이었는데 관영의 총애를 받아, 관영이 그를 추천하여 2,000석의 신분에 이르게 되었다. 그래서 관씨(灌氏) 성을 따서 관맹(灌孟)이 되었다. 오와 초가 반란을 일으켰을 때, 영음후 관하(灌何)[72]가 장군이 되어 태위의 휘하에 속하게 되었는네 관맹을 교위(校尉)[73]로 삼은 것을 청하였다. 관부는 1,000명을 이끌고 아버지와 동행하였다. 관맹은 이미 나이가 많았는데 (그래서 태위가 그를 기용하지 않으려 하였던 것을) 영음후가 강하게 그를 추천하였던 것이므로 그는 마음이 불편해졌다. 그래서 싸움이 나면 항상 적의 견고한 곳을 공격하다가 마침내 오나라 군대 속에서 죽게 되었다. 당시의 군법에는 부자가 함께 종군하여 한 사람이 전사하면 유해와 함께 돌아갈 수 있게 되어 있었다. 그러나 관부는 유해를 따라 돌아가려 하지 않고 분연히 말하였다. "원컨대 오나라의 왕이든 장군이든 목을 얻어 아버지의 원수를 갚게 해주십시오." 이때 관부는 갑옷을 입고 창을 쥐고는 군영 중에서 자기와 친하면서 따라나서기를 원하는 장사 수십명을 모집하였다. 그러나 영채(營寨)의 문을 나설 때 감히 앞으로 나서는 자가 없었다. 단지 두 사람과 관부를 따라온 하인 십수명만이 말을 달려 오나라 군영 속으로 달려들었다. 오나라 장군의 깃발 아래에 이르러 수십명을 죽이거나 상처를 입혔다. 더 이상 나아갈 수 없어서 다시 말을 달려 돌아왔는데 한나라 영채에 들어왔을 때에는 그 하인들은 모두 죽고 단지 다른 한 기(騎)의 장사만 더불어 돌아왔을 뿐이었다. 관부 자신도 몸에 10여 군데의 큰 상처를

70)　潁陰 : 현 이름. 지금의 河南省 許昌市.
71)　灌嬰 : 碭郡 睢陽縣 사람. 처음에 漢 高祖를 따라 기병하여 각 지역을 전전하였는데 이 공으로 潁陰侯에 봉해졌다. 뒤에 周勃 등과 呂氏의 반란을 평정하는 데 공이 있어 太尉, 丞相 등을 역임하였다.
72)　灌何 : 灌嬰의 아들. 그 부친의 작위를 계승한 것이다.
73)　校尉 : 무관 이름. 직위는 대략 將軍보다 아래이다. 직무에 따라 '校尉' 앞에 여러 가지 명칭을 붙일 수 있다.

입었는데 마침 만금의 가치가 나가는 좋은 약이 있어 죽음에서 벗어날 수 있었다. 관부는 상처가 조금 치유되자 또다시 장군에게 청원하여 말하였다. "저는 이제 오나라 영채의 정황을 더욱 잘 알게 되었으니 청컨대 다시 가게 해주십시오." 장군은 그가 담력과 의협심이 있다고 생각하고 관부를 잃게 될까 두려워 곧 태위에게 이 일을 말하였다. 이에 태위가 굳이 그를 말려 중지시켰다. 오나라가 패하고 나자 관부는 이 일로 하여 천하에 명성이 높아지게 되었다.

영음후가 그를 황제에게 추천하여 황제는 그를 중랑장(中郞將)[74]으로 삼았다. 그러나 몇달 만에 범법행위로 물러났다. 이후로 장안의 집에서 머물렀는데 장안의 여러 공(公)들 중에 그를 칭송하지 않는 사람이 없었다. 효경제 때에는 대(代)[75]나라의 승상 자리에 올랐다. 효경제가 붕어하고 지금의 황제[76]가 막 즉위하였을 때, 황제는 회양(淮陽)[77]이 천하 교통의 요충지로서 강대한 군대가 주둔하는 지역이라고 생각하였다. 그래서 관부를 옮겨 회양의 태수(太守)로 삼았다. 건원 원년에 관부는 조정에 들어가 태복(太僕)[78]이 되었다. 건원 2년에 그는 장락위위(長樂衛尉)[79] 두보(竇甫)와 술을 마셨는데 대우하는 예절의 존비(尊卑)가 온당하지 못하여 관부는 술에 취하자 두보를 때려버렸다. 두보는 두태후와 형제간이었다. 황제는 태후가 관부를 징벌할까 두려워서 그를 연(燕)[80]나라 승상으로 옮기게 하였다. 몇년 뒤에 그는 다시 범법행위로 관직에서 물러나 장안의 집에 머물렀다.

---

74) 中郞將 : 관직 이름. 秦代에 中郞을 설치하였는데 漢代에 이르러 五官과 左右의 三署로 나누어 설치하고 각기 中郞將을 두어 황제의 侍衛를 통솔하게 하였다. 郞中에 속한다.

75) 代 : 漢나라 초기의 봉국 이름. 지역은 지금의 河北省, 山西省, 내몽고 자치구 일대로서 晉陽(지금의 山西省 太原市 서남쪽)에 도읍하였다. 이때의 국왕은 漢 文帝의 손자 劉登이었다.

76) 漢 武帝를 가리킨다.

77) 淮陽 : 군 이름. 지금의 河南省 동부. 관할 중심지는 陳縣(지금의 淮陽縣)에 있었다.

78) 太僕 : 관직 이름. 춘추시대에 처음 설치하여 秦, 漢代에도 계속 설치하였다. 황제의 車馬와 馬政을 관리하였다.

79) 長樂衛尉 : 관직 이름. 長樂宮의 警衛部隊를 통괄하였다.

80) 燕 : 漢 高帝가 재종형제인 劉澤에게 봉해준 나라이다. 위치는 지금의 河北省 북부 지역이며 薊縣(지금의 北京市 서남쪽)에 도읍하였다. 이때의 燕王은 劉澤의 손자인 劉定國이다.

　관부는 주벽(酒癖)이 있으나 사람됨이 강직하여 면전에서 기분을 맞추어주기를 좋아하지 않았다. 귀척을 비롯하여 자기보다 신분이 높은 세력 있는 사람들에게는 예를 표하려 하지 않았고 반드시 그들을 업신여겼다. 그보다 신분이 낮은 선비들의 경우에는 그들이 빈천할수록 특히 더 공경하며 평등하게 대우하였다. 빽빽히 들어찬 군중 속에서 지위가 낮은 사람을 추천하여 그를 드러내었으니 선비들도 또한 이로 인해서 그를 칭송하였다.

　관부는 학문을 좋아하지 않았으나, 협기(俠氣)를 좋아하였으며 다른 사람과의 약속은 꼭 실천하였다. 무릇 그와 더불어 교유하는 자는 호걸이니 도척의 두목이 아닌 자가 없었다. 집안에는 수천만 금을 쌓아두었으며 식객이 매일 수십에서 100여 명을 헤아렸다. 저수지와 밭이며 농장이 많았는데[81] 그의 종족과 빈객들이 권세를 확장하고 이익을 독점하며 영천(潁川)[82]에서 세도를 부렸기 때문에 영천의 아이들은 그를 이렇게 노래하였다. "영수(潁水)[83]가 맑으면 관씨(灌氏)는 편안하네. 영수가 흐리면 관씨는 멸족당하리."

　관부가 비록 재산은 많았지만 집에 머물면서 세력을 잃었기 때문에 경상(卿相), 시중(侍中),[84] 빈객들이 차츰 줄어들었다. 위기후도 세력을 잃은 뒤에는 관부를 의지처로 삼아 평생 그를 사모하다가 뒤에 가서 그를 버리는 자들을 배척하고자 하였다. 관부 역시 위기후에 의지하여 열후나 종실과 왕래하여 이름을 높이고자 하였다. 두 사람은 서로 이끌고 존중하며 그 교유하는 것이 마치 부자지간과도 같았다. 서로 의기가 투합하여 매우 기뻐하며 싫증내지 않았고[85] 서로 늦게 알게 된 것을 한스럽게 여길 정도였다.

---

81) 원문은 "陂池田園"이다. '陂'를 동사로 보아 '그의 임야에 저수지를 축조하기 위해서(潁川에서 권력을 확장하고 이익을 독점하였다)'라고 번역하기도 한다.

82) 潁川 : 군 이름. 지금의 河南省 중부와 동남부. 중심 관할지는 陽翟(지금의 禹縣)이었다. 潁陰縣은 潁川郡에 속하였다.

83) 潁水 : 강 이름. 河南省 登封縣에서 발원하여 동남쪽 安徽省으로 흘러들어가 壽縣 正陽關에서 淮河와 합류한다.

84) 侍中 : 부가 관직 이름. 秦代에 처음 설치하여 漢代에도 계속 설치하였다. 列侯 이하 郞中에 이르기까지 이 직함을 부가할 수 있다. 원래의 관직에 '侍中' 직함을 덧붙이면 궁정을 출입하며 황제를 좌우에서 모실 수 있다.

85) '싫증내지 않았고'의 원문은 "無厭"이다. 이것은 바로 앞에 나온 말인 '서로 매우 기뻐하는' 정도를 꾸미는 말로 볼 수도 있다.

한번은 관부가 거상중(居喪中)에 승상을 방문한 적이 있다. 승상은 별 생각 없이 이런 말을 하였다. "나는 중유(仲孺)[86]와 더불어 위기후를 방문하고 싶은데 마침 중유가 상복을 입고 있으니……" 관부가 말하였다. "장군께서 영광스럽게도 위기후의 집에 행차해주려 하시니 부가 어찌 감히 거상중임을 핑계삼겠습니까? 원컨대 제가 위기후에게 연회준비를 하도록 알리겠습니다. 장군께서는 내일 아침에 와주십시오." 무안후가 허락하였다. 관부는 무안후에게 말한 바와 같이 위기후에게 상세히 말하였다. 위기후와 그 부인은 술과 고기를 많이 사고 밤에 청소를 하여 새벽 무렵까지 접대준비를 마쳤다. 날이 밝아오자 사람을 시켜 영접하게 하였다. 그러나 해가 중천에 오도록 승상은 오지 않았다. 위기후가 관부에게 말하였다. "승상이 어찌 잊었단 말인가?" 관부는 기분이 상하여 말하였다. "부가 상복을 입고서도 청하였는데 승상은 마땅히 왔어야지.[87]" 이에 수레를 타고 자신이 승상을 맞으러 갔다. 승상은 단지 농담삼아 승낙하였던 것으로 딱히 갈 생각이 있었던 것은 아니었다. 관부가 문 앞에 이르렀을 때에도 승상은 아직 자리에 누워 있었다. 이때 관부가 들어가서 승상을 보고는 말하였다. "장군께서 어제 영광스럽게도 위기후를 방문하시겠다고 허락하셨으므로 위기후 부부는 술과 음식을 갖추어놓고 새벽부터 지금까지 감히 식사도 못하고 있습니다." 무안후는 놀라 사과하며 말하였다. "내가 어제 취하여 중유와 하였던 말을 잊어먹었구려." 이에 수레를 타고 갔는데, 또 가는 것도 느릿느릿 하였으므로 관부는 더더욱 화가 났다. 술자리가 무르익었을 때 관부가 일어나 춤을 추고는[88] 승상에게 권하였다. 승상이 일어나지 않자 관부는 앉은 자리에서 승상을 자극하는 말을 하였다. 위기후는 이에 관부를 부축하여 데리고 나가고 승상에게 사과하였다. 승상은 마침내 밤이 이슥하도록 술을 마셔 즐거움을 다하고서 돌아갔다.

승상이 한번은 적복(籍福)을 시켜 위기후에게 성 남쪽 밭을 요구하였다. 위기후는 크게 원망하며 말하였다. "늙은 종[89]이 비록 버림받았고 장

---

86) 中孺 : 灌夫의 字.
87) 원문은 "宜往"이다. 이 '往'은 丞相의 입장에서 보아 魏其侯의 집으로 '가는 것'이라고 옮겼다. 이것을 灌夫 자신의 말로서 '내 (灌夫)가 마땅히 가봐야지'라고 번역할 수도 있다.
88) 일어나 춤을 추는 것은 당시 연회상 예절 중의 하나이다.
89) 자신을 겸양하여 가리키는 말로 쓰인다.

군이 비록 귀한 신분이기는 하지만 설마 권세로써 탈취할 수야 있겠는
가!"그러면서 허락하지 않았다. 관부가 이 말을 듣자 노하여 적복을 욕
하였다. 적복은 두 사람 사이에 틈이 생기는 것을 원하지 않았다. 이에
사실을 속이고 스스로 승상에게 좋은 말로 거절하여 말하였다. "위기후는
늙어서 곧 죽을 것입니다. 참기 어려운 것도 아니니 잠시 기다립시다."
얼마 지나지 않아 무안후는 위기후와 관부가 사실은 분노하여 밭을 내놓
지 않았다는 것을 듣게 되었다. 그 역시 노하며 말하였다. "위기(魏其)의
아들이 일찍이 사람을 죽였을 때 분(蚡)이 그를 살려주었다. 분이 위기를
섬겨 할 수 없는 것이 없었다. 어찌 밭뙈기 몇 고랑을 아낀다는 말인가?
또 관부는 무슨 참견인가? 내 다시는 밭을 요구하나봐라."무안후는 이
로써 관부와 위기후를 크게 원망하였다.

  원광(元光) 4년[90] 봄, 승상이 황제에게 관부의 집이 영천에 있으면서
세도가 심하여 백성들이 그에게 고통을 받는다고 아뢰고 수사를 청하였
다. 황제가 말하였다. "이것은 승상의 일인데 무슨 청원을 하는가?"그
러나 관부 역시 승상의 비밀스러운 일을 파악하고 있었으니, 그것은 승상
이 불법으로 이익을 구한 것이나 회남왕(淮南王)의 황금을 받고 더불어
어떤 말을 나눈 것[91] 등이다. 그래서 양쪽의 빈객들이 중간에서 조정하여
마침내 공방을 멈추고 모두 화해하였다.
  여름에 승상이 연(燕)나라 왕[92]의 딸을 부인으로 맞이하였다. 태후가
조서를 내려 열후와 종실을 불렀으므로 모두 가서 축하하였다. 위기후는
관부를 방문하여 함께 가려고 하였다. 관부가 사절하며 말하였다. "부는
여러 차례 술로 실수하여 승상에게 죄를 지었습니다. 또 승상은 지금 부
와 틈이 있습니다."위기후는 "그 일은 이미 해결되었네"라고 말하며 억
지로 동행하게 하였다. 술자리가 무르익자 무안후가 일어나서 축배를 들
었다. 그러나 좌중이 모두 자리에서 벗어나 엎드렸다. 그 뒤에 위기후가
축배를 들자 단지 친분이 있는 사람만 자리를 피할 뿐 나머지 반 정도는
좌석에 무릎을 붙이고 허리만 세우는 정도였다.[93] (이런 꼴을 보니) 관

---

90) 元光은 漢 武帝의 두번째 연호이다. 元光 4년은 기원전 131년이다.
91) 淮南王과 관련된 것은 뒤의 〈주 127〉 참조.
92) 이때는 이미 죽은 燕康王 劉嘉를 가리킨다.

부는 기분이 나빴다. 관부가 일어나 순서대로 술잔을 올렸는데, 순서가 무안후에 이르렀다. 무안후는 무릎을 좌석에 붙인 채 윗몸을 세우며 말하였다. "잔을 가득 채우면 마실 수 없는데." 관부는 화가 났지만 억지로 웃으며 말하였다. "장군은 귀인이시니 넘치게 드셔야지요."[94] 이때 무안후는 마시지 않았다. 차례로 술잔을 올려 순서가 임여후(臨汝侯)[95]에게 이르렀다. 임여후는 한창 정불식(程不識)[96]과 귓속말을 하고 있었다. 게다가 자리를 피하지도 않았다. 관부는 노기를 풀 수가 없어서 이에 임여후를 욕하였다. "평소에는 정불식이 한푼의 가치도 없다고 비방하더니 오늘은 어른이 축배를 권하는데도 계집애나 본받아 소곤소곤 귓속말을 한다는 말인가!" 무안후가 관부에게 일러 말하였다. "정불식과 이광(李廣)[97]은 모두 동서 두 궁전의 위위(衛尉)[98]이다. 지금 많은 사람들 속에서 정 장군을 욕보이고 있는데 중유는 어찌 이장군의 처지를 생각하지 않는가?" 관부가 말하였다. "오늘 머리를 자르고 가슴에 구멍을 낸다고 해도 정(程)이니 이(李)니 하는 사람을 어찌 알겠는가!" 이에 좌중은 일어나 측간에 가는 체하면서 하나둘씩 자리를 떠났다. 위기후가 나가면서 관부에게 나오라고 손짓하였다. 무안후는 드디어 분노하여 말하였다. "이것은 내가 관부를 교만하게 만든 죄이다." 곧 기병을 시켜 관부를 억류하게 하였다. 관부는 나가려고 하였으나 그럴 수가 없었다. 적복이 일어나 그

---

93) '좌석에 무릎을 붙이고 허리만 세우는' 것의 원문은 "膝席"이다. 고대 사람들은 의자가 아니라 땅에 방석을 깔고 앉았는데 마치 꿇어앉는 모양새처럼 두 발을 뒤로 향하게 하고 엉덩이를 그 발 위에 얹고 앉았다. 두 무릎이 좌석에서 떠나지 않고 몸만 곧게 펴는 것을 '長跪'라고 하는데 이것은 좌석에서 벗어나 엎드리는 것보다는 확실히 대접이 소홀한 것이다.

94) 인용문의 원문은 "將軍貴人也, 屬之"이다. 여기서는 '屬之'까지를 灌夫의 말로 본 것이다. 이와는 달리 '將軍貴人也'까지만을 灌夫의 말로 보고 '屬之'를 '잔을 권하였다'라고 풀이하기도 한다.

95) 臨汝侯 : 灌賢. 灌嬰의 손자. 臨汝는 현 이름으로 지금의 河南省 臨汝縣 서북쪽이다.

96) 程不識 : 太中大夫, 郡太守 등을 지냈고 이 당시에는 長樂宮 衛尉였다.

97) 李廣 : 隴西郡 成紀縣(지금의 甘肅省 秦安縣 북쪽) 사람이다. 일찍이 郡太守를 지냈고 이 당시에는 未央宮 衛尉였다.

98) 衛尉 : 관직 이름. 전국시대에 처음 설치하여 漢代에도 계속 설치하였다. 宮門의 警衛를 맡아 궁정경위부대를 통솔하였다. 西漢代에 '衛尉'라고 하면 통상 未央宮 衛尉를 가리킨다. 長樂宮이나 建章宮의 衛尉들은 그때그때 설치하기도 하고 폐지하기도 하였다.

를 위해 사과하면서 관부의 목덜미를 누르며 사과하도록 시켰다. 관부는
더욱 화를 내며 사죄하지 않았다. 무안후는 곧 기병을 지휘하여 관부를
포박하여 전사(傳舍)[99]에 두게 하였다. 그리고 장사(長史)[100]를 불러 이
렇게 말하였다. "오늘 종실을 부른 것은 조칙이 있었기 때문이다." 그러
면서 관부가 (조칙에 의해서 모인) 좌중을 모욕하여 '불경죄(不敬罪)'가
된다고 탄핵하여 거실(居室)[101]에 붙잡아두었다. 마침내 그의 이전 일까
지 조사하고, 관리를 보내 패를 나누어 관씨 일족을 잡아들이게 하였는데
모두 기시(棄市)[102]의 죄에 해당되었다. 위기후는 크게 부끄러워하며 자
금을 풀어 빈객들에게 청원하게 하였으나 능히 관부를 풀려나게 하는 사
람이 없었다. 무안후의 관리들이 모두 다 그의 눈과 귀가 되어 살피니 관
씨들은 모두 도망가 숨어버리고 관부는 잡혀 있으므로 결국 무안후의 비
밀스러운 일을 고발할 수 없었다.

　위기후는 곤란한 상황 속에서 애써 관부를 구하고자 하였다. 그의 부인
이 위기후에게 간하였다. "관장군은 승상에게 죄를 짓고 태후의 가족을
건드렸습니다. 어찌 구할 수 있겠습니까?" 위기후가 말하였다. "후(侯)
의 신분은 나로 인해서 획득한 것이니 나로부터 그것을 잃어도 한이 될
것은 없다. 그러나 황차 종국에 관중유를 홀로 죽게 하고 두영이 홀로 살
아 남을 수는 없다." 이에 그 집에 숨어 있다가 몰래 나가 상서장을 올렸
다. 곧 불려 들어가게 되어 관부가 취중에 한 일로서 주벌할 만한 일이
못 됨을 상세히 아뢰었다. 황제는 그 말이 그럴듯하다고 생각하여 위기후
에게 음식을 하사하고 이렇게 말하였다. "동궁(東宮)에 가서 조정에서 공
개적으로 그를 해명하라."

　위기후는 동궁에 가서 관부의 좋은 점을 크게 드러내고 그가 취해서 죄
를 지은 것인데 승상이 무고하게 다른 일로써 그에게 죄를 씌운 것이라고
말하였다. 무안후 역시 관부가 저지른 횡포와 방자하였던 소행을 크게 비

---

99)　傳舍 : 지나가는 행인이나 손님에게 휴식이나 잠자리를 제공하는 처소.
100)　長史 : 관직 이름. 秦代에 처음 설치하였였는데 비서장의 직위에 해당하며 三公을
　　보좌하였다. 西漢代에 丞相, 太尉, 御史大夫 등은 모두 長史를 두었다.
101)　居室 : 관서 이름. 少府에 속한다. 당시에 관원이나 그의 가족을 구금해두는 곳
　　이다.
102)　棄市 : 사람이 많이 모이는 곳인 시장에서 처형하여 사람에게 본보기를 보이며
　　그 시체를 시장에 버려두었기 때문에 '棄市'라고 한다.

방한 다음 죄가 대역무도하다고 말하였다. 위기후가 생각해보니 어찌할 도리가 없을 것 같아 승상의 허물을 이야기하였다. 무안후가 말하였다. "천하가 다행히 안락하여 무사합니다. 분(蚡)은 황제의 심복되는 자리를 얻었는데, 좋아하는 것은 음악과 개와 말, 밭과 집입니다. 분이 아끼는 것은 광대와 솜씨 좋은 공장(工匠)과 같은 무리입니다. 이것은 위기나 관부 등이 밤낮으로 천하의 호걸과 장사를 초청하여 더불어 의론하며 내심으로 조정을 비방하고 우러러 하늘을 살피지 않으면 땅을 굽어보거나 두 궁궐[103]을 흘겨보며 요행이 천하에 변고가 나서 큰 공을 세우기를 바라고 있는 것과는 다릅니다. 신은 위기후 등이 하는 일을 알 수가 없습니다." 이때 황제는 조정의 신하들에게 물었다. "두 사람 중에 누가 옳은가?" 어사대부 한안국이 아뢰었다. "위기후가 말하기를 '관부는 아버지가 나라를 위해서 죽게 되자 몸에 창을 지니고 예측할 수 없는 오나라 군영 속으로 달려들어가 몸에 수십 군데의 상처를 입어 이름이 삼군(三軍)[104]에서 드높았으니 이는 천하의 장사이다. 큰 죄를 지은 것도 아니고 술잔을 돌리다 다툰 것으로서 다른 허물을 끌어 처형할 만한 것은 못 된다'라고 하였는데 위기후의 말은 옳습니다. 승상은 또한 '관부는 도적들과 왕래하며 백성들을 침탈하고 집에는 거만(巨萬)의 재산을 쌓아두고 영천에서 세도를 부리며, 종실을 능욕하고 황실의 골육지친(骨肉之親)을 침범하였다. 이는 소위 가지가 근본보다 크며 종아리가 넓적다리보다 커 부러지지 않으면 반드시 갈라진다는 것이다'라고 하였으니 승상의 말 또한 옳습니다. 오로지 영명하신 주상께서 그것을 판결하실 일입니다." 주작도위(主爵都尉)[105] 급암(汲黯)[106]은 위기후가 옳다고 하였다. 내사(內史)[107] 정당시(鄭當時)[108]는 위기후가 옳다고 하였다가 뒤에는 자신의 대답을 감히 견

---

103) 두 궁궐 : 長樂宮의 王太后와 未央宮의 漢 武帝를 가리킨다.

104) 三軍 : 춘추시대에 周나라는 六軍을 두고 각 제후국은 대체로 三軍을 두었는데, 후대로 내려오면서 三軍은 全軍에 대한 통칭이 되었다.

105) 主爵都尉 : 관직 이름. 秦代에 '主爵中尉'를 설치하였는데 漢代에도 이어서 설치하였다. 封爵에 관련된 사무를 주관하였다. 漢 景帝 때 이를 '主爵都尉'로 개칭하였다.

106) 汲黯(?-기원전 112년) : 東郡 濮陽縣(지금의 河南省 濮陽縣 서남쪽) 사람이다. 郡太守를 지냈고 直諫을 잘하였다.

107) 內史 : 관직 이름. 秦代에 처음 설치하였는데 漢代에도 이어서 설치하였다. 京城과 부근 지역을 다스렸는데 직위는 郡守에 상당하였다. 漢 景帝 때 左右 內史로 나누었다.

지하지 못하였다. 나머지는 모두 감히 대답하지 못하였다. 황제가 내사를
꾸짖으며 말하였다. "그대는 평소에 여러 차례 위기후와 무안후의 장단점
을 말하더니 어찌하여 오늘 조정의 변론에서는 마치 수레 끌채 아래의 망
아지처럼 움츠러들어 있는가? 나는 그대들과 같은 무리까지 목을 칠 것
이다!" 곧 조회를 마치고 일어나 들어가서 태후에게 음식을 올렸다. 태
후 역시 이미 사람을 보내어 알아보게 하였는데 그 사람이 상세하게 상황
을 보고하였다. 태후는 화가 나서 식사는 하지 않고 이렇게 말하였다.
"지금 내가 살아 있는데도 사람들이 나의 동생을 깔아뭉개니 가령 내가
죽고 나면 모두 어육(魚肉) 신세가 될 것이오. 또 황제께서는 어찌 깎아
놓은 돌사람[109]이 될 수 있다는 말이오! 이들은 황제가 살아 계셔도 주
견(主見) 없이 흔들리거늘 가령 황제가 돌아가시고 나면 이런 무리 중에
어찌 믿을 만한 사람이 있겠습니까?" 황제가 사과하여 말하였다. "모두
종실의 외척이기 때문에 조정에서 그것을 논변한 것입니다. 그렇지 않다
면 일개 옥리가 결정할 일일 따름입니다." 이때 낭중령 석건(石建)[110]이
황제를 위해서 사리를 잘 따져[111] 두 사람의 일을 아뢰었다.

　무안후는 조회가 파한 뒤 지거문(止車門)[112]을 나와서 어사대부 한안국
을 불러 수레에 같이 타고 가면서 성내며 말하였다. "나는 장유(長孺)[113]
와 함께 늙은 퇴물 관료를 대적하려 하였는데 어찌하여 주저하며 애매한
태도를 취한다는 말이오?" 한안국은 한참 뒤에 승상에게 말하였다. "승
상은 어찌 자중하지 않습니까? 저들 위기후가 승상을 비방하면 승상께서
는 관을 벗고 승상의 인끈을 풀어 황상께 돌려드리며 '신은 외척인 덕으
로 요행히 승상직을 얻었습니다만 진실로 그 적임이 못 됩니다. 위기후의
말이 다 옳습니다'라고 말씀하셨어야 합니다. 이렇게 한다면 황제께서는

---

108)　鄭當時 : 淮陽國 陳縣(지금의 河南省 淮陽縣) 사람이다. 일찍이 郡太守를 지냈고
　　　이 당시에 右內史를 맡고 있었다.
109)　'돌사람'은 두 가지 뜻으로 볼 수 있다. 하나는 황제가 자신의 主見이 없다는 것
　　　이고, 다른 하나는 돌사람처럼 영원히 산다는 것이다.
110)　石建(?-기원전 125년) : 河內郡 溫縣(지금의 河南省 溫縣 서남쪽) 사람이다.
　　　효성스럽고 행동을 근신한 것으로 유명하다.
111)　'사리를 잘 따져'의 원문은 "分別"이다. 이것을 '무리를 벗어나 단독으로 아뢰다'
　　　라고 번역하는 경우도 있다.
112)　止車門 : 궁궐의 外門. 관리들이 조회에 들어올 때 여기에서부터는 반드시 수레
　　　에서 내려 걸어들어가야 한다.
113)　長孺 : 韓安國의 字.

반드시 승상이 겸양하는 것을 칭찬하여 승상을 폐하지 않으셨을 것입니다. 그리고 위기후는 틀림없이 속으로 부끄러워 문을 닫아 걸고 혀를 깨물어 자살하였을 것입니다. 지금 남이 승상을 비방한다고 승상 또한 남을 비방하니 예컨대 장사치나 계집애들 말다툼 같은 것이 아닙니까? 어찌 그리도 대세의 이치를 모르십니까?" 무안후는 사죄하여 말하였다. "다툴 때는 마음이 급하여 이러한 큰 대책을 생각해낼 수가 없었습니다."

이때 황제가 어사(御史)[114]를 시켜 위기후가 관부에 대해서 한 말을 문서로 조사하게 하였는데 상당 부분 부합되지 않아 기만죄에 해당하였으므로 위기후를 탄핵하여 도사공(都司空)[115]에 가두었다. 효경제 때 위기후는 일찍이 유조(遺詔)[116]를 받았는데 유조에는 "불편한 일이 있으면 편의대로 황제에게 보고하라"라고 되어 있었다. 위기후는 구금되고, 관부는 죄가 멸족에 이르는 등 사태가 날로 다급해지는데 여러 공(公)들 중에서 감히 황제에게 다시 밝혀 말해주는 사람이 없었다. 위기후는 이에 조카를 시켜 황제에게 상서를 올려 유조에 관해 말하게 하여 다시 불려 들어가 알현할 기회를 가지기를 원하였다. 상서가 황제에게 올라왔는데 상서(尙書)[117]의 문서를 조사해보니 선제(先帝)[118]의 유조가 없었다. 조서는 단지 위기후의 집에만 보관하여 가승(家丞)[119]이 그것을 봉인해두고 있었다. 이에 위기후는 선제의 유조를 위조하였다고 탄핵되었는데 그 죄는 기

---

114) 御史 : 관직 이름. 춘추전국 시대의 각 나라에서도 대체로 御史를 설치하였다. 문서와 일의 기록을 담당하였다. 秦代에 각 郡에 御史를 파견하여 감찰하게 하였으므로 탄핵과 규찰의 직권도 겸하게 되었다. 漢代에는 직무에 따라 有侍御史, 符璽御史, 治書御史, 監軍御史 등의 이름이 있다.

115) 都司空 : 관서 이름. 황족과 외척의 범법사건이나 황제가 직접 처리하는 사건의 심리를 맡는 사법기관으로 宗正에 속한다.

116) 遺詔 : 군주가 죽음에 임해서 내리는 詔書.

117) 尙書 : 관직 이름. 전국시대에 처음 설치하였는데 漢代에도 계속 설치하였다. 문서의 授受 및 관리를 맡은 관리이다. 그러나 군주의 명령을 직접 출납하는 요직이기 때문에 점차 지위가 높아져 唐代에 이르러서는 六部 장관에 대한 명칭이 되었다. 여기에서는 尙書가 관리하고 있는 문서를 가리키므로 뒤에 '문서'라는 말을 덧붙여 번역하였다.

118) 先帝 : 원문은 "大行"이다. '大行'은 '다시 못 올 길을 갔다'라는 의미로서 '大行皇帝'의 줄임말이며, 죽은 지 얼마 되지 않아 아직 諡號를 내리지 않은 황제를 가리키는 말로 쓰인다.

119) 家丞 : 관직 이름. 漢代의 규정에 의하면 식읍 1,000戶 이상의 列侯는 家丞을 둘 수 있다. 그는 집안의 여러 업무를 관장하였다.

시(棄市)에 해당하였다. 원광 5년 10월에 관부 및 그 일족은 모두 처형당하였다. 위기후는 한참 뒤에야 소식을 듣게 되었다. 그는 소식을 듣자 분노하여 중풍을 앓게 되었고 음식을 끊으며 죽으려고 하였다. 혹 황제가 위기후를 죽일 뜻은 없다는 말도 들리곤 하였으므로 위기후는 다시 음식을 들고 병을 치료하기 시작하였다. 결국 조정에서는 그를 죽이지 않기로 결정하였다. 그러자 이번에는 그를 나쁘게 말하는 유언비어가 떠돌아 그것이 황제의 귀에까지 들어가게 되어 이로 인해서 12월 그믐에 위성(渭城)[120]에서 참수되었다.

그해 봄[121]에 무안후는 병이 났는데 줄곧 괴로워서 큰 소리로 울고 소리치며 잘못하였다고 사죄하였다. 귀신을 볼 수 있는 무당을 시켜 그를 보게 하니 위기후와 관부가 함께 그를 지키고 서서 죽이려 하는 것이 보였다. 결국 무안후는 죽고 그의 아들 염(恬)이 작위를 계승하였다. 원삭(元朔) 3년,[122] 무안후[123]는 짧은 옷을 입고 입궁하였다 하여 불경죄에 걸렸다.[124]

회남왕(淮南王) 안(安)[125]이 모반을 꾀하다 발각되어 죄가 다스려졌다. 이전에 회남왕이 입조하였을 때, 무안후는 태위로서 회남왕을 영접하러 패상(霸上)[126]까지 가서 왕에게 말하였다. "황제께는 아직 태자가 없으신데 대왕께서 가장 현명하시고 또한 고제(高帝)의 손자이십니다. 그런즉 황제께서 붕어하시면 대왕이 즉위하지 않으면 누가 맡을 수 있겠습니까!" 회남왕은 크게 기뻐하며 황금과 재물을 후하게 주었다.[127] 황제

---

120) 渭城 : 현 이름. 원래 '咸陽'이었는데 '渭城'으로 이름을 고친 것이다. 따라서 城은 지금의 陝西省 咸陽市 동북쪽에 있었다.

121) 이 당시에는 여름을 일년의 가장 앞에 오는 것으로 하였다. 따라서 겨울 뒤에 봄이 오는데, 지금의 역법으로 하자면 이것은 '다음해 봄'이 된다.

122) 元朔은 漢 武帝의 세번째 연호이다. 元朔 3년은 기원전 126년이다.

123) 여기에서의 武安侯는 田蚡의 아들 田恬을 말한다.

124) 여기의 원문에는 "不敬" 두 자밖에 없다. 권19 「惠景間侯者年表」를 보면 '不敬' 뒤에 '國除(봉국을 폐지하다)'가 더 있는데 이것이 옳은 듯하다.

125) 淮南王 安(기원전 179-기원전 122년) : 劉安. 沛郡 豐縣(지금의 江蘇省 風縣) 사람으로 漢 高帝의 아들 劉長의 장남이다. 劉長의 사후에 그가 이어서 淮南王에 봉해졌다. 文辭에 뛰어났고 재기가 활발하였다. 일찍이 빈객 수천명을 초청하여 『淮南子』를 편집하였다.

126) 霸上 : 지명. '灞上'이라고도 한다. 지금의 陝西省 長安縣 동쪽이다.

127) 이 부분이 앞에서 灌夫가 고발하려던 武安侯의 비밀스러운 일 중 淮南王이 황금을 주고 어떤 말을 나누었다는 부분의 이야기이다. 그러나 이 당시에 漢 武帝는 겨

는 위기후의 일 때부터 무안후가 정직하지 않다고 생각하였는데 다만 태후와의 연고 때문에 그냥 두고 있었을 따름이었다. 회남왕이 무안후에게 황금을 준 일을 듣자 황제는 이렇게 말하였다. "무안후가 살아 있었다면 멸족당하였을 것이다."

태사공은 말하였다.

"위기후(魏其侯)와 무안후(武安侯)는 모두 외척으로서 존귀하게 되었고, 관부(灌夫)는 한 번의 모험으로 이름을 드러내었다. 위기후가 등용된 것은 오와 초의 반란 때문이며, 무안후가 영달하게 된 것은 한 무제(漢武帝)가 막 즉위하여 왕태후(王太后)가 섭정할 때였다. 그러나 위기후는 참으로 시운이 변하는 것을 알지 못하였고 관부는 학식이 없고 겸손하지 못하였으니, 두 사람은 서로 도와가며 화란(禍亂)을 빚었다. 무안후는 존귀한 신분을 등에 업고 권세를 좋아하였으니 술자리에서 꾸짖는 것으로 저 두 어진 사람을 모함하였다. 오호, 슬프도다! 분노를 옮기어 남에게 이르게 하며 자신의 수명 또한 연장하지 못하였다. 뭇 사람들이 옹호하지 않으니 마침내 나쁜 말을 듣게 되었다. 오호, 슬프도다! 재앙은 반드시 그 근원이 있나니!"

우 17세였고 淮南王 劉安은 그의 堂叔으로 나이가 이미 40세였다. 따라서 사실 田蚡의 말은 이치에 닿지 않는 것이다. 그리고 劉安도 추켜세우는 바람에 뭔가 착각한 듯하다. 앞의 〈주 91〉 참조.

권108 「한장유열전(韓長孺列傳)」 제48

　어사대부(御史大夫)[1] 한안국(韓安國)은 양(梁)[2]나라 성안현(成安縣)[3] 사람으로, 후에 수양(睢陽)으로 거처를 옮겼다. 그는 일찍이 추현(騶縣)[4]의 전생(田生)에게서 『한비자(韓非子)』[5]와 잡가(雜家)의 학설을 배웠으며, 양 효왕(梁孝王)[6]을 섬겨 중대부(中大夫)[7]가 되었다. 오(吳)나라, 초(楚)나라 등이 반란을 일으켰을 때,[8] 효왕은 한안국과 장우(張羽)를 장군으로 삼아 동쪽 국경에서 오나라 군대를 방어하게 하였다. 장우는 힘을 다해 싸웠고 한안국은 신중하게 지켰기 때문에 오나라 군대는 양나라를 지나갈 수 없었다. 오, 초의 반란이 분쇄되자 한안국과 장우의 이름이 이 일로 인해서 알려지게 되었다.

　양 효왕은 한 경제(漢景帝)의 친동생이었는데, 두태후(竇太后)[9]는 그를 총애하였으므로, 효왕 자신의 천거에 의해서 승상(丞相)과 2,000석(石)의 녹을 받는 관리를 둘 수 있었다.[10] 그런데 그가 들고나는 것이나 유희하는 것이 분수에 넘쳐 마치 천자와도 같았다. 천자는 이러한 것을 듣고 마음속으로 불쾌하게 여겼다. 태후도 경제(景帝)가 좋아하지 않는

---

1) 御史大夫：관직 이름. 직위는 丞相 다음 가는 중앙 행정장관이다. 주요 직무는 감찰, 법의 집행, 중요 문서의 관리였다. 丞相, 太尉와 함께 三公이라고 한다.
2) 梁：제후국 이름. 지금의 河南省 동부와 安徽省의 경계 지역에 있었다. 도성은 睢陽(지금의 河南省 商丘市 남쪽)이었다.
3) 成安縣：지금의 河南省 民權縣 동북쪽.
4) 騶縣：지금의 山東省 鄒縣.
5) 『韓非子』：先秦시기 法家 학설을 모아 대성시킨 대표적인 저작.
6) 梁孝王：劉武. 漢 文帝의 아들.
7) 中大夫：관직 이름. 議論을 관장하며 光祿勳에 속한다. 光祿勳은 대궐의 문에 관한 일을 담당하는 관원이다.
8) 漢 景帝 前元 3년(기원전 154년) 吳王 劉濞가 楚王 劉戊, 濟南王 劉辟光, 膠東王 劉雄渠, 膠西王 劉卬, 菑川王 劉賢, 趙王 劉遂 등과 연합하여 조정의 '削藩'정책에 반대하여 무장반란을 일으켰으나 周亞夫 등에 의해서 평정되었다.
9) 竇太后：竇猗房. 漢 文帝의 황후. 景帝의 모친.
10) 당시 2,000石의 녹을 받는 관리는 황제가 임명하게 되어 있었다.

다는 것을 알고, 양나라 사자에게 화를 내며, 그를 접견하지 않고 양왕의 행위를 물어 책망하였다. 한안국은 양나라 사자가 되어 대장공주(大長公主)[11]를 알현하고 울면서 "양왕은 사람의 아들로서 부모에게 효도하고 신하로서 황제에게 충성하는데, 어찌 태후께서는 살펴 알아주지 않으십니까? 이전에 오(吳), 초(楚), 제(齊), 조(趙) 등의 칠국(七國)이 반란을 일으켰을 때, 함곡관(函谷關) 이동(以東)이 모두 합종하여 서쪽을 향하여 진군하였으나, 오직 양나라만은 조정과 가장 친밀하여 큰 고통을 당하였습니다. 양왕은 태후와 황제께서 경도(京都)에 계신데 제후가 난을 일으킨 것을 근심하여, 이 일에 대해서 말하기만 하면 눈물을 줄줄 흘리셨습니다. 무릎을 꿇고 신 등의 여섯 사람을 보내 군대를 이끌게 하여 오, 초의 반군을 격퇴시키라고 하셨습니다. 오, 초의 군대는 이 때문에 감히 서쪽으로 나아가지 못하고 드디어는 패망하였습니다. 이것은 양왕의 힘에 의한 것입니다. 지금 태후께서는 작은 절의(節義)와 세세한 예법을 가지고 양왕을 책망하고 계십니다. 양왕의 아버지와 형님은 모두 제왕들이시기에 본 것이 성대합니다. 그러므로 나갈 때에 필(蹕)[12]을 외치고 들어올 때에 경(警)[13]을 외쳐 사람들의 통행을 금지시켰는데, 수레의 깃발은 모두 황제께서 내리신 것입니다. 그는 바로 이렇게 하여 먼 변방의 현(縣)에 자랑하고, 나라 안에 수레를 몰아달려 제후에게 과시하여, 천하 사람들이 다 태후와 황제께서 자신을 총애하심을 알게 하고자 하였을 뿐입니다. 그런데 지금 양나라 사자가 오면 즉시 그를 문책하십니다. 양왕은 이를 두려워하여 밤낮으로 울며 태후와 황제를 사모할 뿐 어찌해야 할지를 모르십니다. 양왕이 아들로서 부모에게 효도하고 신하로서 황제께 충성하는데, 태후께서는 어찌 어여삐 여기지 않으십니까?"라고 하였다. 대장공주가 자세하게 이 말을 모두 태후에게 전하자 태후는 기뻐하며 "그를 위하여 이것을 황제에게 아뢰어라"라고 말하였다. 공주가 이 이야기를 황제에게 전하자 황제는 마음속의 응어리가 풀려 관(冠)을 벗고 태후에게 "형제가 서로 잘 가르치지도 못하고 태후께 근심을 끼쳤습니다"라고 사과하였다. 이리하여 양나라 사자를 모두 접견하고 그들에게 후하게 상을 내

---

11) 大長公主 : 館陶公主 劉嫖를 가리킨다. 漢 文帝의 큰 딸. 景帝의 맏누이.
12) 蹕 : 행인의 통행을 금지시키는 것.
13) 警 : 지위 높은 이가 다닐 때 행인을 경계하는 것.

렸다. 그후 양왕은 더욱더 총애를 받게 되었다. 태후와 대장공주가 다시
또 한안국에게 천여 금(金)이나 나가는 상을 하사하였다. 한안국의 명성
은 이 일로 인해서 드러나고 또 한나라 조정과 밀접한 관계를 가지게 되
었다.

그후 한안국은 법을 위반하여 형을 받게 되었는데, 몽현(蒙縣)14)의 옥
리(獄吏) 전갑(田甲)이 그를 모욕하였다. 이에 한안국이 "불 꺼진 재라
고 하여 어찌 다시 타지 않겠는가?"라고 하자 전갑이 "다시 탄다면 즉시
거기다 오줌을 누어 꺼버리겠다"라고 하였다. 얼마 지나지 않아 양나라의
내사(內史)15) 자리가 비게 되었다. 한나라 조정에서 사자를 보내어 한안
국을 양나라의 내사로 임명하니, 죄수의 몸에서 풀려나와 2,000석의 녹을
받는 관리가 되었다. 전갑이 도망쳐 달아나자 한안국은 "관직에 복귀하지
않으면 내 너의 일족을 멸하리라"라고 하였다. 이에 전갑이 어깨를 드러
내고 사죄하였다. 한안국은 웃으면서 "소변을 볼 테면 봐라! 너희와 같
은 무리를 가지고 따질 것 있겠는가?"라고 하였는데, 마침내는 전갑을
잘 대우해주었다.

양나라의 내사 자리가 비었을 때 양 효왕은 새로 제(齊)나라 사람 공손
궤(公孫詭)를 얻었는데, 그를 좋아하여 조정에 추천하여 내사로 삼고자
하였다. 두태후가 이를 듣고 곧 효왕에게 명하여 한안국을 내사로 삼게
하였다.

공손궤와 양승(羊勝)이 양 효왕을 설득하여, 효왕 자신을 황위(皇位)
계승자로 삼아줄 것과 봉지를 늘려줄 것을 경제(景帝)에게 요구하게 하였
다. 그런데 한나라의 대신들이 듣지 않을 것을 두려워하여, 몰래 사람을
보내 한나라 조정에서 권력을 잡고 있는 모신(謀臣)을 찔러 죽였다. 그리
고 원래 오나라의 승상이었던 원앙(袁盎)을 찔러 죽이기에 이르러서, 마
침내 경제가 공손궤와 양승 등의 계책을 듣게 되었다. 이에 사자를 보내
어 이들을 체포하여 반드시 잡아오라고 분부하였다. 한나라의 10개 조
(組)의 사자가 속속 양나라에 도착하여,16) 양나라의 재상 이하 온 나라가
대대적으로 탐색하였으나 한 달이 넘도록 그들을 잡지 못하였다. 내사 한

---

14) 蒙縣: 현 이름. 지금의 河南省 商丘市 北門.
15) 內史: 관직 이름. 民政을 담당하였다.
16) 원문은 "漢使十輩至梁"이다. '輩'는 무리, 동아리를 뜻한다.

안국은 공손궤와 양승이 양 효왕이 있는 곳에 숨어 있다는 말을 들었다. 한안국은 왕부(王府)에 들어가 양 효왕을 뵙고 울면서 "임금이 욕을 당하면 신하는 마땅히 죽어야 합니다. 대왕께는 어진 신하가 없어 일이 이렇게까지 어지럽게 되었습니다. 지금 공손궤와 양승을 잡지 못하고 있으니, 청컨대 저에게 죽음을 내려주십시오"라고 하니 양 효왕이 "어찌 그렇게까지 하오?"라고 하였다. 한안국이 눈물을 줄줄 흘리며 "대왕께서는 황제와의 관계를 스스로 헤아려보십시오. 어찌 태상황(太上皇)과 고제(高帝), 그리고 황제와 임강왕(臨江王)[17]의 친밀함에 비교할 수 있겠습니까?"라고 하자 양 효왕은 "그들에 비교할 수야 없지"라고 말하였다. 이에 한안국이 "저 태상황과 고제, 황제와 임강왕은 부자(父子) 사이입니다. 그러나 고제께서는 '석 자의 보검(寶劍)을 들고 천하를 쟁취한 자는 짐(朕)이다'라고 하셨습니다. 이 때문에 태상황은 돌아가실 때까지 국정을 주관하지 못하고 역양(櫟陽)[18]에 계셨던 것입니다. 임강왕은 적장자(嫡長子)인 태자이나 말 한마디 잘못으로 폐출되어 임강왕이 되었습니다. 후에 왕궁의 담장을 침해하였다는 일 때문에 결국은 중위부(中尉府)[19]에서 자살하였습니다. 어찌 그리하였겠습니까? 천하를 다스림에는 사정(私情) 때문에 공사(公事)를 절대로 문란하게 할 수 없기 때문입니다. 속담에 '친아버지가 있다고 해도 그가 호랑이가 되지 않으리라는 것을 어찌 알 것이며, 친형이 있다고 해도 그가 이리가 되지 않으리라는 것을 어찌 알겠는가?'라고 하였습니다. 지금 대왕께서는 제후의 열(列)에 계시면서 한낱 간사한 신하의 허황한 말을 좋아하여 조정의 금령(禁令)을 범하고 엄격하고 공정한 법률을 어지럽히셨습니다. 천자께서는 태후 때문에 차마 대왕을 법으로 처벌하지 못하시는 것입니다. 태후께서는 밤낮으로 울며 대왕께서 스스로 개과(改過)하시기를 바라고 계시나 대왕께서는 끝내 깨닫지 못하고 계십니다. 태후께서 갑자기 붕어하시기라도 하면 대왕께서는 누구를 의지하려 하십니까?"라고 하였다. 말이 채 끝나기도 전에 효왕은 눈물을 줄줄 흘리며 한안국에게 감사하며 "내 지금 공손궤와 양승을 내어

---

17) 臨江王 : 漢 景帝의 큰 아들 劉榮을 가리킨다. 栗姬의 소생으로 태자에 봉해졌으나, 후에 그 어머니의 불손한 행동으로 인해서 폐위되어 臨江王이 되었다. 또 朝廟 경내 토지 침해 문제로 자살하기에 이르렀다.

18) 櫟陽 : 현 이름. 지금의 陝西省 臨漳縣 동북쪽.

19) 中尉는 무관 이름으로 京城의 치안을 담당하였다.

주겠소"라고 하였다. 이에 공손궤와 양승이 자살하니, 한나라의 사자가 돌아가 보고하였다. 이리하여 양나라의 일이 모두 해결되었는데, 이것은 한안국의 역량인 것이다. 이 일로 경제와 태후는 한안국을 더욱 중시하게 되었다. 양 효왕이 세상을 떠나자 공왕(恭王)[20]이 즉위하였다. 한안국은 법을 위반하여 벼슬을 잃고 집에 있게 되었다.

건원(建元)[21] 연간에 무안후(武安侯) 전분(田蚡)[22]이 한나라의 태위(太尉)가 되었는데, 그는 외척이기도 하고 지위도 높아 정권을 장악하였다. 한안국은 그에게 500금이 나가는 예물을 선물하였다. 전분이 태후(太后)[23]에게 한안국에 대해서 말하였고, 천자(天子)[24] 역시 평소부터 그가 어질다는 것을 듣고 있었으므로, 즉시 그를 불러다가 북지(北地)[25]의 도위(都尉)[26]로 삼았는데, 후에 다시 대사농(大司農)[27]으로 전임시켰다. 민월(閩越)[28]과 동월(東越)[29]이 서로 공격하자 한안국과 대행(大行)[30] 왕회(王恢)가 병사를 이끌고 출정하였다. 아직 월(越) 땅에 이르기도 전에, 월나라에서는 그들의 왕을 죽이고 한나라에 투항하였으므로 한나라의 군사도 철수하였다. 건원 6년에 무안후는 승상이 되고 한안국은 어사대부가 되었다.

흉노(匈奴)가 다시 화친하기를 청하므로 천자는 여러 신하들에게 이를 논의하게 하였다. 대행(大行) 왕회는 연(燕)나라 사람인데, 여러 차례

---

20)　恭王 : 원문은 "共王"으로 되어 있다. 梁 孝王의 큰 아들 劉買를 가리킨다. '共'은 '恭'과 통한다.

21)　建元 : 漢 武帝의 첫번째 연호(기원전 140-기원전 135년)이다.

22)　田蚡 : 漢 景帝 황후의 同母異父 동생. 武安侯에 봉해졌다.

23)　太后 : 이하, 漢 景帝의 황후이며 武帝의 어머니를 가리킨다.

24)　天子 : 이하, 漢 武帝를 기리킨다.

25)　北地 : 군 이름. 지금의 甘肅省과 寧夏 回族 자치구의 경계 지역. 관할 중심지는 馬嶺(지금의 甘肅省 慶陽縣 서북쪽)이었다.

26)　都尉 : 관직 이름. 太守를 보좌하여 군사에 관한 업무를 담당하였다.

27)　大司農 : 관직 이름. 九卿의 하나. 조세, 화폐와 곡물, 소금과 철에 관한 세금 등 국가의 재정 수지에 관한 것을 담당하였다.

28)　閩越 : 부족 이름. 越人의 한 갈래. 당시에 福建省 북부, 浙江省 남부에 분포하였고 도읍은 同冶(지금의 福建省 福州市)였다.

29)　東越 : 부족 이름. 閩越의 한 갈래. 도읍은 東甌(지금의 浙江省 永嘉縣 서남쪽)였다.

30)　大行 : 관직 이름. '大行令'이라고도 하였다. 빈객 접대, 예의에 관한 것을 담당하였다.

변방의 관리를 지냈기 때문에 흉노의 상황에 대해서 익히 알고 있었다. 그가 논의하여 말하기를 "한나라가 흉노와 화친한다 해도 그들은 대략 몇 년 지나지 않아 또다시 맹약을 저버릴 것입니다. 허락하지 말고 군대를 보내 그들을 공격하는 것만 못합니다"라고 하였다. 이에 한안국이 "천리 밖으로 나가 싸우면 군대는 좋은 결과를 얻지 못합니다. 지금 흉노는 발 빠른 군마(軍馬)를 믿고 금수와 같은 마음을 품고 새가 무리를 지어 날아 오르듯 옮겨다니므로, 좀처럼 제압하기 어렵습니다. 우리가 그 땅을 얻는 다고 해도 국토를 넓혔다고는 할 수 없고, 그의 백성을 가진다고 해도 국력을 강화시킨 셈은 되지 못하며, 그들은 상고시대부터 우리 백성이 아닌 것입니다. 한나라 군대가 수천리 밖에서 그들과 이익을 다툰다면 곧 인마(人馬)가 모두 지쳐버릴 것이지만, 흉노는 조금도 다치지 않은 전력을 가 지고 우리의 약점을 제압할 것입니다. 게다가 강력한 쇠뇌[弩][31]도 화살 의 세력이 끝나는 곳에서는 노(魯)나라에서 생산된 얇은 비단[32]조차도 뚫을 수 없고, 돌풍도 그 마지막 힘은 가벼운 기러기 털도 떠오르게 할 수 없습니다. 처음에 강력하지 않은 것이 아니라 마지막에 가서 힘이 쇠 약해지는 것입니다. 흉노를 치는 것은 불리합니다. 화친하니만 못합니다" 라고 하였다. 논의에 참가한 여러 신하들 중 안안국에게 동조하는 이가 많았다. 이리하여 황상이 화친을 윤허하였다.

그 다음해는 바로 원광(元光)[33] 원년인데, 안문군(雁門郡)[34] 마읍(馬 邑)[35]의 호족(豪族)[36] 섭옹일(聶翁壹)이 대행 왕회를 통하여 황상에게 "흉노는 처음으로 한나라와 화친하여 변경 사람들을 가까이하며 그들을 신임하고 있습니다. 이러한 때에 이(利)로써 그들을 유인하여 치는 것이 좋겠습니다"라고 하였다. 이리하여 섭옹일을 몰래 첩자로 보내, 흉노로 도망하여 들어가서 선우(單于)[37]에게 "저는 마읍의 현령(縣令), 현승(縣

31) 쇠뇌 : 여러 개의 화살이나 돌을 연이어 쏠 수 있는 큰 활.
32) 원문은 "魯縞"이다. 魯나라에서 산출되는 백색의 生絹. 지극히 가볍고 얇은 것을 가리킨다.
33) 元光 : 漢 武帝의 두번째 연호(기원전 134-기원전 129년)이다.
34) 雁門郡 : 군 이름. 지금의 山西省 북부와 내몽고 자치구 남부에 있었으며, 관할 중심지는 善燕(지금의 山西省 右玉縣 남쪽)였다.
35) 馬邑 : 현 이름. 지금의 山西省 朔縣 경계에 있었다.
36) 豪族 : 수령.
37) 單于 : 匈奴 군주의 호칭.

丞), 관리를 베어 죽이고 현성(縣城) 전체를 투항시킬 수 있습니다. 그러면 재물을 다 얻을 수 있습니다"라고 말하게 하였다. 선우는 그의 말을 믿어 그렇게 할 수 있다고 여기고, 섭옹일이 그가 한 말대로 하도록 허락하였다. 섭옹일은 곧 돌아와서 속여서 사형수(死刑囚) 몇명을 베어 그들의 머리를 마읍의 성에 매달아놓고 선우의 사자에게 보여 증거로 삼으며 "마읍의 장관이 이미 죽었으니 서둘러 쳐들어오라"고 하였다. 이리하여 선우가 변방의 요새를 뚫고 10여 만 기병(騎兵)을 거느리고 무주(武州)[38]의 새(塞)로 들어왔다.

이때 한나라의 복병은 전차, 기병, 보병(步兵)[39] 등 모두 30여 만 명으로서, 마읍 성 옆 산골짜기에 숨어 있었다. 위위(衛尉)[40] 이광(李廣)[41]이 효기장군(驍騎將軍)이 되고, 태복(太僕)[42] 공손하(公孫賀)가 경거장군(輕車將軍)이 되고, 대행 왕회는 장둔장군(將屯將軍)이 되고, 태중대부(太中大夫)[43] 이식(李息)은 재관장군(材官將軍)이 되고, 어사대부 한안국은 호군장군(護軍將軍)이 되었는데,[44] 모든 장군들은 호군장군에 소속되었다. 그리고는 선우가 마읍에 들어오면 한나라 군사가 일제히 돌격하자고 약속하였다. 왕회, 이식, 이광은 따로 대(代)[45]에서 그들의 후방부대[46]를 공격하기로 하였다. 이때 선우는 한나라의 장성(長城) 무주새(武州塞)에 진입하였다. 마읍 못미처 100여 리까지 이르렀는데 계속 약탈하며 들어왔다. 그런데 들에는 가축만 보일 뿐, 사람은 한명도 보이지 않았다. 선우는 괴이하게 여겨 봉화대를 공격하여 무주의 위사(尉史)[47]

---

38) 武州 : 현 이름. 지금의 山西省 左云縣.
39) 步兵의 원문은 "材官"이다. '騎射兵'이라고 보는 견해도 있다.
40) 衛尉 : 관직 이름. 九卿의 하나. 궁문의 경비를 관장하고 궁정 경호부대를 통솔하였다.
41) 李廣 : 당시의 名將. 권109 「李將軍列傳」 참조.
42) 太僕 : 관직 이름. 九卿의 하나. 황제의 수레와 말에 관한 업무를 관장하였다.
43) 太中大夫 : 관직 이름. 議論을 관장하였다.
44) 위의 驍騎將軍과 아래 문장의 輕車將軍, 將屯將軍, 材官將軍, 護軍將軍, 車騎將軍 등은 모두 장군의 명칭이다.
45) 代 : 군 이름. 지금의 河北省 서북부와 山西省 동북부. 관할 중심지는 代縣(지금의 河北省 蔚縣 동북쪽)이었다. 漢 文帝가 代王일 때 中都(지금의 山西省 平遙縣 서남쪽)로 옮겼다.
46) 원문은 "輜重"으로 본래는 '군용 물자'를 말하나, 여기서는 '후방부대'를 가리킨다.
47) 尉史 : 縣尉의 보좌 관원.

를 붙잡았다. 찔러 죽이겠다고 위협하며 위사에게 물으니 위사는 "한나라의 군대 수 십만 명이 마읍 성 옆에 매복하고 있다"라고 하였다. 이에 선우는 좌우를 돌아보며 "하마터면 한나라에 속을 뻔하였다"라고 하였다. 그는 군사를 이끌고 돌아갔는데 변방의 요새 밖으로 나가자 "내가 그 위사를 얻은 것은 하늘의 뜻이다"라고 하고 위사를 '천왕(天王)'이라고 칭하였다. 한편 요새 아래로부터 전령이 와서 선우가 이미 군대를 이끌고 돌아갔다고 전하였다. 이에 한나라의 군대는 변방의 요새까지 추격하였으나 따라잡을 수 없으리라 생각하고 곧 중지하였다. 왕회 등의 군사 3만 명은 선우가 한나라 군대와 교전하지 않았다는 것을 듣고, 헤아려 생각하기를 가서 선우의 후방부대를 치면 반드시 선우의 정예 병사들과 접전하게 되고, 한나라 군대는 반드시 패할 것이라고 여겨, 임의로 군사기동권을 발동하여 군대를 철수하였다. 그래서 한나라 군사들은 모두 공을 세우지 못하였다.

천자는 왕회가 선우의 후방부대를 치지 않고 제멋대로 군사를 이끌고 퇴각한 것에 노하였다. 왕회는 "처음에 약속하기를 흉노가 마읍에 들어와 아군과 선우의 군대가 접전할 때 제가 그들의 후방부대를 치기로 하였습니다. 이렇게 하면 승리할 수 있다고 여긴 것입니다. 그런데 선우가 이러한 정보를 듣고 마읍에 들어오지 않고 돌아갔습니다. 저는 아군 3만 명으로는 그들과 대적할 수 없으며, 그것은 치욕을 자초할 뿐이라고 생각하였습니다. 물론 저는 돌아오면 죽으리라는 것을 알고 있었습니다. 그러나 폐하의 군사 3만 명을 온전하게 보전할 수는 있었습니다"라고 하였다. 이에 황상은 왕회를 정위(廷尉)[48]에게 넘겼다. 정위는 왕회에게 두요(逗橈)[49] 죄를 적용하여 마땅히 머리를 베어야 한다고 판결하였다. 왕회는 몰래 승상 전분에게 1,000금을 주었다. 전분이 감히 황상에게 말하지 못하고 태후에게 "왕회가 먼저 마읍의 일을 꾸몄는데, 지금 성공하지 못하였다고 해서 왕회를 죽인다면 이는 흉노를 위하여 원수를 갚아주는 것이 되어버립니다"라고 하였다. 황상이 태후를 조견(朝見)하니 태후가 승상의 말을 황상에게 알렸다. 이에 황상이 "제일 처음에 마읍의 일을 계획한

---

48) 廷尉 : 관직 이름. 九卿의 하나. 刑獄을 관장하였다.
49) 逗橈 : 당시의 군법 용어로, 적을 보고 두려워하여 피하고 앞으로 나아가지 아니하는 것을 말한다.

사람은 왕회입니다. 그 때문에 천하의 사병 수 십만 명을 동원하여 그의 말에 따라 이 일을 거행하였습니다. 설사 선우는 사로잡아들일 수 없었다고 하더라도 왕회의 부대가 그의 후방부대를 공격하였더라면, 어느 정도는 전과를 올렸을 것이고 이에 의해서 장사들의 마음을 위로할 수 있었을 것입니다. 지금 왕회를 죽이지 않으면 천하에 사죄할 길이 없습니다"라고 하였다. 왕회는 이 말을 듣고 자살하였다.

한안국의 사람됨은 원대한 책략이 많았고, 그 지모는 상황의 흐름을 분별하여 이에 잘 적용하였는데, 이는 모두 충후(忠厚)한 마음에서 나온 것이다. 재물을 몹시 탐하기는 하였으나 그가 추천한 사람들은 모두 청렴결백한 선비늘로서 자신보나 어질고 재능이 있는 사람들이었다. 양나라에서는 호수(壺遂), 장고(臧固), 질타(郅他)를 천거하였는데, 모두 천하의 명사들이었다. 선비들도 이런 까닭에 그를 칭찬하고 앙모하였으며, 천자까지도 그를 나라를 다스릴 수 있는 재목이라고 여겼다. 한안국은 어사대부를 4년 남짓 지냈는데, 승상 전분이 죽었으므로 승상의 직무를 대행하게 되었다. 그런데 천자의 수레를 인도하다가 수레에서 떨어져 절름발이가 되었다. 천자는 승상의 거취를 의논하여 한안국을 등용하고자 사자를 보내 그를 보게 하였더니, 절름거리는 정도가 심하였다. 이에 다시 평극후(平棘侯) 설택(薛澤)을 승상으로 삼았다. 한안국은 병으로 면직된 지 몇달 뒤에 절름거리는 것이 나았다. 황상은 다시 한안국을 중위(中尉)로 삼았으며, 1년 남짓하여 다시 위위(衛尉)로 전임되었다.

거기장군(車騎將軍) 위청(衛靑)[50]은 흉노를 치는데, 상곡(上谷)[51]으로부터 나와서 그들을 농성(龍城)[52]에서 깨뜨렸다. 장군 이광(李廣)은 흉노의 포로가 되었으나 다시 탈출하였고, 공손오(公孫敖)는 많은 사병을 잃었다. 이들은 모두 머리를 베어야 하였으나 재물로 속죄하고 평민이 되게 하였다. 이듬해 흉노가 변경을 크게 침입하여 요서(遼西)[53]의 태수

---

50) 衛靑 : 당시의 명장. 衛 皇后의 아우. 자세한 것은 권111 「衛將軍驃騎列傳」 참조.
51) 上谷 : 군 이름. 지금의 北京市 서쪽 일대. 관할 중심지는 沮陽(지금의 河北省 懷來縣 동남쪽)이었다.
52) 龍城 : 지명. 즉 '龍城,' '龍庭'이라고도 한다. 지금의 몽고 인민공화국 鄂爾渾河 서쪽의 和碩達柴達木湖 부근.
53) 遼西 : 군 이름. 지금의 遼寧省 人凌河 허류 이서 지역 일대. 관할 중심지는 陽樂(지금의 遼寧省 義縣 서쪽)이었다.

(太守)를 죽였으며, 안문(雁門)에 들어와 죽이고 약탈해간 사람이 수천
명이나 되었다. 거기장군 위청은 그들을 공격하고자 하여 안문으로부터
나아갔다. 위위(衛尉) 한안국은 재관장군(材官將軍)으로서 어양(漁陽)⁵⁴⁾
에 주둔하였다. 한안국이 사로잡은 포로가 흉노는 멀리 퇴각하였다고 하
였으므로, 즉시 상서하여 마침 농사철이니 잠시 군대의 주둔을 중지하게
해달라고 청하였다. 군대의 주둔을 중지한 지 한 달여 만에 흉노가 상곡
과 어양에 대거 침입하였다. 한안국의 군영에는 700여 명이 있어 출병하
여 흉노와 교전하였으나, 이기지 못하고 다시 군영으로 돌아왔다. 흉노는
백성 1,000여 명과 가축을 약탈해갔다. 천자는 이 소식을 듣고 노하여 사
자를 보내 한안국을 문책하였다. 그리고 한안국을 더 동쪽으로 옮기게 하
여 우북평(右北平)⁵⁵⁾에 주둔하게 하였다. 이때 흉노의 포로가 그들의 군
대가 동쪽으로 들어올 것이라고 말하였다.

한안국은 처음에 어사대부이자 호군장군이었으나 후에 점점 배척당하고
소원해져 관직이 아래로 깎였는 데 비해서, 새로 총애를 받게 된 소장(少
壯) 장군 위청 등은 공이 있어 나날이 존귀하게 되었다. 한안국은 이미
소원해져 묵묵히 실의에 빠져서 지냈는데, 주둔군의 장수가 되었다가 또
흉노에게 속아 희생과 손실이 많자 스스로 매우 부끄럽게 여겼다. 그러나
다행히 죄를 면하여 관직에 돌아갈 수 있었다.⁵⁶⁾ 이리하여 더욱더 동쪽으
로 옮겨가 주둔하게 되니, 마음이 답답하고 즐겁지가 않았던 차에 몇달
후 병이 들어 피를 토하고 죽었다. 한안국은 원삭(元朔)⁵⁷⁾ 2년에 세상을
떠났다.

태사공은 말하였다.
"내가 호수(壺遂)와 함께 율력(律曆)⁵⁸⁾을 제정하였는데, 그때 한장유
(韓長孺)⁵⁹⁾의 충의(忠義)함과 호수의 마음속 깊이 숨겨져 있는 충후함을

---

54) 漁陽 : 군 이름. 지금의 北京市 이동 지역. 관할 중심지는 漁陽(지금의 北京市 密
云縣 서남쪽)이었다.
55) 右北平 : 군 이름. 지금의 河北省 동북부. 관할 중심지는 平剛(지금의 遼寧省 凌
源縣 서북쪽)이었다.
56) 원문은 "幸得龎歸"이다. 이 부분을 '관직을 사퇴하고 (집으로) 돌아갈 수 있기를
바랐으나'로 해석하는 이도 있다.
57) 元朔 : 漢 武帝의 세번째 연호(기원전 128-기원전 123년)이다.
58) 律曆 : 樂律과 曆法.

보았다. 세상 사람들이 양(梁)나라에 장자(長者)[60]가 많다고 하는 것은
거짓이 아니로다! 호수는 벼슬이 첨사(詹事)[61]에 이르렀는데, 천자가
그를 신임하여 마침 한나라의 승상으로 삼으려고 할 때 세상을 떠났다.
그렇지 않았다면 호수는 승상이 되어 그 청렴한 마음과 바른 품행으로 근
신, 공경하는 군자가 되었을 것이다."

---

59) 韓長孺 : 韓安國의 별명.
60) 長者 : 덕망이 있는 사람. 성정이 신중하고 중후한 사람.
61) 詹事 : 관직 이름. 황후, 태자의 家事를 관장하였다.

권109 「이장군열전 (李將軍列傳)」 제49

　이장군(李將軍) 광(廣)은 농서군(隴西郡)¹⁾ 성기현(成紀縣)²⁾ 사람이다. 그의 선조는 이신(李信)³⁾이라고 하였는데, 그는 진(秦)나라 때 장군이 되어 연(燕)나라의 태자 단(丹)⁴⁾을 추격하여 잡은 사람이다. 원래 괴리현(槐里縣)⁵⁾에 살았으나 후에 성기현으로 이사하였다. 이광(李廣)의 가문은 대대로 궁술을 익히는 전통이 있었다. 효문제(孝文帝) 14년, 흉노족(匈奴族)이 대거 소관(蕭關)⁶⁾을 공략하자 이광은 양가(良家)의 자제로서, 종군하여 흉노를 무찔렀다. 그는 기마술과 궁술이 뛰어나 참수하거나 포로로 잡은 적군이 많았으므로 한(漢)나라의 중랑(中郞)⁷⁾이 되었다. 이광의 종제(從弟) 이채(李蔡) 또한 중랑이 되었으며 두 사람 모두 무기상시(武騎常侍)⁸⁾에 임명되어 봉록이 800석에 이르렀다. 이광은 항상 문제(文帝)의 행차를 수행하였는데, 용감하게 싸워 난관을 돌파하고 맹수와 격투하는 것을 본 문제가 "아깝도다, 그대는 때를 만나지 못하였구나! 만일 그대가 고조(高祖) 때 살았더라면 만호후(萬戶侯)가 되는 것쯤은 문제가 없었을 것인데!"라고 하였다.

　효경제(孝景帝) 즉위 초에 이광은 농서군의 도위(都尉)⁹⁾가 되었다가

---

1)　隴西郡 : 지금의 甘肅省 동부 지역.
2)　成紀縣 : 지금의 甘肅省 秦安縣 북쪽.
3)　李信 : 전국시대 말엽 秦나라의 장수로서 王翦과 함께 燕나라를 멸망시켰다. 권86 「刺客列傳」 참조.
4)　丹 : 燕나라 왕 喜의 아들로, 秦나라에 인질로 잡혀갔다 탈출하여 荊軻를 보내 秦나라 왕의 살해를 기도하였으나 실패하였다. 이에 秦나라의 王翦과 李信 등 장군이 燕나라를 공격하였으므로 遼東으로 도망갔던 燕나라 왕은 태자 丹을 죽여 그 수급을 秦나라에 보냄으로써 강화를 도모하였다. 권34 「燕召公世家」 참조.
5)　槐里縣 : 지금의 陝西省 興平縣 동남쪽.
6)　蕭關 : 당시 長安에서 변방으로 통하는 중요한 관문. 지금의 寧夏 回族 자치구 固原縣의 동남쪽에 위치하였다.
7)　中郞 : 관직 이름. 황제의 근신.
8)　武騎常侍 : 郞中 이외에 별도로 주어진 명예직으로 侍從騎兵 무관.
9)　都尉 : 관직 이름. 郡守를 보위하고 군 전체의 軍事를 관리하는 임무를 맡는다.

기랑장(騎郎將)¹⁰⁾으로 전임되었다. 오(吳), 초(楚) 7국의 난 때 이광은 효기도위(驍騎都尉)¹¹⁾가 되어 태위(太尉)¹²⁾ 주아부(周亞夫)를 따라 오와 초의 군대를 격파하여 적장의 기를 탈취하고 창읍(昌邑)¹³⁾의 성 아래서 혁혁한 공을 세웠다. 이광은 양왕(梁王)에게서 장군의 인수(印綬)를 받은 터라 돌아와서도 포상을 받지 못하였다.¹⁴⁾ 그는 상곡군(上谷郡)¹⁵⁾의 태수(太守)로 전임되어 흉노와 날마다 교전하였다. 전속국(典屬國)¹⁶⁾ 공손곤야(公孫昆邪)가 황제에게 울며 아뢰기를 "이광은 천하에 둘도 없을 정도로 뛰어난 재능을 가지고 있어, 스스로의 능력을 믿고 자주 적과 싸움을 하니 이러다가는 그를 잃게 될 것입니다"라고 하였다. 이에 그를 전임시켜 상군(上郡)¹⁷⁾의 태수로 삼았다. 후에 이광은 변경 각군의 태수를 두루 역임하다가 상군의 태수로 전임되었다.¹⁸⁾ 그는 일찍이 농서(隴西), 북지(北地), 안문(雁門), 대군(代郡), 운중(雲中)의 태수를 지냈는데, 어느곳에서나 용감히 전투에 임하여 명성을 드높혔다.

흉노가 대거 상군을 침입하자 천자는 중귀인(中貴人)¹⁹⁾으로 하여금 이광을 따라 군사를 통솔하고 훈련시켜 흉노를 무찌르도록 하였다. 중귀인은 기병 수십명을 거느리고 마음껏 말을 달리다가 흉노의 병사 세 사람을 만나 싸우게 되었다. 세 사람은 몸을 돌려 활을 쏘아 중귀인에게 상처를 입히고 그의 기병을 거의 몰살시켰다. 중귀인은 이광에게로 달려왔다. 이

---

10) 騎郎將 : 관직 이름. 말을 타고 황제의 거마를 호위하는 騎郎의 우두머리.

11) 驍騎都尉 : '驍騎'는 민첩하고 용감한 기병을 말한다. 즉 驍騎都尉는 이러한 기병을 이끄는 都尉를 가리킨다.

12) 太尉 : 관직 이름. 全軍을 통솔하는 최고의 우두머리. 丞相, 御史大夫와 함께 三公으로 불린다.

13) 昌邑 : 당시 梁나라의 중요한 읍으로, 지금의 山東省 金鄕縣 서북쪽에 위치하였다.

14) 梁王은 梁 孝王 劉武로 景帝의 동생이다. 李廣은 사사로이 梁王에게서 장군의 印綬를 받았는데, 이는 漢나라의 국법에 어긋나는 것이다.

15) 上谷郡 : 지금의 河北省 서북부 및 중부 일대.

16) 典屬國 : 관직 이름. 부속국과 外族에 관한 사무를 관장하였다.

17) 上郡 : 지금의 陝西省 북부 및 내몽고 자치구 서부 일대.

18) 바로 앞 구절에 上郡의 太守가 되었다고 하였는데 여기에서 다시 변경의 太守를 운운하였기 때문에 이 구절은 역대 논자들에 의하여 衍文으로 취급되고 있다. 여기에서는 이것을 衍文으로 보지 않고 앞 구절의 부연설명으로 간주한다. 즉 上谷의 太守에서 변경 각 군의 太守를 전전하다가 上郡의 太守로 전임한 것이다.

19) 中貴人 : 궁중에서 총애받는 환관.

광이 "그들은 필시 독수리를 쏘아 잡는 명사수들일 것이다"라고 말하였다. 그리하여 이광은 기병 100명을 거느리고 그 세 사람을 급히 쫓아갔다. 세 사람은 말을 잃어버리고 걸었으므로 몇십리밖에 가지 못하였다. 이광은 그의 기병들에게 좌우로 날개처럼 펼치라고 명령하고 친히 그 세 사람을 쏘아 두 사람을 죽이고 한 사람을 생포하였는데, 그들은 과연 흉노의 독수리잡이들이었다. 이광이 그를 결박하고 나서 말에 올라 보니 흉노의 기병 수천명이 있었다. 그들은 이광을 보고 자기네 기병을 유인하러 왔다고 생각하여 모두 놀라 산으로 올라가 포진하였다. 이광의 기병 100명도 모두 크게 놀라 말을 달려 되돌아 달아나려 하니 이광이 말하기를 "우리들은 본진(本陣)의 대군으로부터 수십리나 떨어져 있는데 지금 이렇게 기병 100명으로 도망을 친다면 흉노는 우리를 추격하여 활을 쏘아 즉시 전멸시킬 것이다. 지금 우리가 여기에 머물러 있으면 흉노는 틀림없이 우리를 대군의 유인병으로 여겨서 감히 공격해오지는 못할 것이다"라고 하였다. 이광은 기병에게 "전진!" 하고 명령하였다. 그리고는 흉노의 진지에서 2리 정도 떨어진 곳에 정지하여 "모두 말에서 내려 안장을 풀어라!"라고 명령하였다. 그의 기병이 "적들은 수가 많으며 가까이에 있는데 만일 급박한 상황에 처하면 어떻게 하시겠습니까?"라고 하자, 이광이 "저 적들은 우리들이 달아날 줄로 알고 있으니, 지금 우리가 모두 안장을 풀고 달아나지 않음을 보여줌으로써 그들이 우리를 유인병이라고 추측한 뜻을 굳히려는 것이다"라고 하였다. 이리하여 흉노 기병들은 끝내 감히 공격해오지 못하였다. 백마를 탄 적의 장수가 앞으로 나와 그의 병사들을 순시할 때였다. 이광이 말에 올라 기병 10여 명과 함께 쏜살같이 달려가 흉노의 백마 장수를 사살하고, 다시 그의 기병에게로 돌아와 안장을 풀고 병사들에게도 말을 풀어놓고 누워 있도록 하였다. 이때는 막 해가 저물 무렵이었는데 흉노 병사들은 시종 괴이하게 생각하여 감히 공격해오지 못하였다. 한밤중이 되자 흉노 병사들은 또 한나라의 복병이 부근에 잠복해 있다가 야음을 타서 습격해올지도 모른다고 생각하여 모든 군사들을 이끌고 철수해버렸다. 날이 새자 이광은 비로소 그의 본진의 대군에게로 돌아왔다. 본대에서는 이광의 행방을 몰랐기 때문에 뒤쫓지 못하였던 것이다.

그후 세월이 흘러 효경제가 붕어하고 무제(武帝)가 즉위하였다. 좌우

784

근신들이 이광을 명장이라고 천거하여 이광은 상군의 태수로서 미앙궁(未央宮)의 위위(衛尉)20)가 되었고, 정불식(程不識) 또한 장락궁(長樂宮)의 위위가 되었다. 정불식은 이전에 이광과 마찬가지로 변방 지역의 군 태수로서 주둔군의 장수였다. 흉노 군대를 공략할 경우, 이광은 행군중에 엄격한 대오(隊伍)의 편성이나 진형(陣形)을 갖추지도 않고 좋은 물이나 풀이 있으면 주둔하여 자고 쉬었으며 모두 자유로이 행동하게 하였다. 밤에 조두(刁斗)21)를 쳐서 자위(自衛)하지도 않았고 막부(幕府)에서는 문서나 장부와 같은 것을 생략하였다. 그러나 척후(斥候)를 멀리 배치하여 정찰하였기 때문에 피해를 입은 적이 없었다. 정불식은 대오의 편성과 진형이 정연하고 밤에는 조두를 쳐 경계하였으며 군관들은 날이 샐 때까지 문서를 정리하여 군대는 휴식할 수 없었으나 역시 피해를 입은 적은 없었다. 정불식이 말하기를 "이광의 군대는 지극히 간략하여 적이 졸지에 습격한다면 막아낼 수 없을 것이다. 그러나 그 사졸들은 안일하고 즐겁게 지내니 모두 기꺼이 이광을 위하여 죽으려 한다. 우리 군대는 번잡하지만 그래도 적들은 감히 우리를 침범할 수 없다"라고 하였다. 당시 한나라 변방 지역의 군 태수 이광과 정불식은 모두 명장이었으나 흉노는 이광의 계략을 두려워하였으며 사졸들도 대부분 이광을 따르기를 좋아하였고 정불식을 따르기를 싫어하였다. 정불식은 효경제 시기에 자주 직간(直諫)을 하여 태중대부(太中大夫)22)가 되었다. 그는 사람됨이 청렴하고 법령을 엄수하였다.

그후 한나라는 마읍성(馬邑城)23)을 미끼로 선우(單于)를 유혹하여 대군을 마읍 부근의 골짜기에 매복시켜놓았는데 이때 이광은 효기장군(驍騎將軍)이 되어 호군장군(護軍將軍)24)에게 소속되어 있었다. 당시 선우는 이 계략을 눈치채고 철수하였으므로 한나라 군사는 모두 전공을 세울 수가 없었다. 그후 4년이 지나 이광은 위위로서 장군이 되어 안문에서 출병, 흉노를 공격하였다. 군사가 많은 흉노는 이광의 군대를 격파하고 이

20) 衛尉: 관직 이름. 궁문의 경비와 宮廷警衛 부대의 통솔을 맡는다.
21) 刁斗: 군중에서 밤에 야경을 돌 때 치던 바라. 낮에는 솥으로 사용하였다.
22) 太中大夫: 관직 이름. 정사를 의론하는 직책.
23) 馬邑城: 지금의 山西省 朔縣.
24) 驍騎將軍이나 護軍將軍은 전쟁이 있을 때만 임시로 임명하는 직위이다. 당시 護軍將軍은 韓安國이었다.

광을 사로잡았다. 선우는 평소에 이광이 현명하다는 것을 익히 들어왔던
터라 "이광을 잡거든 반드시 산 채로 데리고 오라"고 명령해두었다. 흉노
기병이 이광을 붙잡았을 때 이광은 부상을 입어 앓고 있었으므로 두 필의
말 사이에 이광을 안치하고 그물을 짜 그 위에 이광을 눕혔다. 이렇게 하
고 10여 리를 가는데 이광이 죽은 척하고 누워 있다가 곁눈으로 살펴보니
옆에 한 흉노 소년이 좋은 말은 타고 가는 것이었다. 이광이 갑자기 뛰어
일어나 흉노 소년의 말에 올라 소년을 밀어 떨어뜨리고 그 활을 탈취하였
다. 그리고는 말에 채찍질하여 남쪽으로 수십리 달리다가 잔여부대를 만
나 그들을 인솔하여 요새로 들어왔다. 흉노의 체포대가 기병 수백명으로
그를 추격하였으나 이광은 도망하면서 흉노 소년의 활로 추격해오는 기병
을 사살하여 탈출에 성공하였다. 그리하여 한나라로 돌아오자 한나라의
조정에서는 이광을 형리에게 넘겨 심판받게 하였다. 형리는 이광이 많은
부하를 잃고 적에게 생포되었으니 참수형에 해당한다고 판결하였으나, 그
는 속죄금을 내고 평민이 되었다. [25]

세월이 흘러 어느덧 이광이 집에 은거한 지 몇년이 흘렀다. 그동안 이
광은 전 영음후(穎陰侯)의 손자[26]와 함께 은퇴하여 시골에 묻혀 살면서
남전현(藍田縣)의 남산(南山)에서 사냥을 하고 지냈다. 어느날 밤, 그가
시종 한 명을 거느리고 외출하였다가 사람들과 야외에서 술을 마시고 돌
아오는 길에 패릉정(霸陵亭)[27]에 이르니 정위(亭尉)가 술에 취하여 호통
치며 이광을 정지시켰다. 이광의 종자가 "이분은 옛날의 그 이장군이시
다"라고 말하니 정위가 "현직 장군이라도 야간 통행은 불가한데 하물며
이전의 장군임에랴!"라고 하면서 이광을 제지하여 역참에 구류하였다.
그후 얼마 되지 않아 흉노가 침입하여 요서군(遼西郡)의 태수를 죽이고
한장군(韓將軍)[28]을 격파하니 한장군은 우북평군(右北平郡)으로 전임되
었다. 그리하여 천자는 이광을 다시 불러들여 우북평군 태수로 임명하였

---

25) 漢代 법률에 의하면, 사형 판결을 받은 자는 속죄금을 내고 죄형을 감면받을 수
있었다.
26) 전 穎陰侯는 灌嬰이고, 그의 손자는 灌强이다.
27) 霸陵은 漢 文帝의 묘이다. '亭'은 驛站이다. 驛長은 霸陵縣尉가 겸임하며 능묘를
지키는 역할을 담당한다.
28) 韓將軍 : 당시 漁陽에 주둔하고 있던 韓安國 장군을 가리킨다. 권108 「韓長孺列
傳」 참조.

다. 이광은 천자에게 패릉의 정위를 함께 데리고 갈 것을 주청하였는데, 그는 군영에 이르자 그의 목을 베어버렸다.

이광이 우북평군에 부임하자 흉노는 이 소식을 듣고 '한나라의 비장군(飛將軍)'이라고 부르며 수년 동안 그를 피하여 감히 우북평군을 침입하지 못하였다.

어느날, 이광이 사냥하러 나갔다가 풀 속의 돌을 보고 호랑이로 생각하여 화살을 쏘았더니 명중하여 화살촉이 깊숙히 박혔는데, 자세히 보니 돌이었다. 그리하여 다시 쏘아보았으나 끝내 화살촉은 다시 박혀 들어가지 않았다. 이광은 부임한 군에 호랑이가 있다고 들으면 항상 친히 나가 쏘아 잡았다. 우북평군에 부임하였을 때 한번은 호랑이를 쏘았는데 그 호랑이가 달려들어 이광에게 상처를 입혔으나 이광은 마침내 그 호랑이를 쏘아 죽였다.

이광은 청렴하여 상을 받으면 항상 그의 부하들에게 나누어주었고 음식은 사졸들과 같은 것을 먹었다. 이광은 죽을 때까지 40여 년 동안 봉록 2,000석의 관직에 있었는데 집에는 여분의 재산이 없었고 시종일관 집안의 재산에 관해서 말하는 법도 없었다. 이광은 신체가 장대하고 원숭이처럼 팔이 길었으며 그가 활 쏘기에 능한 것도 선천적인 것으로서, 그의 자손이나 남들이 아무리 궁술을 배워도 이광에게 미치지는 못하였다. 이광은 말재주가 없었으며 말수도 적었고 다른 사람들과 함께 있을 때에는 땅에 줄을 그어 진형(陣形)을 그리거나 활을 쏘아 원근을 비교하여 지는 자에게 벌주를 먹였다. 이처럼 그는 오로지 활 쏘기를 낙으로 삼아 일생을 마쳤다. 이광이 병사를 이끌고 행군할 때 식수와 식량이 결핍된 상황일 경우, 물을 보아도 사졸들이 물을 다 마신 뒤가 아니면 이광은 물 가까이에 가지도 않았으며, 사졸들이 다 먹고 난 뒤가 아니면 이광은 먹은 적이 없었다. 그는 이렇듯 관대하고 가혹하지 않았으므로 사졸들은 그를 경애하고 그를 위하여 일하는 것을 즐거워하였다. 그의 활 쏘는 법은 적이 가까이 다가오는 것을 보더라도 수십보 이내가 아니라 명중시키지 못하겠다고 판단하면 쏘지 않았는데, 일단 쏘았다 하면 활시위 소리와 동시에 적이 쓰러졌다. 그래서 그는 병사를 거느리고 작전을 수행할 때 자주 곤경에 빠져 고생하였으며, 그가 맹수를 쏘는 경우에도 부상을 입은 적이 있다고 한다.

얼마 후에 석건(石建)이 죽자 황제는 이광을 불러 석건을 대신하여 낭중령(郞中令)²⁹⁾으로 삼았다. 원삭(元朔) 6년, 이광은 다시 후장군(後將軍)³⁰⁾이 되어 대장군(大將軍)³¹⁾의 군대에 소속되어 정양군(定襄郡)에서 출병, 진격하여 흉노를 공격하였다. 여러 장수들 중에는 적병을 참수하거나 포로로 잡은 수가 행상(行賞)의 법령 기준에 합당하여 그 공으로 후작(侯爵)에 봉해진 자가 많았는데 이광의 군대는 공훈이 없었다. 2년 후에 이광은 낭중령으로서 기병 4,000명을 이끌고 우북평군에서 출진하고, 박망후(博望侯) 장건(張騫)도 만 명을 거느리고 이광과 함께 출격하였는데 서로 길을 달리 하였다. 수백리 가량 행군하였을 때 흉노의 좌현왕(左賢王)³²⁾이 4만 명의 기병을 이끌고 이광을 포위하니 이광의 군사가 모두 공포에 떨자 이광은 그의 아들 이감(李敢)에게 말을 달려 적군을 돌파하게 하였다. 이감은 홀로 수십명의 기병을 거느리고 나는 듯이 말을 달려 일직선으로 흉노의 기병을 돌파하고 그 좌우로 돌아나와 이광에게 보고하기를 "흉노 따위는 대적하기 쉬울 뿐입니다"라고 하였다. 군사들은 이에 비로소 안심하였다. 이광은 원형의 진을 치고 밖을 향하여 대적케 하였는데 흉노 군대가 급히 그들을 맹공하니 화살이 비처럼 쏟아졌다. 한나라의 군사는 전사자가 반 이상이었고 화살 또한 거의 바닥이 났다. 이에 이광은 군사들에게 활줄을 끝까지 잡아당기되 쏘지는 말도록 명하고 이광 자신은 대황(大黃)³³⁾으로 적의 비장(裨將)을 쏘고 또 몇명을 죽이니 흉노 군사는 점차 포위를 풀었다. 때마침 날이 저물어지자 군리(軍吏)와 군사들은 모두 사색이 되었으나 이광의 의기는 평소와 다름이 없고 더욱 군대를 독려하는 것이었다. 군중에서는 이로 인하여 그의 용기에 탄복하였다. 다음날 다시 역전 분투하였는데 박망후의 군대도 도착하였는지라 흉노 군은 포위를 풀고 물러갔다. 그러나 한나라 군대는 피곤하여 추격할 수가 없었

---

29) 郞中令 : 관직 이름. 궁궐의 門戶에 관한 일은 맡는다.
30) 後將軍 : 관직 이름. 上卿 다음가는 관직으로, 前, 後, 左, 右 將軍의 칭호가 있다.
31) 大將軍 : 군대의 최고 계급. 당시 大將軍은 衛靑이었다. 권111 「衛將軍驃騎列傳」 참조.
32) 左賢王 : 匈奴의 관직 이름. 單于는 자신의 밑에 左, 右 賢王을 두어 각각 동서 지역을 다스리게 하였다.
33) 大黃 : 쇠뇌의 명칭. '黃肩弩'라고도 한다. 몸체가 황색이어서 이런 이름이 붙었다. 당시 가장 멀리 쏠 수 있었던 활.

다. 이때 이광의 군대는 거의 전멸의 지경에 이르러 싸움을 끝내고 귀환
하였다. 한나라의 법에 의하면 박망후는 지체하여 합류할 기일을 어겼으
므로 참수에 해당되나 속죄금을 내고 평민이 되었다. 이광은 군공(軍功)
과 과오가 반반이라 상은 없었다.

　　당초 이광의 종제 이채(李蔡)는 이광과 함께 효문제를 섬겼다. 경제 때
이채는 공적을 쌓아 봉록이 2,000석에 이르렀다. 효문제 때에는 대(代)
나라의 승상이 되었다. 원삭 5년에는 경거장군(輕車將軍)이 되어 대장군
을 따라서 우현왕(右賢王)을 쳤는데 그 공로가 행상의 법령 기준에 합당
하여 낙안후(樂安侯)로 봉해졌다. 원수(元狩) 2년에는 공손홍(公孫弘)을
대신하여 승상이 되었다. 이채의 사람됨은 하급에서 중간 정도에 해당하
며 명성은 이광보다 훨씬 뒤떨어졌다. 그런데 이광은 작위나 봉읍도 얻지
못하고 관직도 구경(九卿)을 넘지 못하였으나 이채는 열후에 봉해졌고 직
위는 삼공(三公)에 이르렀다. 이광의 여러 부하인 군리(軍吏)와 사졸들
중에는 이미 후작에 봉해진 자도 있었다. 이광은 일찍이 운기(雲氣)의 움
직임을 보고 운명을 점치는 예언가 왕삭(王朔)과 한담하면서 "한나라에서
흉노 정벌을 시작한 이래로 나는 참가하지 않은 적이 없었소. 그리고 각
부대의 교위(校尉) 이하의 사람들 중에서 재능이 중간치에도 미치지 못하
지만 흉노 토벌의 군공으로 후작을 받은 자가 수십명이나 있소. 그런데
내가 다른 사람에 뒤떨어지는 것은 아님에도 봉읍을 얻을 조그만한 군공
이 없는 것은 무엇 때문이오? 내 관상이 후작에 봉해질 상이 아니라는
말인가, 아니면 내 팔자가 그렇다는 말인가?"라고 말하였다. 왕삭은 "장
군께서 스스로 생각하시어 일찍이 후회한 적이 있으십니까?"라고 묻자,
이장군은 이렇게 대답하였다.

　　내가 농서 태수를 지낼 적에 강족(羌族)[34]이 반란을 일으켰소. 그때 내가
　　그들에게 투항을 권유하여 항복한 자가 800여 명이었는데, 나는 그들을 속
　　이고 같은 날에 모조리 죽여버렸소. 지금까지 크게 후회되는 것은 오로지
　　그 일뿐이오.

　　그러자 왕삭은 "이미 항복한 자를 죽이는 것보다 더 큰 죄는 없습니다.

---

34) 羌族 : 西漢 시기 隴西 일대에 散居하던 소수민족 명칭.

이것이 바로 장군께서 후작을 얻지 못한 이유입니다"라고 하였다.

2년 후, 대장군(大將軍)과 표기장군(驃騎將軍)[35]이 대대적으로 출병하여 흉노를 공격하였다. 이광은 여러 번 종군하기를 청하였으나 천자는 그가 연로하다는 이유로 허락하지 않다가, 한참 후에야 허락하고는 전장군(前將軍)[36]으로 삼았다. 이해가 원수 4년이었다.

이광은 대장군 위청을 따라 흉노를 공격하였는데, 요새에서 출병한 후 위청이 포로를 잡아 선우가 있는 곳을 알아내었다. 이에 대장군은 스스로 정예 병사를 이끌고 그곳으로 진격하며 이광에게는 우장군(右將軍) 조이기(趙食其)의 부대와 합류하여 동쪽 길로 출진하도록 하였다. 동쪽 길은 조금 멀리 우회하도록 되어 있으며, 대군이 다니기에는 물과 풀이 적어 주둔하거나 행군할 수 있는 형세가 아니었다. 이광은 대장군에게 "저의 부서는 전장군이온대, 지금 대장군께서 저에게 동쪽 길로 출진하도록 바꾸셨습니다. 저는 젊을 적부터 흉노와 전투를 하였지만 지금에서야 선우와 한번 싸울 수 있게 되었으니 원컨대 선봉에 서서 먼저 선우와 결전을 벌이게 해주십시오"라고 청원하였다. 그러나 대장군 위청은 은밀히 황제의 훈계를 받았던 터라, 이광은 연로하고 운수가 좋지 않으니 선우와 대적하게 해서는 안 되며 (설령 그를 출전시킨다 해도) 아마 그의 의욕대로 되지는 않을 것이라고 생각하였다. 그리고 이때 공손오(公孫敖)가 막 후작을 상실하고 중장군(中將軍)의 신분으로 대장군을 따라 출진하였는데, 대장군도 공손오로 하여금 자기와 함께 선우를 대적하게 하였기 때문에 전장군 이광의 부서를 바꾼 것이었다. 이광은 당시 이런 사정을 알고 있었으나, 대장군에게 한사코 사양하였다. 대장군은 그의 청원을 들어주지 않고 장사(長史)에게 공문을 이광의 진영으로 보내도록 하며 "빨리 소속 부서로 가서 공문에서 지시한 대로 하라"고 하였다. 이광은 대장군에게 작별인사도 하지 않고 일어나 출발하였다. 매우 분통한 마음으로 부서에 도착한 이광은 병사들을 거느리고 우장군 조이기의 군대와 합류하여 동쪽 길로 진군하였다. 그러나 길 안내자가 없어 때로 길을 잃기도 하여 대장군보다 뒤쳐졌다. 대장군은 선우와 교전하다가 선우가 도망쳐버리자 잡지

---

35) 당시 大將軍은 衛靑을 말한다. 驃騎將軍은 霍去病을 말한다. 권111 「衛將軍驃騎列傳」 참조.
36) 前將軍 : 앞의 〈주 30〉 참조.

못한 채 돌아오는 길이었다. 그는 남쪽으로 사막지대를 지나고 나서야 전장군과 우장군을 만났다. 이광이 대장군을 만난 후 군영으로 돌아오자, 대장군은 장사를 시켜 건량(乾糧)과 탁주를 이광에게 보내며 이광과 조이기가 길을 잃은 상황에 대해서 물었다. 위청은 글을 올려 천자에게 상세한 상황을 보고하려 한 것인데, 이광은 대답하지 않았다. 그러자 대장군은 또 장사로 하여금 이광의 군영 인원에게 문서에 의거한 심문을 받으라며 엄히 질책하였다. 그러자 이광은 "모든 교위들에게는 죄가 없으며 내 자신이 길이 잃은 것이니, 지금 내가 직접 진술서를 올리겠다"라고 하였다. 자신의 군영에 돌아온 이광은 그의 부하들에게 이렇게 말하였다.

> 나는 젊을 때부터 흉노와 크고 작은 싸움에서 모두 70여 차례 교전하였다. 이번에 다행히 대장군을 따라 출전하여 선우의 군사와 접전하려고 하였건만, 대장군이 또 나의 부서를 옮겨 멀리 돌아 행군토록 하여 또 길을 잃고 헤매었으니 이것이 천명이 아니겠는가? 내 나이 예순이 넘었으니, 이제 다시 도필리(刀筆吏)[37]에게 심문을 당할 수는 없노라.

그리고는 마침내 칼을 빼어 목을 찔러 자결하였다. 이광 군대의 문무관리와 전군사들은 모두 통곡하였다. 이 소식을 들은 백성들은 이광을 아는 사람이건 모르는 사람이건, 노소를 불문하고 모두 그를 위해서 눈물을 흘렸다. 그리고 우장군만은 형리에게 넘겨서 사형 판결을 받았으나 속죄금을 내고 평민이 되었다.

이광에게는 당호(當戶), 초(椒), 감(敢)이라는 아들이 셋 있었는데, 모두 낭관(郎官)이었다. 언젠가 천자가 한언(韓嫣)[38]과 놀이를 하고 있었는데, 한언이 다소 불손하게 행동하여 당호가 한언을 치자 한언은 도망쳐버렸다. 이에 천자는 이당호(李當戶)를 용기 있다고 생각하였다. 이당호가 일찍 죽자, 이초(李椒)를 대군(代郡) 태수로 제수하였으나 모두 이광보다 먼저 죽었다. 이당호에게는 릉(陵)이라는 이름의 유복자가 있었다. 이광이 군중에서 죽을 때, 이감(李敢)은 표기장군을 따라 출전하였다. 이광이 죽은 다음해, 이채는 승상의 신분으로 효경제 능원의 공지(空

---

37) 刀筆吏 : 문서의 글을 기초하는 하급 관리. '刀筆'은 竹簡에 문자를 기록하던 붓과 오자를 깎아내어 바로잡는 데 쓰이던 칼을 이른다.
38) 韓嫣 : 弓高侯 韓頹當의 서출 손자로서 漢 武帝의 弄臣.

地)를 침범한 죄로 형리에게 넘겨져 치죄(治罪)받아야 하였다. 그런데 이채 역시 자살해버리고 심문을 받지 않았으므로 그의 봉국(封國)[39]은 몰수되었다. 교위(校尉)의 신분으로 표기장군을 따라 출전한 이감은 흉노의 좌현왕을 공격하여 힘껏 싸워서 좌현왕의 군기와 전고(戰鼓)를 탈취하고 많은 적군을 참수하였으므로 관내후(關內侯)[40]의 작위와 식읍지 200호를 하사받았으며 이광을 대신해서 낭중령(郎中令)이 되었다. 얼마 후, 이감은 대장군 위청이 자기 아버지를 미워한 것에 원한을 품고 대장군을 쳐서 상처를 입혔으나, 대장군은 이 사실을 은폐하였다. 얼마 후에 황제를 모시고 옹현(雍縣)[41]에 간 이감이 감천궁(甘泉宮)에 도착하여 사냥할 세, 위청과 친척관계였던 표기장군 곽거병이 이감을 사살(射殺)하였다. 곽거병은 당시 지위가 존귀하고 총애를 받고 있었던 터라, 황제는 진상을 은폐하여 사슴이 이감을 들이받아 죽은 것이라고 하였다. 그후 1년 남짓 지나서, 곽거병은 병사하였다. 이감에게는 딸이 있었는데, 태자의 중인(中人)[42]으로서 총애를 받고 있었다. 이감의 아들 이우(李禹)도 태자에게 총애를 받고 있었으나 재물을 좋아하였다. 이로써 이씨 집안은 점차 쇠락하였다.

이릉(李陵)이 장년이 되자 건장궁감(建章宮監)[43]으로 선발되어 모든 기랑(騎郎)들을 감독하였는데, 그는 궁술에 뛰어나고 사졸들을 사랑하였다. 천자는 이씨 집안이 대대로 장군이었음을 고려하여 그에게 기병 800명을 거느리게 하였다. 이릉은 일찍이 흉노의 지역으로 2,000여 리나 깊숙히 진격하여 거연(居延)을 지나 지형을 살폈으나 적군을 발견하지 못하고 돌아왔다. 또 그는 기도위(騎都尉)[44]에 제수되어 단양(丹陽)[45]의 초나라 사람 5,000명을 거느리고 주천(酒泉), 장액(張掖)[46]에서 궁술을 교

---

39) 李蔡는 당시 樂安侯로서의 봉국을 소유하고 있었다.
40) 關內侯 : 漢代 20등급의 작위 중 19번째의 작위.
41) 雍縣 : 현 이름. 지금의 陝西省 鳳翔縣.
42) 中人 : 位號가 없는 궁중의 姬妾. 당시의 태자는 武帝의 장남인 劉據였다.
43) 建章宮監 : 建章宮의 羽林騎郎들을 감독하는 관직.
44) 騎都尉 : 羽林軍을 관장하는 고급 관직.
45) 丹陽 : 군 이름. 예전 楚나라 땅이었던 지역. 지금의 安徽省 皖南 지역 대부분을 가리킨다.
46) 酒泉, 張掖 : 군 이름. 모두 지금의 甘肅省에 위치하였다.

련시키어 흉노의 침입에 방비하였다.

몇년 뒤인 천한(天漢)[47] 2년 가을, 이사장군(貳師將軍) 이광리(李廣利)가 기병 3만 명을 거느리고 흉노의 우현왕을 기련천산(祁連天山)[48]에서 공격하였다. 이때 이릉에게 그의 보병사수(步兵射手) 5,000명을 거느리고 거연에서 출병하여 북쪽으로 1,000여 리를 진격하도록 하였는데, 이것은 흉노의 군사들을 분산시켜 이사장군에게로만 몰리지 않도록 하기 위해서였다. 이릉이 철수 기일이 되어 퇴각하려고 하자, 선우가 8만 명의 군사로 이릉의 군대를 포위, 공격하였다. 5,000명의 이릉 군대는 화살이 다 떨어져 죽은 병사가 반을 넘었지만, 죽인 흉노 병사도 만여 명이나 되었다. 한편으로는 후퇴하고 한편으로는 싸우면서 8일간을 계속하여 싸웠다. 거연에서 100여 리 떨어진 곳에 도착하였을 때, 흉노가 좁은 길목을 막고 퇴로를 차단하였는데, 이릉의 군대는 식량이 부족한 데다 구원병마저 오지 않았다. 흉노는 맹공을 가하기도 하고 이릉에게 항복하기를 권하기도 하였다. 이릉은 "폐하께 뭐라 보고할 면목이 없구나"라고 하며 결국 흉노에게 항복하였다. 그의 병사들은 거의 전멸하고, 그 나머지 중 흩어져 도망쳐서 한나라로 돌아간 자는 400여 명에 불과하였다.

이릉을 사로잡은 후, 선우는 평소 그 집안의 명성을 들었던 터이고 전투에 임해서도 용감하였으므로 자기의 딸을 이릉에게 시집 보내어 그를 존중해주었다. 한나라 조정에서는 이 소식을 듣고 이릉의 모친과 처자를 몰살하였다. 이후로 이씨 집안의 명성은 쇠락하였고, 이씨 집안의 문객이었던 농서(隴西)의 사대부들은 모두 이 일을 수치로 여겼다.[49]

태사공은 말하였다.

"옛 책에 이르기를 '자신의 몸가짐이 바르면 명령을 내리지 않아도 시행되며, 자신의 몸가짐이 바르지 않으면 명령을 내려도 따르지 않는다'[50]

---

47) 天漢 : 武帝의 여덟번째 연호(기원전 100-기원전 97년)이다.
48) 祁連天山 : 祁連山(지금의 甘肅省에 위치하였다)을 말한다. 匈奴의 말로 하늘[天]을 '祁連'이라고 하였으므로 '祁連山' 혹은 '天山'이라고 하였는데, 이를 중복하여 '祁連天山'이라고도 한다. 祁連山은 남북의 구별이 있는데, 여기에서는 北祁連山을 가리킨다.
49) 『史記志疑』에 의하면, '李陵이 장년이 되자'에서부터 여기까지는 후세 사람의 가필이라고 한다.
50) 『論語』 「子路」 편 참조.

라고 하였는데, 이는 이장군(李將軍)을 두고 하는 말일 것이다. 내가 이 장군을 본 적이 있는데, 성실하고 순박하기가 시골 사람 같았으며 말도 잘하지 못하였다. 그가 죽었을 때 천하의 사람들은 그를 알건 모르건 모두 그를 위해서 애통해하였다. 그의 충실한 마음이 진실로 사대부들에 의해서 믿어졌던 것이리라. 속담에 이르기를 '복숭아와 오얏 나무는 말을 하지 않아도, 그 아래에는 저절로 작은 길이 생기게 된다'라 하였다. 이 말은 비록 사소한 것이지만 큰 도리를 설명하는 데 비유할 수 있을 것이다."

권110 「흉노열전(匈奴列傳)」 제50

흉노(匈奴)의 선조는 하후씨(夏后氏)[1]의 후예로 순유(淳維)라고 불렀다. 당우(唐虞)[2] 이전에는 산융(山戎), 험윤(獫狁), 훈육(葷粥)[3] 등의 여러 종족들이 북쪽의 미개척지에서 유목생활을 하고 있었다. 그들의 가축은 주로 말, 소, 양이었는데 특이한 것으로는 낙타, 나귀, 노새, 버새 [駃騠],[4] 도도(騊駼),[5] 탄해(驒騱)[6] 등이 있었다. 물과 풀을 따라 옮겨 살았기 때문에 성곽이나 일정한 주거지도 없고 농사마저 짓지 않았으나 각자의 세력범위만은 경계가 분명하였다. 글이나 서적이 없었으므로 말로 써 약속을 하였다. 어린애들도 양을 타고 돌아다니며 활로 새나 쥐를 쏘고, 좀 자라면 여우나 토끼 사냥을 해서 양식을 충당하였다. 남자들은 자유자재로 활을 다룰 수 있어 전원이 무장 기병이 되었다. 따라서 그들은 평상시에는 목축에 종사하는 한편 새나 짐승을 사냥하는 것을 직업으로 삼았고, 긴급한 상황일 때에는 전원이 군사행동에 나설 수 있었다. 이것은 그들의 타고난 천성이었다. 그들이 먼 거리에 쓰는 무기는 활과 화살이고, 짧은 거리에 쓰는 무기는 칼과 창이었다. 싸움이 유리할 때에는 나아가고 불리할 경우에는 후퇴하였는데, 도주하는 것을 수치로 여기지 않았다. 오로지 이익을 위해서 일을 꾸밀 뿐 예의는 고려하지 않았다. 임금을 비롯해서 모든 사람들이 가축의 고기를 먹고 그 가죽이나 털로는 옷을 해입거나 침구로 썼다. 건장한 사람이 맛있는 음식을 먹고 노약자들은

---

1) 夏后氏 : 옛날 부락 이름. 그 우두머리 禹가 치수에 공이 있어 舜임금을 이어서 군주가 되었고, 禹의 아들 啓가 夏나라를 건립하였다. 그러므로 夏后氏는 또 夏나라의 별칭으로 쓰인다.
2) 唐虞 : 陶唐氏와 有虞氏를 가리킨다. 즉 堯舜의 나라 이름.
3) 山戎, 獫狁, 葷粥 : 秦漢 이전 匈奴의 명칭. 山戎은 지금의 河北省 북부에 분포하였고, 獫狁은 지금의 陝西省, 甘肅省 북부와 내몽고 자치구 서부에 위치하였다.
4) 버새, 즉 駃騠는 암나귀와 수말 사이에서 생긴 잡종 말이다.
5) 騊駼 : 준마의 일종.
6) 驒騱 : 가축 이름으로, 말과 비슷하나 말보다 작은 동물.

그 나머지를 먹었다. 즉 건장한 사람을 중히 여기고, 노약자들은 경시하였던 것이다. 아비가 죽으면 아들이 그 후처를 아내로 맞고 형제가 죽으면 남아 있는 형이나 아우가 그 아내를 차지하였다. 서로 이름을 부르는 것을 꺼리지 않았으며 성(姓)이나 자(字) 같은 것은 아예 없었다.

하(夏)나라의 국운이 쇠락하자 공류(公劉)⁷⁾는 대대로 이어내려온 직관(稷官)⁸⁾의 지위를 잃고 서융(西戎)⁹⁾ 지역을 개척하여 빈(豳)에다 도읍을 정하고 살았다. 그 뒤 300여 년이 지나 융적(戎狄)이 고공단보(古公亶父)¹⁰⁾를 공격하였다. 단보는 기산(岐山) 기슭으로 달아났다. 그러자 빈 사람들은 단보를 따라 옮겨와서 그곳에 도읍을 세우고 주(周)나라를 일으켰다. 그 뒤 100여 년이 지나 주나라 서백창(西伯昌)¹¹⁾이 견이씨(畎夷氏)¹²⁾를 공격하였다. 그로부터 10여 년 뒤에 무왕(武王)¹³⁾이 은 주왕(殷紂王)¹⁴⁾을 무찌르고 낙읍(雒邑)¹⁵⁾을 도읍으로 꾸민 다음 풍호(酆鄗)¹⁶⁾에 살며 융이(戎夷)를 경수(涇水)와 낙수(洛水)¹⁷⁾ 이북으로 내쫓았다. 융이는 철따라 조공을 바쳤고 그들이 사는 지역을 '황복(荒服)'¹⁸⁾이라고 불렀

7) 公劉:周族 시조 后稷의 증손. 夏代 말기에 周族을 이끌고 豳(지금의 陝西省 彬縣 동북쪽)으로 천도하였다.
8) 稷官:농업을 관할하던 관리의 우두머리. 전하는 바에 의하면 周族의 시조 后稷이 唐堯 시대부터 이 직을 맡아서 백성들에게 농사 짓는 법을 가르쳤다고 한다.
9) 西戎:고대 서북 戎族에 대한 총칭. 지금의 甘肅省, 陝西省 일대에 분포하였다.
10) 古公亶父:周族의 우두머리. 周 文王의 조부이며, 周 武王 때 太王으로 존칭되었다. 周族을 이끌고 岐下로 옮겨 성곽과 집을 짓고 관리를 두고 戎狄의 풍습을 개혁하였으며, 생산을 늘려 周族의 번영을 이룩하였다.
11) 西伯昌:즉 周 文王 姬昌을 가리킨다. 商 紂王 때 西伯이 되었다.
12) 畎夷氏:즉 犬戎을 가리킨다. 戎族의 한 갈래.
13) 武王:周 武王 姬發. 文王의 아들. 기원전 11세기 초 紂王을 정벌하여 商나라를 멸망시키고 周 왕조(西周)를 세웠다.
14) 殷 紂王:성은 子, 이름은 辛이다. 商(殷)의 마지막 임금.
15) 雒邑:즉 洛邑. 지금의 河南省 洛陽市.
16) 酆鄗:周 文王이 灃水 西岸에 酆邑(지금의 陝西省 長安縣 서북쪽 灃河 西岸 馬王村, 西王村 일대)을 건립하고 수도로 삼았다. 周 武王이 商나라를 멸한 후에 鄗(지금의 陝西省 西安市 서쪽)에 수도를 세웠다. 酆鄗는 周나라의 수도였기 때문에 酆京, 鄗京으로 지칭된다.
17) 涇水, 洛水:陝西省 경내 渭河 西岸의 양대 지류. 涇河는 서쪽에, 洛河(지금의 北洛河)는 동쪽에 위치한다.
18) 荒服:황무지이면서 능히 제왕에게 복종할 수 있는 땅이라는 뜻이다. 王畿로부터 2,500리 (일설에는 4,500리에서 5,000리라고 한다) 밖의 지역을 가리킨다.

다. 그 뒤 200여 년이 지나자 주나라의 국운이 쇠약해졌다. 목왕(穆王)[19]이 견융(犬戎)을 쳐서 네 마리의 흰 늑대와 네 마리의 흰 사슴을 잡아 가지고 돌아왔다. 이때부터 황복 땅에서는 조공을 바치지 않았다. 당시 주나라는 보형(甫刑)[20]이라는 법률을 만들었다. 목왕에서 200여 년이 지나 주 유왕(周幽王)[21]은 포사(褒姒)[22]라는 총희로 인해서 신후(申侯)[23]와 틈이 생기게 되었다. 신후는 화가 나서 견융과 함께 쳐들어와 주 유왕을 여산(驪山)[24] 아래에서 죽였다. 이리하여 견융은 주나라의 초호(焦穫)[25]를 앗아 경수와 위수(渭水)[26] 사이에 머물러 살면서 중국을 침범하고 약탈하기 시작하였다. 한편 진 양공(秦襄公)[27]이 주나라를 구원하였으므로 주 평왕(周平王)[28]은 풍호를 떠나 동쪽 낙읍으로 도읍을 옮겼다. 이때[29] 진 양공은 견융을 치고 기산에까지 이름으로써 비로소 제후의 지위에 오르게 되었다. 그로부터 65년 뒤에 산융이 연(燕)[30]나라를 넘어와서 제(齊)[31]나라를 공격하였으므로 제 희공(齊釐公)[32]이 산융과 제나라 국경지대에서 싸웠다. 그로부터 44년 후에 산융이 연나라를 공격

---

19) 穆王 : 周 穆王 姬滿. 西周 개국 후의 5代 군주. 일찍이 犬戎을 정벌하고 太原(지금의 山西省 서남부)으로 천도하였다.

20) 甫刑 : 周 穆王이 재상 甫侯에게 명하여 제정한 형법.

21) 周 幽王 : 姬宮湦. 西周의 마지막 국왕. 기원전 781년에서 기원전 771년까지 재위하였다.

22) 褒姒 : 褒國의 미녀. 성은 姒이다. 幽王의 寵妃.

23) 申侯 : 西周 말기 西申의 국왕. 幽王后 申氏의 아버지. 幽王이 褒姒를 총애하여 申后와 태자 宜臼를 폐하자, 申侯가 犬戎과 연합하여 幽王을 살해하고 平王을 옹립하였다.

24) 驪山 : 산 이름. 지금의 陝西省 臨潼縣 동남쪽.

25) 焦穫 : 저수지 이름 또는 지명. 지금의 陝西省 涇陽縣 서북쪽.

26) 渭水 : 甘肅省 渭源縣에서 발원하여 陝西省 중부를 지나, 涇河와 합류하여 黃河로 흘러들어간다.

27) 秦 襄公 : 秦나라의 개국 시조. 기원전 777년에서 기원전 766년까지 재위하였다. 周 平王을 도와 동천하는 데 공을 세웠다. 이로 말미암아 제후에 책봉되었다.

28) 周 平王 : 姬宜臼. 기원전 770년에서 기원전 720년까지 재위하였다. 기원전 770년에 洛邑으로 동천하였다. 이때부터 東周라고 칭하였다.

29) 周 桓公 14년(기원전 706년)의 일이다.

30) 燕 : 周나라의 봉국. 지금의 河北省 북부와 遼寧省 서쪽에 위치하였고, 도성은 薊(지금의 北京市 서남쪽)였다. 권34 「燕召公世家」 참조.

31) 齊 : 周나라의 봉국. 지금의 山東省 북부와 동부에 위치하였으며, 도성은 營丘(후에 臨淄라고 하였다. 지금의 山東省 淄博市 동북쪽)였다. 권32 「齊太公世家」 참조.

32) 齊 釐公 : 姜祿甫. 기원전 730년에서 기원전 698년까지 재위하였다.

하였다. 연나라는 곧 위급함을 제나라에 알렸고 제 환공(齊桓公)³³⁾은 산
융을 공격해 패주시켰다. 그로부터 20여 년 후에 융적이 낙읍으로 쳐들어
와 주 양왕(周襄王)³⁴⁾을 공격하였다. ³⁵⁾ 양왕은 정(鄭)³⁶⁾나라 범읍(氾
邑)³⁷⁾으로 달아났다. 처음 주 양왕은 정나라를 치려는 생각에서 융적의
추장 딸을 왕후로 맞은 다음 융적의 군사와 함께 정나라를 쳤다. 그러나
머지 않아 양왕은 적후(狄后)를 멀리하여 사랑하지 않았으므로 적후는 왕
을 원망하였다. 이무렵 양왕의 계모 혜후(惠后)에게는 자대(子帶)라는
아들이 있었다. 혜후는 자대를 왕으로 앉히려 생각하고 있었다. 그래서
혜후는 적후, 자대와 함께 몰래 융적과 내통한 다음 그들에게 성문을 열
어주었다. 융적은 이로 인해서 도성으로 쳐들어올 수 있었고 결국 양왕을
내쫓고 자대를 천자로 세웠다. 이리하여 어떤 융적은 육혼(陸渾)³⁸⁾에서
살고 혹은 동쪽으로 위(衛)³⁹⁾나라에 이르러 중국을 침략 약탈하며 포학
을 일삼았으므로 중국에서는 그들을 미워하였다. 그래서 시인은 그들에
대해서 다음과 같이 노래하였다. "융적을 이에 응징하다,"⁴⁰⁾ "험윤 오랑
캐를 쳐부수어 대원(大原)에 이르다,"⁴¹⁾ "떠나는 수레 굉장하고, 저 북
녘 땅에 성을 쌓다"⁴²⁾ 등이 그 예이다. 주 양왕은 도성 밖에서 살기를 4
년이나 하였다. ⁴³⁾ 그래서 사신을 진(晉)나라로 보내 위급함을 고하였
다. 진 문공(晉文公)은 처음 임금으로 들어앉아 패업을 이룰 생각이었으
므로 군사를 일으켜 융적(戎翟)을 쳐서 내쫓고 자대를 제거한 뒤 양왕을
맞아들여 낙읍에 살게 하였다.

당시에는 진(秦)과 진(晉) 나라가 강국이었다. 진 문공은 융적을 하서

---

33) 齊 桓公 : 姜小白. 기원전 685년에서 기원전 643년까지 재위하였다.
34) 周 襄王 : 姬鄭. 기원전 651년에서 기원전 619년까지 재위하였다.
35) 이 일은 周 襄王 16년(기원전 636년)에 일어난 사건이다.
36) 鄭 : 周나라의 봉국. 처음 鄭(지금의 陝西省 華縣 동쪽)에 봉해졌는데, 후에 지금
  의 河南省 중부까지 발전하였다. 도성은 新鄭(지금의 河南省 新鄭縣)이었다.
37) 氾邑 : 지금의 河南省 襄城縣에 위치하였다.
38) 陸渾 : 지명. 지금의 河南省 嵩縣 서남쪽.
39) 衛 : 周나라의 봉국. 지금의 河南省 북부.
40) 『詩經』「魯頌」"閟宮" 참조.
41) 『詩經』「小雅」"六月" 참조.
42) 『詩經』「小雅」"出車" 참조.
43) 周 襄王이 도성 밖에서 산 것은 사실 단지 1년이다. 즉위 16년(기원전 636년)에
  나와 鄭에 머물다 17년 3월 도성으로 돌아와 복위하였다.

(河西)⁴⁴⁾의 은수(圓水)⁴⁵⁾와 낙수(洛水)⁴⁶⁾ 사이로 내쫓고 그들을 적적(赤翟)과 백적(白翟)으로 나누어 불렀다. 또한 진 목공(秦穆公)⁴⁷⁾은 유여(由余)⁴⁸⁾를 신하로 맞아들임으로써 서융의 8국을 복종시킬 수 있었다. 이리하여 농(隴)⁴⁹⁾에서부터 서쪽에는 면저(綿諸), 곤융(緄戎), 적(翟), 원(獂)⁵⁰⁾ 등의 융족이 있었고, 기산(岐山), 양산(梁山),⁵¹⁾ 경수(涇水), 칠수(漆水)⁵²⁾ 북쪽에는 의거(義渠), 대려(大荔), 오지(烏氏), 구연(朐衍)⁵³⁾ 등의 융족이 있었다. 그리고 진(晉)나라 북쪽에는 임호(林胡), 누번(樓煩)⁵⁴⁾ 등의 융족이 있었고, 연나라 북쪽에는 동호(東胡),⁵⁵⁾ 산융(山戎)⁵⁶⁾이 있었다. 이들은 각각 떨어져 골짜기에 살고 있었고, 각각 군장이 있었다. 가끔 100여 개의 융족이 합치는 일은 있어도 하나로 통일되지는 못하였다.

그로부터 100여 년 뒤에 진 도공(晉悼公)⁵⁷⁾이 위강(魏絳)⁵⁸⁾을 사신으로 보내 융적과 화친을 맺음으로써 융적은 진(晉)나라에 조회하게 되었다. 또 그로부터 100여 년 뒤에 조양자(趙襄子)⁵⁹⁾가 구주산(句注山)⁶⁰⁾을

---

44) 河西 : 지역 이름. 지금의 陝西省 동부 黃河 남단과 西岸 지역.
45) 圓水 : 즉 禿尾河. 陝西省 북부에 위치하였다.
46) 洛水 : 지금의 北洛河. 陝西省 북부에서 중부까지 이른다.
47) 秦 穆公 : 기원전 659년에서 기원전 621년까지 재위하였다.
48) 由余 : 춘추시대 秦나라의 大夫.
49) 隴 : 산 이름. 지금의 六盤山 남단으로 陝西省, 甘肅省 변경에 위치하였다.
50) 모두 西戎族의 부락 명칭이다. 綿諸는 지금의 甘肅省 天水市 동부 지역에 분포하였다. 緄戎은 『春秋』에 "犬戎"으로 되어 있다. 獂은 지금의 甘肅省 隴西縣 동남부에 거주하였다.
51) 梁山 : 지금의 陝西省 韓城縣에 위치한 산 이름.
52) 漆水 : 지금의 陝西省 銅川市 일대를 흐르는 물 이름.
53) 모두 西戎族의 부락 명칭이다. 義渠는 지금의 甘肅省 慶陽縣 일대이고, 大荔는 지금의 陝西省 大荔縣 일대이며, 烏氏는 지금의 甘肅省 平涼縣 일대에 분포하였다.
54) 모두 부족 이름이다. 林胡는 지금의 山西省과 내몽고 자치구와의 경계 지역 西段에 분포하였고, 樓煩은 지금의 山西省과 내몽고 자치구와의 경계 지역 東段에 분포하였다.
55) 東胡 : 부족 이름이다. 지금의 내몽고 자치구 서쪽 遼河 상류 일대에 살았다.
56) 山戎 : 부족 이름이다. 지금의 河北省 遷安縣에 살았다.
57) 晉 悼公 : 姬周. 기원전 572년부터 기원전 558년까지 재위하였다.
58) 魏絳 : 즉 魏 莊子. 晉나라의 大夫.
59) 趙襄子 : 趙毋恤. 晉나라의 執政大臣. 韓, 魏 양가와 함께 智伯을 무찌르고 부단히 봉읍을 확장시켰다.
60) 句注山 : 지금의 山西省 代縣 서북쪽.

넘어 대 (代) ⁶¹⁾를 무찔러 병합하고 호 (胡), 맥 (貉) ⁶²⁾에까지 공격해들어갔
다. 그 뒤 조양자는 한 (韓), 위 (魏) 나라와 함께 지백 (智伯)을 없애고
진 (晉)나라 영토를 나누어 점령하였다. ⁶³⁾ 즉 조 (趙)나라는 대 (代)와 구
주산 북쪽을 차지하고 위나라는 하서 (河西)와 상군 (上郡) ⁶⁴⁾을 차지하여
융과 경계를 맞대었다. ⁶⁵⁾ 후에 의거 (義渠)의 융족이 성곽을 쌓고 지키고
있었으나 진 (秦)나라는 그들의 땅을 잠식해들어가 진 혜왕 (秦惠王) ⁶⁶⁾ 때
에는 드디어 의거의 25개 성을 차지하였다. 또 진 혜왕 (秦惠王)이 위
(魏)나라를 침공하자 위나라는 서하 (西河) ⁶⁷⁾와 상군을 전부 진나라에 헌
납하였다. 진 소왕 (秦昭王) ⁶⁸⁾ 때 의거의 융왕이 소왕의 어머니 선태후
(宣太后) ⁶⁹⁾와 밀통하여 두 아들을 낳았다. 그러나 선태후는 의거의 융왕
을 속여 감천 (甘泉) ⁷⁰⁾에서 그를 죽이고, 이어 군사를 일으켜 의거를 공
격해 멸망시켰다. 이리하여 진나라는 농서 (隴西), ⁷¹⁾ 북지 (北地), ⁷²⁾ 상군
을 차지하고 장성을 쌓아 오랑캐를 막았다. 또 조 무령왕 (趙武靈王) ⁷³⁾은
조나라의 풍속을 개혁하여 호복을 입고 말 타고 활 쏘는 것을 가르쳐 북
쪽으로 임호와 누번을 무찔러 장성을 쌓고 대 (代)에서부터 음산 (陰山) ⁷⁴⁾

---

61) 代 : 나라 이름. 지금의 河北省 蔚縣 동북쪽.
62) 胡貉 : 고대 동북방의 부족을 지칭한다. '貉'은 '貊'과 통한다. 『史記索隱』에는
   "貉, 卽濊也"라고 되어 있다.
63) 韓, 魏, 趙는 춘추시대와 전국시대 초기까지 晉나라의 귀족이었으나, 후에 晉나
   라로부터 갈라져나와 각자 건국하였다. 周 威烈王 23년(기원전 403년) 周 天子는
   三家를 제후로 정식 승인하였다.
64) 上郡 : 지금의 陝西省 북부.
65) 韓나라는 지금의 河南省 중부와 山西省 동남쪽, 魏나라는 지금의 河南省 북부,
   河北省 남부, 陝西省 동부와 山西省 서남부, 趙나라는 지금의 陝西省 동북쪽, 山西
   省 중부와 河北省 서남부에 각각 위치하였다.
66) 秦 惠王 : 秦 惠文王 嬴駟를 가리킨다. 기원전 337년에서 기원전 311년까지 재위
   하였다.
67) 西河 : 군 이름. '河西'라고도 한다. 지금의 陝西省 동부 黃河 西岸 일대. 앞의
   〈주 44〉, 뒤의 〈주 217〉, 〈주 279〉 참조.
68) 秦 昭王 : 秦 昭襄王 嬴稷을 말한다. 기원전 306년에서 기원전 251년까지 재위하
   였다.
69) 宣太后 : 성은 羋로 楚나라 사람이다. 昭王의 모친.
70) 甘泉은 陝西省 淳化縣 서북쪽에 위치하였는데, 秦나라는 여기에 離宮을 세웠다.
71) 隴西 : 군 이름. 지금의 甘肅省 동남부.
72) 北地 : 군 이름. 지금의 甘肅省 環江, 馬蓮河 유역과 寧河 回族 자치구 賀蘭山,
   靑銅峽, 山水河 동쪽.
73) 趙 武靈王 : 趙雍. 기원전 325년에서 기원전 299년까지 재위하였다.

산맥 기슭을 따라 고궐(高闕)⁷⁵⁾에 이르는 지역을 요새지로 만들고 운중
(雲中),⁷⁶⁾ 안문(雁門),⁷⁷⁾ 대(代)⁷⁸⁾ 등 세 군을 설치하였다. 그 뒤 연나
라의 명장 진개(秦開)⁷⁹⁾가 흉노에 인질로 가 있으면서 그들의 신뢰를 받
았다. 그가 연나라로 돌아온 후, 군대를 이끌고 동호를 습격하여 패주시
켰다. 이때 동호는 1,000여 리나 후퇴하였다. 형가(荊軻)와 함께 진왕
(秦王) 정(政)을 죽이러 갔던 진무양(秦舞陽)은 진개의 손자이다.⁸⁰⁾ 연
나라 역시 조양(造陽)⁸¹⁾에서 양평(襄平)⁸²⁾에 이르는 장성을 쌓고 상곡
(上谷),⁸³⁾ 어양(漁陽),⁸⁴⁾ 우북평(右北平),⁸⁵⁾ 요서(遼西),⁸⁶⁾ 요동(遼
東)⁸⁷⁾의 여러 군을 두어 오랑캐를 방어하였다. 당시 중국에는 경제와 문
화가 발달한 전국 7웅(戰國七雄)⁸⁸⁾이 있었는데 그중 3개 국⁸⁹⁾이 흉노와
경계를 맞대고 있었다. 그 뒤 조나라 장군 이목(李牧)⁹⁰⁾이 있는 동안은
흉노가 감히 조나라 변경을 침입하지 못하였다. 그 뒤 진(秦)나라가 6국
을 멸망시키고 시황제(始皇帝)는 몽염(蒙恬)⁹¹⁾에게 10만 명의 군사를 주

---

74) 陰山 : 지금의 내몽고 자치구 중부에 위치한 산. 지금은 '大靑山'으로 불린다.
75) 高闕 : 지금의 내몽고 자치구 杭錦后旗 동북쪽. 陰山山脈이 여기에서 중단되어 틈
   이 생겼는데, 마치 대궐문을 바라보는 것 같아 '高闕'이라고 하였다.
76) 雲中 : 군 이름. 지금의 내몽고 자치구 중부.
77) 雁門 : 군 이름. 지금의 山西省 서북부와 내몽고 자치구 黃旗海, 岱海 이남 지역.
78) 代 : 군 이름. 지금의 山西省 동북부와 河北省 서북부.
79) 秦開 : 대략 燕 昭王(기원전 311-기원전 279년) 때의 사람.
80) 荊軻는 衛나라 사람이다. 그는 秦나라가 衛나라를 멸한 후에 燕나라로 도피하였
   다. 기원전 227년에 燕 太子 丹의 명을 받고 秦나라에 들어가 秦王 嬴政을 암살하려
   다 미수에 그치고 피살되었다. 秦舞陽은 그의 조수였다.
81) 造陽 : 읍 이름. 지금의 河北省 獨石口 부근. 일설에는 河北省 懷來縣에 위치하였
   다고도 한다.
82) 襄平 : 읍 이름. 지금의 遼寧省 遼陽市.
83) 上谷 : 군 이름. 지금의 河北省 서북부.
84) 漁陽 : 군 이름. 지금의 北京市 懷柔縣, 通縣 동쪽, 天津市, 海河 북쪽과 河北省
   灤河 상류 남쪽, 薊運河 서쪽 지역.
85) 右北平 : 군 이름. 지금의 河北省 동북부와 遼寧省 서쪽.
86) 遼西 : 군 이름. 지금의 遼寧省과 河北省 경계 부근.
87) 遼東 : 군 이름. 지금의 遼寧省 大凌河 동쪽.
88) 秦, 楚, 齊, 燕, 韓, 魏, 趙 나라를 이른다.
89) 秦, 趙, 燕 나라를 이른다.
90) 李牧 : 오랫동안 趙나라의 변경을 수비하여, 東胡, 林胡, 匈奴를 물리치고, 秦나
   라 군대를 대패시켜 이 공으로 武安君에 봉해졌다. 기원전 228년 억울하게 죽임을
   당하였다.
91) 蒙恬 : 秦나라의 장수. 후에 秦 2세의 핍박을 받아 자살하였다. 권88 「蒙恬列傳」

어 북쪽의 흉노를 치게 하였다. 몽염은 하남(河南)⁹²⁾ 땅을 모두 손에 넣었다. 그리고 황하를 이용하여 요새를 만드는 한편, 하수를 따라 44곳에 현성(縣城)을 쌓고, 죄수들로 이루어진 병사를 옮겨다가 이를 지키게 하였으며, 구원(九原)⁹³⁾에서 운양(雲陽)⁹⁴⁾에 이르는 직도(直道)를 개통시켰다. 또한 산맥, 구릉, 계곡을 따라 보충해야 할 곳은 손을 더 보아서 임조(臨洮)⁹⁵⁾를 기점으로 요동에 이르기까지 만여 리에 달하는 장성을 쌓았다. 또 황하를 건너가 양산(陽山)⁹⁶⁾과 북가(北假)⁹⁷⁾ 사이를 점령하였다.

당시는 동호가 강하고 월지(月氏)⁹⁸⁾도 세력이 왕성하였다. 당시 흉노의 선우(單于)⁹⁹⁾는 두만(頭曼)¹⁰⁰⁾이라고 불렀다. 두만은 진(秦)나라를 당해내지 못해서 북쪽으로 옮겨갔다. 그로부터 10여 년이 지나 몽염이 죽고 6국의 귀족들은 진나라를 배반하여 중국은 온통 혼란상태가 되고 진나라가 변경을 지키기 위해서 보냈던 수비병들은 모두 이탈하고 말았다. 이리하여 흉노는 마음놓고 다시 차츰차츰 황하를 건너 남쪽으로 내려와 마침내는 옛날 요새선에서 중국과 경계를 맞대게 되었다.

두만선우에게는 태자가 있었는데 그의 이름은 묵돌(冒頓)¹⁰¹⁾이라고 하였다. 그러나 후에 총애하는 연지(閼氏)¹⁰²⁾에게서 다시 작은아들을 보고서는 묵돌을 폐하고 작은아들을 태자로 세우려고 하였다. 그래서 선우는 묵돌을 월지에 볼모로 보냈다. 묵돌이 월지에 인질로 가 있을 때, 두만은

참조.

92) 河南 : 지역 이름. 지금의 내몽고 자치구 河套 黃河 남쪽 지역

93) 九原 : 현 이름. 지금의 내몽고 자치구 包頭市 서쪽.

94) 雲陽 : 현 이름. 지금의 陝西省 淳化縣 서북쪽.

95) 臨洮 : 현 이름. 지금의 甘肅省 岷縣.

96) 陽山 : 지금의 내몽고 자치구에 있는 狼山을 가리킨다.

97) 北假 : 지역 이름. 지금의 내몽고 자치구 河套 북쪽 陽山 남쪽 夾山帶河 지역.

98) 月氏 : '氏'는 '支'와 통한다. 지금의 甘肅省 서부와 靑海省 경계 지역에 살았던 부족 이름.

99) 單于 : 匈奴 군주의 칭호.

100) 頭曼 : 匈奴의 사람 이름.

101) 冒頓 : 기원전 209년에 아버지를 살해하고 스스로 單于가 되었다. 軍政制度를 튼튼히 하여 주위의 부족을 정복하고, 秦나라의 河南 지역을 점차로 점령하여 세력이 성하였다. 西漢 초기에는 자주 漢나라를 침범하여 漢 왕조를 두렵게 하였다. 기원전 174년에 죽었다.

102) 閼氏 : 匈奴 군주의 정실 부인에 대한 칭호.

갑자기 월지를 공격하였다. 월지는 선우의 예상대로 묵돌을 죽이려고 하였으나 묵돌은 준마를 훔쳐 타고 본국으로 도망쳐왔다. 두만은 일이 어긋나기는 하였으나 그의 용기를 장하게 여겨 묵돌을 만 명의 기병 장군으로 임명하였다. 그러자 묵돌은 명적(鳴鏑)[103]을 만들어서 부하들에게 나누어주고 그것으로 말 타고 활 쏘는 연습을 시켰다. 그리고 그는 이런 명령을 내렸다. "내가 명적을 쏘거든 다 같이 그곳을 쏘아라. 쏘지 않는 자는 죽인다." 얼마 지나지 않아, 사냥을 나갔을 때 묵돌은 자신이 명적을 쏘아댄 곳에 쏘지 않는 자는 가차없이 잡아 죽였다. 그 뒤 묵돌이 또한 명적을 자기의 에마에게 날렸다. 그러자 좌우에서 차마 쏘지 못하는 자가 있었다. 묵돌은 당장에 그들을 잡아 죽였다. 얼마 후에 그는 또 명적을 자기의 애처에게 날렸다. 좌우에서 겁이 난 나머지 감히 쏘지 못하는 자가 있자 묵돌은 그들 역시 사정없이 죽여버렸다. 또 얼마 뒤에 묵돌은 사냥에 참가해서 명적을 선우가 타고 있는 말에 날렸다. 그러자 부하들은 모두 일제히 거기에 쏘아댔다. 그제서야 묵돌은 비로소 부하 전원이 자기의 명령을 따른다는 확신을 가졌다. 그리고 그 다음 사냥에 그의 아버지 두만선우를 따라 나갔을 때 명적을 아버지 두만에게 날렸다. 과연 그의 부하들은 일제히 화살을 날려 두만선우를 죽였다. 묵돌은 잇달아 그의 계모와 이복 동생 및 자기를 따르지 않는 대신들을 모조리 잡아 죽이고 스스로 선우가 되었다.

묵돌이 선우에 올랐을 당시 동호가 세력이 강하였는데, 묵돌이 아비를 죽이고 스스로 왕이 되었다는 것을 듣자 묵돌에게 사자를 보내 말하기를 두만이 가지고 있던 천리마를 얻고 싶다고 청하였다. 이에 묵돌이 신하들의 의견을 묻자, 신하들은 모두 이렇게 말하였다. "천리마는 흉노의 보배입니다. 그들에게 주지 마십시오." 그러나 묵돌은 이렇게 말하였다. "서로 나라를 이웃하고 있으면서 어떻게 말 한 마리를 아낄 수 있겠는가?" 그리하여 결국 천리마를 동호에 보내주었다. 얼마 뒤에는 묵돌이 자기들을 무서워하고 있는 줄로 안 동호가 다시 사자를 보내 선우의 연지 중에 한 사람을 얻고 싶다고 청하였다. 묵돌이 또 좌우에 물었다. 좌우는 모두 성을 내며 말하였다. "동호는 무례합니다. 그러기에 연지를 요구하고 있는 것입니다. 출병해서 그들을 공격해야 합니다." 그러나 이때도 묵돌은

103) 鳴鏑 : 쏘면 소리를 내는 화살.

이렇게 말하였다. "남과 나라를 이웃하고 있으면서 어떻게 여자 하나를 아낄 수 있겠는가?" 그리고 드디어 사랑하는 연지 한 사람을 골라 동호에게 보내주었다. 이로써 동호는 더욱 교만해져서 서쪽으로 침략해왔다. 당시 동호와 흉노 사이에는 1,000여 리에 걸쳐 아무도 살고 있지 않는 황무지가 버려져 있었다. 쌍방은 각각 자기들의 변경의 지형에 따라서 수비초소를 세워놓고 있었다. 동호는 사자를 보내 묵돌에게 이렇게 전하였다. "흉노와 우리가 경계하고 있는 수비초소 이외의 황무지는 흉노로서는 어차피 무용지물이니까 우리가 차지하였으면 좋겠소." 묵돌이 이 문제를 대신들에게 묻자 몇 사람이 이렇게 말하였다. "이건 버려진 황무지 땅입니다. 주어도 좋고 안 주어도 좋을 것 같습니다." 그러자 묵돌은 크게 성을 내며 말하였다. "땅은 나라의 근본이다. 어떻게 그들에게 줄 수 있다는 말이냐?" 그리고는 주어도 좋다고 한 자들을 모조리 참수한 다음 곧 말에 오르며 전국에 명령을 내렸다. "이번 출전에서 후퇴하는 자는 즉시 죽이겠다." 그리고 마침내 동쪽으로 동호를 습격하였다. 동호는 처음에 묵돌을 업신여겨 흉노에 대한 방비를 거의 하지 않았다. 묵돌이 군사를 이끌고 습격하여 순식간에 동호를 대파하였고 그 왕을 죽였으며 백성을 사로잡고 가축을 빼앗았다. 그리고 묵돌은 돌아오자 이번에는 월지를 쳐서 패주시켰고, 남쪽으로 누번왕, 백양하남왕(白羊河南王)[104] 등의 영지를 병합하였다. 또 연과 대를 공격하여 일찍이 진나라의 몽염에게 빼앗겼던 흉노 땅을 모조리 되찾았다. 이렇게 본래의 하남 요새선으로 한나라와 경계를 삼고 그곳에 관문을 설치해서 조나(朝那),[105] 부시(膚施),[106] 나아가서는 연과 대에까지 침입하게 되었다. 당시 한나라 군은 항우(項羽)와 서로 대치해 있었으므로 중원 천하는 전쟁에 지쳐 있었다. 그런 까닭으로 묵돌이 손쉽게 흉노를 강화할 수 있었다. 흉노에게는 활에 능숙한 군사만 해도 30만 명이나 되었다.

이렇게 흉노는 순유(淳維)에서 두만(頭曼)에 이르기까지 1,000여 년 동안 혹은 강성하고 혹은 약소해지기를 여러 번 반복하였으며 이합집산

---

104) 白羊은 匈奴의 일부이고, 河南(河套 이남) 지역에 거주하였기 때문에 여기서 이렇게 부른 것이다.
105) 朝那 : 현 이름. 지금의 寧夏 回族 자치구 固原縣 동남쪽.
106) 膚施 : 현 이름. 지금의 陝西省 楡林縣 동남쪽.

또한 무상하였으므로 흉노 선우의 계보를 순서대로 기록할 수는 없다. 그
러나 묵돌의 대에 들어와 흉노는 가장 강성해져서 북방 오랑캐들을 모조
리 항복시키고 남쪽으로는 중국과 적대관계를 이루게 되었다. 따라서 그
이후 선우의 계승이나 관직 명칭 따위를 기록할 수 있게 되었다.

  즉 좌우 현왕(賢王), 좌우 녹려왕(谷蠡王),[107] 좌우 대장(大將), 좌우
대도위(大都尉), 좌우 대당호(大當戶), 좌우 골도후(骨都侯)[108] 등이 설
치되어 있었다. 흉노에서는 현명하다는 것을 '도기(屠耆)'라고 하였기 때
문에 언제나 태자가 좌도기왕(左屠耆王)이 되었다. 좌우의 현왕 이하 당
호에 이르기까지 크게는 만 명에서 적게는 몇천명의 기병을 거느리는 통
솔자가 모두 24장(長)이 있었는데, 이들을 동칭 '만기(萬騎)'라고 불렀
다. 여러 대신들은 그 관직을 세습하였으며, 호연씨(呼衍氏), 난씨(蘭
氏),[109] 뒤의 수복씨(須卜氏)[110]까지의 세 성이 흉노의 귀족이었다. 모든
좌방(左方)의 왕과 장(將)들은 동쪽에 살며 상곡군에서부터 동쪽을 맡아
예맥(穢貉)[111]과 조선(朝鮮)[112]에 접해 있었다. 우방(右方)의 왕과 장들
은 서쪽에 살고 있어, 상군에서부터 서쪽을 맡아 월지와 저(氐), 강
(羌)[113]과 접해 있었다. 또 선우의 정(庭)[114]은 대군(代郡), 운중군과 마
주 보고 있었다. 그들은 각각 일정한 영역을 점유하고서 물과 풀을 따라
옮겨 살고 있었는데, 좌우 현왕과 좌우 녹려왕의 영역이 가장 크고, 좌우
골도후는 선우의 정치를 보좌하고 있었다. 24장들은 또 각각 자기들대로
천장(千長), 백장(百長), 십장(什長), 비소왕(裨小王), 상봉(相封),[115]
도위(都尉), 당호(當戶), 저거(且渠)[116] 등의 벼슬을 두고 있었다.

---

107) 谷蠡王 : 匈奴의 관직 이름. 군사와 행정을 관리하며, 직위는 賢王 아래이고 單
      于의 자제가 이를 맡았다.
108) 骨都侯 : 匈奴의 관직 이름으로, 성이 다른 대신이 맡았다.
109) 呼衍氏, 蘭氏 : 顔師古는 "呼衍은 지금 鮮卑族에 있는 呼延과 같은 성씨이다. 蘭
      氏는 지금도 있다(呼衍, 卽今鮮卑姓呼延者也. 蘭姓, 今亦有之)"라고 하였다.
110) 須卜氏 : 이 성씨가 司法을 관장하였다.
111) 穢貉 : 동북 변방의 韓半島 북부에 거주하였던 부족 이름.
112) 朝鮮 : 지금의 韓半島 북부에 위치하였던 나라.
113) 氐는 지금의 陝西省 甘肅省 일대에 거주하였던 부족 이름이고, 羌은 지금의 靑
      海省, 甘肅省 일대에 거주하였던 부족 이름이다.
114) 庭 : 王庭을 말한다. 單于가 머무르는 곳.
115) 相封 : '封'은 '將'과 통한다. 『漢書』에는 이 '封'자가 없다. 陳直의 『史記新證』에
      서 '相封'은 원래 '相邦'인데, 漢 高祖 劉邦의 이름을 피해서 '邦'을 '封'으로 하였다고
      되어 있다.

매년 정월에는 선우가 있는 정에서 모든 장(長)들이 소집회를 열고 제사를 지냈다. 5월에는 용성(龍城)[117]에서 대집회를 열고 조상과 천지신명과 귀신들에게 제사 지냈다. 가을에 말이 살찔 때에는 대림(蹄林)[118]에서 대회를 열어 백성과 가축의 수효를 조사하였다. 그들의 법률은 대개 이러하였다. 평상시에는 칼을 뽑아 사람을 상하게 하거나 일척(一尺)의 상처를 낸 사람은 사형에 처하고, 도둑질한 사람은 그의 가족과 재산을 몰수하고, 경범죄를 범한 사람은 알형(軋刑)[119]에 처하고, 중죄를 범한 사람은 사형에 처하였다. 옥에 가두어두는 것은 길어도 열흘 이내이며 옥에 갇힌 사람은 전국을 통해서 몇명에 불과하였다. 선우는 아침에 영(營)을 나와 막 떠오르는 해에 절을 하고, 저녁에는 또 달을 보고 절을 하였다. 앉는 자리의 법도는 왼쪽을 윗자리로 하고 북쪽을 향해서 앉았다. 무일(戊日)과 기일(己日)을 길일이라고 하여 소중하게 여겼다. 그들의 장례 풍속은 시체를 관곽(棺槨)에 넣고, 그 속에 금은과 가죽옷들을 넣었는데, 무덤에 봉분을 하거나 나무를 심거나 하는 일은 없고, 상복제도도 없었다. 선우가 죽게 되면 사랑받던 신하나 애첩들을 순장하였는데 많을 때에는 몇십명에서 백여 명에 달하였다.[120] 전쟁을 일으킬 때에는 항상 별과 달의 모양을 관찰하고 결정하였다. 달이 커져서 둥글게 되면 공격을 하고 이지러지면 후퇴하였다. 공격이나 싸움을 할 때에 적의 목을 베어오는 사람에게는 한 잔 술을 하사하고, 노획품은 노획한 본인에게 주는데, 사람을 생포하였을 경우에는 잡은 사람의 노비로 삼았다. 그렇기 때문에 싸우는 마당에서 누구나가 이득을 얻으려고 교묘히 적을 유인하여 한꺼번에 내리덮치곤 하였다. 그래서 적을 보기만 하면 이득을 바라고 새떼처럼 모여들지만 일단 싸움이 불리해져서 패색이 짙어지면 구름이 흩어지듯 뿔뿔이 달아나버렸다. 또한 싸움에서 자기 편 전사자를 거두어준 자에게는

---

116) 且渠 : 顔師古는 "지금의 沮渠氏는 대개가 이 관직 이름에서 연유된 성씨이다(今之沮渠姓, 蓋本因此官)"라고 하였다.

117) 龍城 : 즉 龍城. 지금의 몽고 인민공화국과 碩柴達木湖 부근.

118) 蹄林 : 나무로 둘러싸고 제사를 진행하는 것. 일설에는 삼림으로 둘러싸여진 곳이라고도 하고, 또 匈奴가 가을 제사를 지내는 곳이라고도 한다.

119) 軋刑 : 죄인의 몸에 수레바퀴가 지나가는 형벌. 일설에는 칼로 죄인의 얼굴을 새기는 형벌이라고도 한다.

120) 원문에는 "多至數千百人"으로 되어 있는데, 『漢書』「匈奴傳」과 고고학 자료에 의하면 '數千'은 '數十'으로 고쳐야 함이 마땅하다.

전사자의 재산을 몽땅 주었다.

그 뒤 묵돌선우는 북쪽으로 혼유(渾庾), 굴야(屈射), 정령(丁零), 격곤(鬲昆), 신리(薪犁)[121] 등을 항복시켰으므로 흉노의 모든 귀족과 대신들은 묵돌선우의 현능함에 감복해 그를 믿고 복종하였다.

이때 한(漢)나라가 중국을 평정해 천하통일을 이룩하고, 한왕(韓王) 신(信)[122]을 대(代)로 옮겨 마읍(馬邑)[123]에 도읍을 정하게 하였다. 그러나 얼마 뒤에 흉노의 기습을 받아 마읍이 포위되자 한왕 신은 흉노에게 항복하고 말았다. 흉노는 신을 손아귀에 넣자 그 기세를 타서 군사를 이끌고 남하하여 구주산을 넘어 태원(太原)[124]을 공격하였고 마침내는 진양성(晉陽城) 밑까지 육박하였다. 이에 고제(高帝)는 친히 정벌하고자 군사를 출병시켰지만 때마침 겨울이라 추위가 심하고 큰 눈이 내렸기 때문에 병사들 중에 동상자가 10분의 2-3이나 되었다. 묵돌은 때를 노렸다는 듯이 패주를 가장하여 한나라 군을 계속 유인하였고, 한나라 군은 그의 예상대로 묵돌을 추격하였다. 묵돌은 그들의 정예 부대를 숨겨두었으므로 한나라는 흉노의 군사를 약졸로 업신여긴 나머지 대다수가 보병인 32만 명의 전군을 투입시켜 추격에 가담시켰다. 고제 자신이 전군의 선두에 서서 평성(平城)[125]에 이르렀을 때였다. 채 보병이 도착하기도 전에 묵돌의 정예 부대 40만 기병이 고제를 백등산(白登山)[126] 위로 몰아넣고 포위하였다. 한나라 군은 7일 동안이나 후진과 단절되어 보급과 구원을 받을 수 없었다. 당시 흉노의 포위진은 서쪽에 백마(白馬), 동쪽에 청방마(青駹馬),[127] 북쪽에 오려마(烏驪馬),[128] 남쪽에 성마(騂馬)[129]의 기마대를 배치한 것이었다. 이에 고제는 몰래 사자를 통해서 연지에게 후한 선물을

---

121) 渾庾, 屈射, 丁零, 鬲昆, 薪犁 : 匈奴의 북쪽, 대략 지금의 몽고 인민공화국과 시베리아 일대에 살았던 부족 이름들이다.
122) 韓王 信 : 즉 韓信을 가리킨다. 권93 「韓信盧綰列傳」 참조.
123) 馬邑 : 현 이름. 지금의 山西省 朔縣.
124) 太原 : 군 이름. 지금의 山西省 중부. 소재지는 晉陽(지금의 太原市 서남쪽)이었다.
125) 平城 : 현 이름. 지금의 山西省 大同市 동북쪽.
126) 白登山 : 平城 동쪽에 위치한 산.
127) 青駹馬 : 청색의 말.
128) 烏驪馬 : 흑색의 말.
129) 騂馬 : 적색의 말.

보냈다. 그러자 연지는 묵돌에게 말하였다. "두 나라 임금이란 서로가 괴롭히지 않는 거예요. 지금 한나라 땅을 얻어보아야 선우께서 그곳에 살 수도 없는 일이 아니예요. 하물며 한왕(漢王)은 신(神)의 도움을 받는다고 합니다. 선우께서는 부디 이런 점을 살펴주십시오." 때마침 묵돌은 합류하기로 되어 있던 한왕(韓王) 신의 장군 왕황(王黃), 조리(趙利) 등이 기일이 지나도 오지 않았으므로 혹시 그들과 한나라 사이에 내통이 있었던 것은 아닐까 하고 의심하고 있었다. 그래서 연지의 말을 받아들여 포위망의 일부를 풀어주었다. 이리하여 고제는 군사들에게 활을 흉노 쪽으로 겨누게 하며 그 풀어준 포위망을 빠져나와 후진의 대부대와 합류할 수 있었다. 이윽고 묵돌은 군사를 이끌고 떠나갔다. 한나라 역시 군사를 이끌고 철수하였으며, 유경(劉敬)[130]을 사신으로 보내 묵돌과 화친의 약속을 맺었다.

그 뒤 한왕 신은 흉노의 장군이 되자 약속을 배반하여 조리, 왕황과 함께 대군(代郡)과 운중군에 쳐들어와 약탈을 일삼았다. 또한 그로부터 얼마 뒤에는 진희(陳豨)[131]가 반역을 꾀하는 한편 한왕 신과 내통하여 대(代)를 공격하였다. 한나라에서 번쾌(樊噲)[132]를 파견하여 이를 치게 하였다. 번쾌는 대군, 안문, 운중의 여러 군현을 수복하였으나 요새 밖으로는 나가지는 않았다. 그 뒤에도 변경에 파견된 한나라의 장군 중에 흉노에 투항하는 사람이 여러 명이 있었으므로 묵돌은 자주 대를 침입하여 약탈하곤 하였다. 이리하여 고제는 이를 걱정한 나머지 유경을 시켜 종실의 딸을 공주라고 속여 선우의 연지로 보내주고, 또 해마다 흉노에게 일정량의 무명, 비단, 누룩, 곡식 등을 보내주기로 하고 형제로서의 약속을 맺어 화친하였다. 그래서 묵돌도 잠시 침략을 중지하였다. 그러나 뒤에 연왕(燕王) 노관(盧綰)[133]이 한나라를 배반하여 그의 일당 수천명을 거느

---

130) 劉敬 : 권99 「劉敬叔孫通列傳」 참조.
131) 陳豨 : 梁(지금의 河南省 商丘市 부근) 사람. 漢나라 장수. 趙나라 相國의 신분으로 병졸을 거느리고 代를 수비하다, 기원전 197년 匈奴와 결탁하여 漢나라를 배반하고 스스로 代王이라고 하였다. 후에 패하여 피살당하였다.
132) 樊噲 : 沛縣(지금의 江蘇省 沛縣) 사람. 처음 劉邦을 따라 起義하였다가 공을 세워 賢成君에 봉해졌다. 후에 左丞相에까지 오르고 舞陽侯에 봉해졌다. 高帝 呂皇后의 동생이 그의 처였다.
133) 盧綰 : 沛縣 사람. 처음 劉邦을 따라 起義하였다가 관직은 太尉에 오르고 燕王에 봉해졌다. 陳豨가 漢나라를 배반하였을 때, 그는 사람을 보내 서로 연락하고 匈奴와

리고 흉노에게 항복한 다음 상곡군(上谷郡) 동쪽 지역에 출동하여 주민을
괴롭혔다.

고제가 죽고 효혜제(孝惠帝), 여태후(呂太后) 시대에 들어와서는 한나
라는 천하를 평정한 지 얼마 되지 않았으므로 흉노는 여전히 거만을 부렸
다. 어느 때인가, 묵돌은 고후(高后)에게 망언의 편지를 보냈다. 고후는
격노한 나머지 묵돌을 치려고 하였으나 여러 장군들이 이렇게 만류하였
다. "고제의 현명과 무용을 가지고도 오히려 평성에서 포위당하여 곤욕을
치렀습니다." 그래서 고후는 하는 수 없이 공격을 포기하고 다시 흉노와
화친을 계속하였다.

효문제(孝文帝)가 즉위하자 화친의 약속을 다시 확인하였다. 그런데
효문제 3년[134] 5월에 흉노의 우현왕(右賢王)이 하남 땅으로 침입해 자리
를 잡고 상군의 요새를 공격하여 그곳을 지키고 있던 한나라 쪽의 만이
(蠻夷)들을 살해하고 약탈을 일삼았다. 따라서 효문제는 승상 관영(灌
嬰)[135]에게 명하여 전차와 기병 8만 5,000명을 징발시켜 고노(高奴)[136]
에 주둔중인 우현왕을 치게 하였다. 우현왕은 패주해서 요새선 밖으로 물
러갔다. 그런데 효문제가 태원(太原)으로 거동한 틈을 타서 제북왕(濟北
王)[137]이 반란을 일으켰으므로 효문제는 급히 장안으로 되돌아와야만 하
였다. 따라서 승상의 흉노 공격도 중지되고 말았다.

그 이듬해 선우는 한나라에 다음과 같은 글을 보냈다.

하늘이 세우신 흉노 대선우는 삼가 황제에게 문안하오니, 그간 무양(無恙)
하시오? 앞서 황제께서 화친에 관한 말을 해왔을 때 서한의 취지가 합당
하여 쌍방이 크게 기뻐하였소. 그런데 한나라 변경의 관리들이 우리 우현
왕을 모멸해 침범하였고 우현왕 또한 선우에게 상의함이 없이 휘하의 후의
(後義), 노후(盧侯), 난지(難氏) 등의 계책을 받아들여 한나라 관리들과
상쟁함으로서 두 나라 임금의 약속을 깨트리고 형제로서의 우애를 이간시
키고 말았던 거요. 황제로부터의 책망의 편지가 두 번이나 도착한지라 이

결탁하였다. 漢나라 군이 진격해오자 무리를 이끌고 匈奴로 도주하였다. 匈奴에서
東胡 盧王에 임명되었다. 권93 「韓信盧綰列傳」 참조.
134) 기원전 177년이다.
135) 灌嬰 : 睢陽(지금의 河南省 商丘市 남쪽) 사람. 권95 「樊酈滕灌列傳」 참조.
136) 高奴 : 현 이름. 지금의 陝西省 延安市 동북쪽.
137) 濟北王 : 劉興居. 漢 高帝의 장남 劉肥의 아들. 반란에 실패하자 자살하였다.

쪽에서도 사신을 보내 황제께 글로써 회답을 하였는데 그 사신은 돌아오지 않았고, 한나라의 사신 또한 오지 않았소. 이리하여 한나라도 우리와 화친을 꾀하지 않고 우리도 한나라와 친할 수가 없게 되었던 거요. 지금 작은 관리들이 약속을 깨트렸기 때문에 그 죄를 물어 이번에 우현왕에게 그 벌로써 서쪽으로 월지를 토벌하게 하였소. 다행히 하늘의 가호로 단련된 정예 병사와 강건한 말로써 월지를 쳐부수어 이를 모조리 죽이거나 항복시키고 누란(樓蘭),[138] 오손(烏孫),[139] 호게(呼揭)[140] 및 그 인접 26개 국을 평정하여 이들을 모두 흉노에 병합하였소. 이리하여 각 유목민족은 합하여 한집안이 되었고, 북쪽 지방은 이미 안정을 찾았소. 선우는 될 수 있으면 전쟁을 그치고 사졸들을 쉬게 하며 말을 길러 앞서의 오해를 잊고 본래의 약속을 찾아 이로써 변경의 백성들을 편안하게 하고 당초의 친선관계로 되돌아가 나이 어린 것들이 건강하게 성장하고 늙은이들이 안정된 생활을 보낼 수 있게 하여 대대로 태평을 노래하게끔 만들었으면 하고 바라는 바요. 그러나 황제의 의향이 어떠하신지를 알 수 없는지라 낭중(郎中)[141] 계우천(係雩淺)[142]을 사신으로 이 글을 받들어 올리게 하고 아울러 낙타 한 마리와 기마 두 필, 수레를 끄는 말 두 사(駟)[143]를 드리는 바이오. 황제께서 만일 한나라 변방 요새 지대에 우리가 접근하는 것을 바라지 않으신다면 수비대와 주민들에게 영을 내려 변방에서 멀리 떨어져 살게 해주셨으면 하오. 그리고 이 사신이 도착하는 즉시 무사히 돌려보내주시기 바라오.

흉노의 사신이 6월에 신망(薪望)[144]에 도착하였다. 이어 서한이 조정에 보내지자, 한나라에서는 화친과 전쟁 중 어느 것을 택하느냐를 놓고 의논을 거듭하였는데 대신들은 모두 이렇게 말하였다. "선우는 새로 월지를 깨트리고 승리한 기세를 타고 있습니다. 공격을 해서는 안 됩니다. 또한 흉노의 땅은 차지해보아야 늪과 소금기가 많은 황무지뿐으로 사람이

---

138) 樓蘭：서역의 나라 이름. 지금의 新疆省 維吾爾 자치구 羅布泊 서쪽 일대. 왕은 扞泥城(지금의 婼羌縣)에 살았다. 후에 鄯善國으로 고쳐 불렀다.

139) 烏孫：부족 이름. 지금의 甘肅省과 靑海省 접경 지대에 거주하였다. 후에 서쪽으로 지금의 伊犂河, 伊塞克湖 일대로 옮겼다.

140) 呼揭：부족 이름. 지금의 甘肅省과 新疆省 維吾爾 자치구와의 접경 지대에 거주하였다.

141) 郎中：관직 이름. 관청의 車, 騎, 門, 戶를 관리하고, 안으로는 호위를 밖으로는 작전을 맡아보았다.

142) 係雩淺：匈奴의 사람 이름.

143) 駟：한 대의 수레를 끄는 네 필의 말.

144) 薪望：변방의 지명.

살 수는 없습니다. 화친하는 편이 훨씬 유리합니다." 이렇게 하여 한나라
는 선우의 요청을 허락하였다.

효문제 전원(前元) 6년[145]에 한나라는 흉노 선우에게 다음과 같은 글을
보냈다.

황제는 삼가 흉노의 대선우에게 안부를 묻소. 그런데 낭중인 계우천을 통
해서 짐에게 보내 온 글에 이르기를 '우현왕은 선우에게 의논도 하지 않고
후의, 노후, 난지 등의 계책을 받아들여 두 나라 임금의 약속을 깨트리고
형제로서의 우애를 벌어지게 해버렸다. 그로 인해서 한나라는 우리와 화친
을 하지 않고 우리도 한나라와 친할 수 없게 되었던 것이다. 지금 작은 관
리들이 약속을 깨트린 죄를 물어 이번에 우현왕에게 그 벌로써 서쪽으로
월지를 치게 하여 모조리 이를 평정시켰다. 될 수 있으면 전쟁을 중지하고
사졸들을 쉬게 하며 말을 길러 앞서의 일들을 잊고 본래의 약속을 되찾아
이로써 변경의 백성들을 편안하게 하고 나이 어린 것들은 건강하게 성장할
수 있게 하며, 늙은이에게도 안정된 삶을 보내게 하여 대대로 태평하게끔
하고 싶다'라고 하였는데 짐은 심히 이를 가상히 여기는 바요. 이것이야말
로 옛 성왕의 뜻이오. 한나라는 흉노와 형제가 되는 약속을 맺었으므로 선
우에게 매우 후한 선물을 보내주고 있었으나 약속을 배반하고 형제로서의
사랑하는 정을 벌어지게 한 것은 언제나 흉노 쪽이었소. 그러나 우현왕의
일은 이미 이번 대사면령이 내리기 이전의 일이었으니 선우는 그를 너무
책하지 말아주오. 그리고 만일 선우가 이쪽 편지의 뜻에 찬동하여 귀국의
모든 관원들에게 약속을 배반하는 일 없이 신용을 지키게끔 분명히 포고를
해준다면 짐도 또한 삼가 귀하가 보낸 글의 내용과 같이 하겠소. 사신의
말에 의하면 선우께서는 몸소 장군이 되어 여러 나라를 쳐서 공을 세우고
심히 싸움으로 인한 고생이 많았다 하니 특별히 대례복(大禮服)인 수겁기
의(繡袷綺衣),[146] 수겁장유(繡袷長襦),[147] 금겁포(錦袷袍)[148] 각각 한
벌, 비여(比余)[149] 1개, 황금 식구대(飾具帶)와 서비(胥紕)[150] 1개, 수놓

---

145) 이해는 기원전 174년이다. 漢 文帝는 23년간 재위하였는데, 중간에 한 번 개원
하여 前元 16년, 後元 7년으로 나누어진다.
146) 繡袷綺衣 : 꽃을 수놓은 비단으로 겉옷을 만들고, 꽃무늬를 짜넣은 비단으로 안
감을 댄 겹옷.
147) 繡袷長襦 : 수놓은 비단으로 만든 긴 겹옷.
148) 錦袷袍 : 겉감을 큰 꽃무늬를 채색한 비단으로 만든 솜옷.
149) 比余 : 금으로 장식한 빗 종류.
150) 飾具帶는 허리띠이고 胥紕는 허리띠 고리를 말한다.

은 비단 10필, 비단 30필, 붉은 비단과 푸른 비단 각각 40필을 중대부(中大夫)151) 의(意)152)와 알자령(謁者令)153) 견(肩)154)을 시켜 선우에게 보내는 바이오.

그 뒤 얼마 안 있어 묵돌이 죽자, 그의 아들 계육(稽粥)이 뒤를 이어 스스로 노상선우(老上單于)라고 칭하였다.

노상계육 선우가 즉위하자, 효문제는 곧 종실의 딸을 공주라고 속여 흉노에게 보내 선우의 연지로 만들었다. 그리고 연나라 사람인 환관 중항열(中行說)155)로 하여금 공주를 보좌하게 하였다. 열은 흉노에 가는 것을 원하지 않았으나 조정에서 강압적으로 그를 보내자, 열은 다음과 같이 말하였다. "내가 가면 반드시 한나라의 화가 될 것이다." 중항열은 흉노 땅에 도착하자마자 선우에게 투항하더니 곧 그의 총애를 받게 되었다.

처음 흉노는 한나라의 비단, 무명, 음식 등을 매우 좋아하였는데, 중항열은 그 점을 들어 선우에게 진언하였다.

흉노의 인구는 한나라의 하나의 군(郡)에도 미치지 못합니다. 그런데 흉노가 강한 것은 입고 먹는 것이 한나라와 다르기 때문이며 그것을 한나라에 의존하는 일이 없기 때문입니다. 지금 선우께서 풍습을 바꾸어 한나라 물자를 좋아하시게 되면 한나라에서 소비하는 물자의 10분의 2를 흉노에게 채 소비시키기도 전에 흉노는 모두 한나라에 귀속되고 말 것입니다. 한나라의 비단과 무명을 손에 넣으시게 되거든 그것을 입으시고 풀과 가시밭 사이를 헤치고 돌아다니십시오. 옷과 바지가 모두 찢어져 못 쓰게 될 것입니다. 그리하여 비단과 무명이 털로 짠 옷이나 가죽옷만큼 튼튼하고 좋은 점을 따르지 못한다는 것을 보여주십시오. 또 한나라의 음식을 얻게 되시거든 이를 모두 버리십시오. 그리고 그것들이 젖과 유제품의 편리하고 맛있는 것을 따를 수 없다는 것을 보여주십시오.

또 그는 선우의 좌우에 있는 사람들에게 기록하는 방법을 가르쳐서 인

---

151) 中大夫 : 관직 이름. 議論을 관할하였고, 郎中令에 소속되었다. 후에 '光祿大夫'로 바뀌었다.
152) 意 : 사람 이름.
153) 謁者令 : 관직 이름. 즉 中書謁者令. 문서를 전달하였고, 少府에 소속되었다. 후에 '中謁者令'으로 바뀌었다.
154) 肩 : 사람 이름.
155) 中行說 : 사람 이름. 中行이 성이고 說이 이름이다.

구와 가축의 통계를 조사하여 기록하도록 시켰다.

　종래 한나라가 선우에게 편지를 보내올 때에 나무쪽은 한 자 한 치의 것을 쓰고 첫머리의 형식은 이러하였다. "황제는 삼가 흉노의 대선우에게 문안하오니 무양하신지? 그리고 보내주는 물건은……용건은……"과 같은 식이었다. 중항열은 선우가 한나라에 글을 보낼 때에는 한 자 두 치의 나무쪽을 쓰게 하고, 도장과 봉투를 세로나 가로가 다 크게 하며, 글투도 거만스럽게 "천지가 낳으시고 일월이 세우신 흉노의 대선우는 삼가 한나라 황제에게 문안하노니 무양하신지? 그리고 보내주는 물건은……용건은……"이라고 쓰게 하였다.

　한나라 사신으로서 "흉노의 풍습에서는 노인을 천대하고 있다"라고 하는 사람이 있자, 중항열은 그 한나라 사신에게 모질게 따져 물었다. "당신들 한나라 풍속에도 누군가가 주둔군의 수비를 위해서 군대로 떠나게 될 때에는, 그 늙은 양친이 자기들의 두껍고 따뜻한 옷을 벗어주고 살찌고 맛있는 음식을 군대에 나가는 사람에게 주지 않는가?" 한나라 사신이 "그렇소"라고 대답하였다. 중항열이 또 "흉노는 다 잘 알다시피 싸움을 큰 일로 알고 있다. 늙고 약한 사람은 싸울 수가 없다. 그러기에 자기들이 먹을 살찌고 맛있는 음식을 건장한 사람들에게 먹이는 것이다. 이것은 스스로를 보호하기 위한 것이다. 이리하여 아비와 자식이 오랫동안에 걸쳐 몸을 보존할 수가 있는 것이다. 그것을 가지고 어떻게 흉노가 노인을 가볍게 여긴다고 할 수 있겠는가?"라고 말하자, 한나라 사신이 또 "그러나 흉노는 부자(父子)가 같은 천막 속에 살며 아비가 죽으면 자식이 그 계모를 아내로 하고 형제가 죽으면 남아 있는 형이나 동생이 그의 아내를 맞아 자기 아내로 해버린다. 옷, 관, 허리띠도 없고, 조정에서의 의식과 예절도 없다"라고 하자, 중항열이 또 "흉노의 풍습에서는 사람은 가축의 고기를 먹고 그 젖을 마시며, 그 털가죽으로 옷을 해입는다. 가축은 풀을 먹고 물을 마시며 철에 따라 이동을 한다. 그러므로 싸울 때에는 사람들이 말 타고 활 쏘는 법을 익히고 평상시에는 일 없는 것을 즐긴다. 그들의 약속은 간편하여 실행하기가 쉽다. 임금과 신하의 관계는 간단하고 쉬워서, 한 나라의 정치는 흡사 한 집안의 일과도 같다. 부자형제가 죽으면 남은 사람이 그의 아내를 맞아 자기 아내로 하는 것은 대가 끊어지는 것을 두려워하기 때문이다. 그러므로 흉노는 어지럽기는 하지만 종족만은 그대로 유지되어 있는 것이다. 그런데 중국의 경우 외면상으로 아비나 형의 아내와 장가 드는 일이 없지만, 친족관계가 거리가 멀어지게 되면 서로 죽이기까지 한다. 혁명이 일어나 제왕의 성이 바뀌는 것도 다 그런 예이다. 그리고 예의를 말하더라도 충성이나 믿음의 마음도 없이 예의를 강요하기 때문에 위아래가 서로 원한으로 맺어져 있고, 궁실의 아름다움만을 추구하기 때문에 노력을 그곳에 다 써버리고 만다. 대개 밭갈이하고 누에를 길러 먹고 입는 것을 구하고 성을 쌓아 방비를 하기 때문에 한나라 백성들은 전시에는 싸움을 익히지 못하고 평상시에는 생업에 지치고 만다. 슬프다. 흙집에 살고 있는 한나라 사람이여! 겉만 화려하고 실속은 없는데, 관을 써보았자 무슨 수가 있는 것도 아니지 않는가?"라고 하였다.

그 뒤로 한나라 사신이 뭐라고 변론을 하려고 하면, 그때마다 중항열은 이렇게 말하였다. "한나라 사신이여, 여러 말이 필요없다. 한나라에서 보내오는 비단, 무명, 쌀, 누룩을 수량만큼 좋은 것으로 해주면 그만이다. 그밖에 다른 말은 필요없다. 보내주는 물건이 수량대로이고 질이 좋은 것이면 좋지만, 수량도 맞지 않고 질도 나쁠 경우에는 곡식이 익는 가을을 기다렸다가 기마로 농작물을 짓밟아버릴 것이다." 그리고는 밤낮으로 선우에게 한나라로 쳐들어가는 데 편리한 지점을 살피게 하였다.

효문제 14년, 흉노 선우의 기병 14만 명이 조나(朝那), 소관(蕭關) [156]에 쳐들어와 북지(北地) 도위(都尉) [157] 앙(卬) [158]을 죽이고 다수의 주민과 가축들을 잡아갔다. 그리고 드디어 팽양(彭陽) [159]까지 진출해서 돌격부대를 풀어 회중궁(回中宮) [160]을 불태우고 척후(斥候)의 기병대는 옹(雍) [161]에 있는 감천궁(甘泉宮) [162]에 이르렀다. 그래서 효문제는 중위(中

---

156) 蕭關：關 이름. 지금의 寧夏 回族 자치구 固原縣 동남쪽.
157) 都尉：무관 이름. 秦漢 초기의 郡에 '郡尉'를 두어, 郡守를 보좌하고 全郡의 군사를 관장하게 하였다. 漢 景帝 때 郡尉를 '都尉'로 고쳐 불렀다.
158) 卬：사람 이름. 즉 孫卬을 말한다.
159) 彭陽：현 이름. 지금의 甘肅省 鎭原縣 동남쪽.
160) 回中宮：지금의 陝西省 隴縣 서북쪽에 있었다.
161) 雍：州 이름. 지금의 陝西省, 甘肅省 지역.
162) 여기서의 '甘泉'은 雲陽을 가리키는 것이다. 雲陽 서북쪽에 甘泉山이 있고, 그 위에는 甘泉宮이 있었는데, 이것은 秦나라의 林光宮이다. 甘泉宮은 지금의 陝西省 淳化縣 서북쪽에 있었다. 원문의 "雍甘泉"은 '雍州의 甘泉'으로 해야 한다. 여기서 '雍'을 현 이름으로 하는 것은 잘못이다.

尉)[163] 주사(周舍)와 낭중령(郎中令)[164] 장무(張武)를 장군으로 하여 전차 천 승과 기병 10만 명을 보내 장안(長安) 근방에 진을 치고 흉노의 칩입에 대비하는 한편, 창후(昌侯) 노경(盧卿)을 상군장군(上郡將軍), 영후(寧侯) 위속(魏遬)을 북지장군(北地將軍), 융려후(隆慮侯) 주조(周竈)를 농서장군(隴西將軍), 동양후(東陽侯) 장상여(張相如)를 대장군(大將軍), 성후(成侯) 동적(董赤)을 전장군(前將軍)에 각각 임명하고 나아가 흉노를 치게 하였다. 그러자 선우는 요새선 안으로 들어와 한 달 남짓 있다가 가버렸다. 한나라 군사는 뒤쫓아 요새선을 나가기는 하였으나 아무런 전과도 없이 곧 되돌아왔다. 흉노는 날이 갈수록 교만해져서 해마다 변경으로 침입하여 무수한 주민과 가축들을 살상하고 약탈하였는데, 특히 운중군(雲中郡)과 요동군(遼東郡)의 피해가 가장 심하였고, 각 군의 희생자를 합하면 모두 만여 명에 달하였다.[165] 한나라는 이것을 걱정하여 사신을 보내 흉노에게 글을 전하고 선우도 당호(當戶)에게 회답 편지를 들려 사과를 하는 등 다시 화친에 대해서 논의하였다.

그래서 효문제 후원(後元) 2년에 사신을 보내 흉노에게 다음과 같은 글을 보냈다.

황제는 삼가 흉노의 대선우에게 문안하노니 그간 평안하신지? 당호 겸 저거(且居)[166] 조거난(雕渠難)[167]과 낭중 한료(韓遼)를 시켜 짐에게 말 두 필을 보내주었는데, 그것은 이미 도착하여 삼가 받았소. 그런데 우리 선제(先帝)의 조칙에는 "장성 이북의 활 쏘기에 뛰어난 나라에서는 명령을 선우로부터 받고 장성 안의 의관속대(衣冠束帶)를 한 사람은 짐이 이를 통솔하여, 만백성에게 밭 갈이와 베 짜기, 사냥에 의해 입고 먹게 하며 부자가 떨어지는 일이 없고 임금과 신하가 서로 편안히 하여 함께 포악한 일을 하는 일이 없으리라"고 하였는데, 지금 들리는 바에 의하면 사악한 무리들이 탐욕스럽게도 이익을 좇아 나아가 취하기를 꾀하고, 의리를 배반하고 약속을 어기어 만백성의 생명을 잊고 두 나라 임금의 우의를 갈라놓았다는 거요. 그러나 이것은 이미 지나간 일이오. 보낸 글에 말하기를 "두 나라는

163) 中尉 : 무관 이름. 京師의 치안과 호위부대를 관장하였다.
164) 郎中令 : 황제를 侍從, 護衛, 顧問하는 벼슬의 우두머리. 九卿의 하나.
165) 원문의 "至代郡萬餘人"에서 '代'는 衍文이다. 앞뒤 문맥의 이치나 『漢書』「匈奴傳」에 근거할 때, 없애야 마땅하다.
166) 且居 : 즉 且渠. 匈奴의 관직 이름.
167) 雕渠難 : 匈奴의 사람 이름.

816

이제 화친하여 두 임금이 함께 즐기며, 싸움을 그쳐 군사를 쉬게 하고 말을 길러 대대로의 번영과 낙을 위해서 새 출발을 하고 싶다"라고 하였는데 짐은 심히 이를 가상히 여기는 바요. 성인은 날마다 새롭게 그 잘못을 고치고 보다 나은 정치를 시작하여 늙은이를 편안히 지낼 수 있게 하고, 어린이를 무사히 자라게 하며 백성 하나하나가 생명을 보전하여 하늘이 준 수명을 다하게 한다 하였소. 짐과 선우가 함께 이 성인의 도에 의해서 하늘을 따르고 백성을 사랑하여 대대로 서로 전해 이를 끝없이 베풀게 되면 천하의 백성들이 그 이익을 누리지 않는 사람이 없을 거요. 한나라와 흉노는 서로 이웃한 대등한 나라요. 흉노는 북쪽에 위치하여 땅이 차고, 무서운 냉기가 일찍 내리오. 그래서 짐은 우리 관리에게 명하여 선우에게 해마다 일정한 수량의 차조, 누룩, 금, 비단, 무명 그밖의 물건들을 보내는 거요. 지금 천하는 아주 평화로우며 만백성은 즐거워하고 있소. 짐과 선우는 그들 만백성의 부모요. 짐이 지난 일을 돌이켜 생각해보건대 그것은 하찮은 작은 일들이었고, 모신(謀臣)들의 계획이 잘못된 때문이었는지라 어느 것이나 형제로서의 친목을 벌어지게 할 정도의 것은 아니었소. 짐이 듣건대 하늘은 한쪽으로 기울어지게 덮는 일이 없고, 땅은 고르지 못하게 치우쳐져 있지 않다 하였소. 짐은 선우와 더불어 지나간 작은 일들을 씻어버리고 천지 대도를 따라 과거의 잘못을 씻고 장구한 앞날을 도모하여 두 나라 백성들을 한집안 자식처럼 대하고 만백성들로부터 아래로는 고기와 자라, 위로는 나는 새에 이르기까지 발로 걸어다니는 것, 입으로 숨을 쉬는 것, 꿈틀꿈틀 움직이는 것까지도 편하고 이로운 것을 찾아 위험을 피하지 않는 것이 없게끔 만들고 싶소. 그러므로 오는 것을 막지 않는 것은 하늘의 도요. 다 같이 지나간 일일랑 잊어버립시다. 짐은 흉노로 도망간 한나라 백성들을 용서하겠소. 선우도 장니(章尼)[168]와 같은 사람들을 허물하지 말아주오. 짐이 듣건대 옛 제왕들은 약속은 극히 밝게 하고 식언(食言)하는 일이 없었다 하오. 선우가 화친에 마음을 쓰게 되면 천하는 크게 편안하게 될 거요. 화친을 한 뒤로는 한나라가 흉노에 앞서 약속을 어기는 잘못을 범하지는 않을 거요. 선우는 이 점을 잘 헤아려주오.

선우도 화친을 약속하였다. 그래서 효문제는 다음과 같은 명령을 어사(御史)[169]에게 내렸다. "흉노의 대선우가 짐에게 글을 보내어 화친을 제

---

168) 章尼 : 사람 이름. 漢나라로 도망온 匈奴 사람.
169) 御史 : 관직 이름. 西漢 때는 侍御史, 符璽御史, 治書御史, 監軍御史 등이 있었다.

안해왔는데 그 화친의 약속은 이미 맺어졌다. 지금까지 흉노에서 한나라로 도망해온 사람들은 인구를 더해주는 일도 영토를 넓혀주는 일도 없을 터이므로 앞으로는 흉노가 요새선을 넘어 들어오지 못하게 하고, 한나라도 요새선을 벗어나는 일이 있어서는 안 된다. 이 규정을 어기는 자는 사형에 처한다. 이와 같이 하면 오래 화친하게 될 것이며, 뒷날까지 문제가 생기지 않을 것이므로 두 나라가 다 편리할 것이다. 짐은 이미 선우의 요청에 응하였으니, 곧 천하에 포고하여 이를 명확히 알리도록 하라."

문제(文帝) 후원(後元) 4년,[170] 노상계육 선우가 죽고 그의 아들 군신(軍臣)이 뒤를 이어 선우가 되었다. 군신선우가 즉위하자, 효문제는 흉노와의 화친을 다시 확인하였다. 중항열은 그대로 새 선우를 섬겼다.

군신선우가 즉위한 지 4년,[171] 흉노는 또다시 화친을 끊고 대거 상군(上郡)과 운중군에 각각 3만 명의 기병이 침입해와서 다수의 백성들을 죽이고 붙잡아갔다. 그래서 한나라는 세 장군들[172]의 군사를 각각 나누어 북지(北地)에 주둔시키고, 대(代)에서는 구주산(句注山)에 주둔시키고, 조(趙)에서는 비호구(飛狐口)[173]에 주둔시켰다. 또 변경 일대도 각각 굳게 지켜 흉노의 침입에 대비하였다. 또 이것과는 별도로 세 장군들[174]을 배치시켜, 장안 서쪽의 세류(細柳)[175]와 위수(渭水) 북쪽의 극문(棘門),[176] 패상(霸上)[177]에 진을 치고 흉노에 대비하게 하였다. 그러나 흉노의 기병이 다시 대의 구주산으로 침입해 변경의 봉화불이 감천(甘泉), 장안에 위급을 알렸으나 한나라 군사가 변경에 도착하였을 무렵에는 흉노가 변방 요새로부터 멀리 떠나가버린 뒤였다. 그래서 한나라 군사 역시

---

170) 원문에는 "後四歲"로 되어 있는데, 이것은 漢 文帝 後元 4년을 가리키는 것이다. '歲'는 『漢書』 「匈奴傳」을 근거할 때 '年'으로 해야 마땅하다.

171) 원문에는 "四歲"로 되어 있는데, 권10 「孝文本紀」와 『漢書』 「文帝紀」, 『漢書』 「匈奴傳」에 근거할 때 "歲餘(즉 일 년 남짓)"로 고쳐야 마땅하다.

172) 張武, 蘇意, 令勉을 가리킨다.

173) 飛狐口 : 요새 이름. 지금의 河北省 淶源縣 북쪽, 蔚縣 남쪽.

174) 여기에서는 周亞夫, 徐厲, 劉禮를 가리킨다.

175) 細柳 : 지명. 지금의 陝西省 咸陽市 서남쪽 渭河 北岸. 당시 周亞夫의 군대가 주둔하고 있었다.

176) 棘門 : 秦나라의 宮門 이름. 지금의 陝西省 咸陽市 동북쪽. 당시 徐厲의 군대가 주둔하고 있었다.

177) 霸上 : 지명. '霸頭'라고도 한다. 지금의 陝西省 西安市 동쪽. 당시 劉禮의 군대가 주둔하고 있었다.

철수하고 말았다. 그 뒤 1년 남짓해서 효문제가 죽고 효경제(孝景帝)가 즉위하였다. 이무렵 조왕(趙王) 수(遂)[178]가 몰래 사신을 흉노로 보내 내통하였다. 그래서 오(吳), 초(楚) 7국(七國)의 난[179]이 일어났을 때, 흉노는 조나라와 짜고 변경으로 침입할 계획이었으나, 한나라가 조나라를 포위해서 이를 깨트렸기 때문에 흉노도 계획을 중지하게 되었다. 그 뒤 효경제는 다시 흉노와의 화친을 확인하고 본래의 약속대로 관문에서 교역을 하며 흉노에게 물자를 보내주고 공주도 시집 보냈다. 이로 인해서 효경제 시대가 끝날 때까지 흉노는 때때로 소규모로 침입해 변경에서 도둑질을 한 일은 있었으나 크게 침략한 일은 없었다.

당시 황제(皇帝)[180]께서 즉위하자, 화친의 약속을 명확히 하여 흉노를 후히 대우하고 관문을 통해 무역을 하고 많은 물자를 보내주었다. 흉노는 선우 이하 모두가 한나라와 친하게 되어 장성 밑으로 자주 내왕하였다.

그 뒤 한나라는 마읍(馬邑)[181] 성 밑에 사는 섭옹일(聶翁壹)[182]로 하여금, 금령을 어기고 몰래 방위선을 넘어 물자를 끌어내다가 흉노와 교역을 하도록 시켰다. 섭옹일은 거짓으로 마읍성을 팔아넘기는 척하며 선우를 유인하였다. 선우는 그의 말을 믿고 마읍의 재물을 탐하여 10만 기병을 이끌고 무주새(武州塞)[183]로 들어왔다. 이때 한나라에서는 30여 만 명의 군사를 마읍 근처에 잠복시키고 어사대부 한안국(韓安國)[184]이 호군(護軍)[185]이 되어 네 장군을 통솔하여 선우에 대비하고 있었다. 선우는 이미 한나라 요새선을 넘어 들어왔으나 마읍까지 100여 리밖에 안 되는 지점에

---

178) 趙王 遂 : 漢 高帝의 손자 劉遂를 가리킨다. 吳, 楚의 반란에 참여하였다가 패하자 자살하였다.

179) 漢 景帝 3년(기원전 154년), 吳王 劉鼻가 조정의 削藩에 반대하여 楚王 劉戊, 膠西王 劉印, 膠東王 劉雄渠, 菑川王 劉賢, 濟南王 劉辟光, 趙王 劉遂와 연합하고, 남쪽의 閩, 동쪽의 越, 북쪽의 匈奴와 결탁하여 반란을 일으켰다. 이에 太尉 周亞夫 등이 반란을 진압하였고, 반란을 일으킨 왕들은 자살하거나 피살되었다.

180) 여기에서는 孝武帝 劉徹(기원전 156~기원전 87년)을 가리킨다.

181) 馬邑 : 현 이름. 지금의 山西省 朔縣.

182) 聶翁壹 : 원래 이름은 聶壹이다. 그 나이가 많은 까닭으로 '翁'자를 붙인 것이다.

183) 武州는 현 이름이다. 지금의 山西省 在雲縣.

184) 韓安國 : 字는 長孺이다, 梁나라 成安(지금의 河南省 동부) 사람.

185) 護軍 : 무관 이름. 즉 護軍將軍. 다른 장군을 감독하며 다스리는 권력을 가지고 있었다.

서 온 들판에 가축이 떼지어 있는데도 사람이 보이지 않는 것을 이상하게
여기고 방향을 돌려 정(亭)[186]을 공격하였다. 이때 안문(雁門)의 위사
(尉史)[187]가 변방 요새를 순회하다가 선우의 부대를 보고 그 정을 지키
고 있었다. 그리고 한나라 군사의 모략을 알고 있었던 그는 선우에게 붙
잡혀 죽게끔 되자 한나라 군사가 매복해 있는 곳을 알려주었다. 선우는
크게 놀라며 말하였다. "나는 처음부터 의심하고 있었던 것이다." 그러고
는 군사를 이끌고 되돌아 요새선을 넘어서더니 이렇게 말하였다. "내가
위사를 잡게 된 것은 천명이다. 하늘이 그대에게 말을 시킨 것이다." 그
리고는 위사를 '천왕(天王)'이라고 하였다. 한편 한나라 군사는 선우가
마읍에 들어오면 군사를 내보내 선우를 치자고 약속을 정해두었다. 그러
나 선우가 오지 않았으므로 아무런 전과도 없었다. 또한 한나라 장군 왕
회(王恢)의 부대는 대(代)로부터 나가 흉노의 보급부대를 공격하기로 되
어 있었는데 선우가 철수할 때에 군사가 많다는 것을 듣고 감히 나가 치
지 못하였다. 한나라에서는 왕회가 원래 이번 작전의 입안자인데도 진격
을 하지 않았다 하여 그를 사형에 처하였다. 이 뒤로 흉노는 화친을 끊고
닥치는 대로 한나라 변방 요새를 공격하여 약탈을 일삼았다. 그러면서도
흉노는 한편 탐욕스럽게 여전히 관문에서의 교역을 즐기며 한나라 재물들
을 좋아하였다. 한나라도 관문에서의 교역만은 그대로 계속하게 둠으로써
흉노를 달래려고 하였다.

마읍 사건이 있은 지 5년[188]이 지난 그해 가을,[189] 한나라는 각각 만
명의 기병을 거느린 장군 4명에게 관문 교역장 주변의 흉노를 공격하게
하였다. 장군 위청(衞靑)[190]은 상곡군에서 출격하여 용성(龍城)에 이르
러 흉노의 수급과 포로 700명을 얻었다. 공손하(公孫賀)는 운중군에서
출격하였으나 전과는 없었다. 공손오(公孫敖)는 대군(代郡)에서 출격하
였는데 흉노에게 패해서 7,000여 명을 잃었고, 이광(李廣)[191]은 안문에

---

186) 亭: '亭障'이라고도 한다. 변경에 적군의 동정을 관찰하기 위하여 세운 건축물.
187) 尉史: 변경의 郡을 순회하는 책임을 지닌 하급 무관.
188) 이때는 漢 武帝 元光 6년(기원전 129년)이었다.
189) 『漢書』 「武帝紀」에는 "봄"으로 기록되어 있다.
190) 衞靑(?-기원전 106년): 河東 平陽(지금의 山西省 臨汾市 서남쪽) 사람. 武帝
    衞皇后의 동생. 모두 7차례에 걸쳐 匈奴를 공격하여 匈奴의 위협을 제거하였다. 권
    111 「衞將軍驃騎列傳」 참조.
191) 李廣(?-기원전 119년): 隴西 成紀(지금의 甘肅省 秦安縣) 사람. 일찍이 隴西,

서 출격하였다가 흉노에게 역시 패하였으며, 이광 자신마저 포로가 되었
으나 뒤에 도망쳐 돌아왔다. 한나라에서는 공손오와 이광을 옥에 가두었
는데, 그들은 속죄금을 물고 평민이 되었다. 그해 겨울,[192] 흉노는 자주
변경으로 쳐들어와 약탈을 하였는데 그중 어양군(漁陽郡)[193]의 피해가 가
장 컸다. 그래서 한나라는 장군 한안국을 어양에 주둔시켜 흉노에 대비하
였다. 그 이듬해 가을, 흉노의 기병 2만 명의 한나라에 침입해서 요서 태
수(太守)를 죽이고 약 2,000여 명을 사로잡아갔다. 또한 흉노는 어양을
공격해 어양 태수의 군사 1,000여 명을 물리치고 한나라 장군 한안국을
포위하였다. 안국의 군사는 그때 1,000여 명밖에 되지 않았고, 그것마저
전멸상태에 놓여 있었는데, 마침 연(燕)[194]나라로부터의 구원병이 도착
하는 바람에 흉노가 철수함으로써 위기를 면하였다.[195] 흉노는 또 안문에
도 침입하여 1,000여 명을 죽이거나 잡아갔다. 그래서 한나라는 장군 위
청에게 기병 3만 명을 거느리고 안문에서 출격하여 흉노를 토벌하게 하
고, 이식(李息)에게는 대군에서 출격하여 흉노를 공격하게 하였다. 그
결과 수급과 포로를 합쳐 수천명을 얻는 전과를 올렸다. 그 이듬해 위청
은 또 운중에서 출격하여 서쪽으로 나아가 농서(隴西)에 이르러 하남 땅
에 진을 친 흉노의 누번왕(樓煩王)과 백양왕(白羊王)을 공격하고, 흉노
의 수급과 포로 수천명, 그리고 소와 양 100여 만 마리를 얻었다.[196] 이
리하여 한나라는 드디어 하남 땅을 탈취해서 그곳에 삭방군(朔方郡)[197]을
설치하고 진(秦)나라 때 몽염(蒙恬)이 만들었던 요새를 수복하고 황하를
따라 방비를 굳혔다. 그러나 한편으로 한나라는 상곡과 북쪽의 흉노 땅에
깊숙히 들어가 있는 조양(造陽) 땅을 흉노에게 넘겨주지 않을 수 없었다.
이해는 한나라 원삭(元朔) 2년이었다.

北地, 右北平 등의 변방 太守를 지냈고, 관직은 九卿의 하나인 衛尉에까지 올랐다.
匈奴와 70여 차례의 싸움으로 '飛將軍'으로 불렸다. 권109 「李將軍列傳」 참조.
192) 『漢書』「武帝紀」에는 "가을"로 되어 있다.
193) 漁陽郡 : 지금의 河北省 密雲縣 서남쪽.
194) 燕 : 영토는 때에 따라 변화가 많았는데, 이때는 단지 廣陽郡(지금의 北京市 大
興縣과 河北省 固安縣)에 지나지 않았다. 도읍지는 薊(지금의 北京市 서남쪽)였다.
195) 이때의 燕王 劉定國은 劉澤의 자손이다.
196) 元朔 2년(기원전 127년), 漢나라는 河南 땅을 수복하여 匈奴戰 최대의 전과를
올렸다.
197) 朔方郡 : 지금의 내몽고 자치구 河套 서북부와 後套 지역.

그 이듬해 겨울,[198] 흉노의 군신선우가 죽었다. 그러자 군신선우의 아우인 좌녹려왕(左谷蠡王) 이지타(伊稚斜)가 스스로 선우가 되어 군신선우의 태자인 오단(於單)을 쳐서 깨트렸다. 오단은 도망쳐 한나라에 항복하였다. 한나라는 오단을 섭안후(涉安侯)로 봉하였는데, 그는 몇달 뒤에 죽고 말았다.

이지타선우(伊稚斜單于)가 즉위하자, 그해 여름,[199] 흉노의 수만명의 기병이 침입해서 대군 태수 공우(恭友)를 죽이고 1,000여 명을 잡아갔다. 그해 가을, 흉노는 또다시 안문에 침입해서 1,000여 명을 죽이거나 잡아갔다. 그 이듬해 흉노는 다시 또 대군, 정양군(定襄郡),[200] 상군에 각각 3만 명의 기병이 침입해서 수천명을 죽이거나 잡아갔다. 흉노의 우현왕은 한나라가 그의 하남 땅을 빼앗은 다음 삭방군을 설치한 것에 원한을 품고 자주 변경과 하남을 쳐들어오고 삭방을 휩쓸고 다니며 수많은 관리들과 백성들을 죽이거나 잡아갔다. 그 이듬해 봄,[201] 한나라는 위청을 대장군에 임명하고 장군 6명[202]과 10여 만 명의 군사를 거느리고 삭방, 고궐(高闕)에서 출격하여 흉노를 토벌하게 하였다. 이때 우현왕은 한나라 군사가 그곳까지 쳐들어올 수는 없으리라고 생각한 채 술을 마시고 취해 있었다. 한나라 군은 요새선에서 600-700리나 나아가 밤에 갑자기 우현왕을 포위하였다. 우현왕은 크게 놀라 단신으로 도망쳐 달아났고, 정예 기병들도 그 뒤를 따라 허둥지둥 달아났다. 한나라 군은 이 싸움에서 우현왕에 소속된 남녀 만 5,000명과 비소왕(禆小王) 10여 명을 사로잡았다. 그해 가을, 흉노의 기병 만 명이 대군에 침입해서 도위 주영(朱英)을 죽이고 1,000여 명을 잡아갔다.

그 이듬해 봄,[203] 한나라는 또 대장군 위청에게 장군 6명[204]과 기병 10

---

198) 漢 武帝 元朔 3년(기원전 126년)의 일이다.

199) 漢 武帝 元朔 3년 여름.

200) 定襄郡 : 지금의 내몽고 자치구 卓資縣, 和林格爾縣, 淸水縣 일대.

201) 漢 武帝 元朔 5년(기원전 124년)의 일이다.

202) 游擊將軍 蘇建, 强弩將軍 李沮, 驍騎將軍 公孫賀, 輕車將軍 李蔡(이상 네 장군은 衞靑이 직접 통솔하였다)와 李息, 張次公(이 두 장군은 右北平郡에서 출격하였다)을 가리킨다.

203) 漢 武帝 元朔 6년(기원전 123년)이다.

204) 中將軍 公孫敖, 左將軍 公孫賀, 前將軍 趙信, 右將軍 蘇建, 後將軍 李廣, 强弩將軍 李沮를 가리킨다.

여 만 명을 거느리고 토벌하게 하였다. 위청은 다시 정양(定襄)에서 수백
리나 진출해서 흉노를 공격하였는데, 앞뒤를 통해서 수급, 포로 모두 약
만 9,000여 명을 얻었다. 그러나 한나라도 장군 2명과 3,000여 명의 군
사를 잃었다. 또 우장군(右將軍) 건(建)[205]은 단신으로 도망쳐나왔고 전
장군(前將軍)인 흡후(翕侯)[206] 조신(趙信)은 전세가 불리해지자 흉노에
게 항복하였다. 조신은 원래 흉노의 소왕(小王)으로 한나라에 항복해와
서 한나라가 흡후로 봉한 사람이었다. 그 조신은 전장군으로서 우장군과
군사를 합쳐 주력부대와 떨어져 진군하다가 단독으로 선우의 대부대와 마
주치게 되어 전멸한 것이다. 선우는 흡후를 잡자, 자차왕(自次王)[207]에
봉하고 그에게 자기 누님을 아내로 주고 함께 한나라에 대한 전략을 짰
다. 조신은 선우에게 "좀더 북쪽으로 물러나 사막을 건너고 한나라 군사
를 유인해서 지치게 만든 다음 극도로 지쳐 있을 때에 공격을 해야 합니
다. 요새에 가까이해서는 안 됩니다"라고 가르쳤다. 선우는 그의 계책을
따랐다. 그 이듬해,[208] 흉노의 기병 만 명이 상곡군에 침입해서 수백명을
죽였다.

그 이듬해 봄,[209] 한나라는 표기장군(驃騎將軍) 곽거병(霍去病)[210]에
게 만 명을 거느리고 농서로부터 출격하게 하였다. 곽거병은 언지산(焉支
山)[211]에서 1,000여 리나 진출해서 흉노를 공격하여 흉노의 수급과 포로
만 8,000여 명을 얻고, 휴도왕(休屠王)[212]을 깨트린 다음, 왕이 하늘에
제사 지낼 때 쓰는 쇠로 만든 불상을 손에 넣었다. 그해 여름, 표기장군
은 또 합기후(合騎侯)[213]와 함께 수만명의 기병을 거느리고 농서, 북지에

---

205) 建 : 즉 蘇建을 가리킨다. 杜陵(지금의 陝西省 西安市 동남쪽) 사람. 蘇武의 부
    친. 匈奴 토벌에 공을 세워 平陵侯에 봉해졌고, 일찍이 朔方城을 쌓았다. 이 전쟁에
    서 군사를 잃고 패해서 사형을 언도받았으나 속죄금을 물고 서민이 되었다가, 후에
    代郡의 太守가 되었다.
206) 翕은 지금의 河南省 內黃縣 북쪽에 위치하였던 지명이다.
207) 自次王 : 單于 다음가는 지위를 가진 왕.
208) 漢 武帝 元狩 원년(기원전 122년)이다.
209) 漢 武帝 元狩 2년을 말한다.
210) 霍去病(기원전 140-기원전 117년) : 河東 平陽 사람. 권111 「衛將軍驃騎列傳」
    참조.
211) 焉支山 : '燕支山' 또는 '胭脂山'이라고도 한다. 지금의 甘肅省 永昌縣 서쪽, 山丹
    縣 동남쪽.
212) 休屠王 : 匈奴 休屠部(지금의 甘肅省 武威市 일대)의 왕.
213) 合騎侯 : 즉 公孫敖을 가리킨다. 義渠 사람. 일찍이 騎將軍을 맡았기 때문에 合

서 2,000여 리나 진출해서 흉노를 공격하고 거연(居延)²¹⁴⁾을 지나 기련산
(祁連山)²¹⁵⁾을 공격해서 흉노의 수급과 포로 3만여 명과 비소왕 이하 70
여 명을 얻었다. 이때 흉노도 대군, 안문군으로 습격해와서 수백명을 죽
이거나 잡아갔으므로 한나라는 박망후(博望侯)²¹⁶⁾와 장군 이광에게 우북
평(右北平)에서 출격하여 흉노의 좌현왕을 토벌하게 하였다. 그러나 이
장군이 좌현왕에게 포위당하고 말았다. 이장군의 군사는 4,000명 정도로
전멸할 지경이었으나 적을 죽이고 사로잡은 수는 이쪽의 희생보다도 많았
다. 마침 박망후의 군사가 노착해서 구원하였기 때문에 이장군은 겨우 위
기를 벗어날 수가 있었다. 그러나 한나라 군사의 손실은 수천명에 달하였
다. 이 때문에 표기장군과 약속 기일을 지켜오지 못한 합기후 공손오와
박망후 장건은 사형을 당하게 되었으나, 두 사람 다 속죄금을 물고 평민
이 되었다.

  그해 가을, 선우는 서쪽에 있던 혼야왕(渾邪王)과 휴도왕이 한나라 군
사들에게 그의 병사 수만명이 죽거나 포로가 되게 한 것을 노여워하여 그
들을 불러들여 죽이려고 하였다. 이에 혼야왕과 휴도왕은 겁을 먹고 한나
라에 항복할 것을 꾀하였으므로 한나라는 표기장군을 시켜 이들을 맞으러
가게 하였다. 혼야왕은 휴도왕을 죽여 그의 군사와 백성들을 합쳐 거느리
고 한나라에 항복하였다. 그 수는 약 4만여 명이었는데 10만 명이라고도
하였다. 이리하여 한나라는 혼야왕을 얻게 되었으므로 농서, 북지, 하서
(河西)²¹⁷⁾에서는 흉노의 침입이 훨씬 줄어들었다. 그래서 함곡관 동쪽의
땅에 살고 있는 가난한 백성들을 흉노에게 빼앗아들인 하남과 신진중(新
秦中)²¹⁸⁾으로 옮겨 살게 하여 그 지역을 충실히 하는 한편, 북지 서쪽에
있는 수비병을 반으로 줄였다. 그 이듬해,²¹⁹⁾ 우북평(右北平), 정양(定
襄)에 흉노의 기병이 각각 수만명 침입해와서 1,000여 명을 죽이거나 잡
아갔다.

騎侯에 봉해졌다.
214) 居延 : 현 이름. 지금의 내몽고 자치구 額濟納旗 동남쪽으로, 당시 河西 지역과
    漠北 사이의 교통요지.
215) 祁連山 : 지금의 甘肅省 酒泉市 이남에 있다.
216) 博望侯 : 즉 張騫(?-기원전 114년)을 가리킨다. 권123 「大宛列傳」 참조.
217) 河西 : 지금의 甘肅省과 靑海省의 黃河 서쪽 지역.
218) 新秦中 : 지금의 내몽고 자치구 河套 일대.
219) 漢 武帝 元狩 3년(기원전 120년)을 가리킨다.

　그 이듬해 봄, 한나라는 전략을 상의한 결과 "흡후 조신이 선우를 위해서 계책을 세웠기 때문에 선우는 사막 북쪽에 있는 것이다. 그것은 한나라 군사가 그곳까지는 쳐들어올 수 없으리라 생각하고 있기 때문이다"라고 한 뒤 말에게 먹이를 충분히 먹여 기병 10만 명을 출동시켰다. 여기에는 식량과 보급을 위한 말은 제외하고 개인의 소지품을 싣고 따라가는 말이 약 14만 마리나 되었다. 그리고 대장군 위청과 표기장군 곽거병에게 군사를 반으로 나누어 거느리게 하였다. 대장군은 정양에서 출격하고 표기장군은 대군에서 출격하여 함께 사막을 건너 흉노를 토벌하기로 약속하였다. 선우는 이 소식을 듣자, 그들 보급품을 먼 곳으로 대피시킨 다음 정예 부대를 이끌고 사막 북쪽에서 기다리고 있다가 한나라 대장군과 접전을 벌였다. 그런 어느날, 마침 날이 갑자기 어두워지고 큰 바람이 일었으므로 한나라 군사는 바람을 타고 좌우로 군사를 풀어 선우를 포위하였다. 선우는 전투에서는 한나라 군사를 당하지 못할 것이라고 스스로 판단하고 마침내 홀몸으로 겨우 수백명의 기병들만을 데리고 한나라 포위를 뚫고 서북방으로 도망쳤다. 한나라 군사는 밤을 세워 선우를 추격하였으나 잡을 수가 없었다. 그러나 뿔뿔이 흩어져 달아나는 적군을 뒤쫓아가며 흉노의 머리를 베고 포로로 잡은 수가 만 9,000이었다. 한나라 군은 북쪽 전안산(闐顔山)[220]에 있는 조신성(趙信城)[221]까지 쳐들어갔다가 되돌아왔다.

　선우가 도망칠 때, 그들 군사는 가끔 한나라 군사와 서로 엇갈려가며 선우를 따르고 있었기 때문에 선우는 오랫동안 자기의 대부대와 합류할 수가 없었다. 그 때문에 우녹려왕(右谷蠡王)은 선우가 죽은 줄로 알고 스스로 선우가 되었으나 선우가 다시 군권을 잡게 되자 그는 선우의 칭호를 버리고 다시 우녹려왕으로 돌아갔다.

　한편 한나라의 표기장군은 대군을 나와 2,000여 리 되는 지점에서 좌현왕과 접전을 벌인 끝에 흉노의 수급과 포로 약 7만여 명을 얻었으나 좌현왕과 장군들은 모두 놓치고 말았다. 표기장군은 낭거서산(狼居胥山)[222]에서 봉제(封祭)를 올리고, 고연산(姑衍山)[223]에서 선제(禪祭)를 드린

---

220)　闐顔山; '寘顔山'이라고도 한다. 지금의 몽고 인민공화국 杭愛山脈 동남쪽.
221)　趙信城: 趙信이 쌓은 성을 匈奴가 이렇게 불렀다. 闐顔山 서쪽에 있었다.
222)　狼居胥山 : 지금의 몽고 인민공화국 烏蘭巴托(울란바토르) 동쪽.

다음, 한해(翰海)²²⁴⁾까지 갔다가 되돌아왔다.

그 뒤로 흉노는 멀리 달아나 사막 남쪽에는 선우의 정(廷)이 없었다. 한나라는 황하를 건너가 삭방에서 서쪽의 영거(令居)²²⁵⁾에 이르기까지의 사이 곳곳에 물을 대기 위한 도랑을 만들어 농지를 개간하고 관리와 사졸 5-6만 명을 주둔시켜 차츰 땅을 잠식해 흉노의 옛 세력 범위였던 북쪽을 경계로 하였다.

이에 앞서 한나라의 두 장군이 대규모로 출격해서 선우를 포위하였을 때, 흉노를 죽이고 포로로 한 것이 8-9만 명이나 되었지만, 한나라의 사졸로서 죽은 사람도 역시 수만명에 달하였고 죽은 말은 10여 만 필이 넘었다. 흉노는 지쳐서 멀리 도망쳐버렸지만 한나라도 말이 줄어들어 그 이상 출격할 수 없었다. 그 뒤 흉노는 조신의 건의에 따라서 사신을 한나라로 보내어 부드러운 말로 화친을 청해왔다. 천자는 이것을 조정 대신들과 의논하였다. 대신들은 혹은 화친을 주장하고 혹은 어디까지나 흉노를 항복하게 만들어야 한다고 주장하였는데, 승상의 장사(長史)²²⁶⁾인 임창(任敞)은 이렇게 말하였다. "흉노는 새로 패해서 곤란한 처지에 있는 만큼, 마땅히 귀순한 속국으로서 변경에서 조회를 드리도록 하는 것이 좋을 줄로 아옵니다." 이리하여 한나라는 임창을 선우에게 사신으로 보냈다. 선우는 임창의 주장을 듣자 크게 노하여 그를 감금시킨 다음 돌려보내주지 않았다. 앞서 흉노의 사신이 한나라에 구금된 일이 있었기 때문에 선우도 한나라 사신을 감금하여 이에 대항한 것이다. 이에 한나라는 바야흐로 사졸과 군마를 징발시키려고 하였는데 때마침 표기장군 곽거병이 병으로 죽었기 때문에 이로부터 여러 해 동안은 북쪽으로 올라가 흉노를 치지 못하였다.

몇년 후 이지타선우는 선우가 된 지 13년 만에 죽었다. 그의 아들인 오유(烏維)가 뒤를 이어 선우가 되었다. 이해는 한나라 원정(元鼎)²²⁷⁾ 3년

223) 姑衍山 : 狼居胥山의 서북쪽.
224) 翰海 : '瀚海'라고도 한다. 일설에는 지금의 러시아에 있는 貝加爾湖라고 한다. 어떤 사람은 '呼倫湖'이거나 '貝爾湖'라고도 한다. 당시 행군로를 가지고 추측해볼 때, 몽고 고원 동북쪽에 있는 것으로, 지금의 克什克騰旗와 阿巴嘎旗 사이의 達來諾爾일 것이다.
225) 令居 : 현 이름. 지금의 甘肅省 永登縣 서북쪽.
226) 長史 : 관직 이름. 漢代에 三公은 모두 長史를 두어 그의 보좌를 받았다.
227) 元鼎 : 漢 武帝의 다섯번째 연호 (기원전 116-기원전 111년)이다.

이었다. 오유가 선우에 오르자 한나라 천자는 처음으로 수도에서 나와 군현을 순행하였다. 그 뒤 한나라는 남쪽으로 양월(兩越)²²⁸⁾을 무찔렀으나 흉노는 치지 않았다. 흉노 역시 변경을 침입하지 않았다.

오유선우가 즉위한 지 3년,²²⁹⁾ 한나라는 이미 남월을 없앴으므로 태복(太僕)²³⁰⁾을 지냈던 공손하를 북쪽으로 보냈다. 공손하는 기병 만 5,000명을 거느리고 구원(九原)²³¹⁾에서 2,000여 리나 진출하여 부저정(浮苴井)²³²⁾까지 갔다가 돌아왔으나 흉노는 한사람도 볼 수 없었다. 한나라는 또 전 종표후(從驃侯) 조파노(趙破奴)²³³⁾를 파견하였다. 조파노는 만여 명의 기병을 이끌고 영거에서 수천리나 진출하여 흉하수(匈河水)²³⁴⁾까지 갔다가 돌아왔으나 역시 흉노를 한사람도 보지 못하였다.

이무렵,²³⁵⁾ 천자는 변경을 순행하여 삭방에 이르러 18만 명의 기병을 통솔함으로써 위세와 절도를 나타내 보이고 곽길(郭吉)을 사신으로 하여 선우에게 은근히 깨우쳐주도록 시켰다. 곽길이 흉노에 이르자 흉노의 주객(主客)²³⁶⁾이 사자가 온 뜻을 물었다. 곽길은 예의를 갖추어 정중히 한 다음 좋게 말을 하였다. "선우를 뵈온 다음 직접 말씀드리겠습니다." 이리하여 선우를 만나게 된 곽길은 이렇게 말하였다. "남월왕의 머리는 이미 한나라 황궁 북문에 달려 있습니다. 지금 선우께서는 가능만 하다면 나아가 한나라와 싸워주십시오. 한나라 천자는 친히 군사를 거느리고 변경에서 기다리고 계십니다. 그것이 불가능하다면 항복하고 한나라의 신하가 되셔야 합니다. 어찌하여 공연히 멀리 달아나 사막 북쪽의 춥고 고통

---

228) 兩越 : 즉 南越과 東越을 가리킨다. 南越은 지금의 廣東省과 廣西省 壯族 자치구 일대에 거주하였던 부족 또는 나라를 말한다. 東越은 지금의 福建省 및 浙江省 남부에 위치하였다. 元鼎 5년 봄에 南越의 相呂嘉가 반란을 일으켰다가 元鼎 6년 겨울에 漢나라 군에 의해서 격퇴되어 南越은 망하고 그곳에 南海 등 九郡을 설치하였다. 같은 해 겨울 東越王 余善이 반기를 들어 元封 원년 겨울에 繇王을 사살하고 그 백성을 江淮 사이로 이주시켰다.
229) 이해는 元鼎 6년(기원전 111년)이다.
230) 太僕 : 관직 이름. 황제의 수레, 가마와 황제의 巡行을 맡아보는 관리로, 九卿의 하나이다.
231) 九原 : 현 이름. 지금의 내몽고 자치구 包頭市 서쪽.
232) 浮苴井 : 지명. 지금의 몽고 인민공화국 경내.
233) 趙破奴 : 九原 사람. 匈奴 격퇴에 공이 있어 從驃侯, 湜野侯에 봉해졌다.
234) 匈河水 : 趙信城 서쪽의 匈奴河를 가리킨다. 지금의 甘肅省에 있는 疏勒河이다.
235) 이때는 元封 원년(기원전 110년) 10월이다.
236) 主客 : 빈객을 접대하는 일을 관장하는 외교 관원.

스러움을 참고 물도 풀도 없는 땅에 숨어서 사신다는 말씀입니까? 그러한 일은 해서는 안 될 줄 압니다." 그의 말이 끝나자 선우는 크게 노하여 그 자리에서 그를 만나게 한 주객의 목을 베고 곽길을 붙들어 북해(北海)[237] 근처에 감금시켰다. 그러나 선우는 끝내 한나라 변경으로 쳐들어오기를 꺼리며 사졸과 말을 충분히 쉬게 하고 활 사냥을 익히게 하였다. 그리고 자주 사신을 한나라로 보내 부드러운 말과 달콤한 소리로 화친을 청할 뿐이었다.

한나라는 이에 왕오(王烏) 등을 시켜 흉노의 동정을 살펴보게 하였다. 그런데 흉노의 법에 의하면 한나라 사신이라도 부절(符節)을 버리고 얼굴에 먹물을 넣은 사람이 아니면 선우의 천막 안에 들어갈 수 없었다. 그러나 왕오는 북지 사람으로 흉노의 풍습에 익숙해 있었으므로 그가 가진 절(節)을 버리고 얼굴에 먹물을 넣은 다음 선우의 천막 안으로 들어갈 수가 있었다. 선우는 왕오를 기특하게 여긴 듯 그의 의견에 동조하는 태도로 달콤한 소리를 하며 태자를 한나라에 인질로 보내어 화친을 청하고 싶다고 말하였다.

한나라는 양신(楊信)을 흉노에 사신으로 보냈다. 당시 한나라는 동쪽으로는 예맥(穢貉), 조선(朝鮮)을 정복하여 이를 몇개의 군으로 만들었고,[238] 서쪽으로는 주천군(酒泉郡)[239]을 두어 흉노와 강(羌)과의 통로를 끊고 있었다. 뿐만 아니라 서쪽의 월지(月氏),[240] 대하(大夏)[241] 등과 국교를 맺으며 공주를 오손왕(烏孫王)의 아내로 주는[242] 등 회유책을 써서 흉노를 지원하던 서방 여러 나라들과 흉노와의 사이를 끊어놓았다. 또 북

---

237) 北海 : 지금 러시아의 貝加爾湖를 가리킨다.
238) 당시 漢나라는 朝鮮을 멸하고 그곳에 樂浪, 玄菟, 眞番, 臨屯의 네 군을 설치하였다.
239) 酒泉郡 : 지금의 甘肅省 疏勒河 동쪽과 高臺縣 서쪽.
240) 月氏 : 기원전 177년 이후 수년간에 걸쳐 月氏는 匈奴의 공격을 받아 대부분 서쪽으로 옮겨가 지금의 新疆省 維吾爾 자치구 伊省河 유역과 그 서쪽에 위치한 大月氏와, 서쪽으로 옮기지 않은 소수는 祁連山으로 들어가 羌人과 雜居한 小月氏로 나누어지는데, 여기서는 大月氏를 가리킨다.
241) 大夏 : 나라 이름. 지금의 阿富汗 북부.
242) 공주는 漢 景帝의 손자 江都王 劉建의 딸 劉細君을 가리키는 것으로 元封 6년(기원전 105년)에 烏孫王에게 출가하였다. 烏孫은 부족 이름이다. 처음에는 敦煌, 祁連 사이에 살았는데, 기원전 161년을 전후하여 伊犁河와 伊塞克湖 일대로 옮겨 살았다. 武帝는 두 번에 걸쳐 宗室의 딸을 공주로 속여 烏孫王에게 출가시켰다.

쪽으로는 더욱더 농지를 확장시켜 현뢰(胘雷)[243]에까지 이르렀으며 그곳에 요새를 구축하였다. 그럼에도 불구하고 흉노는 한마디 항의도 하지 않았다. 더구나 이해 흡후 조신이 죽었으므로 한나라 집정자들은 지금과 같이 흉노가 약해져 있는 한 능히 굴복시킬 수 있으리라고 여기고 있었다. 양신은 본래 강직하여 굴복할 줄 모르는 사람이었다. 그런데 선우는 그의 지위가 별로 높지 않은 것을 알자 친절히 대하려고 하지 않았다. 또 선우가 천막 안으로 불러들이려 해도 양신은 끝내 절(節)을 버리려 하지 않았다. 그래서 선우는 천막 밖에서 양신을 만나보았는데 이 자리에서 양신은 선우를 보자 이렇게 권고하여 말하였다. "만일 화친을 원하신다면 선우의 태자를 한나라에 인질로 보내주시오." 그러자 선우는 이렇게 대답하였다. "그것은 본래의 약속이 아니오. 본래의 약속으로는 한나라가 항상 옹주(翁主)를 보내주고, 비단, 무명, 먹을 것 등 많은 물건들을 주어 화친을 하면 흉노도 한나라 변경을 어지럽히지 않겠다는 것이었소. 그런데 본래의 규정과는 달리 이번에 우리 태자를 인질로 만들고 싶다고 말한다니 화친을 기약할 수 없는 일이오." 흉노의 관례로는 한나라 사신이 중귀인(中貴人)[244]이 아닐 경우, 그 사람이 유생(儒生)이면 설득시키기 위해서 온 것인 줄 알고 그의 변설을 꺾으려 하였고, 그 사람이 젊은이이면 자객으로 온 것인 줄 알고 그의 기운을 꺾으려 하였다. 그리고 한나라 사신이 흉노로 들어오면 흉노는 그때마다 답례로 사신을 보내고, 한나라가 흉노의 사신을 돌려보내지 않으면 흉노도 또 한나라 사신을 돌려보내지 않는 등 반드시 대등한 수단을 취하지 않고는 가만 있지 않았다.

  양신이 그냥 돌아온 다음 한나라는 다시 왕오를 흉노에 보냈다. 그러자 선우는 달콤한 소리로 왕오를 달래며 한나라 재물을 많이 얻을 욕심에 거짓으로 이렇게 말하였다. "내가 한나라로 가서 직접 천자를 뵈옵고 마주 앉아 형제의 약속을 맺고 싶소." 왕오가 돌아와 그런 내용을 한나라에 보고하자, 한나라에서는 선우를 위해서 장안에다 저택을 세웠다. 그러나 흉노는 또 이렇게 말하였다. "한나라에서 고관을 사신으로 보내주지 않는 한 참다운 이야기를 말할 수 없다." 그리고 흉노의 고관 한 사람을 사신으로 보내왔는데, 그는 한나라에 도착하자마자 병이 났다. 한나라에서는

---

243) 胘雷 : 지명. 지금의 新疆省 維吾爾 자치구 塔城縣 부근.
244) 中貴人 : '中貴'라고도 하는데, 황제의 총애를 받는 환관을 말한다.

약을 주어 그를 치료하고자 하였으나 불행히도 죽고 말았다. 그래서 한나라는 노충국(路充國)에게 2,000석(二千石)의 고관이 차는 인수(印綬)를 주어 사신으로 삼고 유해를 호송해 정중한 장례식을 치르게 하였는데 그 비용만 해도 수천금에 달하였다. 그러나 노국충이 스스로 한나라의 고관이라고 말하자, 한나라가 흉노의 고관 사신을 죽였다고 생각한 선우는 그 보복으로 노국충을 붙들고 돌려보내주지 않았다. 이때까지 해온 여러 가지 이야기들은 다만 선우가 왕오 등을 속인 것뿐으로, 그는 한나라에 갈 생각도 전연 없었고, 태자를 인질로 보낼 생각도 전연 없었던 것이다. 이리하여 흉노는 다시 기습부대를 보내 변경을 자주 침범하곤 하였다. 그래서 한나라는 곽창(郭昌)[245]을 발호장군(拔胡將軍)에 임명하고 또 작야후(浞野侯)[246]를 삭방 동쪽에 주둔시켜 흉노에 대비하였다. 노국충이 흉노에 붙들린 지 3년이 지났을 때, 오유선우가 죽었다.

오유선우가 재위 10년 만에 죽고, 그의 아들 오사려(烏師廬)가 뒤를 이어 선우가 되었다. 그는 나이가 어렸기 때문에 아선우(兒單于)라고 불렸다. 이해는 원봉(元封) 6년[247]이었다. 이 뒤로 선우는 더욱 서북쪽으로 이동해가서 좌방(左方)의 군사는 운중군에 맞서고 우방(右方)의 군사는 주천군과 돈황군(燉煌郡)[248]에 맞서 있었다.

한편 한나라는 아선우의 계승을 듣자 두 사람의 사신을 보내 한 사람에게는 선우를 위문하게 하고 다른 한 사람에게는 우현왕을 위문하도록 시켜 그들 내부를 이간시키려고 하였다. 그러나 흉노 땅에 들어간 두 사신은 모두 선우에게 끌려갔고 선우는 노한 나머지 그들을 붙들어두었다. 이로써 한나라 사신으로 흉노에 붙들려 있는 사람은 전후 10여 명에 이르렀다. 그리하여 한나라 역시 흉노의 사신이 오는 대로 그들을 붙들어두어 흉노와 같은 수가 되도록 하였다.

이해,[249] 한나라는 이사장군(貳師將軍)[250] 이광리(李廣利)[251]를 시켜

245) 郭昌 : 雲中(지금의 내몽고 자치구 托克托 동북쪽) 사람. 당시 太中大夫를 맡고 있었다. 후에 昆明을 공격하였으나 전과가 없어 도장을 빼앗겼다.
246) 浞野侯 : 趙破奴의 작위.
247) 元封 : 漢 武帝의 여섯번째 연호. 기원전 110년부터 기원전 105년까지 사용하였다. 元封 6년은 기원전 105년이다.
248) 燉煌郡 : 즉 敦煌郡. 지금의 甘肅省 疏勒河 서쪽과 남쪽 지역.
249) 이해는 武帝 太初 원년(기원전 104년)이다.
250) 貳師는 大宛의 성 이름이다. 여기에서는 장군의 명칭이다.

서쪽으로 대원(大宛)[252]을 치게 하고, 인우장군(因杅將軍)[253] 공손오를 시켜 수항성(受降城)[254]을 쌓게 하였다. 그해 겨울, 흉노 땅에는 큰 눈이 내려 많은 가축이 굶주리고 얼어 죽은 데다 아선우가 나이 어리고 잔인하였기 때문에 백성들은 안심하고 살 수가 없었다. 그래서 좌대도위(左大都尉)가 선우를 죽일 생각으로 몰래 사람을 한나라에 보내 이렇게 말하였다. "나는 선우를 죽이고 한나라에 항복하고 싶소. 그러나 한나라는 너무 멀구려. 만일 한나라가 군사를 보내 나를 맞이하러 와주기만 한다면 곧 반란을 일으키겠소." 당시 한나라는 이 이야기를 듣고 흉노의 투항자들을 받아들이기 위해서 수항성을 쌓고 있었는데, 천자는 그래도 여전히 흉노와는 너무 멀다고 생각하였다.

그 이듬해 봄,[255] 한나라는 착야후 조파노를 시켜 2만여 기병을 거느리고 삭방 서북쪽 2,000여 리까지 진출하게 하였다. 준계산(浚稽山)[256]까지 갔다가 되돌아온다는 약속이었다. 착야후는 약속한 지점까지 갔다가 되돌아왔다. 이때 흉노의 좌대도위는 약속대로 반란을 일으키려고 하였으나 사전에 발각되고 말았다. 선우는 좌대도위를 처치한 다음 좌방의 군사를 보내어 착야후를 치게 하였다. 착야후는 그들과 싸워 적의 수급과 포로 수천명을 얻었으나 수항성에서 400리 되는 지점에서 그만 흉노 군 8만명에게 포위되고 말았다. 그리고 밤에 그 자신이 직접 밖으로 나가 물을 찾다가 잠복해 있던 흉노에게 생포되었다. 흉노는 이를 계기로 한나라 군사를 급습하였다. 한편 한나라 군중에서는 곽종(郭縱)이 호군(護軍)[257]이 되고 유왕(維王)[258]이 거수(渠帥)[259]가 되어 상의를 하였으나, 교위

---

251) 李廣利 : 中山(지금의 河北省 定縣) 사람. 군대를 이끌고 大宛을 공격하여 양마 3,000여 필을 획득하였다. 후에 匈奴를 공격하다 패하고 항복하였다가 匈奴에게 피살되었다.
252) 大宛 : 나라 이름. 지금의 소련, 중앙 아시아 費爾干納 분지에 위치하였다. 권 123 「大宛列傳」 참조.
253) 因杅는 匈奴의 지명이다. 여기에서는 장군의 명칭이다.
254) 受降城 : 匈奴 귀족의 투항을 맞이하기 위하여 쌓은 성. 지금의 내몽고에 위치하였다.
255) 이때는 太初 2년(기원전 103년)이다.
256) 浚稽山 : 지금의 몽고 인민공화국의 戈壁阿爾泰 산맥 가운데를 말한다.
257) 護軍 : 秦, 漢 시대에 임시로 설치하여 여러 장군간의 관계를 조절하는 관원.
258) 維王 : 匈奴 渾邪王의 생질로 渾邪王을 따라 漢나라에 항복하였다. 天漢 원년(기원전 100년) 蘇武가 匈奴로 出使할 때, 그도 참여하여 單于의 어머니를 위협하여 漢나라로 돌아오려다 실패하여 피살당하였다. '維'는 『資治通鑑』 「漢紀」 13에 '緱'로 되

(校尉)[260]들까지도 "장군을 잃고 도망쳐 돌아온 사람은 사형에 처한다"라는 군법을 두려워한 나머지 한사람도 돌아가자고 권하는 사람이 없었으므로 마침내 전군이 흉노에게 항복하자 아선우는 크게 기뻐하고 드디어 기습부대를 보내 수항성을 공격하였다. 그러나 항복시키지 못하고 변경으로 쳐들어왔다가 물러갔다. 그 이듬해,[261] 선우는 직접 다시 수항성을 공격하려 하였으나 수항성에 도착하기 전에 병이 나서 죽었다.

그때 아선우는 선우가 된 지 겨우 3년에 불과하였다. 그의 아들은 아직 어렸기 때문에, 아선우의 막내 숙부인 오유선우의 아우 우현왕 구리호(呴犁湖)가 선우 자리에 올랐다. 이해는 태초(太初) 3년이었다.

구리호선우가 서서, 한나라는 광록(光祿)[262] 시자위(徐自爲)로 하여금 오원새(五原塞)[263]에서 수백리, 멀게는 천여 리까지 진출해서 성채와 망루를 쌓고 여구산(廬朐山)[264]까지 연결시켰다. 그리고 유격장군(遊擊將軍) 한열(韓說)[265]과 장평후(長平侯) 위항(衛伉)[266]을 그 근처에 주둔시키고 강노도위(彊弩都尉) 노박덕(路博德)[267]으로 하여금 거연택(居延澤)[268] 근처에 요새를 쌓게 하였다.

그해 가을, 흉노는 크게 정양군, 운중군에 침입하여 수천명을 죽이거나 잡아가는 한편, 2,000석의 고관 몇 사람을 공격하고, 돌아가는 길에 광록이 쌓은 성채와 망루[269]마저 파괴하였다. 또 우현왕에게 주천군, 장액

어 있는 것으로 보아 '縱'로 해야 마땅하다.

259) 渠帥 : 匈奴에서 투항한 병사의 우두머리.
260) 校尉 : 장군 다음의 지위를 가진 무관 이름.
261) 이해는 太初 3년(기원전 102년)이었다.
262) 光祿 : 光祿勳, 光祿大夫라고도 한다. 光祿勳은 황제의 시종, 호위, 고문을 담당하는 관원의 우두머리. 九卿의 하나. 光祿大夫는 光祿勳의 屬官으로 顧問, 應對를 담당하였다.
263) 五原塞 : 五原郡의 楡林塞를 가리킨다. 지금의 陝西省 북동쪽. 일설에는 지금의 내몽고 자치구 河套 동북쪽에 위치한다고도 한다.
264) 廬朐山 : 내몽고 자치구 狼山 北麓.
265) 韓說 : 弓高壯侯 韓頹의 庶孫. 匈奴 격퇴에 공이 있어 龍額侯에 봉해졌다가, 후에 작위를 잃었다. 또 東越의 공격에 공이 있어 按道侯에 봉해졌다. 관직은 光祿勳에 이르렀다. 후에 황태자 劉據에게 피살당하였다.
266) 衛伉 : 大將軍 衛靑의 아들.
267) 路博德 : 西河 平州(지금의 山西省 臨汾市 일대) 사람. 右北平 太守, 衛尉 등의 관직을 지냈다. 匈奴 정벌에 공이 있어 符離侯에 봉해졌다. 일찍이 군대를 이끌고 南越을 토벌하였다.
268) 居延澤 : 지금의 내몽고 자치구 額濟納旗 북부에 위치하였던 연못.

군(張掖郡)[270]에 침입해서 수천명을 살상, 약탈하게 하였으나 마침 임문 (任文) 장군이 공격을 가해 구원하였기 때문에 흉노는 손에 넣었던 것을 다 버린 채 돌아갔다. 이해에 이사장군은 대원을 공격하고 그 왕의 목을 베어 돌아왔다. 흉노는 그의 귀로를 가로막으려 하였으나 미치지 못하였 다. 그해 겨울, 흉노는 수항성을 습격하려 하였으나 때마침 선우가 병으 로 죽었다.

구리호선우는 선우가 된 지 1년 만에 죽었다. 그래서 흉노는 그의 아우 인 좌대도위 저제후(且鞮侯)를 선우로 세웠다.

한나라가 대원을 무찌른 뒤로는 위엄이 외국에까지 떨쳐졌다.[271] 그러 나 천자의 생각은 어디까지나 흉노를 괴롭히는 데 있었으므로 다음과 같 은 조칙을 내렸다. "고황제(高皇帝)께서는 짐에게 평성(平城)에서의 원 한을 남기셨다. 또 고후(高后) 때 선우의 편지 내용은 너무나 도리에 벗 어나 있었다. 옛날 제 양공(齊襄公)은 9세(九世)의 원수를 갚았다[272]라 고 하는데, 『춘추(春秋)』에는 이것이 크게 칭찬하는 말로 쓰여 있다." 이 해는 태초 4년이었다.

저제후선우가 즉위하자,[273] 한나라 사신들 중 흉노에 귀순하지 않는 사 람들을 모두 돌려보냈기 때문에 노충국 등도 돌아올 수 있었다. 저제후가 선우가 된 지 얼마 안 되었을 때에는 한나라의 습격이 두려워 그 자신 스 스로 이렇게 말하고 있었다. "나는 어린아이다. 도저히 한나라 천자와 대 등하게 되기를 바랄 수는 없다. 한나라 천자는 나의 어른이시다." 한나라 는 중랑장(中郞將)[274] 소무(蘇武)[275]를 시켜 많은 패물을 선우에게 보내

---

269) 원문에는 "城列亭部"으로 되어 있는데, 이는 "城部列亭"의 잘못이다.
270) 張掖郡 : 漢 武帝 元鼎 6년(기원전 111년)에 武威郡에서 분리되었다. 지금의 甘 肅省 永昌縣 서쪽과 高臺 동쪽 지역에 위치하였다.
271) 太初 3년(기원전 102년), 漢나라가 다시 大宛을 공격하자 大宛의 귀족이 그의 왕 毋寡를 살해하고 漢나라에 항복하였다.
272) 『春秋公羊傳』「莊公四年」條에 "齊 襄公 九世祖인 哀公이 紀侯의 모함을 받아 周에 피살당하였는데, 기원전 690년 襄公이 紀를 멸하였다"라고 기록되어 있다.
273) 여기에서부터 이하의 세 문단의 사실은 잘못이 많다. 학자들은 후세 사람의 가 필로 여기고 있다. 주로 天漢과 征和 연간에 일어난 일이다.
274) 中郞將 : 관직 이름. 황제의 호위부대를 통솔하여 좌우를 호위하는 임무를 맡았 다. 어떤 때는 禁軍을 통솔하기도 하였다.
275) 蘇武(? -기원전 60년) : 杜陵(지금의 陝西省 西安市 동남쪽) 사람.

어 달래려고 하였다. 그런데 선우는 오히려 차츰 교만해져서 대하는 것이
매우 무례하였다. 이것은 한나라가 기대하였던 것이 아니었다. 그 이듬
해,[276] 착야후 조파노는 한나라로 도망쳐 돌아왔다.

그 이듬해,[277] 한나라는 이사장군 이광리에게 명하여 기병 3만 명을 거
느리고 주천군을 나가 우현왕을 천산(天山)[278]에서 치게 하였다. 이사장
군은 흉노의 수급과 포로 만여 명을 얻어 돌아오던 도중, 흉노에게 포위
를 당해 거의 벗어날 수 없는 지경에 빠졌다. 한나라 군은 열에 예닐곱
명의 전사자를 내었다. 한나라는 또 인우장군 공손오에게 명하여 서하군
(西河郡)[279]을 나가 강노도위와 탁도산(涿涂山)[280]에서 합류하게 하였으
나 전과는 없었다. 또 기도위(騎都尉) 이릉(李陵)[281]에게 명하여, 보병
과 기병 5,000명을 거느리고 거연 북쪽 1,000여 리까지 나가서 치게 하
였다. 이릉은 선우와 마주쳐 만여 명의 적을 살상하였으나 이쪽도 군사와
식량이 거의 다 떨어졌으므로 전투태세를 풀고 돌아오려고 하였다. 그러
나 흉노에 포위되어 마침내 이릉은 흉노에 항복하였고, 그의 군사는 거의
전멸되어 한나라로 살아 돌아온 자는 겨우 400명뿐이었다. 선우는 이릉
을 귀하게 대우하여 그의 딸을 이릉의 아내로 주었다.

그로부터 2년 뒤에,[282] 한나라는 또 이사장군에게 명하여 기병 6만 명
과 보병 10만 명을 거느리고 삭방에서 출격케 하였고, 강노도위 노박덕은
만여 명을 거느리고 이사장군과 합류하게 하였다. 유격장군 한열은 보병
과 기병 3만 명을 거느리고 오원(五原)[283]에서 출격하였고, 인우장군 공
손오는 기병 만 명과 보병 3만 명을 거느리고 안문에서 출격하였다. 흉노
는 그 소식을 듣자 가족과 재산을 멀리 여오수(余吾水)[284] 북쪽에 숨겨두

---

276) 漢 武帝 天漢 원년(기원전 100년)의 일이다. 且鞮侯單于가 즉위한 해는 太初 4
년(기원전 101년)이고, 蘇武가 匈奴로 간 것과 趙破奴가 匈奴에서 도망온 것도 天漢
원년이므로, 원문의 "其明年"이 세 자는 "漢나라는 中郎將 蘇武를 시켜(漢遣中郎將
蘇武)"의 앞으로 가야 마땅하다.
277) 天漢 2년(기원전 99년)을 가리킨다.
278) 天山: 지금의 新疆省 維吾爾 자치구의 天山을 가리킨다.
279) 西河郡: 지금의 내몽고 자치구, 山西省, 陝西省 변경 지대에 위치하였다.
280) 涿涂山: '涿邪山'이라고도 한다. 지금의 몽고 인민공화국 국경의 滿達勒戈壁 부
근.
281) 李陵: 隴西 成紀(지금의 甘肅省 秦安縣) 사람. 명장 李廣의 손자.
282) 이때는 天漢 4년이다.
283) 五原: 군 이름. 지금의 내몽고 자치구 後套에서 包頭市 일대.

고 선우가 직접 10만 기병을 거느리고 여오수 남쪽에서 대기하고 있다가 이사장군과 접전을 벌였다. 이사장군은 선우와 10여 일을 싸운 끝에 군사를 풀어 퇴각하였는데, 도중에 가족들이 무고(巫蠱)의 난[285]에 연루되어 멸족의 화를 당하였다는 소식을 듣자 군대를 거느린 채 흉노에게 투항하고 말았다. 이에 한나라로 살아 돌아온 자는 1,000명 중에 겨우 한두 사람에 지나지 않았다. 유격장군 한열은 전과를 올리지 못하였고, 인우장군 공손오도 좌현왕과 싸웠으나 싸움이 불리해서 군사를 이끌고 돌아왔다. 이해[286]에 한나라 군사로서 흉노로 출격한 사람들 중에 공을 논할 만한 사람은 없었다. 한편 조칙을 내려, 태의령(太醫令)[287] 수단(隨但)을 체포하였다. 그는 이사장군의 가족이 몰살당한 소식을 누설하여 이광리로 하여금 흉노에 항복하게 하는 계기를 만들었기 때문이다.

태사공은 말하였다.

"공자(孔子)가 『춘추』를 짓는데, 옛날 은공(隱公)과 환공(桓公)[288] 사이는 기록이 분명하고 자기와 같은 시대인 정공(定公)과 애공(哀公)[289]의 일은 기록이 애매하고 분명하지가 못하였다. 그것은 그 당시로서는 너무도 절실한 일이었기 때문에, 비판을 피하고 말하기를 꺼렸던 탓이다. 지금 흉노(匈奴) 문제에 대해서 이야기하는 사람들은 한때의 방편에 맞추어 천자에게 자기의 주장이 채택되게끔 노력하고, 다만 한때의 이해에만 사로잡혀 피차의 올바른 정세를 파악하지 못하는 경향이 있다. 장수들은 중국의 광대한 것만 믿고 기세를 올렸고, 천자는 그들의 영향을 받아 방침을 결정하고 있다. 그 때문에 큰 공을 세울 수가 없었던 것이다. 요(堯)는 성현이었지만 혼자 힘으로는 일을 일으켜서 성공할 수가 없었으

---

284) 余吾水 : 지금의 몽고 인민공화국 경내의 土拉河.

285) 戾太子의 내란 사건을 가리킨다.

286) 이해는 征和 3년이었다. 기원전 94년이다.

287) 太醫令 : 관직 이름. 西漢 때 太常과 少府가 있었는데, 太常은 백관의 병을 치료하고, 少府는 궁정귀족의 병을 치료하였다.

288) 『春秋』에는 魯 隱公 원년(기원전 722년)의 일부터 기록되었는데, 魯 桓公은 隱公의 뒤를 이어 기원전 711년에서 기원전 694년까지 재위하였다.

289) 魯 定公은 기원전 509년에서 기원전 495년까지 재위하였고, 魯 哀公은 기원전 494년에서 기원전 468년까지 재위하였다. 『春秋』에는 哀公 14년의 일까지 기록되어 있다.

며, 우(禹)의 보좌를 받음으로써 비로소 구주(九州)²⁹⁰⁾를 편안하게 할
수 있었던 것이다. 어찌 되었든 거룩한 성왕의 전통을 일으키려면 오직
장군과 대신을 잘 선택하여 임명하는 것이 중요하다고 하겠다!"

---

290) 九州:『尙書』「禹貢」편에 의하면 九州는 冀州, 兗州, 青州, 徐州, 揚州, 荊州,
豫州, 梁州, 雍州이다. 이 외에도 여러 설이 있다. 여기에서는 전중국을 지칭한 것
이다.

권111 「위장군표기열전(衛將軍驃騎列傳)」 제51

대장군(大將軍) 위청(衛青)은 평양(平陽)¹⁾ 사람이다. 그의 아버지인
정계(鄭季)는 관리의 신분으로 평양후(平陽侯)²⁾의 집에서 근무하던 시
절, 평양후의 첩 위오(衛媼)와 밀통하여 청(青)을 낳았다. 청의 동복 형
제로는 형인 위장자(衛長子)와 누님인 위자부(衛子夫)가 있었는데, 위자
부가 평양공주(平陽公主)³⁾를 모시다가 천자의 총애를 얻었으므로,⁴⁾ 청도
위(衛)를 성으로 삼았다. 청의 자(字)는 중경(仲卿)이며, 위장자의 자는
장군(長君)이라고 고쳤다. 장군의 어머니는 위오라고 하였는데 위오의
장녀는 위유(衛孺), 차녀는 소아(少兒)였으며, 삼녀가 바로 자부(子夫)
였다. 후일 자부의 남동생 보(步)와 광(廣)도 모두 위를 성으로 삼았다.

위청은 처음 평양후의 집에서 지내다 소년이 되어서야 아버지의 집으로
돌아갔다. 그의 아버지는 청에게 양을 치라고 하였고, 본처의 자식들은
모두 그를 머슴으로 취급하며 형제로 쳐주지 않았다. 청은 일찍이 누군가
를 따라 감천궁(甘泉宮)⁵⁾에 있는 감옥에 간 적이 있었다. 그때 겸도(鉗
徒)⁶⁾ 한 사람이 청의 관상을 보더니 "귀인의 상(相)이로세. 관직은 봉후
(封侯)에 이르게 될 것일세"라고 하였다. 그러자 청은 웃으며 "남의 집
머슴으로 태어났으니 매나 맞지 않고 욕지거리나 안 들으면 그것으로 만
족할 뿐인데, 어찌 봉후가 될 수 있다는 말입니까?"라고 말하였다.

청은 장년이 되자, 평양후 집의 기사(騎士)가 되어 평양공주를 섬겼
다. 건원(建元)⁷⁾ 2년 봄, 청의 누나인 위자부가 입궁하여 황제(무제를

---

1) 平陽 : 河東郡의 현으로, 지금의 山西省 臨汾市 서남쪽이다.
2) 平陽侯 : 西漢 초기의 명신이었던 曹參의 증손 曹壽의 爵號이다.
3) 平陽公主 : 景帝의 딸이자 武帝의 동복 누이로서 원래는 '陽信長公主'라고 불렸으나
   平陽侯 曹壽에게 출가하였으므로 平陽公主라고 불렸다.
4) 『漢書』「外戚傳」에 의하면 平陽公主의 집에 간 武帝가 衛子夫를 보고 매우 좋아하
   자 平陽公主가 그녀를 武帝에게 보내주었다고 한다.
5) 甘泉宮 : 지금의 陝西省 淳化縣 서북쪽 甘泉山에 있던 漢나라 궁전 이름.
6) 鉗徒 : 목에 칼을 쓴 죄인.

가리킨다)의 총애를 받았다. 그런데 황후는 당읍대장공주(堂邑大長公主)[8)]의 딸로서, 아직 아들을 낳지 못하였고 질투가 심하였다. 위자부가 황제의 총애를 받아 임신하였다는 소식을 들은 대장공주는 질투가 나서 청을 붙잡아오게 하였다. 이때 건장궁(建章宮)에서 근무하던 위청은 아직 이름이 세상에 알려지지 않았다. 대장공주는 위청을 잡아 가두고 그를 죽이려고 하였다. 그러나 위청의 친구인 기랑(騎郎)[9)] 공손오(公孫敖)가 장사(壯士)들과 함께 가서 구해주었으므로 죽음을 면할 수가 있었다. 황제가 이 소식을 듣고는 청을 불러 건장궁의 궁감(宮監)[10)] 겸 시중(侍中)으로 임명하자 그의 동복 형제들도 모두 고귀한 지위에 올랐으며, 황제가 며칠 동안 내린 하사금이 천금에 이르렀다. 위유는 태복(太僕)[11)] 공손하(公孫賀)의 아내가 되었고, 위소아는 원래 진장(陳掌)과 사통하고 있었는데 황제가 진장을 불러 높은 관직에 오르게 하였다. 공손오는 청을 구해준 관계로 더욱 높은 지위에 올랐으며, 위자부는 부인(夫人)[12)]이 되었고, 위청은 태중대부(太中大夫)가 되었다.

원광(元光) 5년,[13)] 위청은 거기장군(車騎將軍)으로서 흉노(匈奴)를 정벌하기 위하여 상곡(上谷)[14)]에서 출병하고, 태복 공손하는 경거장군(輕車將軍)이 되어 운중(雲中)[15)]에서 출병하고, 태중대부 공손오는 기장군(騎將軍)이 되어 대군(代郡)[16)]에서 출병하고, 위위(衞尉)[17)] 이광(李廣)[18)]은 효기장군(驍騎將軍)이 되어 안문(雁門)[19)]에서 출병하였는데, 각

---

7) 建元 : 漢 武帝의 첫번째 연호(기원전 140-기원전 135년)이다.
8) 堂邑大長公主 : 景帝의 누님이자 武帝의 고모인 劉嫖로서, 堂邑侯 陳午에게 출가하였다. 漢代에는 황제의 고모를 '大長公主'라고 불렀으므로 堂邑大長公主라고 일컬어진다.
9) 騎郎 : 황제 侍從官의 일종.
10) 宮監 : 궁궐의 사무를 관장하는 장관.
11) 太僕 : 황제의 車馬를 관장하는 관직의 이름.
12) 夫人 : 제왕의 소첩.
13) 元光 5년 : 元光 6년(기원전 129년)의 잘못이다. 元光은 漢 武帝의 두번째 연호(기원전 134-기원전 129년)이다.
14) 上谷 : 군 이름. 지금의 河北省 북부.
15) 雲中 : 군 이름. 지금의 내몽고 자치구에 위치하였다.
16) 代郡 : 지금의 河北省 서북부 및 山西省 동북부.
17) 衞尉 : 궁문의 경비를 담당하고 궁중경비 군사를 통솔하는 관직.
18) 李廣(?-기원전 119년) : 권109 「李將軍列傳」 참조.

군대는 기병 만 명으로 편성되었다. 위청이 용성(龍城)²⁰⁾에 진격하여 참
수하거나 포로로 잡은 자가 수백명에 이르렀다. 기장군 공손오는 기병
7,000명을 잃고, 위위 이광은 적군에게 사로잡혔으나 탈출하여 돌아왔
다. 이 두 사람의 죄는 모두 참수형에 해당하였으나 속죄금을 내고 평민
이 되었다. 공손하도 전공이 없었다.

원삭(元朔)²¹⁾ 원년 봄, 위부인(衛夫人)이 남자 아이를 출산하여 황후
가 되었다. 그해 가을, 거기장군이 되어 안문에서 출병한 위청은 3만 기
로 흉노를 공격하여 수천명을 참수하고 포로로 잡았다. 다음해, 흉노가
침입하여 요서(遼西)²²⁾ 태수를 살해하고 어양(漁陽)²³⁾ 백성 2,000여 명
을 포로로 잡아갔으며, 장군 한안국(韓安國)²⁴⁾의 군사를 격파하였다. 한
나라에서는 장군 이식(李息)에게 대군(代郡)에서 출병하여 진격하도록
명령하고, 거기장군 위청에게는 운중에서 출병하여 서쪽으로 고궐(高闕)
까지 진격하도록 하였다. 위청은 드디어 하남(河南)²⁵⁾ 지역을 공략하고
농서(隴西)²⁶⁾에 이르러서는 수천명을 참수하고 생포하였으며 가축 수십
만 마리를 얻었고, 백양왕(白羊王)과 누번왕(樓煩王)을 패주시키자,²⁷⁾
한나라에서는 마침내 하남 지역에 삭방군(朔方郡)을 설치하였으며, 위청
에게 3,800호를 식읍지로 하사하고 장평후(長平侯)라고 하였다. 위청의
부하인 교위(校尉) 소건(蘇建)에게도 공이 있어 1,100호를 식읍지로 주
며 평릉후(平陵侯)라고 하였고 그에게 삭방성(朔方城)을 축조하도록 하
였다. 또 위청의 교위 장차공(張次公)도 공이 있어 안두후(岸頭侯)로 봉
해졌다. 이때 천자는 이렇게 말하였다.

흉노는 천리(天理)를 거역하고 인륜을 어지럽혀 윗사람을 능멸하고 노인들
을 학대하며 도적질을 일삼고 여러 만이족(蠻夷族)²⁸⁾을 속이고 모략으로

---

19) 雁門 : 군 이름. 지금의 山西省 서북부 및 내몽고 자치구 일부 지역.
20) 龍城 : '龍庭'이라고도 하는데, 匈奴가 하늘에 제사 지내는 지역을 말한다.
21) 元朔 : 漢 武帝의 세번째 연호(기원전 128-기원전 123년)이다.
22) 遼西 : 군 이름. 지금의 遼寧省 서부 지역과 河北省 동북부 일부 지역.
23) 漁陽 : 군 이름. 지금의 河北省 동북부 지역.
24) 韓安國(?-기원전 127년) : 字는 長孺로 梁나라 成安 사람. 武帝 때에 御史大夫,
     衛尉 등의 관직을 역임하였다.
25) 河南 : 지금의 내몽고 자치구 河套 黃河 이남 지역을 말한다.
26) 隴西 : 군 이름. 지금의 甘肅省 동부 지역.
27) 白羊은 匈奴의 부락 이름이고, 樓煩은 北狄의 나라 이름이다.

그들의 병력을 빌려서 자주 변경 지방을 침략하였다. 그러므로 군사를 일으키고 장수를 파견하여 그의 죄를 응징하였던 것이다. 『시경(詩經)』에서도 "험윤(玁狁)[29]을 토벌하여 태원(太原)에 이르렀네"[30]라고 하였고, "전차 소리 우르릉, 저 북방에 성을 쌓네"[31]라고 하지 않았던가? 지금 거기 장군 위청이 서하(西河)[32]를 건너 고궐에 이르러 2,300명을 참수하거나 생포하였고 전차와 군수품 수레 및 가축을 모두 노획하였다. 위청은 열후(列侯)에 봉해진 후로도 서쪽으로 하남 지역을 평정하고 유계(榆谿)의 옛 요새지를 순찰하였으며, 재령(梓嶺)[33]을 넘어 북하(北河)[34]에 다리를 놓고, 포니(蒲泥)[35]를 토벌하고 부리(符離)[36]를 격파하였으며, 참수한 적국의 정예 병사와 사로잡은 정탐병이 3,071명이었으며 포로를 심문하여 적군을 잡아들이고 100여 만 마리의 말, 소, 양을 몰아 아군의 손실 없이 귀환하였다. 이에 위청에게 3,000호를 다시 봉해주노라.

다음해,[37] 흉노가 침입하여 대군(代郡)의 태수 공우(共友)를 살해하고, 안문을 침입하여 1,000여 명을 잡아갔다. 그 다음해,[38] 흉노는 대군, 정양(定襄), 상군(上郡)을 대대적으로 침입하여 한나라 백성 수천명을 죽이거나 잡아갔다.

그 다음해인 원삭 5년 봄, 한나라 조정에서는 거기장군 위청에게 3만 기를 이끌고 고궐에서 출병하도록 하였다. '그리고 위위 소건을 유격장군(遊擊將軍)으로, 좌내사(左內史) 이저(李沮)를 강노장군(彊弩將軍)으로, 태복 공손하를 기장군(騎將軍)으로, 대(代)[39]나라의 재상 이채(李蔡)를 경거장군으로 삼아 모두 거기장군에 예속시키고 일제히 삭방에서 출병하

---

28) 蠻夷族 : 여기서는 匈奴 외의 북방 각 민족을 가리킨다.
29) 玁狁 : 商周시대 지금의 甘肅省, 陝西省 북부 및 내몽고 자치구 서부에 분포하였던 부족의 이름으로, 周 宣王에 의해서 여러 차례 정벌당하였다. 玁狁이 바로 후일의 匈奴라는 설도 있다.
30) 『詩經』「小雅」"六月" 참조.
31) 『詩經』「小雅」"出車" 참조.
32) 西河 : 지금의 寧夏, 내몽고 지역을 남쪽에서 북쪽으로 흘러가는 황하의 지류.
33) 梓嶺 : 미상. 일설에는 陝西省 橫山縣 서쪽에 있다고 한다.
34) 北河 : 지금의 내몽고 烏加河를 말하며 고대에는 황하의 주류였다.
35) 蒲泥 : 부족 수령의 이름.
36) 符離 : 요새 이름. 지금의 내몽고 五原縣 서북쪽.
37) 元朔 3년(기원전 126년)을 가리킨다.
38) 元朔 4년(기원전 125년)을 가리킨다.
39) 代 : 漢나라 초기의 봉국 이름. 지금의 山西省 중북부와 河北省 서북부 지역.

도록 하였다. 또 대행(大行)⁴⁰⁾ 이식과 안두후 장차공을 장군으로 삼아
우북평(右北平)⁴¹⁾에서 출병하여 일제히 흉노를 공격하도록 하였다. 흉노
의 우현왕(右賢王)⁴²⁾은 위청 등의 군사와 대치하고서도 한나라 병사들이
그곳까지 올 수 없으리라 생각하여 술에 취해 있었다. 한나라 군사들이
한밤중에 진격하여 우현왕을 포위하였다. 깜짝 놀란 우현왕은 야음을 타
고 도망쳤는데, 애첩 한 사람과 건장한 기사 수백명만을 데리고 말을 달
려 포위를 뚫고 북쪽으로 도주하였던 것이다. 한나라의 경기교위(輕騎校
尉) 곽성(郭成) 등이 수백리를 추격하였으나 따라잡지 못하였다. (그러
나 이 싸움에서 한나라는) 우현왕 밑의 비왕(裨王) 10여 명과 남녀 만
5,000여 명, 백만⁴³⁾ 마리에 가까운 가축을 획득하여, 군사를 이끌고 철
수하였다. 요새에 도착하자, 천자는 사자에게 대장군의 인수(印綬)를 가
지고 가게 하여 군중에서 거기장군 위청을 대장군(大將軍)에 봉하였다.
모든 장수들은 자신의 병사들과 함께 대장군에게 귀속되었으며, 대장군
위청은 대장군의 관호(官號)를 세우고 경사(京師)로 돌아왔다. 천자는
"대장군 위청은 몸소 군사들을 이끌고 싸움에서 큰 승리를 거두어 흉노
왕 10여 명을 사로잡았으니 위청에게 다시 6,000호를 봉해주노라"고 하
고는 위청의 아들들인 항(伉)을 의춘후(宜春侯)에, 불의(不疑)를 음안후
(陰安侯)에, 등(登)을 발간후(發干侯)에 각각 봉하였다. 그러자 위청은
한사코 사양하며 이렇게 말하였다.

> 소신은 다행히도 장군으로 임명되었으며 폐하의 신령(神靈)하심에 힘입어
> 아군이 큰 승리를 거두었습니다. 이것은 다 모든 교위들이 힘껏 싸운 공로
> 였습니다. 폐하께서는 황공하옵게도 이미 신에게 식읍지를 늘려주셨고, 강
> 보에 싸여 아무런 공로도 세우지 못한 신의 자식들에게도 폐하께서는 황공
> 하옵게도 땅을 나누어 각각 열후에 봉해주셨습니다. 이것은 신이 대장으로
> 임명되어 병사들에게 힘껏 싸우기를 권장하였던 본의가 아니옵니다. 항을
> 비롯한 세 아들들이 어찌 감히 봉후(封侯)를 받을 수 있겠습니까?

---

40) 大行 : '大行令'이라고도 하며, 빈객의 접대와 변경 민족에 관한 사무를 관장하였
다.

41) 右北平 : 군 이름. 지금의 河北省 동북부에서 遼寧省 大凌河에 이르는 지역.

42) 右賢王 : 匈奴의 최고 통치자는 單于라고 부르고, 그 밑에 左右 賢王을 두었다.

43) 원문은 "數千百萬"이나 『漢書』에는 "數十百萬"으로 되어 있다. 이에 따르면 '수십
만에서 백만에 가까운 수'를 나타낸다.

842

이에 천자는 "내가 여러 교위들의 공로를 잊은 것이 아니오. 이제 곧 논공행상을 하려던 참이오"라고 하였다. 그리고는 어사(御史)44)에게 다음과 같은 조칙을 내렸다.

호군도위(護軍都尉) 공손오는 세 차례 대장군을 따라 흉노를 공격함에 항상 군대를 호위하고 장교들을 단결시키어 흉노의 왕을 사로잡았으니, 식읍지 1,500호를 하사하여 합기후(合騎侯)에 봉한다. 도위 한열(韓說)은 대장군을 따라 유혼(窳渾)45)에서 출병하여 우현왕의 본진(本陣)까지 진격하고 대장군의 지휘 아래 용감히 싸워 흉노의 왕을 사로잡았으니, 식읍지 1,300호를 하사하여 용액후(龍額侯)에 봉한다. 기장군 공손하는 대장군을 따라 흉노의 왕을 사로잡았으니 식읍지 1,300호를 하사하여 남교후(南窌侯)에 봉하며, 경거장군 이채는 두 차례 대장군을 따라 흉노의 왕을 사로잡았으니 식읍지 1,600호를 하사하여 낙안후(樂安侯)에 봉한다. 교위 이삭(李朔), 교위 조불우(趙不虞), 교위 공손융노(公孫戎奴)는 각각 세 차례 대장군을 따라 흉노의 왕을 사로잡았으니, 이삭에게 1,300호를 하사하여 섭지후(涉軹侯)에 봉하고, 조불우에게 1,300호를 주어 수성후(隨成侯)에 봉하고, 공손융노에게 1,300호를 하사하여 종평후(從平侯)에 봉한다. 장군 이저, 이식 및 교위 두여의(豆如意)에게도 공로가 있으니 관내후(關內侯)의 작위를 하사하고 식읍으로 각각 300호를 하사한다.

그해 가을, 흉노가 대군(代郡)에 침입하여 도위 주영(朱英)을 살해하였다.

그 이듬해46) 봄, 대장군 위청이 정양에서 출병하였는데, 합기후 공손오는 중장군(中將軍)이 되고, 태복 공손하는 좌장군(左將軍)이 되고, 흡후(翕侯) 조신(趙信)은 전장군(前將軍)이 되고, 위위 소건은 우장군(右將軍)이 되고, 낭중령(郎中令) 이광은 후장군(後將軍)이 되고, 좌내사 이저는 강노장군이 되어, 모두 대장군에게 소속되어 수천명을 참수하고 돌아왔다. 한 달 남짓 후에 모두 다시 정양에서 출병, 흉노를 공격하여 만여 명을 참수하거나 사로잡았다. 우장군 소건과 전장군 조신은 3,000여 명의 기병을 병합하여 단독으로 선우의 군대와 마주쳐 하루 남짓 교전한 결과, 한나라 군사들은 거의 전멸하기에 이르렀다. 전장군 조신은 원

44) 御史 : 여기서는 御史府의 장관인 御史大夫나 御史中丞을 가리킨다.
45) 窳渾 : 朔方郡에 있는 요새 이름. 지금의 내몽고 자치구 杭錦後旗 서남부 지역.
46) 元朔 6년(기원전 123년)을 말한다.

래 흉노인으로 한나라에 투항하여 흡후가 되었던 사람이다. 따라서 상황
이 위급하게 된 것을 본 그는 흉노가 투항하기를 유혹하자 마침내 대략
800명 정도의 나머지 기병들을 이끌고 선우에게 투항하였다. 우장군 소건
은 그의 병사들을 다 잃고 단신으로 도망쳐 대장군에게로 돌아와 보고하
였다. 대장군은 군정(軍正)⁴⁷⁾ 굉(閎), 장사(長史)⁴⁸⁾ 안(安), 의랑(議
郎)⁴⁹⁾ 주패(周霸) 등에게 그의 죄를 자문하여 "소건은 어떻게 처리해야
하는가?"라고 하였다. 그러자 주패가 "대장군이 출병한 이래 아직 부장
을 참수한 적이 없었는데, 이제 소건이 군사를 버렸으니 참수하여 장군의
권위를 분명히 해두셔야 합니다"라고 하였다. 그러나 굉과 안은 이렇게
말하였다.

> 그렇지 않습니다. 병법에도 "소수 병력의 군대가 아무리 용감히 싸워도 결
> 국에는 큰 병력의 군대에게 사로잡히게 된다"라고 하였습니다. 이번에 소
> 건은 수천명의 병사로 선우의 수만 군사를 대적하여 하루를 넘게 힘껏 싸
> 우다가 병사들이 다 전멸하였지만 감히 딴 마음을 먹지 않고 돌아와 보고
> 하였습니다. 그럼에도 그를 참수하는 것은 이후로는 (싸움에 지면) 돌아오
> 지 말라는 뜻을 나타내는 것이니, 소건을 참수해서는 안 됩니다.

그러자 대장군 위청은 다음과 같이 말하였다.

> 나는 황공하게도 폐하와 인척인 관계로 대장군에 임명되었으니, 권위가 없
> 을까를 걱정하지는 않는다. 주패가 나에게 권위를 분명히 해두라고 권하였
> 으나 이는 신하된 자의 본분에 어긋나는 것이다. 설령 나의 직권으로 장수
> 를 참수할 수는 있다고 해도, 폐하의 총애를 받는 신하로서 감히 국경 밖
> 에서 내 마음대로 부하를 죽여서는 안 될 것이니 사실을 천자께 상세히 보
> 고하면 천자께서 직접 결정하실 것이다. 이렇게 함으로써 신하된 자가 감
> 히 권력을 함부로 하지 않는다는 것을 보여주는 것이 좋지 않겠는가?

그러자 군관들은 모두 "좋습니다"라고 대답하였다. 이에 소건을 가두어
행재소(行在所)⁵⁰⁾로 보내고 요새로 들어와 전투를 멈추었다.

이해, 대장군 위청의 누이의 아들인 곽거병(霍去病)⁵¹⁾은 나이가 18세

---

47) 軍正 : 지금의 군법무관에 해당하는 관직.
48) 長史 : 지금의 수석 비석관에 해당하는 참모장급의 관직.
49) 議郎 : 자문 업무를 맡은 郎官의 일종.
50) 行在所 : 天子가 임시로 머무는 곳으로서 '行所'라고도 한다.

로서, 총애를 얻어 천자의 시중(侍中)이 되었다. 그는 말 타기와 활 쏘기에 뛰어났으므로, 두 차례 대장군을 따라 출정하였다. 대장군은 황제의 조칙을 받들어 그에게 장사(壯士)를 주고 표요교위(剽姚校尉)로 삼았다. 곽거병은 날쌔고 용감한 기병 800명과 함께 곧장 본대에서 수백리나 떨어져 나와 전공을 세웠는데, 참수하거나 사로잡은 자가 상당히 많았다. 이에 천자는 이렇게 말하였다.

> 표요교위 곽거병이 참수 혹은 사로잡은 자가 2,028명인데, 그중에는 상국(相國), 당호(當戶)[52]가 포함되어 있으며, 선우의 대부항(大父行)[53]인 적약후(籍若侯)[54] 산(産)을 참수하고 선우의 계부(季父)인 나고비(羅姑比)를 생포하였으니, 그의 전공은 두 차례에 걸쳐 전군에서 으뜸이로다. 그러므로 식읍지 1,600호를 하사하여 곽거병을 관군후(冠軍侯)에 봉한다. 그리고 상곡(上谷) 태수 학현(郝賢)은 네 차례 대장군을 따라 출정하여 참수하거나 사로잡은 자가 2,000여 명이니, 학현에게 식읍지 1,100호를 주어 중리후(衆利侯)에 봉하노라.

이해에 대장군은, 두 장군[55]의 군사를 잃었고 흡후가 도망쳤으며 전공이 많지 않았으므로, 식읍지를 증봉(增封)받지 못하였다. 우장군 소건이 압송되어왔으나 천자는 그를 주벌하지 않고 죄를 용서해주어, 속죄금을 내고 평민이 되게 하였다.

대장군이 돌아오자 천자는 그에게 1,000금을 하사하였다. 당시는 왕부인(王夫人)[56]이 마침 천자의 총애를 받고 있던 때였다. 영승(寧乘)이 대장군에게 "장군께서 아직은 공로가 아주 많지도 않은데 만 호의 식읍지를 하사받고 세 아들들이 모두 후(侯)에 봉해진 까닭은 단지 황후와의 관계 때문입니다. 그런데 지금은 왕부인이 총애를 받고 있으나 그의 일족들은 아직 부귀를 누리지 못하고 있으니, 원컨대 장군께서는 천자께서 하사하신 1,000금을 바치어 왕부인 부모님에게 축수(祝壽)를 드리십시오"라고

---

51) 霍去病 : 衛靑의 누이인 衛少兒와 平陽縣吏 霍仲孺가 사통하여 낳은 아들.
52) 相國, 當戶 : 匈奴의 관직 이름.
53) 大父行 : '大父'는 조부나 외조부이고, '行'은 항렬이다. 따라서 大父行은 조부 뻘이 되는 사람을 가리킨다.
54) 籍若侯 : 匈奴의 侯號.
55) 두 장군은 趙信과 蘇建을 말한다.
56) 王夫人 : 漢 武帝의 寵姬로서 아들 齊懷王 劉閎을 낳았으나, 그들 모자는 일찍 죽임을 당하였다. '夫人'은 제왕의 소첩을 말한다.

권유하였다. 그러자 대장군은 500금으로 축수를 하였다. 천자가 이 소식을 듣고 대장군에게 물었다. 대장군이 사실대로 말하자, 천자는 영승을 동해(東海)⁵⁷⁾ 도위에 제수하였다.

장건(張騫)이 대장군을 따라 출병하였을 때, 일찍이 대하(大夏)⁵⁸⁾에 사신으로 가다가 오랫동안 흉노에게 억류되었던 경험으로 군대를 인도하였는데, 물과 초원이 풍부한 곳을 알고 있었기 때문에 군사들은 기갈을 면할 수가 있었다. 게다가 앞서 먼 나라에 사신으로 갔던 공로도 있어, 장건을 박망후(博望侯)에 봉하였다.

관군후 곽거병이 후(侯)에 봉해진 지 3년이 되던 원수(元狩)⁵⁹⁾ 2년 봄, 그는 표기장군(驃騎將軍)이 되었다. 그가 기병 만 명을 이끌고 농서(隴西)에서 출병하여 전공을 세우자 천자는 이렇게 말하였다.

표기장군은 병사들을 이끌고 오려(烏盭)⁶⁰⁾를 넘어 속복(遫濮)⁶¹⁾ 부족을 토벌하고, 호노(狐奴)⁶²⁾를 건너 다섯 왕국을 거치며 외복(畏服)하는 나라의 백성들이나 군수물품은 약탈하지 않고 선우의 아들을 사로잡기만을 희망하였다. 그러면서 여기저기 다니며 전투하기를 엿새, 언지산(焉支山)⁶³⁾ 1,000여 리를 넘어 단병접전(短兵接戰)으로 절난왕(折蘭王)⁶⁴⁾을 죽이고 노호왕(盧胡王)⁶⁵⁾을 참수하였으며, 전갑(全甲)⁶⁶⁾을 주멸하고 혼야왕(渾邪王)⁶⁷⁾의 아들과 상국, 도위를 사로잡았으며, 8,000여 명을 참수하거나 사로잡고 휴저왕(休屠王)의 제천금인(祭天金人)⁶⁸⁾을 얻어왔으니, 곽거병에게 식읍지 2,000호를 증봉해주노라.

---

57) 東海 : 군 이름으로 지금의 山東省 남부, 江蘇省 북부 지역이다.
58) 大夏 : 페르시아 동북쪽에 위치한 옛 나라 이름 '박트리아(Bactria)'를 가리킨다.
59) 元狩 : 漢 武帝의 네번째 연호(기원전 122-기원전 117년)이다.
60) 烏盭 : 산 이름. 지금의 甘肅省 蘭州市 동북쪽.
61) 遫濮 : 匈奴 부족의 이름.
62) 狐奴 : 강 이름. 지금의 莊浪河로서 甘肅省 永昌縣 서쪽, 山丹縣 서남쪽.
63) 焉支山 : 산 이름. 지금의 甘肅省 永昌縣 서쪽, 山丹縣 동남쪽.
64) '折蘭'은 나라 이름이다.
65) '盧胡'는 나라 이름이다.
66) 全甲 : 일설에는 나라 이름이라고 하고, 일설에는 '全軍'의 뜻이라고도 한다.
67) 渾邪王 : 匈奴 서부 지역의 주요 수령 중의 한 사람.
68) 祭天金人 : 일설에는 休屠王이 제사 지낼 때 쓰던 金像이라고 하고, 일설에는 불상이라고도 한다.

그해 여름, 표기장군은 합기후 공손오와 함께 북지(北地)[69]에서 출병하여 두 갈래로 군사를 나누어 진격하고, 박망후 장건, 낭중령 이광은 함께 우북평에서 출병하여 두 갈래로 군사를 나누어 일제히 흉노를 공격하였다. 낭중령이 기병 4,000명을 거느리고 먼저 앞서 진격하고 박망후는 기병 만 명을 이끌고 뒤에서 진격하였다. 흉노의 좌현왕(左賢王)[70]이 기병 수만명을 거느리고 낭중령을 포위하자, 낭중령은 그들과 이틀 동안 접전을 벌여 전사자가 반을 넘었으나 사살한 적군은 그보다 훨씬 많았다. 박망후가 도착하자 흉노의 군사들은 퇴각하였다. 박망후는 진격을 늦게 하였으므로 그 죄가 참수에 해당하였으나 속죄금을 내고 평민이 되었다. 한편 북지에서 출병한 표기장군은 이미 깊숙이 적지에 침투하였는데, 합기후가 길을 잃었으므로 합류하지 못하였다. 표기장군은 거연(居延)[71]을 지나 기련산(祁連山)[72]에 이르면서 참수하거나 포로로 잡은 자가 대단히 많았다. 이에 천자가 이렇게 말하였다.

표기장군은 거연을 넘어 소월지국(小月氏國)[73]을 통과하고, 기련산을 공격하여 추도왕(酋涂王)[74]을 잡았다. 또 무리를 지어 투항한 자가 2,500명, 참수하거나 사로잡은 자가 3만 200명이며 다섯 왕과 그들의 어미, 선우의 연지(閼氏)[75]와 왕자 59명, 상국, 장군, 당호, 도위 63명을 사로잡았는데, 그에 비해서 아군은 대략 10분의 3을 잃었을 뿐이로다. 이에 곽거병에게 식읍지 5,000호를 증봉하노라. 또한 곽거병을 따라 소월지국에 진격하였던 교위에게는 좌서장(左庶長)의 작위를 내리노라. 또 응격사마(鷹擊司馬) 조파노(趙破奴)는 두 차례에 걸쳐 표기장군을 따라 속복 왕을 참수하고 계저왕(稽沮王)을 사로잡았으며, 천기장(千騎將)[76]은 왕과 왕의 어미 각각 1명, 왕자 이하 41명을 잡아 포로가 3,330명이고 그의 선봉부대가 1,400명을 사로잡았으니, 식읍지 1,500호를 조파노에게 하사하여 종

---

69) 北地 : 군 이름. 지금의 甘肅省 동북쪽과 寧夏 回族 자치구 동부 지역.
70) 左賢王 : 匈奴 동부 지역의 왕. 주로 單于의 태자로 左賢王을 삼았다.
71) 居延 : 澤地 이름. 지금의 몽고 額濟納旗 북쪽.
72) 祁連山 : 산 이름. 지금의 甘肅省 酒泉市 남쪽.
73) 小月氏國 : '小月氏'는 부족 이름으로, 지금의 甘肅省 서부 祁連山 지역에 위치하였다. 漢 文帝 때에 匈奴가 月氏族을 공격하자, 서쪽으로 도읍을 옮긴 月氏族을 '大月氏'라고 하고 祁連山에 들어간 月氏族을 '小月氏'라고 부른다.
74) 酋涂王 : 匈奴 小王 중의 한 사람.
75) 閼氏 : 匈奴 군주인 單于의 正妻.
76) 千騎將 : 무관 명칭으로, 여기서는 鷹擊司馬의 부하를 가리킨다.

표후(從驃侯)에 봉하노라. 흉노의 구왕(句王)이었던 교위 고불식(高不識)
은 표기장군을 따라 호우저왕(呼于屠王)⁷⁷⁾과 왕자 이하 11명을 잡고 1,
768명을 포로로 잡았으니, 고불식에게 식읍지 1,100호를 하사하여 의관후
(宜冠侯)에 봉하며, 교위 복다(僕多)에게도 공로가 있으니 휘거후(輝渠
侯)에 봉하노라.

합기후 공손오는 진격이 지체되어 표기장군과 합류하지 못하였으므로
그 죄는 참수하여 마땅하나 속죄금을 내고 평민이 되었다. 여러 숙장(宿
將)⁷⁸⁾들이 거느리는 병마(兵馬)들도 표기장군만은 못하였다. 표기장군은
항상 엄선한 정예 병사만을 거느리고 있었지만, 그 자신도 적진 깊숙히
진격하여 언제나 용감한 기병들과 함께 그의 본대를 앞질렀으며 그의 군
대 역시 천운이 있어 한번도 곤경에 빠진 적이 없었다. 그러나 여러 숙장
들은 항상 진격이 늦어 전공을 세울 기회를 만나지 못하였다. 따라서 표
기장군은 날로 천자의 총애를 받아 현귀(顯貴)해지니 대장군의 위세와 막
상막하가 되었다.

그해 가을, 선우는 혼야왕이 서쪽에 머물면서 자주 한나라 군사에게 패
하여 수만명을 잃은 것이 표기장군의 군대 때문이라는 것을 알고는 격분
하였다. 화가 난 선우는 혼야왕을 소환하여 주살하려고 하였다. 혼야왕은
휴저왕 등과 함께 한나라에 투항하기를 공모하고는 사람을 변경으로 보내
이 일을 알렸다. 당시 대행(大行) 이식이 황하가에 성을 축조하고 있었는
데, 혼야왕의 사신을 만나고는 그 즉시 파발마를 달려 조정에 보고하게
하였다. 이 소식을 들은 천자는 거짓으로 투항하여 변경을 습격하려는 것
이 아닌가 두려워, 표기장군에게 군사를 거느리고 가서 그를 맞아들이도
록 하였다. 표기장군은 황하를 건넌 후, 혼야왕의 무리들과 마주 바라보
게 되었다. 혼야왕의 부장(副將)들은 한나라 군사를 보자 대부분 투항하
지 않으려고 하여 뿔뿔이 도망치는 자가 많았다. 그러자 말을 달려 적진
으로 진격한 표기장군은 혼야왕을 만나보고는 도망치려는 자 8,000명을
참수하고 혼야왕만을 파발마에 태워 먼저 행재소로 보내고, 혼야왕을 따
라왔던 자들을 다 인솔하여 황하를 건넜는데, 투항한 자가 수만명이었으
나 10만 명이라고 하였다. 장안(長安)에 도착하자 천자가 상사(賞賜)한

77) 呼于屠王 : 匈奴의 小王.
78) 宿將 : 경험이 풍부하고 노련한 장수.

금액이 수 십만에 이르렀으며, 혼야왕을 만 호에 봉하여 탑음후(漯陰侯)로 삼고 그의 부왕(副王)인 호독니(呼毒尼)를 하마후(下摩侯)에 봉하고 응비(鷹庇)를 휘거후(煇渠侯)에 봉하였으며, 금리(禽梨)를 하기후(河綦侯)에 봉하고 대당호(大當戶)[79] 동리(銅離)를 상락후(常樂侯)에 봉하였다. 그리고 천자는 표기장군의 공로를 가상히 여겨 이렇게 말하였다.

> 표기장군 곽거병이 군사를 거느리고 흉노의 서부 지역 왕인 혼야왕을 공격하니, 혼야왕 및 그 백성들이 모두 투항해왔다. 표기장군은 그들을 모두 군량으로 공양하면서 아울러 궁수(弓手) 만여 명을 인솔하고, 거칠고 사나워 투항하지 않으려는 자를 주살하여 8,000여 명을 참수하거나 사로잡았다. 또한 다른 나라 왕을 33명 항복시켰으며, 우리 군사들은 부상당하지 않으면서 10만의 군민(軍民)들을 모두 귀순시켰다. 표기장군의 빈번한 출병의 노고로 인하여 황하 유역과 변경 지방은 앞으로 거의 외환 없이 오래도록 안정과 평화를 바랄 수 있게 되었으니, 표기장군에게 1,700호를 증봉하노라.

그리고는 농서, 북지, 상군의 수비병 수를 반으로 줄여 천하 백성들의 요역부담을 줄여주었다.

얼마 후, 투항한 흉노인들을 변경 지방의 다섯 군(郡),[80] 즉 예전의 새외(塞外) 지역에 나누어 이주시켰다. 그들은 모두 하남 지역에 살면서 그들의 옛 풍습을 그대로 유지한 채로 한나라의 속국이 되었다. 이듬해, 흉노가 우북평과 정양을 침입하여 한나라 백성 1,000여 명을 살해하거나 잡아갔다.

그 다음해 천자는 여러 장수들과 의논하여 "흡후 조신이 선우를 위해서 계책을 세우고 있는데, 그는 한나라 병사들이 사막을 넘어 오래 머물기가 손쉽지 않을 것이라 항상 생각하고 있소. 그러니 지금 대군을 출병시키면 틀림없이 우리가 바라는 바를 얻을 수 있을 것이오"라고 하였다. 이해가 바로 원수 4년이었다.

원수 4년 봄, 천자는 대장군 위청과 표기장군 곽거병에게 각각 기병 5만 명을 인솔하도록 하고 보병과 군수품 운반병 수 십만 명으로 하여금

---

79) 大當戶 : 匈奴의 관직 이름.
80) 隴西, 北地, 上郡, 朔方, 雲中의 다섯 郡을 말한다.

그 뒤를 따르게 하였는데, 그중 적진에 깊숙히 진격하여 힘껏 싸울 자는 모두 표기장군 밑에 소속시켰다. 표기장군은 처음 정양에서 출병하여 선우와 싸울 작정이었으나, 포로의 말이 선우는 동쪽으로 갔다고 하므로 천자는 다시 명령을 내려 표기장군을 대군(代郡)에서 출병하도록 하고 대장군을 정양에서 출병하게 하였다. 낭중령 이광은 전장군이 되고 태복 공손하는 좌장군이 되었으며, 주작도위(主爵都尉) 조이기(趙食其)는 우장군이 되고 평양후 조양(曹襄)은 후장군이 되어 모두 대장군에 소속되었다. 군사들은 바로 사막을 건넜는데, 그 인마(人馬)는 무릇 5만 기(騎)로서 표기장군 등과 함께 일제히 흉노의 선우를 공격하였다. 조신은 선우와 의논하여 "한나라 군사들이 사막을 다 건너고 나면 사람과 말들이 모두 지칠 것이므로, 우리는 앉아서 포로를 거두어들이기만 하면 될 것입니다"라고 하였다. 그러자 선우는 모든 군수물자를 멀리 북쪽으로 이동시키고 모든 정예 병사들을 데리고 사막 북쪽에서 기다리고 있었다. 때마침 대장군이 거느린 군사들이 요새에서부터 천여 리를 넘게 진격하였는데, 선우의 병사들이 포진한 채 기다리고 있는 것을 발견하였다. 이에 대장군은 무강거(武剛車)[81]를 원형으로 배치하여 진영을 만들고, 기병 5,000명을 내보내 흉노와 대적하게 하였다. 흉노도 기병 만 명 정도를 내보냈다. 그때는 마침 해가 저물 무렵이었고 큰 바람이 불자 모래가 얼굴에 몰아쳐 양쪽 군사들은 서로 보이지 않았다. 한나라 군에서는 좌우 양 날개의 군사를 더욱 풀어 선우를 포위하였다. 선우는 한나라 병사가 많은 데다 병력이 아직도 막강하여 싸워도 흉노가 불리하다는 것을 알아차렸다. 땅거미가 질 무렵, 선우는 마침내 6마리의 노새가 끄는 수레를 타고 수백명 가량의 건장한 기병만을 거느린 채, 한나라 군의 포위망을 뚫고 곧장 서북쪽으로 쏜살같이 달아났다. 날은 이미 어두워졌는데, 한나라와 흉노 군사들이 서로 엉켜 혼전을 벌이니 양쪽 모두 많은 사상자가 생겼다. 한나라 군의 좌익부대에서 잡은 포로가 선우는 날이 저물기도 전에 도망쳤다고 말하자, 한나라 군에서는 날쌘 기병을 풀어 한밤중에 선우를 추격하였고 대장군의 군대도 그 뒤를 따랐다. 흉노 병사들도 뿔뿔이 흩어져 사라졌다. 한나라 군은 동이 틀 무렵까지 200여 리를 추격하였으나 선우를 잡지 못하였다. 그러나 만여 명을 참수하거나 사로잡았으며, 마침내 전안산(窴顔山)[82]의

---

81) 武剛車 : 방호설비를 갖춘 전차.

조신성 (趙信城) [83]에 이르러 흉노가 비축한 양식을 획득하여 군사들에게 먹일 수 있었다. 한나라 군은 하루 동안 머무르다 그 성에 남아 있던 식량을 모조리 불사르고 돌아왔다.

대장군이 선우와 교전할 때에, 전장군 이광과 우장군 조이기의 군사는 따로 동쪽으로 진격하였는데 길을 잃고 헤매는 바람에 선우를 공격할 기회를 놓쳐버렸다. 철수하던 대장군이 사막 남쪽을 지날 때에야 전장군과 우장군을 만났다. 대장군은 사자를 보내 천자에게 보고하기 위하여 장사 (長史)로 하여금 전장군 이광을 문서에 열거된 죄상대로 심문하도록 하자, 이광은 자살하였다. 우장군은 장안으로 돌아온 후, 형리에게 넘겨졌다가 속죄금을 내고 평민이 되었다. 대장군이 요새에 귀환하였는데, 이때 참수되거나 사로잡힌 자가 만 9,000명이나 되었다.

이때 흉노의 군대는 10여 일이나 선우를 잃어버렸으므로, 이 소식을 들은 우녹려왕(右谷蠡王) [84]은 스스로 선우로 즉위하였다가, 후일 원래의 선우가 그의 군사들을 찾자 우녹려왕은 선우의 칭호를 버렸다.

표기장군도 기병 5만 명을 거느렸으며, 군수품 수송대는 대장군의 군대와 동등하였다. 그러나 부장이 없어서 이감(李敢) [85] 등을 대교(大校) [86]로 임명하여 부장의 역할을 하게 하였다. 그리고는 대군과 우북평에서부터 1,000여 리나 진격하여 흉노의 좌익부대와 대결하였는데, 참수하거나 사로잡은 전공이 이미 대장군보다 많았다. 군대가 돌아온 후, 천자는 이렇게 말하였다.

표기장군 곽거병은 군사를 거느리고 출병하여, 사로잡은 훈육(葷粥) [87]의 병사들을 친히 이끌고 소량의 군수품을 휴대한 채 넓은 사막을 횡단하고 획장거 (獲章渠) [88]를 건너 비거기 (比車耆)를 주살하고, 되돌아 좌대장(左

---

82) 竇顔山 : 산 이름. 지금의 몽고 杭愛山 남쪽.
83) 趙信城 : 匈奴가 趙信에게 지어준 성.
84) 右谷蠡王 : '谷蠡'은 匈奴의 관직 이름으로 군사와 행정을 관장하였다. 左右 谷蠡王으로 나누어 左右 賢王 밑에 두었으며, 單于의 자제들이 담당하였다.
85) 李敢 : 李廣의 작은아들.
86) 大校 : 校尉. '大'자를 앞에 붙인 것은 임시적인 특수 직권임을 강조하기 위한 것이다.
87) 葷粥 : 匈奴의 옛 이름.
88) 獲章渠 : 강 이름. 일설에는 '獲'을 '포로를 잡다'라는 뜻으로 풀이하고 '章渠'를 單于의 近臣 이름으로 풀이하기도 한다.

大將)[89]을 공격하여 그의 군기(軍旗)와 전고(戰鼓)를 탈취하였다. 그리고 이후산(離侯山)[90]을 넘고 궁려(弓閭)[91]를 건너 둔두왕(屯頭王), 한왕(韓王)[92] 등 3명, 장군, 상국, 당호, 도위 등 83명을 사로잡았으며, 낭거서산(狼居胥山)에서 제단을 쌓아 천신(天神)에게 제사 지내고 고연산(姑衍山)에서 지신(地神)에게 제사 지내고는 한해(翰海)[93] 부근의 산에 올랐다. 사로잡은 포로가 7만 443명이었으나, 한나라 군은 대략 10분의 3이 줄었을 뿐이며, 적군에게서 식량을 탈취하여 머나먼 곳까지 행군하면서도 군량이 떨어지지 않았다. 이에 표기장군에게 5,800호를 증봉하노라. 우북평(右北平) 태수 노박덕(路博德)은 표기장군에게 소속되어 여성(與城)[94]에서 회합하였는데, 시기를 놓치지 않고 종군하여 도도산(檮余山)에 이르리 2,700명을 참수하거나 사로잡았으니 식읍지 1,600호를 노박덕에게 하사하여 부리후(符離侯)에 봉하노라. 북지(北地)의 도위 형산(邢山)은 표기장군을 따라 흉노의 왕을 사로잡았으니 형산에게 1,200호를 하사하여 의양후(義陽侯)에 봉한다. 원래 흉노인으로서 한나라에 귀의한 인순왕(因淳王)[95] 복육지(復陸支), 누전왕(樓專王)[96] 이즉간(李卽靬)은 모두 표기장군을 따라 전공을 세웠으므로 복육지에게 1,300호를 주어 장후(壯侯)에 봉하고 이즉간에게 1,800호를 주어 중리후(衆利侯)에 봉한다. 종표후 조파노와 창무후(昌武侯) 안계(安稽)는 표기장군을 따라 전공을 세웠으니 각각 300호씩을 증봉하며, 교위 이감은 적군의 군기와 전고를 탈취하였으니 관내후로 삼아 식읍지 200호를 하사하며, 교위 서자위(徐自爲)에게는 대서장(大庶長)[97]의 작위를 내린다.

이밖에도 표기장군의 군관과 병졸들 중 관위(官位)를 받고 포상받은 자가 매우 많았으나, 대장군은 증봉받지 못하였고 그의 군관과 병사들 중에서도 후작에 봉해진 자는 아무도 없었다.

위청, 곽거병의 양군이 요새를 나설 때에는 요새 관리가 관마(官馬) 및

---

89) 左大將 : '大將'은 匈奴의 고급 관직 이름으로 左右 大將으로 나누어진다.
90) 離侯山 : 산 이름.
91) 弓閭 : 물 이름. 지금의 몽고 인민공화국의 克魯倫河를 가리킨다.
92) 屯頭王, 韓王 : 모두 匈奴의 왕 이름.
93) 翰海 : '瀚海'라고도 쓰며 일설에는 지금의 바이칼 호라고 한다.
94) 與城 : 지명. 『漢書』에는 "興城"으로 되어 있다.
95) 因淳王 : 匈奴의 왕 이름.
96) 樓專王 : 匈奴의 왕 이름.
97) 大庶長 : 秦漢의 20등급 중 18번째 등급에 해당하는 작위의 명칭. 關內侯의 다음에 해당한다.

사마(私馬)를 점검해보니 14만 필이었는데, 다시 요새로 들어온 것은 3
만 필이 채 안 되었다. 이에 대사마(大司馬)의 관직을 증설하고 대장군과
표기장군이 모두 대사마가 되었다. 그리고 법령을 제정하여 표기장군의
품계와 봉록을 대장군과 동등하게 하였다. 이후로 대장군 위청의 권세는
날로 쇠퇴하고 표기장군은 날로 존귀해졌다. 대장군의 모든 친구들과 문
하 사람들이 대장군 곁을 떠나 표기장군을 섬기다가 관작을 얻는 자가 많
았으나 오직 임안(任安)만이 그렇게 하지 않았다.

　표기장군의 사람됨은 과묵하고 감정을 잘 표현하지 않으며 기개가 있어
과감하게 행동하였다. 천자가 일찍이 그에게 손오병법(孫吳兵法)[98]을 가
르치려고 하였다. 그러자 표기장군은 "어떤 전략을 쓸 것인가 생각하면
그만입니다. 고대의 병법을 배울 것까지는 없습니다"라고 대답하였다. 또
천자가 표기장군을 위해서 저택을 짓고 그에게 가보라고 하였더니, 그는
"흉노가 아직 멸망하지 않았는데 저택을 꾸미고 살 필요가 없습니다"라고
하였다. 이로 인해서 천자는 그를 더욱 총애하고 중히 여기게 되었다. 그
러나 그는 젊어서 시중(侍中)을 지낸 데다 신분이 존귀해지자 사병들을
돌볼 줄 몰랐다. 그가 군사를 거느리고 출정할 때면 천자가 그를 위해서
태관(太官)[99]을 시켜 수십대 수레분의 식품을 보내주었는데, 돌아온 후
물품 수레에는 버려지고 남은 양식과 고기가 있으면서도 사병들 중에는
굶주린 자가 있었다. 그가 변경 밖에 있을 때, 사졸들은 식량이 부족하여
어떤 사졸은 일어나 움직일 수 없는 지경임에도 표기장군은 구역을 표시
해두고 공 차기를 하였다. 그에게는 이와 같은 일이 많았다. 반면에 대장
군의 사람됨은 인자하고 선량하고 겸허하였으며 유화(柔和)한 성품으로
황제의 환심을 샀으나, 세상에는 그를 칭찬하는 사람이 없었다.
　표기장군은 원수 4년에 출정하고 나서 3년 후인 원수 6년에 세상을 떠
났다. 천자가 그의 죽음을 애도하여, 속국의 현갑군(玄甲軍)[100]을 동원
하여 장안에서 무릉(茂陵)[101]까지 행렬하도록 하고 기련산을 본뜬 분묘를

---

98) 孫吳兵法 : 孫子, 吳子의 兵法을 말한다.
99) 太官 : 饍食을 주관하는 관리.
100) 玄甲軍 : 철갑으로 무장한 군사. 일설에는 검정색 갑옷을 입은 군사라고 한다.
101) 茂陵 : 漢 武帝의 능묘로서 지금의 陝西省 興平縣에 있었다.

만들었다. 그리고 그에게 무용(武勇)을 뜻하는 '경(景)'자와 영토를 넓혔다는 뜻의 '환(桓)'자를 합쳐 경환후(景桓侯)라고 하는 시호를 내렸다. 그의 아들 곽선(郭嬗)이 대신 작위를 계승하였다. 곽선은 나이가 아직 어렸으며 자를 자후(子侯)라고 하였는데, 천자가 좋아하여 장년이 되면 그를 장군으로 삼으려고 하였다. 그런데 6년이 지난 원봉(元封)[102] 원년에 곽선이 죽자 애후(哀侯)라는 시호를 내렸다. 그에게는 아들이 없어 후대가 끊겼으며 봉국도 취소되었다.

표기장군이 죽은 후, 대장군의 맏아들 의춘후 위항(衛伉)이 법에 저촉되어 후작을 상실하였다. 그로부터 5년 뒤, 위항의 아우인 음안후(陰安侯) 위불의(衛不疑)와 발간후(發干侯) 위등(衛登) 두 사람은 모두 주금(酎金)[103]에 저촉되어 후작을 상실하였다. 그로부터 2년 후, 관군후(표기장군)의 봉국이 취소되었다. 4년 후, 대장군 위청이 세상을 떠나자 시호를 열후(烈侯)라고 하였다. 그의 아들 항이 대신하여 장평후(長平侯)가 되었다.

대장군은 선우를 포위한 지 14년 후에 세상을 떠났다. 그동안 시종 흉노를 다시 공격하지 않은 것은 한나라의 군마(軍馬)가 적은 데다, 마침 남쪽으로는 동월(東越)과 남월(南越)을 치고 있던 중이었으며, 또 동쪽으로는 조선(朝鮮)[104]을 정벌하고 강족(羌族)과 서남 지역의 만족(蠻族)을 공격하고 있던 중이었기 때문이다. 이런 이유로 오랫동안 흉노를 공격하지 않았던 것이다.

대장군이 평양공주를 아내로 맞이하였기 때문에 장평후 위항이 대신 후작이 되었으나 6년 후 법에 저촉되어 후작을 상실하였다.

다음은 두 대장군[105]과 그 여러 부장들의 이름을 기술한 것이다.

대장군 위청은 도합 7번을 출병, 흉노를 공격하여 5만여 명을 참수하거

---

102) 元封 : 漢 武帝의 여섯번째 연호(기원전 110-기원전 105년)이다.
103) 酎金 : 漢代에 종묘제사를 거행할 때 제후왕과 列侯들이 헌납하던 일종의 제사 보조금. 만약 헌금의 양이 적거나 질이 나쁘면 불경죄를 지은 것으로 간주하였는데 이를 '坐酎金'이라고 하였으며, 이런 경우 후작과 봉토를 박탈당하였다.
104) 朝鮮 : 衛氏 朝鮮을 가리킨다.
105) 大將軍 : 衛靑과 驃騎將軍 霍去病을 가리킨다. 霍去病은 大將軍에 봉해진 적은 없지만 그 '驃騎將軍'이라는 직함은 大將軍과 동렬이었으므로 여기서는 '大將軍'으로 통칭한 것이다.

나 사로잡았다. 선우와 한 차례 교전하여 하남 지역을 탈취하고 삭방군을 설치하였다. 대장군은 두 차례 증봉을 받아 봉읍이 모두 만 1,800호였으며 세 아들들이 후(侯)에 봉해져 각 후마다 1,300호를 받았으니, 이들 부자의 식읍지를 합하면 모두 만 5,700호였다. 그의 교위와 부장들 중에서 대장군을 따라 출진하여 후에 봉해진 자가 9명이었으며, 그의 부장이나 교위들로서 장군이 된 자는 14명이었다. 부장이 된 자로는 이광(李廣)이 있었는데 그에 대해서는 따로 전기(傳記)가 있으며, 전기가 없는 사람들은 다음과 같다.

장군 공손하(公孫賀), 그는 의거(義渠)[106] 사람으로 그의 선조는 호족(胡族)이었다. 공손하의 아버지 혼야(渾邪)는 경제(景帝) 때 평곡후(平曲侯)가 되었다가 법에 저촉되어 후작을 상실하였다. 공손하는 무제가 태자이던 시절에 그의 사인(舍人)이었다. 무제가 즉위한 지 8년째 되던 해, 태복(太僕)의 신분으로 경거장군이 되어 마읍(馬邑)에 주둔하였다. 4년 후, 경거장군으로서 운중(雲中)에서 출병하였다. 5년 후에 기장군으로 대장군을 따라 출병하여 전공을 세워 남교후에 봉해졌다. 1년 후, 좌장군으로 두 차례 대장군을 따라 정양에서 출병하였으나 공을 세우지 못하였다. 4년 후, 주금(酎金)을 위반하여 후작을 상실하였다. 8년 후, 부저장군(浮沮將軍)으로 오원(五原)에서 2,000여 리나 진격하였으나 전공을 세우지 못하였다. 8년 후, 태복에서 승상으로 승진하여 갈역후(葛繹侯)에 봉해졌다. 공손하는 일곱 차례 장군이 되어 출병, 흉노를 공격하였지만 큰 공이 없었다. 그러나 두 차례 열후에 봉해졌고 또 승상이 되었다. 그의 아들 공손경성(公孫敬聲)이 양석공주(陽石公主)[107]와 사통하고 무고(巫蠱)[108]한 죄에 연루되어 일족이 몰살되어 후대가 끊겼다.

장군 이식(李息)은 욱질(郁郅)[109] 사람으로 경제를 섬겼다. 무제가 즉위한 지 8년째 되던 해, 그는 재관장군(材官將軍)이 되어 마읍에 주둔하였다. 6년 후, 장군이 되어 대군(代郡)에서 출병하였다. 3년 후에는 장군이 되어 대장군을 따라 삭방에서 출병하였으나 전공이 없었다. 이식은

---

106) 義渠 : 현 이름. 지금의 甘肅省 寧縣 서북쪽.
107) 陽石公主 : 武帝의 딸로 衛皇侯의 소생.
108) 巫蠱 : 고대의 미신으로서, 巫術로 주문을 외우거나 인형을 땅 속에 묻음으로써 다른 사람에게 해를 가하는 것을 말한다.
109) 郁郅 : 현 이름. 지금의 甘肅省 慶陽縣.

세 차례 장군이 되었고, 그후에는 항상 대행(大行)의 관직을 맡았다.

장군 공손오(公孫敖)는 의거 사람으로 낭관(郎官)[110]의 신분으로 무제를 섬겼다. 무제가 즉위한 지 12년째 되던 해에 기장군이 되어 대군에서 출병하였는데, 잃은 사졸이 7,000명이었으므로 그 죄가 참수형에 해당하였으나 속죄금을 내고 평민이 되었다. 5년 후, 교위의 신분으로 대장군을 따라 출진하여 공을 세웠으므로 합기후에 봉해졌다. 1년 후, 중장군으로 대장군을 따라 두 차례 정양에서 출병하였지만 전공을 세우지 못하였다. 2년 후, 장군으로서 북지(北地)에서 출병하였으나 표기장군과 약정한 기한에 맞추어 도착하지 못하였으므로 그 죄가 참수형에 해당하였으나 속죄금을 내고 평민이 되었다. 2년 후, 교위로서 대장군을 따라 출병하였으나 전공을 세우지 못하였다. 14년 후, 인우장군(因杅將軍)[111]으로서 수항성(受降城)을 축조하였다. 7년 후, 다시 인우장군으로서 두 차례 출진, 흉노를 공격하여 여오(余吾)[112]에 이르러서는 많은 사졸들을 잃었다. 따라서 형리에게 넘겨져 그 죄가 참수형에 해당하였으나, 거짓으로 죽은 척하다 도망쳐서 민간에서 5-6년 동안 숨어 지냈다. 그 뒤 발각되어 다시 구금되었다. 그의 처가 무고(巫蠱)한 죄에 연루되어 일족이 몰살되었다. 공손오는 네 차례 장군이 되어 출진, 흉노를 공격하였으며 한 차례 열후에 봉해졌다.

장군 이저(李沮)는 운중 사람으로 경제를 섬겼다. 무제가 즉위한 지 17년째 되던 해에 좌내사(左內史)로서 강노장군(彊弩將軍)이 되었다. 1년 후, 다시 강노장군이 되었다.

장군 이채(李蔡)는 성기(成紀)[113] 사람으로 효문제(孝文帝), 경제, 무제를 섬겼다. 경거장군으로 대장군을 따라 출진하여 공로를 세워 낙안후에 봉해졌다. 그후 승상이 되었다가 법에 저촉되어 죽었다.

장군 장차공(張次公)은 하동(河東)[114] 사람으로 교위의 신분으로 대장군 위청을 따라 출진하여 전공을 세웠으므로 안두후에 봉해졌다. 그후 태후(太后)[115]가 서거하자 장군이 되어 북군(北軍)[116]에 주둔하였다. 1년

---

110) 郎官 : 제왕의 시종관의 통칭.
111) '因杅'는 원래 匈奴의 지명이나, 여기에서는 장군의 이름으로 사용되었다.
112) 余吾 : 물 이름. 지금의 몽고 인민공화국 경내의 土拉河를 가리킨다.
113) 成紀 : 현 이름. 지금의 甘肅省 秦安縣 북쪽.
114) 河東 : 군 이름. 지금의 山西省 서남부.

856

후, 장군이 되어 대장군을 따라 출정하였다. 그는 두 차례 장군이 되었으
나 법에 저촉되어 후작을 상실하였다. 장차공의 부친 장륭(張隆)은 경거
(輕車)¹¹⁷⁾ 부대의 사수(射手)였는데 활을 잘 쏘아 경제가 그를 총애하고
가까이하였다.

　장군 소건(蘇建)은 두릉(杜陵)¹¹⁸⁾ 사람이다. 교위의 신분으로 대장군
위청을 따라 출전하여 전공을 세우자 평릉후(平陵侯)에 봉해졌으며, 장
군으로서 삭방에 성을 축조하였다. 4년 후, 유격장군으로 대장군을 따라
삭방에서 출병하였다. 1년 후, 우장군으로서 두 차례 대장군을 따라 정양
에서 출진하였다. 흡후(翕侯)가 도망치고 군사를 잃어 그 죄가 참수형에
해당하였으나 속죄금을 내고 평민이 되었다. 그후 대군(代郡) 태수가 되
었다가 죽었다. 분묘는 대유향(大猶鄉)¹¹⁹⁾에 있다.

　장군 조신(趙信)은 흉노의 상국으로서 투항하여 흡후가 되었다. 무제
가 즉위한 지 17년째 되던 해에 전장군이 되어 선우와 싸웠지만 패하여
흉노에 투항하였다.

　장군 장건(張騫)은 사신으로 대하(大夏)를 방문, 국교를 개통시켰으며
돌아와서는 교위가 되었다. 대장군을 따라 출전하여 전공을 세워 박망후
에 봉해졌다. 3년 후, 장군이 되어 우북평에서 출병하였으나 기일을 지키
지 못하였다. 그 죄는 참수형에 해당하였으나 속죄금을 내고 평민이 되었
다. 그후 사신이 되어 오손(烏孫)¹²⁰⁾과 국교를 열었으며, 대행(大行)의
관직을 맡고 있다가 죽었다. 분묘는 한중(漢中)에 있다.

　장군 조이기(趙食其)는 대우(䄌栩)¹²¹⁾ 사람이다. 무제가 즉위한 지 22
년 뒤에 주작도위(主爵都尉)로서 우장군이 되었으며 대장군을 따라 정양
에서 출병하였다. 그러나 길을 잃었으므로 그 죄는 참수형에 해당하였으

---

115)　太后：皇太侯(황제의 모친)를 가리킨다. 여기에서는 武帝의 모친 王太后를 말한
　　　다.
116)　北軍：漢代에 京師를 수비하던 군대로서 長安城 북쪽에 주둔하고 있었으므로
　　　'北軍'이라고 불렀다.
117)　輕車：西漢의 사병 종류 중의 하나로서, 가벼운 전차를 타고 싸우는 사병을 가
　　　리킨다.
118)　杜陵：현 이름. 지금의 陝西省 西安市 동남쪽.
119)　大猶鄉：陽陵縣(지금의 陝西省 高陵縣 서남쪽) 소속의 鄉.
120)　烏孫：부족 명칭.
121)　䄌栩：현 이름. 지금의 陝西省 耀縣.

나 속죄금을 내고 평민이 되었다.

장군 조양(趙襄)은 평양후로서 후장군이 되어 대장군을 따라 정양에서 출병하였다. 조양은 조삼(曹參)[122]의 손자이다.

장군 한열(韓說)은 궁고후(弓高侯)[123]의 서출(庶出) 손자이다. 교위의 신분으로 대장군을 따라 출전하여 공을 세웠으므로 용액후가 되었다. 그후 주금법에 걸려 후작을 상실하였다. 원정(元鼎) 6년, 대조(待詔)[124]의 신분으로 횡해장군(橫海將軍)이 되었으며 동월(東越)을 공격하여 전공을 세웠으므로 안도후(按道侯)에 봉해졌다. 태초(太初)[125] 3년에 유격장군이 되어 오원(五原)의 변경 지역의 성곽지대에 주둔하였다. 그후 광록훈(光祿勳)[126]이 되었으며, 태자궁에서 나무 인형을 파내다가 위태자(衛太子)[127]에게 죽임을 당하였다.[128]

장군 곽창(郭昌)은 운중 사람이다. 교위의 신분으로 대장군을 따라 출정하였다. 원봉(元封) 4년, 태중대부로서 발호장군(拔胡將軍)이 되어 삭방에 주둔하였다. 그후 돌아와 곤명(昆明)[129]을 공격하였으나 공로가 없어 파직되었다.

장군 순체(荀彘)는 태원(太原)[130] 광무(廣武)[131] 사람이다. 그는 마차를 잘 모는 것으로써 황제를 배알하고 시중(侍中)이 되었다. 교위의 신분으로 여러 차례 대장군을 따라 출정하였다. 원봉 3년, 좌장군이 되어 조선(朝鮮)을 공격하였으나 별다른 전공을 세우지 못하였다. 누선장군(樓

---

122) 曹參(?-기원전 190년) : 沛縣 사람으로, 秦나라 말기에 劉邦을 따라 起義하여 많은 전공을 세웠으므로 漢 왕조가 건국된 후 平陽侯에 봉해졌으며 관직은 丞相에까지 이르렀다. 趙陽은 그의 玄孫으로 平陽侯의 작위를 계승하였던 것이다.

123) 弓高侯 : 漢나라 초기 異姓 제후왕 韓王 信의 아들인 韓頹當을 말한다.

124) 待詔 : 황제의 부름을 받아 관명을 기다린다는 뜻으로 후보 관원을 말한다.

125) 太初 : 漢 武帝의 일곱번째 연호(기원전 104-기원전 101년)이다.

126) 光祿勳 : 관직 이름. 漢 武帝 때에 郎中令을 '光祿勳'으로 개명하였다.

127) 衛太子 : 漢 武帝의 태자인 劉據를 가리킨다. 衛皇侯 소생이므로 衛太子라고 한다.

128) 漢 武帝가 만년에 병이 많자 간신 江充은 衛太子(劉據)가 巫蠱하여서라고 중상모략하였다. 이에 衛太子가 江充을 죽이고 병사를 일으키니 武帝가 이를 토벌하였다. 5일간에 걸친 싸움에서 수만명이 죽었고 이에 연루되어 죽은 朝臣도 여러 명이었으며, 태자는 패하자 자살하였다. 이 사건을 '巫蠱之禍'라고 부른다.

129) 昆明 : 서남부 夷族의 명칭. 지금의 雲南省 大理市 일대에 거주하였다.

130) 太原 : 군 이름. 지금의 山西省 중부 지역

131) 廣武 : 현 이름. 지금의 山西省 代縣 서남쪽.

船將軍)¹³²⁾을 체포한 죄로 법에 저촉되어 죽었다.

한편 표기장군 곽거병은 도합 여섯 차례 출병하여 흉노를 공격하였다. 그중에서 네 차례는 장군으로 출정하여 11만여 명을 참수하거나 사로잡았으며, 혼야왕이 그의 무리 수만명을 이끌고 투항해오자 마침내 하서 (河西), 주천 (酒泉) 지역을 개척하여 서쪽 흉노의 침입을 크게 감소시켰다. 그는 네 차례의 증봉을 받아 식읍지가 도합 만 5,100호에 이르렀다. 그의 교위와 군관들 중에서 공로가 있어 후에 봉해진 자가 모두 6명이었으며, 후일 장군이 된 자는 다음의 두 명이었다.

장군 노박덕 (路博德)은 평주 (平州)¹³³⁾ 사람이다. 그는 우북평 태수의 신분으로 표기장군을 따라 출정하여 공을 세웠으므로 부리후에 봉해졌다. 표기장군이 죽은 후, 노박덕은 위위 (衛尉)로서 복파장군 (伏波將軍)이 되어 남월 (南越)을 격파하고 증봉되었다. 그후 법에 저촉되어 후작을 상실하였으며, 강노도위 (彊弩都尉)가 되어 거연에 주둔하고 있다가 죽었다.

장군 조파노 (趙破奴)는 원래 구원 (九原) 사람이다. 예전에 흉노에게로 도망하였다가 얼마 후 한나라에 귀순하여 표기장군의 사마 (司馬)가 되었다. 북지에서 출진할 당시 공로를 세워 종표후에 봉해졌다가, 주금법에 저촉되어 후작을 상실하였다. 1년 후, 흉하장군 (匈河將軍)이 되어 흉노를 공격, 흉하수 (匈河水)까지 진격하였으나 공을 세우지 못하였다. 2년 후, 누란왕을 공격하여 사로잡자 다시 착야후에 봉해졌다. 6년 후, 준계장군 (浚稽將軍)이 되어 기병 2만 명을 거느리고 흉노의 좌현왕 (左賢王)을 공격하였다. 좌현왕이 8만 명의 군사로 조파노와 교전하며 그를 포위하자, 조파노는 사로잡히고 결국 그의 군사는 전멸당하였다. 그는 흉노에게 10년 동안 억류당하다가 다시 흉노의 태자 안국 (安國)과 함께 도망쳐 한나라로 돌아왔다. 그후 그는 무고 (巫蠱)한 죄에 저촉되어 일족이 몰살되었다.

위씨 일족이 흥기하면서 대장군 위청이 처음으로 열후에 봉해지고 그후 후손 중에서 다섯 명이 열후에 봉해졌다. 24년 동안에 다섯 명의 열후들은 모두 후작을 박탈당하고 위씨 일족 중에는 더 이상 열후에 봉해진 사람이 없게 되었다.

---

132) 樓船將軍 : 荀彘와 함께 朝鮮 정벌에 나섰던 楊僕을 말한다.
133) 平州 : 현 이름. 즉 '平周'를 가리킨다. 지금의 山西省 介休縣 서쪽.

태사공은 말하였다.

"소건(蘇建)은 나에게 이렇게 말하였다. '나는 일찍이 대장군(大將軍)께, 지극히 존귀한 지위에 계시지만 천하의 어진 대부들 중에서는 대장군을 칭송하는 자가 없으니, 원컨대 장군께서는 옛날의 명장들이 어진 사람을 골라 초빙한 일을 본받아 그렇게 하기를 힘쓰시라고 간언한 적이 있었습니다. 그랬더니 대장군께서는 이를 사절하면서 말씀하시기를, 위기후(魏其侯)[134]와 무안후(武安侯)[135]가 빈객들을 후대하니, 천자께서 항상 이를 갈며 원한을 품으셨소. 사대부들을 가까이하고 어진 이들을 초빙하며 불초한 자들을 물리치는 것은 군주의 권한이오. 신하란 국법을 받들고 직책을 준수하면 그뿐이거늘 무엇하러 어진 선비들을 초빙하는가 ! 라고 하셨습니다.' 표기장군(驃騎將軍) 곽거병(霍去病)도 이러한 뜻을 본받았다. 장군으로서의 그들의 마음가짐은 이와 같았던 것이다."

---

134) 魏其侯 : 景帝의 모친 竇太后의 조카인 竇嬰(? -기원전 131년)을 가리킨다.
135) 武安侯 : 武帝의 모친 王太后의 동복 아우인 田蚡(? -기원전 131년)을 가리킨다.